Teach Like a

CHAMPION 3.0

像冠军一样教学

全新修订版

提升学生认知、习惯、专注力和归属感的

63个教学诀窍

63 Techniques that Put Students on the Path to College

[美] 道格·莱莫夫 Doug Lemov 著

中国青年出版社

图书在版编目（CIP）数据

像冠军一样教学：全新修订版：提升学生认知、习惯、专注力和归属感的63个教学诀窍 /（美）道格·莱莫夫著；王友鸿译
—北京：中国青年出版社，2024.8
书名原文：Teach Like a Champion 3.0: 63 Techniques that Put Students on the Path to College
ISBN 978-7-5153-7328-7

Ⅰ.①像… Ⅱ.①道… ②王… Ⅲ.①教学法 Ⅳ.①G424

中国国家版本馆CIP数据核字（2024）第111164号

像冠军一样教学：
全新修订版：提升学生认知、习惯、专注力和归属感的63个教学诀窍

作　　者：［美］道格·莱莫夫
译　　者：王友鸿
责任编辑：肖妩嫔
文字编辑：侯雯洁 吴亦煊
美术编辑：佟雪莹
出　　版：中国青年出版社
发　　行：北京中青文文化传媒有限公司
电　　话：010-65511272 / 65516873
公司网址：www.cyb.com.cn
购书网址：zqwts.tmall.com
印　　刷：大厂回族自治县益利印刷有限公司
版　　次：2024年8月第1版
印　　次：2024年8月第1次印刷
开　　本：787mm × 1092mm　　1/16
字　　数：585千字
印　　张：35
京权图字：01-2021-5054
书　　号：ISBN 978-7-5153-7328-7
定　　价：79.90元

谨以此书献给

我的启蒙老师

迈克和佩尼·莱莫夫

目 录

CONTENTS

致 谢

如果没有团队的鼎力相助，这本书不可能顺利完成，他们的帮助在字里行间都可以体现出来。所有“像冠军一样教学”团队的同事都直接或间接地为本书做出了巨大的贡献：他们对本书的技巧以及其他工作提出了数百个独到的见解。我对他们的感激之情无以言表。当他们为教师的教学方式苦思冥想寻找合适的名称时，或者看到有些学生的回答非常有趣进而反复回放视频研究时，可能也是他们开玩笑自嘲、感谢队友的努力或把荣誉归于他人的时刻。他们是聪明、优雅、有趣、谦逊、眼光敏锐的同事，简而言之，他们创造了一个积极向上的研究氛围，把具有挑战性的教学研究工作变得收获满满且非常有趣。

我们把许多教师和学校领导召集到一起进行专业发展研究时——面对面或线上讨论——我们的目标始终是通过帮助教师在如此重要的工作中做得更加出色从而赢得学生的尊重，并确保每个人——我们和他们——学到很多东西，同时也要从中获得乐趣——让教学成为一项以快乐和友情为标志的团队活动。教师应该在这种环境下工作，我知道这一点，是因为我很荣幸地观摩了教师的授课，并获得了第一手资料。

这支团队包括艾米丽·巴迪洛、杰米·布里兰特、丹·科顿、约翰·科斯特洛、科琳·德里格斯、狄龙·费舍尔、凯文·格里贾尔瓦、金·格里菲斯、布列塔尼·哈格罗夫、华金·埃尔南德斯、特雷西·科伦、贾斯敏·莱恩、希拉里·刘易斯、罗伯·理查德、珍·鲁加尼、汉娜·所罗门、贝丝·维里利、米歇尔·瓦格纳、达瑞尔·威廉姆斯和艾丽卡·伍尔威。我非常感谢他们每一个人，他们中有些人在这本书的制作中扮演了重要角色，值得特别提及。

汉娜·所罗门在我们的团队身兼数职，其中之一就是这本书的编辑。确切地说，她的工作应该不能叫作是“赶猫群”（herding cats），因为只有一只猫，“赶”

一词意味着它正在朝着正确的方向前进——或者至少取得了一定进展——而你只是把它推回到正确的轨道上。汉娜的工作包括项目管理——单是让我专心完成任务已经够难了，她不仅要这样做，还要跟踪所有任务的进展情况，更不用说所有的初稿了。现在回想一下，这就像和最不守规则、最心不在焉的学生一起做事，他们非常认真地再三向你保证说，星期三一定完成任务，但你心里明白他们根本做不到。与此同时，汉娜还要对初稿进行一轮又一轮亲切而坦诚的反馈、收集、设计支撑材料、帮助选择视频，并千方百计地提供好的意见和建议。写这本书时，我们经历了无数个黑暗而绝望的时刻。之后，我会拿回我的初稿，她会抽时间跟我解释她喜欢哪个短语或哪一段，然后我再继续写下去。我对此非常感激，也非常感谢她在我思考和修改这些技巧时，多次鼓励我改变最初的想法。

艾米丽·巴迪洛在本书的写作中也发挥了关键作用。如果你对这个名字很熟悉，那是因为她的案例也出现在这本书中。她在阅读、修改草稿、起草段落、寻找支撑材料、筛选和推荐视频方面做出了巨大的贡献。

撰写本书时，我和团队也在为美国和其他国家的成千上万名教师提供视频和课程培训。换句话说，我们还有一个组织要运作。每个部门负责人都有自己的独特技能。我经常在短时间内处理几个月不回复的邮件，召开紧急会议等。有时还会在办公室里躲上几天，在提交草稿的最后期限即将到来时，纠结某段话的措辞。因此，我特别感谢与赞扬“像冠军一样教学”领导团队的合作伙伴——首席学术官艾丽卡·伍尔威和联合董事总经理达瑞尔·威廉姆斯——因为他们出色的想法、独到的见解和对教学的深刻理解，以及他们温和地管理我的“技能”的能力。我再也找不到更好的合作伙伴了。

写作是一个缓慢的过程，但本书的撰写过程特别具有挑战性，因为它是在2020年完成的。约翰·威利父子出版社（John Wiley & Sons）的艾米·范德烈和皮特·高恩自始至终都很镇定，他们充分理解和信任我。我希望本书的出版能抵消我给他们造成的麻烦。

雷夫·萨加林一如既往地指导和支持我，履行着一个支持者和代理人的职责，我很感激有这样一个睿智的人的指导。他的目标是帮助我找到写作的愿景，并将其一一实现。

这本书也反映了众多教师和教育工作者——来自美国、英国甚至世界各地——共同的见解，他们与我分享他们的见解和观察结果。曾几何时，我认为社交媒体就是现代文明的毒瘤，但现在我意识到它其实也是一种有效交流的工具。非常感谢成千上万名教师使用该工具并分享积极和有建设性的知识和见解，因而我才能在短时间内学习了很多。我在书中尝试引用了一些特别打动我的教师的话。我在网上向一些同行咨询我困惑的问题，结果很荣幸地收到他们充满智慧和洞察力的见解。因此，感谢每一位从事世界上最重要工作的教师，也感谢那些与我分享了这方面知识的人。

最后，伴随这本书三个版本的撰写，我的三个孩子也都长大了。毋庸置疑，我非常爱他们，并为他们感到骄傲。当时那么小，现在已经是大孩子了，但我仍然愿意为他们付出我的所有。我在这里提及他们是因为我所做的工作一直与我家长的身份有关。在我彻夜难眠，为孩子的未来感到焦虑时，我知道其他父母也和我一样担心孩子的学习，甚至还有更大的焦虑。我经常想到那些像我一样深爱孩子的父母，他们不能奢望把孩子送到能为学生提供足够学习和成长机会的学校和课堂。这本书的初衷就是为我自己的孩子和其他父母的孩子提供世界各地最好的课堂。

最后，我要衷心感谢我的妻子丽莎。感谢她促成本书的顺利完成好像远远不够，因为她做了太多值得感谢的事情。所以，“丽莎，谢谢你为我提供的这束阳光，就是这束光照耀着我的写作之路”。

公平、正义和学习的科学

我把本书的开头部分称为“前言”，因为我得给它取个名字。我读书基本上都会跳过前言，也许你也会。

但请不要跳过这个版本的前言，因为我要告诉你，这本书与千变万化的世界的关系：它如何确保公平和社会正义这样的宏大问题，以及它与关于学习的认知科学的洞见之间有何联系。

无论你是《像冠军一样教学》的老读者还是第一次阅读这本书，前言都会帮助你了解本书的主要内容。

2019年夏天，我开始第二次修改《像冠军一样教学》。我以前修改过一次，分享了我进一步学习到的东西，同时借鉴了很多优秀教师的智慧结晶——他们灵活改编和应用了第一版《像冠军一样教学》中的技巧。在观摩了他们的课堂教学后，我开始思考：“我从来没有想过这么做，我以前怎么没有想过这么做呢？”所以《像冠军一样教学2.0》就这样诞生了。

这一次，我想再次利用教师的智慧结晶，但我也想做出更大的改变。我想讨论对认知心理学的研究发现，它可以快速提升我们对人类大脑工作以及学习原理的认知。弗吉尼亚大学认知心理学家丹尼尔·威林厄姆（Daniel Willingham）所说的“认知革命”并没有出现在课堂教学中，我个人认为，这是不公平的。学生应该得到科学的教学指导。在本书中不能再只是隐晦地点出教学与科学研究的联系，也不能仅仅使用研究数据来阐述在教室里重要的（或不重要的事情）是什么，而要用它们更清楚地说明为什么。

伟大的教学“总是从清晰的愿景和明确的目标开始”。阿德耶米·斯坦布里奇（Adeyemi Stembridge）在《课堂文化响应式教学》（*Culturally Responsive Education in the Classroom*）中写道，“能够深刻理解这一点的教师，往往能从最平凡的策略中唤起自己的才华”。目标明确可以使平凡的策略变得出彩，目标模糊会导致有效策略失败。知道为什么就更有可能知道怎么做。

我想做的不止这些。威林厄姆指出，如果你知道学生能够记住他们思考过的东西，你就可以有意识地使用全体学生都动笔（技巧38）和随机提问（技巧34），确保每个学生都深入思考课程内容；如果你知道学生感到心理安全才能更好地学习，你就会有意识地使用注意力习惯（技巧48），让学生融入到一种保证发言的同学不断得到同伴支持的文化中。

于是，这一版书就开始成形了。我把教学计划那一章换成了课程准备。当然，这两件事不能同日而语。课程准备是指你或其他人写好计划后所做的事情，准备好实施教学计划。从教的经历让我坚信课程准备的深远意义，也让我看到它经常被忽视的事实。这一章的第一个技巧是规划范例（技巧1）——提前写出你希望学生在课堂上给出的理想答案。这项任务看似多余，你可能会想，“我对学生应该说什么已经胸有成竹”。但写下理想答案有助于释放你的工作记忆，这对你非常重要，我对此深有体会。

我将在第一章中花费更多笔墨讨论工作记忆——本质是你意识到的自己在思考的事情——努力思考某件事，你的工作记忆就会满负荷，你的感知质量和深度就会下降。如果你一边开车一边和配偶打电话，你极有可能错误地判断一辆迎面而来的汽车的速度，从而发生交通事故。这和你手里是否拿手机无关，而是和你的工作记忆有关。在关键时刻，一个人不能同时做两件事。对学生和教师来说都是如此。如果你试图记住希望学生给出的理想答案，你就无法听清楚他们在说什么。但是把答案写出来，甚至简单地瞥一眼，就会产生深远的影响。你会更清楚地听到学生的观点。

越来越多的认知心理学研究明确表明了背景知识和长期记忆的重要性，所以我增加了教师如何应用检索练习（技巧7）和知识归纳（技巧5）的新技巧。迪伦·威廉（Dylan Wiliam）称认知负荷理论是“教师需要掌握的最重要的事情”，该理论将贯穿整本书，尤其是在“技巧21：分解教学步骤”中。最终，我决定添加第一章，它总结了构成强大课堂教学心智模式的关键原则——一种被认知心理学家描述为指导强大决策必要条件的心理模式。

这本书的修订是不可避免的——不仅是因为我看到教师做出了实用的甚至出色的调整，还因为存在真实的、严肃的错误。我观摩的课堂中，有些教师让我叹为观止，有些教师则是装模作样地实施《像冠军一样教学》的教学技巧，我对此有些不悦，这很值得反思："怎么会这样呢？两位教师在相邻的教室里使用类似的技巧教学，其中一个让我感到骄傲和兴奋，另一个却让我痛苦万分？"

我没有任何个人偏见。我从伟大的教师那里学到的更深刻的人生教训之一就是"技巧59：积极架构"的内容，也就是不要把学生一时冲动犯的错归因于恶意为之，除非你有确凿的证据表明学生的行为是故意的。例如，当几个学生不听从你的指令时，如果往好处想，你可以说，"同学们，我刚才肯定没有说清楚大家该怎么做，我希望大家安静地完成作业"，或者"稍等一下。我们有几个同学忘记这项作业应该安静地完成。请自我纠正一下吧"。往好处想——用"我刚才肯定没有说清楚"或者"你们可能忘记了"替代"你们根本不在乎"或者"你们根本没听我的指令"——不仅建立了更强大、更积极的师生关系，而且会让你感知学生和世界的不同，因为你现在渴望看到的最终会成为现实。在《发现你的积极优势》（*The Happiness Advantage*）中，肖恩·埃科尔（Shawn Achor）称这种现象为俄罗斯方块效应。如果玩俄罗斯方块的时间足够长，你就可以想象到色彩鲜艳的形状在不断落下。如果每天都拥有一颗感恩的心，世界将会充满令你感恩的东西。如果把学生做事的意图往好处想，你会看到一个所有人都努力把事情做好的世界，这会让你更快乐、更乐观、更有可能成为一个更出色的教师。

顺便说一句，对学生来说也是如此。当我们帮助学生对同学的行为做出善意的解释时——你确定她推你了吗？你确定他嘲笑你了吗？——我们其实是在给他们一个更美好的世界。正如约翰·哈蒂（John Haidt）和格雷格·卢基亚诺夫（Greg Lukianoff）指出的，拥有善良、积极、乐观的心态是更健康的生活方式。

这有点儿像题外话——如果你认为学生的快乐是题外话的话，确实是这样。我认为，作为教师，记住要往好处想，并对学生说"我刚才的指令一定不够清楚"而不是"有些同学根本没有听我的指令"。这样就可以避免犯基本归因错误[1]

[1] 基本归因错误：倾向于将个人行为过度归因于人格、态度、信念等内在特质上，而低估其所处的情境对该行为的影响。

（fundamental attribution error）的问题，而是反问：刚才我的指令足够清楚吗？有时可能是没有说清楚。

当看到教师没有正确使用我所描述的技巧时，我会扪心自问："我的指令足够清楚吗？为什么人们会忘记？技巧偶尔被误用的原因是我写错了，还是我没有说清楚？"

当然，答案有时是肯定的。怎么可能不是这样的呢？教学是在复杂且往往具有挑战性的条件下进行的艰巨工作。对于一个试图描述做过什么或可能做了什么的教师或人来说——不可能100%正确。

我稍后再讨论这个话题，现在我要描述在本书中发生的变化：我们增加了更丰富的课堂案例，案例中教师使用了多种技巧的组合。这可以让我们更深入地感觉到不同寻常的课堂文化和精神面貌以及技巧结合和互动的方式。以克里斯汀·托雷斯为例：你会在本书中看到几个她的教学案例。我第一次观摩她的教学是临时拜访马萨诸塞州斯普林菲尔德市斯普林菲尔德预科学校（Springfield Prep）的时候。一走进她的教室，我立刻就被震撼到了。她的课程准备得无可挑剔。我会用"学术"这个词来描述她的学生所拓展的内容和见解的严谨性。她表达了对学生有能力出色完成教学指令的信心，但她期待学生更加努力、注意力更加集中。她的语气充满关爱、快乐，甚至有点顽皮。

我观察到，当一位学生评价同学的观点时，他不敢面对大家，小声咕哝着。"别对墙说话，因为墙不在乎。"克里斯汀轻快地唱道。学生转过身来，不好意思地微笑着，他注意到同学们都用支持的眼神回头看着他。墙可能不在乎，但同学们的眼神告诉他，他们在乎。于是他振作精神，用一种不太流畅但清晰的声音表达了对这部小说的见解，之后你可以看到，他很高兴——也许是有点惊喜。他成功了，他能做到这一点。这是一节能够让人快速成长的课，一节让人发挥最大潜能的课。

用我将要讨论的词汇来形容克里斯汀的课堂，它是一面"明镜"。它照亮了学生，让他们看清和欣赏过去的自己，但同时也发现以前看不见的东西，从而改变了他们。它不仅"给了他们一个机会"，而且有意识地影响着他们积极参与课堂活动。如果没有有意识的课堂支持文化，他们从来不敢冒险，甚至不知道自己有这么大的潜能。理查德·塞勒（Richard Thaler）和卡斯·桑斯坦（Cass Sunstein）在《助推》（*Nudge*）中解释说，每个环境都会让身处其中的人社会化，从而做出特定的选择，并表现出特定的行为。“没有中立的情况”，只是有所侧重罢了。在一个对彼此观点不感兴趣的课堂里，学生就不会像克里斯汀的学生一样，“自然而然地”鼓励其他同学。一个人的行为很难被创造出来。

后来我们拍摄了克里斯汀的课，当时克里斯汀再次欢快地唱道，“别对墙说话，因为墙不在乎”，鼓励学生面对同伴，大声说话。她最常说的是“大声和骄傲地说出来”。

★★★★★

这是第三版希望带给读者的内容。接下来的2020年，疫情不期而至。

毋庸置疑，新冠疫情的肆虐对学校和教学产生了深远的影响。其中一些也反映在这本书中——我在书中加入了在线上课堂中使用教学技巧的例子，即使在学校恢复（或更接近）正常之后，远程教学也将在学校教育中发挥一定作用。

2020年，明尼阿波利斯的乔治·弗洛伊德（George Floyd）丧命于警察的暴力执法中，之后美国社会爆发了日益紧迫的社会正义和社会变革运动，这是最近的一起非洲裔公民被警察枪杀的恐怖事件。当然，它让人想起了包括学校在内的其他机构内长期存在的体制不平等现象。这促使我和同事更加明确我们要扮演的角色：我们要为一个更公平、公正的社会而战。

坦率地说，《像冠军一样教学》是且一直都是关于社会正义的书。（早在2020年之前，关注美国教育的人都认为，美国教育体制的不平等现象是显而易见的。）它的前提是：天生没有特权和机会的学生应该有权进入愿意为他们提供成功机会的学校和教室学习。这意味着如果他们选择就有机会——但很多人选择了没有考试的学校。有机会坐在教室里孜孜不倦地追求感兴趣的事物、精进自己的学业是不够的。社会正义意味着（至少对我和我希望读这本书的人来说）每个学生都有权坐在这样的教室里学习：社会化的学术环境，为他们提供鼓励和创造成就的最佳条件，为他们提供机会追求成为科学家、工程师、艺术家、银行总裁或某些组织和国家领导人的梦想。他们值得拥有鼓励和激励他们自己和周围人参与课堂教学活动的学校。他们应该得到作家兼识字专家阿尔弗雷德·塔图姆（Alfred Tatum）所说的“纪律公平”（disciplinary equity）。

要想在中小学提供充分的基础教育，学校需要强大的学术力量和文化力量——每个教室里明亮的镜子，可以反映学生的潜能，并把他们吸引到光明中。

当克里斯汀的学生犹豫地转过身来面对大家时——虽不确定他能否正确回答问题，但从同学们的眼睛里他不仅看到了鼓励和支持，还看到了透露出的一种社交规范："我们热情地加入老师的课堂活动；我们毫无疑问是博学的。"结果他发现自己能做到——那就是社会正义的高光时刻。

如果没有这样强大的课堂文化，且课堂规范不能促进积极和富有成效的课堂参与，教师就会做出妥协。课程规划的主要目的必须是能够用一些简单有趣的活动赢得学生的关注，因为我们还没有期望他们能够自觉关注。这时的问题就不会是"我这节课要怎样严格要求学生呢？"。

这种妥协绝不仅仅局限于某些学校。当你读到这篇文章时，来自美国各个阶层的成千上万名学生正坐在教室里，处于不同程度的妥协状态，一种安静的暴政——时隐时现，但仍然强大，正在发挥作用。"新教师项目"（The New Teacher Project，TNTP）2018年的报告《关于机会的谣传》（*The Opportunity Myth*）表明，这种安静的暴政是多么普遍。TNTP跟踪了5个不同学校系统的近4000名学生，发现即使学生按要求完成课堂任务，即使他们竭尽全力发挥自己的潜能，并为进一步学习设定目标，绝大多数学生都没有办法完成他们梦寐以求的事情。他们的课堂活动没有挑战性，要求也不够高。即使是那些得了高分的学生也没有做好充分准备。"他们想要的生活，"该研究作者写道，"在不知不觉中一天天离他们远去，而他们和家人却毫无察觉——不是因为他们不能熟练掌握具有挑战性的材料，而是因为他们几乎没有尝试的机会。学生每学年要用500多个小时完成不适合他们年级水平的作业，而且教师对他们的要求也不够高——这相当于在每个核心学科上浪费了6个月的学习时间。"

对我来说，社会正义是变得更好的课堂，是能够提高学生学习成绩、为实现每个学生的梦想做好准备的课堂。如果课堂不能让学生成就伟大，它就永远不会成为一个公正的课堂。但是，让学生有能力成就伟大并不意味着迎合他们。它意味着要关心爱护学生、和蔼可亲、平易近人地鼓励他们竭尽所能发挥最大的潜力。这意味着要以爱为出发点，为学生制定规则，鼓励他们坚持、永不放弃。我们这些做父母的人知道，我们对孩子的期望也是如此。

我知道，人们对"社会正义"的理解千差万别。平心而论，不同教师对平等的理解也不尽相同，但如果学校不培养学生优秀的阅读、写作、科学和数学运用能力，没有为他们在心仪的领域实现卓越和领导才能提供机会，无论我们多么努力，采取何种行动，都不能建立一个更公正的世界。公平始于成就。

此外，正如我认识的、最好的学校领导人之一所观察到的，如果学生不能把知识和分析技能融入关于“社会正义”的讨论中，我们就会产生致命冲突的风险——意图良好但是缺乏思考，这样做弊大于利。

对于一些学生来说，可能社会正义意味着关注政事。但你也要知道，有些学生想要设计信息系统，这很重要。有些人会选择专注于自己画作的颜色和构图，这也很重要。他们的权利是：学校和课堂要做好准备，帮助他们实现自己的梦想。这也是社会正义的一部分，每个年轻人都有权利规划和追求自己的梦想。对于大多数贫困儿童，大多数非洲裔儿童，或者说对于大多数儿童来说，这还没有实现。

虽然我本人志向于在公正、公平的社会中教书育人，但应该指出的是，这不是一本关于“贫困生”或“非洲裔的孩子”教育的书。学校或许并不都是如我们所希望的那样，但是我们不应该给孩子贴上标签，孩子们都是一样的。这是一本关于怎样更好教学的书，重要的是，我确实是从部分教师那里学到的。

但我还没有愚蠢到认为，因为我对社会正义反应强烈，就对社会正义和我渴望服务的社区了如指掌。所以在写本书时，我和“像冠军一样教学”的团队成员也进行了数月的学习和研究。我阅读的研究文献涉及社会理论、社会正义和文化响应式教学等。

我的全体员工也参与了对我们所有工作的内部审查。这是由我的联合董事总经理达瑞尔·威廉姆斯领导的——质疑自己思维的过程很难——包括我所有同事、合作伙伴和学校领导的反馈和见解，他们在自己的机构和学校中都使用《像冠军一样教学》。我们详细探讨了书中的技巧和术语，修改说话的语气和陈述的观点以减少或避免被误用或误解的可能性。我们反复观看视频，密切关注技巧的描述方法，以便教师能够成功地应用或调整，从而尊重、提升和表扬学生的优异表现。说实话，有些时候，这些视频或我的写作并没有准确地捕捉到我们想要传达的思想，我不得不重写某些段落，重新命名某些技巧或概念。

我深知，许多《像冠军一样教学》的读者可能都听过人们对某些技巧的批评——比如表达形式很重要，以及当时被称为SLANT的技巧。令人惊讶的是，在修改过程中，我翻开了上一版书，重读了一遍，惊讶地发现我对某些技巧使用的原因和操作竟然解释得如此少。你会发现本书中专门对这些技巧进行了大量修改，我们仔细构建它们，确保所有读者都能充分理解其原因，以便他们能够信心十足地使用它们，帮助学生茁壮成长和学业有成。我想澄清一下——我认为这些技巧，如果运用得当，都是实现社会正义和取得成功的最关键的催化剂。你可以在克里斯汀和许多教师的课堂里看到这些技巧的使用。但它们也是很强大的工具，因此非常有必要纠正它们。坦白地说，我也观摩过技巧运用错误的课堂。一次不完美的应用并不能完全否认一个技巧，但却提醒我们：更好、更灵活地应用这些技巧是多么的重要。

我们在其他方面也做了修改。在阅读《像冠军一样教学》时，我偶尔会看到负面效果的例子，有时似乎没有用最好的意图揣测学生。部分原因是我对教师怀有深深的共情。我对这本书的愿景是，帮助教师做好充分准备，迎接最具挑战性的教学场景——这些挑战会动摇他们可以成功的信念，从而使部分教师离开了他们的教学岗位，也离开了快乐、阳光的日子——使教学成为世界上最令人向往的工作的那些时光。谈论这些困难时刻的书十分罕见。所以在撰写本书时，我有时会举一些比较极端的例子，说明学生很难对付，但我知道学生“通常”并不会这样表现。我的假设是我们公认教师是关心爱护学生的，即使当（尤其当）他们在为学生设定规则和提供指导时，但我知道也会有反例。我已经重新阅读了本书的例子，并试图减少任何暗示学生刻意违纪的描述。然而，诚实地对待教学也很重要，因为任何地方的学生都是人性的缩影。

世界上所有地方的课堂都是善与恶、美德与恶习、智慧与愚钝并存的。这就是教学工作如此艰巨的原因。我在书中偶尔提到一些极端的例子，因为这就是教师工作的真实写照——而且往往是不了了之，也没有系统的支持，如果你作为一名读者能够理解这一点，那我表示万分感激。

最后，自我反思和审视的过程也帮助我坚定了自己的信念。我认为，社会正义的问题与教学的问题是不可分割的，而教学的问题包括有针对性地设计课堂文化的必要性，为学生提供最具支持性的文化。

有些人可能对此感到不适。他们认为设计课堂文化是强制性的，是一种过度行使权力和权威的行为。但我要谈谈基本归因错误问题。我们将他人的行为归因于“人的本性”和“几乎不受周围环境的影响”。我们只看到了固定的特质——他冷漠无情，而不认为当外在环境合适时他可能也有温情的一面。我们很少考虑环境——“我如何创造条件让他变得愿意关心他人？”并且常常低估人们对外界提示和规范可能产生的反应。

影响本书的另一个因素是进化生物学，其核心观点是：人类之所以能够在进化中脱颖而出，主要是依靠集体合作，而且对怎样融入集体异常敏感。从进化的角度来看，这一点至关重要。我们首先是文化的产物，对社会规范反应强烈，因此每个年轻学子都应该踏入一个积极、有建设性社会规范的教室。

下面我要通过描述一个学生生活中的某个瞬间来解释一下我的意思。我们权且称呼她为阿莎吧。阿莎正在上生物课，刚刚想出一个观点，但该观点还不太成熟——还是个概念——但她不想让其他同学抢先。“这是一件很酷的事。”她想。她有点儿害怕分享自己的想法。万一她的想法是错误的，或者，糟糕的是，其他同学早就知道这一想法怎么办。也许没有人太关心DNA重组的问题，它只不过是突然在她的脑海中闪现的火花。也许说一些关于DNA重组的问题会让她成为那个学生——那个经常举手、敢于尝试、打破社会规范的学生。到此为止，这些想法一直萦绕在她的脑海，让她犹豫不决：“不要分享自己的观点；不要让其他人发现你的智慧；别冒险；适可而止。”但不知何故，在这一刻，想要回答问题的愿望克服了她的焦虑。她举起手，教师也提问了她。

接下来发生的事对阿莎的未来至关重要。她的同学会在乎她的想法吗？她会从他们的脸上看出他们很感兴趣吗？他们会点头表示赞同吗？他们会针对这个话题提问吗？他们会记下某个短语吗？还是他们会懒洋洋地缩在椅子上，转过身去，分心或假装查看手机，用肢体语言表达他们的漠不关心？“天啊，你都说了些什么呀？”然后是嘲讽地大笑。下一个同学的评论会忽视她的观点吗？会有同学评论吗，或者她的话会在沉默中消失，说明她发言后没有人关心或赞同她的观点，甚至都不看她吗？

这些都是阿莎人生旅途中的十字路口。它们会影响她和学校之间的关系以及她自己的抱负。她是一个充满活力的灵魂，头脑中装满平常不会分享的想法，暗自怀疑像她这样的人能否成为一名医生。她不认识什么医生，但她发现自己有时会这样想。

显然，这些梦想并不是一时兴起，但如果我们忽视它的相关性就是极其愚蠢的行为。这可能是她通往医学院之路上的一小步，也可能是她今年最后一次举手。

是的，教师是否以鼓励的方式来回应她的评论很重要——但不如社会环境以及阿莎同学的回应更重要。如果教师在同学的轻蔑和沉默中赞扬阿莎的评论，好处是有限的。教师有能力与阿莎建立良好的关系很重要，但教师在阿莎的教室中确立规范的能力至少是同等重要的。良好的师生关系固然重要，但我们创造的社会规范可能更重要。人们很难注意到这一点。这个话题似乎又偏离了主题，但这也是一件很重要的事情。大部分课堂不会设定明确的范式，规定出当阿莎发言时或当她刚刚发言完，声音还在教室回响时，学生应该遵从怎样的社会规范。学生是否表现出对同学发言的兴趣真的与教学相关吗？又或者教师订立出了规范，但是也只是停留在纸上——她的教师、也许她的学校都没有意识到在那一刻发生的事情是在他们的控制范围内的。让数百名学生做到这一点，其中还有很多人“根本不在乎”，想想都令人头疼。最终，在这一刻发生的事情和成百上千件类似的事情就全凭概率了：幸运或不幸、支持或破坏性的言行都会给阿莎和她的同学带来巨大的影响。

一种接近最佳文化的选择是，阿莎的同学用眼神和肢体语言交流：“我们在倾听；我们尊重你的想法；我们很感兴趣；继续举手分享你的观点吧。”所有这些不是自然而然或偶然发生的。这是在教师的掌控下发生的。

下面让我讲一个简短的故事来结束这个话题吧，这是一个我称之为“撕绷带悖论”的故事。

在《怪诞行为学》（*Predictably Irrational*）的开头，杜克大学的行为经济学家兼心理学家丹·艾瑞里（Dan Ariely）讲述了一个关于撕绷带的故事，他研究了“为什么人们会误解自己行为的后果，并反复做出错误的决定”。

护士普遍认为，快速撕掉绷带比缓慢、一点点地揭掉绷带给病人带来的疼痛更小。许多人认为，快速撕掉绷带被证明是一种更可取的治疗方式。

年轻时，艾瑞里因为意外爆炸全身烧伤面积达70%，护士就是用这种方法撕掉他身上的绷带的。对此，艾瑞里持怀疑态度。他的感受一定很强烈，因为在研究心理学多年后，他通过自身经验和多次试验证实了这个想法，他的研究发现病人更喜欢较慢揭掉绷带。

艾瑞里回到他曾经住院的医院——他曾在那里花了数月进行康复治疗——并把他的重大发现给了那里的护士。但让他吃惊的是，即使面对他的研究成果，护士仍然坚持使用自己的拆除方法。

艾瑞里忽视了护士在撕掉绷带时感到的心理不适。当护士慢慢地撕掉绷带时，病人表现出了焦虑、恐惧和不适的神情。护士可能认为伤害别人的感觉是很糟糕的，即使理性告诉他们，他们是在帮助病人，但是拉长这个过程对护士来说感觉更糟。

事实证明，对于护士来说，实施治疗的心理方面——甚至是明显有益的治疗——是决定他们提供护理方式的重要因素。我称之为撕绷带悖论。他们对治疗的焦虑可能会让他们选择一种次优的治疗形式，并解释说这是为病人着想。

类似的撕绷带悖论也影响了教学领域的实践。实施“治疗”往往会与“感觉良好”，或者感觉安全，或者与当事人的自我认知以及对公平的看法有矛盾。尤其当医生的自我认知是自己是一个“治愈者”，而教师的认知是建立在对与错的基础之上时，这种冲突感就会更加明显。

教师经常面临具有挑战性的艰巨任务，他们必须要考虑到在实施教学任务时可能会碰到困难甚至遭遇失败的现实可能性，而且还是面对着一群“苛刻的”观众。我们必须要时刻谨记，对于照料方来说，选择将更容易实施的方案合理化，永远比选择有利于学生长期发展但却有风险的方案要更容易。教师需要建立这样一个课堂文化：在那里，学生可以通过亲社会的非言语行为，比如眼神交流，表明他们重视彼此的想法，同时教师还要教会学生主动追踪同学的眼神。

任务越困难，教师编造一个非常聪明或听起来有道理的理由的风险就越大。比起制定规范，确保所有孩子都有在能够帮他们实现梦想的教室学习的权利，前者自然是一条更容易的路，而后者则充满荆棘，也不易被理解。

我在上一版书中曾提到过一个我在这本书中经常使用的短语：充满关爱的问责方式（loving accountability）。这不是一个常用表达。不可否认，我也是在写了好几年关于教学的书后才想到了这个表达。充满关爱的问责非常重要。它提醒了我们：首先，问责的时侯可以、应该微笑着提醒学生我们关心他们；其次，问责是爱的一种表现形式。

例如，随机提问（技巧34）时，我们引导学生——有时自愿，有时有些犹豫——进入互动环节，告诉他们，他们的声音很重要。我们正在培养他们的注意力习惯（技巧48），并从而使之终生保持这种全神贯注的习惯。正如扎雷塔·哈蒙德（Zaretta Hammond）所写："在我们被激励学习眼前的东西时，必须先注意到它。自主学习者的特点是能够将注意力转向自己学习的东西。" 我回头再详细解释。能够在课堂上吸引学生的注意力是教师给学生的一份礼物。

如果学生感到一丝焦虑，没关系，这是成长的表现。他们将了解到有时在学习时需要表达出自己的想法；他们将从成功的经历中看到自己是有能力的；他们将学会专注——起初是因为知道教师可能会随机提问，后来是因为，对，这已经成为习惯——这些都是充满关爱的课堂的礼物。随机提问时，始终保持微笑可以提醒学生和你自己——慢慢撕掉绷带很难——这是一件好事。

关于随机提问（技巧34）部分，你可以在德纳留斯·弗雷泽和布伦娜·廷德尔的课堂案例中看到。他们始终对学生热情地微笑，你可以感受到他们对学生的关爱。我希望，他们会提醒你，把责任称为一种关爱的形式并不矛盾。如果学生可以选择的话，这可能并不总是他们的第一选择。但最终，他们往往会更喜欢，这种充满关爱的问责制——像本书中的德纳留斯、布伦娜、克里斯汀等教师一样——结果不仅成功，而且学生参与率很高，学生完全沉浸在教学活动中并能感觉到课堂节奏的流畅性。他们也变得更加快乐了，虽然他们并不会把这归因到带来快乐的"责任"上。

尽管知道了这一点，有些教师仍然选择更容易的道路。在这种情况下，他们应该思考一下：我们在教育中服务的群体是谁？这对他们是很有帮助的。我们要为10年或15年后的学生服务，因为这会对他们的生活产生长期影响。我们为他们的父母服务，他们还指望我们帮助他们的孩子创造美好的未来，即使他们周围的世界充满分散他们注意力的科技产品和信息，它们很诱人甚至很酷，但现在不做、不玩以后也会有机会做或玩。古往今来，很多年轻人不喜欢父母说的话，但最终，却把父母当初告诉他们的话讲给自己的孩子听。教育是一个长期游戏，父母指望我们放眼未来。你可能在罗伯特·邦迪思修（Robert Pondisicio）的《另一半人是如何学习的：平等、卓越以及关于择校的斗争》（*How the Other Half Learns: Equality, Excellence, and the Battle Over School*）中听到过这一观点。最伤心的是那些没有受过良好教育的父母，他们寻找好的学校和班级就是为了避免同样的结果降临在自己孩子身上。"我在教育体制中迷失了方向，" 一位母亲告诉邦迪思修，"我拒绝让这种事发生在我儿子身上。" 我们都能感觉到她的绝望。

优质教学也包括教学生选择一条陡峭崎岖、有时会抱怨的道路。这是一段很长的路，也许其他同学正走在一条似乎更容易但不会通向顶峰的道路上。更陡峭的道路不仅包括更辛勤的劳作，还包括更艰难的心路历程——对教师和学生来说都是如此。它类似缓慢撕掉绷带，爱有时是自相矛盾的。

如果你为简单教学寻求理由，这本书不会令你满意。换言之，有很多书会这样做。如果你的目的是找到最有效和最关心学生的方式并竭尽所能地服务好学生，即使面对困难——尤其是面对困难的时候，那么这本书恰好能满足你。如果这是你要找的书，请继续阅读下去。

教学的艺术与方法

伟大的教学是一门艺术。在其他艺术门类——如绘画、雕塑、小说创作中，大师们娴熟地利用最普通的工具将最原始的材料——石头、纸张、油墨变为极其宝贵的社会财富。这种点石成金的技艺令人叹为观止，因为在旁人看来，这些工具平淡无奇，毫无奇妙之处。谁会经常将眼前这些凿子、槌子、锉刀同米开朗基罗的大卫雕像联系在一起呢?

伟大的艺术有赖于对基础技能的精通和应用。“技艺”必须通过勤奋的学习才能获取。你要学习使用凿子、槌子，并日益臻善这一技能，找对使用凿子的角度和力度。也许，若干年后的某一天，人们会评价你的创作哲学，但对你来说，娴熟地使用平凡的凿子比一切理论都重要。诚然，并非所有使用凿子的工匠都能创造出大卫雕像。但是，那些不能掌握这一工具，只能在岩石上凿出些痕迹的工匠绝对不能。

每一个艺术家——包括教师在内——都是工匠，其任务是研究一套工具，并挖掘出这些工具的使用诀窍。一把凿子看似平凡，但你对它了解越深入，就越能挖掘出其更多的潜能。当你打磨雕塑轮廓，希望它达到完美的平滑程度时，你会突然意识到，这把凿子可以让人物的面部表情更细腻、肌肉线条更紧实。你对凿子的看法也会因此改观。掌握工具不仅仅意味着使创作成为可能，它还会给创作带来活力。艺术创作过程一点也不刺激。艺术家的一生，其实就是工匠的一生，他们手上会起茧，周围都是石头屑，内心需要保持勤勉和谦逊，不过其回报也是巨大的。它是值得毕生奋斗的事业。

大学三年级时我曾出国旅行，我在巴塞罗那毕加索博物馆看到了毕加索上学时的笔记本。最令我记忆深刻的是本子上每一页的空白处都画满了草图。顺便说一下，这些并不是素描簿，只是普通学生用来记笔记的笔记本。这些微型草图以完美的角度、线条和明暗度记录了教师的脸庞或者毕加索自己那只握住铅笔的手。之前，我一直以为毕加索的画作是抽象的，那种绘画风格使表现精准和逼真的绘画技巧变得无足轻重。但眼前这些草图呈现出来的和我想的完全不同，它们见证了他对基本技能的熟练掌握以及对技巧的不断完善。即使是在上课走神的时候，他也在打磨自身技艺。他首先是一位工匠，然后才是一名艺术家，这一事实得到了进一步证实，因为据统计他一生画满了178本素描簿。

这是一本关于教学技巧的书，我希望世界各地的教师都能从中获益。但它尤其对以下领域的教师有参考价值，这对我个人而言是最重要的：公立学校，特别是那些主要为贫困学生服务的学校，这些学生正走在一条狭窄的、充满不确定的道路上，追寻着他们本应得到的机会。出身贫穷不应该限制一个人成功的机会，这尤其不应该出现在一个相信精英统治的国家，然而事实就是这样。对于那些服务于"弱势"群体学生的学校来说，失败的代价是高昂的，他们面临着巨大的挑战。那里的教师经常面对各种各样的困难，有时甚至是难以克服的。尽管如此，在每一个这样的学校里，毫不夸张地说，教师每天都在接收别人眼里"不会"的学生——不会读伟大的文学作品；不会做代数或微积分；不会学也不想学习——只有帮助、鼓励、鞭策，甚至哄着他们学习，他们最终才能成为学有所成的学生。我们不可能知道这些教师都是谁，但他们无所不在——通常在市区默默无闻地工作着，在那里50%的新入职教师在头三年内都会离开教学岗位。

想想看：对于那些苦苦挣扎的新入职教师来说，最终应对使他们离开教师这个行业的挑战的解决方案却正在几公里之外的学校焕发生机。事实证明，对于学生来说，走进正确的教室可以打开机会之门。问题是，我们向树立榜样的教师学习的态度还不够真诚。

我的目标是尽量多地找到这样的教师，仔细研究他们的教学方法来向他们致敬。为了写这本书，我花费了大量的时间站在教室后面听课、观摩优秀教师的教学录像。我引用了吉姆·柯林斯（Jim Collins）在《基业长青》（*Built to Last*）和《从优秀到卓越》（*Good to Great*）中的观察结果：认识到伟大与优秀的区别比个人的能力更重要。我想了解的不是教师因何表现优秀，而是他们因何出类拔萃，又为何能战胜重重困难并取得卓越成就。他们有坚定的信念支撑他们改变人生吗？他们有其他教师可以借鉴的言行吗？他们能够揭示卓越背后的成长历程和规律吗？他们的卓越表现是独一无二、无法借鉴的吗？

我发现，尽管每一位伟大的教师都是独一无二的，但作为一个群体，他们的教学又都具有共同的特征。因此，我开始将他们所做之事一一列出。为方便记忆，我给这些行为命名。久而久之，我清单上的主题数量越来越多，也越来越具体，观点被渐渐糅合成技巧。当然，并不是我所观察的每一位教师都用过我所描述的所有技巧。我发现每一个冠军教师都不太一样：有的活泼；有的安静；有的循规蹈矩；有的即兴发挥；有的机智幽默；有的严肃认真。但总的来说，有一点他们是一致的：事实证明，面对挑战时，他们都有一个追求卓越的工具箱。其中的内容也是上万名默默无闻的教师精心打磨、千锤百炼过的。我不敢保证，我对这些方法的分析准确无误。事实上，这本书，我已经重写了好几遍，试图更准确地记录下从优秀老师那里学习到的他们的所作所为。我想强调一点，拥有一个工具并不意味着你可以随意使用。画家的工具箱装满了刷子和绘画刀，但他并不是画每一幅肖像画或风景画时都用到所有工具。

假如，作为教师，你对教学技巧的研究刚刚起步，我的目标是帮你成为这样的教育工作者——在漫长而辉煌的执教生涯里，致力于发掘学生的潜能。即使你之前的教学成果不尽如人意，如果你全身心地投入，就能获得成功，从而改变人生。如果你能够成功，那这份工作极有可能为你带来快乐，相应地，如果你很快乐，你就能更好地工作。

假如，作为教师，你已经验丰富，教学成果颇丰，我希望通过探讨这些教学技巧及其应用，塑造你在某些日常教学（一些关键而又时常被忽视的时刻）中的言行，启发你完善技巧，投身于至臻技艺的打磨中，感受其中的乐趣。这一努力过程虽艰难但值得为之付出，因为这就是你毕生事业之所在。我猜想对于大多数教师而言，你们已经了解或实施过本书的很多技巧了。那就再好不过了。这样的话，我希望能助你更上一层楼，或许有些技巧及其变体的应用方法你从未思考过。不管怎样，至少，你的成长和新入职教师的成长同等重要。教学是世界上最好、最重要的工作。教师理所当然地要不断成长、不断学习。毕竟，我们对学生的期望也是如此。

假如，你是学校领导，我希望本书能助你一臂之力，帮助教师尽可能成功地开展这项富于挑战的工作。在教育领域，一个机构的首要职责是帮助员工走向成功。如果说，教师能够满怀成就感地结束一天的工作，感受到成功并因此获得成长，他们便会长期留在学校，努力而快乐地工作，同时激励着他人。久而久之，学校也必定会获得回报。

下面几页旨在描述和梳理改变“游戏”规则的优秀教师所使用的教学工具，并反思他们是如何以及因何使用这些工具的，以便你能够做出适合自己的明智抉择。

我所做的不是发明方法，而是介绍冠军教师的使用心得，阐释如何将其有效利用。也就是说，为技巧取名、统一措辞以便分析问题和讨论教学。也许，乍一看，有些名字有点让人迷惑不解，但它们非常重要。假如没有“民主”这个词，民主的存在和维持将困难上千倍。我们永远都会在需要采取行动的时刻陷入无效率的泥潭——“那件事我们讨论过，你知道的，指的是大家都有发言权……”。为了确保工作顺利开展，教师和管理人员必须能够就明确的概念或共识进行高效的沟通。他们需要详尽的通用词汇，以便全面分析纷繁复杂的课堂事件。我认为名字很重要，也值得使用。理想状态下，有了这些名字，你就可以用精确的语言高效地谈论你和同事的教学技巧。

不过我必须说清楚，尽管我为这些技巧命名，但本书的内容既非我原创，也不是精深难懂的理论。这不过是通过观察冠军教师总结出的一套实用笔记罢了，你会在本书中看到其中一些教师的案例，但还有许多教师所做的工作我无法一一提及。我非常感谢他们一直奋发向上、不断打磨技能，他们不但为我提供了素材，还鼓舞我著成此书。

明确、具体、可行的技巧

刚入职时，我去参加培训，离开时耳际总萦绕着很多崇高的话语。它们无孔不入地触及我的从教之心：“对学生抱有很高的期望”“每天期待学生拿出最佳表现”“教学生，而不是教内容”。我深受鼓舞，做好充分提升自己的准备，直到第二天我到了学校，才发现事实并非我想象的那样。我扪心自问：“我该怎样做？我该采取何种行动以便在早晨8：25时向学生展示我对他们的高期望？”

事实上，最终帮助我提高教学技能的是同事说的一些非常具体的话，例如“如果你希望他们遵从你的指令，就安静地站好。你一边发布指令，一边四处走动分发试卷，给人的感觉就是你的指令并不比你正在做的其他事情重要。你要表明指令的重要性，因此发布指令时，要安静地站好”。久而久之，正是这种具体、明确、可行的建议，而不是那些提醒我必须树立高期望的声音帮助我在自己的课堂上提高了期望。

本书所使用的技巧证实了这一体验。我试图以具体、明确以及可行的方式描述冠军教师的技巧，以便你明天就可以使用。我把这些方法称为“技巧”而非“策略”——即便专业教学领域倾向于使用后者，这是因为于我而言，策略是一种经过概括的、告知决定的方法，而技巧则是你说话或做事的特定方式。如果你是一位短跑选手，你的策略可能是迅速跑过若干街区；你的技巧则是，在双腿发力往前跑时，让身体前倾5度左右。如果你希望成为一名伟大的短跑健将，练习并打磨这一技巧能助你获得更大的成就。技巧就是行动，所以熟能生巧。纸上谈兵不会让你迅速跑过那些街区、提升跑步成绩，但多次使用正确的姿势练习短跑却可以。我想，这就是打磨和提升特定技巧能迅速获得成功的原因所在。

同样值得一提的是，这套技巧并不是一个“体系”。对我来讲，考虑单个技巧的好处在于，它们都是小巧、独立的研究单位。你可以选择感兴趣的技巧并对其进行研究，这样就可以迅速提升自己的教学水平，并看到成效。你也可以采纳新技巧，而不必重新设计自己的整体教学方法，或者你可以完全相信本书的所有技巧。

奇普·希思（Chip Heath）和丹·希思（Dan Heath）在他们的书《瞬变》（*Switch*）中指出，人们对待实用信息的态度很大程度上取决于他们是否能够利用它成功改变和改善自己的生活。很多时候，我们说人们不愿意改变——比如教师说的话——其实是不清楚下一步具体该做些什么才能开始改变：“我知道我应该更严格一些，但我该怎么做，或者用哪一种具体、可行的方式去做呢？”让人们尝试某些技巧似乎不如给他们一个包含其一切行为的整体系统更有效，但是试图一次把所有事情都做好是欠考虑的行为。专注于一个可行的技巧可以使改变和改进更加安全有保障，更易于实施，从而使这一技巧成为你人生的一部分。我们常常通过短时期内的细微变化获取更多的长期改变。

《瞬变》的另一个关键观察结果是：我们习惯于认为，解决方案的大小必须与问题的大小匹配。比如其他人听过你的课后提出了批评意见，然后你认为可能需要对自己的教学方式做出全盘的改变。但真的是这样吗？或许你只需要通过使用随机提问技巧提醒心不在焉的学生，或者通过改变备课的方式进而在课堂上更好地听学生的发言，这些小动作可能会带来巨大的改变，并让其他事情也都变得井然有序起来。细微的改变往往会产生不同凡响的效果。

使用技巧的艺术

你将在本书中读到许多技巧，乍一看，它们似乎平淡无奇，毫不起眼。它们并非总是能够体现出创新性，也并非总是包含着惊人的智慧。有时候，它们也并不总是完全契合教育理论。但如果运用得当，这些有时貌似平凡的技巧会产生出乎意料的效果。它们值得你花时间和精力去研究和运用，因为它们是如此的不起眼，很容易被忽视。简单、实用是优点。而我想强调的是，教学的艺术就在于对这些技巧的自由裁量和应用。我之所以尝试帮助工匠成为艺术家，并不是因为我认为教学工作可以机械化或公式化。这些方法的使用要因时而异、因地制宜，而对它们的有效应用也总是取决于教师的独特风格和视野。总而言之，这就是技艺。伟大的教学因为教师系统地掌握了具体的技能而伟大，正如大卫雕像是对米开朗基罗聪明才智的反映，而这正是因为米开朗基罗在创造这尊塑像前也掌握了凿子的使用规则。我相信，掌握了本书所介绍的这些工具，教师在向教学艺术大师之路前进的同时，将对如何使用这些技巧以及使用这些技巧的时机提出自己的见解，做出独立的决定。

我们如何选择研究对象

如果你读过这本书之前的版本，你就会知道我找研究对象的过程是从考试分数开始的。我寻找的是那些服务于贫困生、表现积极的个人和学校。这些教师（有时是整个学校）与学生在社区某个角落的学校里一起奋斗着，在这样的学校里只有一小部分学生能坚持到高中毕业，对他们来说，上不上大学无所谓，或者通常只有10%到20%的学生能通过每年国家指定的州立测试（一个不完善但仍然重要的衡量学业进步的测试）。然而，在同样的环境下，我研究的教师却帮助学生取得了骄人的成绩，超出所有人的预期：他们通过某项考试的学生人数比预期的要高2倍甚至是4倍。有时全班通过。有时他们取得“高级别水平”（学生成绩分为高级别水平、熟练水平、基本水平三个等级）的学生比周围学校“熟练水平”的学生还要多。他们的教学成果大大缩小了出身贫困的孩子和享有特权的孩子之间的差距。

当然，考试成绩是一个不完美的衡量标准。它们传递了很多信息，但并不是所有信息都能够显现。你可以利用测试成绩生成和验证猜想：在你研究了一组带出好成绩的教师的课堂后，你就能看到他们教学的倾向性和共性。所以，只要有可能，我就会尝试使用尽可能多的额外数据，并寻找长期持久的信号——能产生持续影响的结果，而不是一次性的闪光点。如果一所学校在很长一段时间内都很成功，我也会考虑到校长在师资方面的教学指导和投入因素。虽然依据数据所表明的，普通的校长鉴定优秀教师的水平我不敢恭维，但出色的校长与普通的校长还是有所不同的。有人可能会说，优秀校长的成功在于他们能够理解谁的教学特别有效。久而久之，我开始依靠我的团队——到目前为止，他们已经花了数千个小时研究和讨论课堂视频——寻找对其他教师有用的时刻——那些可借鉴、适应性强的时刻，这有可能帮助教师，为学生的茁壮成长助一臂之力。

优秀案例

我在前言中提到，本书的一个重要变化是：我们介绍了一些真正优秀的教师是如何在课堂上综合使用技巧的。讨论这些课堂可以很好地展示这些技巧是如何结合在一起的，从而平衡了只看到一种详细讲解的技巧带来的片面性。以下是一些我很欣赏的优秀教师案例。

朱莉亚·阿迪奥（新泽西州，纽瓦克市，北极星学院）：朱莉亚出色的评估学生的理解水平技巧（见第三章）是通过规划范例（技巧1）来实现的。她对现在就做（技巧20）的检查有赖于课堂参与方式（技巧36）的平衡，其中包括随机提问（技巧34）和随机展示（技巧13）。她在这些技巧的使用上没有浪费一分钟时间。

阿基拉·邦德（当时担任卡纳西小学校长）：阿基拉正在和二年级学生一起读卡姆·詹森（Cam Jansen）的小说。她的等待时间（技巧33）就是一个经典范例。她在使用所有学生都举手（技巧29）回答问题时，要求不回答问题的学生放下手，这样发言的同学就不会有急促感。她通过提示思考技巧确保等待时间（技巧33）的高效性。她始终坚持正确就是100%正确（技巧16）。当安东尼回答问题时，他使用讨论的习惯（技巧44）来说明他一直在倾听同学发言，与此同时，班上同学的注意力习惯（技巧48）又让他在努力解释自己的想法时感到自信。迈克尔成功地解决了课堂上的问题，他成功的部分原因源于明确的系统和惯例(见第十章)——学生知道在迈克尔回答问题时不能大声喊出答案。

杰西卡·布雷西(克林顿山中学北极星学院)：杰西卡正在和五年级学生一起阅读。她和学生一起使用黄金标准FASE阅读法(技巧24)，活灵活现地展现了阅读小说的风趣，使人物形象栩栩如生。她使用先动笔后讨论技巧(技巧40)，要求学生在讨论这本书之前先书面回答问题。她的示范系统和惯例(见第十章)说明学生把所有的思考都转移到写作上，而她的安静写作(技巧39)意味着学生在遣词造句时一直认真地深入思考。他们如此渴望分享自己的杰作也就不足为奇了！当他们如愿以偿时，注意力习惯(技巧48)确保他们认真倾听，讨论的习惯(技巧44)可以提升他们的倾听技巧，从而使他们能够真正地参与课堂讨论。

纳吉·卡特：我在第七章中花费了大量笔墨描述纳吉的随机提问(技巧34)，同时也注意到他出色的讨论的习惯(技巧44)：学生在倾听和讨论方面表现得都非常优秀。他无可挑剔的系统和惯例(见第十章)不仅有助于保持阅读小组专注于阅读任务，并确保活动切换自然、有效，同时还保证了不参与阅读小组的学生一直快乐、高效地参与其他课堂活动。他可靠的自主阅读(技巧23)之所以高效，那是因为他对注释任务解释得非常清楚，让他可以清楚地观察到学生是如何做的。但在让学生阅读之前，他摒弃了学生的自我汇报(技巧6)，提问了学生一系列的问题来评估他们对阅读任务的理解水平，而不仅仅是问他们是否理解。

德纳留斯·弗雷泽(非凡大学特许高中)：我在第三章中深入地讨论了德纳留斯的课堂。德纳留斯几乎对这一章中的每一项技巧都进行了示范，从追踪而非旁观(技巧9)开始，到随机展示(技巧13)结束，这是理解在课堂上如何建立富有成效和持久良性的师生关系的基础。但也要注意，他是如何走到教室一角使用雷达扫视技巧与看得见的观察(技巧53)和最低侵扰干预(技巧55)的，这确保了每个学生都注意到老师在关注着他们。他的心平气和(技巧62)的情绪帮助他建立起一种犯错文化(技巧12)，使学生愿意参与可以从错误中获益的任务。

阿丽埃尔·胡(北极星维尔斯堡中学)：阿丽埃尔要求学生在课程的关键时刻书面解释如何知道解决方案是正确的。注意她使用的“猜想”这个词——这是一个很好的形成性提示的例子，它不仅使犯错更安全，而且让学生认为写作是为了发现新的见解，而不仅仅是解释答案的正确性。这是全体学生都动笔(技巧38)的一个关键技巧。在安静写作（技巧39）中，所有学生都立刻动笔写作。课堂讨论充满了敏锐的洞察力和术语，像德纳留斯一样，讨论开始后，她走到“帕斯托站位”（教室的某个角落），使用雷达扫视技巧与看得见的观察（技巧53）确保每个人都按要求做事。西德尼开始了讨论（很好！），她接收到的眼神交流和亲社会肢体语言（技巧48：注意力习惯）提醒她和她的同学，你的发言很重要。接下来赛迪开始发言，犹豫着用“巧合”这个术语描述了文本内容，这也许是他第一次使用这个词。注意，他是如何坚持并冒险这样做的。这要得益于注意力习惯（技巧48），课堂系统和惯例（见第十章）也起到了很大作用：当他绞尽脑汁试图找到合适的词汇表达自己的观点时，其他同学没有喊出答案、高高举起手，或说任何分散注意力的话。这个系列活动最终以学生在写作中修改自己最初的猜想结束，这是你在先动笔后讨论和经常修改（技巧40和技巧42）中会读到的例子。

赛迪·麦凯利（吉尔福德高中）：赛迪掌控课堂节奏（见第六章）和课堂参与方式（技巧36）的方法很聪明——也许是参与方法的多样性带来了课堂节奏的流畅性——我将在本书中详细探讨，更不用提她的黑板=白纸（技巧22）、转身讨论（技巧43）和提问与回答（技巧35）的益处了。她对每一个技巧的运用都很娴熟，因为她发布的该做什么（技巧52）指令让学生非常清楚如何参与课堂活动并取得成功。赛迪轻松、热情、亲切的教学风格表达了爱的责任。

纳琳·帕切科（布朗克斯完美概念学校）：纳琳正在给幼儿园的孩子上课，她非常清楚如何使用言简意赅的语言（技巧58：强而有力的声音）和该做什么（技巧52）指令的结合，其间她一直笑容可掬。她还擅长发现错误（技巧9：追踪而非旁观），同时构建犯错文化（技巧12），在不给出任何评判或否定的情况下完美地纠正错误。

布伦娜·廷德尔（丹佛科技学校）：观摩她的这节课时，我首次使用了“明镜”这个词——布伦娜在改变学生的同时也让他们做真实的自己的做法。她既推出了一些新的知识，也让学生有机会展示已掌握的知识。她以完美的转身讨论（技巧43）开场，注意，她是如何让邻座合作伙伴（在你左右）切换成为课桌伙伴（在你对面）的。所有这些都基于早期的习惯，同时展示了完美的课堂系统和惯例（见第十章）是如何构建温暖、信任和鼓励的学习环境的。她随机提问（技巧34）时的亲切语气彰显了这种技巧的包容性。

克里斯汀·托雷斯（马萨诸塞州斯普林菲尔德预科学校）：我已在前言中介绍了克里斯汀的教学技能——她的表达形式很重要（技巧18）、注意力习惯（技巧48）和讨论的习惯（技巧44）给学习增添了许多魅力。我在第二章探讨了她的课程准备工作。而关于课堂的情况，我截取了两部分——词汇复习和讨论——因为我很少看到学生如此投入和开放地参与课堂活动，她有趣的个人风格加上充满爱意的掌控技巧，让这节课充满了欢声笑语。

妮可·沃伦（海洋山领导力预备小学）：妮可和三年级的学生从一开始就非常活跃。他们的课程从全班哼唱歌曲开始（第十章的课堂系统和惯例会帮助你做到这一点）。然后切换成转身讨论（技巧43）。在过渡到自主练习（技巧14：自主学习与追踪）之前，她又随机提问（技巧34）同学回答问题，这也是检索练习（技巧7）。每次课堂活动转换的节奏把控得都非常好，衔接都非常流畅（见第六章）。特别要注意的是，她是如何快速切换活动指令、展示明确界限（技巧28）的，如“告诉你的同伴”和“开始吧！”以及其他简洁明了的语言（技巧58：强而有力的声音）。关于“生日快乐”话题的简短提问与回答（技巧35）让课堂充满欢声笑语。她还使用了一流的追踪而非旁观（技巧9）和统一练习格式（技巧8），从而进一步了解学生的表现，并建立起积极、融洽的师生关系，毫无疑问，你一定会看到这一点的。

加比·伍尔夫（伦敦所罗门国王学院）：加比正在十年级的英语课上带领学生阅读《化身博士》（*Dr.Jekyll and Mr.Hyde*），她示范FASE阅读（技巧24），让学生赋予主人公生命力。接下来是随机提问（技巧34），她摒弃学生的自我汇报（技巧6）进而使用有针对性的提问来检验学生对这篇文章的理解程度。她通过强调表达形式很重要（技巧18）中的声音模式，确保其他同学能听到、听清楚。她的在教室四处走动（技巧25）很出色，她的该做什么（技巧52）指令“请拿起桌上的课本”让每个人都能完成任务。她的提问“我们读到‘用棍棒打’（clubbed）时，大家会想到什么”，很好地运用了扩展知识（技巧17）。“尼安德特人”，一个聪明的学生回答说。回答得不错，加比随后又提出了更多的问题作为奖励：“为什么？”他解释完后，加比又问：“这和海德这个角色有何联系？”这里传递的信息是：对正确答案的奖励是更难回答的问题，学生的回答——他指出海德已经退化了——也是某种形式的奖励。

莎拉·赖特（田纳西州查塔努加预科学校）：莎拉正在和五年级学生一起阅读

小说《飞翔的埃斯佩兰萨》(*Esperanza Rising*)，她证明了让学生享受学习乐趣的最好方法是有明确的课堂系统（见第十章），这样事情就会井然有序，学生就知道该如何做事。她让学生先写作，然后再转身讨论（技巧43）。她在巡视课堂时无意中听到一些出色的答案，于是随机提问（技巧34）了该学生并给予表扬。需要特别注意的是，当阿基姆说出自己的见解时，班里每个同学都看着他，用他们的肢体语言表明他的话很重要（技巧48：注意力习惯）。学生的转身讨论活动非常迅速和投入，因为莎拉的指令清晰明确，学生对该程序已经了然于胸，也因为他们知道大家都会热情地加入讨论。她还有一个清晰、熟练的程序，因此可以在必要时结束转身讨论（技巧43）。请注意，她还有一个让学生欣赏其他同学发言的系统：无论多么渴望回答问题，都不要大声喊出答案，这使莎拉找到合适的时机让阿基姆回答问题。学生的快乐是显而易见的，而清晰的程序、完善的课程结构、井然有序的系统和惯例并不是快乐的障碍，而是快乐的原动力。

第一章

五大主题：心智模式与有效执行

FIVE THEMES: MENTAL MODELS AND PURPOSEFUL EXECUTION

对美国木匠来说，几个世纪以来，无论用或不用钉子和螺丝，要天衣无缝地将两块木头成直角连接在一起，一直是一个高难度的挑战。中国古代木工通过榫卯技术逐渐克服了这一难题。这种方法将一块木头的窄小部分（一个榫头）楔入另一块木头的缺口（一个卯眼）中，使接头在没有钉子或螺丝的情况下也能牢固地呈直角衔接。

然而，在榫卯技术中，木匠需要使用不同的榫卯来应对不同的挑战。餐桌的接头必须精心打磨、抛光，直到几乎看不见痕迹为止。谷仓梁的接头不但要非常坚固，还必须可以在高空快速组装。而活动梯子的接头则必须是可拆卸的。这样就有了浅榫眼、穿榫眼和锲入榫眼以及长牙榫、勾挂榫和饼干榫。

对木匠来说，木工术语是用来纪念成千上万名工匠的思想的。它不仅可以让面对挑战的木匠更清楚选择什么样的解决方案，还可以让其他木匠使用精准的术语参与讨论。

对教师来说亦是如此——至少这本书就在尝试这么做。想要更多学生坚定地参与到思考活动中来吗？那就试试随机提问（技巧34）吧。不管学生是否乐意参与课堂活动——随机提问并对他们的答案表现出极大的热情和兴趣——“发自内心地”，正如我喜欢描述的那样。随机提问应用范围很广泛，先提出问题再点名某个学生回答，这样所有学生都会做好可能被点名回答问题的准备。把一个大问题分解成几个小问题可以让更多的学生来回答。随机提问——让学生依次回答问题，并对前一名学生的问题进行拓展可以让学生认真倾听其他同学的观点。我们可以把这些称为为技巧命名、分解问题和拓展问题。给某一技巧的细节及其适应性命名，这样可以方便教师将来对其进行改良和使用。

但是仅仅知道技巧并能够描述它是远远不够的。我们中的许多教师每年要教将近1000节课——有些课程计划是我们自己设计的，有些参照了别人的课程设计。这是我们在周二上午和30个七年级学生一起完成的。那天下午我们又和另外30个七年级学生一起完成同样的教学任务。在教第二组时，我们时刻提醒自己不能教两遍一模一样的内容。专业知识技能——为每个班级制订适合的计划——意味着能应对各种各样的变数和情况。你在做教学计划时假定学生都理解了“毗邻”这个词，然而实际情况是他们并不理解；你原以为学生会迫不及待地就这一章的内容提出无数想法，然而，第一节课却显得很沉闷，只有一个学生主动举手。

因此，教师不仅要准备好一箱子熟练掌握的工具，还要决定使用哪种工具以及如何使用。举手的学生太少怎么办？你可以使用随机提问技巧，也可以使用转身讨论（技巧43）技巧，或者使用即兴小作文（与总成绩无关）——停下手头工作，快速写作（技巧40：先动笔后讨论）。你的语气应该是变化多样的，你可以开玩笑地说：“通常大家都会积极讨论《赐予者》（*The Giver*），我拦都拦不住。是卡戴珊姐妹发生了什么可怕的事吗？我是最后一个知道的吗？”也可以乐观地鼓舞学生：“是的，这是一个很难的问题。谁有勇气回答呢？”还可以很直接：“我希望看到更多同学举手。”你也可以什么都不说。

在典型的课堂上，通常要很快做出决定。然后再做决定，再做决定，再做决定。你是一个面对100个球的击球手———这个比喻我一会儿再讲。但你要先问问自己：哪些事需要快速、有把握、明智地做出决定。与此同时你还在思考着其他事情，经常是在有点压力的情况下，比如说，面对29名不安分的学生，还有25分钟的课程要完成；墙上嘀嗒作响的时钟不时提醒你，还有15分钟就下课了！

认知科学表明，拥有强大的心智模式是至关重要的。在这种情况下，我们要有一个清晰的概念：成功的课堂教学需要哪些条件。对原则进行恰当的术语定义也有助于你做到这点。

心智模式

几年前的一个晚上，我和伊恩·门罗教练一起观看足球赛。他在英国打了近20年的职业比赛，然后又当了20多年教练。观看比赛期间，在他吃东西时，我问了他一个问题。突然，他抬起头来，插话道：“右后卫的站位不对。”

“谁？”我说，我还在想他在说哪个队的右后卫，不确定他谈论的是体育场上进行的比赛，还是一些抽象和隐喻的东西。“他离球场中心太近了，看不见他的队友。”伊恩说。他用拿着三明治的手指给我看。就在这时，一名对方的球员也注意到了这一点。他在右后卫的盲点上将球传给了自己的队友。接下来的时刻，比分变为1比0。

我们轻松地看了半个小时的比赛，突然，一名参赛球员离开了自己的站位几秒钟。在80码[1]外，边聊天边吃三明治的伊恩立刻发现了这一点。他头脑中的警报响了。你可以从他的肢体动作中猜到：他意识到有麻烦了。

他是怎么做到的？关键是他知道事情应该是什么样子的。“后四个人的站位比较合适。”他说。“他们四人的站位组成一个类似碟子的形状。碟子的形状应该根据球的落点发生倾斜变化。”他打着手势说。

伊恩所描述的是一个心智模式，一个人们用来理解复杂环境的框架。他的头脑不断地把他面前的东西和这个心智模式进行比较，因而能够迅速注意到一些重要的或不协调的事情。

教师也有心智模式。背对学生，但你可以区分学生是在忙于学习的正常和自然的讨论，还是“听起来不对劲”的谈话。你可能无法解释怎么不对劲，但听到这个声音，你就意识到学生在开小差了。这是因为你有一个课堂噪声的心智模式。

研究告诉我们，在几乎所有的专业领域中，尤其是那些人们专注于多个事情的同时还要快速做出许多决策的领域，心智模式对于有效的决策至关重要。

在对教师专业知识的一次研究中，大卫·柏林向新入职教师和经验丰富的教师播放了课堂教学视频。新入职的教师要花很大力气去理解视频中的内容。柏林写道：“他们的观察报告常常会有自相矛盾的结论，而且他们似乎对所看到的内容感

---

[1] 1码≈0.914米。

到很困惑。”然而，像伊恩一样，经验丰富的教师似乎并没有刻意地去观看和理解，直到有些东西看起来不对劲，他们就会有一些反应。“当异常发生时”，经验丰富的教师都能“毫不费力、顺利地有所回应”，部分原因是他们很快就能辨别出有什么问题。他们对正常情况没有过度反应，但他们很快就注意到了潜在的问题。他们可以区分那些因为深思而安静的学生和那些因为无聊而安静的学生。他们能够快速地区分课堂讨论和噪声，部分原因是他们将看到的现象与心智模式进行了对比。

因此，本书将在其他篇章讨论具体的技巧，这一章则描述核心原则，它们可以帮助教师建立更强大的心智模式。选择合适的技巧，在教学时做出更好的决定，最重要的是“更好的”，从而引导学生更好地学习和进步。决定始于准确的感知——心智模式有助于感知——虽然感知来自经验，但理解了关键原则后，感知会提升得更快些。

在这本书的早期版本中，我没有提到这些内容。我之所以添加到这个版本中，是为了强调理解这些技巧的作用。阿德耶米·斯坦布里奇在《课堂文化响应式教学》中写道：“精彩的教学总是从清晰的愿景和合理的目标开始的。深入理解这一点的教师能够……从最平凡的策略里激发学生的才华。”换句话说，正如迪伦·威廉所写：“所有技巧都有发挥作用的地方，但没有一项放之四海而皆准的技巧。”在错误的时间或错误的条件下，无论多么完美的技巧都会走入死胡同。

不久前，我的同事达瑞尔·威廉姆斯在走访一所学校后，举了这样一个例子。我们看到一位教师完美地吸引了她的学生——在她上课的大部分时间里，每个学生都急切地高高举着小手。这种能量是显而易见的，正如一位《像冠军一样教学》的读者指出的那样：参与度很高。她的课堂上有很多转身讨论的机会。但达瑞尔总觉得有什么东西不对劲儿：问题本身缺乏实质性内容，答案也含糊不清。教师没有事先考虑最重要的问题是什么，也没有提前思考过答案是什么。达瑞尔说：“如果教师试图用技巧来弥补自己对课程内容不清楚的不足，这节课就是不成功的。”

我们可以把它与赛迪·麦凯利的教学对比一下。她也使用转身讨论来提高学生的课堂参与度。学生们的手高高地举在空中，他们积极地参与课堂教学。但她对自己选择什么技巧以及选择这个技巧的意图是非常明确的。赛迪是这样描述她的想法的：

“如果是一个有深度的问题，我总是让学生先书写答案或转身讨论来提高学生的参与度，我会在他们讨论的时候四处巡视，最后对一到两名学生进行随机提问。如果是比较容易的问题，我可能会先大声询问，然后立即通过随机提问让学生回答——我经常选择我认为是‘领头羊’的同学——经常发表见解的学生。如果这是一个非常简单的问题，所有学生马上就会明白，我可能会使用提问与回答（技巧35），大家会异口同声说出答案。”

赛迪确实仔细思考了教学技巧，但她对教学原理的理解决定了她的教学决策——她的目的是让学生不断思考并积极建立长期记忆。要想扬帆航行，你不仅要学会打绳结、整理床单，还必须学会观察指南针。

你可能会反驳：可这本书的目录就是一系列打造高效课堂的原则设计的合集呀。比如，教师应当评估学生的理解水平（见第三章），在学习和行为方面应对学生有高期望（见第十一章），要提高学生的课堂参与度（见第九章），要平衡写作（见第八章）、讨论（见第九章）和提问环节（见第七章）的使用。很大程度上来说确实是这样，但这些是教学原则，它们也需要学习原则的支撑，这些学习原则可以帮助解释为什么某些技巧有效以及如何和何时使用它们。

恕我转移一下话题，先简单谈论一下感知。对教师来说，感知是至关重要的，因为它影响了教师的决策。我们只能决定所看到的东西。教师要想知道朱丽莎对数学越来越沮丧的事实，她必须首先感知朱丽莎的肢体语言和面部表情。很多人误认为这是一件简单的小事，他们认为只要我们观察朱丽莎，就会注意到她的情况。但“观察”根本不是一件会自然发生的事。我们经常会忽视“更好的观察”在“更好的决策”中的重要作用。

克里斯托弗·查布利斯（Christopher Chabris）和丹尼尔·西蒙斯（Daniel Simons）在《看不见的大猩猩》（*The Invisible Gorilla*）一书中写道：“无论何时，我们只能感知视觉世界的一小部分。”教师对他们的研究主题应该有所耳闻：非注意盲视。这是一个技术术语，指的是人们都会出现的一种情况，那就是眼睛看到了某个重要的事物，但其实没有真正“看见”它。一辆驶入十字路口的汽车；一个尝试举手的学生；或者坦率地说，一块飞过教室的橡皮。对复杂感知环境中工作的人来说这种情况时常发生。我们理所当然地认为感知是客观和自然存在的。我们真的不相信自己竟然没有察觉到，这是棘手的地方。查布利斯和西蒙斯写道，这“与我们理解的完全不一样”。

那么，当感知容易出错但真的很重要的时候——比如，注意到某个学生越来越沮丧时，或者已经讲了10分钟的面积问题，达芙妮还没有拿起铅笔时，你会怎么做呢？作者总结道："有一种已被证实的方法可以消除非注意盲视——减少出现意外的物体或发生意外的事。"换句话说，最好的观察方法是知道应该发生什么。你的心智模式可以指导你该注意什么。我们了解的越多，看到的就越多。而当我们不理解自己所看到的东西时，它也反过来影响我们的观察。最近一项研究发现，经验丰富的放射科医生在通过X光片做出正确诊断方面比新手更准确（也就是说，他们更有可能正确感知X光反映的问题），但不熟练的放射科医生的错误是具有普遍性的。他们总是担心"遗漏了什么东西"，而这种焦虑导致他们经常诊断出根本不存在的疾病。对所看到的东西不明白的担忧甚至会影响你的诊断。

因此，我们值得花一些时间讨论一下五大指导原则，我希望它们能为你提供关于学习原理的心智模式，使你能够增强在课堂上的准确感知能力，并应用本书的技巧挖掘学生的最大潜力。它们是：

1.理解人类认知结构，建立长期记忆和管理工作记忆。

2.培养学生加速学习的习惯。

3.学生的专注程度决定学习效果。

4.学习驱动力具有社会性。

5.好的教学就是好的师生关系。

原则 1 理解人类认知结构，建立长期记忆和管理工作记忆

这是一个简单的人类认知结构模型，来自丹尼尔·T. 威林厄姆杰出的著作《为什么学生不喜欢上学？》（*Why Don't Students Like School?*）[1]。

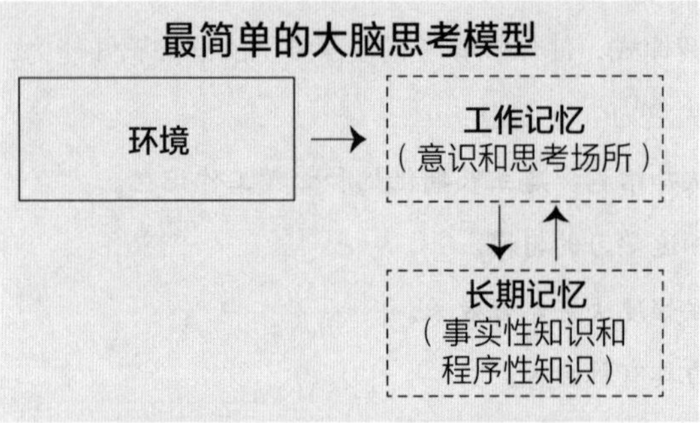

该模型指出，工作记忆是我们有意识地与世界互动的手段。我们所意识到的任何想法，比如批判性思维，都在这里发生。

工作记忆的能量是惊人的。它让人类发现了青霉素，创造了音乐剧《汉密尔顿》，并提出了弦理论的概念。但除了巨大的能量之外，工作记忆最主要的特征是容量很小。我们很难同时熟练运用一到两个想法。这里有一种方法可以测试工作记忆能力的极限。重读这段话的前两句，然后合上书，试着逐字逐句地在纸上重现它们。你可能会很难记住这两个如此简单的句子。这就是你要面对的工作记忆的极限。人在任何规定时间内都不可能同时记住太多信息。这个问题的另一个说法——认知受到工作记忆的限制——在学习者身上反复出现。如果我们试图在工作记忆中

[1] 本书中文简体版已由中国青年出版社出版。

保存太多的信息，我们就会记不住。

如果坚持超负荷记忆，我们就不得不在专注的事情中做出选择。如果你边开车边使用工作记忆——比如说，和你爱人打电话商量去商场买东西，那么这大大增加了你左转弯时发生交通事故的概率。这和你的手机是否开“免提”无关。问题不是自由的双手，而是自由的工作记忆。沉重的工作记忆负荷会降低你的感知，使你无法判断其他车辆在靠近。当工作记忆被耗尽时，你从环境中感知到的东西越来越少，而当它自由的时候，你感知到的东西就会越来越多。这对教学有深远的影响，我将在第二章中讨论其中一个影响——充分的课程准备是为了减少教学时的工作记忆。反之亦然，如果你没有充分备课，你的工作记忆就会努力记住接下来会发生什么，你就不太可能准确地看到课堂上发生了什么。

良性的长期记忆是解除工作记忆限制的方法。如果在长期记忆中植入一项技能、一个概念、一类或一组知识，你的大脑就可以充分利用它们，而不会降低其他同样依赖于工作记忆的功能。长期记忆几乎是无限的。如果我们的知识经过精心编码，并且能够检索到，我们就可以利用它来感知并在思维中建立联系。新时代教师的最大挑战在于，大量的事实知识被精心地植入长期记忆中，很容易通过实践回想起，这实际上是更高形式的认知的基础。你开始有意识地思考工作记忆中的某件事——比如说，你正在阅读的小说中的某个场景——突然间，从你的长期记忆中产生的联想开始涌入其中：这和以前读过的另一本书很像；这是一个社会学理论的例子；你所读的东西与真实的历史有出入。这些形式的批判性思维都依赖于植入长期记忆中的知识。正如威林厄姆所写，“过去30年的研究数据得出的结论在科学上是无法撼动的：正确的思考需要了解事实……教师最关心的过程——批判性思维过程，如推理和解决问题——都与长期记忆的事实知识紧密交织在一起。很多时候，当我们看到某个人在进行逻辑思考时，他实际上是在进行记忆检索”。

这个概念应该会影响到每个教师的心智模式。首先，批判性思维和解决问题并不是事实知识的对立面，它们互相依存。注意，这一点很重要，因为很多教师都蔑视事实。他们争论说，学生可以在网上搜索到一切，为什么还要教他们呢？我们应该训练批判性思维。威林厄姆告诉我们，这个问句的答案是，如果没有事实知识，你就无法训练批判性思维。解决问题的能力是有领域局限性的，在大多数情况下，你只能对已知的事实产生深刻的联想。

最近在与许多学校领导的研讨会上，我试图在威林厄姆的图表中添加一些东西，希望能呈现出更多的内容。于是我想出了这样的图表：

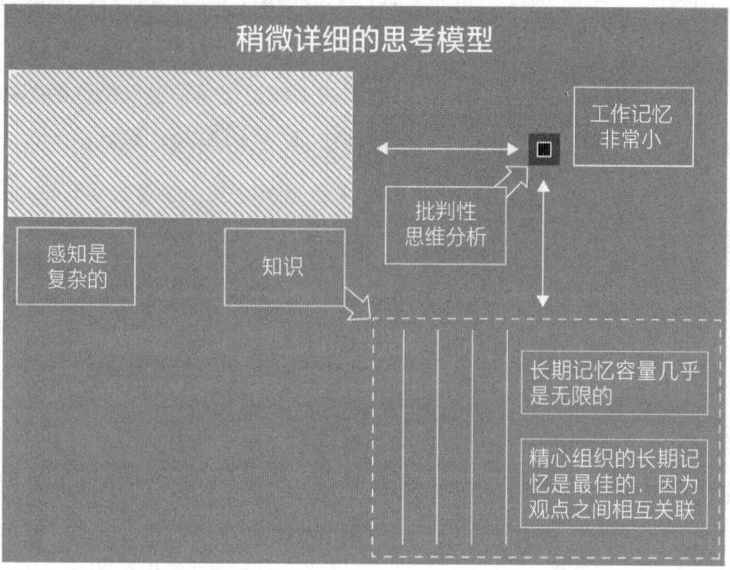

在我的版本中，我尝试使工作记忆变得非常小，以此提醒你，它的容量是有限的。但长期记忆的容量却很大。虚线表明，根据认知科学家的研究，长期记忆的容量几乎是无限的。在长期记忆中储存更多的知识不仅不会使添加新知识变得更难，相反可能会使之变得更容易。知道得越多，感知到的联系就越多；这使你更容易记住更多的新知识，并建立起更多的联系来帮助回忆。认知科学家常说的一句话是“连接在一起的东西会一起燃烧”。如果我们同时思考某几样事物，那回忆时也会同时想到这几样事物。理想的情况下，从长期记忆中记起某些东西会增强对相关概念和观点的回忆。从某种程度上说，要反驳“记忆仅仅是孤立的事实”这一论点，我们就要组织我们的记忆，从而使知识与其他事实、见解和观察结果紧密相连。这样，最初孤立的事实就会变成我们熟知的知识。然而，记住某些知识需要成功的存储和成功的检索，而找到它的速度和难易度是你使用它的关键因素，而精心组织的、在众多信息中建立起相互关联的记忆，有更多路径可以提取出（回忆起）它们之前成功储存的知识。

我还在图表中加入了一个观点，即感知是复杂的，因为工作记忆最有效的作用之一——帮助我们感知外部世界——比我们想象的更复杂、更容易出错。总的来说，如果工作记忆超负荷——学生的感知和记忆都会越来越少。解决方案是将知识植入长期记忆中。一旦信息被存储在那里，它们就能轻而易举地被工作记忆使用。

当然，如果工作记忆负荷过低，结果也很糟糕——比如无聊或者学习内容量减少。对于初学者，还有注意力不集中的问题，大脑会去做别的事。因此，关注和管理学生大脑里新接收的信息是至关重要的。我们希望他们对不断增加的信息感兴趣，但不要超载以至于失控。这背后的科学被称为“认知负荷理论”。这是教师要知道的最重要的事情之一。斯威勒（Sweller）、科什纳（Kirschner）和克拉克（Clark）是其最重要的研究人员，他们研究后将其定义为“改变长期记忆”。他们观察到“所有教学的目的都是改变长期记忆。如果长期记忆没有什么改变，那就什么也学不到”。这就是我们应当重视“遗忘”的原因。你将在本书中的几个新技巧中找到这个概念。

关于管理工作记忆的最后一个关键要点是：斯威勒的“指引渐退效应”（Guidance Fading Effect）表明，专家和新手的学习方式不同。要求学习者用推理解决问题，而不提供详细的指导建议，这对专家来说很有效，因为他们能准确地感知这些环境，并能快速地将他们所看到的与他们丰富的背景知识联系起来。但对于新手来说，情况就并非如此了。他们很可能会错误地感知或关注低价值的现象，或耗尽他们稀缺的工作记忆来寻找正确的信息。他们的长期记忆对这个话题知之甚少，因此建立的联系就很少。对于新手来说，详细的指导要有效得多。然而，几乎没有教师意识到这一区别。他们普遍认为，适合专家的方法对所有人都是最好的。如果这是精英数学家学习的方式，我们就会把它推荐给所有人。但事实上，“指引渐退效应”告诉我们，这其实是个错误的观点。斯威勒写道：“学生最初应该得到大量明确的指导，以减少他们的工作记忆负荷，这有助于将知识转化为长期记忆。”一旦学生学到更多的知识，那指南就没必要了，它会干扰专业知识的进一步获取，此时应该逐渐减少它并用“解决问题”取而代之。在K-12环境下的学生通常是新手，新手只是暂时的称呼。你可能是《麦克白》方面的专家，但当你开始阅读《哈姆雷特》时，你就会成为新手。反之亦然。在分解教学步骤（技巧21）中，我探讨了工作记忆和长期记忆相互作用时产生的几个问题——“专业知识的诅咒”，以及逐步解析新信息和穿插一些实践案例以解决工作记忆容量问题的必要性。例如，你可以经常使用检索练习（技巧7）来巩固长期记忆中的知识点，并使用随机提问来确保每个学生都做了该练习。你可以让学生通过使用先动笔后讨论（技巧40）来减轻他们必须记住自己想说的话带来的压力，让他们可以自由地倾听彼此的评论。

关于长期记忆重要性的最后一点，让我们看看众所周知的遗忘曲线吧，它显示了典型的人类忘记所学知识的速度。

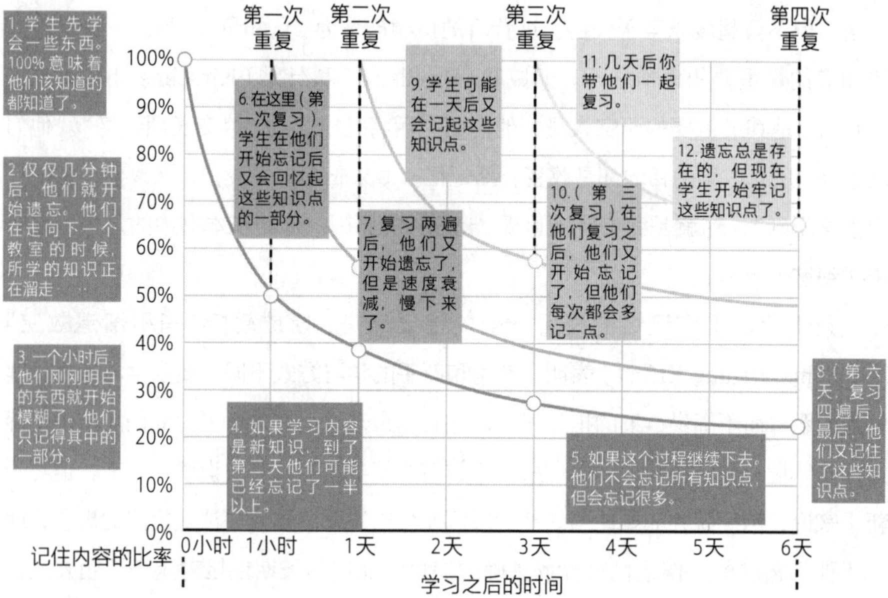

最初的遗忘曲线是德国心理学家赫尔曼·艾宾浩斯（Hermann Ebbinghaus）在19世纪80年代推导出来的。他绘制出学习了一系列无实际意义的音节后能够记住它们的实际速率。虽然你的学生没有学习毫无意义的音节，但他们在学完新知识后忘记的速度与此不谋而合。这个原理被认知心理学家广泛接受。遗忘曲线告诉我们：

- 刚学到东西，几乎立刻就开始遗忘。
- 遗忘的比率往往高得惊人——在学习知识几个小时后，人们通常只记住其中的一小部分。
- 每次复习已学过的东西时，遗忘的比率和数量都会有所减少。

- **只要在工作记忆中检索所学知识就会减缓遗忘的速度，但如何以及何时检索很重要。（我将在“技巧7：检索练习”中详细讨论检索的细节。）**

这是非常有用的信息，但遗忘曲线并不能告诉我们一切。它不能确切地告诉我们，学生的不及格率是多少或某个学生在时间A或时间B对所学知识的掌握程度。学习环境存在着个体差异和各种各样的不确定因素，比如学生的注意力集中程度以及对所学知识的陌生程度等，所以在大多数情况下，这个曲线只是理论上正确。但其主题却是明确的：一旦我们停止思考某件事，我们就会迅速地忘记，而这个过程总是在起作用。它的巨大作用仍有待探讨。

与此特别相似的是，学生在课程结束时看似记住的知识并不代表他们真正学会了，因为这些知识还没有储存在长期记忆中。教学停止时，遗忘就开始了。学生在离开教室的那一刻就开始忘记刚刚学到的知识了。在课程结束时要使用出站验票（技巧26）来检测学生所学的知识。但你也要知道，你仍需要做进一步检查，否则这项技巧会给你一个假信号。你想当然地认为学生知道如何计算异分母分数相加，但是下周或年底的测试将会检测出学生最初学了多少，之后忘了多少，最后还记得多少。其结果可能不是你希望看到的。管理遗忘和管理学习一样重要（但可能并不那么明显）。

这一点尤其重要，只有长期记忆中的知识才能被使用，工作记忆则会削弱感知。如果你问一个更高阶的问题，比如“你能找到其他方法来解决这个问题吗？”，如果这时学生正忙着做算术题，答案很可能是否定的。如果你想让学生获得更高层次的思维或更强大的感知，就要使用更灵活多样的技巧，在你希望他们回答这些问题的时候释放他们的工作记忆。这就是为什么阅读的流畅性和对数学公式的熟练掌握至关重要——它们是必要的，因为我们不希望学生在关键时刻思考这些事情，而流畅性是解决这个问题的唯一方法。如果工作记忆都用来解析文章的语法，你就无法感知作者的观点。没有完全掌握基本技能，阅读时就很难产生深刻而独到的见解。因此，即使是聪明、渴望学习的学生也无法对阅读过的文章说出太多想法，这是因为他们的工作记忆都被用来理解单词的意思了。对背景知识的了解亦是如此。你不太可能把当前首相的态度和一个世纪前的首相联系起来，除非这种知识储存在你的长期记忆中。“在网上搜一搜”实际上是需要占用你的工作记忆的。

如果我们想在长期记忆中植入某些内容，我们需要重复几次才能做到呢？研究表明是3—4次，但还有许多风险和不确定因素。例如，在《学习者的隐秘生活》（*The Hidden Lives of Learners*）中，格雷厄姆·纳托尔（Graham Nuthall）发现，通过看学生是否对学习资料进行过3遍学习，可以预测他们是否掌握了知识，这种预测方法的准确率高达80%。纳托尔和他的同事对在某节课上教授的内容进行了整理，然后他们调查了学生是否遇到过或关注过这些内容——通过教师上课或其他渠道（比如从同伴处听说），据此他们就可以预测出学生是否掌握了知识，预测的准确率为80%。这种方法颇具预测性，因此纳托尔认为至少"其他因素（如使用开放式问题、反馈、重点知识总结、相关的例子、材料的趣味性等）……可能与学生的学习无关，排除学生遇到（并关注过）相关内容的可能性"。

当然，虽然纳托尔的研究是结论性的，但内容的复杂性和熟悉程度、材料展示的高质量性和学生的注意力都会改变这个比率。很多研究表明课堂上会持续存在低水平的干扰因素，在这一背景下，"如果没有学过三次，你就学不会"的观点就变得尤为重要了。对内容掌握的流畅程度也很重要。"记住它"可能有不同的含义。对于有的知识，我可以用几秒钟的时间把它从长期记忆中提取出来，无须做出即时反应。但还有些知识可能需要即时提取，我们认为，这需要多次记忆才能确保我能够轻松、快速地将其从长期记忆中提取出来。

那么，如何利用这一原则指导教学决策呢？要想让学生保持轻松自由的工作记忆，你可以使用可以掌控的教学模式导入新的内容，并要求学生勤加练习和及时复习。随机提问（技巧34）是一个非常有效的方法，它可以让所有学生都积极回答问题，即使那些可能提问不到的同学也会积极思考。你也可以使用书写答案和其他形式的写作让学生的思维更持久地储存在记忆中。记住，认真思考会把知识植入记忆中。正如谚语所说，学生能记住他们认真思考过的东西。所以要提高这方面的练习比例，培养他们注意力集中和专注的习惯。不断加强知识积累（技巧5：知识归纳），并增强阅读的流畅性与FASE阅读（技巧24）练习。

但也不要忘记工作记忆。第二章将帮助你使用课程设计释放工作记忆，让你在教学的同时感知到学生身上发生了什么。在收集学生对知识掌握的数据时，请记住，数据会让你的工作记忆超负荷运转，所以一定要通过追踪而非旁观（技巧9）及时了解学生状况，做好记录。

在线课程

在任何情况下教学，管理工作记忆的局限性都是巨大的挑战。在在线课堂上，这个挑战被放大了。我们总是在与潜在的干扰竞争，因为学生的注意力很容易分散。在线教学的好处之一是，你可以通过学生回答问题等互动轻松地收集数据，但其挑战在于，有时会产生太多的数据。“数据产生的速度”对工作记忆来说难以承受：30个学生的回答在屏幕上不停地向上滚动着，远远超过了教师或学生的处理能力——其结果是：每个学生都在说话，根本没有人专注阅读或关注他人评论。雷切尔·哈利和哈桑·克莱顿——来自纳什维尔传统特许学校的两位教师，提供了一个优质的解决方案。他们要求学生只和他们两个，而不是“每个人”互动，然后他们再从聊天的信息流中挑选出与众不同的答案，把它们粘贴在全班学生可以看到的地方并让大家专门针对这些内容进行思考。教师肯定能从学生那里找到一组有趣的例子，然后采取和线下课程类似的方式呈现给学生，引导他们讨论或发布讨论任务。

原则 2 培养学生加速学习的习惯

工作记忆既强大又有局限性，因此，如果你在进行一项任务时可以把工作记忆的负荷量控制在最小，那你就可以利用余下的负荷量去处理更重要的事。流畅地阅读可能是其中最重要的例子。当学生能够流畅地阅读时，他们的工作记忆就可以自由地深入思考文本，这样他们的理解能力和分析能力也会随之增强。

这也说明了为什么良好习惯的养成对学习如此重要。如果我们足够熟悉日常活动，不假思索就能做，我们做起来就会轻车熟路——因此我们就更愿意做——这意味着我们可以解放思想，在做事的同时还可以深入地思考。

闹钟在黎明前的黑暗中响起时，你伸手“啪”的一声关掉闹钟，睡眼惺忪地来到卫生间刷牙、淋浴。你对这一切都习以为常，因为你睡意朦胧的大脑告诉你新的一天又开始了。你本能地做着该做的事。如果不是出于习惯，你的行动会更慢，你会需要更多的意志力和工作记忆才能完成（或者你根本不会行动）。熟悉流程可以为你省下意志力去做别的事情。有趣的是，研究表明，意志力在这方面确实是有限的。在这方面，我们大多数人的意志力都会消失殆尽。专业术语“自我损耗”描述的就是这种情况。

很多事情的发生都是由习惯导致的。很有可能，你最天马行空的想法都是你在做一些出于惯性做的事情时萌生的：刷牙、洗澡或者开车上班的路上。你的大脑几乎可以不用工作记忆就做到这些，突然间，你的思想就能够自由驰骋了。不知不觉地，你开始考虑把沙发放在哪里客厅布局才更合理，或者思考为你昨天晚上给学生准备的阅读提什么问题。

我们看一下课堂上的习惯吧。当你要求学生对阅读或讨论的材料做书面回答时，学生对你的要求越熟悉——“请大家拿出读写日志，开始作答”——他们思考小说问题的工作记忆就越多。这是新泽西州纽瓦克的杰西卡·布雷西所带的五年级课堂上的情境，学生们会自觉完成这一连串动作。杰西卡说："把书收起来，在读写日志上回答本书第87题。答案可以在书里找到，开始！"教室里马上响起沙沙的书写声，更重要的是，每个学生都在认真思考。对比一下耶卡布老师的课堂。她的教室就在布雷西老师的对面。她认为学生天天做同样的事会很无聊，所以她经常即兴使用新的教学方法，以此让枯燥的功课变得更有趣。"花几分钟时间写一写你对玛迪这么做的看法。"耶卡布说。"用完整句子表达吗？"一个学生问。"是的。"耶卡布老师回答。"在哪儿写？"另一个学生问。"哪儿都行，废纸或纸条都行。如果有紫色蜡笔，就用紫色蜡笔吧！要尝试深入思考啊。"耶卡布老师回答道。"写这里可以吗？"一个学生举着笔记本问道。"我一张纸也找不到。"另一个学生说。"哎，注意点！"第三个学生说，她的同桌一直在翻书包找铅笔，结果碰到了她的桌子。

这不仅浪费了时间，还使教学失去了连续性，也分散了学生的注意力。当学生开始作答时，他们对课文的记忆已经模糊了。几秒钟前萌生的想法，在找铅笔和纸的过程中被挤出了工作记忆，烟消云散了。开始作答时，有些学生只会想到是否能够完成作业："我写的字数够吗？其他人会比我写得多吗？"——因为他们还不习惯书面回答。具有讽刺意味的是，为了使作业"有趣"，耶卡布老师把注意力更多地放在了写作的任务上，而不是课文上。

然而，在杰西卡的课堂上，想法可以立刻变成行动，因为这里既有习惯又有程序。每个学生的文件夹里都有一本日记本，文件夹放在课桌上，铅笔放在课桌抽屉里。根据她的叙述，学生实际操练过无数次了，所以这就和他们刷牙一样习惯成自然。他们不仅能快速完成作业，而且能记住更重要的事情——本案例中的课文内容。杰西卡的学生很可能做到更深入、更有创造性地思考，因为他们在写作练习中养成了有条不紊做事的习惯。它的好处数不胜数。出于习惯做事不需要太多的意志力——所以学生全程都在写作。出于习惯做事会让工作记忆专注事件的重点——学生都全神贯注地回答杰西卡的问题。所以当她提问时，学生都迫不及待地举手也就不足为奇了。她建立了一个很容易让学生参与其中的环境，学生也对此做出了积极的回应。

查尔斯·都希格（Charles Duhigg）在《习惯的力量》（*The Power of Habit*）一书中告诉我们，习惯是大脑节省能量的方法，它可以将能量分配给其他更重要的事情。习惯对老师和学生来说同样重要。杜克大学社会心理学家温迪·伍德（Wendy Wood）和他的同事做的一项研究表明：我们高达45%的日常行为都是下意识完成的。习惯让事情更容易——思考是一项艰巨的工作，而大脑总是努力储存能量、保持注意力集中以备不时之需。如果你在刷牙时要思考如何刷牙，那你就无法同时思考你的课程规划。但是你也可以训练自己更加专注地思考正在做的事的能力，比如，当你在做课程规划时。“我总是用同样的方法准备我的课程。”莎拉·赖特告诉我。在她的课堂上，她积极回答学生的提问，似乎每个回答都无懈可击，她说：“我从学生的视角准备课程，认真思考我的课程，然后把精心准备的答案写下来。”像莎拉一样，很多教师都用熟悉而富有成效的习惯来备课。这是一种惯例，她并没有考虑如何备课，而是考虑学生的答案应该是什么样的。

这对学生来说也是一样的。我们通过培养两种习惯来使思维运用最优化：（1）找到迅速完成相对来说不太重要的事情的方法。（2）找到成功完成重要事情的方法，这一方法要最大限度地吸引学生对所涉及内容的关注、感悟和深度思考。从表面上看，我们是帮助学生在处理琐碎的事情时养成一致的习惯，但实际上，这是在培养他们处理最核心问题的习惯。当然，这还需要如何进入教室和如何传递资料等其他有用的习惯。但是学习习惯——如何讨论、如何书面回答问题——更重要。

我们习惯做的事情要得益于日积月累的操练，因此，养成集中注意力的好习惯（技巧48：注意力习惯），在讨论中仔细聆听和积极参与（技巧44：讨论的习惯）都会带来巨大的好处。下面的习惯也是好处多多：用统一习惯程序参与不同的课堂活动（技巧43：转身讨论），期望学生举手回答（阻止大声喊出答案的学生时，你也打断了其他同学的回答，没有什么比这更糟糕了），但在其他同学回答时，放下手（技巧29：所有学生都举手）。

应用那些已经成为习惯的程序构建你的课堂吧。教育专家汤姆·班尼特（Tom Bennett）把在优质课堂上养成的统一习惯模式描述为“超能力”。他认为，习惯已经和学生融为一体：“他们不假思索，一切按规定行事。这意味着……腾出时间和大脑空间思考教师想让他们思考的事情——学习。惯例是良好行为习惯的基础，最值得花时间给学生教导、灌输和训练。”当然，汤姆是对的。他所说的积极行为更符合对学生思维方式和学习习惯的培养。具有讽刺意味的是，学生很乐意这么做，而且对知道如何又快又好地完成任务感到欣喜——有时感到自豪。但不管怎样，你都要把他们工作记忆的重心从如何完成任务转移到问题本身的意义上。所以说，一个充满按习惯行事意识的课堂通常也是一个充满快乐和学习氛围的课堂。

关于培养习惯的另一个更微妙的方面也值得我们思考。这一点，我可以通过访问伦敦米凯拉社区学校时发生的故事来解释。该学校的学生都来自伦敦最贫困的地区。米凯拉学校在最近的英国全国性数学考试中至少有一次在伦敦名列前茅。我在2016年的一次访问中看到：那里的学生每天吃午饭时都会站起来表示感恩。

吃完饭，学生有机会站起来在很多同学面前表达自己的感激之情。他们高高地举起手，所有人都举起手，大家都渴望被选出来表达自己的感激之情。

他们感谢同学对他们学习上的帮助，感谢老师对他们的期望与教导。一名学生还感谢餐厅工作人员为他们做饭（顺便说一句，英国学校餐厅的食物比美国要好得多，还可以现场烹饪）。学生的手依然高高地举在空中。一个学生感谢他的妈妈为他所做的一切。他大约13岁，在其他一百多个十几岁的男孩面前分享了他对妈妈的感激之情，犹豫但诚实地表达了他对妈妈辛苦工作和所做牺牲的感激。我们很少在其他地方看到这种场面。这种感激之情似乎是无穷无尽的。

对此我陷入了沉思。他们是来自本市最贫困地区的孩子，他们在家里和上学的路上都有可能遇到麻烦。他们很多人甚至依旧住在充满暴力和贫穷的地方。但在米凯拉，没有人提起他们所遭受的痛苦或被社会忽视的事实，而是让他们主动向周围的人和事表达感激之情。

这意味着什么？首先，这是一种互助文化。到处都能看到学生在助人为乐。课堂上，一个女学生看到一位学生没有铅笔，便马上借给她一支。走廊里，一个学生的书掉了，立刻有三四个学生弯腰帮他把书捡了起来。当学生离开教室时，他们会对老师说“谢谢”。

这也许是因为感谢会带来一系列的感恩行为。学生知道，他们的善良会被老师和同学看到并珍视，于是善良被传播开来。也许最开始是为了追求感激，但一段时间过后，这就成了他们生活中的一部分。他们既善良又善解人意、对他人体贴入微，因为在米凯拉，他们天天如此，习以为常。

但我认为，感激之情来自给予者和接受者双方。也许这才是最重要的一点。为了表达感激之情，你就会努力寻找和观察到周围人的善举，于是你会感到生活在一个充满善良的世界里，这让你很幸福，也让你更加乐观——你会认为当你付出最大努力帮助他人时，世界就会拥抱你。感恩的习惯让学生看到更多值得感激的东西，对世界有更多正能量的看法。他们认为世界是一个人们会对他们微笑、帮助他们、支持他们的地方。他们习惯这样看待周围的世界，这使感恩无处不在。在《发现你的积极优势》一书中，肖恩·埃科尔将其描述为俄罗斯方块效应。你如果长时间玩俄罗斯方块，就会发现周围到处都是独特的形状。同样，看到很多同学努力学习的场景，很多慷慨、善良的行为，很多学术成功的案例，这些都会改变一个人的世界观。我们可以把这些应用到课堂教学中，要明白我们对学生的引导是可以带来自我实现的。对他们讲述善良、刻苦、高效的案例可以帮助他们注意到这样的事情，并通过效仿来提升自己。

原则 3 学生的专注程度决定学习效果

格雷厄姆·纳托尔的《学习者的隐秘生活》是一本引人入胜的书，部分原因是它描述了普通学生生活中微小而平凡的时刻。我之前提过，他实验的前提之一是学生能学会他们接触了3遍的观点和资料——特别是通过全方位的互动，而且每次呈现信息的方式都有细微的差别。纳托尔指出，只有当学生全神贯注时，这个方法才有效。纳托尔描述了很多我们都耳熟能详的例子。例如，一群学生正在学习南极洲的知识，他们应该学习到南极洲是地球上最干燥的地方之一。但有些同学学到了，有些同学则没有。纳托尔注意到，当视频在描述南极洲的沙漠性质时，一个名叫迪恩的学生正在和小伙伴窃窃私语，还给其他同学传纸条，因此迪恩没有学到这部分内容。另一个学生——杜伊，认为自己早就知道这些知识点，所以也没有认真听课。他没有传纸条，但也没有听课，所以他同样没有学到。

这揭示了一个在教学方面显而易见但很重要的事实：在任何学习环境中，有些人学得快些，而有些人则学得慢些。影响学习速度快慢的关键因素在于他们注意力集中时间的长短。漫不经心或走马观花式的学习者掌握事物会更困难、速度会更慢，那些注意力有缺陷的学生表现得尤其明显。当然，保持专注力的能力因人而异。它是人们进步的隐藏驱动力。

正如我在“技巧48：注意力习惯”中详细探讨的那样，“选择性注意”指的是专注手头工作而忽视其他分散注意力的事物的能力。认知能力科学家考特尼·史蒂文斯（Courtney Stevens）和达芙妮·巴伐利尔（Daphne Bavelier）认为，这是一种知道该关注什么的能力——排除干扰，锁定关注信号——并对成功学习语言、阅读和数学产生“放大效应”，“将专注力培训计划纳入学校教学活动益处颇多”。

事实证明，培养集中和保持注意力的习惯——教师帮助注意力缺陷学生的关键因素——对所有学生都适用。然而，即使是同一个人，注意力也会因时而异。学习者在深度思考时，也会因其他事情分散注意力。这种变化提醒我们，学习环境会塑造学生的注意力习惯。培养专注力——养成保持注意力集中的习惯——是教师要做的最重要的事情之一。一个优质、高效的课堂心智模式应该是这样的：学生能够长时间地投入到自己的课堂任务中。这意味着能够让学生集中注意力的学习环境、任务和课堂活动都是精心设计的。

长时间以来，这一事实一直都存在，也一直是一个挑战——但从未像今天这样严重，因为电子技术对注意力的影响和侵蚀比以往任何时候都要严重。确实如此，20世纪60年代的教师认为，电视严重扰乱了学生的注意力和专注力，但那时的年轻人可不能兜里揣着电视机到处跑。电视也并不是年轻人社交的媒介。在课堂上，年轻人不会每隔几分钟就偷偷地或公开地看电视，更不会因工作或学习需要每隔几秒钟就看一次电视。如今，青少年和成年人的衣服都设计有放智能手机的口袋。用服装行业的话说，手机永远、必须放在触手可及的地方。技术的普及潜移默化地影响了大多数人的注意力水平，而且严重影响了他们的整体关注能力。教师对学生注意力的培养一直是高效课堂的核心任务，因此，注意力的培养迫在眉睫。我们不仅要努力帮助学生专注于重要的事情，还要与强大的科学技术诱惑作斗争，这项技术几乎时时刻刻都在干扰我们的学生——甚至我们自己的注意力。要想成功，学校和教师就必须不断精心设计他们的选择和决策来应对这一挑战。这是自从《像冠军一样教学》上一版出版以来在教育领域发生的最大变化。

在卡尔·纽波特（Cal Newport）的著作《深度工作》（*Deep Work*）中，他研究了工作场所的注意力现象并探讨了创造一流脑力工作的必要条件。他指出，要想取得成功，需要“磨炼自己掌控困难任务的能力”。作为受过专业训练的计算机科学家，他以编写代码为例。能够编写复杂的技术代码是一件非常令人自豪的事情，尤其是在当今社会中，因为知识工作在社会上从未受到过如此高的重视。代码可以在全球范围内自由地光速传播。如果代码写得好，其潜在用户几乎是不可估量的。但这种情况——你在令人心旷神怡的地方写着代码、喝着拿铁，与此同时全世界对它的需求也越来越多——有一个缺点。除你之外的其他人的代码也正在全球范围内自由地光速传播。世界上任何角落的人写的任何一行代码都会即刻与你竞争。纽波特写道，所有的脑力工作都在朝着这个趋势发展。要想成功，你不仅要能够集中精力创造出独一无二的智能产品，而且“你必须能够一次又一次地快速做到这一点”，这就是掌握新技能和克服困难的能力。纽波特写道，凭借速度和天赋熟练掌握复杂内容的关键是持续保持注意力和深度专注力的能力。那些最能集中注意力的人才能在芸芸众生中出类拔萃。

然而，纽波特还观察到，保持注意力集中的心态非常困难，因为我们的日常生活（包括我们的工作和学习环境）会干扰我们的注意力，使我们处在注意力不集中和心不在焉的状态。它们在侵蚀而不是培养引领我们走向成功的心理专注力。他总结说：“专注力从来没有像现在这样给我们带来这么好的回报，也从来没有像现在这样难以实现。”

“注意力残留”[1]是解释“为什么”的非常有用的术语。从一项任务切换到另一项任务时，你的部分注意力仍然停留在上一个任务上。你停下手里的工作去查看电子邮件，当你回头继续工作时，你的部分思想仍然停留在电子邮件中，即使你根本没有意识到这一点。“你现在不太可能专注你的工作了。”纽波特指出，这对学习新鲜和棘手的事物尤其具有干扰性。研究人员发现，在大多数工作环境中，人们总是处于低水平的分神状态。学生们也是如此。一般的大学生大概比K-12的学生更成熟、学习更成功、兴趣更广泛，但他们在笔记本电脑上学习时，仍然会平均每19秒切换一次工作窗口。

除了注意力残留之外，还有一个更大的问题：我们的大脑神经是具有可塑性的，它们会根据人使用它们的方式重新联结。青少年使用它们的方式越来越需要不断来回切换大脑神经。成年人平均每两分半钟切换一次，而青少年则更频繁。其结果是我们不仅经常比理想情况下更容易分心，而且我们越来越不能保持注意力集中。我们的大脑越来越期待分心因素的“突然出现”，并因为这种满足的推迟而心烦意乱。正如生产力专家莫拉·托马斯（Maura Thomas）在最近发表的文章中所说，“我们的生产力大打折扣不仅仅是因为我们被外界干扰，也因为我们自己的大脑本身……成为分散注意力的源头”。

“略读已成为新常态”，玛丽安娜·沃尔夫（Maryanne Wolf）在《升维阅读：数字时代下人类该如何阅读》（*Reader Come Home：The Reading Brain in a*

---

[1] 这个短语是明尼苏达大学的索菲·勒罗伊（Sophie Leroy）基于她对工作场所生产力的研究提出的。

Digital World）——近年来关于学习最深刻、最重要的书之一——中写道。她在书中描述道，不断接触科技产品不仅会立刻分散我们的注意力，还会重塑我们的大脑联结，使其处于漫不经心、失去专注力的状态，也无法维持深度和有意义的阅读所需的思考状态。你也许从自己的亲身经历中体会到了这一点：你突然发现，在过去的几年里，你阅读的时候，眼睛总是在快速地浏览页面，飞快地寻找某些东西。这是因为你的大脑被电子科技环境分散了注意力。在这种环境中，你对所有任务的平均专注力都不超过2分钟，它在寻找新鲜、华而不实的东西。换句话说，这就是你，一个没有专注力，同时也失去了聚精会神能力的人。注意到这一点是因为你曾经过着低科技水平的生活，现在你感觉到自己不再像过去那样专注了。你的学生过去没有感受过专注力，现在也没有。对大多数人来说，这就是他们所知道的、唯一的现实世界。

这就给教师提出了几个问题。他们在教室里构建的学习环境有没有干扰学生的持续注意力？有没有使他们的注意力支离破碎？如果某个学生或所有学生都需要强大的集中注意力的能力，教师应如何帮助他们呢？

我最近偶遇了一位认识已久的校长。交谈期间，我问起他的学生以及他们的变化情况。“注意力持续时间越来越短了。”他说道，“大多数学生在家都不读书了，除非他们的父母强迫他们这么做。我们正在全力以赴地调整我们的教学计划。”我们谈话的时间不长，所以我不知道他的意思是“正调整教学计划，通过给学生留需要更少持续关注力的作业来应对学生注意力持续时间变短的问题”，还是“正调整教学计划，有意识地干预学生注意力持续时间变短的问题，让学生持续做同一件事情以提升他们的注意力”。学生加入改变计划了吗？换句话说，学生提出抗议了吗？这是个关键的问题。后者也许、而且很可能已经发生了。在本书的案例中，我相信你会看到大量充满快乐、活力和快节奏的学习氛围，你肯定会看到，几乎在每一堂优质课堂上，学生们都能够持续专注于一项任务，他们通常是安静、专注、独立地完成。这在一定程度上是因为教师优化了他们的行为，通过长时间的训练使他们养成了一种习惯。

在这些课堂上你几乎看不到对学习、思考和反思持续干扰的环境。这是因为老师知道学生需要什么。

即使学生注意力集中的能力差异很大，并且他们最初的能力水平也不同，我们仍然需要尽可能地寻求培养集中注意力和关注力的方法。实现这一点一直是学校教育最重要的成果之一——即使这一事实并不总是被承认或认可。学校越来越成为最后一块能够让年轻人远离注意力干扰、数码科技刺激和教学任务不断转换的净土。诚然，学习需要电子产品，但也需要没有电子产品的持续学习时间。保证一段没有电子产品和分散注意力的时间，并伴以长时间思考的工具——铅笔、纸、书——就是我们能给学生的最好礼物。

1890年（当时的高科技是指像制表机这样的新奇创新），心理学家威廉·詹姆斯（William James）在《心理学原理》（*The Principles of Psychology*）中提出了关于注意力的观点：我们关注的东西会更深刻地塑造我们的认知。“我的经历是我同意关注的事。”这个结论预言了21世纪的大量研究，这些研究能够表明我们所关注的东西是多么深刻地塑造了我们的认知。正如我的同事汉娜·所罗门所说的，注意力不仅是一种“让我们持续看东西的肌肉”，还是“我们看东西时的晶体”，这很值得我们深思。

如何在课堂上培养学生的注意力呢？以下是一些初步的想法，你肯定会找到更多方法。

你可以通过安静写作（技巧39）让学生完成一段时间的书面作业，然后逐渐延长学生进行写作任务的时间，以此来培养他们的持续注意力。你可以使用FASE阅读（技巧24）训练学生在一段时间内持续关注阅读内容的能力，并帮助他们体验专注的乐趣——有些人称之为“心流”，当学生沉浸在教学活动中时，全世界所有其他的东西——包括手机和其他电子产品都统统从他们的世界消失。你需要通过注意力习惯（技巧48）和讨论的习惯（技巧44）来帮助学生在学习和讨论过程中学会集中注意力，或者你也可以使用转身讨论（技巧43）。你可以通过“课堂节奏”（见第六章）中描述的方法将“屏蔽”的概念融入自己的教学计划。另一个关键问题是课堂文化和行为环境。你能长时间专注思考而不受打扰吗？如果学生在你刚提出问题时就大声给出答案，你就不能强制学生等待，让他们三思后再回答。遇到这种情况，你可以从课堂参与方式（技巧36）入手。

上面的内容提醒我，这本书主要讲述的就是培养和保持注意力。

最后，我们还需要考虑教学技巧。大多数教师认为，借助技术或多媒体完成教学任务会给课堂教学加分。教育专家认为，这对课堂教学固然是好事。科技给我们带来了巨大的能量，但也存在着严重的缺陷。实际上，不凭借科技或尽量避免科技组织教学和使用科技教学同样重要。学校是人们一致认可的最后一块不引入干扰教学的电子科技产品的净土之一。用铅笔和纸写作、手写笔记、阅读纸质书——有大量的研究支持这些活动，因为这比凭借电子科技产品完成同样的任务更有益。

原则 4 学习驱动力具有社会性

在学习方面，有影响力的研究并不局限于认知心理学。令人惊讶的是，一些最重要的见解竟然来自进化生物学，或者说来自我们人类进化的历史。“我们”是进化史中最重要的一个词汇。虽然人类为了存活在进化过程中不断发展个体的机能——大脑、对生拇指、直立行走等，但我们进化的成功主要是依靠群体的共同努力——这是人类本能地向群体合作行为转化的结果。

为了赢得其他群体的支持，幸存下来的群体成员不仅要证明自己的强大和能力，还必须有能力构建忠诚和有凝聚力的群体。生物学家爱德华·O. 威尔逊（Edward O. Wilson）在《社会性征服地球》（*The Social Conquest of Earth*）中写道：“群体间竞争的结果在很大程度上取决于每个群体内部社会行为的小细节。”个体强大很重要——因为群体内部也有竞争——但一个没有被群体接受的强大个体注定要失败。决定人类能够繁衍和生存的主要因素是“群体的团结性、群体成员之间沟通的高效性和劳动分工的合理性等。这些特征是可遗传的”。威尔逊总结道，因此我们之所以成为现在的我们是“个体和群体选择的结果”。

由于这种双重选择——进化生物学家称为群体和个体竞争的平行过程，我们人类的特征是复杂的、迷人的，有时又是互相矛盾的，这主要是因为我们经常不知道自己在追求什么。我们在不知不觉中进化了那些有助于我们生存下来的东西。

“亲社会”一词描述的是为了更大的群体利益而表现出某种个体行为的动物。很少有其他动物会这样做。“群居”一词进一步描述了在更大程度上合作与牺牲的物种群体。这种情况非常之少见。威尔逊认为，我们是世界上仅有的两种群居哺乳类动物之一。狮子和狼也会合作捕猎，但它们不会为群体的利益牺牲自己的生命，他们不会哺育、照顾彼此的孩子，也不会赡养彼此的老人。只有人类才会这样做，尽管为了某种利益，人类群体成员之间也会为了食物、伴侣或地位而竞争。

自古以来，为了生存下去，人们就需要高度关注群体内部正在发生的事情，例如，确保人际交往并提防潜在的背叛行为。威尔逊写道："进化的策略被设计成一个精确调整的利他主义、合作、竞争、统治、互惠、背叛和欺骗的矛盾复合体。人类的大脑变得越来越聪明，社交的愿望越来越强烈时……人类社会就诞生了，时而自私，时而无私，这两种冲动经常发生冲突。"

扎雷塔·哈蒙德（Zaretta Hammond）在《文化响应式教学和大脑》（*Culturally Responsive Teaching and the Brain*）一书中指出：大脑是一个"社会性器官"，其真实程度令人震惊。其中一个例子是我们眼睛的生理机能。我们是唯一拥有巩膜的灵长类动物——我们称之为眼白。所有其他灵长类动物的瞳孔周围都是黑色的。为什么会这样？许多进化生物学家认为，观察到群体成员正在注视和思考的事情是非常重要的。我们需要了解群体的想法，我们在其等级制度和联盟中的地位以及知道如何使每项行动被认可。我们可以通过偷偷摸摸的眼神和瞬间的钦佩、轻蔑或尊重表达对生存至关重要的信息。我们的眼睛已经进化到可以更好地表达赞许、接受和鄙视的关键细节。

我们深刻的社会性也体现在我们做决策的方式上。"社会规范"是我们所说的不成文的社会规则，存在于所有群体中。"人类行为的高度社会性意味着同事的行为和学校广义的文化将对你课堂上的表现产生持久的影响。"这就是为什么要培养群体性的行为动机。规范的影响力如此强大，甚至超越更加正式的学校政策或规章制度。佩普斯·麦克雷（Peps Mccrea）写道："然而，它们在很大程度上是无形和无意识的行为规范，即使没有被完全忽视，也很容易被低估。"制定规范是必不可少的，问题的关键是要认识到规范的必要性，并有意而积极地塑造它们。

要改变学生的学习动机，我们必须改变进入他们视线的事物以及被他们视作常规和规范的价值观。

需要明确指出的是，每个教室都有规章制度。"没有中立的设计。"理查德·塞勒和卡斯·桑斯坦在《助推》一书中写道。环境会塑造生活在其中的个体的行为。要么我们选择规范，要么规范选择我们。如果我们想要规范更有成效，就必须设法让它们看起来更普遍和随处可见。

这将如何影响课堂决策呢？我们突然想起，教室是塑造学生言行和信仰的首选文化场所。我们必须建立积极的亲社会规范，这些规范要重视学生、鼓励学生做能引领他们成功和富足的事情。

学生注视着发言的同学并强调他们认可他的言论，这是“自然而然”的文化现象吗？当然不是。没有任何事情是自然而然的。一个好的课堂教学通过集中注意力习惯和讨论的习惯（更不用说意义重大的讲座、严格的课程，以及绝不占用学生的自由时间）来推动学生的学习认同感，让学生看到周围的同学正在如饥似渴地阅读和写作，这是让学生个体想要，或者至少愿意阅读和写作的好方法。这就解释了为什么明确界限（技巧28）能如此有力地诱导学生参与活动。当然，这也是为什么课堂系统和课堂惯例（见第十章）如此强大——因为它们从一开始就特别规范。汤姆·班尼特在《老师怎么做，学生才会听》（*Running the Room*）[1]中写道，教师犯的“最大的错误”就是要“等待某行为发生后才做出应对措施”。优秀教师首先要预防适得其反的行为发生。

最后一个注意事项。麦克雷写道，规范的影响力大小“取决于我们对那些规范的制定者有多强烈的归属感和认同感”，归属感就是我们行动的动力。这一章讨论的最后一个原则是师生关系，这显然是非常重要的。但有一点需要记住：学生对文化的归属感与他们和教师的关系不同。有些教育专家认为学生只有在教师的激励下才能完成某些任务，但其实，如果他们能融入同学间，感觉自己受到同学的欢迎、支持和尊重，那么他们也可以完成那些事情。重申一下，师生关系固然重要，但通过学生认可的规范建立起同伴文化至少也是同等重要的。

[1] 此书中文简体版已由中国青年出版社出版。

原则 5 好的教学就是好的师生关系

教师普遍认为，要取得优异的教学成绩，就必须建立良好的师生关系。有句谚语说得好，“学生根本不在乎你在说什么，直到他们了解了你在乎什么”。这句话的含义是，学生不会向不关心他们的教师学习，因此，教师要想方设法与学生建立良好关系，并表现出对他们的关心，才能教好他们。这是充满善意的说法，但存在关键错误。应该让学生知道并感受到我们对他们的关心吗？绝对应该。良好的师生关系重要吗？当然重要，而且非常重要。但是，在建立良好师生关系之前不可能有优质教学的论断是不正确的，部分原因是，优质教学是向学生展示你的关心的最有效的方式，也是与他们建立良好关系的先决条件。

换句话说，认识到建立良好师生关系的重要性很容易。但困难的是，建立什么样的师生关系和采取什么措施建立关系最有效呢？学生了解了你关心的事后才向你学习的格言是所有建立良好关系措施的前提条件吗？如果你出现在学生的舞会上，或者在走廊上和他们谈论家里的事，有些学生可能会很高兴，但还有些同学可能会觉得奇怪，甚至觉得你越界了。这就提醒我们，建立良好的师生关系固然重要，但要循序渐进，否则会适得其反。

因此，我们坚信良好师生关系的重要性。下面是一些关于如何最有效地建立良好师生关系的重要观点。

首先，作为教师，我们都寻求一种能体现这个角色独特性的师生关系。这些关系“基于彼此的信任”，汤姆·班尼特最近写道：“信任最好建立在安全、宁静、井然有序的环境中，在这里教师是可以信赖和依靠的。信任是建立在可预测对方行为和性格的基础之上的。”可靠、善良和表里如一是建立良好师生关系的核心。但学习者必须能感受到他们的学习环境传递的这些信息。当某个学生在谈论她和史密斯老师的关系时，从某种程度上说，她在谈及的是在史密斯老师的课堂上。如果她回答问题时被其他同学嘲笑而史密斯老师不加制止，或者史密斯老师不能或无意让课堂教学更有价值、更高效，她就会逐渐不信任史密斯老师了。在一定程度上，学生对教师的信任是对他们建立优质、高效教学环境的能力和兢兢业业的教学态度的认可。

其次，成功的教学至少是建立良好师生关系的因素之一。这个过程需要多次重复。高效利用学生宝贵的时间可以表达你对学生的尊重和信任。创造富有成效的学习环境表明你值得他们尊重。这样做的时候，如果你的态度是热情、鼓励和欢迎他们参与的，你就已经开始建立关系了。对于有的学生来说，这可能奠定了与他们建立更亲密的关系的基础，对于另一些学生来说，你们已经建立起良好的关系了。课后和学生聊聊你最喜欢的节目，这方法不错，但没有必要，因为这样会分散你对手头工作——好好教学——的专注力。优质课堂才是建立良好师生关系的重要工具。“良好的师生关系可以帮助学生理解所学知识”，阿德耶米·斯坦布里奇在《课堂文化响应式教学》中写道。换句话说，这应该是关于如何帮助学生学习和成长的工具。更关键的是，教师的需求也可以通过良好的师生关系来满足。有时，为了满足学生的需求，我们做很多劳心劳力的工作，更糟的是，我们总是认为学生所匮乏的东西只有我们才能提供。

一位读过本书之前版本的读者怀疑道：“你没有一章是讲述师生关系的，你肯定认为师生关系不重要。”但对我来说，整本书都和建立师生关系有关。教师仔细观察学生，注意到学生的学习压力并积极应对，帮助他们看到成功的希望，从某种程度上说，这都是在建立良好的师生关系。遇到问题就感到沮丧，告诉学生“自己去搞清楚”的教师是无法建立良好的师生关系的。甚至有的教师每天热情而亲切地问候学生，但天天做一些学生认为对学习无益的教学活动，从而浪费他们的宝贵时间。一个督促学生刻苦学习，努力写出令自己感到真正自豪的作文的教师，一个不需要靠大声斥责学生来使他们学习的教师，一个通过优质教学使学生对某学科产生兴趣并深深爱上它的教师，才能建立良好的师生关系。

我最近在一个很火的网站上看到了一个为教师提供建议的帖子“与学生建立良好关系的10大秘籍”。里面有一些很好的建议（“当你把事情搞砸了时，要道歉”），但有的提议也令人质疑：“做疯狂的事”“和学生聊与学校无关的话题”以及“分享你生活中鼓舞人心的故事”等。值得思考的是，这些行为会不会干扰学生做更重要的事情呢？和学生谈论与学校无关的话题很好，有些人可能会很喜欢，但和他们谈论与学校相关的话题更重要。分享生活中鼓舞人心的故事可能有效，但要谨慎行事。我自己的孩子听过好多次我生活中鼓舞人心的故事了，但他们很可能发现它们并不总是我做事的原则。我以前的老师讲他自己的故事时，可以一口气讲20分钟。我不确定他当时要建立什么样的师生关系，但他如此热衷于讲自己的故事，结果每次期末考试都至少要推迟一天。至于做疯狂的事，则是利与弊并存。你是教师，不是表演者。多花点时间备课，带着温暖、关爱、专注和鼓励的态度去教学更有意义。问题的关键是，你能不能激发学生的好奇心，为他们打开知识宝库的大门。

从一定程度上讲，我们想要建立的师生关系至少是三角关系，教师与学生因为知识而建立关联，同时教师的目标是激励学生与他们所学的知识建立联系。下面这张图展示了阿德耶米·斯坦布里奇是如何解释这个观点的。

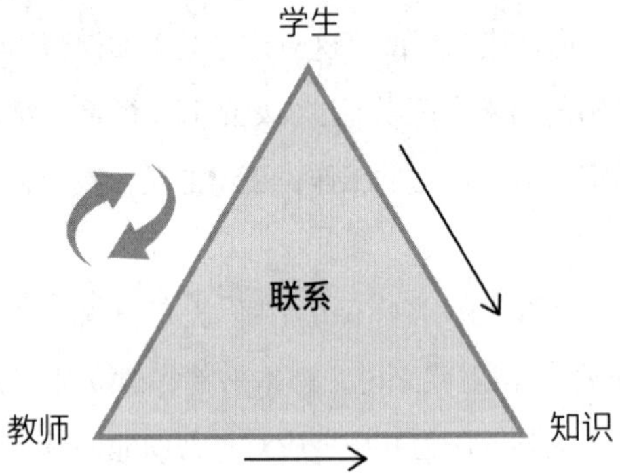

有一天，我们在办公室看了一段视频后，我的同事达瑞尔·威廉姆斯说：“如果教师教得不好，我不确定他/她是不是可以与学生建立良好的师生关系。”那天晚上，我回家后仔细思考了那句话，因为一开始听起来似乎不太正确。当然，如果你教得不好，也可以和学生建立良好的关系。达瑞尔的话与我们常听到的专家观点正好相反。他认为学生在明白你能很好地教他们之前，根本不会知道你在乎他们。

但渐渐地，我发现了达瑞尔在视频里观察到的东西。这本书讨论了许多这样的课堂案例。在德纳留斯·弗雷泽的数学课堂上，德纳留斯鼓励学生对所学内容做出评价。他让班上学生轮流回答数学问题，并给予反馈。“有进步。”他对一名学生的进步提出表扬。“好多了。”他对另一个学生说。思考一下这个评语。比什么好多了？比上次类似问题的回答好多了。他要表达的意思是：你的努力我都看到了。你的进步对我很重要。对于像德纳留斯这样优秀的教师来说，他的教学目标就是：我要助你成功。

德纳留斯在课堂上和所有学生互动，谈论他们的学习情况。久而久之就传递了这样的信息：“我了解你；我会帮助你的。”

德纳留斯受到学生的喜爱和尊敬是因为他独特的授课方式。这也是他建立核心师生关系的方式。在“评估学生的理解水平”这一章中我们也会谈到德纳留斯的课堂。他的课堂告诉我们，深入了解和关心学生的进步可以建立良好的师生关系。教师充满技巧、关爱和温暖地投入的教学核心工作的方方面面都构成了良好师生关系的基础。

这里产生争论的部分原因是，我们要把精力放到何处。我们很容易相信，如果师生关系是正向的，那么关系越深就越好。但事情并没那么简单。我们中有些人可能还在生活中扮演着学生的人生导师的角色——如果真是这样的话，我们也是获益的一方——但学生不需要把你视为知己。有些学生可能欣赏你的关心方式，包括在走廊上和他们聊天，或者鼓励他们和你分享个人生活琐事，甚至分担他们的烦恼。但很多同学对此不感兴趣或不需要。他们等待你充满关心和热爱地教导他们。如果抱着在学生的生活中扮演某些有意义的角色，而不是成为他们的教师就可以建立良好的师生关系的想法，那你就看不到这样一个事实：教师的能力才是建立良好师生关系的关键。

开学第一天，你应该微笑着迎接学生的到来，好好利用他们的宝贵时间。同时还要记住他们的名字。也许，你在学生到来之前就已经开始熟悉他们的名字了。你可以通过知道并正确叫出他们的名字给他们带来惊喜。其中还可以穿插一些充满人性的问候——“你是达曼尼的妹妹，对吧？他怎么样了？代我向他问好啊！”——这样的问候很有用，但比不上精心备课，在帮助学生成功方面精益求精更有用。即使他们过去学习遇到过困难，现在已掌握足够的学习技能，你也可以微笑着鼓励他们继续努力。学生会看到你对他们学习的良苦用心，觉得你能胜任你的工作。当有学生不认真听讲或分散你和同学的注意力时，你也很难再微笑着鼓励他们加油。管不住自己的学生是失去学生尊重的最快方式之一。他们可能仍然对你很友好，但会觉得你的课程有点简单，或者觉得你会被调皮捣蛋的同学欺负，这样的师生关系并不利于学生的学习和茁壮成长。

教学时，尽可能地用简单、巧妙的方式表达你对学生的喜爱，比如说微笑。正如教师兼作家乔·费塞（Jo Facer）所说，“当学生认为你喜欢他们时，一切都变得很容易”。但是学生知道你关心他们也不一定拿你当朋友。关心学生的技巧必须包括制定规章制度或激励他们努力学习，对他们要宽严相济。重申一下，如果你能够建立一个让学生安心上课、刻苦学习、尊重和欣赏你及其他同学的学习环境，那你积极、热情地投入教学，鼓励学生刻苦学习就容易多了。

让我试着用词汇来界定它们的区别吧。互补师生关系是课下与某些学生建立的生活联系，核心师生关系是课堂上积极的、相互尊重的关系，有助于学生在充满温暖和关爱的环境里学习和成长。我并不否认互补师生关系的作用。许多教师在学生的生活中发挥了重要的作用，他们让学生觉得有价值，教师自己也心满意足。我希望你的生活中也有这样的经历。但如果认为互补师生关系对学生的成功来说是必不可少的，那你就被表面现象蒙蔽了，其实核心师生关系才是学生成功的必要条件。过度热衷于前者会大大削弱后者的作用。

那么，核心师生关系又是怎样的呢？正如我的同事丹·科顿所说，学生能感觉到这种关系是安全、有效的，而且老师是了解我的。也就是说，教师把他们视为独立的个体，有能力保证他们高效学习，并为他们提供一个没有任何后顾之忧的学习环境。

在师生关系这方面，“安全”很容易被忽视掉。安全意味着学生感觉受到尊重和欣赏，不会感觉被欺负或嘲笑。学生冒险回答没有把握的问题，不必担心受到教师或其他同学的惩罚或嘲笑。他们心理上的良好师生关系，在很大程度上受到班级归属感的影响。如果学生回答问题后，你微笑着表达了对她观点的认同和欣赏，但却默许其他同学嘲笑、翻白眼，或者其他同学对她的观点不感兴趣或没有任何反应，师生关系就不太可能良性发展。就算你们建立起了关系，那也是一场得不偿失的胜利。成功的师生关系需要教师利用特有的权威构建一种文化，一种学生感到安全并能得到彼此认可的文化。你必须规范自己的行为，为学生的健康成长创造条件。学生会把这一切都看在眼里。如果梅丽莎知道自己会因为在课堂上发表某些见解而收到同学们异样的眼光，就算你在课下大力表扬她的见解，她也还是不太可能信任你。信任是建立良好师生关系的必要条件。

成功，正如我在本章中尝试解释的那样，源于你完成教学核心任务的整体效果。你把这些任务做好了，学生就会看到自己的进步和成功，这会让他们感到被信任和欣赏的愉悦。由此可推论：帮助学生感受成功的喜悦，看到实实在在的进步，有助于建立良好的师生关系。

让学生认识到教师了解自己的想法。假设你有个学生，我们就叫她艾丽西亚吧。你要让她知道她是独一无二的，既不同于她左边的坎迪斯，也不同于右边的爱德华。首先要知道她的名字和她喜欢怎么发音（艾丽西亚不是乌利沙）。尽可能地称呼她的名字：每次你称呼她的名字都是在提醒她你认识她。当她和其他学生早早到教室时，你偶尔可以问几个简单的问题："早上好，艾丽西亚。你的家庭作业还顺利吧？"也许你偶尔会随机提问艾丽西亚，告诉她你在关注她在课堂上的表现。"艾丽西亚，你对这些问题有信心吗？""艾丽西亚，你同意尼迪的观点吗？"

在做这些事情的时候，你已经开始相信，对你来说，艾丽西亚是一个独立的个体——你会关心她的想法。我曾经有一个同事，他是一名数学老师，他喜欢了解并掌握每个学生的小细节，然后把它们编入有趣的文字问题中：如果艾丽西亚喜欢碧昂丝，他会写："艾丽西亚想为她在艺术课上创作的碧昂丝雕像建个底座。它的尺寸是……"非常棒！但如果是你的话，你不需要这么多这样的小技巧。更重要的是，你要知道艾丽西亚是一个学生。你可以在经过她的课桌时说："别着急，艾丽西亚。你的上一篇论文写得很好，因为你花时间精心准备了。"你的话说明你还记得她最近一篇论文，知道她擅长什么，知道并关心她学习上的进步。换句话说，你把她看作一个独立的个体。这才是学生所渴望和应该拥有的师生关系。

最后一个注意事项。与来自贫困家庭的学生一起活动时，教师应该特别谨慎，避免先入为主地认为，在经济条件有限的家庭成长意味着其他方面的条件也匮乏——比如没有强大的社交网络或能够支持他们的父母。我特别想公开表明：在我遇到的100位最好的父母和监护人里，其中99人抚养孩子的经济条件十分有限，有时甚至捉襟见肘，但他们却给了孩子无私的爱、支持、教诲和智慧。换句话说，许多学生会信任他人，并与他们分享彼此的生活。请不要认为他们需要的是活动的倡导者，而不是化学老师。学生最需要的是在关心自己进步的教师的教导下学习和成长，这是不容辩驳的。难道有些同学生活中真的缺少朋友，渴望知己或人生导师吗？当然，有些同学需要。他们来自不同的社会阶层。有时候，我们可以给他们提供帮助，因为他们无法从社交网络获得所需要的一切，但这很容易让我们产生某种错觉，即认为我们可以发挥巨大作用的、被学生需要着的师生关系是学生最需要的，但事实可能并非如此。

那么，如何在课堂上构建正确的师生关系呢？下面只是一些初步的想法。相信你肯定会发现更多。

我前面已经提到过，建立良好师生关系的第一步可能与你的期望正好相反：把教室变成一个井然有序的地方。在那里，学生对每天要做的事的程序了然于胸，就像按惯例行事。这样，当学生对自己在优质、高效课堂上的表现有非常清晰的心智模式时，他们做事时就会不假思索，轻而易举。在安全、成功和教师了解学生的学习环境中，安全要被放到首位——也就是说，在这样的学习环境中，学生可以出错、学习成绩可以不优秀，但永远不会受到讥讽或嘲笑。学生相信教师能为他们提供这样的学习环境，这是一种关爱学生的形式。你最好构建一个井然有序的教室，让学生互相鼓励、彼此欣赏，你在课堂上要做的就是鼓励学生这么做。此外，井然有序的课堂可以让你倾听和关注学生的言论，让你集中精力去了解他们中的每一个人。德纳留斯的教室是一个关系和谐的地方，主要是因为它是井然有序的。

教学设计和备课对师生关系的构建也是至关重要的——而且，也许会有意想不到的结果。一个精心设计和完美执行的课程告诉学生，他们很重要，他们的学习是最重要的。充满趣味和活力的课堂能够吸引学生参与其中。我们看看赛迪·麦凯利的化学课吧。赛迪·麦凯利老师来自北卡罗来纳州吉尔福德市吉尔福德高中。在麦凯利的课堂上，学生很兴奋，因为他们一直都在做有意义的事。因为从他们走进教室的那一刻起，化学课就开始了，这让他们马上投入到深入、积极的思考中。这样的课堂可比已经上课5分钟了，老师还在跟大家问好的课堂令人满意多了。

肖恩·埃科尔在他的著作《发现你的积极优势》中提醒我们，快乐的概念包括多层含义。成就（看到自己的进步）和投入（沉浸在某件事中）是快乐的关键组成部分——虽然没有多少人认可，但它们和创造快乐一样重要。此外，当熟悉课程内容、精心准备了课堂提问问题时，你的课堂反应力和观察力会更强，你的工作记忆可以帮助你感知学生对学习的反应以及他们的答案是否合理。简单来说，你会更加活跃。

掌握本书提到的小技巧有利于良好师生关系的建立。例如，往好处想（技巧59：积极架构）只是积极课堂模式中的一个小元素，但它可以改变游戏规则。像所有的积极课堂模式一样，它可以帮助你给学生提出建设性的反馈，让他们明白你关心并信任他们。此外，它还可以帮助你给学习困难的学生找台阶下，“对不起，我的作业要求没说清楚，这是一个独立写作活动”。这是对“你需要保持安静”的一个很大的改进。它释放出冷静和沉着的信号，向学生表明，当他们不按要求行事时，你的第一反应是思考：“嗯，一定有原因。”你会思考其中的原因并表达出来，而且有些原因往往是正确的。有时是因为学生注意力不集中，有时是因为你没有说清楚。当你养成了发现学生最好一面的习惯时，学生的优点一表现出来，你马上就会注意到它。另外一个例子是知道要做什么。没有什么比不知道自己应该做什么更能破坏师生关系的了——如果你一遍又一遍地讲授某些知识，学生还是不太懂，那就再讲10遍；如果说了很多遍要求，学生还是不明白，没有按要求做，那就再说10遍。

第二章

课程准备

LESSON PREPARATION

如果你读过上一版的《像冠军一样教学》，你可能会注意到本书发生了一些非常重要的变化。在上一版中我集中大部分笔墨在描述如何进行有效的课程设计上，但这本全新修订版则试图阐明我和团队观察到的教师是如何精心备课的。从本质上说，重点基于一个词语的改变：从“设计”到“准备”。你可能会问，这有什么不同，为什么要变?

首先，所有教师都会备课，但并不是所有教师每天都进行自己的课程设计。许多教师都使用同事或课程编写者提供的课程设计，还有些人会重复使用他们之前的设计。但是每个教师在上课之前都要备好课。如果说课程设计是你打算在教学过程中实施的一系列活动，课程准备就是一套关于如何实施这一系列活动的决策。这些决策至少和这些活动一样，可以决定课程的成功与失败。因为设计和准备很容易混淆，后者很容易被忽视。很多教师认为只要完成设计任务，就已经一切准备就绪了。

假设你每天教两节重复的课：第三节和第五节。你第三节课的学生发言踊跃且充满激情——有时是如此活跃，你不得不阻止他们喋喋不休和漫无边际的聊天，才能把他们的思想拉回课堂。第五节课的学生则比较内向，实际上很理智，需要不断鼓励才开口发言。你可以对这两个班级使用相同的课程设计，但要用不同的方式来备课。

阿德耶米·斯坦布里奇指出：“能够激励学习者参与课堂教学的技巧在不同的班级的应用方式要因人而异。要设计出学生积极参与课堂教学的活动，需要有敏锐、身临其境的感觉，因为人类是一个高度社会化的物种，人际关系和文化背景都很重要。”

也许在周二这天，要多留些书面作业，让第三节课的学生的节奏慢下来，练习思考，多使用转身讨论(技巧43)激励第五节课的学生开口发言。也许在第五节课，有学生用了一个漂亮的短语描述小说中的一段，你一定要记得在必要时再次提及这件事，并予以表扬。尽管对这两个班使用了相同的课程设计，高效的备课过程会让你对怎样教两个差异较大的班级胸有成竹。

课程准备的第一步是充分了解你的课程内容。如果你不确定接下来会发生什么，本来应该倾听、解释或观察学生时，你还在继续读课文，你的教学就不可能达到最佳效果。管理工作记忆不仅对学生很重要，对教师来说亦如此。我将在本章最后再探讨这一点，因为事情远没有表面看起来的那么简单。除了熟悉自己的教学内容外，还要养成良好的习惯，使自己很好地适应教学环境，并及时对教学中的突发事件做出应急反应，这对教师的短期和长期成功都至关重要。这些习惯似乎会增加你的工作量，但习惯一旦养成，就会减少工作量，长期、持久地维持你的教学质量并帮助你走向成功。

课程准备之所以重要是与认知和感知的重要性有关，感知是教师最重要的技能之一。格雷厄姆·纳托尔在《学习者的隐秘生活》中写道："经验丰富的教师对学生的学习兴趣程度、课堂参与度和学习动机极其敏感。"他们"可以从教室的氛围、学生的眼神和回答以及他们参与课堂活动的方式中觉察到学生的课堂参与度。优秀教师……用这些迹象来判断他们是否需要做出改变，加快速度还是放慢速度，增加难度还是降低难度"。谨慎一点还是有必要的——即使我们认为学生参与了（或没有参与）课堂活动，但必须牢记：不要太绝对，也许我们错了。检查学生的书面作业是验证我们猜测的关键因素——但在大多数情况下，我们能成功地感知课堂上发生的事情并制定相应的应对措施。如果没有注意到相关的线索，你就无法做出明智的决定，很可能让学生牵着鼻子走。

但是，只有"经验丰富的"教师才能做到这一点的观点并不完全正确。只有那些最能从经验中吸取教训的人才能够做到。你也许是一位拥有20年教龄的教师，但仍然不懂学生的心思；你也可能是只有1年教龄的新手，但能敏锐地感知课堂上发生的一切。纳托尔认为，事实上，真正的问题在于，如何加速和提高每个教师"解读这些信号"的学习过程。阿德耶米·斯坦布里奇认为，应对措施始于感知。他写道："我们希望提高认知能力以及以最佳方式帮助学生解决棘手问题的能力。"响应式教学的核心在于我们教学时能够解读学生的反应和需求。问题的关键是，我们如何能够在教学时"观察"得更好、"观察"得更多。

这听起来很抽象，但感知是对准备工作的反应。为了很好地感知，你需要提前考虑好你要发现什么。理想情况下，尽可能多地释放工作记忆，使其无拘无束以便于更好地观察。我在第一章中提到非注意盲视现象，即人们经常看不到眼前的东西——更不用提隐秘或隐晦的东西了。我们总是注意不到某些重要细节，特别是当它们发生在复杂的视界中时，而教室几乎就是这样的视界。

我们必须接受这一点，如果我们想更准确地感知，就必须精心准备。正如查布利斯和西蒙斯写的那样："有一个办法可以消除非注意盲视：让意外的事物或事件变得不那么意外。"如果你在上课前思考过学生思维中潜在的错误，就更有可能注意到它们。从某种程度上说，你可以通过预见来学会观察什么。如果你事先清楚会在学生的最终学习成果中观察到什么，你就能更精准地观察，并注意到学生是否真的用心在做。

我们知道，感知会受到工作记忆负荷的影响。你拿起手机，给你的配偶或伴侣打电话时，对周围发生的事情就不那么敏锐了。当你听学生发言的时候，还在思考这个问题的最佳答案是什么，你对周围发生的事情就不那么关注了。你用于感知的认知域就更少了。这样，你很可能会错过某些迹象。但是，如果你仔细思考并写下对关键问题的标准回答的细节——我们在本章将其称为"范例"——这样你就可以用更少的工作记忆去处理学生的发言内容和书面功课。

培养学生参与课堂教学活动的能力是教学准备工作的另一个方面。比如说，如果你提前思考过如何让学生参与现在就做（技巧20）活动，也想好了要提问哪几位同学，那么你就更有可能真正实施这些举措，学生就感觉有责任参与课堂教学活动而使全班同学受益，所以每个人而不仅仅是渴望回答问题的学生都举起了手并获得一个公平发言的机会。这样做，你的课堂会充满专注力和活力。否则，你就会发现自己总是在抱怨学生，每个问题只有这几个同学举手。如果你对自己的课堂有这样的评论，就意味着你需要改进教学准备工作了。

课程准备就是要回顾整个课程设计流程，不仅要思考在今天的班级如何做，还要思考在你明天第五节课的班级如何做。在何时以及使用何种办法才能更有意识地激发安静的学生主动参与课堂活动呢？哪些问题需要学生用书面形式回答才能了解他们的想法呢？第三节课的情况则有所不同，你必须时刻盯着时钟，这样你就不会发现"5分钟的讨论"已经持续了25分钟。你需要时间印章（技巧3：授课步骤）——如果你要去做板块构造的演示，必须把现在就做活动控制在7分钟内，不管空中挥舞着的手有多么渴望。词汇复习控制在3分钟内，要在智能黑板上安装秒表，唯有如此才能保证你有时间讲完课程的后半部分。

考虑到这一切，让我们走进克里斯汀·托雷斯的五年级课堂，进一步了解一下备课和教学之间的联系吧。克里斯汀·托雷斯来自马萨诸塞州斯普林菲尔德市斯普林菲尔德预科学校。一走进她的教室，你几乎立刻就注意到她的课是多么的有活力——每个学生都全身心地投入到课堂活动中，每一分、每一秒都在积极思考。他们一直很投入，看上去还很喜欢这么做。天哪，你可能会想："我的课堂要是这样的，我会永远热爱我的工作。"我们的反应也是这样的。还有一个细节与第一次访问斯普林菲尔德预科学校有关。克里斯汀分享了一份她的讲义——也就是她备课的工具箱，这是她准备用来教不同于你刚才看到的班级时使用的工具，但它展示出她每节课都会遵循的一个过程——非常有趣，自成一体。她备课的方式基本不变，她的课程一如既往的质量高、参与度强、魅力十足，这就是基本规则。让你的课堂看起来更像克里斯汀的课堂的第一步是模仿——或者至少是学习和适应——她备课的方法。

克里斯汀在规划范例（技巧1）上花了很多时间：上课之前，她花很长时间列出每个问题的答案，就像她希望优等生能做的那样。这有助于让她集中注意力进行讨论——找出正确的观点，倾听差距。她可以在上课时偶尔看一眼笔记，这样她的工作记忆就可以保持相对自由的状态。

克里斯汀还列出了额外的提醒——每个课堂活动需要的时间，"备用问题"（BPQ）（技巧3：授课步骤）是她用来帮助对学习感到迷茫的学生的，最重要的是，提前写下让学生用何种方式回答问题。她可以问两个班同样的问题，但在一个班通过停下手头任务、"快速写作"（技巧38）让学生书面回答，另一个班则直接采用转身讨论（技巧43）。她制定的备课流程与课程设计不同——这些是她根据提前准备的系列活动进行调整的课堂活动时间脚本。这两个教学任务缺一不可。认真研究和制定像这样的课程设计需要一定时间，不能等到上课前一天晚上才做，但备课要适当调整精心制定的课程设计，要充分考虑到学生进步的每一个细节，甚至前一天课上发生的事，加上出色的教学技巧，才能确保今天的教学成功。没有精心的准备，最好的计划也不会成功；即使做出充分的准备，糟糕的计划还是会失败。两者缺一不可。

克里斯汀似乎正在做出一个个完美的决定，最大限度地提高所有学生的全程课堂参与水平。克里斯汀的教学很神奇，但像所有伟大的魔术师一样，这也需要一些技巧。她的决定看上去像是一时冲动做出的，但非常完美。其实，她已经提前做了很多设计或者已经缩小了她的选择范围。如果你看了她的教学讲义，就会看到她已经做了充分的准备，你可以发现这里既有决策（"这里用转身讨论"），又有选择

（“如果有时间，使用优等生演示范例”）。有些人担心，准备太多会更难表达自己的想法和更难与学生建立良好的师生关系，但事实恰恰相反。克里斯汀已经做好充分准备，因此能够迅速做出反应。学生感到被教师注意和了解，好像他们是教师关注的全部焦点。她的热情和幽默被她的冷静、轻松自如和一切都准备就绪的优良品质放大了——也许是因为受到学生对自己完成任务的自豪感和成功地参与课堂活动的强烈意愿的感染。她精心准备的计划为课堂教学的前几分钟设定了模式：她让学生清楚接下来的任务情况，他们积极回应；她可以轻松自如地展示教师的幽默和才华。他们按照固定程序在整个教学过程中反复练习。这一切都源于她的讲义“准备页面”的精心设计。

詹姆斯·克利尔（James Clear）的《掌控习惯》（*Atomic Habits*）可以帮助我们用另一种方式进一步解释为什么克里斯汀在准备工作上投入的时间会在课堂上产生如此强大的效果。克利尔引用了英国的一项研究，其中三组实验对象按要求尝试锻炼身体。对照组没有受到任何特殊关照，第二组的人收到了一些奖励，第三组不仅收到了奖励，还被要求说一句话：“我将在（哪天）（什么时候）（什么地点）进行20分钟的高强度运动。”三组实际锻炼的比例分别为35%、38%和91%。当人们承诺在某个时间、地点从事某个特定活动时，保持率几乎是那些想做这些事但没有指定具体时间和地点的人的3倍。用克利尔的话说，“那些为在何时、何地养成新习惯制定具体规划的人更有可能坚持下去。但大多数教师在还没有制定具体细节的情况下，就开始尝试改变习惯或应用教学技巧了”。

克里斯汀的教学讲义备注表明，她做的事情与克利尔的建议不谋而合。每次她在备注里写到“这里用随机提问（技巧34）”或“这里用转身讨论（技巧43）”时，克里斯汀就为何时、何地采取某项特定行动制订了一个具体的计划，她真正做这些事情的概率就增加到了3倍。准备工作越具体，我们就越有可能做希望在教学中做的事情。这是一个实施增效器，可以帮助我们成为想成为的教师。

克里斯汀的备课习惯令人印象深刻，但目前还没有一种全球通用的备课方法。情况各异，备课也因人而异。当你的直觉和课程被多年的教学强化时，可以简单地备一下课——也许把范例浓缩成几个核心问题，然后从容自信地进入教室……至少对于你教过的课来说是这样的。但要做到这样也需要一段时间。但重要的是让它成为一个习惯。给核心准备活动起个名字，确保它们高效实用，承诺在什么时候完成这些活动是至关重要的。就像精心备课可以提高你真正实施教学计划内容的概率一样，如果你坚持利用固定的时间、地点和方法做事情，你备课的效率也会成倍增加。

这会给学生带来更好的学习成绩、更积极的态度、更投入的课堂参与体验，更不用说给教师带来的教学乐趣了。这个观点我稍后再讲。但正如阿德耶米·斯坦布里奇在《课堂文化响应式教学》一书中回顾自己的备课习惯时说的那样，“我总是花很长时间设计我的课程，仔细思考希望学生在我的课堂上明白什么，有什么感觉”。学生的感觉是由许多因素促成的，对他们的归属感至关重要。其中一部分因素与教学内容和教师有关；一部分因素和课程的节奏——心流体验有关，它轻快地随着米哈里·契克森米哈赖（Mihaly Csikszentmihalyi）所说的“心流”流动着，一直将他们带到另一个世界——就像克里斯汀讲述1943年的丹麦那样——迅速激发了他们的想象力。当人们感到自己融入了充满动感且迷人的情境中时，旅程就开始了。一个精心设计和巧妙操作的课程完全能够做到这一点。

我们在设定具体的教学技巧之前，回过头来再讲讲备课的最基本问题：你对课程中所涵盖的内容了解多少？这似乎是一个毫无意义的问题。除了临时加入紧急教学任务的教师，没有教师会回答：“哦，实际上还不太熟悉。”但是，教师说他们了解自己教学内容的回答差异很大，我们不禁要问：“教师更多地了解教学内容和事实知识真的有那么重要吗？”

研究告诉我们，高阶思维依赖于事实知识，只有当人们对某一特定主题有足够的了解时，才可能进行更高层次的思维。这里有一个演示。

想象一下，你明天早上醒来，发现天空是绿色的，而不是蓝色的。在下面的方框中写出两种可能的解释，从科学的角度来看，是什么导致了这种现象：

你是怎么回答的？你的答案有创意吗？有出色的分析吗？你是不是说：可能有什么东西影响了地球大气中的粒子，使它们比平时吸收的蓝光更多，但只是轻微地

留下点绿色，使第二短的波长变得显而易见？你有没有说：空气中不断增加的水滴可能会映射日出时的黄光和橙光，它们与天空自然的蓝色相结合，在白云的映衬下，天空看起来像绿色？

还是你回答不上来？你有没有猜到一些令人难以置信的东西，也许是海洋的反射造成的（常见的误解），然后就放弃了这项任务？你的思维框架是一片空白吗？如果真是这样的话，你最好想想第一章中提到的观点：高阶思维是在特定情境中发生的，它依赖于事实知识。如果你不知道是什么导致天空变成蓝色（或其他任何一种颜色），你就会迷失在这种需要创造性和分析性思维的练习中。你只能深入思考你所了解的事情——你知道的越多，思考就越深入，越有创造性。

从学生学习的角度来看，如果我们想在课程中保持真正的精准性，就必须提前考虑学生的背景知识水平。备课时，仅仅写下你会提问“探究性问题”是不够的，除非能保证学生在你深入探讨并问他们“为什么”时，已经掌握足够的背景知识。实际上，如果我是学生，我对大气的了解不多，那么你可以问我1000个有关天空颜色的深入思考问题，但这只会引起我的怨恨。当你问我“……这可能与空气中的粒子有关吗？”时，我会既生气又沮丧。我已经告诉过你我不知道了。如果你想的话，你可以一直问我“为什么，为什么，为什么”，但我还是不知道，所以这时你最好还是别问了。

我们把这种反应和克里斯汀课堂上学生的行为进行比较：高高举在空中渴望回答问题的手；当她做转身讨论活动时不断迸发出的充满活力的想法。她的学生积极参与课堂活动，因为她为他们提供了公平的竞争环境。你可以看到她的课程设计有意识地拓展了很多知识，这是准备让他们深入思考的地方——关于定量供应的文章、安徒生童话故事以及对嫁妆的描述，但克里斯汀也准备在必要的地方输入知识，并把学习欠缺的知识作为课程准备的一部分。例如：

- 她在文章中关于定量供应的句子下面加了下划线，因为它们包含了关键的背景知识，可以让学生更好地分析这本书和她的笔记。
- 为了确保学生理解“过去完成时”，她标注出：这说明有些东西曾经是这样子的，但现在不是了，所以他们可以更深入地思考安妮玛丽的妹妹已经去世这个明确的事实。

对教师来说，事实知识同样重要，需要我们去挖掘。如果我们对课程了解得透彻，如果我们事先回顾了重点知识，以便把它们植入长期记忆中，我们就可以更深入和更富有创造性地思考我们的课程。试想一下，如果你看了答案和我给出的简短解释，就尝试着教刚才提到的绿色天空。你当然不会教得很好或灵活地解释其中的原因。更有可能的是，你会想方设法地阻止学生提问，以免你无法做出合理的解释。不扎实的事实知识会使你的教学受限。如果你对每个学生猜想的回答都是“嗯，有趣，稍后我们可以查一下资料，然后再看看是怎么回事”，那你就不会乐意问出引导学生思考“为什么”的问题。如果你提前深入思考了一些可能的答案，并且弄清楚了每一个答案合理或不合理的原因，那你就能做得更好。正如我的同事汉娜·所罗门指出的那样，关于可见光光谱的课程要这样准备，像传记和童话故事等话题也是如此。如果没有提前深入思考过这些课程，你的教学很可能会失败。但你更可能忽视的是为阅读童话故事等课程做精心准备的重要性，因为你对它们太熟悉了。然而，请看克里斯汀的备课节选。她在教学设计中作了备注，表明她一直在思考童话故事以及为什么它们与战时生活的故事特别相关。她的课程设计不仅提供了背景知识，而且表明她回顾、思考和应用了她所了解的一切相关知识来讲述这个故事。

安徒生对此再熟悉不过了——他小时候被欺负过。普遍来说，人们喜欢这样一个故事：真理战胜谎言，善良得到回报，努力和爱克服了障碍，正义战胜了邪恶。我们喜欢躲进拥有美满结局的童话世界里。

为什么人们喜欢阅读和听这样的故事呢？

童话故事的目的是什么？

1.考虑到童话的目的，为什么安妮玛丽会把“粉红色糖霜纸杯蛋糕盛宴”写进她给柯斯蒂编的故事？

所以，教师有必要反思：作为教师，你坚持了哪些习惯来确保自己的知识量在不断增加？在本章中，我们将讨论几点。我注意到，我知道的几所成功的学校在使用“智力准备”来描述备课的关键步骤，并将其引入专业发展中。教师在教一本书或某个单元之前聚在一起讨论其中重要的问题、分享各自的观点并优化关键的背景知识，以便教起来更方便、更顺利。我喜欢开这种碰头会的想法。它传达的信息是：你对所教内容的掌握程度是说明你是否精心备课的关键要素。

技巧 1 规划范例

快速、准确地发现学生的问题

教师和学校领导对莎拉·赖特的课堂反应都很热烈。莎拉·赖特教的是五年级学生，她来自田纳西州查塔努加市查塔努加预科学校。莎拉的课堂充满欢乐，目的性极强，教学效果惊人。她的学生——案例中都是男孩，开心地笑着参与转身讨论活动，他们把自己想象成帕姆·穆尼奥兹·瑞恩（Pam Muñoz Ryan）的小说《飞翔的埃斯佩兰萨》中的恶人蒂奥·路易斯。他们急切地写出详细的答案。男孩们喜欢使用——尽管不完美但饱含热情的——大量新词汇表述自己的观点，并赞美同伴的完美回答。他们全身心地沉浸在小说里。

在她的课堂上，你仿佛看到了克里斯汀·托雷斯的影子，我们在本章的介绍中讨论过克里斯汀·托雷斯的课堂。你看到两者的相似之处可能并不是巧合。其相似之处包括学生全身心地投入到高质量的学习活动中，没有一秒钟的休息时间。他们似乎认为学习这本书是世界上最伟大的事情。还有一个相似的地方，它不太明显，但至少和其他相似的地方一样深刻：莎拉和克里斯汀取得了相似的教学效果，是因为她们备课的方式很相似。

你在她们的课堂上看到的一切都是她们在上课前几个小时准备的产物，也是当下决定的产物，当然这两件事密切相关。一个备课充分的教师通常是一个快乐的教师，也是一个沉着的教师——她能更充分地表达自己的思想，能在当下做出更好的决定。她知道课程的走向，也不用担心接下来要做什么，如何去做以及需要花多长时间；她的工作记忆可以自由地倾听每个答案，也可以把计划中的5分钟讨论精准地控制到5分钟，因为她知道要把讨论引向何处，并且可以根据需要巧妙或果断地引导到那里。就像莎拉一样，她会是一名很容易和学生一起笑、很容易和学生共情、很容易赞美学生学习进步的教师。没有做好充分准备，你就不能在课堂上完美地展示自我。

和克里斯汀的课程准备一样，莎拉的课程准备也是习惯和经验的产物。像克里斯汀一样，莎拉早早地备好了课：计划好了重点教学步骤、课堂参与方式（技巧36）以及她认为可能看到的错误，但她的最后一个步骤是在她上课那天早上才定下来的。“我刚上了45分钟的课。”她告诉我，那天早上她的课很满。接着她就又过了一遍范例。

你可能还记得，范例是你为自己提出的问题写出的正确答案，也是你希望学生给出的答案。人们很容易忽视这一步，或低估它在课程设计中的价值。这也许看起来多余。你可能会说，你把答案“记在脑子里”了，不需要把它写出来。但这个简单的行为可能是备课环节中最重要的一环。

要了解原因，那就让我们看看两个课程中的短暂瞬间吧，他们都使用了范例。第一个瞬间来自德纳留斯·弗雷泽的数学课堂。这是关于多项式除法的课。当他在向一名学生解释为什么她的计算结果不对时，他迅速看了一眼随身携带的范例。这可以帮助他更快、更准确地诊断出她哪里做错了。他说：“你的余数错了，这个值是不正确的。”他能够快速、轻而易举地发现错误，因为他有正确的答案可以进行对比。他不需要把所有的信息都保存在工作记忆中。使用范例，大约1秒钟就能找出问题所在。

朱莉亚·阿迪奥在她的课堂上也做了类似的事情，这一点我将在第三章“评估学生的理解水平”中详细探讨。她将学生的作业与她的范例进行比较，并通过对比，快速、轻而易举地发现他们的错误所在。这样她就能在教室快速巡视，多检查几个学生的作业。她也能释放更多的工作记忆，去思考为什么学生会犯这样的错误，以及她能为此做些什么。你可以看到她果然这么做了。她停止检查学生的作业，认真地思考着怎样才能解决她所看到的错误。在这样做的同时，她再次审视她的范例。“怎样才能让这个过程顺利进行？”她似乎在问自己。范例让她清楚地看到了这一点。

在《清单革命》（*The Checklist Manifesto*）中，科普作家阿图·葛文德（Atul Gawande）描述了受过训练的专业人员使用类似的工具“清单”来评估实验最终结果的情况。“在复杂的条件下，”他写道，“成功需要检查清单。”好的清单检查“提醒……最关键和最重要的实验步骤。它们能保证实验的准确性和效率。使用者可以确保最终结果是全面的，没有遗漏任何环节，并在评估的同时保留工作记忆”。换句话说，这很像范例，不同之处在于范例可以是叙事性的，每个元素的出现都是随机的，不需要特定的顺序。这两种工具都很有价值，因为它们训练了使用者对实验过程的观察力，还释放了他们的工作记忆。有趣的是，葛文德认为，检查清单在以下这两种情况下最有价值。第一种是在执行特别复杂、高端的工作时，它是有用的。例如，外科医生使用它们——尽管他们抵制了很多年。工程师在建造巨型摩天大楼时也使用它们。在每一个例子中，“我们所知道的东西的数量之多和复杂性之高已经超出了我们个人的能力范畴，使我们无法正确、安全、可靠地传递其价值”。对专家来说，聚焦观察的工具更重要，因为他们观察时，他们需要知道的远比工作记忆多得多！当然，对教师来说也是如此，他们需要平衡充满挑战性的、复杂的日常教学计划和30名12岁青少年的个人学习需求。

检查清单特别有价值的第二种情况是，当你想要在一个拥有大量自主权的大型组织——比如学校——成功实施某事时。如果大家对“正确之事”达成统一意见，就可以减少执行中的随意性，同时保持自主权。想在你的学校举行“智力准备”会议吗？最理想的活动就是编写和比较各种关键问题的范例。当我们问学生“乔纳斯在这一章中是如何变化的？”时，你们可以讨论不同的回答范例中可能会以及应该要存在的细微差别，这是一种探讨对小说的理解和见解的绝佳方式。

要想释放规划范例的能量，就需要谦逊一点。一开始，你会觉得这是一项很普通的任务，但讽刺的是，你知道得越多，就越需要整理你想要的东西。我敢保证，德纳留斯知道多项式除法，朱莉亚知道二项式。克里斯汀知道《数星星》（*Number the Stars*）的故事。莎拉知道蒂奥·路易斯在发现阿布利塔失踪后的感受。但他们在备课时还是写出了理想的答案。当学生回答问题时，这有助于他们在自己的头脑中组织和强化他们需要看到和听到的东西。

所以，在那个忙碌的上午，莎拉讲《飞翔的埃斯佩兰萨》时选择重温并修改她的范例也就不足为奇了。她重温了准备好的范例，又稍稍做了点修改和补充。这帮助她在脑海中重新回顾所有教学活动，回顾这本书的内容，使它在头脑中更清晰，并确保她在听学生回答问题时迅速发现理想答案。她在那天的授课中思考着何时或如何要求学生参与课堂教学活动（我在“技巧3：授课步骤”中将会进一步讨论这个主题）。你可以在教案中添加其他元素——本章将描述一些非常有价值的元素，但当你只有“一天时间”，或只有45分钟时，你唯一能做的就是规划范例了。

莎拉是英语教师，从她写范例的过程我们也能看到这一点。她会注重使用想让学生使用的关键词或短语，或她希望学生引用的课文段落。如果莎拉是化学或数学教师，她的范例过程可能包括展示范例，然后按照期望学生作答的方式对每个问题写出框架，以便在课上参考。但无论什么科目，其备课的重点都是必须把范例规划写出来。这就迫使你用书面语言表达自己的思想，就像你要求学生必须做的那样。它使你可以像莎拉一样在有其他想法时随时修改和补充，同时也使你更加方便地与他人交流想法。正如我前面提到的，这样你就可以在教师专业发展过程中与同事分享和探讨你的想法。最重要的是，你在上课的时候可以随身携带范例，像朱莉亚和克里斯汀那样。莎拉手里也拿着范例。她偶尔放下它，以庆祝阿基姆的精彩回答，但在鼓掌和庆祝结束后，她又把它拿了起来。

你可能会想，为什么莎拉的范例规划会成为她授课的助手（也是德纳留斯、朱莉亚和克里斯汀的助手）？回想一下我们前面讲过的工作记忆的有限性，这可以帮助我们深刻理解这个问题。通过深度了解每个问题的目标答案，当莎拉听到或看到学生的回答时，就不会想“答案是什么”而是“他们在哪里有困惑，为什么感到困惑”。这样她就能够快速、敏捷地做出反应，在课堂上完美展示自我，因为她的工作记忆更多地分配到感知上，而不是像其他教师一样，在感知的同时还要使用工作记忆来记事物。她足够冷静，随时保持微笑；她对自己的课堂设计足够自信，可以自如地庆祝伟人，嘲笑愚蠢，并鼓励冒险。范例在手，可以加速她在教室内的巡视，帮助她走近每个学生并检查他们的作业。

关于规划范例，最后一点需要重申的是：它从两个方面促进了出色的专业发展。首先，在同一教研室的教师之间，很少有比“以下（重要）问题的最佳答案是什么？”更好的话题了。讨论6到8个这样的问题对智力准备来说是至关重要和强有力的表现形式。很难找到比这更好的教研室会议了。我们共同重温教材，但同时也能听到一些我们没有考虑到的好点子。“哦，我一定要把它补充到我的范例里”，说这话的教师正在拓展所教内容的知识。我的同事保罗·班布里克-桑托约把教研室会议的研讨过程称为“与范例过招”：你把最佳答案写下来，然后坐下来和同事的进行比较。其次，通过对内容的深刻理解，表达不同的看法，教师都做了充分的智力准备。当然，这是一种理想的专业发展，这一切都是教师在上课之前做的。现在研讨比在明年某个遥远的晴天，他们再次教这本书时研讨要好得多。如果你的教研室没有这种专业发展活动，你可以虚拟一个教研室会议或者找其他地方的同事共同探讨。

由于这个原因，我们开发的英语课程在教学素材中提供了学生的范例答案，但我们一直建议教师一定要先写出自己的答案，然后再看教学资料里的答案。当你提前深入思考时，你会学到更多东西。因此，编写范例也可以帮助教师在设计课程时优化问题。如果他们也要绞尽脑汁回答或不喜欢自己的答案，那么，他们就必须调整问题。我们提到这个事实，因为对于那些自己写课程设计的教师来说，范例规划是更有力的一环。

技巧 2 预备错误

更好地掌控课堂

在第一章中，我讨论了克里斯托弗·查布利斯和丹尼尔·西蒙斯对非注意盲视现象的观察实验，我们经常看不到眼前的东西。他们写道，一种大家公认的消除它的方法是“使意外的东西或事件不那么意外”。备课的关键一环就是认识到：在复杂的视觉环境中，我们已经准备好去寻找的东西就是我们很可能会注意到的东西。

这意味着，预测可能从学生身上看到某种错误和规划范例一样有价值。你问自己的最有成效的问题之一就是：“他们会犯什么错误？或者他们会误解什么呢？”提问和回答这些问题有着深远的影响。

首先，如果你从学生的角度思考过这个问题（任务或难点），并考虑到他们可能犯什么错误，你就更有可能在这些错误发生时及时捕捉到。这有助于避免非注意盲视——学生犯了错误，但你没有注意到。如果你注意到错误，这还会帮助你在至少两个方面采取更有成效的措施。

预测学生可能犯的错误可以帮助你避免“隐藏数据”。假设你在讲述《赐予者》中巧妙设计的场景，主人公乔纳斯第一次看到了颜色，但因为不明白什么是颜色，他感到很困惑。这个场景仅仅是为了说明乔纳斯身上发生了什么变化。他迷茫不解地描述了红色的闪电。小说到这里就结束了，学生常常会感到困惑。

教师预料到学生可能不理解这个场景或它的重要性。但仅仅是注意到学生理解错了是不够的。教师经常“隐藏数据”——也就是说，他们认识到学生在犯错误或陷入误解，但他们没有处理这个问题，希望学生自行解决，但更多情况是加剧误解。学生读了好几章也没有意识到他们应该重点关注乔纳斯愿景的变化。

为什么我们有时会以这种方式忽略数据，我们认识到误解的存在，却不采取任何措施来处理？说实话，原因有很多。根据数据采取应对措施，意味着在30名七年级学生面前打乱你的教学计划，并因一时冲动设计了另一种选择。如果成功，你还可以按原计划授课，但时间有点紧张，有点混乱。如果失败了，你就真的进退维谷了。但如果你预测到学生可能会出现的错误，你就可以计划好如何处理了。在你的课程设计中，多设想一些“如果……那么”的偶然性（如果X发生了，那么我就做Y），会让你更有针对性地采取行动。你已经排除了在30名学生面前即兴表演的障碍。

所以，通过提前准备，你就更有可能发现错误，采取更有效的应对措施。要做到这一点，教师必须成功做到“评估学生的理解水平”（第三章）这一章节中所做的事情，也就是说，教师必须为可能出现的错误做好充分准备。

通过提前预备错误可以帮助你采取更有效的应对措施的第二个原因是，它使你像处理数据一样处理观察结果——这是在“评估学生的理解水平”（第三章）这一章中更充分地讨论的另一个主题。再回到德纳留斯·弗雷泽的课堂上，德纳留斯在他的讲义上做了一个小小的井号标记，表示一个学生找不到余数的困惑。德纳留斯没有花时间写下“余数”或“使用余数定理有困惑”。为什么要做一个井号标记呢？因为他在课前已经写下了那个短语。在他的讲义上，德纳留斯列出了一些可能出现的错误。现在只要看到它们出现，他就可以量化了。在“使用余数定理有困惑”旁边有6个井号标记。也许德纳留斯只设计了学生可能会犯的3个错误。他的设计让他能够快速地发现他们究竟犯了哪些错误，以及出错频率。预备错误发生更容易将课上的观察结果转化为数据。

为讲解《赐予者》中乔纳斯看到颜色的段落预备错误还揭示了关于“预备错误”的一个重要方面：教师需要做出决策。是的，这个场景巧妙地暗示了乔纳斯能看到颜色：“我希望学生注意到这一点。但我会做出这样的决定：更重要的是让他们看到乔纳斯对正在发生的一切是多么的困惑和迷茫。”他出问题了，他身上发生了某种神秘而无法解释的事情。他不停地尝试“测试”他的视力。他违反了规定，竟然把苹果带回家去检查。这篇文章有两个方面很容易被遗漏。也许学生并不需要完全明白乔纳斯看到颜色时的困惑和迷茫，只要他们意识到乔纳斯身上发生的一切是多么的麻烦和令人不解就足够了。

可能除了英语老师和《赐予者》的狂热爱好者外，其他人会觉得很难厘清，究竟该在学生容易有理解问题的这两个方面分别分配多少精力，其实对更多的教师来说，这里有一个更广义的要点："我意识到这是两种不同的潜在误解，需要两种完全不同的讲授方法，这也是因为我一直在预测学生可能会犯的错误。预测犯错的过程让我通过学生的视角更好地解读了这本书。我在预备错误方面做得越多，就越能了解学生误解的类型和原因，也会因为考虑到这些可能出现的错误而做出更好的课程设计。"你是否猜对了学生会犯的错误，这并不重要。通过预备错误，然后注意它们是否出现，你会更好地通过学生的视角看到你的教学效果。

但预备错误并不仅仅是为了识别出可能发生的错误。它也是在设计你遇到这样的错误时该怎么办。在《赐予者》的例子中，我们可以读读它的台词："然后苹果传到了他手里，他仔细地端详着，但还是那个苹果，一点儿没变。同样的大小，同样的形状：一个完美的球体。同样的难以描述的阴影，颜色和他的束腰外衣的颜色一样。"

我可能首先把学生的注意力吸引到"难以描述的阴影"上。为什么用这些词汇描述苹果的颜色？这暗示着什么？苹果通常以颜色难以描述著称吗？顺便说一下，他们为什么要扔苹果？为什么不扔个球呢？这里有什么象征意义吗？

也许，这取决于小组或者我有多少时间，我可能会说："这段话暗示乔纳斯第一次看到颜色时的感受，但他不知道是什么，因为他以前从来没有见过。我们重读一遍这个场景，我希望你们告诉我：洛利是如何表达他能看到颜色的事实以及他的困惑的。"

现在我提出了两种可能的应对措施。我可以观察课堂环境和学生的情况，然后决定选用哪种方法。但就在那一刻我决定不再从头开始，选择了一个我曾经考虑过的应对突然情况的方法。

让我们复习一下到目前为止我们所讨论的内容，预备错误指预测错误和设计你将如何应对，有意地思考（并写下）学生对课程中关键问题的误解，然后设计在这些误解发生时采取的应对措施。

这可能是一个相当耗时的过程，我认为现实一点很重要。你应该对问的每一个问题都这样做吗？我认为没必要。其目标是养成一个可掌控和可持续的习惯。在多大程度上使用它，要取决于教师和教学内容：是新教师还是有经验的教师？是陌生的还是熟悉的教学内容？话题是否有挑战性？作为初次使用者，我认为每节课针对一两个最重要的问题进行预备错误就可以了。

在本书中，我谈到了感知的批判性本质。教学是一个精心制定决策的过程，要做出正确的决定，我们必须最大限度地提高自己看到并理解所看到的东西的能力，并以这样的方式来工作。预测错误增加了我们发现错误的可能性，使我们做出合理的决定调整课程设计。坦率地说，我们有可能急中生智地采取应对措施。

但这里感知也在起作用。教师是他们领域的专家，这意味着他们的感知与学生的感知不同，因为学生都是新手。奇（Chi）、格拉泽（Glaser）和费尔托维奇（Feltovich）调查研究了新手和专家是如何产生不同看法的。在对新手和专家解决物理问题的研究中，他们指出，"新手根据问题的表面结构对问题进行分类"，而专家则看到了问题的"深层结构"并以此来对问题进行分类和处理。卡尔·亨德里克（Carl Hendrick）和保罗·基尔施纳（Paul Kirschner）在讨论他们的研究时观察到：新手可能会注意到这两个问题都与移动的物体有关，并试图以相似的方式解决它们，但专家很快就发现，一个是加速度问题，另一个是恒速问题。"知识决定一个人的眼界。"亨德里克和基尔施纳得出结论，这就是一个双重挑战。首先，新手懂得不多，所以不会像专家那样感知事物；其次，专家通常没有意识到，他们所注意到的东西其实是基于他们的专业知识。需要大量练习才能看到那些对某个问题的背景知识知之甚少的人的问题所在。预备错误和验证你的假设可以提升你的能力，跨越专家和新手之间的鸿沟，进入学生的认知世界。

预备错误还有最后一个好处。制订课程计划时，经常预测学生在学习时会遇到什么困惑，你就会将"学生会有误解、会犯错误"的想法内化，从而默认错误是不可避免的，这意味着当错误出现时，你不太可能对学生感到沮丧，也不太可能把学习差距归咎于学生，或者把他们的困惑看作是智力有缺陷的迹象。当错误不可避免，而你面对的挑战是预测并做出应对措施时，教学就变成一个解决问题的挑战，而不是推卸责任的问题，这将有助于维持学生对你的信任。

技巧 3 授课步骤

对每一堂课做针对性准备

一名优秀的教师会做一系列的事情来调整一节课的授课步骤，然后在某一天让它栩栩如生地展现在学生面前。这些调整是对多种因素的应对措施：第三节和第五节课的学生差异（每个班级都有自己稍微独特的个性和群体动态），或者是十月份某个星期三的情绪与春假前的最后一天，或者昨天的课程是怎么讲的。下面这些活动让教师能够对每一堂课准备独特的应对措施。

参与方式：正如我在技巧36中讨论的那样，参与方式不仅是选择你要问什么问题，还要选择你如何让学生回答这个问题，然后明确地将这个期望传达给他们。课程准备让你明确问题是什么，但如何提问与回答——是使用转身讨论（技巧43）还是随机提问（技巧34），是使用等待时间（技巧33）还是全体学生都动笔（技巧38）——也同样重要。如果大家回答问题时都不努力或不认真思考，站在学生的角度上说，世界上最好的问题也毫无意义。因此，备课时应该起草一份如何让学生参与课堂活动的计划书，一上课就随机提问，让所有学生都参与其中。在中间穿插几个停下手头工作、快速写作（技巧38）活动来推动更深层次的思考，给他们一个写作和书面表达自己想法的机会。转身讨论可以让学生保持精力充沛。当然，不能因为你已经计划好了这些事情，就不能改变。正如我们从詹姆斯·克利尔那里学到的那样，这只是代表着当你做出了规划时，你就更有可能按照你的指令完成要做的事情。

让谁回答：在你决定了学生如何参与课堂活动之后，下一个问题通常是：让谁回答。不能总是让学生举手或大声喊出答案的原因之一是"公平发声的权利"。安静的学生的想法，那些更认真思考的学生的想法，那些担心主动回答问题会遇到什么情况的学生的想法，都很重要。如果你使用随机提问（技巧34）或所有学生都举手（技巧29），思考随机提问谁是至关重要的。随机提问是在特定的时刻体现“公平发声的权利”的一个完美的教学方法，它可以让每个人都觉得自己是问题讨论的中坚力量。但你让谁回答呢？如果你随机提问一个平时总是举手的学生，随机提问并不能解决问题。如果你能够提前思考过谁能从回答问题中获益最多或者谁能提供最有价值的答案，那么你做出的关于正确的“参与方式”的决策——在上述案例中是随机提问——就会更明智。

当你计划提问谁时，你可能会想到某个学生——可能是詹姆斯，或者一个你想检查或鼓励的学生或具有某些性格特征的学生。我认为，如果一个优秀的、通常是“领头羊”式的学生回答错了，你可以说，大多数人都不会。有时候，我可能会提问贾巴里，因为他在上次小测验时对一些问题很困惑，但现在已经取得了很大的进步。我让他在课堂上回答，他就会感觉到进步。我的目的是确保每个人都发言、被提问，让他们感受到“公平发声的权利”。我可能在讲义上备注说，“提问泰森或玛丽”，因为他们比较安静，或者“提问更安静的孩子”，因为我不知道那天谁会更安静。我提问的目标可以具体到某个人，也可以是某一类学生。提问一个能提供“接近正确答案”的学生是我最喜欢的分类备注之一。看到书本留白处的备注——“提问接近正确答案的学生”，我会在教室里来回巡视，从学生身后看他们的作业完成情况，选择一个缺乏关键细节的答案（即“接近正确答案”），然后再就该问题发起课堂讨论。“纳文有一些非常有争议的见解，我们可以帮助她把作业做得更好。让我们来试试……”

在线上复习时，克里斯汀在第三页和第六页的底部都做了备注。她有一份打算提问的学生名单，有些名字打了叉，名单还在更改中。她也给同事凯特·史密斯列了一份名单，凯特是班里一个特殊小组的负责人。

时间印章：本来很好的一节课怎么就越来越糟糕了呢？授课节奏只是比你预期的慢一点，一切还好。你抬头一看，突然意识到虽然正在进行你希望的讨论，但是比计划的时间晚了25分钟。瞬间，你就陷入了困境。自主学习与追踪（技巧14）时间没有了，书面反思时间没有了，小测试复习时间也没有了。这就是时间印章非常重要的原因。它会促使你对最宝贵的时间资源进行有目的的分配。讨论前的先动笔后讨论（技巧40）要花多长时间，讨论花多少时间，讨论后的书面反思花多少时间，时间印章可以帮助你在课程进度落后时迅速做出调整。时间有限，要认真权衡利弊，正确的决定会改变这一切。第三节课（说实话，他们应该放慢节奏，多花一些时间听听别人的观点）和第五节课（他们应该学会更多地用语言表达自己的想法）的教学效果会有所不同。周三和周二也会有所不同。周三的不同是因为周二的变化，如果你周一制订计划，你就要好好审视一下课程计划，在上课时，及时更新课程资源的时间分配。

克里斯汀在她的课本的第六页就这样做了。在学生做阅读笔记的备注框旁边，她分配了5分钟的时间。接下来是问题五，她分配了3分钟。当她对学生说“用2分钟写下你的答案”时，那是因为她设计好了：2分钟写，1分钟听大家分享答案。我们接着往后看，她给童话故事问题分配7分钟时间。很多渴望回答问题的手高高举起，想要分享他们对问题五的答案。她很想听到更多的学生分享他们的答案。但是时间印章让克里斯汀权衡了这种情况和剩下的教学任务，她选择了后者。她要优先考虑：童话故事的问题比其他事情更重要；课文理解更重要；之后的写作也更重要。当我们想让学生学习所有的东西时，就很难考虑轻重缓急，但这种妥协后的不完美也要好过随意的安排以及可能导致的时间不够的问题。毕竟，最后要讲的往往很重要，因为它要回顾我们这节课学了什么。这是很重要的。也许这就是为什么克里斯汀的讲义备注提醒自己：“不需要列举所有的例子！”“可以跳过：注意课堂节奏。”如果她遇到麻烦，这就是她要考虑的首要问题。你可能还要考虑到具体的时间点：包括一天中的具体时间，而不仅仅是你上课的45分钟里需要做什么。具体规划上午10：35干什么比笼统地规划“用22分钟”做什么，操作起来更简单易行，效果更加立竿见影。

备用问题：当学生在课堂上回答第一个问题遇到困难时，你可以选择备用问题。当他们对问题的答案百思不得其解，但又努力尝试回答进而影响了讲课节奏时，你可能还没有想好合适的替换问题，临时想的问题可能不太完美，这会让学生更加迷茫。上课之前，在容易看到的地方随手写下几个潜在的备用问题是一个很实用的方法。你可以在克里斯汀的讲义里看到这样的例子：如果学生难以理解“我们喜欢躲进拥有美满结局的童话世界里”这句话，她是如何拟定应对措施的。她会问“为什么人们喜欢阅读和听这样的故事呢？”，来帮助学生意识到童话故事是一种不现实的快乐形式——它们是逃避现实的。

> 安徒生对此再熟悉不过了——他小时候被欺负过。普遍来说，人们喜欢这样一个故事：真理战胜谎言，善良得到回报，努力和爱克服了障碍，正义战胜了邪恶。我们喜欢躲进拥有美满结局的童话世界里。

为什么人们喜欢阅读和听这样的故事呢？

童话故事的目的是什么？

1. 考虑到童话的目的，为什么安妮玛丽会把“粉红色糖霜纸杯蛋糕盛宴”写进她给柯斯蒂编的故事？

无缝联结：使精心备课变得高效的部分原因是：教师把将要讲授的内容与之前的任务或接下来的任务紧密联系起来。以来自田纳西州纳什维尔市的劳拉·巴克斯特（Laura Baxter）教的四年级课堂为例，他们正在学习《飞翔的埃斯佩兰萨》。他们刚刚学完小说的词汇部分，劳拉分享她的心得说，在刚刚学习的新词汇里，她最喜欢的单词是“易怒的”（irritable）。在发布了几条该做什么（技巧52）的口头指令——“讲义在你课桌的角落里，书在你面前。准备阅读第72页”——之后，她充满好奇地说：“哦，等着瞧吧，看看坐在火车上的埃斯佩兰萨是多么易怒吧。”她和学生一起读这一章。她的无缝联结让学生怀着迫切的心情阅读着，想看看埃斯佩兰萨到底有多么易怒。准备无缝联结任务意味着要提前联结内容，通过一个过渡的短语帮助学生看到课程的各个部分是如何结合在一起的。无缝联结任务成为学生理解课文的一条主线，让课程更像是一个整体，使他们感到他们所做的每一件事都是相互关联的。

优秀的英语教师莎拉·赖特告诉我：“我几乎每次在开始阅读时，都把前一天的阅读和今天的阅读联系起来。”她指出，这种形式的无缝联结“就像一个挂钩”。“你已经让他们举起了双手……然后……每个学生都跃跃欲试，因为你已经把他们和他们所关心的事情联系起来了。你做的联结越多，你就越能联结大脑的神经元，帮助学生在阅读文本的过程中记住并把所有知识都联系起来。”

通过编写无缝联结过渡句，你可以告诉学生和自己，离散的部分是如何汇聚到一起形成一个统一的、客观驱动的整体故事的，从而构建起学生对整体课程的体验。

精准的检查清单

几年前，我在东海岸城市一个核心学区观摩了一天的课。他们一直在从事一个项目研究：使用《像冠军一样教学》培训新教师，并希望得到教师的教学反馈。我在一个教室里待的时间比在其他的教室长得多。这位教师在高效的授课程序、惯例和积极的文化建设方面都做得很好。她的学生迫切地坐在课桌前准备学习，期待着听讲。她兢兢业业，备课充分，为出色的授课奠定了基础。但她丢失了一些重要的东西。这节课只涉及一些非常简单的任务：在一篇特别简单的文章中的重点句子下面添加下划线。学生圈出了单项选择题的答案，但没有任何书面作业。他们坐在课桌前，期待着一些有价值的、鼓舞人心的任务，但渐渐地笑容从他们的脸上消失了。学校应该是让学生学习知识与技能的地方。

记者埃利斯·科斯（Ellis Cose）是这样描述他上二年级或三年级时的课堂的：“我记得，当时我坐在课桌前，试图专心致志地听教师讲课，她一个字一个字、枯燥乏味地讲述着我上学第一天就读过的书，她最终会用整个学期让我们缓慢品味一本很无趣的书。”阿尔弗雷德·塔图姆这样总结了科斯上学时的感想，并指出大多数学生都有过这样的经历：“上学时间越长，越觉得没有学到真东西。”塔图姆所谓的“反智主义”就是通过这种方式在美国的课堂上发展起来的。当课堂缺乏挑战、严谨性和活力时，学生就会感到无聊。教师把这种无聊解读为学生不能或不愿意参与高难度课堂活动。于是他们做了更多普普通通、没有任何挑战难度的活动，学生越来越失望，从而形成恶性循环。我的孩子在学校感到最沮丧的时刻就是当他们意识到明天的课程缺乏严谨性，后天的课程依然缺乏严谨性时。

该学校里有少数教学名师教授的班级，但大量混乱不堪的教室普遍存在，没有人学习，因为教师缺乏有条理的教学体系和精心构建的教学预期效果。然而在这里，在这个很有前途的教师的课堂上，机会却稍纵即逝。教师没有发现有价值的课堂应该是什么样子的——它的构成因素是什么。也许她的心智模式是不完整的，也许她只是专注于其他的事情。

大约就在这个时候，我体会到了阿图·葛文德说的检查清单的力量，“这是一种旨在提升专业人士技能的快速、简单的工具”。从某种意义上说，检查清单是一种提醒，可以确保最终结果的核心内容不会被遗漏。我发现自己在构想一个严谨的清单，教师可以凭直觉对照这个清单进行评估，尤其是当他们同时还专注于如帮助学生建立流程习惯等其他事情时。清单内容包括：这节课有价值吗？核心内容讲到位了吗？并不是每节课都需要检查清单。但随着时间的推移，如果教师发现，"我们今天没有书面作业；我们没有读到任何具有挑战性的、符合我们年级水平或以上的文章"，他们就知道需要做出一些调整了。

我们的目标不是复杂的综合性检查，只是一般意义的清点检查。这是一件快速而有效的工具，可以帮助教师不再一直遗漏某些教学内容。

以下是我整理出来的内容：

- 学生要经常写作，并用完整的句子描述或反思至少一个重要的想法（一年级及以上水平）。
- 教师要持续要求学生改进、提高和修改初始口头或书面回答内容。
- 教师要拓展新词汇和高阶词汇，学生要经常使用这些词汇参与讨论课程内容。
- 学生要阅读具有挑战性的文本资料（本年级或以上水平）和回答基于文本内容的问题以确保能够了解文本的意思。讨论并不局限于对文本的理解，但这个步骤不能忽视。
- 教师要实现学生平等发言的权利；保证每个人都有口头参与课堂活动的机会；保证每个人都要认真倾听其他同学的观点。教师使用随机点名、课后作业和形成性写作等方法来实现这一点。
- 学生要使用检索练习（技巧7）将核心知识植入长期记忆中。

这个清单并非至善至美，其他人也会说出不同的方法。事实上，如果不喜欢我的，你也可以制定自己的教学方法。但我认为，这对教师来说将是一个伟大的工具，尤其是当教师同步在培养学生其他方面的重要技能以构建高效课堂时，他们的视角可能会受到局限。所以，在备完课后，你可以问一问自己："从长期角度看，我现在做的事情是正确的吧？"

技巧 4

双重规划

为学生在每个时间点的表现做好准备

克里斯汀·托雷斯的备课有一些非常平淡无奇的地方，但就因为太不起眼，所以很容易被忽视，但这是她要做的最重要的事情之一。

她正在标注一份学生练习讲义——这是学生整个课程的学习资料。上课时她手里会一直拿着它，她会在这上面做很多笔记。换句话说，她备课的起点是这份大致规划了学生在课程的每个阶段要做什么的材料。事实上，有这样一份讲义意义深远。是的，克里斯汀还有一个可以随时查看的课程设计，里面包含了更多她该做什么和如何做的细节。但课程准备更重要的是一份描述学生每一步该做什么的文件。

课程设计描述了你要怎样展开一系列活动或你要讨论的内容，但教师要做的事情和学生做的事情是不一样的。双重规划详细描述了学生该做的每一步的方法。课程设计里可能会说，教师应该带头讨论文本中的某一行内容。双重规划则描述学生在讨论过程中应该做些什么：例如，记下同学发言中有益的见解。学生讲义可以进一步为教师的课堂教学提供一个良好的操作指南。课程设计可能会说，“教师应该和学生一起读这篇文章”。双重规划则明确指出：学生应该做什么？只做听力练习足够吗？如果你告诉他们该听什么（讽刺的例子），如果你告诉他们在阅读的时候做笔记，他们会做得更好。你甚至可以设想他们应该在哪里做笔记。在教学时，教师的行为是学生能够学到多少的关键驱动因素，也就是说，双重规划应该是设计过程的一部分。

像克里斯汀这样的教师，双重规划通常意味着不仅仅是设计让学生书面回答给出的问题，而且要留出一定的空间给学生传达教学设计、教学指令，不管是头脑风暴任务（在这里讲义要包括项目符号和无线框）还是段落写作（在这种情况下，她肯定要准备横格线，而且横格线还要足够多，以此表达她对段落长度的期望），但也许还要准备一个段落大纲的空间。克里斯汀的讲义就做到了这些。它将她的教学设计转化为学生可以直接上手的学习内容，以确保学习效率和简洁性。这里还有做笔记的空间以及提醒他们如何做笔记的要求。

那你一定要制作讲义吗？不一定。如果让准备高考的学生偶尔、经常或总是自己做笔记，效果会更好吗？是。但是课程仍然需要双重规划，也许可以使用T型图，教师的任务要求在左边，学生在右边作答。

不要再忽视学生讲义了，它的价值很高。但一个有点讽刺的事实是，有些教师不接受把复印的学习资料分发给学生的做法，认为这很平庸和肤浅。所以我想提醒一下：教学资料复印和分发的方式与其质量无关。

设计课程讲义是双重规划最有效的工具之一。下面列出了5种利用精心设计的讲义提高教学效果和学生学习成效的目标。

目标1：把所有资料都放在同一个地方

精心设计的教学讲义会囊括发给学生的所有(或多种)课程资料，其中所有资料都触手可得，以最大化地减少分发额外资料、拿出新文件并在这两个环节来回转换的必要。学生可以在一个地方无缝对接地阅读和写作。例如，克里斯汀的讲义就包括了帮助学生理解小说章节的非虚拟的拓展阅读文章、她要教的词汇的定义、出站验票(技巧26)活动便利贴和做笔记的白纸。这些资料都放在同一个地方，因而大大简化了她的课程。

目标2：节奏一致

教学讲义让克里斯汀能够轻松、有效地管理学生的学习体验：她可以跳过某项教学活动来节省一点儿时间，但会把它留作家庭作业；她可以让学生返回头重读某段文章，或者检查“现在就做”任务，几乎不需要浪费任何时间。它极大地缩短了教学任务或教学活动模式切换的时间。她省去了分发词汇表或收集笔记的时间，虽然这看起来微不足道，但这种方式，每天节省几分钟，一学年可以帮她增加好几天的教学时间。

在克里斯汀的讲义中，随处可见我后文中提到的一种提醒学生注意里程碑事件的方法(见第六章“课堂节奏”)——在一段旅程中标注出里程碑，让旅行者可以对当前进度有更清楚的认识。每一个问题或活动都以一种新颖的方式单独陈列，而不是杂乱无章地混放在一起。这样学生可以清楚地看到，他们正在动态地从一个活动移动到另一个活动。

我在一些教学讲义中看到了一个有效的方法——特别是在伦敦的米凯拉社区学校的讲义中——给每行编号。如果集中大量时间讨论一篇文章，那就值得将每行编号添加到你的讲义中，以确保讨论的连续性、优质性和效率性。下图显示了琳达·休·帕克（Linda Sue Park）的小说《碎瓷片》（*A Single Shard*）的前几段，每行都添加了编号。阅读这篇文章时，卡莉斯轻松地把学生的注意力吸引到树耳在第九行提到的“今天晚些时候”这个词组上，而不是让每个人用尽所有工作记忆去寻找她提到的在“第三段中间”位置的那个词组。随后，教师可能会轻而易举地把学生的注意力吸引到另一个地方：“作者在第三行提到的‘能吃饱饭的人’是什么意思？”

1.“哎，树耳！你今天‘饿’得好吗？”
2. 树耳靠近桥洞时，吊车人喊道。

3.村里能吃饱饭的人都礼貌地互相打招呼，
4.他们都说：“你今天吃得好吗？”树耳和他的朋友
5.把这些问候语改成了他们自己戏谑的小笑话。

6.树耳拍了拍腰上鼓鼓的小布口袋。
7.他原本想隐瞒这个好消息，但是他太兴奋了。
8.“吊车人，还好你刚刚那样跟我打招呼了，
9.我现在有个好消息，今天晚些时候我们不得不
10.使用合适的字眼儿了！”他把袋子高高举起。看到吊车人
11.惊讶地睁大了眼睛时，树耳高兴极了。他知道吊车人
12.立刻就会猜到——只有一件东西能让这个袋子
13.光滑而丰满。不是胡萝卜头或鸡骨头，

接上页

14.因为它们会鼓出奇怪的包。对，袋子里装满了大米。

15.吊车人举起他的拐杖敬了个礼。“来吧，我年轻的朋友！

16. 告诉我你是怎么挣到这么多钱的——这个

17. 故事绝对很值得一听！”

目标3：制定清晰的路线图

心里装满繁杂的事情时，你很容易忽略某项活动、忘记某个问题或者想不起某个你想讨论的话题。双重规划讲义为教师提供了一个清晰的路线图，明确了教师和学生每一步应该做什么，所以教师不太可能遗漏任何课堂活动或缩短重要教学内容。

同样地，当你把准备提问的问题写入讲义时，你就更有可能按照预先的设计进行提问。这可以防止你无意识地稀释你计划中问题的精准性，或者使用一些不相关的提示误导学生（关于这一点的更多信息请参见第九章）。发布该做什么任务指令也是如此：你越清晰地把这些脚本写入你的讲义中，就越容易保证学生按照你设想的方式完成教学计划。

目标4：统一练习格式

精心设计的讲义都应使用统一的练习格式。克里斯汀班上的每个人都在作业本的同一个地方回答第六题，这样她就可以快速、轻松地在教室巡视。她能敏锐地审视学生书写的答案，因为她总是在同一个地方寻找。这更便于她快速走动，并将学生的书面作业与她的范例进行对比，她也在讲义的同一个地方书写答案。他们所做的事情都反映在她的材料页面上。对工作记忆需求的减少，提高了她准确观察的能力。

统一规定学生的习题格式还有其他作用。比如你在题目要求后面画8条答题线和画2条答题线是不一样的，这暗示了你希望学生作答的长度；在转身讨论中，“笔记框”会提醒他们，他们应该（或可以）将他们讨论的事情做笔记。

目标5：附加问题，增加课堂教学的灵活性

克里斯汀的讲义里另一个值得注意的细节是：怎样解决一个老生常谈的问题——对于那些早早就完成“现在就做”任务的学生，接下来该让他们做什么呢？教师准备好其他任务了吗？如果她没看见他们已经做完了呢？他们会干坐着等其他同学做完吗？如果她没有意识到那个孩子已经完成“现在就做”任务，想展示他的课堂作业，该怎么办？在克里斯汀的“现在就做”任务中，她在任务后面附加了一个具有挑战性的问题，等待着已经完成“现在就做”任务的学生去挑战。

这提醒我们，出色的讲义设计并不会失去灵活性——事实上，恰恰相反。特洛伊预科学校（Troy Prep）的数学教师布莱恩·贝兰格的讲义里就经常准备了比他的学生在课堂上做的多得多的问题，这样他就可以根据学生的学习情况，直接跳过简单的问题，挑战比较难的问题，或者复习以前的问题，温故而知新。布鲁克林的教师塔伦·普里查德将她的独立练习任务分为不同的等级：“微辣”“辣”和“变态辣”。这样，她和学生就可以通过在他们的活动中加入更多的“微辣”或“变态辣”来调节团队或个人的难度了。因此，学生可以加速前进或温故知新。还有的教师则在他们的讲义中附加了“有挑战性”或“深度思考”的问题，可以供个别学生进行思考，或者如果课堂进展顺利，也可以全班一起完成这些任务。

技巧 5 知识归纳

用简洁明了的方式列出重要知识点

很少有学校能像伦敦的米凯拉社区学校那样对教育行业产生如此深远的影响。当时，学校经常被要求减少事实知识的讲授，转而注重开发学生的“思维技能”，米凯拉对此持反对意见，并着手建立一所拥有真正知识课程的学校。起初，他们是孤独的异议者，但他们毫不后悔、意志坚定。几年后，他们的教育成果，加上人们对知识在开发思维技能中发挥的关键作用的重新认识，引起了世界的关注与效仿。

米凯拉工作中使用的重要工具之一是由当时的英语教师乔·科比（Joe Kirby）研发出来的。这个想法是知识归纳——一个一页纸的讲义，大致涵盖了学生参与整个单元学习需要掌握的最重要的知识点。用这种方式呈现这些信息，知识点可以更容易地被植入长期记忆。这个想法一目了然：学生不用猜测哪些是应该牢记的重要知识点。让他们知道最重要的知识点，把它放在同一个地方，这样他们学起来就轻而易举了。随着时间的推移，这个想法越来越受欢迎。在成千上万的学校里，每个单元都以一页纸的关键背景知识摘要开始，这可以让学生更深入地思考每个单元的内容，并在每个单元完成后，形成他们关于每个单元主题的知识框架。

我推荐的版本可能比乔的版本更侧重于学生应该在某单元一开始就要掌握的，以填补那些可能妨碍理解课文的知识空白，但无论是乔还是我的版本，它既是一个短期策略——让学生从本单元学到更多和享受更多，也是一个长期战略——它系统地给学生提供广博的关键知识点。不管你怎样设计，只要我们知道背景知识在高阶思维中的重要性，我们就能利用它发挥出巨大的作用。

正如乔所设想的那样，知识归纳应该是一页纸的讲义（或者如果内容比较细碎，比如地图，那就可以是一页纸的两面）。一般情况下，组织、归纳和知识一样重要。归纳包括关键术语、重要数字和重要事件的时间轴等，它们是我们在探索一个话题时应该了解的重要背景知识。

例如，如果你打算为克里斯汀正在阅读的书《数星星》设计一个知识归纳组织图，那这个材料中应该包括：第二次世界大战时期重要事件的时间轴；关键的历史人物和术语。因为如果你不了解某个职业是做什么或某个图案象征着什么，你就很难理解这本书。在你这样做后，描述安妮玛丽的妹妹对一个纳粹士兵大胆地说话或者安妮玛丽拿着她朋友的项链的场景突然就有了意义。现在学生就可以分析它们了。如果他们不理解这些事情——大胆假设一下，所有学生都不了解——那他们就很难读懂这本书。

回想一下我们之前的练习：我让你思考天空为什么会变成绿色。想象一下，如果你知道一系列描述可见光的物理原理以及颜色出现的规律和原因，你就极有可能真正地参与到课堂活动中来，你的思考可能会更严谨一些。

为了演示知识归纳可能的运行方式，以下是我的团队为我们的阅读反思课程（Reading Reconsidered Curriculum）中的两本书研发的两种完全不同的方法。第一本是《追梦的非洲裔女孩》（*Brown Girl Dreaming*），这是杰奎琳·伍德森（Jacqueline Woodson）的诗歌回忆录，讲述了美国民权时代她在南卡罗来纳州和纽约市的少女生活。

《追梦的非洲裔女孩》知识归纳组织图

诗歌和文学术语		
诗歌是抒情言志的文学载体。散文是口语或写作中使用的普通语言。诗歌的结构有节奏，经常押韵		
术语	**定义**	**范例**
自由体诗	不遵循正式的诗歌结构，非押韵的诗行	
诗的破格	理解一个诗人可能会改变或“打破”支配其写作形式的语法规则	1963年2月12日
韵律	通过诗的音节设定的声音模式	
叠句	在诗中重复的一个短语或一句话	紧紧抓住梦想
诗节	一系列的诗行排列在一起，在诗中产生分裂	
跨行连续	一个句子或短语从一行延伸到下一行，没有结尾标点符号	
行末标有段落符号的	以标点符号结尾的诗行，表示一个短语的完成	嗯，我妈妈说。

续表

首语重复	在几行或诗节的开头重复使用一个单词或短语	也许是汽车…… 也许就在这之前……
停顿	一行诗中的停顿，通常有标点符号	……可以自由成长。可以成长……
俳句	日本的一种古典短诗。共三行，不押韵，每行分别由5个音、7个音和5个音组成	即使是沉默，也有故事告诉你。听着。仔细听。
回忆与叙事的语言		
回忆录	关于个人生活中重要时刻和事件的回忆	
主观性	一个人的记忆或判断力是由他们的观点或经历所塑造的	
可靠性	一个人的叙述或记忆的可信或准确的程度	
描述家庭和继承的语言		
祖先	一个家族的上代人	
家谱	一个人或家族的世系繁衍	
遗传	个人特征从一个家庭的一代传到下一代；这个被传递的特征（例如，棕色眼睛）就是遗传的	
诗歌的时间轴		
杰奎琳·伍德森家	年代	美国
伍德森的曾曾祖父在俄亥俄州自由出生	1832年	奴隶制在整个美国南部仍然是合法的
	1865年	美国宪法第十三条修正案废除了奴隶制，但种族隔离和种族主义继续限制着非洲裔美国人的权利
	1916年	大迁移，一场非洲裔美国人的大规模运动开始
	1954年	在布朗诉教育委员会案中，最高法院宣布禁止公立学校实行种族隔离
	1955年	罗莎·帕克斯（Rosa Parks）被捕，标志着蒙哥马利的巴士抵制活动开始

续表

	1960年	格林斯博罗午餐柜台静坐活动标志着静坐抗议运动的开始，旨在要求废除公共场所的种族隔离制度；鲁比·布里奇斯（Ruby Bridges）废除了她小学的种族隔离制度
杰奎琳·伍德森出生在俄亥俄州的哥伦布市	1963年	华盛顿大游行是民权运动中最重要的事件之一
伍德森和她的家人搬到密西西比州格林维尔的祖父母家	20世纪60年代中期	
位于格林维尔的斯特林高中（Sterling High School）被烧毁	1967年	
伍德森和她的兄弟姐妹们随母亲一起搬到纽约市	20世纪60年代末	黑豹党（Black Panther Party）的成立是为了倡导非洲裔美国人的权利
	1968年	马丁·路德·金被暗杀
伍德森写下诗集《蝴蝶》（*Butterflies*），这是她的第一本诗集	20世纪70年代初	

阅读和理解像伍德森创作的内容丰富的几百页诗歌需要一些专业术语，所以知识归纳从叠句、诗节和诗的破格等术语开始。现在，学生掌握了一系列的术语来讨论伍德森的创作手法。他们可以交流彼此的心得，教室里的每个人在同学使用术语时都明白是什么意思。历史背景也同样重要，在这种情况下，两条时间轴既可以帮助学生理解发生在民权运动中的重要事件，也可以帮助他们了解同时期发生在伍德森家里的事件。

第二种知识归纳的方式以帕姆·穆尼奥兹·瑞恩的小说《飞翔的埃斯佩兰萨》为例，让我们比较一下。它包括两条时间轴。其中一条时间轴帮助学生了解墨西哥，这是小说前半部分故事的发生地——革命后的内乱引发的故事情节就发生在这里。第二条时间轴概述了加利福尼亚州的历史，小说的后半部分发生在那里。它还描述了那个时代的重要社会事件：经济大萧条、俄克拉何马州移民、黑色风暴事件等。这证明了知识归纳的双重功效。通过阅读这本书时了解的背景知识，学生对这本书理解得更深刻，更喜欢读它，感悟得也更透彻。本单元结束时，他们可以带着从本单元学到的背景知识、了解的重要历史事件继续前行。这样一来，学生们就是在阅读两本有历史背景的小说，而不是难以理解的、仅仅是时间设定在过去的故事。

1930年之前的墨西哥历史	
该书的第一部分发生在墨西哥，主要发生在该国中部的阿瓜斯卡连特斯地区	
1521年	西班牙征服了阿兹特克人，并在墨西哥建立了西班牙帝国。他们控制和歧视原住民(“印第安人”)
1821年	独立战争：西班牙战败，墨西哥成立。它当时的领土比今天要大，包括现在的美国西南部
1846年	美国试图吞并得克萨斯州，美墨战争就此开始
1848年	墨西哥输掉了美墨战争，放弃了得克萨斯州、加利福尼亚州、新墨西哥州和亚利桑那州。随后，由独裁者统治了60年
1910年	墨西哥革命开始；坎佩西诺(Campesinos)(贫穷的农场工人)承诺，如果他们赢了，他们将获得权利。结果他们做到了，最后一个独裁者被迫离开
1917年	通过了墨西哥宪法，但仍存在冲突
1930年	开始相对稳定期
加利福尼亚州的历史	
该书的第二部分发生在加利福尼亚州的圣华金谷，美国的主要粮食种植区	
1846年	由于美墨战争，美国接管了加利福尼亚州
1848年	黄金被发现。作为“淘金热”的一部分，成千上万的移民去那里寻找他们的财富
1850年	加利福尼亚州被联邦承认为第31个州。人口<350000
1890年	中央山谷和圣华金谷开始大规模灌溉和耕作
1910年	加利福尼亚州成为美国主要的食品和石油生产区
1920年	人口爆炸：加利福尼亚州的人口达到350万(是1850年人口的10倍)
1933年	俄克佬(Okies)(来自俄克拉何马州和其他州的移民)开始抵达——每月多达7000人
劳工运动条款	
迁徙工人	在不同季节，从一个地方迁徙到另一个地方去收获不同作物的农民
罢工	工人拒绝工作，并试图阻止其他人工作，以获得更好的工作条件或报酬

续表

罢工纠察队	站在企业外抗议，通常举着标语，有时阻止人们进入
时薪	发给工作的人（比如农场主）按小时计算的钱
工作环境	工人工作的环境：安全/不安全，干净/脏
工会	一个有组织的工人团体，他们一起采取行动
移民危机	
在埃斯佩兰萨到达加利福尼亚州之前，一群来自大平原的农民开始向西迁移	
经济大萧条	1929年，美国股市崩盘，使人们损失了大部分储蓄，经济遭受重创。失业率达到了25%
黑色沙尘暴	大平原上的过度耕作导致了大规模的沙尘暴，摧毁了农场。成千上万的农民和他们的家人被迫离开了他们赖以生存的土地
黄金之州	农民带着他们的财产向西出发，来到加利福尼亚州——“黄金之州”——找工作，那里似乎是人间天堂
俄克佬迁移	绝望、贫穷的农民大批抵达——每月多达7000人。没有足够的工作机会，他们经常被拒绝入境。人们轻蔑地称呼他们为“俄克佬”
劳资纠纷	农场工人成立工会并组织罢工，以回应农场主的恶劣待遇
重点引用句	
“在他们之间有一条深深的河流。埃斯佩兰萨站在一边，米格尔站在另一边，谁都无法跨越这条河。”（p.18）	
“我听说在美国，你不需要机械杆。”（p.75）	
“我很穷，但我又很富有。我有孩子，我有种满玫瑰的花园，我有信仰和那些离我而去的人的回忆。那还期望别的什么呢？”（p.76）	
“填饱肚子总是伴随着西班牙的流血革命。”（p. 79）	

主要文学术语

术语	定义	范例
反差（juxtaposition）	将两幅（或更多）图像或想法紧密地放在一起，以强调它们之间的对比度	埃斯佩兰萨的衣服vs.贫苦农民的衣服；来自墨西哥贵妇的手vs.一个贫苦农家女孩的手
拟人	将人类的特征或情感赋予无生命的事物	“整个山谷都呼吸着，它就生活在这里”
母题（motif）	在文本中多次出现的想法、符号或意象	分隔埃斯佩兰萨和米格尔的河流
象征	当文本中的一个对象、人或思想除了其字面意义之外还有一个额外的意义时	爸爸的玫瑰，阿布利塔钩编的毯子
伏笔	暗示了未来可能发生的事件	埃斯佩兰萨用刺刺伤自己的手指

我们能从以上例子中学到的两件事是主题和变化。这两部以20世纪中期为背景的中年级阅读小说的知识归纳既相似又不同。它们的原则虽然一致，但却没有固化的模式。

你可能想知道怎样让知识归纳适用于其他年级的阅读书目和科目。为了帮助大家理解，下面是化学教师赛迪·麦凯利关于设计和使用知识归纳和反思的例子。随后，我将分享一些针对更低年级的学生的知识归纳的例子。

赛迪·麦凯利对知识归纳的反思

我的知识归纳中总是包含一些术语词汇。这些都是学生应该了解的基本术语，以提高教师提问的精准度和学生回答问题的质量。注意，这些不仅仅包括学生学习这个单元需要掌握的术语或概念！他们将在这些基础上不断积累术语或概念，并使他们的想法复杂化。这些只是他们的起点。

学习需要技能！记得教学生借助知识归纳来学习。学生需要建立模型，也需要练习，哪怕是简单的词汇训练。

- 在讲第一单元时，花2分钟向学生展示一下如何折叠他们的讲义以遮挡定义和自我测试部分。接下来的几分钟时间让学生各自进行安静的自测和口头练习或背诵测验。
- 同伴互测：课上为学生提供1—3分钟相互测试的机会。明确告诉学生这项活动。
- 可以在家里和家庭成员或朋友一起做。为学生示范合作同伴互测，并为何时互换角色规定明确的时间。如果时间允许，接下来进行口头练习或背诵测试。你可以偶尔给这些测试打个分，但没有必要这么做。对频繁的低风险评估（不计入平时成绩的小测试）的研究表明，如果没有分数，这项活动会非常有效。

我经常要求学生在上课时给图表、定义或其他知识归纳的信息做备注。这不仅增加了他们对核心概念的理解，还使知识归纳成为一个有生命力的活文档。这也可以吸引他们的注意力。如果我们拿出知识归纳并在上面做笔记，那一定是非常重要的事情。

你可以把知识归纳融入到课程结构中并经常参考它。如果学生被难住了，在他们举手提问之前，先让他们查询知识归纳。你可以把它作为学生课桌设置的一部分：开始上课前，所有学生都应该准备好家庭作业、笔记本、知识归纳和铅笔。

请注意，知识归纳不必像这个案例那样复杂。讲义最好不超过一页不代表你要将一页纸写得满满当当。一张包含关键术语和学生需要了解的数据的知识归纳就是一个很好的开始了，如果用更少的内容可以让你更轻松地开启课堂和实施教学，那就更好了。对知识归纳的使用和对它的设计一样重要。知识归纳就是用于做检索练习和自我测试的，就算不是每天使用，每周至少也要使用几次。不断的测试和检查可以将内容植入长期记忆中。我去参观米凯拉学校的时候发现：学生每天晚上的家庭作业就是知识归纳复习和测试每一节课讲授的知识点。简单明了。家庭作业和课堂上讲的一样，所以做起来没有任何困难。父母可以边做饭边考问。（它们通常只考查知识归纳的一部分内容，而不是整页内容。）这就是为什么你会注意到这些知识归纳有一个特点，它们的设计语言言简意赅，以方便学生记住答案，而且分为两栏，这样可以遮住一栏，进行自我测试。

知识归纳有时会与学习指南相混淆。学习指南是指在学完一个单元后，对其进行总结的文件——通常是为测试做准备。这不是知识归纳的目的。知识归纳要在单元授课前进行，保证所有学生都掌握知识重点以便他们充分参与课堂教学。

知识归纳之所以出现在备课这一章，是因为设计它们对教师很有用。考虑学生要了解什么才能掌握本单元的重点知识，这可以让你深入思考他们需要知道的东西，并经常为此做一些研究。在进行知识归纳时，你知道的背景知识应该是写入知识归纳的10倍。换句话说，这是一种知识积累的习惯。其实，知识对教师也很重要。

赛迪的知识归纳组织图示例

知识归纳 #4

第一单元　物质：气体的性质和计算方法　姓名______

词汇	
热能	由于温度差异而在两个物体之间流动的能量的形式。热量从平均动能较高的物体流向平均动能较低的物体
温度	对一个物体的平均动能的测量。使用的单位：K，℃（使用公式C进行转换）
动能	物体由于运动而具有的能量。使用公式B计算
压强	物体单位面积上受到的压力。气体的压强是气体施加在其容器壁上的压力。使用单位：atm、kPa、mmHg
体积	三维物体所占用的空间量。共有3个使用单位：mL、L（液体）、cm^3（固体）
速度	对象的速度（在本例中主要是粒子）。经常使用的单位是m/s或cm/s
质量	测量一个物体中物质的量。使用单位：g，kg
粒子图	物质粒子的视觉表示，其中粒子以点表示。允许我们在不同的阶段中表示物体

公式

公式A：组合气体定律

$$\frac{P_1V_1}{T_1}=\frac{P_2V_2}{T_2}$$

- P_1=初始压力
- P_2=最终压力
- V_1=初始体积
- V_2=最终体积
- T_1=初始温度
- T_2=最终温度

公式B：动力学能量　$KE=\frac{1}{2}mV^2$

公式C：温度转换　℃ +273=K

- KE=动能
- ℃ =摄氏度
- m=质量
- K=开氏度
- V=速度

内容

- 在恒温条件下，压力与体积之间的关系

______________________________。

- 恒体积下温度与压力的关系

______________________________。

- 在恒压条件下，温度与体积之间的关系

______________________________。

相关图表/计算

图1a：P vs.具有常数T的V

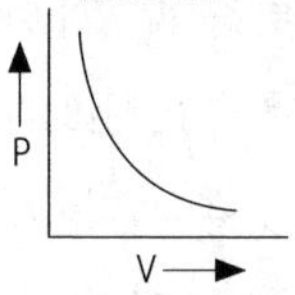

计算示例1：组合气体定律

图1b：V vs.具有常数P的T

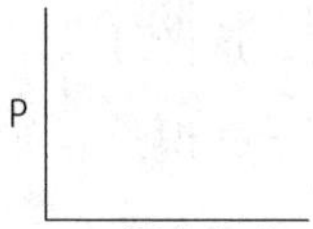

计算示例2：组合气体定律

图1c：P vs.带有恒定V的T

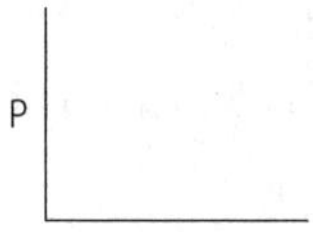

计算示例3：组合气体定律

初级知识归纳

一年级的科学课：季节和天气

恶劣天气	
洪水	雨水太多，河流溢出了河岸
飓风	巨大的旋涡风暴，引发暴雨和危险的风。雨水倾泻而下。采取掩护措施
暴风雪	降雪量级大。经常刮风，视线不好
龙卷风	虽然小但很危险的漩涡云。主要在陆地上形成。采取掩护措施

测量天气	
数据	收集的事实，通常是可以告诉我们重要事情的数字
雨量计	测量降雨量的工具
风向标	测量风向和风速的工具
温度计	测量温度的工具

云的类型	
海象云 	纤细而精致，高悬天空，“一束束的”，像羽毛一样
积云 	蓬松而洁白，像棉花球，有时堆得很高
层云 	又称“毯云”，又低又厚，没有形状

季节	
春	冬天之后。植物开始生长。温度升高。动物们从冬眠中苏醒
夏	春天之后。最温暖的季节。白天最长，太阳升得早，落得晚
秋	夏天之后。气温凉爽，白天变短。叶子掉下来。庄稼成熟
冬	秋天之后。最冷的季节。白天最短。树木通常是光秃秃的。有些动物开始冬眠

加纳和阿善提人		
加纳	位于西非的一个拥有草原和丰富森林资源的国家	
阿善提人	一群在加纳生活了400多年的人。讲故事和艺术在他们的文化中很重要	

接上页

民间故事和神话	
口头流传	• 一种文化表现形式，人们大声讲述故事而不是写下来的做法
民间故事	• 代代相传的故事，是口头流传的一种 • 有助于我们了解讲故事的人
神话故事	• 旨在解释世界某方面的传统故事 • 通常会有魔法或不可思议的元素出现
寓言故事	• 给我们讲述对与错的教训的故事

第三章

评估学生的理解水平

CHECK FOR UNDERSTANDING

伟大的篮球教练约翰·伍登（John Wooden）在12年里为加利福尼亚大学洛杉矶分校（UCLA）赢得10次美国全国大学体育协会（NCAA）冠军，在这之前，他曾是一名英语教师——把教学定义为知道“我教过了”和“学生学会了”之间的区别。这句话完美阐释了在所有教学环境下教学所面临的挑战，其影响深远，原因之一是它冷静地指出了学生在学习时一定会犯错这一现象。不是错误是否出现，而是何时出现。所有教师都想清晰而令人印象深刻地呈现课堂教学，让学生掌握资料的内涵及其重要性，竭尽全力地完美展示最初的演示文稿，但之后发现还有许多不尽如人意之处。无论你如何完美地阐释或演示这些教学资料，学生的理解总会有偏差。最重要的是你下一步要做什么，以及如何应对错误。你会发现学生的理解偏差吗？你会忽视它们吗？你能修正它们吗？你会责怪学生并表达你的失望吗？当你所教的和他们所理解的有差距时，不管什么原因，你要做的就是修正它，解决它。

考虑到这一点，我可以明确地告诉你，我们看到的最有借鉴性的课堂之一就是德纳留斯·弗雷泽的课堂。那里有一种静谧的美，我将在本章中详细讨论。但现在我们先看一下其简短的概述和几个亮点。

课堂上，学生正在努力解决两个问题。德纳留斯想利用自主学习与追踪（技巧14）评估学生的表现，他在教室里四处走动，观察每个学生的解题情况。他会迅速评估每个学生的做题进度，并给予有用的和支持性的反馈意见。“你快解出答案啦！”他对一个男生说。“加油，”他又对一位女生说，“一定要保证有余数和商数啊。”

“这里是什么情况？”他问另一个女生，发现她的数字没有排列整齐。看了几个学生的作业后，他又瞥了一眼她的作业，然后说：“哦，好多了，谢谢你。”既肯定了她的进步，又表明了对她学习进步的认可。

在巡视过程中，德纳留斯不仅能够评估学生个人的进步，而且还能够评估整个班级的情况。他们的问题五花八门，最常见的问题是不太清楚如何找出余数。他停顿了一下，然后在课堂上演示一个例子，带领大家分析哪里正确，哪里出了问题，然后又让他们继续安静地做题。

每个学生都感到老师看到了自己的学习情况并提供了帮助。很明显，他们的老师能够而且一定会帮助他们取得成功。这是一个通过高效教学建立良好师生关系的案例。德纳留斯非常留意学生的学习差距，他能够冷静而及时地帮助每个学生，从而创造了一个信任与尊重的学习环境。信任，正如我在第一章中所述，不是德纳留斯教导他们的先决条件，而是在很多方面教导他们的结果。至少这两者是协同发展的，你教得好，学生就会信任你。

这一章主要是关于教与学之间的差距：如何看待它，如何应对它，以及如何让学生意识到差距但又不尴尬。这就需要教学技巧了。你知道看什么和寻找什么吗？你知道如何应对错误吗？你知道怎么让学生心甘情愿地向你透露他们的学习困惑吗？不要被这些问题吓倒。教师要掌握的这些技巧并不神秘，正如德纳留斯所展示的，它们为学生的进步创造了条件。

技巧 6 摒弃学生的自我汇报

让学生在问题中高效学习

教师想知道学生是否掌握教学内容，最常见的方法之一就是直接问他们："你们明白吗？"这似乎很合乎逻辑，但事实证明，这是评估学生理解能力的一种相对无效的方法。

假设一位科学教师刚刚给六年级学生讲解了细胞结构。"好吧，"她说，"这些都是关于细胞结构的基本知识。大家都明白了吗？"或者更具体一点："大家都清楚植物细胞和动物细胞的区别了吗？"

她很可能会得到类似这样的答案：少数学生含混不清地回答或点头表示认同。也许是"是的"或"嗯"，虽然她可能什么也听不到。不管怎样，她猜想学生都听明白了——我们称之为表面同意——然后她说："很好。那我们继续学习叶绿体的功能。"

要求学生自我评估刚刚学到的内容往往是不可靠的，会产生错误的确认——尤其是当它们被设计成是或否的问题时。其主要原因是，这些问题依赖于自我汇报，我们都知道这种方法不准确，不可信。人们，尤其是初学者，通常不知道他们对某个话题不明白什么。即使他们知道哪里不明白，当老师在课堂上问起时，他们也不太可能承认。

例如，如果你问一群学生："你们清楚美国独立战争爆发的原因了吗？"大家都回答清楚了，因为他们很清楚目前已经知道的原因。如果他们漏掉某些原因，如果他们的概念包含了错误的信息，如果没有使用某些方法来检查自己是否更全面地了解美国独立战争爆发的原因，他们就没有掌握本应该知道的概念，但对你来说，这些原因是不言自明的。具有讽刺意味的是，对美国独立战争爆发的原因有深刻理解的人更有可能以否定的方式回答："我仍然不完全理解为什么不可容忍法案（Intolerable Acts）没有分裂殖民激进分子，反而使得持不同政见的人联合了起来……”

如果你问我——一个没有任何经验的初学者，“你明白植物细胞和动物细胞的区别了吗？”，实际上你是想问我，“你意识到植物细胞和动物细胞有区别吗”或者“你知道植物细胞和动物细胞有区别吗？”。“明白了。”我会这样回答。当我回想所学知识时，我知道首先映入脑海的是什么：它们的形状不一样，植物细胞有细胞壁，动物细胞没有。明白了，正如我告诉你的那样，但我仍然不知道两者的细胞核在细胞内的位置不同，我也不知道溶酶体是什么。我诚实地回答说明白了，但我不知道我不明白什么。可悲的是，学生对相关话题了解得越少，他们表面认同的“明白了”就越不准确。

在上面的例子里，学生非常努力地和教师分享他们所知道的关于植物细胞和动物细胞的一切，但社会和心理障碍会经常阻止学生暴露他们的困惑。假设我心里清楚我不明白植物细胞和动物细胞之间的区别，但回答“其实，我不明白”，就意味着老师要停下讲课，回过头重新解释，很显然其他学生根本不想这么做。我看起来好像是教室里唯一一个不明白的人，或者是教室里唯一一个没有意识到即使不明白也不应该说出来的人。所有这些都是因为我们不确定重新讲解是否真正有帮助。学生会自我安慰说：我自己弄明白更省事。所有这些因素都使大多数人在困惑的时候不会说出来，不仅仅是学生。想想你上一次在会议上打断领导讲话说“等一下，我不明白”是什么时候。如果一个同事这样做了，你感到（或表达）欣赏而不是愤怒的可能性有多大？学生偶尔可能会说，“不，我不明白”。但他们不一定说，有太多的隐性社会压力迫使他们隐藏自己的困惑。

最后一个让“大家都明白了吗？”的问题无效的因素是提问的方式。他们提供了两个糟糕的选择。在大多数情况下，学生的理解介于两者之间。他们是否“明白”实际上包含了一系列问题，答案对某些人是肯定的，对另一些人则是否定的。“你们明白了吗？”这个问题的答案需要整合大量的数据，因此学生会选择一种过于简单化的答案而不是另一种让自己尴尬、不光彩或损害大家利益的答案。

令人欣慰的是，当我们问诸如“大家都明白了吗？”的问题时，我们认识到，我们正处于有利于检查学生的理解水平的时刻。当我们意识到我们在问这样的问题时，我们可以采用更加有效的提问方式来替代它，我称之为“有针对性的问题”，即具体的、客观的、专注于讨论内容的问题，并以开放式的形式提问。

想象一下，六年级的科学教师在介绍植物细胞和动物细胞的差异，在试图用更好的提问方式替代“大家都明白了吗？”时，她可以这样说：

“好的，让我们来复习一些关键的知识点吧。如果我正在看细胞的照片，它们是圆形的、不规则排列的，我看到的是植物细胞还是动物细胞？贾斯敏？”

“很好，如果我看的是植物细胞，那么我会看到更接近矩形的图案，这是为什么？路易斯？”

“太棒了，哪种类型的细胞有细胞膜，凯尔西，是植物细胞还是动物细胞，或者两者都有呢？”

“很好，最后，肖恩，什么是溶酶体？在哪些细胞中能找到它们呢？”

首先，你会注意到，科学老师的问题是客观的。他不会问学生是否自认为他们知道，而是要求他们证明他们是否知道，所以现在的数据要准确得多。

其次，这些都不是简单的是或否的问题。这使得学生很难猜出正确的答案，或者只要基本了解就能给出正确答案。

表面同意问题的常见解决方案是值得我们警惕的。许多教师试图用学生的手势来代替是或否的问题：如果你明白植物细胞和动物细胞结构的区别，就大拇指朝上，如果不明白，就大拇指朝下，如果你不确定，就大拇指朝侧面。这看起来改进了不少，你很可能会得到更多学生的回答，但自我报告的问题仍然存在，你仍然依赖于学生的自我认知，而事实是，即使他们很诚实，许多人给出的回答可能仍然是错的。拇指朝上或朝下可能会让自我报告更有趣，从而消除一些尴尬的沉默，但就收集更准确的关于学生理解情况的信息而言，这基本上就是一种错觉。有针对性的提问要好得多。

你提前设计好问题时，有针对性的提问效果最好，否则，你就会很难发现学生对以上四个问题的理解程度。如果你正在思考下一个问题，就不能很好地听到学生的答案，也不能注意到你的语气。这一点很重要，因为如果你在某环境中问有针对性的问题，你热情的微笑表明学生犯错不会让你沮丧，你就有机会高效地评估学生的理解水平。当你问有针对性的问题，或者学生努力回答时，微笑会提醒你的学生，你想要诚实的答案，尽早了解他们的困惑会更容易纠正他们的错误。这个话题我将在“技巧12：犯错文化”中进一步讨论。

还有一种教学技巧可以确保学生的成功：随机提问（见技巧34）。这种技巧让你能够从课堂的学生样本中收集数据。如果你只依赖那些自愿回答问题的学生，你就会收集到错误数据。那些自愿回答问题的学生大多数情况下是自认为知道答案的时候才会回答的。那些自认为不知道答案的学生不太可能举手。除非你找到一种提问这些学生的方法，否则你总是高估班中能够理解某个概念的学生的比例。

随机提问在其他方面也有帮助。它可以帮助你更快地问完你准备的问题。乍一听这似乎与你的直觉背道而驰，难道教师不应该尽可能详尽地评估学生的理解水平吗？教师经常意识到要评估学生的理解水平，但没有采取行动，或者草率地采取行动，其中一个原因是时间压力。如果你是教师，你就知道时间永远不充裕。如果你还有重要的内容要讲，那么花5分钟时间检查一下大家都明白的问题会使时间很紧张。如果做这件事需要花费很长时间或者会打乱你的节奏，又或者会导致你放弃课程设计的最后一个活动，你当然不愿意做它。但如果你能在30秒内评估学生的理解水平，你可能愿意这么做。所以用有针对性的提问取代学生的自我评估报告的关键之一就是完成速度要快，理想情况下不超过1分钟。如果（也只有当）你能快速完成它，你才会经常这么做。因此，不能获得完美的数据信息没关系，你只要尽力设计出1分钟内可以问完并帮助你收集到数据的最好的问题就可以了。如果有必要，你可以使用剩余的时间带领大家复习一下刚刚出现问题的知识点。

有针对性的提问对于评估学生对将要完成任务的理解水平和对刚刚教过的知识的理解水平同样有价值。假设你要让学生进行8分钟的独立或合作任务，就可以向他们提出一些关于任务的有针对性的问题，这样你就不会任务做了一半才发现他们不知道如何写讨论笔记，甚至不知道他们必须写。一般来说，学生完成任务的时间越长，通过有针对性的问题评估他们对任务理解的清晰度就越重要。

最近，我观摩了一堂课，这位教师希望她的学生阅读一篇文章，然后记录作者有意重复的词组和短语，并找出隐藏的读者对象的变化。教师让他们先独自思考5分钟，然后再和同伴讨论。

在让学生做这项任务之前，她通过提问有针对性的问题让学生来复习。她花了大约20秒钟，并且使用随机提问来确保她不只提问那些自认为知道答案的学生：

教师：“纳尔森，告诉我你读这篇文章时，我让你找的两件事是什么。”

纳尔森：“重复的词语和读者对象的变化。”

教师："很好，蒂娜，当你看到重复的例子时，你该怎么办？"

蒂娜："把它们圈起来。"

教师："不错。加里，这是合作完成作业还是独立完成作业？"

加里："先自己完成，5分钟后，再和同伴一起完成。"

教师："完美。去做自主练习吧。"

我们很容易认真地讲课，但却做错了学习任务！让30名学生花10分钟完成一个错误的学习任务就相当于浪费了他们5个小时的学习时间！用有针对性的提问取代"大家都明白我们在做什么吗？"是一个非常明智的策略。

重要的是要记住，有针对性的提问的目的不在于全面检测，而是在以前没有保留数据的地方创建一个小的数据库。通常情况下，提问最好要快速，还要将数据应用到多个地方。这比只进行全面又详细的提问，但却很少进行评估要好得多。

你可能会想，如果偶尔问学生"明白了吗？"或者"大家都清楚吗？"，是不是说明自己做错了。别担心，凡事不能太绝对。几乎可以肯定地说，你偶尔还是会说这些话（我知道，我也会说）。要完全改变个人熟悉的措辞习惯是几乎不可能的，如果你真的这样做了，那由此而产生的自我意识也会分散注意力。重要的是要认识到我们使用自我报告的频率，以及它产生错觉的程度。当你使用这样的短语时，你要告诉自己："我已经达到了一个自然的过渡点，我应该评估一下学生的理解水平，看看他们理解得怎么样了。"非常希望这种意识能够修正你的提问方式。

加比·伍尔夫的课堂展示了取代学生自我报告的有趣改编技巧。他们正在课堂上阅读罗伯特·路易斯·史蒂文森（Robert Louis Stevenson）的具有挑战性的中篇小说。例如，加比和她在伦敦所罗门国王学院十年级学生所读的这段是这样写的："将近一年后，在10月18日，伦敦发生了让人震惊的、异常凶残的凶杀案，而受害者的崇高地位则使它更加引人注目。凶杀案细节描述很少，但足够令人震惊。"

在加比·伍尔夫的课堂上，你可以听到加比和学生通过FASE阅读（技巧24）一起大声朗读这段文章的情况，他们很享受这一过程。由于这段文字内容的复杂性，加比读过后，停顿了一下，告诉同学，她想"评估一下学生的理解水平"。她用演示文稿在屏幕上展示了一系列简短、有针对性的问题，并要求学生用1分钟左右的时间与同伴两两组队复习答案。这些问题很直接，答案都很简短，能迅速揭示学生对文章理解与否：

“凶杀案发生在几月份？”

“为什么伦敦凶杀案受害者让人们感到震惊？”

“谁看到谋杀了？”

“她是从哪里看到凶杀案的？”

“凶手是谁？”

尽管小说里有古老的语法，如“异常凶残”（singular ferocity）和“使它更加引人注目”（rendered all the more notable）等，加比还是希望学生能够掌握案发事件的关键细节。

她和学生一起回顾了这些答案。注意她说话时热情的语调和轻快的节奏。她不断地鼓励——“好的，太棒了”——以及她通过随机提问保持节奏的方式，让她直截了当地了解到学生对文章的理解程度。她放慢说话的节奏暗示了她期待学生回答的语气：“很好，所以我们都知道发生了什么。现在回到这个问题：史蒂文森是如何渲染这起凶杀案的？”

如果加比没有评估学生的理解水平就先问这个问题，学生在分析基本事件时就会很迷茫。但她为了确保精确度和速度，提前设计好了问题，她为进行更深入的讨论做好了准备。这个问题之前的两两组队复习也能让学生凭记忆更强有力地组织答案。她说话语气热烈、节奏轻快，并且在大约1分钟内就完成了整件事。

技巧 7 检索练习

帮助学生把知识转化为长期记忆

在几乎所有涉及学习的环境中，遗忘都是一个亘古不变的话题，它是如此普遍，而我们又如此熟悉它，以至于差点被我们忽视掉。在学生展示了对《罗密欧与朱丽叶》中“反差”的理解或算出不规则多边形的面积几个小时后，他们可能只记得一部分知识点了。几天后，他们可能已经忘记了大部分内容。这个简单而又经常被忽视的遗忘事实是教学中最重要的考虑因素之一：学生学会了某些知识后，他们很快就开始遗忘。

你可能在课堂上看到过这样的事情。周二，你对学生的技能和知识很有信心。他们牢牢地记得是什么、为什么和怎么样。但当你在一周半后测试时，他们就像从未上过周二的课似的。那时，罗德里戈轻松地完成了五个复杂的面积计算问题，可现在，你从他的背后看去，却发现他连简单的问题都做错了。

然而，这一持续不断的挑战还有一线希望。遗忘的过程包含了自我解决方案的种子。如果你让学生回想昨天学到的关于多边形的面积计算或《罗密欧与朱丽叶》中的“反差”时，他们会努力记住，如果成功了，这种努力会更深刻地将材料植入他们的长期记忆中。他们就会记住得更多，忘记得更少。

检索练习，即在策略性延迟后回忆起所学到的信息的过程，是解决遗忘问题的一个很实用的方案。如果你为检索练习设计一个图表，那么每一次检索练习都应该落在横轴标示“重复”的地方，纵轴上的百分比表示学生记住的特定内容有多少。

这是遗忘曲线的例子。它阐释了教育心理学家所理解的遗忘的本质。在第一点，即课程结束时，学生获得了一定数量的知识和技能。但下课铃声一响，遗忘就开始了。遗忘是个无情的杀手。在几分钟后，一些细节就会变得模糊起来。第二天，学生将忘记更多——可能超过他们学到的一半。如果不采取措施来阻止这一过程，他们可能会忘掉所学知识的大部分内容。在曲线上，没有复习的遗忘过程用A线表示。

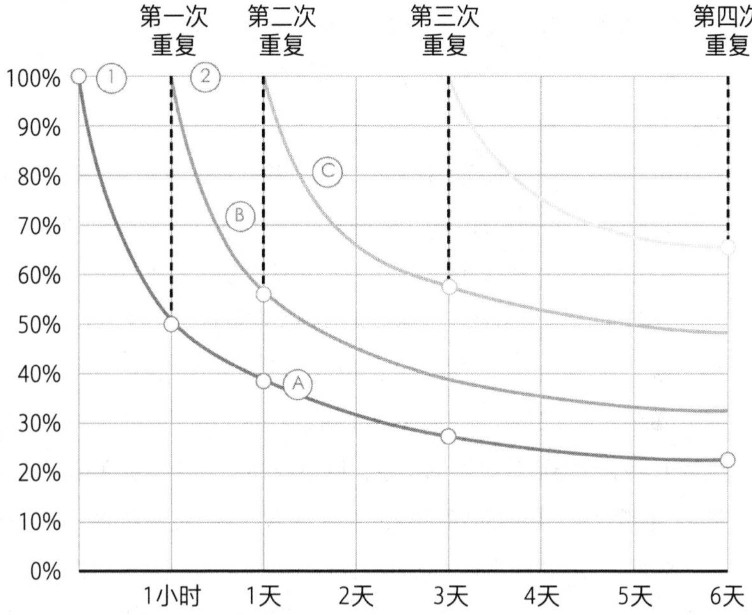

然而，第二点表示当你回看内容并复习时发生了什么。也许你第二天就复习。当你这样做时，学生的知识重新回到工作记忆中。这样做之后，他们的知识大致恢复到最初课程结束时的水平。

当然，在这次复习之后，遗忘又开始了。学生所掌握的知识又开始减少了。第二条向下倾斜的B线清楚地说明了这一点。但是遗忘的速度变慢了，这条线开始变得平缓，这表明长期记忆中留下了更多的知识。如果你再次复习，知识就会被更新，紧接着遗忘也会再次恢复——用C线表示——但是速度更慢了，而且（保留的知识总量）下限更高。

正如认知心理学家保罗·科什纳、约翰·斯威勒和理查德·克拉克所写的那样："所有教学的目的都是改变长期记忆。如果长期记忆没有改变，就不会学到什么东西。"我们花一个小时探究人体系统，结果学生全忘了——在一天后、一周后、一个月后，这堂课也许很有趣、很吸引人，但学生学到的东西却很少。即使是最深刻的讨论也有随风而逝的风险。哈利·弗莱彻·伍德（Harry Fletcher Wood）

指出：“学生在课堂上的表现不能很好地反映持久的学习效果。”我们应该在课程结束时彻底评估学生的理解水平。但是，学生在一个小时的课程结束时似乎掌握某些知识，并不意味着他们会在一周、一个月或一年内还知道它。如果我们想要持久的学习效果，我们必须把知识植入长期记忆中，而检索练习就是最好的方法。

人们在认知心理学的各种背景下，探讨了检索练习的概念，下面是一个教师对检索练习的定义：

检索练习指学习者在一段时间的遗忘后，复习并应用先前学习过的知识或技能的训练。这个定义包含两个关键因素。首先是目的性。你可能会说，“哦，提问我们以前学过的概念？我一直都这样做”。但我们在这里谈论的不仅仅是偶尔的章节复习——“还记得我们读《罗密欧与朱丽叶》时是如何解释‘反差’的吗？”而是策略性地使用检索，具有系统性和定期重复的特点。这甚至可能意味着检索练习会成为你课程中不可或缺的一部分——你花费大量时间，使用随机提问和提问与回答等技巧，让每个学生都能记住必要的信息，以不同的方式让学生回忆起重要的信息，也许在这些情况下的检索不必简单化或死记硬背。有一定挑战性是有益的，改变检查模式或要求学生以新的方式应用概念会有所帮助。其次是策略性延迟。请注意，在遗忘曲线上，各检索之间的延迟每次都略有增加。逐渐增加几次检索有助于记忆，因为记住它的最佳时间是当你开始忘记它的时候，而我们遗忘的速度在不断变化。看一眼遗忘曲线就会明白，不可能通过一节课的学习就永久掌握某个概念。

你可能会把检索练习看作是死记硬背的秘诀，但事实并非如此。检索是关于布朗（Brown）、罗迪格（Roediger）和麦克丹尼尔（McDaniel）所说的“详细阐述”的机会：将一个想法与其他想法联系起来思考并在你回想它时加以拓展。事实上，详细阐述有助于检索。当一个概念与其他相关的想法联系在一起，当学生可以用不同的方式来描述它时，它就会变得更加威力无穷。因此，在复习“反差”的概念时，你可能会有意要求学生详细阐述。“阿莎，反差是什么？达利斯，在《罗密欧与朱丽叶》中举个例子？凯蒂，还有什么例子吗？罗伯托，我们读过的两个角色有反差的另一个例子是什么？好，凯拉，用你自己的话说，为什么作者要使用反差的写法呢？”详细阐述可以使学生解释和运用新词汇，建立各种联系，积累对这个概念的知识，增加他们在必要时记住它的可能性。

克里斯汀·托雷斯有一节课是检索练习在其他方面发挥作用的很好例子。克里斯汀正带着学生一起复习词汇。请注意克里斯汀问题的多样性。检索练习的问题不一定是简单的回忆。克里斯汀要求学生在新的背景下用不同的方式使用他们正在学习的词汇。这很重要，因为词汇在不同的背景下的作用是不同的。要真正理解一个词汇，你会希望学生不断地遇到它所有微妙的含义。克里斯汀要求学生知道这个定义，同时要以具有挑战性和有趣的方式应用这个词。这是既简单又更详细的检索练习。克里斯汀确保每个学生都要解决这一问题。她使用了转身讨论（技巧43）。在检索练习中，我们不能只提问主动举手的同学，或者让一些愿意表达的同学说出答案。我们要让所有同学都记住并应用这个概念。

有趣的是，在克里斯汀的课堂上，初始学习和检索之间的延迟时间很短。她知道，遗忘马上就要开始了。特别是对于具有挑战性和容易混淆的概念，要立即开始检索。尽管学生在几分钟前就掌握了这些单词的意思，克里斯汀就已经尝试让它们进入学生的长期记忆了。在第二天或几天后，以及再过几天后，克里斯汀也一定会跟进检索练习，用更多有趣和吸引人的问题检索和应用他们的词汇知识。当她让学生检索新单词时，她还经常提到几个以前掌握的词汇。这样，他们就可以深入理解和运用这些词汇并形成长期记忆。

检索练习的目的并不仅仅是让大部分原始材料都保留在长期记忆中，更是为了让学生能够更轻松地回忆起这些知识。经过三轮的复习，《罗密欧与朱丽叶》中关于反差讨论的神经通路已经畅通无阻。当学生在其他阅读文本中遇到一个反差的例子时，莎士比亚的例子就会很容易浮现在他们的脑海中。联系就被建立起来了。换句话说，更轻松的检索意味着不仅仅是知道信息。当学生可以轻松、自如地提取记忆中关于“反差”的各种范例时，这代表着他们已经掌握了一种定式，一个我们足够熟悉的相互联系的知识体系。当人们在与周围的世界互动时，就可以快速而轻松地使用它，并以最小的工作记忆负荷处理这些信息。这种形式的知识植入在长期记忆中，会很容易被获取，可以帮助学生感知和理解更多。这就是像丹尼尔·威林厄姆这样的教育心理学家会提醒我们的一个关键原因：长期记忆中容易获得的知识是高阶思维的关键因素。正如我在第一章中所述，最大化地释放工作记忆容量以用于高阶思维工作的最好方法是让它获得长期记忆中各种各样可以利用的想法。

在劳伦·莫伊尔的课堂上，我们看到了检索练习的一些意想不到的好处。劳伦要求一年级学生积极检索身体的关键部位。大脑是控制我们决策的重要器官。它被包裹在一个叫作颅骨的骨头里。心脏是一个泵，它像发动机一样将血液分配到身体各个部位。你可以看到他们用不同的方式回忆起这些内容的片段：它叫什么、为什么叫这个名字、它是干什么的。每个学生都很投入地完成这项任务。

有趣的是，劳伦的视频大约是我们在10年前录制的了，但直到最近我才开始明白它真正的意义！我们过去经常在研讨会上播放这段视频来帮助激发与会人员的责任感和参与感，因为劳伦活力满满的教学课堂总是能使观众振奋——她使用随机提问和不放弃的技巧提问，课堂上孩子们的手都高高地举在空中。我们关注的是劳伦如何教学，没有花更多时间思考她的检索做法的价值。有点讽刺的是，之前当我们在培训工作坊上观看她的教学视频时，我竟然还为此道歉了，因为时不时会有参与者指出，她所做的“只不过是在复习知识而已”，言下之意是说这里没有多少实质性的教学内容。最后，我们就停播这个视频了。

现在我可以更清楚地看到，劳伦正在做的至少和她做的方式一样有价值。由于她在这里所做的一切工作，她的班今后的讨论会因为扎实的知识而更加富有内涵。另一件让我们意想不到的事情是，学生有多喜欢检索练习。劳伦的学生都充满热情、快乐和自信。教师有时认为事实知识对学生来说很无聊，专注于检索练习会让课程变得枯燥乏味，但实际情况恰恰相反。记得学习资料内容的学生对此感到很自豪，并渴望使用它。当他们这么做时，会在越来越多的地方发现已经掌握的东西，进而信心倍增地投入到要求运用这些事实的更复杂的任务中去。

在结束讨论检索练习之前，我将简要分享几位教师以不同的方式使用检索练习的例子。阿特·沃雷尔的美国历史专业的学生站起来回答他的检索问题。这是每天有意而为之的固定学习环节，检索练习的重要性对学生来说是显而易见的。他们明白在学习中使用检索练习是多么重要！阿特再次弱化了检索练习问题必须很简单的观点。他问塔里克1877年的协议是什么以及它为什么很重要。然后，他要求卡马里拓展一下塔里克的答案。正如卡马里的回答所显示的那样，他们所复习的是广泛的知识面，而不仅仅是狭隘的事实知识点。

安妮特·里弗尔在中学数学课堂上使用检索练习并完美地利用了空闲时间——一个学生在黑板上做计算题，她没有让其他人无所事事地坐着，而是向他们提出了关于坐标几何的关键问题。

巴里·史密斯在他的法语课上使用检索练习展示了两件事：第一，各种参与的方式——随机提问（技巧34）、提问与回答（技巧35）、所有学生都举手（技巧29）等；第二，检索内容是双向的。巴里要求学生进行法译英，也让他们进行英译法。其他学科领域的教师可以考虑给某个概念命名，并让学生描述它，然后再翻转这个过程：描述某个概念，并要求学生说出它的名字。例如，“什么是夸张”；“如果作者故意夸大事实来表达观点，叫什么修辞手法”；甚至可能是“如果我说我今天有100万件事要做，那我用的是什么文学修辞手法”。所有这些都加强了大脑中神经通路的相互联系。

最后，阿隆特·约翰逊在他的文学课堂上提醒我们，我们可以要求学生检索完整的内容类型：情节、人物、背景知识，甚至是主题。

技巧 8

统一练习格式

第一时间掌控学生学习状况

虽然向学生提问是评估学生理解水平的有效工具，但通过观察收集学生学习数据可能会更有效。凭借观察来评估学生的理解水平的一个主要好处是，它让你用更多方式对更复杂的想法快速采取应对措施，而不仅仅是凭借提问来评估。另一个好处是你可以"双管齐下"——你可以在学生做作业时，评估学生的理解水平。例如，你可以在学生写作时，快速观察他们论文段落的质量。

通过观察来收集数据的最大优势是效率高。如果做得好，你可以快速收集到所有同学的数据。这很重要，因为在教学过程中收集数据几乎总是受到时间不够的限制。假设你给学生分配一个5分钟的自主学习任务。在你发布了做题任务、回答了学生的问题、检查了大家是否准备好，到学生真正开始自主学习时，你发现可能只剩3分钟的时间来评估30名学生的作业了，平均每个学生只有6秒。许多教师可能会在这段时间内成功地评估10名学生，但如果你能以2倍的速度收集信息，排除一半的干扰因素，你就会发现，你能够对所有学生进行评估并做出反馈，这在以前相同情况下是绝对无法做到的。6秒钟就足够了。所以有时候，2—3分钟的时间也是可以有效利用起来的。如果最大限度地提高数据收集的效率，你还可以在不修改课程设计的情况下更频繁地在更多地方使用它。这样你就能够评估在课程中发生了什么，而不会让事情变得不可控。

"效率"一词乍一看似乎是教学中最不引人注目的词汇之一。事实证明，这就是大师课堂区别于一般课堂的关键因素。

统一练习格式侧重于简化数据收集，使观察更加高效和准确。这意味着要设计学习资料和空间，这样你就可以有预见地每次都在相同的地方寻找需要的数据。例如，要求学生在教材特定页码的空白处作答，或者让学生在习题册上圈出答案。再或者在刚开始上课的时候，发给学生一个讲义（技巧4：双重规划），其中包括他们当天学习的重点、难点以及清晰可见的、预设的写作或做笔记的地方。

以下是我和团队研发的阅读反思课程的一部分，它提供了一些范例，这些精心设计的学习资料为学生预留了作答的空间，使观察和评估更容易。

以下是关于这些例子的一些说明：

- 在示例1中，使用图表可以帮助学生跟踪他们的作业进展情况，并确保回答完复杂问题的所有部分（两个不同节选中的三个问题）。它还可以让教师一眼就能看到学生作业完成了多少，并快速找出学生感到困惑的任务（大概是因为他们留下空白，少写或者最后才做）。
- 在示例2中，将任务分成a、b、c三个部分有助于教师评估学生对个别元素的理解水平，并从做题的快慢节奏快速评估学生做到哪里了，这里使用线条强调要用完整的句子而不是非正式的笔记模式回答问题。
- 在示例3中，支架结构划分出了学生应该思考的不同元素，但没有提供给他们过多的提示或引导（也没有要求太多没必要的写作）。它还规范了学生整理笔记的格式。

除了能够更快地找到答案（或作业任务过程中的关键步骤）之外，统一练习格式还可以减少教师对学生的干扰。你不用花时间翻阅他们的作业，或者让他们帮助你找到答案，这会让他们集中注意力完成作业。最重要的是，不用花费精力（并使用自己的工作记忆）寻找答案，你可以识别和评估学生的作业进度，并找到可以与全班分享的演示案例。简化搜索任务可以减少无关的认知负荷。数据的外观和位置越一致，你就越能关注内容。感知越准确，你看到的、记住的就越多，思考就越有效。

除了提高教学效率、提高生产力，它还会在建立良好师生关系方面带来令人惊喜的好处，你可以在妮可·沃伦的案例中看到这样的例子。她在教室里巡视，你会注意到她与学生之间建立的完美联系，既有真诚的鼓励，也有衷心的感谢。这些建立良好师生关系的时刻肯定是我们大多数人都在努力寻找的东西。值得注意的是，它们部分源于她能在每个学生的作业中轻松地找到她想要的东西。这种轻松让她感到放松和自信。由于工作记忆只受到搜索成本的轻微影响，她的大脑可以自由地在教室里轮流地思考每个学生的作业情况，她所有的热情和亲切都可以表现出来。

1

《芒果街上的小屋》七年级

1. 重读“埃琳妮塔，卡片，手掌，水”和“性本恶”的节选：

第62页	第58页
她的电视是彩色的，很大，所有漂亮的家具都是用红色毛皮做的，就像嘉年华上赠送的泰迪熊一样。上面都盖上了塑料。我想这可能是因为婴儿的缘故。	但我知道她的病没法痊愈。她的腿上盖着黄色的床单，骨头像虫子一样软弱无力。黄色的枕头，黄色的气味、瓶子和勺子。她的头向后仰，像个很久没喝水的女人——我的阿姨，一位游泳运动员。

2. 转身讨论：用下面的图表对比埃斯佩兰萨讲述的这两个例子

	“埃琳妮塔，卡片，手掌，水”（第62页）	“性本恶”（第58页）
动词的时态是什么？		
你注意到的语言和语法是什么？		
你对埃斯佩兰萨在每个小插图中的印象是什么？		

3. 为什么希斯内罗丝（Cisneros）会选择在每个小插图中使用这些不同的叙事声音呢？

2

《赐予者》六年级

1. 考虑一下第143页中的这几行：现在它就是不祥之兆。他知道，这意味着什么都不能改变。

a. “它”指的是什么？

b. 为什么这意味着什么都不能改变呢？

c. 为什么这对琼斯来说是不祥之兆呢？

3

《罗密欧与朱丽叶》八年级

1. 伊丽莎白时代的人对以下意象的看法是什么？

天空：

太阳：

月亮：

星星：

通过进一步统一练习格式，你可以继续优先关注学生作业的内容。除了指导学生在同一个空白处书写答案外，还可以要求他们在你巡视时列出答案的关键部分。例如“框出计算和方程”或“画出论文中添加的同位语”。这些额外的指令不仅让你更容易关注学生作业中的重点，而且还提高了学生对作业中所包含的最重要变量的意识。框出余数或圈出主题句中的主动语态动词有助于引起学生的关注和重视。

最近，我和团队在一次评估学生的理解水平的研讨会上也使用了统一练习格式。该研讨会的主题是“摒弃学生的自我汇报”，活动内容为一系列的案例分析：6份课堂文字实录，教师最初依靠学生的自我汇报来评估学生的知识掌握程度。研讨会参会教师被要求改写案例，写下自己的问题，以便更好地收集学生掌握知识的数据，而不是通过学生的自我汇报来收集信息。研讨会的参与教师必须在几分钟内完成几个场景。在最后还有一个额外的空白区域，参会教师要根据自己的经历重写一份案例。我们提供的页面如下所示。

“摒弃学生的自我汇报”的小型案例分析

自我汇报	改写
例1： **老师：**“正多边形”是二维图形，各边、各角都相等。懂了吗？ **学生：**懂了。	
例2： **老师：**glare（瞪）和gaze（盯）意思相近，都指长时间地看着某人或某物。但意义又各不相同，当你glare（瞪）某人时，你是愤怒地看着他。你gaze（盯）某人时，你是带着极大的兴趣或好奇看着他。glare是贬义词，而gaze是褒义词。明白了吗？ **学生：**明白了。	

当我和团队在研讨会上巡视时，我们快速、轻而易举地确定出以下情况：

- 参会教师的工作速度和完成了多少个场景。由此我们可以做出简单但很关键的决定：这个活动应该分配多少时间？他们是否需要更多的时间？

- 他们选择了哪些场景。一眼望去就能很清楚地看见他们选择哪些场景重写。每个场景都有单独的表格，大约占纸张的1/4。我从20个人的背后望去，就知道他们对哪些话题感兴趣，希望在研讨会后期讨论什么。这也为我们为今后的研讨会编写场景提供了参考。例如，如果很少有人选择示例5，我们就换掉它。

- 在后期的分析环节中，我们可以谈论那些好的想法和常见的错误。对我来说，我可以更容易为具体问题寻找更多例证。如果我发现一位参会教师对示例3的回答很有新意，并且想知道这一答案是否典型，我就会特别关注其他人的回答。

另外，我还能轻松地看到教师对最后一个问题的回答。我希望通过看到他们在各自不同的场景中的选择找到他们认为可行的方法。这很容易做到，因为经过认真分析的答案都写在每张纸的同一位置。我瞬间就可以识别并分辨出来。

参会教师为此花费了三四分钟，房间里有120人。在结束时，我掌握了所有人的优势和理解上的差距，这主要归功于起初看似平凡的设计决策。只是简单地使用了统一练习格式，就极大地提高了我了解整个房间里发生的一切的能力。

技巧 9 追踪而非旁观

主动追踪学生进度，及时发现问题

这是教学的一个简单事实：我们在观察学生做任务时看到的是一个数据流。这句话包含了两层意思。第一，我们看到的是数据——这是我们进一步认真、有目的分析与思考的种子。第二，我们看到的也是数据流——所以这些信息会迅速地咆哮着涌向我们，经常是东西太多，让我们无法一下子理解，甚至无法记住。但好消息是，在查看学生作业之前或查看学生作业时，只要做一些小小的改变，就可以帮助你更好地理解数据流。

一个有效的改变是追踪写作中看到的内容。在德纳留斯·弗雷泽的数学课上，我们看到德纳留斯正在这样做。他手拿书写夹板，在教室里巡视，同时在夹在板子上的纸张上做了标记——犯得比较多的错误、能举出有说服力例证的学生或者需要帮助的学生。就是这个简单的举动改变了课堂教学的规则。

有的人可能会说我们在教室巡视时可以做“心理笔记”，但现实是大约有30个学生解答含有四个步骤的两个问题，其间你还要回答几个学生的问题，偶尔鼓励一下学生，如果到最后你还能记住学生常犯的错误是什么，学生的困惑是什么，那简直是在开玩笑。工作记忆容量很小，即使是最轻微的干扰也会让我们忘记我们想要记住的东西，而且在像教室这样复杂的环境中，工作记忆很快就会超负荷。在这样的环境下，不会有所谓的“心理笔记”。

然而，德纳留斯却能够给每个学生提出个性化的反馈，记录他们的进步，发现常见的错误或找到最相关的话题进行干预。“好多了。”他边巡视边对一个学生说。想起了她在当天早些时候或前一天解决类似问题的表现，他告诉她，老师可以看到她学习上的进步。他之所以能够做到这一点，是因为他更积极主动地追踪有关学生表现的数据，因此他记住了她的表现。他把观察结果写下来，并在这节课后或下次课之前复习他的笔记。把观察结果写在纸上，教师就会创建一个永久的记录册，既可以增加记忆量，又能释放工作记忆去感知更多东西。其结果是，德纳留斯能够记得该生昨天的表现，可以肯定她今天的进步。对她来说，没有什么比老师相信她的进步更重要的了。

追踪而非旁观技巧不仅仅是把观察数据记下来，它还意味着有目的地决定要寻找什么，并在寻找优先考虑的事情时遵守规则。在认知心理学中，我们知道观察是主观和不可靠的，我们注意不到什么是最重要的，除非我们已经提前准备好要关注什么并努力寻找它。我们倾向于认为多寻找点东西比少找点要好得多，但在教室里的情况并非如此。

在第一份教学工作期间，我的导师建议我在学生独立写作业时巡视教室。这个建议不错。于是我在教室四处走动，从学生背后看看这个、看看那个，不时地鼓励一下他们要认真完成作业，部分原因是我的行为表明我关心他们在写什么，对他们的想法感兴趣，坦率地说，我知道他们学习有多努力。但我还可以做更多的事情以充分利用“课堂巡视”。

我自认为做到了用心观察，但我可能没有。通常我只是被动地看着，等待着想从这种对学生的观察中发现些什么。这偶尔会有用，但也使我容易犯非注意盲视的错误——看不到眼前的东西。例如，学生不能有效地完成我留的作业。我注意到的往往是随机事件，给学生的反馈很可能是随机的。如果哪天有人让我列出学生写作的十项重大特征，我可能只注意到其中的第七项或第九项。让我感到尴尬的是，我不能连贯地说出 一、二或三项来，有时甚至一项也说不出来。

说实话，没有有针对性的观察，有时会让自己变得更加被动。我真的没有仔细查看，我只是在模仿认真巡视时教师的动作：赞许地点点头，好像充满浓厚兴趣地眯着眼睛看，但我心不在焉。

大多数情况下，我会查看学生是否在认真写作业。他们的主题句很糟糕，但我没有停下来反馈，因为他们在奋笔疾书。刻苦通常是好事，但并不能保证学习效率。“永远不要把努力误认为是成就。”教练兼教师约翰·伍登建议道。 学生正在努力完成一项任务并不意味着他们正在从中学习。了解学生是否取得了真正的进步需要更仔细地察看。他们写作的时候使用了主动动词吗？他们能直接或间接地引用证据吗？

比较一下充满善意但大多效果欠佳的观察和我们在朱莉亚·阿迪奥的课堂中看到的有针对性的观察，与德纳留斯一样，她在教室里巡视时，手里也拿着一页笔记。她后来解释了上面写的是什么。

“我的‘答案’清楚地列出了学生应该在纸上写出的内容，包括问题、他们应该展示的作业、框起来的正确的答案。”朱莉亚告诉我，“我在笔记的边上留出空白，边巡视学生写作业边做笔记，我记录学生是如何做的，还有课堂作业展示或随机提问同学名字的首字母。”

四处走动巡视时，她很快就注意到学生的第一题做得很好。她只需要快速复习，巩固一下专业术语就行。但她发现，第二题出了点小问题。她在笔记上详细地标记了学生所犯的错误。她向后退了一步，检查了一下数据，决定接下来做什么——我们看到她下决心地点了点头。

书面追踪数据释放了她的工作记忆。她不用尝试记住她所看到的东西，她可以专注地分析学生在做什么。使用追踪而非旁观的方式，让她知道在随后讲解答案、随机提问时，谁能给出强有力的解释。这些学生经常带头向同学解释学习内容，起到示范引领作用。这不是幸运的意外，她利用从主动观察中获得的信息，有意识地甚至是巧妙地选择了回答者。

在先动笔后讨论（技巧40）和纪律严明的讨论（技巧46）中，我把这一观察方式称为“狩猎，而不是钓鱼”。在巡视过程中，寻找有效答案——可以引导课堂朝着富有成效的方向发展。在教学的时候充分运用这一技巧，你就不用“钓鱼”了——随意地点名，希望被点到的学生能给出有用的回答。通过这种方式，你可以让学生做更多的认知工作，并建立起一种文化——在这里，学生可以清晰地看到他们的同伴在思维方面的优点，并且随机提问并不总是与他们的作业质量挂钩。对于在课堂上忙碌的教师来说，“寻找”答案且要记住在8—12分钟后去提问谁所需要的工作记忆远远超过他们的负荷量了，所以就需要使用追踪而非旁观技巧。

追踪并不仅仅是做笔记，它意味着你应该想好你要看什么，并仔细观察你是否看到了它，意味着思考学生可能会犯什么错误，并做好应对措施。至关重要的是，朱莉亚的观察和评估能力源于她的规划范例（技巧1），以及她随身携带的范例样本。为了有效地实时观察，你必须提前考虑好要在学生的作业中寻找什么。

我们再将注意力转向德纳留斯·弗雷泽的数学课堂，看看他是如何使用范例的。我们注意到，在巡视教室时，他快速地做着小小的标注符号。

学生正在做多项式除法，一个学生一直求不出余数。但是德纳留斯并没有写“大卫：找不到余数”之类的句子。他做了一个对钩的标记，瞬间完成，他能够在没有工作记忆压力的情况下继续快速巡视。这看似是普普通通的观察动作，其意义却非常深远：德纳留斯提前列出了一系列可能出现的错误，每次看到一个错误只要做标记就可以。现在他不仅可以在巡视时迅速移动，而且能够随时关注到数据的变化趋势。事实上，德纳留斯看到8—9个学生对余数很困惑，于是决定再专门讲一次这个大多数学生最关心的问题。他甚至不需要再像朱莉亚·阿迪奥那样暂停一下来进行数据分析，他只是看了一眼巡视时标记错误的图表。他走到教室的一半的时候，他的大部分工作记忆都集中在如何重新讲授这个问题上。他随机提问了一名学生，这名学生给出了令人满意的回答，其实和朱莉亚一样，这是他提前标注好的。

德纳留斯还指出，他的座位规划对他的成功也至关重要。教室前排的两个角落是他巡视教室作业的起点。他规划了学生的座位，这样他在每个角落观察到的前4个学生其实都是对整个班级情况的样本体现，这个角落是各种学生的混合组合：其中至少有一个学习吃力的学生，一个表现一般的学生，一个表现出色的学生。

“在看了4个学生的作业后，我基本上对教室的整体表现有一个基本假设。当我在检查第一列学生作业的时候，我在验证这个假设，检查到第二列时，我就在决定该如何解决这个问题。”

“很多人认为我追踪的是谁做对了，谁做错了，但我追踪的是我看到的错误的性质是什么。课堂巡视后，知道学生哪里错了，比知道多少学生做错了要有益得多。这也有助于制定重讲与否的教学规划。”我相信你已经意识到，设计用来实时追踪和分析数据的工具至关重要。请看下页的示例。

在这个例子中，教师要逐个检查学生对知识点掌握的熟练程度。这个知识点可能是比较简单明了的——学会使用标点符号断句，因此教师可以通过画对钩或画叉来记录。可能这个方法并不适用于所有情况，但这里的重点是这种记录每个学生进步情况的做法是有很大意义的。她还在旁边留出了空白，以便她在需要时记录一些叙述性的笔记。这样的工具使教师可以同时记录定量和定性的数据。

使用标点符号断句

1月27日	是	否
斯提芬妮	✓	
克里斯	✓	
凡妮莎	✓	
~~泽雅尔~~缺勤		
汉娜	✓	
萝丝-安		✓
安琪儿	✓	
科利尔		✓
加布里埃尔	✓	
傅拉哈米		✓
李明	✓	
库马洛	✓	
尼恩	✓	
贾扎拉		✓
谢扬娜		✓
莱兰尼	✓	
阿拉亚	✓	
奥德卡蒂	✓	
拉詹		✓
莉拉	✓	
伊莉雅	✓	
志丞	✓	
塞卡	✓	
艾登	✓	
格涅	✓	
肖恩	✓	
卡米尔		✓
伊莱斯	✓	
	20	7

——和阅读流利度有关
（除了萝丝-安以外）

——其他错误看起来明显 ☺

← 断句但是没用大写

——在例句中持续展现这项技能
——默念/倾听每一处停顿

——开始评估常用名词/专有名词

情景问题：耶迪达正在为生日派对制作友谊手链。在商店里，珠子每包35颗，她决定买6包。回到家后，她妈妈建议每个手链上串20颗珠子。请问，耶迪达能为朋友做多少条完整的手链？

错误点	出错的学生人数
错误1：学生在计算乘法6 × 35时出错。	
错误2：学生在问题的最后一步错误地使用了全部的210个珠子。	
错误3：学生制作了一条少于20颗珠子的手链。	

在这个例子中，教师更关注的是错误的趋势，而不是学生个人的进步。在课堂上，每次发现错误，不管是谁错的，她都会做一个#号标记，这样她就可以在课堂巡视结束时，快速总结这些数字，进而决定需要复习什么。同样，这里也有可以记录叙述性细节的空白。德纳留斯的追踪工具与上面的示例类似。

这个示例还阐释了教师计划何时收集关键数据。请注意错误2和错误3的区别。显然，这是同一个数学问题的两部分，但教师把错误分成了两轮单独的巡视。朱莉亚·阿迪奥在和我们交谈时说到了类似的情况。“我会把我的巡视次数包括在内。第一轮巡视，我只看乘法运算或看他们如何提出变量。对于‘现在就做’任务或一组习题中的基础题，我都用这种方法。”换句话说，她并不是一次性查找所有的东西，而是多轮巡视，每一轮侧重于同一任务的不同方面。

“数学课上，我会巡视很多次。”四年级的教师妮可·沃伦告诉我，“首先巡视作业程序的规范性，标记问题和作业完成情况。然后巡视概念理解情况，记录哪些学生进展顺利，哪些学生计算错误，哪些学生概念理解有误。这有助于制订讨论计划，也有助于激发学生保证课堂作业完成质量的责任感。”

“当学生知道你每隔几分钟就会巡视一次时，”妮可·沃伦说，“他们的作业就完成得又快又好。他们喜欢在纸上画笑脸或击掌祝贺的奖励。还有很多庆祝成功和进步的方式。在每天下课前，我都会宣布哪些学生得了100分，哪些学生有进步。学生非常在乎被大家认可的这一时刻。我们也有集体目标，如果全班所有学生都得100分，他们会有特别奖励。这些激励措施，虽然是额外的，却增强了团队意识、责任感、刻苦学习的欲望，这有助于最终的成功。”

通常情况下，教师要向学生公开他们巡视时重点关注的内容。他们可能会说：“我来看看你们的假设。”第一轮巡视时，教师只对这个问题做出反馈。之后可以再观察别的方面，例如，“这次我来看看你们是否明确地描述了实验组和控制组”。教师在还没给予任何反馈的情况下就已经影响了学生的行动了。看到老师走近，学生就会思考他们的假设，他们知道老师会检查它。这样他们会从一开始就注意这个关键点。当老师告诉学生他正在寻找的关键任务时，学生就会把注意力放在关键任务上。

你可以在拉斐尔·古德数学课上的追踪表中看到这些行为的证据。他提前解出了问题的答案，参照他的答案，他能迅速找到学生思维上的差距。他备注出了要做的教学步骤——“对优秀范例进行随机提问！”，并记录任务时间“4分钟”，这样他就不会偏离主题。他写出了给学生布置完任务后他要说的话——“注意演示乘法步骤”，最后是他第一轮巡视要重点关注的方面（“L1”）。他也写下了他在开始巡视之前准备对学生说的话——“我来看看你们的乘法步骤是否写下来了”。

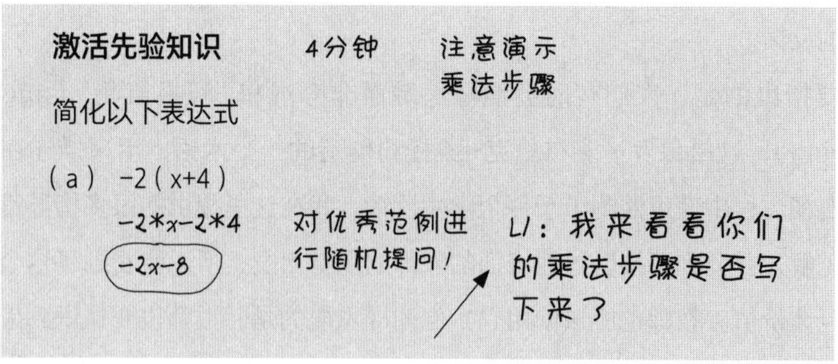

给学生反馈时，侧重有限的和特定的优先元素会让你更容易即时给予学生反馈。意想不到的是，这还有助于建立融洽的师生关系。建立融洽的师生关系最重要和最实用的工具是（你可以称之为）关系教学——用你教课的方式培养彼此的信任。当你的教学展示了你的基本技能，你有兴趣和能力帮助学生学习时，信任就产生了。为学生提供有效和准确的反馈就是向每一位学生表明：

你的成功对我很重要。我知道你一直在努力进步。

我会帮助你成功的。

我相信你会成功的。

从长远来看，通过这种方式培养与学生之间的信任比在走廊里和他们聊天或问他们喜欢看什么节目更重要，同时这样还能保证我们所建立的融洽关系都是关于学习和研究的主题。

在《课堂文化响应式教学》中，阿德耶米·斯坦布里奇写道：“深度学习要求学生与内容本身建立有意义的联系……这通常是通过老师的讲解显示出的教师与内容的关系促成的。”融洽的师生关系很有价值，因为学生的教育主要依靠学校。

基于追踪而非旁观使教师根据对学生学习水平的理解提供高效、具有针对性的反馈，提升了反馈的质量，在教师、学生和知识中建立起了联系。我们能够看到学生和教师之间的动态关系。在妮可·沃伦的课堂上，我们看到了妮可对数学问题的反馈。“超级聪明！”她说，“有时间的时候再检查一下答案。太棒了！”学生脸上的微笑照亮了屏幕。虽然德纳留斯·弗雷泽的风格比较低调一些，课堂巡视学生作业时，他也会做出反馈——“做得不错”，边说边微笑着和学生碰拳，说明他知道这个学生以前哪里学得不好，所以现在为她的进步而庆祝。塔米莎·麦圭尔的一年级学生也得到了同样的肯定组合——“做得很好，宝贝！”再加上他有意义的、有针对性的反馈。

需要指出的是，人们有时会混淆追踪而非旁观和“积极监测”（aggressive monitoring），这是保罗·班布里克-桑托约创造的一个术语，用来描述在一系列特定的巡视过程中使用监测给予每个学生反馈。我在这里提供的很多指导都反映了保罗的见解，并受到了接受过他培训的教师的课堂启发，所以我看到了这个方法中蕴藏的巨大价值。教师也应该使用它！但同样重要的是，教师也要认识到应当使用各种各样的数据收集方法来平衡它的价值。使用追踪而非旁观时也可以糅合其他方法。巡视时给予每个学生即时的反馈，利用不同的观察工具平衡并强调学习过程的不同的方面。

以下图表提供了追踪而非旁观技巧的三个选项：

选项1	选项2	选项3
有时也被称为“主动监测”。教师会追踪学生的进展情况，并立即反馈给每个学生。	教师在追踪并完成观察后向小组提供反馈（在观察过程中不提供个人反馈）。	教师针对特定的个人（而不是整个群体）给予反馈（和观察结果）。

虽然选项1优势明显，但也有局限性，偶尔需要用其他方法来平衡——要检查每个学生的作业并给予反馈，会让教师的反馈敷衍、语气急促、没有情感，感觉教师的目就是巡视课堂。这可能会导致你没有为学生答疑的时间。有时你可能会让学生先保留自己的问题——收集数据更加重要，但留出时间反馈和偶尔放慢脚步也很有价值。有时马上给予反馈是有价值的，但有时让学生多思考一会儿，而不是马上给予指导可能更合适。

值得考虑的是，选项1是可以调整的。例如，你仍然可以尝试追踪观察并从每个学生的任务完成中收集数据，但不要在巡视时提供实时反馈，只在巡视结束时向全班提供反馈。这会让学生感觉更加独立自主。默默地仔细察看会更有力，特别是你对班级的反馈清楚地表明你仔细察看过。也许你想让学生稍微思考一下，或者不想让他们立刻知道自己的思路是否正确。四处走动巡视时，不给予反馈还可以让教师有更多的时间和工作记忆来察看学生作业的错误趋势和问题所在。另一方面，你可能会冒险让某个学生继续错下去，或让学生感觉得不到你的鼓励或批评，重要的是你要根据当天的教学目标和观察结果做出选择。

我们从布伦娜·廷德尔的课堂上能看到一个更安静地使用该技巧的很好例证。这是一堂七年级的英语课，课堂上学生正在阅读一篇关于“盲目正义”的短篇纪实文学作品并为其加注释。这是他们的阅读材料《一个美国黑奴的自传》(*Narrative of the Life of Frederick Douglass*)中的一部分。布伦娜·廷德尔手拿书写板夹，边巡视边从学生背后察看他们的阅读作业，看到好的想法时，偶尔会赞赏地点点头。“我在寻宝。”布伦娜·廷德尔这样描述她的做法，“我正在寻找我要重点强调的对话片段，这样我们就可以在课堂上讨论并评估他们的理解水平。”

她的课堂巡视路线似乎早就规划好了，一点也不匆忙。她不会停下来阅读每一篇学生的作文。大多数学生都没有得到反馈。她的目的是为接下来的讨论做准备。她一直在做笔记，偶尔也会问一些澄清性的问题(“这个下划线是什么意思?”)，但大多数时候，问这些问题的目的是要弄清楚学生想要表达什么，而不是指导他们做什么。她在关注学生的观点，而不是澄清误解。当她在板夹上记录时，并不是记录每个学生作业的准确性，而是记录她看到的做题趋势，并标出她可能在讨论中要提问的学生。在接下来的讨论中，你可以看到布伦娜·廷德尔使用追踪而非旁观的结果。这是“狩猎，而不是钓鱼”的一个很好的例子。布伦娜首先提问了艾德里尔，她知道她的回答是一个很好的开头，然后是蕾妮，她知道蕾妮用了“赦免”这个词。

布伦娜说：“我尽量不去提问答案完全正确的学生。我试着提问那些答案有瑕疵的学生。与只是嘴上说说‘训练学生的讨论能力’不一样，我试着提问答案有瑕疵的学生，这样他们就能真正理解讨论是如何运转的，理解训练的真正内涵是什么。”

布伦娜的观察让她能够尊重学生的观点，但仍然设法保证讨论的焦点和质量。她指出，这样的讨论能够确保学生听到高质量的反馈，而且不是来自老师的。“我不想成为那个总是提供正确答案的人——这太无聊了！而且，这也剥夺了孩子们寻找正确答案的信念。我试图在教室里寻找其他学生来挖掘答案的关键点。”布伦娜说。

追踪而非旁观技巧在低年级的应用

你可以在纳琳·帕切科的课堂上看到另一个更安静的例子。纳琳来自布朗克斯完美概念学校的幼儿园，她在标准化课堂这方面做得很好。每个学生的活动空间布置都是一样的——既干净又整洁。她可以轻松地一眼找到她想寻找的东西。她在教室里仔细地巡视着，但不给任何学生反馈。她在追踪总体趋势，并把这一情况告诉全班同学（记住你们要从左往右写）。她已经根据数据调整过教学计划了。也许是因为她想要寻找的东西出错概率更小，她没有使用书写板夹。但她用了积极检查（技巧11）的信号——“准备好时，手放在头上”。这是学生准备好接受检查时发出的信号。这样她就知道先检查谁了。她发现克拉拉解不出答案后，完美地帮她分解问题（技巧37），让她自己找到错误所在。克拉拉之所以能成功，部分原因是帕切科老师很有耐心和平易近人地帮助她。但同样值得注意的是，她花了很长时间和克拉拉在一起，因为她并没有打算给全体学生反馈。在第二轮的巡视中，注意“又”这个词，你可以看到她又有意检查克拉拉的作业，看看她的作业进展如何。克拉拉现在明白了。她微笑了，相信帕切科老师肯定会表扬她的。

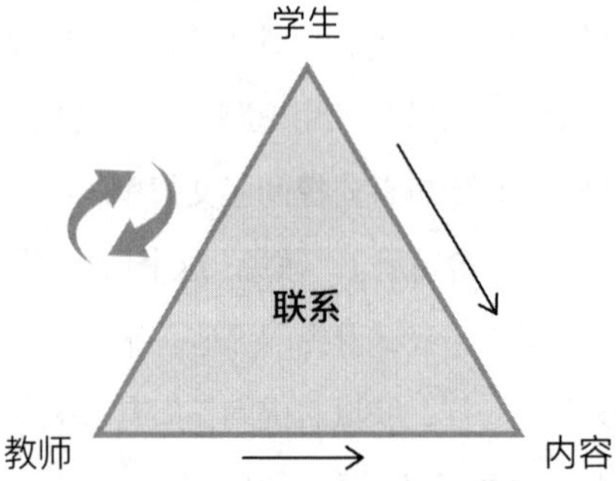

我们再回到阿德耶米·斯坦布里奇对师生关系本质的观察，教师的责任在于通过高效教学和传授知识建立良好的师生关系。师生关系是实现高效教学和传授知识的手段。最强大、最有成效的师生关系是通过建立一个我们所熟悉的三角形来联结学生，并帮助他们与教学内容联结起来。

换句话说，我们是媒介。如果学生与他们在学校学习的东西没有建立一种有价值的联系，他们和教师的关系就没有达到全部目的。这抑制了我们成为故事主人公的欲望，我们的目标不是永远被学生爱戴和铭记，而是让学生坚信自己的能力，重视学习过程，尽可能喜爱或至少深入欣赏科学、数学、音乐或文学的理念。追踪而非旁观是教师利用良好的师生关系达到这一目的的主要工具。

技巧 10 向教师展示

鼓励学生积极大胆展示所学知识

提高教师观察效率的另一重要手段是翻转课堂，即翻转以往教师主动收集信息，学生消极被动配合的情形。在这一技巧中，学生积极向教师展示自己是否理解所学内容。这样的翻转过程也能够为教师提供一眼就能快速评估整个班级理解能力的方法，其额外的好处是学生都很享受这个过程。

向教师展示可以是学生用迷你白板向教师展示答案，就像丹尼·奎因那样（随后我们将了解更多）或伸出手指，每个手指代表单选题的不同答案，就像布莱恩·贝兰格和德纳留斯·弗雷泽做的那样。他们不需要在教室里巡视来收集数据，但能够强烈地感觉到学生的理解水平。

下面是向教师展示的基本规则。要求学生：（1）呈现客观数据；（2）同步展示；（3）用教师一眼就能评估的方式。我们有必要花点时间深入探讨一下这些规则。

呈现客观数据：当德纳留斯和布莱恩要求学生用手指代表答案的选项时，他们呈现的是客观答案，而不是他们理解的（主观）看法。正如我们前面讨论的，自我汇报是出了名的不靠谱。所以，展示主观自我汇报数据并使其可见的版本（例如，向我展示你们是否明白：大拇指朝上，大拇指朝下，大拇指朝侧）并没有多大帮助。你想看的是他们的客观答案。“如果选择答案A，举一根手指；如果选择答案B，举两根手指”等是更好的方法。

同步展示：在大多数情况下，为了保持效率和数据的完整性，要求学生分享他们的答案时，同步展示视觉效果最好。假如你是学生，你选答案B，但不知什么原因，当教师要求全班同学举起答案时，你没有立即分享答案。环顾一下教室，你发现18个同学选择了答案C。如果你让他们知道你的答案是B，你很可能是唯一一个选B的同学。你会改变你的答案吗？研究一再表明，人们会被同伴的答案所左右。例如，在所罗门·阿希（Solomon Asch）的一项经典研究中，实验对象与一群其他“参与者”共同参与实验——实际上是实验者的同事。研究小组被要求比较一系列明显长度不一的线条的长度。没有实验者的同事在场的情况下，实验对象报告的长度错误不到1%，但在另一环境下，实验者的同事坚信所有线条长度一致，大多数人努力与大家保持一致，多次给出了他们明知道是错误的答案。在12次测验中平均有1/3的参与者改变过他们的答案，75%的参与者至少改变了一次答案。结论是，为了和大家保持一致，大多数人会把他们的答案改成他们认为不正确的答案。如果让学生同时展示答案，就会防止他们根据同伴的答案改变自己的答案。同步展示也能最大限度地提高节奏和流程。对学生来说，“向教师展示”经常让他们感到充满活力和游戏感，简洁明快、步调一致地参与课堂活动激发了他们的创造力。

用教师一眼就能评估的方式：向教师展示的数据是学生以视觉形式积极呈现出来的——举起答案，这样教师可以从任何地方快速扫描并捕捉到，不需要课堂巡视。对呈现的数据了解得越清楚越好。你可以决定并向学生解释应该把手指高高举在空中（这样你更容易看到）或者放到胸前（以防被同学看到）。如果答案写在白板上，答案要不要框出来？白板必须举多高？这一点很重要，因为你用于搜索的工作记忆越少，就可以腾出更多的工作记忆用于分析数据。

学生向教师展示有两个常见的方法：手势信号和白板演示。

手势信号

运用手势信号的方式多种多样，关键方法是，在得到教师具体指令后，学生一起举起代表答案的数字。

在布莱恩·贝兰格的课堂上，他在评估学生对一道有关变化率的单选题的掌握情况时，使用了手势信号。在上课相互问候之后，他对学生发出“剪刀、石头、布，一、二！”的口令。听到“二”的时候，学生一起拍三下桌子，随后举起手指显示自己的答案（一根手指代表选项“A”，两根手指代表“B”，以此类推），布莱恩老师经常使用这一方法，学生早已习惯，就像上满发条的钟表自动运转一样。

学生举起手之后，布莱恩一边从左向右环视教室，一边告诉学生具体要求（“手一定要举高”）和自己看到的结果（我看到很多“二”，还有几个“四”）。这样既强调了教师对整个答题过程的期望，也提醒学生教师是在追踪而非旁观。之后，他要求学生准备为自己的答案辩护。这样一来，教师发现有不同答案，但最关键的是，又不透露正确答案（技巧12：犯错文化），因为还不到告诉他们正确答案的时候。

布莱恩教师没有直接公布答案，而是让布莱兹（一位选了正确答案B的学生）解释自己的答案和推理过程，并给予肯定。但他又让伊丽莎白（一位选了错误答案D的学生）解释她的答案和推理过程。稍后他又要求学生“核对或修改”自己的答案，说：“如果选了B，就再核对一遍。如果没有，请圈出错误并检查改正。”通过让学生“自主学习与追踪”（技巧14），他确保了所有学生都掌握了正确答案及其推理过程。

布莱恩的单选题模式完美地演示了向教师展示的技巧，但也可以使用手势信号来收集不是单选题的数据，正如德纳留斯·弗雷泽所做的方式。德纳留斯在图表纸上写出了两个解决方案，这是学生独立完成作业的问题解决方案。他让学生评估这两种解决方案，然后说：“让我们来投票吧。我们选一个。如果你同意方案A，举一根手指；同意方案B，举两根手指。准备好了吗，三、二、一？”请注意，他是多么小心地确保答案展示的同步性的。他立即扫视教室，看到选两种方案的学生各占一半。他让他们转身讨论（技巧43）他们的想法。之后，德纳留斯进行另一轮投票，看看他们的想法是否发生了变化。他再次扫视教室以评估新数据，并与一个选择B的学生进行讨论。其他学生也分享了他们的想法，然后德纳留斯转换重心，让一个选择A的学生解释。请注意，他没有告诉他们正确答案（技巧12：犯错文化），到目前为止，学生仍然不知道哪个是正确答案。最后，在一个学生轻松而自信地改变了她的答案后，德纳留斯确认A是正确的。使用向教师展示技巧，他能够有效地多次投票，记录数据趋势，决定什么时候、应该提问谁来回答问题。

在丽莎·温的课堂上，我们看到了丽莎和七年级学生使用手势信号的情况。她要求学生分析班上同学的3段匿名论文摘录。为了增强活动的趣味性，她使用了引人入胜的拍手信号（砰、砰、啪），然后进行了及时、利落的跟进。然后，她再继续提问，询问学生的讨论意见。这是一个很好的例子，让我们知道如何用手势信号表达对阐述观点的问题的看法。顺便说一下，这也是一个很棒的片段，因为里面有很多“真实的教室场景”。我们不仅看到了丽莎在提问一个嗓子失声的学生时的亲切关怀，而且看到前排两个女孩的对话。一个女孩骄傲地告诉她的朋友，有一段是她写的！这个小小的互动场景提醒我们，学生看到自己的作品受到高度评价是多么有意义。同时也提醒我们，如果手势信号的过程不简单明了，学生很容易影响其他学生的答案，他很可能告诉她的同学“选2”来“帮助”她。

白板演示

白板演示是向教师展示的第二种表现形式，学生在课桌前完成作业，在教师的指令下举起自己的作业。通常教师让学生使用可擦写白板来完成作业，就像伦敦米凯拉社区学校的丹尼·奎因的学生所做的那样。丹尼总是微笑着提示学生，如何展示他们的作品（“举高点儿！”），然后她就可以轻松地逐一检查他们的作业了，检查过的学生就可以放下白板。检查作业时，她会给学生反馈，即使学生做错了，她依然语气平静地说——建立一种犯错文化（技巧12）——“山姆，5乘以5等于多少？”“比安卡，非常好。”她有丰富的词汇表扬学生，让学生感到被老师关注和认可。我们看到，当她要求“放下白板”时，加强了语气，学生马上做出回应。最后，丹尼不仅收集了数据，还根据数据适当调整了接下来的教学内容：“有一些错误。我们还会再做一个……”

向教师展示不一定要用白板，也可以让学生用其他方式举起作业：在图纸上画条线；给“逼真”（verisimilitude）下个定义；要求学生空出“双倍间距”，这样从远处就更容易看清了；在第26页留白处做笔记等。使用这些方法时不太容易扫视答案，但仍然可以揭示学生作业中存在的问题，激发学生的责任感。

技巧 11 积极检查

为学生给出及时反馈

通过观察来评估学生的理解水平的最后一个工具是积极检查。在该检查环节，教师要在课堂上及时对学生的表现给予反馈，肯定他们的作业正确、严谨后，可以进入下一阶段、撰写论文第二稿、做一组更难的题或者进行实验的最后一步。多数情况下由学生自己决定何时进入下一步，这也为学生自我评估创造了机会。

希拉里·刘易斯在一年级的课堂上使用了这种技巧。她热情、细心、对学生有很高的期望。她让坐在地毯上的学生在绿色便利贴上做数学运算题，她称便利贴为“票”。学生必须向她出示这张票，来证明他们已经准备好到课桌上进行自主学习与追踪（技巧14）。她把这种交换比作“看电影”的经历，以一年级小学生能够听懂的方式激发他们的学习兴趣。要求学生“赚取”自主练习的机会，她把学生学习知识的权利变成了奖励。

当第一个学生让教师检查她的作业时，她跑了过来，就像赛跑一定要拿第一一样。其他学生也争先恐后地向教师展示自己的作业，但希拉里用一种充满爱的声音阻止了这一趋势：“同学们，等我叫你们来时再来啊。”

学生陆续完成作业，耐心等待着希拉里老师的指令。她让他们站起来，先是一个接一个，然后是一排接着一排。如果学生的作业是正确的，她会给予亲切而积极的反馈。她用温和、平静的语气说：“去做题吧。”不出意料的是有些学生做错了，可能是太着急了，对这种情况，希拉里依然语气亲切地说：“请回去检查一下。”当一个学生向她展示改正过的答案时，希拉里用同样温和、鼓励的语气说：“很好。你自己解决了这道难题，太棒了。我希望你再做一下那道题。”（她指着黑板说。）

在大家做习题集之前，要先完成基础训练，赢得“电影入场券”。这样希拉里可以及时纠正学生的小错误，对学生强调认真完成作业的重要性，让学生明白他们通过认真和专注地完成练习已经为完成更大的任务做好了“准备”。

杰西卡·马迪奥示范了高年级学生使用这个方法的改编版。在纽约市，圣阿塔纳修斯学校（St. Athanasius School）七年级的课堂上，杰西卡翻转了学生非常熟悉的出站验票（技巧26）活动，在自主练习之前，她采用了入场券。做对了才说明你已经准备好进行自主练习了。

杰西卡统一了练习格式，她能轻而易举地快速找到和评估答案，她告诉学生，“做完就默默地举手，我会过来检查”。杰西卡没有根据座位安排来检查学生作业，而是授权学生，让他们自己决定何时检查他们的作业。他们很熟悉这个流程，立即着手解题。每个学生做完并举手时，杰西卡简单地说句“谢谢”，然后就开始检查是否正确。如果正确，学生立即过渡到自主练习，不需要额外的指令。杰西卡也使用追踪而非旁观技巧记录学生不懂的地方和原因。根据记录的数据，她叫几个学生和她一起到教室后面的课桌。这些学生都犯了类似的错误，所以在其他学生自主练习时，他们得到了老师额外的帮助。当他们能够自己解决问题时，就回去继续自主练习。杰西卡的例子很好地提醒了我们，课堂上的因材施教始于数据收集。

积极检查的好处之一是开创了自我评估的新途径。学生有机会评估自己的作业，还可以决定何时准备好让教师来检查自己的作业。首先，在要求教师检查作业前，学生要先自评：“我做完了吗？我可以进行下一步了吗？”因为学生选择了这个时机要老师的反馈，这让教师了解了从学生背后看不到的额外数据（“哦，我明白了——你以为这就做完了，但让我们想想……”）。就像扩展知识（技巧17）一样，它可以形成一种文化现象，答案正确会得到新的挑战的奖励——例如，“很好，现在你有资格解决更高级的问题了”。成功地通过“检票口”的成就感有助于培养学生的自信心，也使他们对自己的进步也更加了然于心。

有效使用积极检查的关键之一，是尽量减少或消除学生等待检查的时间。学生举着手等待教师检查（或者效率更低的情况下，抱起胳膊，放下笔，交头接耳）是在浪费宝贵的教学时间，学生也容易分散注意力，失去学习和思考的动力。以下是有效设计积极检查技巧的建议，可以平衡学生的独立性和学习效率。

考虑一下你的课程内容是否有利于分阶段检查。理想情况下，检查时间要快——回想一下希拉里检查每一张便利贴时的效率。如果某个学生的作业需要长时间的分析或详细的反馈，那么在你做分析和反馈时让剩下的同学都等着是不现实的。

即使作业看起来很简单，也要准备好一份说明或答题纸。这将释放你的工作记忆，加快处理能力。

考虑一下所有学生都完成作业需要多长时间。理想情况下，作业应该具有挑战性或复杂性，让学生在不同的时间段完成，给教师留出检查时间，减少等待时间。例如，积极检查在写作中很有效，学生完成初稿的速度不同，从而错开了让教师检查的时间点；检查重点内容很重要，你不能详细阅读每个学生的初稿，可以让学生圈出5个主动动词、两个间接引语或主题段落。

附加作业也很有帮助。例如，你给学生留了一组包含3道题的试题集，但第三题是附加的（也许有额外的学分）。学生完成前两道题时，你就可以检查。如果学生同时完成作业，必须等待检查，他们可能会在你检查别人作业时，继续计算第三道题。这听起来可能很矛盾——不是要你检查后再继续下一步吗？不同之处在于，第三道题与前两道题的难度相同，因此它会为你赢得额外的（有效）时间，让你完成作业检查。

你也可以制定“我准备好了”的提示，即学生在继续做题时发出的信号。把手举在空中3分钟，学生就不可能再接着做第三道题了。他们可以使用一面绿一面黄的索引卡，绿面朝上说明“我准备好被检查了”，同时继续做有额外奖励的附加题。

另一种提高效率的方法是将积极检查技巧和向教师展示技巧相结合：学生高举作业让你签字。乔恩·博加德就是这样做的，他让几个学生到黑板上自主练习，同时指导其他需要帮助的同学练习。

学生主导的积极检查

另一种积极检查的方法是让学生自主检查作业的准确性，然后再将结果告知教师。学生可以根据教师提供的答案自行核对，并报告学习结果，或者同伴互查，然后向教师报告结果，这会减少教师的检查次数。做客观题而不是主观评价时，这种方法效果最好。

如果让学生参与作业检查，一定要记住这一技巧有两个重要目标。第一是在讲授更复杂的教学内容前确认学生已掌握了现有的知识；第二是收集学生学习情况的数据。分配检查任务可以实现第一个目标，而且能提高效率，但风险在于减少了教师获得的数据。如果学生自查，教师怎么能了解具体情况呢？我相信教师会找到方法，在二者间取得平衡。有时让学生检查，有时教师自己检查；或者在学生检查的过程中，找到方法追踪数据；或者同时采取两种方法。比如，如果学生自己对照答案检查，可以让他们在选项上做标记，这样教师就可以稍后追踪信息。在设计和改进方法时，要注意克服挑战，有取有舍。

技巧 12 犯错文化

让学生敢于犯错，勇于在错误中总结经验

在最近一篇关于培养音乐家的文章中，钢琴家杰里米·登克（Jeremy Denk）观察到一个隐藏的教与学的问题："教师在试图……发现学生作业的进展情况，从某种程度上说，学生却在试图躲避、掩盖弱点，以便看起来更优秀。"

他的观察提醒我们：如果评估学生的理解水平的目的是缩小"我教过了"与"他们学会了"之间的差距，那么当学生希望我们找到差距，愿意分享他们的迷茫和错误时，这一目标就很容易实现。但当他们千方百计阻止我们发现时，这一目标就很难达成。

让学生自己选择时，他们往往会倾向于后者。可能是出于骄傲或焦虑，也可能是对教师的感恩，学生不希望让老师怀疑自己讲得不明白，他们往往会"避免被老师发现错误"。除非我们建立一种课堂文化，让学生自曝其短，意识到犯错是正常的、安全的，甚至是有益的。拥有这种文化的课堂就拥有了我所说的犯错文化。

那些最善于诊断和纠正学生错误的教师把评估学生的理解水平当成他们和学生共同努力的目标。从学生进校的那一刻起，他们就开始培养学生对犯错的认知，帮助他们认识到"犯错"是走向正确的第一步，也是建设性的、最关键的一步，公开承认或分享自己的错误是安全的、有趣的、魅力无穷的，甚至是令人宽慰的——援助会飞奔而来！

"心理安全"一词经常用来描述参与者能够容忍风险的环境。当然，心理安全是课堂"犯错文化"的重要组成部分，但我认为后者的用途更广泛：它包括心理安全，相互信任、相互尊重和冒险回答问题时感到舒适自在和被欣赏，甚至是分析错误带来的精神享受。在一个拥有犯错文化的课堂上，学生犯了错会感到安全，没有防御压力，他们发现对错误的研究既有趣又有价值。

在德纳留斯·弗雷泽的数学课上，在通过追踪而非旁观（技巧9）收集数据时，他发现了大家都在从始至终犯的错误。当学生做多项式除法时，他们求不出余数。费根就是其中之一。德纳留斯把她的作业投射到屏幕上，这样大家就可以一起来分析了。他在这一刻的态度至关重要。如果教师能让犯错的学生在心理上感到安全，这样的错误分析就有巨大的价值。如果事情处理不好，就非常糟糕。学生会觉得老师在惩罚她，既伤心又生气。其他同学也会嘲笑她。也许你能想象到，当天晚上会接到这样的电话："不知道我理解得是否正确，弗雷泽老师，你把我女儿的错误投射在屏幕上，是想让所有人都看到她的错误吗？"但德纳留斯处理得非常完美，他的应对方式让人觉得承认犯错并分析它是世界上最正常不过的事。他是怎么做到的？

首先，注意他的语气。德纳留斯在情感上没有任何波动。他沉着冷静，没有任何指责的迹象。从他的语气中听不出来是讨论成功还是失败。接下来，他向全班同学说明他们将要分析的问题在全班是普遍存在的。"检查作业时，我注意到大家的余数算错了……"他说，"这是普遍的错误，它说明我们班的理解出了点儿问题，而不仅仅是个别现象。"谁也没有感觉费根是被单独挑出来的。

其次，像德纳留斯这样的课堂，重要的是如何解决错误。数学教师鲍勃·齐默尔利在课上说了这样一句话："我很高兴你们犯了这个错误。"他告诉学生，"帮助你们也是在帮助我自己找到新的解题思路"。言下之意是犯错很正常，是一件好事。他让大家注意到这是一个有价值和很严肃的话题，又通过语气和措辞使错误正常化。

从某种程度上，这与假装学生没有犯错恰恰相反。请注意，鲍勃明确指出这就是一个错误。他的目的是让犯错变得正常和自然，而不是尽量降低犯错的程度。我之所以提到这一点，是因为有时教师会纠结于这种区别。在研讨会上，我们偶尔会让教师写一些话，向学生说明犯错是正常和有益的。他们有时会建议这样回答："嗯，这是你的解题方法。""让我们看看其他方法吧。""好的，也许吧。想法不错！"

这些话模糊了正确和错误之间的界限，没有明确告诉学生他们的答案是错的。当然，有时这样说也有好处："嗯，没有正确的答案，我们考虑一下其他选择吧。"这与下面的时刻完全不同：在这里，教师应该说"我明白你为什么会这么想，你的推理很有趣，但答案错了”，或者说“很多人犯了同样的错误，因为它看起来很合乎逻辑，我们来看看它为什么是错的”。

这里还有另一个类似的例子。马修·格雷和德纳留斯一样，也在分享一个错误——一个名叫伊莱亚斯的学生犯的错误（技巧13：随机展示）。他马上注意到了：“伊莱亚斯犯了一个错误。”但他指出，这并不奇怪，因为他加大了问题的难度，其他人也错了。最关键的是，他补充道：“我第一次读这首诗时也理解错了。”他是老师，但理解起来也有难度。人非圣贤，孰能无过？这个想法不是让学生相信自己是正确的，不愿面对错误，而是让学生明白犯错是正常和值得的，要坦然接受错误。

这里还有一些其他的表达方法：

- “我很高兴看到那个错误。它让我们看到了掌握它之前必须要解决的问题。”
- “我很高兴你的第一反应是使用几何学，但在这种情况下，我们必须用代数来解决。”
- “是的，很容易弄混这句话是谁说的。但这句话是玛丽说的，不是约翰说的。看看我们是怎么知道的。”
- “我让你们做的题很难。即使是现在的科学家也很难解决。但我相信我们一定会弄明白的，让我们来看看这里出了什么问题。”

值得注意的是，这些说法是有区别的。第一种说法改变了学生的预期，教师很高兴看到这个错误。第二种方法表扬了学生对数学原理的理解，但也清楚地表明，它不是本题的正确答案。第三种和第四种说法承认作业有点难度，不是一次尝试就能做对的，犯错很正常。

随着犯错文化的建立，学生更愿意暴露他们的错误。这种从防御或否认到敞开心扉的转变至关重要。作为教师，你现在可以花更少的时间和精力去寻找错误，花更多的时间去纠正错误。教学的目的是让学生学会自我纠正，自己发现和解决错误，而乐于承认错误是向前迈出的关键一步。

建立犯错文化

单靠教师无法建立一种让人感觉犯错和失败很安全的犯错文化。如果学生答错题，其他同学都嗤之以鼻，或者学生在努力答题时，其他同学都不耐烦地挥手，即使教师竭尽全力也难以让学生心甘情愿地暴露自己的错误，他们会感到不安全。

因此，教师必须纠正学生对同学犯错的态度。首先，要提前教会学生应对常见错误的正确方法，告诉他们在其他同学犯错时应如何表现，并在模拟背景模式下练习，如果发现问题，要坚决予以纠正，但是要让学生理解包容。教师可以说："稍等。我要清楚地告诉大家，在课堂上要彼此尊重、互相扶持、互相帮助，绝不能诋毁他人。这可能很难，但我希望大家都必须做到。另外，我还要重申，发生在别人身上的事也可能发生在我们任何一个人身上。"

谈到敢于犯错，教师一定要注意，我们的目的并非要完全消除学生之间的消极或伤害彼此的行为，而是要营造学生在艰难的学习过程中积极地提供相互支持的文化。新奥尔良的联合大学集团因积极鼓励这种文化而闻名，当学生答题遇到困难时，其他学生或教师会"施魔法"，轻轻地比画出"我支持你"的手势。对同学的答案表示赞许和欣赏时，他们会打响指作为积极的学生反馈（他们经常这样做），这种积极的班级文化是该著名学校集团最了不起、影响最深远的成就之一。

要做到这点，拥有强大的注意力习惯（技巧48）至关重要，它可以保证学生强烈的归属感，并肯定每个学生想法的重要性。

要建立一种彼此尊重、规范和重视错误的课堂文化是一项复杂的工作，所以我详细描述了建设犯错文化的关键步骤并为其命名，以便我们在课堂上使用起来更容易。

期待错误

在错误发生后，要尽力表明你很高兴发现它。我们要传递的信息是：犯错是学习过程中的正常现象，且通常是积极的现象，错误只有公开，才最有价值。

杰森·阿姆斯特朗是罗克斯伯里预科学校（Roxbury Prep）的数学教师。我们来看看他是怎么做的。在最近一次课上，他在公布答案前告诉学生犯错是再正常不过的事情。"我估计这道题大家会有分歧，所以我想多听几个不同的答案。"他说，紧接着就从学生那里得到了4个答案。言下之意是，即使聪明的学者在解决高难度的问题时也会出现不同的答案，这再正常不过，这也告诉学生，数学并不是在正误之间做出决断，有时候需要在一系列合理的答案中做出判断。杰森的教学表明，如果问题很难，人们自然会有不同的观点。

隐瞒答案

还是在刚才那堂课上，杰森出了第二道题。他的措辞依旧令人印象深刻：

“这里有A、B、C、D四个答案。我不想问哪个是正确答案，因为我更想听大家的解释。我想听听大家对选项D有什么看法，我不在乎对错，我就想听听你们的观点。埃迪，你是怎么想的？”

你可能注意到，杰森的措词强调了数学思维的重要性（而不仅仅是找到正确答案），这很有价值。有些教师会说，“我关注的是解释。如何解释与找到正确答案同样重要”。杰森的做法有所不同，因为学生根本不知道他们讨论的是不是正确答案。他没有要求学生解释自己的选项，并认为该选项就是正确答案，而是让他们解释教师挑出的选项。

在问题解析环节，教师往往会先公布正确答案，消除悬念，再开始讲课。然而一旦学生知道了正确答案，他们参与的性质就会改变，转而会想自己是否做对了，表现怎么样。不管他们有多么热爱数学（历史、科学或者文学），有些人总会想：“太棒了！我答对了”或者“哈哈哈，我知道答案”或者“真烦人，我怎么老是弄错？”。如果杰森说“正确答案是B，但是我想分析一下选项D”。有些学生肯定会想，“太棒了，我知道正确答案”。于是便不再认真听课，因为他们认为自己已经知道正确答案，不需要听讲了。

建立犯错文化最简单易行的方法就是：先讨论选项，然后再公布正确答案。也许还有其他可行的选择，比如可以参考凯蒂·贝鲁奇的做法。首先，她要求学生使用手势信号（技巧10：向教师展示）展示单选题的答案。“我们有些不同的答案，”她说，“我看到了几个二、三、四，即B、C、D。”她的语气很欢快，表明意见有分歧，答案错误并不总是一件坏事。这可以让讨论很有趣。接下来她开始在学生的帮助下重新解决这个问题，她没有告诉他们哪一个选项是正确答案。

在详细讨论之前，凯蒂隐瞒了答案。这样可以制造悬念，保持学生的注意力，让他们全身心地参与课堂讨论，避免学生因为老想着“我做对了吗？”而分心。这种做法效率很高，这不仅是智力练习，也是文化培养，能让学生少花些精力评判自己的答案（“我怎么没有想过这样做。不知道老师的答案是否和我的一样”），从而让他们更多地进行深层次的思考。

她用可敬的方式来庆祝错误，使犯错正常化——“如果你改变了答案，举起手。太棒了！我为你自豪。你解出答案了”。这是表达犯错文化核心思想的完美方式——乐趣就在整个过程中。她以最引人注目的方式庆祝错误的发现，但只有大家都想和她一起“弄清楚”答案时，这种方式才起作用，而这一切都始于她隐瞒答案的决定。

控制暴露心理的举动

玩扑克的时候，牌手必须留意对手的“神情”，那些不经意的信号，可能会将手中的牌暴露给机智的对手，扑克高手从揉眼或重新查看手里的牌的习惯中看出对手很紧张，由此推测对手拿了一把烂牌。正因为神情的流露可能让牌手处于劣势，所以某些一流玩家会戴上墨镜，穿上套头衫，避免暴露自己。

教师也有暴露心理活动的举动，一些无心的暗示可能会揭示答案的正误，或者揭示出教师是否重视学生的观点。神情传递的信息之多，我们往往意识不到。它能影响我们隐瞒答案的能力。因此，我们厌恶错误的情绪常常在无意之中就会流露出来。

就我而言，在课堂上暴露心理活动的一个词是“有点意思”(interesting)。说这话的时候，我的语气是善意的，但稍微有些居高临下，前面还会带个“嗯”，同时还会眨一下眼睛。在英语课上，如果我认为学生的解释牵强，便会不自觉地用这个词。我意识到这个词暴露了我的心理活动，是因为有一次课上，一位学生回答完问题后，我说了句:“嗯，有点意思。”就在那时，教室后排一位叫丹妮尔的学生大声说:“呃哦(模仿错误警报的声音)。再试一次!”她知道在这里“有点意思”意味着“嗯，有点让人失望”。同大多数教师一样，我没有意识到自己传递了这么多的信息。其实，我真正想表达的是“这不是一个正确的想法”，回答问题的同学和其他学生都知道我的意思。这显然不利于营造一个安全的犯错环境。

对比一下艾米丽·巴迪洛对学生犯错的反应。不管学生对与错，她的面部表情都没有任何变化。她的语气和情感依然如故。这有利于她隐瞒答案，不泄露任何蛛丝马迹。

每个人都有暴露心理的举动，可能还不止一个，这些举动是无意识的，我们可能一次次地重复而不自知，原本要传递给学生的真实意图会因此大打折扣。我的一位非常优秀的同事暴露心理的举动则与我不同。每次学生答完题，如果答案正确，她会写在白板上；如果答案错误，则不会动笔。有时，她会在提问学生后，转向白板，握着笔，做出书写的姿势，但是听到答案后，又转向学生，盖上笔帽。学生一下就领会了她的意思。

学生对这些举动的领会快得出人意料，教师必须在教学中找到这些举动，并加以控制。当然，没人能做到尽善尽美。偶尔说一句“有点意思”或者明确地说“我觉得大家可以做得更好”或者“很遗憾，答案不对”都没有关系，但是必须留意交流的内容和时间。想想教师最常说的一句“有不同答案吗”（你上一次在学生答对的情况下说这句话是什么时候？），如果随口说出这样一句话，教师首先传达的意思是答案错误，因此即使学生不明白，也不会再深入思考了。其次是这等同于在暗示答题的学生“如果这就是你的答案，请不要再提了”。

值得注意的是，暴露心理的举动往往针对的是错误答案，但是也有些举动回应的是正确答案——满脸笑容或者你说“能告诉我威尔布尔为什么害怕吗？”时语调上扬的“为什么”。当然，因为学生回答得漂亮而表示赞赏或情绪激动，这并非坏事。但是，必须注意，教师表现得热情，会给学生太多的暗示。如果教师的暗示太多，就会有滥用之嫌，达不到交流的效果。教师要格外留心和控制好暴露心理的言行——尽可能语气平和地持续使用某些表达欣赏与赞许的方式，而不是直接予以肯定。

表扬冒险

建立犯错文化的最后一个方面是：表扬学生冒险和不畏惧挑战。在谈及如何建立班级犯错文化时，鼓励学生在不确定的情况下冒险尤其有用。“这道题很难。如果大家觉得吃力，那是好现象。谁有勇气给大家开个头？”这样一句话提醒了学生，做开拓者意味着要在不确定的情况下说出自己的想法，而且有时正是因为不确定才需要提出自己的想法。教师还可以进一步鼓励说：“这道题虽然不简单，但还是有很多人举手，我很欣赏大家的做法。”或者看到有人“勇敢地”举起了手，直接点名（例如，“谁想试着挑战这道难题？太棒了。我喜欢勇敢举手的同学……狄艾罗，你说说看”）。如果是书中尤为艰涩的一段，可以先试着说明该题难度很大，说：“这个问题已经争论几十年了，但大家依然勇于挑战。”德纳留斯·弗雷泽也是这样做的。当看到许多学生愿意尝试回答棘手问题时，他会说："哦，我喜欢你们这种敢于冒险的精神。"在犯错文化中，不管答对还是答错，学生都不会惧怕闹笑话。

综合运用多个技巧

贾斯敏·霍华德的课堂提供了一个完美地将统一练习格式、追踪而非旁观、向教师展示和犯错文化融合在一起的例子，她是田纳西州孟菲斯自由特许预科学校（Freedom Prep）八年级的数学老师。她从一套习题集中选出了一个问题作为敲门砖，类似于中年级的出站验票。贾斯敏不断在课堂巡视。她使用了追踪而非旁观技巧，但更侧重于给全班而不是单独给某个学生反馈。基于这些观察，她和全班同学一起分析了这个问题。这样做的时候，她使用向教师展示技巧让学生找到正确答案A。然后她让学生自主练习，并四处巡视，其间巧妙地示意4个学生到教室后排去见她。在那里，贾斯敏给那些需要更多帮助的学生补上了一节有针对性的迷你课程，并在他们做练习时持续关注他们，给予支持。课上，她使用了统一练习格式，要求学生圈出变化率，以此确保他们既知道如何计算，也知道什么是变化率。她完美地运用了犯错文化技巧——语气平稳、鼓励、不加评判。你可以看到学生从座位上站起来走到教室后排桌子时的感情变化。第一个学生开始收拾东西，然后立即离开。他没有感到尴尬，也没有试图隐瞒。他相信贾斯敏能帮助他，当你看到贾斯敏老师给他讲题时就知道他为什么错了。贾斯敏及时发现了一个简单的小错误，在问题失控之前，她巧妙地帮助他们理解这个概念。这是我有幸观看的最令人印象深刻的案例之一：教师通过评估学生的理解水平技巧来消除他们学习上的差距。

不仅如此，贾斯敏还组成了一个"实时"再教学的小组来评估学生的理解水平。这让我想起了妮可·沃伦在三年级课堂中的类似做法。妮可把学生叫到教室前面的课桌前进行额外的练习，因为前一天的出站验票显示，他们在解题时依然有困难。

她告诉我，她把他们拉到前面，看着他们解题，"这样我就可以在必要时让他们停下来，指导他们使用我们前一天讨论的解题方法。因为我们已经讲解过这个问题，我想让他们通过精准练习来巩固技能"。

妮可仔细地观察所有学生，但她会有所侧重，她对学习成绩令人担忧的学生观察得更仔细。所有同学都能得到实时反馈，最需要帮助的同学可以得到老师的双倍关注。你会注意到，他们得到了大量的反馈，语气是肯定但严格的。当他们回到自己的座位时，他们至少目前已经掌握了妮可要求的目标技能。

为了使前排课桌发挥作用，妮可做的最重要的事情之一就是思考如何利用犯错文化——没有判断、没有耻辱、没有对前排课桌练习的嘲笑。妮可下面的话很好地解释了她的想法。

“成立一个小组从来不是什么耻辱的事。我认为这和我们如何构建它有关。我们告诉学生，‘这是与教师一对一或在小组进行额外练习的时刻’。我们从不让学生在这段时间感到消极，在纠正了问题后，他们都带着成功的喜悦离开。我们用贴纸、击掌和微笑来赞扬他们对棘手问题的努力付出。此外，（最新）数据显示，到前排课桌来的学生总是不断变化的，有时也有学术表现不错的学生。这让大家明白，所有人都会遇到不会做的题，都会犯错，而这种困惑是掌握知识过程中的必经阶段。”

和贾斯敏一样，妮可也围绕着评估学生的理解水平的想法设计了她的教室。

技巧13 随机展示

引导学生从错误中学习

让我们回看一下本章中讨论过的德纳留斯·弗雷泽数学课的关键时刻吧。德纳留斯积极地在课堂巡视和观察，他发现很多学生对多项式除法的余数部分还不太明白。他发现了学生的错误，但这只是评估学生的理解水平的前奏，如何解决这个问题似乎更具挑战性。教师经常隐藏这些数据，他们发现学生的错误后，没有采取措施予以纠正。在很多情况下，这是因为在30名学生面前很难改变自己的教学计划，或者是时间不够。但德纳留斯对此毫不在意。他选择了费根的作业，因为她犯的错误很典型，具有代表性，他走到教室前面，把它投射到屏幕上展示给大家。几秒钟后，学生兴致勃勃地开始辨析错误，分析错误的原因，总结他们从中得到的教训。

换句话说，在教学过程中对错误最快、最有效的反馈是什么？通常是分析错误本身。

如果你能做到这一点，你就拥有了一个简单、可行的工具来应对学生的错误。如果学生感到困惑，解不出答案，你也不需要计划补课或尝试用新的教学方法进行讲解，只要你能使错误立即可见，然后让大家畅所欲言地分析导致错误的原因就可以了。

这是一个很有影响力的想法。如果我们能够发现并饶有兴趣、畅所欲言地分析错误，如果我们能够进行实质性的讨论，当我们再次遇到同类型的错误时，就可以用同样的方法来解决。我们也希望学生能把我们的教学过程应用到他们的生活中：找出错误。开诚布公地分析它，并享受这种学习机会。

德纳留斯用来实现这一目标的技巧是随机展示，即挑选学生的作业投射到屏幕上与全班分享，这样大家就不仅仅是谈论一下而已，而是花时间共同分析它。使这种持续学习成为可能的一个重要组成部分是：所有学生都能看到这个错误。如果德纳留斯没有把费根的作业投射到屏幕上，全班同学不可能有这么多收获。

对德纳留斯来说，没有什么比让学生从分析犯错的原因中学习更重要了。有效使用随机展示能够有意识地选择投射谁的作业到屏幕上。因此，随机展示不仅仅是投射作业，而是选择谁的作业（无论愿意分享与否）。随机展示是随机提问的可视化模式。为了从所选例子中最大化地学习，学生必须认真分析它，他们需要将精力聚焦在正在分析的案例上，不能分心 。

你可能注意到，当德纳留斯选中费根，一名学习不错的女生的作业时，她并没有因此而感到烦恼。她似乎并没有你想象的那样吃惊。换句话说，例行程序而已，几乎天天如此。在第一次尝试之前，德纳留斯向全班解释了他要怎么做以及这么做的原因。然后，他们开始练习，他们在可控环境下尝试了这个想法以保证后续的成功操作。例如，在最初的几次练习中，德纳留斯侧重于让被选中的学生在整个分析过程中感到荣幸和舒适。随着时间的推移，他的随机展示变得越来越严格。现在他不需要解释为什么要选费根或任何人的作业，学生都会非常有礼貌地、卓有成效地进行错误分析。

此外，德纳留斯建立起了这种课堂文化，他强调分析错误的重要性，在学习过程中给予学生强烈的心理安全感。具有讽刺意味的是，德纳留斯的学生非常喜欢随机展示课堂活动。如果他们不喜欢，他们肯定发现不了它的价值。通过观察德纳留斯的实际运用，我们可以了解到使用它的必要性。同样值得注意的是，经常使用随机展示可以增强学生保证作业质量的责任感。在解答明天的习题集时，学生就会有强烈的愿望，甚至是渴望，竭尽全力地高质量完成作业，这样就会有越来越优秀的作业与大家分享。

注意德纳留斯随机展示开始时的行为，以及他对错误分析任务的重视程度。活动开始前，他刻意吸引学生的全部注意力——他使用了标准的肢体语言（技巧58：强而有力的声音），并做了一个迅速、正面的集体纠正——“稍等一下”（技巧55：最低侵扰干预），他在强调接下来的活动的重要性。

一旦开始错误分析，他就刻意强调一些基本的文化信息。他说：“课堂巡视时，我会特别关注大家作业的余数错误。”这马上就成了“大家”的问题。他要向全班展示一个普遍存在的错误。其言下之意是：我们要分析的是共性问题，而不仅仅是被选中同学的问题。他说：“我们要用检查机制来检查分析。”他再次强调这是班级共有的问题和解决方案。

现在分析费根的作业。德纳留斯首先打响指表扬费根使用了长除法，然后说："你们不需要使用长除法。这里不用合并同类项。我在奎纳达的作业上看到了另一种方法……"在介绍费根的作业时，德纳留斯首先肯定了班上有很多同学做对了这道题的事实，即使还有很多需要改进的地方。费根的第一反应可能是，"哦，我的答案错了"。但事实上，她并没有全错。她只错了一小部分，大部分还是对的。她做得很好，他帮助她认清了这一点。

我们还注意到德纳留斯情绪的稳定性以及他是如何把犯错误正常化的。正如我在"技巧12：犯错文化"中讨论的，德纳留斯认为犯错是有趣的，甚至是有价值的，他绝对不会对学习者感到失望。这不是害怕讨论犯错的文化。当犯错成为学习过程中必要和有益的组成部分，对错误的辨析是课堂的常规作业时，他们怎么会害怕呢？

学生在整个随机展示过程中做了大量的分析任务，并在老师的指点下意识到应该使用余数定理。德纳留斯并没有亲自解决这个问题；他真正做的是告诉学生如何理解他们的答案是错的。一旦引导学生找到犯错原因，他们就会知道如何解决这个问题。

随机展示是一个简单但威力无穷的工具，某些教师可能会觉得这很冒险。如果从来没有做过，他们可能会想：如果不成功，老师和学生会怎么想呢。

鉴于此，我将描述一个典型的流程——随机展示在课堂的不同阶段应该是什么样的，以说明在实现德纳留斯的课堂效果之前会经历的路径。这项技巧包括有意建立的共享文化和惯例。教师不太可能在第一次使用这个方法时就达到德纳留斯课堂上的那种效果。

早期的随机展示可以像保罗·鲍威尔的做法一样。保罗选择了卡莉拉的作业。下面是当时的照片。保罗的肢体语言相当冷静、自然（技巧58：强而有力的声音），但卡莉拉不冷静，她可能有点焦虑。即使保罗解释了什么是随机展示以及这么做的理由，她还是很紧张。我的作业？哦，不！

这就是为什么保罗在展示学生作业时的解释是如此重要。"今天的主题是展示大家的作业。"保罗说，"我要炫耀一下卡莉拉的作业。"突然间，一切都变了。我和团队把随机展示的这一时刻称为"展示时间"：当你向全班同学展示学生作业并向他们解释应该如何看待这件事的时刻。你会一而再，再而三地注意到，启发式说明在课堂文化建设中是多么重要。卡莉拉现在知道，保罗分享她的作业是好事。他在向同学们炫耀。

“看看这个，”保罗继续说，有条不紊地检查着屏幕上作业的每一个步骤，“很好。从这里插入公式。非常整洁。完美。”如果说，刚才卡莉拉的情绪是焦虑，现在就是骄傲了。

不过，保罗正在建立的课堂文化并不简单。他还播下了自学和改进的种子，一种从优秀到卓越的文化。当他强调卡莉拉的作业中的优点时，他将作业改进的过程正常化。他说：“我们马上要修改一点儿瑕疵。”他说，确保前几次展示学生错误时让他们感到特别安全，没有威胁性。

过了一会儿，保罗又回到了改进的想法上。“她需要改进的瑕疵是什么？”他问道，卡莉拉的反应是这样的：

有很多人举手，但卡莉拉的手是最高的。她的肢体语言传递的信息很明确。“叫我回答吧，鲍威尔老师！我可以改得更好！”换句话说，她很自豪，并渴望展示她还知道很多。

我们这里看到的不仅仅是如何利用随机展示帮助学生更好地解决问题和避免常见错误，更是在建立一套流程和支持它的文化氛围——让学生为自己的作业负责并且不再害怕它被呈现在大家面前。你前几次随机展示可以参考保罗的例子，强调优点，让学生对整个过程感到荣幸和舒适。

我们不断练习的目的是建立一种文化，在这种文化中，正如我们在德纳留斯的课堂上看到的那样，学生深刻领悟到：尊重同学作业的方式之一就是帮助他们看到自己的优点以及如何改进提高。

我们在伊吉奥马・杜鲁的课堂上清楚地看到随机展示文化的实施过程。伊吉奥马分享了一位名叫黛博拉的学生的作业，并要求学生找出其中的“优点和闪光点”。理想情况下，这让黛博拉感到大家的支持。也许更重要的是，它还提醒其他同学：这是同学的作业，我们将要分析改进它，但要注意讨论和评判的时候要用欣赏的语气。

像德纳留斯和保罗一样，伊吉奥马用她的“启发式说明”来塑造随机展示的文化：“黛博拉的作业接近正确答案，但我希望大家一起努力，帮她修改一下。”她说。然后，她要求学生注意黛博拉作业的后半部分，“如果你同意她的做法，就打响指表示赞许”。这是一个聪明的举动。黛博拉的同学都肯定了她的做法，和费根一样，她的答案接近完美。即使需要修正，也有很多闪光点，这是一目了然的。伊吉奥马接下来请几个学生展开描述一下他们赞同的黛博拉的观点。这不仅仅是鼓励黛博拉，也是在加深他们自己的理解。这是一种检索练习（技巧7）的形式，通过回忆——这里使用详细解释，将知识更深入地植入到长期记忆中。“解释得很漂亮。”伊吉奥马对朱尔斯说。他重新表述了图表上的观点，这很难，但他做得非常棒，从他的声音可以听出来。记忆是努力后留下的残留物，他竭尽所能地详细而精确地阐述他的观点，这有助于他牢记所学知识，同时伊吉奥马也表达了对他的欣赏。

我们可以在伊吉奥马的课堂发现随机展示的另一个关键好处。黛博拉对图表进行了注释，显示图中相应的角度，但她把注释写在了一边，而不是对应的地方。她知道图中有，只是不知道如何找出来，这突显了经常被低估的感知在学习中的关键作用。

“她说在某个地方一定有相应的角，”伊吉奥马指着黛博拉的注释说，“我同意她的观点。”但随后问道：“我们应该把对应的25° 角放在哪里呢？”她提问了米凯拉。当米凯拉讲述了她的思维过程时，课堂发生了重要的变化。大家同时看向米凯拉所描述的东西。如果你想让一群人来解决同一问题，就需要他们同时关注它。通过把作业投射到屏幕上，伊吉奥马成功地把学生的目光引导到他们正在分析的问题上。她在教他们数学概念以及应用时如何感知它。虽然这是数学课上的范例，但分析写作或某个阅读文本段落时，感知同样重要。当学生含糊其辞地说她喜欢同学作文中的“细节”或“写作风格”时，讨论可以从根本上得到改善。你可以打断学生说，“很好，让我们看看你印象最深的细节吧”，或者“很好，让我们一起读一读，然后找出体现她独特语气的句子”。

学习通常是从感知开始的，这是我们经常忽略的基本常识。我们大脑的很大一部分都是视觉感知系统——很多都是无意识的。我们依赖习惯观察事物，如果我们找到正确的观察方向，就更有可能成功。决策几乎总是从眼睛开始的。从这个意义上说，学生和运动员有点像。那些一眼就看到从哪里传球或如何阻挡对手的运动员能首先做出反应，因为他们在正确的地方寻找正确的东西。他们的眼睛能够发现事物中会发出关键信号的地方。这是专业知识中的关键一环。决策者越专业，观察就可能越精确。反之亦然，越有可能看到正确东西的决策者也越专业。把问题投射到屏幕上可以让学生通过感知参与到解决问题的过程中。稍后，我将向你展示另一个例子。

随机展示之所以有效，是因为“观察”能培养学习能力：我们培养了学生的感知能力。学生全神贯注一起观察的内容会在他们的脑海中留下深刻的印象。看看朱莉亚·阿迪奥是如何引导学生建立和分享感知的吧。她把莫奈的作业投射到屏幕上，有趣的是，莫奈用了两种解题方法。朱莉亚没有告诉学生哪种方法正确。其目标是让学生辨别哪种解决方案是正确的以及原因——或者让他们观察和感知在这里应使用哪种数学工具。关于如何注意感知，朱莉亚提出了这样的问题：“莫奈在左边做了什么？”朱莉亚提问的第一个学生并没有看出莫奈使用了什么方法，朱莉亚的反应令人印象深刻。“她在这儿的第一行里做了什么？”她还是没有告诉他们答案，她只是在引导他们到哪里去寻找答案。

随机展示时也可以让学生进行比较判断，把两个相关的例子放一起，让学生辨别它们的不同。当第二个学生正确地描述了莫奈的第一个步骤时，朱莉亚给它贴了个标签。现在他们找到数学方法了，她想补充一个与之相关的名词。“请大家在笔记中写下：去括号。”朱莉亚说。现在他们可以看到具体的方法，又能把方法与名称联系起来。然后是另一个感知问题：“她（莫奈）去完括号之后又做了什么？”关于右边的方法，朱莉亚又问了一个基于感知的问题：“她做了什么？”感知就是理解。现在学生理解了莫奈两种方法中的每一个步骤，他们要决定哪个解决方案更有效了。接着朱莉亚使用了转身讨论（技巧43）和向教师展示（技巧10）。

在卢梭·米兹的课堂上，他展示了两个学生的作业，并要求同学辨别为什么其中一个更好。这再一次证明了在随机展示中使用比较判断能带来的效果，因为它利用了认知原理的力量——“比较判断定律”，简单地说，就是人们擅长比较判断而不是绝对判断。比较两份作业比从抽象的规则中学到的东西更多。想让学生看到优秀的写作和伟大的写作之间的细微差别吗？给他们展示两个不同的例子，讨论瞬间就会活跃起来——差异越微妙，他们的讨论就越深入、越详细。换句话说，如果你想对学生的写作进行真正严格的分析，你可以比较写得不错和写得非常好的例子。或者展示两种相似的方法并分析这些微小的差异是如何产生不同结果的。“我想谈谈哪一个更好。”卢梭启发大家。然后他大声读出这两个学生的答案，一字一句地读，尽量让学生感知其中细微的差别。

罗丝·伯努齐奥也展示了使用随机展示比较两个学生的作业的好处。有必要比较一下罗丝和卢梭使用随机展示技巧的相似之处和不同之处。两者都以强调感知的问题开始，都有意在关键时刻试图提高学生的课堂参与比例，让每个学生参与转身讨论。希望大家都完成认知任务。但是，卢梭要求学生为他指定的两名同学“鼓掌喝彩”，罗丝故意将学生的身份匿名。身份匿名还是身份公开是你在“展示时间”中需要考虑的一个变量。

在“挑选作业”中还存在一些变量，教师“挑选作业”是随机展示的另一个关键文化——随机展示的前奏，即你选择学生作业的时刻。你会解释为什么选他的作业吗？你认为他们理解你的行为吗？你会询问他们吗？在这里，罗丝巧妙地问学生她拿的是谁的作业，这更多的是出于礼貌。为了减轻学生的压力，罗丝还说道：

"很多学生都犯了这个错误。"具有讽刺意味的是，方式越简单，"挑选作业"越顺利。像德纳留斯和保罗一样，卢梭使用了"直接拿走"，不征求学生的许可。要注意，他之所以能这样做，是因为在他的课堂上，随机展示是既定的程序，几乎每天都在做，学生对此习以为常。犯错文化必须是一套完整的程序，否则"直接拿走"就行不通。这两位教师的另一个重要区别是随后会发生什么。卢梭要求学生修改他们的答案。罗丝要求学生用同样的方法解答该问题的B部分和C部分。伊吉奥马则要求学生把两个稍微不同的方法"抄到作业本上"。这三种情况传递的信息是：我们花了很大精力学习了非常重要的东西，一定要把它记下来。这也是"技巧14：自主学习与追踪"中会提到的。

随机展示还可以通过显示解决方案而不是错误答案来帮助学生发现和理解所犯的错误。莎拉·赖特在课堂上分析小说《飞翔的埃斯佩兰萨》时，她在展示时间解释了随机展示的目的："我们要展示部分学生的作品，让他们简单陈述一下自己的作品，然后你可以应用到你的作品中。"她演示的是班里最优秀的作品，她希望其他同学能够发现自己的作业和这些范例之间的差距。她多次指出特雷作品的优点。她使用特雷的观察视角，也许是班上最棒的视角，引出一段对话，让学生拓展并阐述自己的想法，最后他们写下特雷的答案，以及全班同学对最佳写作方法的进一步反思。

最后一点，在上一版书中我们把"随机展示"放在了第八章"全班动笔"中。事实上，它确实提高了学生的认知水平，但我始终认为，它是给予班级错误反馈的最强有力的工具，所以我把它移到了本书更早的位置。尽管如此，正如莎拉所提到的那样，它是一个修改和拓展想法的极好工具，所以我将在第八章中再次提到它。

随机展示：两个关键时刻

在随机展示中，有两个特别重要的时刻需要管理：把学生的作业从桌子上拿起来的那一刻以及向全班同学展示的那一刻。你说的话以及你如何构建正在做的事情在这两个时刻尤为重要。

挑选作业

挑选作业的目的是让学生对这一流程感到熟悉。告诉学生随机展示是日常教学的一部分，几乎每个同学的作业都会在某个时候被投射到屏幕上。希望随机展示能让大家感到舒适、安全。不会发生任何不好或羞辱性的事情。在很多时候，这些东西都是掺杂在一起的。自然而然地“挑选作业”，教师平静地从学生的课桌上挑选作业，几乎不说话，也许只是点头表示感谢或微微一笑，或者低声说：“我能借用一下吗？”主要是出于礼貌，最好不动声色。它代表着这只是例行公事而已。

也就是说，不要小瞧了“如果文化的构建是正确的”这个前提。影响深远的积极文化需要不断强化和更新，所以融入一些积极的因素也是有益的。阿丽埃尔·胡做出了很好的示范。“我正在寻找随机展示的优秀作品。”她实事求是地说，提醒学生随机展示是一种荣誉。老师在学生的课桌前徘徊，说明一切顺利。你会注意到，她拿起泰勒的作业后欣赏地看着，但什么也没说。（见下图）

另一种选择可能是用悄声的解释来说明你的目的：“你的作业很有趣。我很想和同学们分享。”你在最初“挑选作业”时可以经常这么做，然后过渡到“直接拿走”。但说得越少往往效果越好。肯定有些时候会说，“哦，这太棒了。我迫不及待地想分享它”。但如果你每次“挑选”时都说这样的话，它就几乎毫无意义了。

在某些情况下（比如你在开学伊始正在建立随机展示课堂文化时或者学生已经意识到自己犯的错误时），多“问”几次是合适的，但使用简短的表达，并且把你的目的放在询问之前，这样效果通常更好一点：“我想和同学们分享一下你的作业，好吗？”甚至比“我能和全班同学分享一下你的作业吗？”效果更好，微笑或赞许的话——“你做得太棒了，我很想分享你的作业”一直都有用。它也可以帮助优秀学生放低姿态，拉近与其他同学之间的距离。

当然，你是否愿意征得学生的许可取决于你自己，但对大多数教师来说，这是一种礼貌，而不是真正的选择。也就是说，如果学生表示反对，你也可以说：“好吧，我们看看进展如何。我真的认为值得试试。”“好吧，匿名怎么样？”“为什么不尝试一下呢，如果你感到不舒服，可以示意我停下来。”

展示时间

你展示作业的方式会塑造学生对这项课堂活动的看法，也为之后的随机展示活动奠定了基调。需要考虑的一个因素是，你是否愿意说出作业展示的学生的名字。说出学生名字可以让该学生觉得随机展示是一种奖励，但匿名也可以很有效，特别是当你向学生提出建设性和积极的建议时。

展示时间的一个重要部分是决定是否读出作业内容以及如何读。你可以让学生默读，但有时你或学生可能想大声朗读某些片段。声情并茂、神情专注地阅读书面作业和进行赏析是表明你重视和欣赏它的最好和最真诚的方式之一。这样做也能使学生更好地理解作业中字词的含义和表达。

最后一个因素是，你是否告诉学生让他们看什么（“让我们看看玛蒂娜是否使用了积极的、主动态的词。你觉得怎么样？”）或者采用非指向性的展示（“这是玛蒂娜的作业。你觉得怎么样？”）。指向性的展示可以让你的话语更有效率，更能吸引学生的注意力，这样才能确保对最重要的事情进行热烈、富有成效的讨论。非指向性的展示给学生更多的自由，可以激励学生在修改过程中更加投入并识别相关问题。一定要注意，学生自主观察的内容也是有用的数据来源。

阿丽埃尔·胡的做法是一个巧妙运用展示的典范。“让我们来看看泰勒的作业。泰勒，请分析一下你检查作业时都用了哪些方法。”这是犯错文化中会用的展示范例。她语气冷静而稳定，拒绝透露答案。只有在泰勒描述了自己的作业后，同学们才知道他解题的方法是大家都没有想到的。然后，全班同学一起分析了他在作业里使用的数学思维习惯的元素。

低技术的随机展示

如果你的教室里没有高清投影仪，那也没有关系。当你已经向地区高层申请最有用和最便宜的设备来提高教学水平，但设备还没到时，以下4种方法可以做到低技术的随机展示活动。

1. 收集昨天的课堂作业或昨晚的家庭作业，使用20世纪80年代版本的投影仪——高射投影仪，投射到屏幕上。它可能藏身于教室壁橱的某个角落。

2. 如果没有高射投影仪，你可以复印学生的作业（昨晚的家庭作业或昨天的课堂作业），然后让学生在自己的座位上进行编辑修改。

3. 让学生使用“白板”——学生可以在座位上使用迷你白板做作业。选择一个学生的作业，并在随机展示时展示给学生看。

4. 把学生作业中的关键句子抄写在黑板上，并在课堂上“实时编辑”。我的同事保罗·班布里克-桑托约建议使用活动挂图，这样学生在课堂上所做的分析笔记——记录学生集体思维的结晶——就可以永久地留在教室里。

技巧 14 自主学习与追踪

防止学生将错误的例子记得更牢

几年前的一天早上，我听了布莱恩·贝兰格的数学课。布莱恩给学生出了这样一道题：

> 以下哪些函数与$y=3x$平行？找出所有正确答案。
>
> A. $y=-3x-5$　B. $y=3x-5$　C. $y=-3x$
>
> D. $y=-3x+5$　E. $y=3x+5$　F. $y=3x+0$

他通过随机提问让学生说出正确答案，大多数学生很快就理解了问题，并排除了A、C和D，选择了B、E、F，但也有一两个学生选择了A。因此布莱恩很快解析道："要想每个答案都正确，需要什么条件？"他问道。

"斜率为3。"一个学生回答，所以布莱恩在题目旁进行了标注，他在题目要求上方写下了"M=3"，并要求学生也这样做。他不想只是纠正这个错误，他想让他们记录下来。

随后，布莱恩向学生发起了挑战。"实际上，"他说，"其他3个答案中有1个也是错的。谁能告诉老师是哪一个和为什么吗？"他要求举手回答，其中一个学生注意到："F有相同的斜率，也有相同的y轴截距。"

"对，"布莱恩说，"观察得很细致，这很重要。这是同一条线，一条线不能与自己平行。"

然后，布莱恩又一次通过做标记锁定了教学重点。

他要求学生一定要在作业练习册中划掉答案F，并在空白处写上"同一条线"，这样他们不仅记住了F不正确，还记住了为什么。然后他让他们加上一个注释，所以他们接着记录下：“（M=3）斜率相同，但是y截距不同。”

因此，最终学生面前就有了他们所学知识的完美记录。它看起来是这样的：

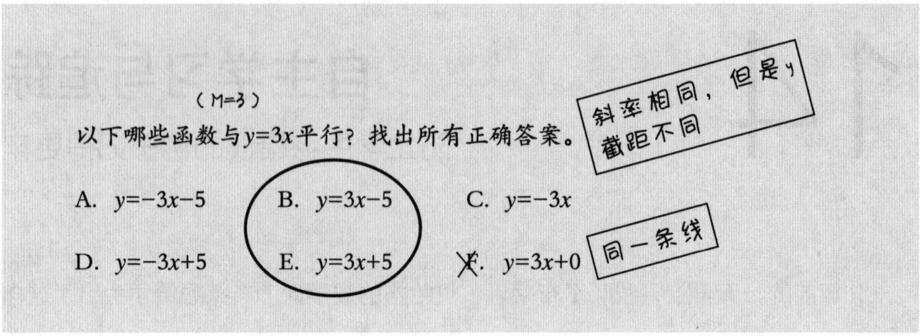

布莱恩通过确保学生记录下学到的知识点，来使分析常见错误的这段时间有更高的价值。他们不仅知道哪些答案是正确的，还知道哪一个答案迷惑了他们中的许多人以及为什么。他们现在记下了解题技巧以便今后查阅。这就是自主学习与追踪技巧背后的理念。如果你打算在分析、学习错误上花时间，那就要确保学生能够通过“掌控”学习和追踪获得最大收益。

错误分析优势明显，但也并非没有风险，它可能造成学生的困惑。学生可能会不确定哪个是正确答案，甚至可能脑子一片混乱，只记住了很多错误答案。事实上，有研究表明，讨论错误答案可能会导致学生，尤其是能力较弱的学生，难以分辨正确答案与错误答案，他们只会把教师描述的错误答案记得更牢。一项研究显示：“错误的例子比正确的例子更能加深学生的错误理解。”能从错误分析中受益的是已经牢固掌握解题方法的学生，学生需要有“高水平”的理解能力才能从错误分析中获益。而对其他学生而言，结果可能是雪上加霜。希望引起大家的注意。

错误分析可能出错的另一种方法是：你投入了大量的时间分析错误，而学生却没有认真听讲。认知科学家科什纳、斯威勒和克拉克指出，任何不会使长期记忆发生变化的课程都不会产生学习效果。精彩的讨论对概念理解很重要，但还没有实现真正意义上的学习。学生必须记住才行。因此，你在错误分析上投入的时间越多，让学生书面记录重要观点、术语和注释就越重要。他们需要记录自己所学到的东西，以便今后查阅，并形成长期记忆，这有利于他们有意识的记忆。这些活动都是第三章“评估学生的理解水平”的最后一项技巧：自主学习与追踪。

我们将自主学习与追踪提炼为三个可行的步骤，教师可以鼓励学生遵循：

1. 用书面形式锁定“正确”答案。确保错误分析结束时，学生知道正确答案是什么。

2. 记住错误答案的“元认知”。让学生记下错误答案为什么是错的这部分需要你花费大量时间进行讲解，但它非常有价值，因为它是打开学生困惑的窗户。众所周知，遗忘发生得很快。他们应该及时跟踪学习内容，这样以后就可以复习，更有可能记住。

3. 要记住正确答案的“元认知”。

让学生记下正确答案为什么正确也很有用。

下面你可以从科学教师薇琪·埃尔南德斯的课堂上看到使用全部三个步骤的例子。学生正在讨论光合作用。正如你所看到的，正确答案已经被清楚地标记出来。在文本框中，这个学生解释了答案C为什么是正确的。她还解释了错误答案为什么是错误的。这是一个对这个问题有深刻理解的学生，并有记录供将来参考。

薇琪首先称赞了她随机展示作业的这名学生，表扬他纠正了自己的答案。她还用投影仪展示了学生的作业，这样学生就可以看到薇琪是如何对正确答案做笔记的。她看到普遍的错误是对草的认知不清晰，所以她让学生标出让他们感到困惑的东西。她说（并写道）：“草是一种生产者，因为它是一种植物，可以进行光合作用。”

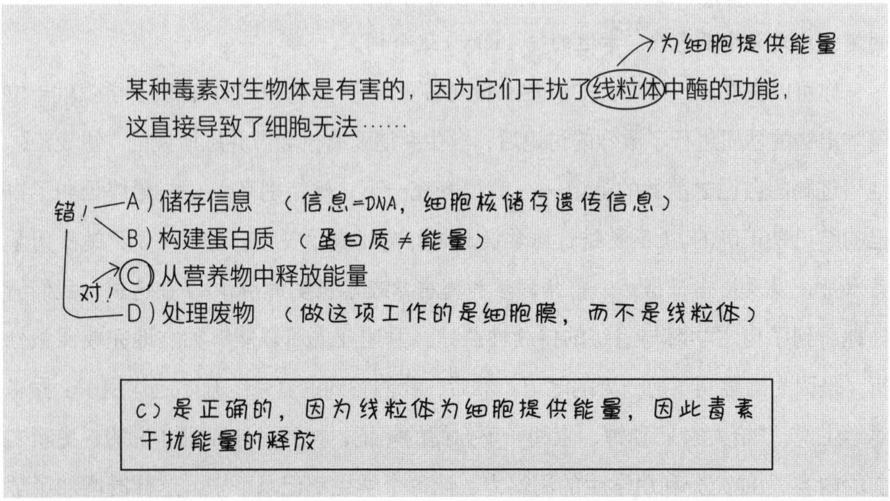
为细胞提供能量
某种毒素对生物体是有害的，因为它们干扰了线粒体中酶的功能，
这直接导致了细胞无法……
错！
A）储存信息 （信息=DNA，细胞核储存遗传信息）
B）构建蛋白质 （蛋白质≠能量）
对！
C）从营养物中释放能量
D）处理废物 （做这项工作的是细胞膜，而不是线粒体）

C）是正确的，因为线粒体为细胞提供能量，因此毒素干扰能量的释放

进行自主学习与追踪时是在教室四处走动（技巧25）和使用追踪而非旁观（技巧9）的重要机会，因为你为学生留出时间，让他们辨别和解释正确答案，适当地描述错误答案，并给错误答案贴上标签。在薇琪身上我们可以清晰地看到这点——她知道关于草的知识对她的学生来说是至关重要的，所以她给学生留出时间做笔记。

另一种帮助学生在纠正答案时关注教学内容的方法是，让他们反思写作业时采取（或没有采取）的步骤，就像保罗·鲍威尔在课堂上所做的那样。保罗和学生已经确定了单选题的正确答案。“你们列出解题的过程了吗？”他问，“拿起笔对照着这个步骤检查一下，在你做了的步骤后打钩。”通过书面反思，保罗不仅确保学生清楚地理解什么是正确的（或什么是错误的）答案，他还保证学生的作业反映了他们解题的整个过程。一个有价值的课堂参与任务变成了一个具有持久价值的课堂笔记。为帮助学生自主学习与追踪，教师可以使用以下言辞。

- “在你做了的步骤后面打钩，如果有漏掉的，请做记录。”
- “在答案B上画圈，并在旁边标注上：操作错误。”
- “在语法错误下画线，并在旁边空白处写出正确答案。”
- “按照我的格式做。”
- “再读一遍自己的答案，从我们刚刚的讨论中选择至少一条论据补充到答案中，使你的答案有更好的证据支持。”
- “我现在来检查一下，看看大家有没有在空白处写下‘偶然的’（fortuitous）的定义，定义中要包含‘幸运的’（lucky）这个词。”

你可以在乔恩·博加德的课堂上看到书面学习记录的好处。在班上学生就一位同学出错的性质进行了激烈的讨论后，学生尹迪亚有机会做乔恩所说的“仲裁者”。她通过翻阅自己之前做的笔记——我要补充一下，她特别高兴——最终证明了自己的结论是正确的。（不要错过同学们对她打响指表示赞许，这证实了尹迪亚的学习水平，以及提出证据后，前排同学和她击掌表示祝贺的动作。）在这里，我们清楚地看到了自主学习与追踪的持续性益处。尹迪亚之所以能够独立地完成课堂分析，是因为她翻阅了前一天的笔记。然后，我们看到这套系统开始起作用了：乔恩对学生说，“给大家15秒钟，查阅一下你们的笔记，按照尹迪亚刚才说的，更新之前的内容。”他充分利用学生的洞察力，让每个学生都记录下来，这样既增加了学生记住它的机会，也为将来查阅创造了一份详尽的记录。

在线课程

远程和在线课程也需要使用相关技巧评估学生的理解水平。例如，赛迪・麦凯利的课堂就是在网上创建犯错文化的优秀案例。犯错文化是通过聚合整个课程中的微小瞬间建立起来的，它们就像是你时不时要撒在菜肴上的调味料。如果说在教室里上大学预修化学课程是具有挑战性的，那么上网课就会更加困难。赛迪不断巧妙地化解具有挑战性的难题。她让塞拉解释幻灯片上的答案B对反应速率的影响。“说实话，麦凯利老师，”塞拉回答说，“太难了，我听不懂。”

“没关系，”赛迪回答，但她接着说，“我要问几个你能找到正确答案的问题，我知道你能找到。”她的语气很平和，看不出任何波动。她表达了她对塞拉的信心。随后，他们就开始进行尝试。我的同事丹・科顿观察到，学生对教师产生信任感，大多是因为相信教师的能力。当赛迪发现这些内容对塞拉来说很困难时，她既冷静又自信，她提醒塞拉，这是一个困难，而不是一场危机，他们会一起努力解决问题，并取得最终的胜利。

在后面的课程里，赛迪更加积极主动。“找到K的单位一直是本单元最难的技能，如果觉得棘手，也没关系……我们会继续练习。”她事先提醒学生，化学的某些知识对所有人来说都是困难的，他们不必感到恐慌或沮丧，而是要不断刻苦学习，勤于练习。

在后面的课程中，赛迪让肯德尔解释如何得到一个方程式中的指数。肯德尔的回答是错误的，但赛迪的第一句话告诉所有人：“我很高兴你这么说。这不是问题的原因，也不是我们想要的指数答案，但肯德尔的想法反映了一个我们大家都会犯的错误。在这里系数并不重要……你必须使用浓度数据，我们以后还会继续练习。”早些时候，我注意到，建立犯错文化的一个关键是分散学生对错误的防御性和焦虑，同时要清楚地表明错误就是错误。赛迪在这里做得很漂亮。她指出这是一个很有用的答案，也很高兴肯德尔提供了它，因为这是错误的。赛迪的言辞是无可挑剔的：她热情、赞赏、镇定。她说的第一句话是赞赏，然后她开始解释肯德尔答案的有用之处。

第四章

严谨的教学态度与行动

ACADEMIC ETHOS

技巧 15 不放弃

鼓励学生有问必答

让我们看一下德纳留斯·弗雷泽十年级的几何课吧。他让学生证明给定的形状不是一个正方形。做题之前，德纳留斯问学生："大家还记得正方形的定义是什么吗？"每个学生都掌握牢固的基础知识非常重要。

他提问亚伦，亚伦回答说："4个角和4条边都相等。"这是一个很有把握的、可靠的答案。在另一门课上这可能就足够了，但德纳留斯说："嗯……80%正确。要更具体一点。"正确就是100%正确（技巧16）——即使认可亚伦的答案，德纳留斯仍然坚持要100%正确，而不是大部分正确。

接下来，德纳留斯又提问了举起手的阿娜斯塔西娅。她精确地补充了正方形的定义："4个角都是90°、4条边都相等的四边形。"这个时候，完全正确的答案已揭晓，许多教师可能会继续做证明题作业。但德纳留斯还有其他想法，他回到亚伦身边："亚伦，你说说看，这两个答案有什么区别？"

亚伦说："我没有说四边形。"

"四边形和……？"德纳留斯问。

"还有4个角的度数。"亚伦最后说。

"对，90°角，还有4个边等长的四边形。"德纳留斯再次肯定了正确答案，然后才返回去做证明题："我们要怎样才能证明这不是一个正方形呢？"

德纳留斯对问题正确性的标准要求很高，这有助于把教室变成一个严谨的地方。他的准备工作也是精心设计、万无一失的。课堂互动的本质既微妙又影响深远，我们称之为"不放弃"，这就是为什么知道正确答案后，他又返回头提问亚伦，因为亚伦最初的回答不正确。

学生回答错误时，教师往往会提问下一个学生或自己说出正确答案。班上的其他同学也都听到了正确答案，但是让最初回答错误的学生理解了答案，并带着被关注和爱护的感受站出来展示他的理解，这两者是不一样的。

德纳留斯再次提问时，亚伦解释了自己的答案和阿娜斯塔西娅的答案的区别。“再次提问”是此问题的最关键一环，也是为了确保亚伦完全理解了正方形的定义。

在不放弃技巧中，再次提问的方法多种多样。例如，德纳留斯可以要求阿娜斯塔西娅不说出正确答案，而是给亚伦一个提示（一个有针对性、富有成效的暗示），然后再次提问亚伦，让他说出正确答案。或者让阿娜斯塔西娅说出正确答案，再次提问亚伦时，让亚伦重复阿娜斯塔西娅的答案，努力将正确答案植入长期记忆中。或者，教师自己分享正方形的标准定义，然后再次提问亚伦，让他区分原始答案和标准答案之间的区别。他也可以让亚伦先重复阿娜斯塔西娅的答案，然后再解释自己的答案和阿娜斯塔西娅的答案之间的区别。如果这是一个类似“这里的角度是多少？”的问题，当再次提问时，教师可以让他试着做另外一道类似的练习题，直到做对为止。我稍后会讨论这些变化，但其核心思想是，从一个学生开始不能或不愿意回答问题，到最终再次提问该生时他能够成功回答，结果是学生正朝着知识掌握的目标进步，进而形成一种促进学习的文化。

不过，现在最值得关注的是德纳留斯说话的语气。他情绪稳定，用声音和肢体语言表示对犯错的包容：“今天的课上，大家犯了很多错，但我们都纠正了过来，大家进步都很快。犯错是正常的。大家表现得很好。”在实施不放弃技巧时，教师不但要避免对最初的错误回答表示失望，在大多数情况下，也不要轻易使用“非常棒，了不起”等字眼，不要高度赞扬学生微不足道的成功，这样教师要么显得不真诚，要么似乎对学生的成功感到惊讶（天哪，你竟然做对了！）。

在这个例子中，德纳留斯在表述时明智地选择了他的措辞。他说：“大概80%正确。”这既消除了亚伦的焦虑，毕竟，他的答案大部分是对的，又暗示了他要仔细听阿娜斯塔西娅的回答，因为德纳留斯很有可能再次提问他。在今年早些时候，学生开始明白德纳留斯评论答案时的“差不多正确”是一个信号，他可能再次提问他们这个问题，德纳留斯可能会更明确地表示：“不太对。听下一个答案，我会再次提问你。”

值得注意的是，学生回答出错时，教师经常鼓励学生，加油，千万不要放弃，他们会“再次提问”学生，但经常忘记这样做。我怀疑这是因为：（1）我们教学时会大量消耗工作记忆，教学时间越长，就越难记住有学生回答错了或哪里出错了；（2）我们打算再次提问以确保学生理解了出错的地方，但不知道实际情况会如何，所以只是说说而已。教师可能会想："我担心你内心很困惑，我知道我应该解决这个问题。我不应该像现在这样。"如果我们没有一种技巧将这个意图付诸实践，那就像在永远都不会重读的书上插入一个书签一样，没有实际意义。

不放弃技巧的好处是，它为你提供了一个或一系列范例，教你如何快速地再次提问学生，再次提问先前的问题，这样你就不会忽略掉这一重要时刻。这并不是说每次都要使用该工具，每个错误都要使用不放弃技巧。在课堂上，当有重难点需要详细讲解，时间又比较紧张时，平衡一下教学节奏会使你获益良多。在何时、多久一次以及如何使用不放弃技巧等问题上要足够谨慎，但是不放弃的想法是威力无穷的。再次提问没有给出正确答案的学生，包容、鼓励他们，有时激励他们再次回答，以确保他们成功掌握所学知识，而不是对他们置之不理。如果处理得好，事情就会锦上添花，这给学生提供了一个在同学面前努力做到"100%正确"的机会。这也可以是针对习得性无助——学生就是不愿意尝试的一个有效应对方法。所有这些我们都会谈到。

现在，让我们来看看德纳留斯另一个班上的例子。在一堂讲余弦的课上，九年级学生正在做求解代数方程指导练习。"余弦值等于 $\frac{\sqrt{2}}{2}$。"德纳留斯说，并向学生解释了下一步怎么做。

"解一下这个问题……夏娜。"德纳留斯说。他时而自己做示范，时而让学生回答部分问题，这种方式被巴拉克·洛森西因（Barak Rosenshine）称作"辅导学生练习"（guided student practice），还有些人可能称之为"我做/我们做/你做"这一教学过程中"我们"的阶段。整个课程的节奏是快速和高效的，随机提问在学生预料之中。夏娜没有举手，但她对被老师提问并不惊讶。她的语气还是很配合的。

"两边都除以二。"夏娜建议道。

"那我们还剩下什么呢？"德纳留斯问。夏娜回答完后，德纳留斯又让全班同学转身讨论（技巧43），两两组队解决问题（"转身和你的同伴讨论，30秒后告诉我答案"）。

转身讨论结束后，德纳留斯随机提问迪安德里亚，她已经计算出了答案："45°。"其他学生则打响指表示赞同。

但德纳留斯想要测试答案的可靠性，以确保学生真正理解迪安德里亚的解题过程。“我们要怎么做才能得到45°呢，迈克尔？”随机提问对评估学生的理解水平至关重要，就像德纳留斯现在做的那样。他的提问益处良多。尽管迈克尔认可同学的答案，但他还是有点儿不明白。“嗯……旋转？”他说，“哦，对不起。正切？”

迈克尔很困惑，德纳留斯没有等待他进一步的猜测，直接说道：“我们帮你一下吧，待会儿我再次提问你。”他热情地说，没有做出任何评价，然后提问凯拉，凯拉回答说：“我们必须做余弦的……”过了一会儿，德纳留斯回到迈克尔身边：“我们为什么要用反余弦，迈克尔？”于是，迈克尔解释了用代数方法求解的重要性。

德纳留斯的语气始终是包容和鼓励的，他认为暂时感到困惑是正常现象。其他同学亦是如此。当然，迈克尔最终做对了。“把你的出站票（技巧26：出站验票）翻过来，继续做题吧。你还有3分钟时间。”他说。

“再次提问”迈克尔之前，德纳留斯说了这句话，“我们帮你一下吧，待会儿我再次提问你”。这句话清晰而明确地说明他接下来的行动，一个大家都非常熟悉的技巧，他确实再次提问了迈克尔，加深了他对余弦定理的理解。

主题和变体

正如我提到的，不放弃的表现形式五花八门。但德纳留斯课堂中的两个例子——主题和变体还是值得比较一下的。

在这两个范例中，教师通过再次提问最初答案错误（或部分正确）的学生，为他们提供了改进或澄清最初答案的机会，同时这也给班里其他同学提供了“帮助他人”的机会。允许同学以积极、公开的方式帮助学习有困难的学生可以构建一种团队文化。更准确地说，如果你已经建立起一种提倡团队合作、同学相互支持的文化，那么“不放弃”活动会极大地促进这种文化继续发展，使学生在学习上互帮互助，携手共进。

在这两个范例中，说话的语气都很重要：德纳留斯的语气没有任何波动，清晰而稳定。犯错文化（技巧12）正在发挥巨大作用：错误是有用的学习工具。错误出现时，全班同学可以共同克服它。既没有对犯错学生的指责，也没有夸大其词的赞美之词“太棒了！真了不起！”。大多数情况下，适度的表扬就足够了（“做得好，亚伦”或“现在你做对了，迈克尔”）。当然也有必须庆祝的场合，如果把赞美之词留到合适的场合，其效果要好得多。[1]

这两个课堂场景之间的细微差别也突出了不放弃技巧运用的灵活性。迈克尔很困惑，亚伦的回答非常接近标准答案，所以德纳留斯对迈克尔"预报"接下来的行动，明确地告诉他，老师会再次提问他。整个过程清晰透明，同时也提醒迈克尔要认真听凯拉的回答。

要特别注意两个课堂中不放弃活动发起的时机。第一次活动穿插在短暂的检索练习（技巧7）中。第二次在指导练习结束后，学生自主练习之前。从评估学生的理解水平角度来看，如果你特别想保证学生掌握所学知识点，对这两个过渡点的把控至关重要。你不能总是使用不放弃技巧，德纳留斯巧妙地选择了过渡的时机。

在第二个例子里，德纳留斯也可以使用提示。他不用让凯拉说出正确答案："好吧，迈克尔，我们可以给你一些帮助。然后我再提问你。"接着，他问道："不要告诉迈克尔答案，谁能给他一个提示呢？"假设凯拉举起手回答说："逆旋。他必须逆向旋转。"从迈克尔脸上的表情可以看出，这已经足够了，于是德纳留斯问道："准备好了吗，迈克尔？"

"准备好了。我们需要逆向旋转余弦，然后……"

到目前为止，我们已经介绍了三个有助于使用这项技巧的术语。回到最初很难完全回答正确的学生身边，再次提问是不放弃的重要组成部分。预报是指你明确地告诉学生你会再次提问他们，鼓励他们认真听其他同学的回答，比如："好的，要认真听，我会再次提问你的。"你不需要每次都使用预报，但它可以帮助学生建立对过程的熟悉度和清晰度。只要记得再次提问你说过要再次提问的学生就行！最后一个术语是提示。有时可以要求其他学生为最初回答错误的学生提供关键信息，而不是完整的答案，然后你再次提问他。这使得最初回答错误的学生能够做更多练习（并证明他有能力做更多的习题）。请注意，提示是不同于暗示的，因为学生是在教师的引导下提供有价值的信息。

提示、暗示和问题

如果我让詹姆斯说出"我妈妈不高兴"这句话的主语，他回答不出来，我会

[1] 语气和赞扬应随学生年龄的不同而有所变化。也就是说，如果你教幼儿园，那你可以对每件小事都表现得很夸张。如果你教十年级，那就顺其自然。

说："谁能给詹姆斯一个暗示，帮他找到正确答案？"一个乐于助人的学生可能会说，"第一个字母是m"。这可以帮助詹姆斯猜出答案，但没有教给他下次可以使用的好方法。

我用提示来代替暗示，因为提示词可以为我们提供对知识理解有益的额外信息。

以下5种提示在不放弃技巧中尤为有用。这里有几个例子及其答案。你也可以根据自己教的科目和班级，找到更好的方法提示学生。

1. 答案的位置。

"谁能告诉茱莉亚在哪里可以找到答案？"（在第三页顶部的图表中。）

2. 下一步该做什么。

"谁能告诉贾丝汀下一步应该做什么？"（贾斯汀，试着先把方程展开。）

3. 给难以理解的术语换个说法。

"谁能告诉凯文'展开'是什么意思？"（凯文，你展开时，用括号外的项分别乘以括号内的每一项。）

4. 识别错误。

"谁能解释一下罗伯特错在哪里了？"（他在展开时漏掉了一个负号。）

5. 有用的词。

"谁能告诉迈克尔一个对解题有用的词？"（迈克尔，"展开"这个词在这里真的很重要。）

你还可以让学生提问题来代替给出提示，这也是不放弃技巧的一部分。这个想法还是从迈克尔·汤尼（Michael Towne）那里学到的。迈克尔·汤尼是2014年费舍曼学院奖（Fishman Prize）获得者，这是一个表彰全美优秀教师的奖项。"如果我问磁通量的速度是多少，"迈克尔告诉我，"我希望学生说，我不太清楚您说的磁通量是什么意思。"在迈克尔看来这是学生成熟的表现，他认为学生永远有提问的权利，而且非常鼓励他们提问。但这一系列操作最终还是要以不放弃技巧结束。"现在我们已经明白了什么是磁通量，那么它的速度是多少呢？"

我之前提到过，不放弃技巧有一些变体。下面我列出了一些：

再次提问之前教师的选择

- **让另一个学生说出答案。再次提问。**

“不完全对。谁能告诉我们并列的定义呢？”

- **让另一个学生说出提示语。再次提问。**

“不完全对。谁能给凯拉举个并列的例子？凯拉，我待会儿还要再次提问你并列的定义。”

- **老师给出提示。再次提问。**

“不完全对。凯拉，如果我告诉你并列总是涉及两个人、两个图像或两个东西，对你有帮助吗？”

如果还是没有用，你可以再让下一个学生提供答案——“好吧，谁能给我们解释一下并列的定义呢？”然后再次提问凯拉：“很好，凯拉，现在你能告诉我并列的定义吗？”最后一步看似没有必要，实则意义重大。它可以确保凯拉认真倾听答案。让她重复并列的定义可以帮助她巩固记忆，降低凯拉故意使用“我不知道”来避免回答的可能性。我稍后再讲这个观点。

- **给出标准答案。告诉学生“再次提问时，试着告诉我答案”。**

“不完全对。我会给你我认为的并列的标准定义，然后待会儿再次提问时，试着告诉我答案。并列是指作者在文本中把两个不同的物体或人物放在一起进行强烈的对比。看看你现在能告诉我并列的定义是什么吗？”

这是不放弃技巧的最不常见的形式（我稍后至少会分析一个例子），但如果你确实想使用它，一定要和扩展知识（技巧17）搭配使用，让学生有机会表明他们能做的不仅仅是重复答案。比如，“好的。既然你已经知道并列的定义了，你能在小说中举个例子吗？”“很好，既然你已经知道并列的定义了，那么小说将凯丽和谁并列在一起了？”或者使用另一个例子：

“贾斯敏，倒数是让一个数与它的乘积为1。现在你来说一下，什么是倒数？”

“和一个数相乘得到1的数就是这个数的倒数。”

“好，我用什么数乘以1/2得到1？”

“2。”

“很好，1/2的倒数是什么？”

“2。”

“对，2的倒数是什么？”

“1/2。”

“漂亮。现在你明白了。”

再次提问之后要求学生做什么的选择

不放弃的目的是让最初回答错误的学生给出正确答案，并成功地解决问题或将知识点植入长期记忆。之后，你可以添加其他步骤来提升互动的价值。

- **解释为什么答案是正确的。**

让最初回答错误的学生用某种方式解释或分析答案。德纳留斯在第二个例子中使用了这个方法。“为什么我们要用反余弦呢，迈克尔？”

- **解释原始答案和最终答案之间的区别。**

德纳留斯在第一个例子中使用了这个词：“我会再次提问你的，亚伦。它们之间有什么区别呢？”亚伦必须注意到他遗漏了什么。

- **运用这个定义或完成一个类似的例子。**

“很好，既然你已经知道了并列的定义，凯拉，在开场中，作者把玛蒂娜和谁并列在一起了？”

或者：

“8乘以6是多少，贾斯汀？”

“56。”

“嗯。仔细听丹妮尔的话，因为8的乘法很难。丹妮尔，8乘以6是多少？”

“48。”

“8乘以6是多少，贾斯汀？”

“48。”

“很好，那8乘以7是多少呢？”

“嗯……56。”

“8乘以8呢？”

“64。”

“好的，再说一遍，8乘以6是多少？”

“48。”

“非常棒。”

以上方法的组合

一旦学生给出正确答案，你可能想让他们在各种各样的情况下应用它。平衡各个教学步骤的时间一直是一个不小的挑战。你只有这么多时间做不放弃活动，并不是每一个错误答案都要用不放弃技巧。但对学生来说，教师让他们在最初出错的问题上取得成功，通常会令人惊喜，偶尔再次提问，给最初回答错误的学生一个大放异彩的机会是令人神往的。

艾丹·托马斯：决不放弃

你可以在艾丹·托马斯的课堂上看到另一个不放弃的例子。课堂上，艾丹让贾希姆在一条曲线图上绘制一个点。他要求的是y截距，也就是点（0，y）。艾丹认为这个问题很简单，贾希姆会轻而易举地给出正确答案，但他却回答说是原点。“不对，”艾丹插话说，“这个答案是陷阱。不是原点。”他的语言运用熟练，巧妙地使错误正常化，没有让贾希姆感到尴尬。贾希姆意识到他所认为的答案（与一个刚讲过的题的答案相同）实际上是“一个陷阱”。这表明，人们犯错是司空见惯、自然而然的事。

艾丹又让肖恩回答这个问题，肖恩回答说y值是-1，艾丹很快又再次提问贾希姆：“为什么y值是-1，贾希姆？”再次提问贾希姆表明老师对他很有信心。通过让他解释肖恩的答案，可以说，艾丹又给他提出了一个更难的问题。我的解读是，艾丹认为他会做对的，并有机会大放异彩，证明自己。

出乎意料的是，贾希姆还是有点迷茫，但在同学们一点点提示下，他逐渐修正了错误。艾丹的回答——“不错，自我纠正。”他用一种没有任何波动的语气说——这是另一种文化建设。它强化了这样一个观点，即犯错、改错是司空见惯、再正常不过的事了。只要贾希姆做得好——发现和纠正错误，就应该得到称赞。请注意，艾丹并没有过度夸大对他的赞扬。

数据告诉他，贾希姆还是没有太明白，所以8分钟后，他随机提问贾希姆另一个问题，还是让他找y截距。

“大家知道这张图上的点是什么吗？……（让大家停下来思考）贾希姆？”

我们再次看到艾丹构建语言环境的把控能力，他既激励了贾希姆回答问题，也确保了贾希姆在还没有掌握的知识点上得到大量练习。当贾希姆不知道怎么表述他的观点时，他说：“你只是表达错误。”在他的语气中没有任何评价或沮丧。如果说有什么不同的话，那就是他提醒贾希姆更接近正确答案了，但尽量避免诱导他说出答案（例如，“你想说‘y截距’，对吧？”），相反，他要贾希姆直接说出正确答案。

贾希姆还是猜错了。艾丹让塔文说出答案：（0,2），然后又再次提问贾希姆，让他回答刚才没有回答出来的问题。我认为这依然是不放弃的一部分——“那叫什么，贾希姆？”贾希姆还是答不上来，艾丹让DJ说出正确答案，然后再次提问贾希姆和另一个学生CD，以确保他们听进去这个术语，并听他们亲口说出正确答案。

在这一系列的活动中，艾丹的语气仍然保持温和和包容。他积极而平静地运用不放弃技巧，不放弃是教师对学生的关爱，他试图确保学生能够巩固所学知识并帮助他们获得成功的体验。

你可能已经注意到，我们观察到的运用不放弃技巧的班级其实有更强大的文化。德纳留斯显然与学生建立了一种信任的氛围。在这两个示例中，在最初的问题和再次提问环节中，学生全力配合。在艾丹·托马斯和德里克·波拉克的课堂上，这个环节持续了好几个回合。

如果情况没有按既定程序发展怎么办？如果个别学生或全班学生都不愿意全力配合怎么办？如果他们不完全信任不放弃的过程，而且不情愿或抗拒怎么办？如果他们不像亚伦那样一开始就得到了一个很好的答案，而是“我不知道”怎么办？该如何帮助他们呢？

更糟糕的是，如果他们一开始就说“我不知道，也不确定想不想尝试”怎么办？或者甚至是“我不知道，别管我了”怎么办？

教学的真实情况是，我们往往要解决学生的不情愿、排斥、习得性无助，甚至是直接拒绝的难题。在我们看来很简单的问题，有些学生却想放弃。你刚一提问，他们就回答“我不知道”。还有同学甚至根本不愿意尝试。无论你问什么问题，答案都是“我不知道”。不知道他们是否意识到，如果他们不断说“我不知道”，就为自己找到了一个避免回答问题的脱身之计，因为在很多情况下，教师不知道如何应对“我不知道”——100%不知道怎么应对，特别是如果学生说话的态度比较强硬，好像说：“我已经告诉过你我不知道了。”当教师不知道如何应对时，大概率他在接下来的上课时间里就不会再提问他们了。

也许在剩下的一周时间里，也不再提问他们。

也许在剩下的一年时间里，也不再提问他们。

这是一个撕绷带悖论（参见前言）的例子。我们被要求去做一些棘手的事情，有时甚至是可怕的事情。和学生做“交易”更容易些，其基本原则是，如果你不扰乱我的课堂秩序或表现消极，我允许你不努力学习、不做任何有挑战性的任务。你可以坐在角落里，我会去提问其他同学。我们都知道教室里有这种情况发生。学生可能看不到这种可怕“交易”的长期后果，但教师们应该看到。我希望大家都明白，那些关心学生的教师不能这样放任学生，让他们放弃学习。那不是爱，也不是尊重。

让我澄清一点——我承认这种情况的复杂性。它们印证了阿德耶米·斯坦布里奇的观察：“学习依赖于信任，相信地球不会消失，相信刻苦是有回报的。”修复一个让一些学生试图放弃学习的环境需要大量的补救措施。我们要一如既往地建立信任。例如，在构建学习环境的过程中，在教师的职业生涯中，或者在学校的共同努力下，寻求一些方法确保那些还没有感受到信任的学生体验到信任的快乐。我们需要建立一种能让学生感到安全、成功和被认可的文化。这本书的大部分内容都在为此而努力。这就是为什么强大的积极文化是如此重要，它不仅要抑制消极行为，还要建立积极的亲学习行为，比如注意力习惯（技巧48）。人们的行为比其他任何事情都容易受到周围环境的影响。学生在课堂上被提问时，他们是看到同学支持、鼓励的面孔还是不感兴趣的面孔，这都能决定着他们是否愿意冒险说出知道或不知道的问题答案。我们必须建立犯错文化（技巧12），积极鼓励和支持他们，关怀他们并表达对他们宽严相济的期望（技巧61）。

在我们做这些事情的时候，即使班上的大多数学生能够完成任务，也有学生不能回答或不想回答，并且选择退出。学生会用上面描述的其中一种方式说“我不知道”，或者什么也不说，或者沉默不语，只是目不转睛地盯着你。不管你如何理解信任和良好师生关系的必要性，在那一刻你仍然会站在那里束手无策。你急需一套解决方案，一个积极、正向发展的解决方案，一个制定了基本奋斗目标的解决方案，一个加强教师关怀和学生学业责任感的解决方案。仅仅告诉学生，你很关心他们和希望他们做到最好，不太可能改变他们既定的行为和心态。你需要一些可供选择的方案，而不是“交易”。

在这种情况下使用“不放弃”能使学生给你一个可行的和富有成效的反应。为了帮助学生从不情愿或拒绝转向努力配合，教师必须先减少或消除通往“脱身之计”的途径，不给学生在不知道或不想尝试时选择退出的机会。减少学生故意使用“我不知道”、放弃回答问题的机会，因为你需要他们的努力配合（即使只重复一遍回答），必须降低他们放弃的动机。教师必须培养学生参与一般水平的课堂活动的习惯。教师应该以理解、充满人性的态度情感稳定地使用不放弃技巧，在一个安全、相互尊重、保持尊严的环境下，学生是不会轻易放弃的。

不放弃可以让你更好地了解学生。如果你不确定学生是否在努力尝试，简化提问任务，甚至只是要求重复一下答案，也能帮你弄清楚你是在和学习有困难的学生还是不情愿参与课堂活动的学生打交道。学习有困难的学生会竭尽全力重复答案。一旦他们这样做了，你就可以通过拓展作业巩固他们的知识，通过小小的成功鼓励他们，激发他们的自信心。鼓励学生不放弃的方法包括向他们证明他们是可以成功的，一开始可能是简单的小问题，你一再坚持让他们尝试，他们的信心将从成功回答问题的那一刻开始逐渐增长。

虽然德纳留斯能成功使用不放弃技巧得益于你看到的他课堂上的文化，但这也是他熟练使用该技巧的结果。学生热切地参与课堂活动，是因为德纳留斯在整个过程中，一直以充满关爱和人性化的态度要求他们这样做。他杜绝了学生轻易放弃的机会，鼓励他们走风险更大的道路。渐渐地，大多数学生开始欣赏这一做法，并信任他。最后，大多数学生会明白，做“交易”的教师并不是最关心他们的教师。

学生通过不放弃技巧在正确回答问题方面所取得的成绩似乎微不足道，但对动机的研究告诉我们，成功会让学生想要尝试更多。无论多么小的成功都有神奇的效果。当学生陷入困境，不知道如何回答时，让他们看到自己最终能够正确回答问题不仅对当前有益，从长远来看也是获益匪浅。

如果你的不放弃课堂活动任务已经简化到不能再简单，学生还是拒绝尝试，你必须及时改变谈话方式，也许是在私下里：“查理，在我的课上，我对你的期望不是每次都说出正确答案，而是希望你能尝试一下。你是有能力的，不要浪费自己的才华。”不幸的是，对有些学生，我们要想办法让学生觉得不尝试比尝试要更不舒服。我希望大多数情况下，使用不放弃技巧不要遇到这种情况。我也希望这样的情况不是我们教学环境的写照，但我们有责任做好充分准备，有备无患。

增加不放弃的严谨性

随着时间的推移，我和团队发现，不放弃技巧在执行最严格的时候效果最好，学生重复回答的次数越多、越成功，越能让学生发自内心地感到自豪，效果越好。把挫折转化成胜利，我经常注意到，许多最有能力的教师在使用不放弃技巧时，他们会立即跟进，增加挑战难度或额外的练习，就像扩展知识（技巧17）中提到的那样。

下面是一些非常基本的互动模式：

教师：“3乘以5是多少，卡尔森？”

卡尔森：“8。”

教师：“8不对。谁能告诉卡尔森他刚才使用的是哪种运算方法？”

贾兰尼：“他用的是加法，不是乘法。”

教师：“没错。卡尔森，3乘以5是多少？”

卡尔森：“3乘以5是15。”

教师：“对，很好。那么，5乘以3呢？”

卡尔森：“也是15。”

教师：“很好。4乘以5呢？”

卡尔森：“20。”

教师：“哦，你现在明白了！我难不住你了。”

这位教师不仅给卡尔森补充了他刚才答错的题的额外练习，而且巧妙地设计问题，证明卡尔森的成功是真的明白了而不是侥幸。他正确地回答了几个问题，他的教师“难不住”他了。考虑一下这种互动是如何在“错误”答案后扭转局面的。或者考虑一下，一些小小的调整会如何让对话变得更积极、更严谨：

教师：“3乘以5是多少，卡尔森？”

卡尔森：“8。”

教师："8不对。谁能告诉卡尔森他刚才使用的是哪种运算方法？"

贾兰尼："他用的是加法。"

教师："没错。卡尔森，3乘以5是多少？"

卡尔森："3乘以5是15。"

教师："对，很好。如果我对答案不确定，该用什么运算方法来验证呢？"

卡尔森："可以用除法。"

教师："很好。告诉我怎么验算。"

卡尔森："嗯，15除以5得3，这样你就知道乘法是正确的。"

教师："谢谢，卡尔森。"

在这个例子里，教师问的不是同一个问题的另一个版本，而是一个相关但不同的问题。在以上两个例子中，教师都在利用后续问题塑造卡尔森的成功体验，并延展了他的技能。

下面的案例分析展示了在成功使用"不放弃"之后，你可以使用"扩展知识"来构建严谨的文化氛围。

案例分析1

克莱因老师："卡拉，复仇（rengeance）的定义是什么？"

卡拉："嗯……"

克莱因老师："莎卡尼，复仇是什么意思？"

莎卡尼："复仇就是报仇，对付算计过你的人。"

克莱因老师："谢谢，莎卡尼。卡拉，复仇是什么意思？"

卡拉："报仇。"

克莱因老师："卡拉，在《罗密欧与朱丽叶》中，复仇者是谁？"

卡拉："提伯尔特。他说：'这一定是蒙泰古家族的人。拿我的剑来。'"

克莱因老师："提伯尔特说这话时是要做什么？"

卡拉："复仇。"

克莱因老师："是的，复仇。你是否同意在该剧中复仇的例子并不多见？"

卡拉："不，几乎每个人都在复仇。"

案例分析2

瓦卡老师："杰森，−3的倒数是多少？"

杰森："3。"

瓦卡老师："但是−3乘以3等于−9。谁能告诉杰森−3的倒数是多少，卡洛斯？"

卡洛斯："−3的倒数是$-\frac{1}{3}$。"

瓦卡老师："杰森，是多少？"

杰森："$-\frac{1}{3}$。"

瓦卡老师："好，杰森，为什么是$-\frac{1}{3}$？"

杰森："因为−3乘以$-\frac{1}{3}$等于1。"

瓦卡老师："不错。请告诉我$-\frac{1}{5}$的倒数是多少。"

杰森："−5。"

瓦卡老师："那4呢？"

杰森："$\frac{1}{4}$。"

瓦卡老师（微笑）："你很好地展现了自己的聪明才智。"

技巧16 正确就是100%正确

认可学生的同时，鼓励学生更深入、精准地思考

几乎在每节课中都有这样一个时刻：学生的答案与你期望的答案相似（或者更好的情况是，与你在备课时的范例相似），但仍然缺少一些东西。要点或者核心观点都有，但不是完美的答案或完全抓住核心思想的回答。没有回答错误，只是答案不完整。

接下来怎么办？我们如何既认可学生的答案，又能继续鼓励学生更深入、更精确地思考呢？

如果我们在这一刻感到迷茫，可能是因为我们想象得太完美了。我们鼓励学生，想让所有学生投入到课堂活动中，想在下课铃响之前学生能够进行到出站验票这一步，所以我们一直在给学生反馈说“对”“好”“是”。然而，答案不正确或不完全正确却被称为“正确”是非常有风险的。学生把教师看作是作业质量的仲裁者。他们希望与教师开诚布公、实事求是地沟通，希望教师利用专业知识评估他们的回答是否充分、是否正确，以便更好地了解自己的学习是否有进步。如果我们虚伪地说，“是的，你的作业非常有价值”，不仅是在误导他们，而且还播下了最终影响师生相互信任的种子。

“正确就是100%正确”要解决的问题是，当答案近似正确——相当好，但不是100%正确的时候，如何应对才能对学生最有益？

我们都很清楚应该设定高标准，但实际上我们经常在无意间放弃高标准。不妨先看一个常见的教师习惯，我称之为“补台”。补台指的是，在听到部分正确或近似正确的答案时，教师要给予肯定，同时又要补充关键细节（可能是最深刻或难度最大的细节），使之完全正确。例如，在《罗密欧与朱丽叶》第一幕，当被问到“凯普莱特和蒙泰古两家关系如何”时，学生可能会说“他们彼此看不顺眼”。我希

望，大多数教师都认为这一答案不完全正确——有要点，但没有体现学生理解水平的细节和特殊性。“对，”教师可能会说，“他们彼此看不顺眼，他们有世仇。”

你知道什么是补台了吗？学生并没有说“他们有世仇”，这是教师的答案，教师却肯定了学生的答案，赞扬了学生。

有时，教师在补台时会更明确地肯定学生的答案，教师会说：“对。凯莉说他们彼此看不顺眼，有世仇。很棒，凯莉。”教师降低了正确答案的深度和准确度。回答问题的学生会想：“太好了，我答对了。”但事实恰好相反。本应由学生进行的认知性工作却被教师代劳，因此抢夺了学生独立思考的机会。教师的肯定让她没有机会认识到自己的答案与高质量答案之间的差距。

其结果是，长此以往，经常使用补台可能会内化学生课堂作业质量的低标准——学生自以为正确，做了准备，也达到了要求，但事实并非如此。美国TNTP公司发布的《机会神话》（*Opportunity Myth*）讲述了美国高中的教育现状，绝大多数学生相信他们在高中所做的一切都是正确的，但还是可能考不上大学。为了对学生负责，我们应当抵制这种悄无声息降低期望标准的做法。

另一个结果是，长期使用补台更有可能影响学生对教师的信任和尊重。学生对课堂上不真实的时刻非常敏感。凯莉并没有感受到教师所希望的自信，而是在想：“我不是这么说的……她真的在听我回答吗？”也许她觉得这很有趣，于是她笑了。或者她认为“我没有说这些”，于是开始怀疑教师会认为她学习水平有限，要求极低。正如亚当·斯密（Adam Smith）在《道德情操论》（*Theory of Moral Sentiments*）中所指出的那样，“这只是人类最……虚伪的一面，他们会对无功受禄的赞美自鸣得意”。

“近似正确”对凯莉有好处吗？对所有学生有好处吗？教师没有给学生继续努力克服困难或收集额外认知资源的机会，而是直接代劳。这样做，可能说明老师对凯莉的学习能力缺乏信心。正如佩普斯·麦克雷在他对动机科学的研究中所写的那样，“成功不是让学生做的事情变得更容易，而是帮助他们做一些他们以前做不到的事情”。相反，补台低估了学生的观点和见解，剥夺了他们发表见解的机会。降低作业质量的标准“只会弱化动机，侵蚀信任”。

幸运的是，有一些具体的行动能够让我们更容易持续地帮助学生得到学术上严谨的答案。当然，在谈到正确的答案时，我也承认有一些问题没有正确的答案。每一位教师都会问一些开放式或存在细微差别的问题，不过即使在这种情况下，我们也需要为一个完整的、高质量的回答设定一个标准。这个标准同样需要我们时刻的关注和自律。

坚持等待完全正确的答案

正确就是100%正确的最基本形式是坚持等待完全正确的答案——与补台恰好相反。这包括用某些词句让学生更加详细地解释、充实最初的观点与见解，最终认识到什么是完全正确的答案。对于凯莉关于《罗密欧与朱丽叶》的答案，教师可以用以下这些话予以回应。

- “是的。他们彼此看不顺眼。你可以更详细地描述他们的关系吗？”
- “凯莉，你起了个好头。能展开来讲一下吗？”
- “凯莉，‘彼此看不顺眼’是什么意思？能详细解释一下吗？”
- “凯莉，你起了个好头。说说看，莎士比亚用了哪个词形容他们的关系？”（世仇）
- “好。凯莉说凯普莱特和蒙泰古两家彼此看不顺眼。我们可以说得更准确些吗？”
- “谢谢，凯莉。你说他们彼此看不顺眼，他们自己会这么形容对方吗？”
- “谢谢你为我们的讨论开了个好头，凯莉。你能在序言中找出一些词语来帮助我们更具体地了解他们两家的关系吗？”

教师在坚持等待完全正确的答案时，其实是在设定自己的期望：答案很重要。教师很在乎不动脑筋的肤浅答案和高标准答案之间的区别，坚信学生一定能得出高标准的答案。坚信学生的能力传递了强有力的信息，他们将来离开学校后，会依然受益。他们会一直被激励前行。他们知道，将来如果他们能自我激励、自我鞭策，就一定能够成功。

在阿基拉·邦德的课堂上，有两个优秀的坚持等待完全正确的答案的例子。学生正试图弄明白——在他们正在阅读的卡姆·詹森的故事中——为什么卡姆要帮助埃里克。夏安给出了一个强有力的答案，这个答案包括了两个可能的原因之一。（学生纷纷加入了讨论）此时阿基拉说：“回答得不错，夏安。”并表扬她从两个角色的角度分别做了说明。她肯定了夏安的努力。她补充说：“关于这两个角色，我们还知道其他一些事情，我觉得卡姆帮助埃里克还有一个原因。”她对夏安的答案做了积极的反馈，但又明确表示他们还没有得到完全正确的答案，基玛亚最后补充了关键细节。

随后，阿基拉让索诺阿解释为什么埃里克问了卡姆一个问题。索诺阿回答得不错，但阿基拉指出：“索诺阿的回答遗漏了一些东西。我们又错过了什么呢？”阿基拉不接受差不多正确的答案，也不通过补台剥夺学生思考的机会，她让迈克尔回答这个问题（她让迈克尔成为英雄）。

再说说教师的语气。坚持高标准的答案并不意味着要采取严厉或惩罚性措施，事实恰恰相反。阅读上面的互动时，我希望你在头脑中勾勒出这样一幅画面：一个教师温柔地微笑着，点头鼓励学生，或用激励的语气说话。扎雷塔·哈蒙德在《文化响应式教学和大脑》中写道：“宽严相济赋予教师鞭策学生追求卓越和跨越舒适区的权利。”学生必须感到你相信他们有能力进行深入和高质量的思考。这会带来一个令人愉悦的效果：使用正确就是100%正确技巧表明了你像重视答案一样重视学生。我们的目标不仅仅是让某个学生大声说出正确答案，而是相信每个学生都有能力把自己的答案提高到标准答案的水平，并帮助他们实现这个目标。让他们相信自己有能力超越自我，追求卓越。

你可以在艾米丽·巴迪洛的课堂中看到教师是如何把个人的热情、对答案质量及正确性的期望与坚信学生有能力完成任务的强烈愿望结合在一起的。我们观摩的是艾米丽在布鲁克林卓越女子特许学校（Excellence Girls Charter School）的四年级课堂。听完学生查斯蒂对第一个问题的令人费解的（如果她是认真的）答案之后，艾米丽耐心、语气平和地解释了一下这个问题，然后又让她认真思考。也许是感觉到艾米丽对她的信任，查斯蒂没有放弃，她很快又举起了手。艾米丽没有忘记她。“又要提问你啦，查斯蒂。”她深情地说，但查斯蒂还是没有说到点子上。她思考了很多，但还没有找到正确答案。“请大家看黑板。”艾米丽提醒全班同学，把他们的注意力从查斯蒂身上转移开，以缓解查斯蒂的紧张感。然后她解释了问题的要求，她认为如果查斯蒂不清楚，班里其他学生可能也不清楚。她想让大家描述一下士兵思想的变化。这一次，她从另一个同学那里得到了完美的答案，但艾米丽仍然希望查斯蒂能挑战自我，说出正确答案，她想让查斯蒂相信自己能做到，所以她再次提问查斯蒂。查斯蒂再次努力回答这个问题，当她开始表达自己的观点时，艾米丽再次充满热情和关爱地帮助她、引导她。

这次，查斯蒂的答案得到了极大的改进。这是个好消息。但还是不完全正确。艾米丽认为查斯蒂可以找到完全正确的答案。这个时候，大多数教师会结束这个问题，说“太棒了，查斯蒂”，或者补台说，“查斯蒂的意思是……”，但艾米丽却告诉她：“快接近正确答案了。在你的……加入描述士兵视角的关键字。在一开始的时候，发生了……？”现在，查斯蒂终于抓住了重点。当同学和她一起庆祝她找到正确答案时，查斯蒂知道她的成就是真实可靠的，她做了一些值得自豪的事。当艾米丽说查斯蒂的回答很好时，查斯蒂知道确实很好。回想一下我们从佩普斯·麦克雷那里学到的东西：“成功……是为了帮助（学生）做他们以前做不到的事情。”他观察到，当这种情况发生时，学生学习的动机就会增强。

值得注意的是，正如我们看到的，它可能需要相当多的时间来帮助学生从“不完全正确”到“100%正确”。在这种情况下，艾米丽知道搭上全班的时间是值得的（而不是在另一个时间私下干预），因为查斯蒂的思考过程就是他们下一篇论文的主题。无论是从文化上还是学术上，他们都从艾米丽对同学的热情投入中获益匪浅。

提前写下“正确答案”的好处

教师有时没有坚持等待完全正确的答案，原因很多。其中一个原因是时间问题。督促学生完善答案而不是教师自己给出答案需要花费大量时间，而教师一直都有时间压力。“好的，”教师会想，“只剩下10分钟了，我得按原计划下课。”因此，如果得到一个比较理想的答案，教师很容易就会选择这一快速解决问题的方法。另一个原因是教师希望鼓励学生。你第一次看见琳达举手。她的回答不完美，但是你想积极回应，让她感受到成功的自豪感，鼓励她再次举手。所以，你避免使用任何“不够好”的暗示。

事实上，提前准备答案是保持高标准的关键。如果我们没有提前准备好高标准的答案，那就很难坚持下去。如果不确定正确答案到底是什么，你就不可能引领学生找到100%正确的答案。因此，规划范例（技巧1）可以帮我们提前思考“答案够好吗”和“答案完全正确吗”。当然，这并不是说听到学生令人惊喜的独到见解后，不能推翻事先准备的参考答案。而是说在一开始，教师就应该明确最终目标，尤其是对最关键的问题要提前写下正确答案。

提前准备“随手可用”的句子

有时候，教师接受并不完全正确的答案的最终原因是：我们并不是课堂上中立的观察者。我们最终自我评估的标准主要是学生的学习状况，看看他们到底学会了多少。我们在评估的不仅仅是学生，还有我们自己。当我们告诉自己学生成功了的时候，我们会很满足。从某种意义上说，我们表扬学生做出了正确回答，也等于肯定了自己。“我知道她想表达什么”这一想法在教师中并不少见，这也正是问题所在。这句话通常未说出的另一半是“但是她并未亲口说出来”。教师关心学生，愿意相信学生，愿意相信所做的一切都是为他们好。因此在学生只给出部分答案时，就高度赞美他们。作为教师，我们有时必须克服这种强烈的冲动。

最大限度地达到100%正确的答案通常意味着要写出两份评语，一方面记录你对学生努力的感受，另一方面要评估他们的答案的正确程度。这样你也能更容易就这两方面给出真实的评价——到目前为止，你喜欢他们所做的一切；他们正在接近正确答案，你认为他们知道很多，但没有表达出来；或者你希望他们能够鞭策自己用更精确的语言表达自己的观点。

以劳伦·哈里斯·万斯——波士顿洛克斯布里预科学校（Roxbury Prep Charter School）的教师——几年前的一堂课为例。劳伦正在让学生回答线的斜率。实际斜率是$-\frac{4}{5}$，学生却说是$\frac{4}{5}$。其他教师可能会说：“对，只是缺了负号。”但是劳伦说：“嗯，离正确答案不远了。”寥寥数语表达了两层意思：“你确实做得不错”和“你还没有完全答对，我相信你会做出正确答案的”。劳伦的回应积极、坦诚、简单，为坚持让学生找到正确答案的教学方法提供了范例。为了使这一教学方法行之有效，教师对“近似正确”的回应应该是赞赏的，对“100%正确的答案”的回应应该是欣喜的。

教师应该想出一些自己常用的评语——有计划地准备一些在常见情况下要说的话。也就是说，要随时准备好备用问题。一旦想出两三个评语，就用它们来简单而持续地实施正确就是100%正确的技巧，并培养学生严谨回答问题的好习惯。

你的评语应该：

- **赞赏学生取得的成绩。**

- **清晰、坦诚地指出还需努力。**
- **回应要快，让自己和学生都能快速回到原来的思路。**
- **简化、熟悉操作流程，使其可以被自然流畅地运用。**

应该记住，在学生答案差不多正确而非完全错误时，请坚持让学生自己找到正确答案。

最后，重要但通常是很困难的是要记住：正确就是100%正确技巧一定要在答案差不多正确，而不是完全错误时使用。遇到完全错误的答案时，你要使用不放弃技巧中描述的其他方法。认为完全错误的答案是近似正确的，可能会给学生带来额外的困扰（可能浪费更多的课堂时间）。

坚持等待完全正确答案之外的做法

假设班里有一个非常典型的学生。你让她解释莎士比亚在《罗密欧与朱丽叶》中对明暗意象的运用，她大胆地说出了自己的想法。在她回答完后，你发现：她刚开始回答时根本不确定正确答案是什么（可能希望在分享的时候找到支撑的依据）。由于渴望取悦老师，这个学生可能无意中使用了许多学生早就发现的生存技巧。其中包括：

泥沙俱下：有时不知道答案，学生就会不停地说。关于这个主题的任何内容，只要能想起来就尽管说。正确答案可能就在其中，但很多其他的东西也会随之出现，他们根本分不清楚哪些是小麦，哪些是糠。我们应该认识到，面对这种“泥沙俱下”式的答案，我们必须要求学生缩小范围，陈述最重要的想法。“稍等一下，你已经说了很多了。你说的哪部分最能回答这个问题呢？”

诱导和跑题：有时，学生会选择回答自己希望被问到的问题，而不是随机问到的问题。这可能是因为他们理解不了你提出的问题，或者是因为他们比较了解课文的另一方面或另一个问题，并希望将讨论保持在“安全”领域。因此，学生经常偏离主题，需要老师提醒来回答实际问到的问题。“是的，她是一个鼓舞人心的英雄，但是偏离了主题，我们的问题是如何描述她和妹妹的关系。”

倾心而谈：学生更愿意分享个人观点、轶事和情感反应，因为讨论这些话题风险比较低（不太可能觉得自己的答案有“错误”）。那些以“这让我想起曾经发生在我身上的故事……”开头的回答很容易引起教师的回应。有时候最好的回应应该是:“我很高兴，这能引起你的共情，但我们还是先回答刚才的问题吧……”

模棱两可: 对细节掌握模糊的学生可能会用模棱两可的语言表述自己的观点，用代词或抽象概念代替名字和具体细节。教师不能自认为明白(全班同学也明白)他们要表达的意思。教师要追求答案的精确性，确保大家在同一水平线上，要帮助学生练习提炼自己的语言。教师可以说，“你说她给了她，请告诉我们，给东西的是谁，拿东西的又是谁”。

要想了解正确就是100%正确的实际操作，我们可以看看英国大雅茅斯学院(Great Yarmouth Academy)的珍妮·萨利巴的四年级课堂。当时学生正在阅读一篇纪实类文章，描述的是英国狄更斯时代的工人生活。“是什么让工人的生活如此艰辛，阿尔夫?”珍妮问道。由于急于表现自己的理解力，阿尔夫没太注意答案的准确性，他说:“是工作让工人的生活这么艰辛，很多人都不得不……他们不是太小就是太老或有病不能工作，很多人不得不工作。”他的回答没有错，但表述不精确和模棱两可。他把好几个想法都混杂在了一起，珍妮不能确定他自己是否清楚。“你给了我三到四个模棱两可的答案，”她语气平和地说，“请再说一下第一个问题的答案吧。”由于有机会修改他的答案，阿尔夫给出了更精确的答案。“工人的生活如此艰难是因为……有些工作非常需要体力。”珍妮抓住机会，赞扬了阿尔夫的回答，同时引导他(和其他学生)看到了回答问题的准确性是如何提高的。“在你的第一次回答中，你给出了4个相当模糊的信息。这次回答时，你用……你精心挑选了措辞，完善了答案。”珍妮既给了阿尔夫一个大放异彩的机会，也让学生对文章有了更具体的理解，同时了解了如何清晰地回答问题。

有时，学生答非所问可能存在其他原因。他们会将某一话题不同类型的信息杂糅在一起。比如说，你问一个概念(“谁能告诉我什么是复合词”)，学生则举例回答[“eyeball(眼球)是复合词”]。你要求学生描述一个概念(提到图形面积时，我们在讨论什么?谁能告诉我面积是什么?)，学生却用公式回答(“长乘以宽”)。在大量的课堂活动中，这些答非所问的情况很容易被忽视。如果仔细倾听，你会发现这类问答十分常见。如果你问学生概念，而学生给出一个例子，你可以试着告诉他:“吉姆，你说的是例子，我问的是概念。”毕竟，了解例子和概念的区别十分重要，学生也真正需要准确回答每一种类型的问题的机会。

学生的回答模棱两可时，你可以采用稍微不同的方式要求学生使用术语或精确的语言表达。学生可能确实在回答你的问题，但像个算命先生一样，说的都是概括性的内容，适用于任何人或任何场景。优秀教师要求学生使用熟练掌握的术语（“体积是物品占据的空间”），而卓越教师则要求他们使用刚刚学到的专业名词（“体积指物体所占空间的立方量”）。这种回答能拓展学生的词汇量，使他们熟悉并掌握本单元所学的（甚至是大学所需的）专业术语。这类教师的提问很具体，而且通过提问后续问题以强化效果。

某些情况下，教师很可能忘记为正确答案设定高标准。以下列出了4种常见的场景，我对它们进行了命名，以便你记忆和使用它们。

1. **坚持等待正确答案：**学生答案近似正确时，拒绝“补台”，说答案是正确的。
2. **回答我的问题：**要求学生严格回答教师的问题。
3. **精准词汇：**要求学生用精确的词汇和专业术语描述细节。
4. **更简练的语言：**要求学生用更少的词汇或更清晰的语法提炼答案。

技巧

17 扩展知识

让学生勇于迎接挑战

如果教师对学生的学习有着非常高的要求，那么正确答案并不是学习过程的终点。相反，他们会进一步拓展知识，提出更大的挑战。音乐教师约翰·伯迈斯特对学生说过这样的话："正确答案的奖励是更难的问题。"随着时间的推移，扩展知识已经成为最简单的答题习惯——也许不是每一次，但经常如此——这有助于构建学生自信与渴望接受挑战的文化。

这个技巧实际运用起来是什么样子呢？先看一下两个课堂里发生的情况。第一个是阿丽埃尔·胡的一堂中学数学课。在阿丽埃尔开始提问前，你就能感觉到，高度的期望已经成为她课堂文化的一部分。她的学生萨拉解释她是如何知道一个方程组的答案是错的："我是通过看图表发现错误的，因为这两条线是平行的，它们永远不会相交，这表明本题没有解。"在没有明确要求的情况下，萨拉使用了专业术语，以及令人信服、精确的句子完美地解释了答案。

阿丽埃尔可能对萨拉的回答相当满意，甚至为她感到骄傲。但她并没有简单地说"太好了，萨拉"，而是回答说："你是如何用代数证明这一点的？你用了什么方法？"

阿丽埃尔对萨拉的回答既暗含了如何让班里其他学生也像萨拉那样回答问题的方法，又显示了其效果——当你得到这样的答案时，接下来做什么来进一步推动他们的学习。

"消元法。"萨拉说，"去掉了x和y之后，得到0=2，但这是不成立的，所以这是一个假命题。"

"太棒了！"阿丽埃尔说。接着她又问了一个有关重合线的问题。

贾希姆主动举手回答了这个问题，我们再次听到他使用专业术语，而不是简单词汇阐述了自己的观点。

贾希姆说："计算方程组有多少解的方法是看图表，你会发现它有无穷解。"

确实是无穷解。阿丽埃尔问："你是怎么知道的？"她想挑战贾希姆，确保他不是偶然猜对的。她想了解他是如何解决这个问题的，希望他（和其他学生）能够在其他问题上也使用同样的解题过程。

过了一会儿，阿丽埃尔注意到一个小小的失误，于是问道："乘以2？"贾希姆也发现了自己的错误。"用它乘以4，就会得到相同的方程。"他明确地说。

"结果是什么？"阿丽埃尔继续说，巧妙地给他机会，让他把所说的话与其他知识联系起来，从而建立相互关联的知识体系。

贾希姆继续说："结果是0=0，是无穷解。"

"太好了，"阿丽埃尔说，"这是什么样的命题？"

"真命题。"

"做得好。给贾希姆送上爱的鼓励。"她对全班同学说。同学们用一个爱心的赞美手势"照耀"着贾希姆，她带着灿烂的微笑说："我喜欢你的解释。"这样的互动对贾希姆产生了很大的影响，即使老师不表扬他，贾希姆也知道他做得很好，感觉越来越自信。他把学习过的知识点连成了一条线。这是认知科学家所说的阐述，经常被应用在检索练习中。阿丽埃尔引导贾希姆回顾他对某个概念的理解，把知识点联系起来，用新的语境和新的词语来描述它。这种详细阐述将帮助贾希姆拓展知识、形成长期记忆并增强信心。

你可以在迈克尔·汤尼的物理课堂中看到类似的过程。迈克尔往两个烧杯——一杯热水、一杯温水里滴入红色染料，然后给学生很短的时间与同伴讨论观察结果。他知道他们会观察到，染料在热水中扩散得更快。"要快得多。"有一个学生观察并说道。但迈克尔关注的不仅仅是简单的观察，而是对所看到的现象有更深入的理解，我们可以从他的提问中清晰地看到这一点。

"说说看，你注意到发生了什么？"他随机提问一个学生。

"染料在较热的水中扩散得更快。"这名学生回答说。就像在阿丽埃尔的课堂一样，你可以听到他的回答满足了迈克尔的期望：他小心翼翼地使用专业术语（"扩散"），并准确地指出，染料在较热的水中比在较冷的水中"更快"地运动，这是经过科学的观察得出的正确答案。这个正确的答案开启了新的挑战，迈克尔决定进一步拓展它。

“不错，然后呢？”他回应道。

学生停顿了一下，突然意识到他必须在更实质性的层面上解释正在发生的事情。一开始他还不确定，但当他开始从分子的层面解释时，他信心大增。

“分子越热，它们在烧杯里的移动就越快，所以如果你把……”

迈克尔开始插话了。“哪些分子？”他问。

“水分子。”学生回答说，挑战仍在继续。

“你能看见分子吗？”迈克尔问道。

“不能，但染料的运动显示了它们是如何移动的。”学生继续说。

现在，迈克尔转身随机提问另一个学生，提醒大家倾听同伴的重要性，“他在说什么，梅兰妮？”在一场具有挑战性的探究之后，迈克尔巧妙地称赞第一个学生了解了很多科学知识。

你可以看到梅兰妮在回答之前稳定了一下情绪。用科学术语表述这些知识将是一个挑战，但冷静下来之后，她开始回答。

“他说，把另一种液体物质放入水中时，那是……分子移动得更快，所以在这种情况下，当温度更高时，分子的移动速度比在冷水中的分子要快。”这里，我们再次看到了详细阐述的观点，学生从长期记忆中调取观点，然后在工作记忆中使用，同时他为观点建立联系，并以它为基础进行扩展。这就是长期记忆形成的过程。

“再告诉我一些。”迈克尔转向另一个学生说。这里的随机提问很有趣。它传递给学生的信息是：“我们被推到了极限。”他们被当作科学家对待，每个人都参与到了这个角色扮演的游戏中。

“原子理论说，一切事物都是由物质和其中的原子组成的。”又一个学生回答——这是以不断提问为标志的课堂小剧场。没有一个答案是理所当然的，教师总是在追问原因。教室里的学生就像真正的科学家，可能正是在这样的地方，年轻人下定了决心从事进一步的科学研究工作。

当你给学生机会，让他们在新问题中运用知识，让他们快速思考、迎接更难的挑战时，通常他们是乐在其中的，有时还非常喜欢。这种提问方式一直让他们处于亢奋状态，并传递这样的信息：老师对他们的聪明才智深信不疑。扩展知识让学生知道他们能做什么。从梅兰妮的回答就可以看出来。她想了一会儿，强装镇定，这已经超出了她的舒适区，但后来她继续下去，发现自己完全能胜任这项任务。当你在一次又一次地发现自己战胜了挑战时，你就会开始相信自己。

在像迈克尔和阿丽埃尔那样的课堂上，学生不仅学到更多知识，他们还会感到自己是重要的学者，是受到重视与尊重的学生，是能够发挥最大能力的思考者。这里是年轻人迎接挑战并开始思考的地方："是的，我是有数学天赋的孩子。""是的，我的爱好是科学。"很多时候，通过向学生发起挑战，我们想传达的意思是我们相信他们的能力，而不是用嘴说，"我认为你很聪明""我认为你有能力学好科学"。学生想要找到证据证明自己可以，在这些课程中，他们就得到了证据，看到自己在面对真正的挑战时取得了成功。

阿丽埃尔和迈克尔向我们证明，将正确答案作为学习过程中的一个步骤，拓展它可以帮助学生建立长期记忆，将知识点扩展并连接成知识链，增强他们的好奇心和自信心。更大的挑战带来了文化变革。

扩展知识包括：

- 养成得到正确答案后，提出跟进问题的习惯；
- 提问各种类型的跟进问题；
- 通过互动建立一种文化，让学生接纳甚至欢迎学无止境的观念。

扩展知识的其他优点

教师要更多地了解学生的思维方式，并确保正确答案的可靠性。例如，在贾希姆的例子中，我的理解是：阿丽埃尔为了确保贾希姆真的理解最初的答案及其原因，所以让他详细解释正确答案的原因，而不是从表面上接受，转而提问另一个同学。这可以避免"假阳性"现象——学生有可能靠运气、巧合或一知半解让教师误以为学生已经完全理解了某知识点。

此外，在没有"正确"答案的课堂上，例如分析复杂的文献或推理作业，由于老师对学生的见解很好奇，拓展知识的问题让学生有机会追求独特的思维方式。扩展知识让你展示对学生思维的兴趣（而不是简单地接受学生与参考答案一样的回答），因此，你就在课堂上创建了一种学术文化——重视学生的观点并对内容进行深入的思考。

对问题进行拓展有助于解决课堂上最棘手的难题：根据学生学习水平区别对待。经常提问有针对性的难题，通过学生答题的熟练程度和准确度可以简单、有效地区分学生水平，而不用把学生分成不同的学习小组。向不同的学生提出不同的问题可以帮助教师了解学生的真实水平，并以此推动他们进步。

改变提问方式

接下来，我会列出6组不同的扩展问题。我这样做的目的是：为教师提供丰富多样的提问方式，拓展学生的思维。这些拓展问题本身很有价值，但不要太依赖它们。它们只是帮助你思考如何以更活泼、更多样的方式在学生得到正确答案的时候，向他们发起挑战。

问怎么样或为什么

验证学生的答案是否可靠、是否在指定的话题上始终正确的最好的方法是看他们能否解释得出答案的过程。问学生“为什么”可以激励他们探索自己的思维，超越“简单”的准确答案，体验更深层次的见解或探寻细微差别。在东波士顿布鲁克特许学校一个六年级的英语教室里，鲁·拉特雷老师在讨论《赐予者》中的一个关键时刻时，他这样拓展了问题：

教师：“我们能推断出乔纳斯的父亲对他的所作所为有什么感受吗？”

学生：“他没想太多。他表现得很正常。”

教师：“为什么？”

学生：“他对孩子说话的语气和对加布里埃尔说话的语气一样。”

教师：“为什么这样说？”

学生：“在最后一句话里，上面写着‘一只虾’，他表现得好像这种情况经常发生一样，并且他用婴儿的语气和婴儿说话。”

要求另一种解题方式

一道题往往有多种解题方法。学生只用了一种方法时，教师还可以引导他们尝试其他解题方法。阿丽埃尔在她的数学课上主要使用这种方法，她让学生解释从方程组的图表中理解到的东西。从贾希姆和其他学生的回答中可以看出，他们最初几乎都期望从图表中找出答案，但阿丽埃尔却要求他们用另一种方法解决。

想象一下，教师正在检查一名学生的小作文，这是关于《阳光下的葡萄干》（*A Raisin in the Sun*）的一个场景。

这名学生写道："柏妮莎回答阿萨盖说：'你还没有告诉我们阿莱约是什么意思……我个人认为，你们可能会叫我小白痴什么的。'这表明了她的怀疑态度。"

教师可能会回应说："支持证据选得不错，现在试试你能不能间接描述而不是直接引用柏妮莎的话。"

学生可能会修改为：

"柏妮莎通过询问阿萨盖阿莱约是什么意思表达了她的怀疑，也许有点玩世不恭的意思，于是猜测阿莱约可能叫她'小白痴'。"

教师在课堂上巡视几分钟后，可能还会进一步扩展："改得不错。比起用直接引语描述论据，你认为用间接引语描述论据会有什么不同？描述更能改变争论的结果吗？"

要求用更精确的词汇表达

学生在描述概念时，开始往往用最简单的语言。教师要给他们机会使用更具体的词和正在熟悉的新词，这样就能够达到扩充词汇的重要目标。鼓励运用新词汇也可以增强学生对思考能力的信心和对新词汇的熟练掌握。

在迈克尔·汤尼的课堂中，我认为，第一个回答问题的学生似乎预判了迈克尔的后续问题，因而在有意识地多使用专业术语。你可以想象前一天，一名学生可能这样回答："染料在温水中分散（spreads）得更快。"迈克尔可能说过"你能用专业术语吗？"或者"你要使用知识归纳（技巧5）上的专业术语"，或者"用更精确的术语表述你的观点"。

"染料扩散（disperses）。"

"是的，谢谢。"

同样，你可以想象有一天一名学生在阿丽埃尔的课堂上说："这些线交叉了（cross）一次。"她问："专业术语是什么？"让学生使用术语"相交"（intersect）。这样学生就养成了使用专业词汇的习惯，因为教师要求他们这样做。一旦养成习惯，即使没有要求，他们也会下意识这么做。他们学会了自主扩展。

这也可能发生在讨论非专业性话题的情况下。

“基卡收到奖杯后有什么反应？”教师可能会问学生。

一名学生回答说：“她微笑（smiled）了。”这是正确的，但教师可能会问她：“你能用其他词汇捕捉到她更多的反应吗？”或者“你能用词汇表中的词汇表述吗？”

正如她希望的那样，她能得到一个更有感染力的词：“她喜笑颜开（beamed）。”

如果她得到了“她笑得很开心”（smiled strongly）或“她笑得很灿烂”（broad smile）这样的回答，教师可能会再次拓展。“是的，好多了。如果你能用一个精确的词描述‘笑得很灿烂’（a broad smile），那就太棒了。你能吗？”

向学生要证据

教师通过要求学生描述支持其结论的证据，强调了构建、论证论点过程的重要性。在社会或者大学中，问题不再都有标准答案，此时最重要的就是论据的清晰和一致性，那么上述提到的对过程的重视就显得非常可贵了。但同时要避免学生对主题之外的话题做主观论断，这对教师来说具有挑战性。不要随便给学生的论点贴上不充分的标签，你要向学生要证据，给学生一个思考的机会，完善自己的答案。

你可以要求学生给出证据来支持其他学生的观点，比如说明《阳光下的葡萄干》中的柏妮莎很难表达清楚她的身份，或者让学生证明柏妮莎对自己越来越不自信。你可以说：“是的，我想是这样的。但很多人都评论说她发生了微妙的变化。你能找到一些证据来支持或反驳这种解读吗？”或者说：“是的，我想是这样的，但你能给我举个例子，说明当她母亲在场时她内心的挣扎就会加剧吗？”

要求学生整合相关的技巧或额外的知识

现实中，解决问题不只涉及一项技巧。为了让学生更好地面对现实，更好地掌握解决问题的技巧，可以要求他们将该技巧与最近掌握的技巧结合起来。

教师：“谁能用‘大步走’（stride）造个句？”

学生：“我大步走在街上。”（I stride down the street.）

教师：“能加点细节，进一步说明‘大步走’的含义吗？”

学生："我大步走在街上，准备去商店买些糖果。"（I stride down the street to buy some candy at the store.）

教师："能加个形容词修饰街道吗？"

学生："我大步走在宽阔的街上，准备去商店买些糖果。"（I stride down the wide street to buy some candy at the store.）

教师："很好。能加一个复合主语吗？"

学生："我哥哥和我大步走在宽阔的街上，准备去商店买些糖果。"（My brother and I stride down the wide street to buy some candy at the store.）

教师："能用过去式吗？"

学生："我哥哥和我大步走过宽阔的街道，去商店买了些糖果。"（My brother and I strode down the wide street to buy some candy at the store.）

要牢记概念，学生需要整合多方面的知识。拓展问题可以帮助他们练习整合技能。

教师："布拉德伯里可能在这张照片中暗示了什么？"

学生："可能是炸弹爆炸了，摧毁了整个城镇。"

教师："你们知道布拉德伯里写作的时候，美国发生了什么吗？"

学生："美国在广岛和长崎投下了原子弹，结束了第二次世界大战。"

教师："那么布拉德伯里会具体暗示什么呢？"

学生："这张照片可能是在暗示核能给人类带来的破坏，就像1945年发生在日本的事情一样。"

要求学生在新的环境下使用同一技巧

一旦学生掌握了新技巧，就可以让他们在全新的或更具挑战性的环境中应用。

教师："'stop'这个单词中哪两个字母一起发音？"

学生："ST。"

教师："很好。这句话中的哪两个字母一起发音？'Last,he jumped.'（最后，他跳了起来。）"

学生："Last（最后）。"

教师："它的二合字母是什么？"

学生："ST。"

扩展提示

总的来说，我提出的6种扩展方法都是指令性的：指导学生以具体方式思考已经掌握的内容。"能说出一个更准确的词吗？""能告诉我为什么吗？""如果指数是0，答案会有什么不同呢？"此类问题可以引导学生思考最初的答案，这是这种方法的优势所在。有时非指令性问题也有价值，提示就是一种非指令性的拓展形式，其过程成本可以降至最低。比如"再说说看"或"可以详谈吗"，这些都没有告诉学生如何思考，只是让他们深入思考。非指令性提示的优势在于让学生决定什么最重要，什么需要改进，从而提升他们的独立思考能力。

通常情况下，提示是有益的，它可以尽可能地减少对学生思维的干扰。"再说说看"比关于作者写作意图的具体问题说得更快，对学生思维的干扰也更小。学生可以立即接上问题，开始拓展，因为他们的思想还集中在讨论的问题上。电子设备的杂音证明，即使是几秒钟的干扰，也足以打断深入的思考。提示的简洁性是至关重要的，许多冠军教师都在采取多种方法尽量减少干扰，将重点转向学生的思维。你想了解学生在想什么以便知道如何应对的时候，提示会很有帮助。简单的提示"再说说看"可以让他们在不影响内容的情况下，扩展自己的观点，为你提供有价值的数据来评估学生的理解水平，哪些学生能够独立思考，哪些学生需要额外帮助。

提示技巧最常见的类型是语言提示，很多教师会采取口头提示的方式让学生继续阐述某一具体观点。典型例子包括：

"再说说看。"

"继续。"

"请详细阐述。"

一旦养成提示的习惯，教师就可以用非言语提示取代语言提示，使过程成本最小化。这也是最不具有指令性的拓展方式。有效的非言语提示包括：

- 做双手滚动手势，就像篮球比赛中"带球走"的手势一样；
- 点头和/或鼓励的声音（"嗯，嗯"）；
- 眉毛上扬或其他明显的面部表情。

对于非指令性提示，需要注意的是：非指令性提示给学生更多自主权，这本来是好事，但是人们常常将自主和严谨混为一谈，认为自主权越多，越严谨。提示学生“再说说看”未必比“兰斯顿·休斯对心底里的怒火的理解与本学期读到的另一作者有何不同”的提问更严谨。很多情况下，教师具体提问和让学生简单补充观点都能引发深刻的思考。（需要说明的是，如果教师已经提前准备好有针对性的问题，指令性提示会更有益些，正如“技巧1：规划范例”中讨论的那样。）如果任由学生自由发挥，对，自由发挥，答案可能良莠不齐——可能与主题相关、有利于学习思考，也可能漫无边际，严重影响班级的教学进度。

鉴于在指令性和非指令性提示拓展之间存在取舍，最佳方法或许是实现二者平衡：一方面使用指令性和非指令性提示，另一方面通过半指令性提示做到合二为一。比如教师可以用“再说说看”的提示，但却指向问题中最值得拓展的那部分。

例如，我让学生描述《赐予者》中乔纳斯在某一场景中的具体感受——乔纳斯第一次感受到恐惧和喜悦。学生回答说：“乔纳斯感到困惑和害怕。他从未有过这种感受。他很孤独。”一种解决方法是，我可以说“说说看他有什么困惑”或者“他为什么感到孤独”。这样我就给了学生充分的自主权，还帮助学生认识到最有效的观察应该侧重哪里。这就是半指令式的提示。

★★★★★

你可能已经意识到，扩展提示可以按其直接的程度分类。我在后文根据直接程度列出了3种不同程度的提示（见下页）。

值得注意的是，这种分类是相互关联的，并非泾渭分明。有时，扩展提示的魅力在于，你能够引导学生识别最重要的观点和概念。除此之外，该技巧的重要性体现在它较低的话题转化成本和了解学生对值得扩展的话题的判断。在指令性和非指令性的扩展提示都可以用的情况下，我建议两者都用。最重要的扩展提示是实现两者的平衡。

要实现平衡，就需要认识到指令性和非指令性扩展提示的紧密联系。大量严谨的指令性拓展问题可以逐渐教会学生更有效地思考如何扩展答案。之后，即使问题的指令性没有那么强烈，学生也可能出于习惯给出缜密的答案。所以，或许从一开始在指令性提示上花费些时间是值得的，然后再逐渐过渡到非指令性提示上。

你提问问题的类型和希望讨论的类型也会影响指令性和非指令性扩展提示的

平衡。

提示——非指令性	提示——半指令性	提示——指令性
“还有呢？”	“再具体谈谈第一部分。”	“你有什么证据？”

你渴望一系列答案时——比如，探讨对文本的情感反应时，或者分析一系列看似思维逻辑合理的文学作品时，非指令性扩展能激发一系列令人印象深刻的观点，甚至是意想不到的独特见解。而另一方面，如果你已提前规划好了具体的结果，指令性提示则更合适。简而言之，要根据目标匹配相应的扩展提示。如果想让学生了解乔纳斯感觉有多孤独，用指令性提示。如果想让学生从洛瑞的话里分析乔纳斯的孤独（或者找出他们同情乔纳斯的孤独感受的时刻），则用非指令性提示。

扩展知识有助于实现课程目标

假设你让学生计算3加5等于多少，在学生给出正确答案8后，你决定稍稍拓展一下，用更有难度的问题奖励给出正确答案的学生。下面是可以采取的拓展方法：

“好的，13加5是多少？”

“好的，30加50是多少？”

“好的，8减5是多少？”

“很好。你能给我说个叙述故事的问题吗？”

“很好。你能告诉我是怎么做的吗？”

这些都是很好的扩展问题，你会选择哪一个呢？一道简单的问题有这么多拓展选项，如何保证拓展有的放矢？如何保证课堂不偏离主题呢？

意识到问题的多样性可以帮助教师采取多种方法向学生提出挑战。同时，巧妙地突出重点也能拓展学生知识，实现重要的课堂目标。

不管采取何种方式，一定要记住课程目标。可以“横向”（向新领域）扩展，也可以进行巩固性扩展（温习学生掌握的技巧，不时进行练习）。扩展的大部分内容应与当天和本单元的教学目标密切相关。这可以确保你在运用技巧时有针对性并使其富有成效。

技巧 18 表达形式很重要

让学生的观点变得更可信、更缜密

语言，尤其是像英语这样应用广泛、复杂多变的语言没有唯一正确的表达方式。事实证明，几乎每个人都在说英语，环境不同，表达形式各异。例如，工作环境中的英语表达方式和与朋友、家人在一起的表达方式就不一样。简而言之，每个人的声音都有其动人和有价值之处，每个人的表达方式也是。

教师肩负着社会上其他人所没有的特殊责任：培养学生熟练掌握一种特定的英语表达方式。

几乎所有文章、科学研究、法律摘要或备忘录都是用英语写的。上诉法院使用英语，向委员会陈述时使用英语，在医生查房时也使用英语。如果你愿意，你可以称之为标准英语。有些人不喜欢这个名字，但我们必须为它命名。事实上，如果学生想准备充分和公平地参与社会和经济生活，就必须掌握标准语言的表达形式。

知道有人因为学生没有说标准语言而对其想法置之不理，你可能会很愤怒，甚至抵制标准语言，但作为教师，我们必须把这些感受放在一边。接受学生和他们的表达形式，承担起培养他们流利地说标准语言的责任。学校是为学生提供机会掌握这些语言形式的机构。如果学校不这样做，那么只有那些拥有特权的或者撞大运的人才能得到机会的垂青。

丽莎·德尔皮特写道：“不对标准语言把关，学生永远也学不会标准的语言表达形式。如果向孩子或成年人暗示说话或写作的方式不重要，最终会导致他们的失败。”

德尔皮特把语言称为“游戏”，学生必须学会遵守游戏规则。我却称它为传统，一个我们继承但其变化比社会发展要慢得多的传统。无论如何称呼，我们都有责任让学生熟练掌握它。教师兼作家贾斯敏·莱恩观察到：“学校是一个为将来做准备的地方，一个接受主流教育的地方，并不是因为主流教育更好……而是因为如果你想对任何体制进行重大改革，就必须先有资格进入该体制。”

有些人担心这会让学生觉得自己或自己的语言低人一等，但为什么要有这样的预设呢？你自己会这样想吗？如果一个美国人搬到英国（或者一个英国人搬到了美国），他会在某些公共环境中改变说话的方式吗？他会觉得有失身份和降低自我价值吗？我认为，尽管你在某些环境下改变了语言习惯，你还是你。学生适应能力很强，何必认为他们在选择使用某种语言的同时可以保持自我的能力不如我们呢？如果有些人担心自己的语言被贬低了，教师应该解决这个问题。莱恩在描述自己的求学经历时说，她从来不觉得使用不同的语言表达方式是否认自我身份，“我只是需要有人明确地教会我如何使用两种语言表达方式”。

我们的工作就是用敏感性、细微差别和判断力来教学生掌握标准英语。对一些人来说，课堂是他们学习标准英语的唯一机会。最好的方法是建立语言和书面表达的习惯。上课时，我们要转换交流模式，以便学生能持续地接触到标准英语，并能够自然和熟练地使用。

我会先讲一讲“表达形式很重要”技巧的内涵，然后我会讲一讲如何做——这也一样重要。

在表达形式很重要技巧中，教师可以采取以下4个具体的行动：

1. **语法形式：**要求学生用标准英语表达（或重组）自己的观点。

2. **完整的句子形式：**要求学生将答案扩展为完整的短语或句子，以便在复杂的语法习惯和句子中练习口语。

3. **声音形式：**提醒学生大声讲话。如果观点不表达出来，价值就会大打折扣。

4. **学院派表达形式：**这个想法受到巴索·伯恩斯坦（Basil Bernstein）对详细代码研究的启发，通过帮助学生掌握“标准英语”，使其了解学术背景中更正式、更独特的语言表达形式，以适应大学的特殊要求。

语法形式

其实，学生在课堂上犯语法错误（即与标准英语不同）时，自己往往没有意识到。我们应该告诉他们，并帮助他们纠正错误。这样他们就会自己发现并纠正。一旦养成习惯，上课时，他们就会自然而然地使用标准英语。工作记忆告诉我们，如果学生边说话边有意识地翻译，工作记忆的其他用途就会受到干扰。我们希望学生不要耗尽稀缺的工作记忆去思考如何说话，这样就可以使它专注于思考和感知。

如果我们的目标是培养学生用标准语言表达的习惯，仅仅告诉学生犯了错误是不够的，最好要让他们改正。学生学习标准语言就和我们做运动或学音乐一样。教练和音乐教师很快就会意识到，口头指导告诉年轻人，面对篮筐投篮或那个音符需要轻声弹，不如给他们一个修正或练习的机会，这样效果更好，也能达到预期结果。“再试一次，在篮筐的正前方投篮”或“再弹一次，最后一个音符要轻轻弹”，经常这样做才能养成习惯。

培养习惯要注意纠正的频率和一致性，这很具有挑战性。每次听到非标准语法都必须纠正吗？当然不是。只要达到微妙的平衡即可。在阐述深刻思想的过程中，不要纠正，至少要推迟到阐述完成再纠正。最好等到一个学生说完：“我们讨论的（We was）是法律的讽刺本质，即通过剥夺人们的权利来保护他们。”你再说：“很有趣，你能这样开始吗？‘我们（We were）……’”而不是打断思路，以免他可能忘记后面要说的话。工作记忆很难同时做两件事。时刻考虑表达的正确性有时会忘记想要说的话。有时候，在学生专心致志地表达自己的观点时，你要特别小心，不要说出这样的话：“注意，主谓一致。”

在刚上课时，在进行最深入的思考之前，在提醒学生你的期望时，纠正几次往往特别有效。

提前向学生解释你要做什么，为什么这么做，这样他们才能理解。先做个简短的动员演讲：“我会帮助大家学会如何用大学和工作环境所期望的语言来表达自己的观点。下课之后，你的生活方式对我来说很美好，但我的工作是帮助你们学习特定背景下的语言，这样大家在社会上才能游刃有余。我会经常告诉你们如何用标准英语说话。我这样做的时候，请大家尽力配合并及时改正，但要明白我对你们没有任何偏见。课下，我的说话方式也和课堂上不一样。”

如上面演讲所说，没有偏见的纠正很重要——我们的目标是让学生为进入社会做好准备，增强他们的自信心。在《文化响应式教学和大脑》中，扎雷塔·哈蒙德提醒我们要确保语言纠正是“指导性的反馈”，帮助学习者认真做出“具体的调整”。它应该总是“及时的”和“在低压力的环境中使用的”，不要做任何正确与否的评价。

我们的目标是找到简单的技巧来识别和纠正错误，但要尽量减少对学生答题的干扰。下面两个简单的方法最为有效：

1. **发现错误**。学生犯了语法错误时，要用温和的疑问语气重复这个错误。你可以在达瑞尔·威廉姆斯的课堂上看到这种做法。“It gots to be？”学生使用了这个短语时，达瑞尔重复道。然后，他让学生自我纠正，他之前已经解释过，他指出错误后，学生要去纠正。

2. **教师带头校正**。学生犯了语法错误时，教师要先重新表述，纠正错误，然后再让学生完成答案。比如在一个课堂案例中，达瑞尔老师是这样开头的，“它有（It has）……”学生接着完成正确答案。如果你发现错误，但学生无法自我纠正时，可以使用这个方法。

一定要灵活运用该技巧。有时先让学生说完答案，再纠正。特别是学生在表达强烈的观点或想法时，一定要等他们表述完自己的想法再介入。当然，有时候也可以根本不用介入。

在《动机教学法》（*Motivated Teaching*）[1]中，佩普斯·麦克雷指出，如果教师不知道如何使用某个技巧，再好的想法也可能会造成致命性结果。我们通常使用的最重要的技巧都是如此，表达形式很重要也不例外。该技巧的核心是纠错的语气。让学生知道我们关心他们，重视他们的想法，也有责任重塑他们交流的习惯。语气要和蔼可亲，不用道歉。请注意，达瑞尔没有对学生犯的错误夸大其词。实事求是地纠正错误不会引起学生的过分敏感，一切会进展很顺利。

完整的句子形式

我的老师曾经说过，见解就是头脑中尚未完全形成的想法、印象、信念或观点的碎片。只有在你用语言将它表达出来后，它才能被叫作想法。在用语言表达之前，一切还未完全形成。你能感觉到一些东西，但不知道是什么，直到它变成一串词汇。“语言，”正如诗人W. H. 奥登（W. H. Auden）所说，“是思想之母，而不是思想的仆人。”

将想法分解成词汇和语法的做法有助于（或限制）思想的创造力。句子的定义

[1] 本书中文简体版已由中国青年出版社出版。

是“完整的思想”，它提醒我们，造句是完整思想的表达形式。毫无疑问，也是学生必须掌握的为数不多的核心技能之一。

让学生做大量用完整句子表达的练习——口头的和书面的，培养学生在思考后和临场遣词造句的能力，其实是一种馈赠。学生过于简单的答案，一个单词或一个短语的片段，可以转化成练习使用和培养流利表达形式的机会，这些形式有利于塑造他们终身的思想表达习惯。

从一开始就要求学生用完整的句子回答，或者在他们给出极其简单的答案之后要求他们这样做，如：

教师："詹姆斯，小说的背景是什么？"

詹姆斯："加利福尼亚州奥克兰。"

教师："对，很好……用完整的句子怎么说？"

詹姆斯："小说的背景是1968年加利福尼亚州的奥克兰。"

或者在给出答案之前提醒：

教师："谁能用完整的句子告诉我故事的背景是什么？"

请注意，在第一个例子中，教师在要求学生重新答题之前赞扬了他的想法（“对，很好”）。教师保持积极态度，强调练习句子不会影响答案正确与否。一个简单的微笑也可以做到这一点。

你会注意到，在这个例子中，詹姆斯的第二次答案添加了更多的信息（包括1968年）。当然，这样的情况不是每次都会出现。但通常情况下，要求更详细的答案或更正式的表达形式时，学生会感觉到你的期望，也愿意添加更多的细节。

或者，用有趣的句子开头来挑战詹姆斯，理想情况下，还可以使用复杂的语法表达：

教师："詹姆斯，这个故事的背景是什么？"

詹姆斯："加利福尼亚州奥克兰。"

教师："很好，你能以这样的开头再告诉我一遍吗？小说的背景设在（The novel is set）……"

詹姆斯："小说的背景设在1968年的加利福尼亚州奥克兰（The novel is set in Oakland, California, in 1968）。"

教师在要求学生修改之前，再次赞扬了他的观点，这次詹姆斯把“set”用作动词。名词转换成动词是一项具有挑战性的任务，在英文口语中不如在英文写作中更常见。两者都有助于学生掌握句法运用。

你可以在贾斯敏·霍华德的课堂上看到这一幕。贾斯敏要求学生定义一下函数。“它有自己的因变量，而且是唯一确定的。”这名学生回答说。她的回答基本上是正确的，如果你能猜出“它”指的是什么，确实是这样的。所以贾斯敏敦促她清晰地陈述观点：

“它有自己的因变量，而且是唯一确定的，”她重复道，“‘它’指的是什么？”

“自变量。”学生回答道。贾斯敏现在想要一个完整的句子，于是语气平和地肯定了答案：“继续，用完整的句子回答。”简言之，她要求学生将第二个答案嵌入到最初的答案中，用完整的句子表达出来。

“函数中的每一个自变量都有一个唯一确定的因变量。”学生说，她不仅理解了概念，还优雅、简洁地表达出来，并进一步明确了自己的观点，还添加了“每一个”这个词。

在另一次互动中，她问学生：“这是线性函数吗？”

“是的。”学生回答。

“为什么？”

“因为它形成了一条直线。”

“好的。用完整的句子表达，不要用‘它’。”贾斯敏回答。在另一个同学的帮助下，该生最终说道：“这个方程式代表线性函数，因为点在图上呈直线。”

这里要补充一点，提倡多让学生练习用完整的句子表达，不代表每一个问题都要让学生用完整的句子回答。所以要有选择地使用，否则会物极必反。请不要忽视语言清晰、流畅、语法正确地表达自己观点的能力。优雅而简洁地表达复杂的思想，外加自己添加的词汇，让贾斯敏的学生在课堂上脱颖而出，从而使他们增加了表达自己思想的信心。

我一再强调，一定要清楚地认识到学生阅读不乐观的现实情况：学生阅读的东西越来越少，并且正在朝着错误的趋势继续发展。阅读正在与智能手机进行殊死斗争，马上就要败下阵来。文学作品比口语使用的词汇更广泛，语法更复杂，阅读越来越少的结果是：学生接触这些词汇和语法的机会也越来越少。课堂上有意识地使用详细、高级的句法结构至少可以弥补一些由此产生的缺憾。

声音形式

在克里斯汀·托雷斯的课上，她要求学生大声回答问题，她在讨论过程中或讨论前一再强化她的期望。其结果令人震惊。学生自信地大声表达自己的观点，好像他们的想法很有价值。同学能清楚地听到并感受到所有细微的差别。课堂上丰富而生动的讨论就是因为能听清对方在说什么。学生能清楚地听到争论内容、表达的重要观点，并做出相应的回应。结合注意力习惯（技巧48）和讨论的习惯（技巧44），他们就形成了一种文化结构，在那里学生彼此倾听、重视同学的想法，因此能够开诚布公、自信满满地表达自己的观点。

如果克里斯汀的学生回答问题时喃喃自语，其他学生什么都听不见，那上述的一切都不会发生。

简言之，听不到彼此的想法，讨论就没有意义。如果课上讨论声音普遍偏低，这说明陈述的观点并不重要。声音含混不清，其他人很难听清发言者在表达什么。如果发言者所要陈述的观点是有价值的，那么让每个人都能听到它就是非常重要的。

教师要强调声音清晰地回答问题，最有效的方法是干脆利索地提醒学生，同时把干扰降到最低。克里斯汀使用了“大声、骄傲地说出来”这个表达。她一贯如此，实施时既高效又能保持对学生的尊重。你可以清楚地听到她的语气时而热情、激昂，时而顽皮，但她一直在追求卓越：

对马克说：“开始。大声、骄傲地说出来。加油。”

对贾斯敏说：“大声点儿，你能行，孩子。”

对迪迪说：“大声点儿，孩子！”

对乔文说：“声音更响亮些，更骄傲些，你有这个实力。”

再次对乔文说：“稍等一下。乔文。你有这个实力。和我一样大声……”

你也可以用其他表达。只要能保证所选词语简单明了（不分散学生的注意力）就行。牢记扎雷塔·哈蒙德的建议，这种纠正应该是“有益的、可操作的，而不是评估性的”。你可以在克里斯汀的课堂上多次看到这样的场景。它明示或隐含的信息是：“你的话很重要；与我们分享，让我们都能听到你的想法。”“大声说”或“请大声说”既简单又没有伤害性，是个不错的选择。根据不同的环境和对话风格，它的效果可能也不同，例如，在高中课堂上用“大声而骄傲地说出来”可能就没有太大作用。

你可以在加比·伍尔夫的课堂上看到更深入地运用该技巧的例子。加比复习了《化身博士》中具有挑战性的内容，以确保所有学生都理解了核心事件，伊姆兰回答了这个问题。加比提醒全班同学：“很好。请大家回答问题时声音大点儿。”她不是在伊姆兰回答声音很小时提醒的，而是在他的声音越来越小以至于几乎听不到的时候说的。其实发现时就提醒学生会比事后纠正要好得多。随后，艾哈迈德回答后，加比再次提醒学生：“请大声回答问题。”她的语气很清晰，但没生气。请注意，她要求全班同学大声回答问题，这确保了大家都接收到这个提醒，并且避免了让艾哈迈德或伊姆兰感觉受到了批评。回答问题之前先提醒学生大声回答问题要容易得多。一旦他们含混不清地回答，就让他们再说一遍，以引起大家的注意。

强调大声、清晰地回答问题时，教师最好在开始实施时就向学生解释怎么做及其原因。你可以这样说：“你要说的话很重要，所以让大家都能听到你的想法。”刚开始，学生可能会感到不舒服，所以要强调这样做的目的：帮助他们接受挑战，明确口头表达在交际中的重要性。计划实施初期，要充满热情，让学生感受到你对他们的信任与关爱。这一点在加比和克里斯汀的教学中尤为明显，她们乐观的语气和坚定的态度值得我们学习。

学院派表达形式

我们来看贝丝·维里莉和学生阿珊蒂互动的一个例子。学生正在阅读莎士比亚书中的一个场景：麦克白夫人试图激发她丈夫冷酷无情的野心。

“麦克白回家后，她打算做什么？”贝丝问。阿珊蒂回答说：“她会在他耳边说邪恶的话。（She' s gonna talk all this evil stuff in his ear.）”确实是这样的，这说明她对莎士比亚戏剧理解得很透彻，坦白说，是对麦克白夫人理解得很透彻。

如果这个学生在大学第一、二学期的课堂上这样回答呢？这可能是一个很漂亮的回答。她的同学和老师可能很喜欢她轻松、随意表达出来的智慧，“她会在他耳边说邪恶的话”。他们甚至会模仿她。如此随意地捕捉到莎士比亚戏剧的精髓，看上去这很轻松。但阿珊蒂需要用更多的学术语言写一篇论文才能够坐在教授的办公室里谈论麦克白夫人“对她丈夫世界观的邪恶影响”。如果你知道自己有能力在必要的时候把语言提高一两个层次，那么使用非正式的语言交流也是可以的。

大学非常重视措辞，有时还提倡正规的交流方式。当然，没有人会明确地告诉你怎么做。事实上，他们有时假装随意，其实是自己的小秘密——心照不宣。能够参与正规的交流，用精确、高级、新学到的辞藻表述自己观点的能力——坦率地说，有时用新词表达陈旧的观点和重新梳理想法的能力，是成功的体现。这些语言表达形式标志着一个人对某一专业知识的了解和掌握，不管是否有人告诉你这一点。

所以，请注意接下来发生的事情的重要价值。“用大学预修课程标准的话表达她会在他耳边说邪恶的话……”贝丝对阿珊蒂说。

“她试图把她的负面信念强加到麦克白身上。(She' s going to try to impose her negative beliefs onto Macbeth.)”阿珊蒂解释说。

阿珊蒂的第一个答案在很多方面都很好。在某些情况下，可能会更好。请注意，贝丝清楚地表达了对阿珊蒂最初答案的赞赏。问第二个问题的目的只是想看看她有没有能力提升语言表达水平。加大语言表达难度的要求表明她相信阿珊蒂有这个实力。也就是说，学院派表达形式是指教师培养学生使用高级语言表达自己的观点，为其在更正式、更专业的场合表达更清晰、更得体做好准备。

技巧 19 不要为学生找借口

鼓励学生接受高难度的挑战

认为学生完成不了这项作业，教学内容太难或无趣，这些想法总是不经意间溜进我们的课堂或脑海里……“不要为学生找借口”技巧给我们提供了一些应对措施，避免走进下面表达方式的误区：

为教学内容道歉

大三那年，从国外留学回到汉密尔顿学院后，我选修了帕特丽夏·奥尼尔的英国浪漫主义诗人这门课，因为所学专业的其他班都满了。我认为不可能有比这更无趣的课了。想着一个学期都要背诵关于爱情本质的诗歌，我无比郁闷。但为了学分，我极不情愿地，坦率地说，有点忧郁地走进了帕特丽夏·奥尼尔的课堂，没想到这门课竟成为我大学期间上过的最好的课。

阿德耶米·斯坦布里奇指出，激情四射的教师是联系学生和教学内容的媒介，其中教师的作用是引领和培养学生与教学内容之间的关系。不知奥尼尔教授用了什么魔法，让我心甘情愿地熬夜读威廉·华兹华斯（William Wordsworth）的作品，让我彻底改变了思考和阅读的方式。有些课我一开始就喜欢。但奥尼尔教授却用以我19岁的智商认为绝对和我没有任何关系的教学内容，激发了我强烈的学习愿望。我相信大多数人都有类似的经历，一个看似最无趣的科目经天才教师之手变得生动有趣、栩栩如生。

没有无聊的教学内容，只有等待赋予其生命与活力，等待你去发现其魅力的内容。在优秀的教师眼里，学生需要掌握的材料是令人兴奋、妙趣横生和启人心智的。有时我们也怀疑自己能否做到这点，其实，做不到也可以给学生带来迎接挑战的乐趣。

我经常听到人们讨论怎么选择阅读的书：让学生选择喜欢的书，他们就会爱上阅读。对于自主阅读来说，这个选择不错，但只有阅读同一本书，我们大家才能通过不同的视角讨论和解读同一个故事。有人没有得到自己喜欢的书，也可能谁也没有得到。这也许是件好事。从一个11岁或14岁的孩子选择的书就可以完全了解他喜欢什么，这是愚蠢的想法。读书的目的是扩大年轻人的视野，而不是接受并牢记它们的观点。你越能向一个14岁的孩子证明他对世界的了解还不够完美，就越好。就类似孩子们认为他们不喜欢某道菜肴，是因为没有尝过专家大厨烹制的这道菜。事实上，看清自己喜爱的东西可能会让你大吃一惊，明白这一点也是一种收获。

只选择那些我们可以和学生互动的内容，是不会构建具有文化响应的课堂环境的。教学的前提应该是把教室变成一个温暖、充满活力、包容的地方，一个让学生认识到学习重要性的地方。有意义的教学可以帮助学生构建课堂归属感和与课堂内容之间的联系。正如扎雷塔·哈蒙德所写的那样，“仅仅因为我们提到非洲部落的国王或墨西哥的阿兹特克帝国，就能让课堂上被边缘化、被学术抛弃或被忽视的学生重新参与课堂活动，这种想法太幼稚了”。

“教学内容枯燥乏味”只是猜想

我们总觉得学生会认为某些教学内容枯燥乏味。比如说会计。有点儿无聊，是不是？然而，成千上万的会计师热爱他们的工作，认为会计很有趣，以阅读有关会计的书为乐。他们在社交媒体上关注的也是优秀的会计师。我们认为会计工作很无聊，那是因为我们对它不太了解。我们没有考虑到品味的多样性。萝卜白菜各有所爱。有的教师会说：“同学们，我知道这些内容有点枯燥。我们试着理解一下。”甚至会说“你们可能觉得一点儿意思都没有”，说这样的话就等同于道歉，认为这对其他人来说很无聊，也许有点儿自我开脱：“我告诉你们内容很枯燥，如果你们不喜欢，也不是我的错。你们不要认为是我教得不好，而是内容无趣。”

认为教学内容乏味的想法只是自欺欺人。对学生说内容无趣的教师是不会想办法激发他们对课程的兴趣的。一些教师认为无聊的话题，很多教师却能将其变得生动有趣、鼓舞人心。我们的工作就是想方设法让课程吸引学生的注意力，而不是想当然地认为学生理解不了陌生的内容，或者千方百计地迎合他们。

“他们会喜欢的”是肤浅的观点

就像我们认为学生不喜欢什么的理由站不住脚一样，认为他们会喜欢什么的理由也如此。鲁丁·西姆斯-毕晓普（Rudine Sims-Bishop）观察到，课程内容为我们提供了“真实的或虚幻的、熟悉的或奇怪的世界观”。她使用了镜子和窗户做比喻。“我从镜子里看到了自己的影子。我通过窗户看到了一个不同的世界。”所有的学生都应该感受到这两个不同的世界。正如西姆斯-毕晓普指出的那样，“来自上层社会的孩子……也饱受缺乏了解他人的图书的困扰。他们需要能帮助他们了解世界多元文化本质的书”。不论学生是何种肤色，他们都同样会被莎士比亚的话所感动和启发。“所有的书籍都是共享的。”阿尔弗雷德·塔图姆写道。莎士比亚、莫里森、马尔克斯、聂鲁达、赫斯顿、村上春树属于每个人。

也有人认为镜子比窗户更吸引人，认为学生只想在阅读内容中看到自己的影子，其实也有很多人会从讲述与他们不同经历的书本或课程中受到启发。有些内容直接代表了某种身份和兴趣（比如“我是拉丁人”），但还有些内容所代表的含义是隐性的（比如“我是科学家”）。公平、公正的学校是每个孩子都有足够的机会去追求梦想的学校。我们必须热烈欢迎他们的梦想。有些学生会在马尔科姆·艾克斯（Malcolm X）身上找到灵感，另一些学生会在格雷戈尔·孟德尔（Gregor Mendel）身上找到灵感。老实说，我们和他们永远不会知道谁会变成什么样子。窗户和镜子，每个学生都应该拥有，缺一不可。

指责教学内容

有些教师将课堂上出现的某些内容归咎于外来因素，如学校行政部门、政府官员或者某些抽象的“他们”，这样做有两种负面影响：削弱教学内容在学生眼中的合理性；影响自己的授课热情。教师可能会这么抱怨：“这些内容会在考试中出现，我们必须学会。”“他们说我们必须学这个，所以……”这种负面信息有点自欺欺人，没有个人主见。如果考试会出现，那可能也是学校大纲的一部分内容或者是本州的规定，你不完全赞同别人对大纲和教学标准的判断，但是那些人（也可能是聪明人士）有正确的理由选择这些内容，我们可以使用这个理由说服学生，“我们之所以学习这些内容，因为这是学生时代的重要基础”。

敢于挑战

卡罗尔·德韦克（Carol Dweck）在成长型思维模式方面的重要工作已经得到了广泛的讨论和应用。其核心观点为，具有挑战性是好事。愿意接受挑战会让我们学到更多东西，为将来可能遇到的困难做好充分准备。因此，把“对不起，这将很难”改成“这非常具有挑战性（这是件好事）”可能会有所帮助。下面有一些表达，可以帮助我们把道歉变成机遇。

- “这个话题很棒，真的很具有挑战性！”
- “很多人上了大学才明白这一点，你们现在就知道了。太酷了。”
- “理解得越多，你就会越兴奋。”
- “很多人都害怕这个话题，等你们掌握了，会比大多数成年人懂的都多。”
- “这背后有个伟大的故事！”

向学生道歉

在我援建的第一所学校里，学生将中文作为外语学习。这里没有一个中国人，大多数学生都是学习英语的。他们的文化背景和肤色各异，母语也不尽相同。了解到中文有多难后，成千上万的汉字，使词汇有新含义的四种声调，简化但依然难以理解的拼音，许多局外人，工作人员，甚至学生父母都反对说：“他们到底为什么要学中文呢？”当时的校长平静地回答说，如果出生在中国，他们从小就会说中文。于是就这样，学生开始学中文了。最后，他们都学会了，这让他们充满自豪和成功的喜悦。成功的第一步是要相信自己可以。

扎雷塔・哈蒙德写道：“作为教育工作者，我们必须认识到，不教授学生高级认知技能，我们会永远落在别人后面。”“低估学习迟缓的学生，认为他们智商不够，推迟更具挑战性和有趣的任务，直到认为他们掌握了最基本的知识时才考虑这些任务”，我们就面临着教学效果差和与学生搞不好关系的风险。

永远和学生站在一起，告诉他们你会支持他们，不断告诉他们“我知道你们行”可以提高学生的自我认知。为了更好地鼓励学生接受高难度的挑战，教师可以采用以下有用的表达：

- “学会这些知识是你们最值得自豪的事。”
- “等你们上了大学，可以向别人炫耀你们竟然知道这么多……”
- “不要被吓着。就几个新词，一旦了解它们的含义，也就记住了。”
- “这很棘手。但功夫不负有心人。”
- “我知道你们能行。我会和大家一起解决这道难题的。”
- “开始都会不知如何下手，但是我们一定能弄明白。我们再试一次。”

向学生道歉

第五章

课程结构

LESSON STRUCTURES

技巧20 现在就做

率先勾起学生的学习兴趣

教师通过课堂导入的方式向学生传递明确的信息，如教室文化、教学目标和期望，所以教师应该刻意为之。我们希望那些让学生感兴趣和富有挑战性的任务能立刻吸引学生投入到富有成效的高质量学习中。渐渐地，他们会养成习惯，他们希望每次一进入教室就能积极、有意义地参与到课堂活动中。我们希望学生知道教师已经做好充分准备，而且很重视他们的学习。这样，学生就不会被动听课，课堂上也不会出现无人发言的尴尬局面了。

快速启动高质量的学习任务非常重要。如果学生知道如何完成一个有把握又很熟悉的活动，他们一定会积极、自信地参与其中。

一流课程的第一步是使用“现在就做”技巧——一个简短的书面作业在等待他们，学生一进入教室，就应该马上开始学习，不需要教师的任何指令。

现在就做技巧的秘诀在于“你没有发出任何指令”。除了提前发布任务之外，这个程序不需要你的指令。这对你和学生都有利，如果你能形成一个教学周期，那么效果更佳。现在就做技巧让你有时间可以再看一眼准备的课件，确保教室座位安排妥当，与一两个学生进行沟通，或者发回学生的作业——甚至可以在教室的某个角落喝杯咖啡。所有这一切都在学生忙着完成现在就做任务的同时顺利进行。这也是学生在思想上过渡到课堂教学的时刻。不管刚才在走廊上、在前一节课结束时或吃午餐时发生了什么，开始上课时安静、专注的几分钟都能帮助学生成功准备好进入学习状态。

有效实施现在就做技巧应该坚持3个关键原则，从而确保它的专注性、高效性和有效性：

1. 现在就做任务应该每天都在同一个地方进行，这样学生就会形成习惯。你

可以提前把任务写在黑板上，打印在图表纸上，或者把它写在一张你放在门口的纸上。无论放在哪里，都要保持一致。

2. 学生应该能够在没有教师指导、不和同学讨论的前提下，独立完成现在就做任务。在大多数情况下，除了你提供的材料，不能借助额外材料的帮助。如果现在就做任务是让学生根据一份主要素材，比如一幅19世纪的卡通画《笨拙》(*Punch*)，写一句解释性的话，那么这幅卡通画应该挂在所有学生都能清楚看到的位置上，或者直接复印一份，放在学习资料里。有些教师误解了现在就做任务的目的，会告诉学生要做什么，怎么做(例如，“好了，同学们，现在就做已经写在黑板上的练习。你们要根据要求先做X，再做Y。开始吧”)。这样的做法与现在就做任务的目的——自我管理——背道而驰。如果需要解释，这项任务的独立性就不够充分。

3. 该练习任务大约需要5分钟，教师要提前准备好纸和笔。一项书面作业不仅使练习任务变得更正规、更有参与感，同时也能帮助教师通过追踪而非旁观技巧更好地收集数据，表彰那些表现优异的学生。

大多数现在就做任务是学生安静独自完成的作业。偶尔有同学互测重点知识总结上列出的知识点或检索训练任务，但这种情况极少出现，只有在条件成熟的情况下才出现。

对于现在就做任务的内容，我倾向于这3种选择。该活动应该：(1)对当天的课程进行预习[如果学生要阅读《一件夹克》(*The Jacket*)，就让学生写句话，描述如果有人偷了弟弟最心爱的夹克衫，他们会怎么做]；(2)复习最近学过的内容(最近讲了三个新的词汇，教师可以让学生复习它们，这样就不容易遗忘)；(3)了解新课程的背景知识(学生正在阅读《数星星》，教师可以要求学生读一段关于第二次世界大战期间配给的纪实小说节选)。所有这些选择效果都很好，但我还是要说说经常使用现在就做技巧复习重点知识和进行低风险测试(不和平时成绩挂钩)的好处。

在《如何设计教学细节》(*Small Teaching*)中，詹姆斯·朗(James Lang)指出，“在课堂开始和结束时进行一个简短的(不评分的)单选测验，考试前再进行一次额外的测验，可以使所有学生的分数提高一个等级”。这些简短的低风险“小测验”(你可以选择给他们打分，也可以让学生根据答案自己打分)实际上降低了学生对单元测试的焦虑。他们报告说感觉准备得更充分了。当然，我在检索练习（技巧7）中讨论过，这是因为，正如朗所说，“每次从记忆中提取一段信息或经验，都是在强化我们的工作记忆，这样我们就可以使用记忆去思考和采取行动”。通过使用现在就做任务，学生能够快速复习之前课程中的关键信息，你的目的不仅是提高学生在全新课程中的参与度，还要确保他们在以后的相关时刻能够检索到这些信息。

和现在就做的内容同样重要的是如何和学生一起实施该活动。据我观察，使用这一技巧时，最常见的问题是教师在批改练习时时间掌控不当。15分钟后，才发现现在就做活动代替了原本规划好的课程内容，或者挤占了原本在下课前要进行的自主练习时间。因此，准备一个计时器，按规定时间完成现在就做任务：3—5分钟。这里你需要实施一点选择性无视的技巧。比如给学生布置了8道题目，没必要全部批改。只需选择最重要的两三道题即可。如果想评估学生的理解水平，学生做练习的过程很重要，你可以在巡视时，认真观察究竟哪一题对学生构成了障碍，哪一个学生能够正确回答这道题。你甚至可以从学生的错误中找到有价值的信息。你只有几分钟的时间决定讲解哪一部分，要借助追踪而非旁观技巧（技巧9）获取的数据帮你做出决定。

莎拉·赖特有很多熟练使用现在就做技巧的例子。下页展示了她讲授帕姆·穆尼奥兹·瑞恩的小说《飞翔的埃斯佩兰萨》时，现在就做任务的材料。

莎拉随机展示优秀答案，这会激励学生认真完成书面作业。她还明确提到了设计这节课现在就做任务的初衷：她希望学生复习前一天阅读中的关键事件，并思考主人公是怎样推进该书最后的剧情的。她使用了丰富而吸引人的“因为”“但是”“所以”问题。这一方法我将在遣词造句的艺术（技巧41）中讨论。该提问方法来自朱蒂丝·霍奇曼（Judith Hochman）和娜塔莉·韦克斯勒（Natalie Wexler）的书《写作革命》（*The Writing Revolution*）——用于构建学生思维的复杂性。你可以从学生热情和严谨的评论中发现它是多么迷人。但请注意，莎拉的复习简短而迅速。她的目标是专注、热情的讨论，不是长篇大论。鉴于学生如此热情地参与课堂讨论，应该多给点时间，但是莎拉及时止住了讨论，将学生的精力转移到了下一任务上。

现在就做

1. 扩展这句话：米格尔说要向埃斯佩兰萨证明“事情会好起来的”。

- 米格尔想向埃斯佩兰萨证明“事情会变好的”，但是 ______________________________
____
____
____

- 米格尔想向埃斯佩兰萨证明“事情会变好的”，因为 ______________________________
____
____
____

- 米格尔想向埃斯佩兰萨证明“事情会变好的”，所以 ______________________________
____
____
____

2. 假设蒂奥·路易斯发现阿布利塔消失了。写下他勃然大怒时可能对自己说的话。挑战：使用我们学过的两个词。

____
____
____
____
____

现在就做任务是教师希望学生每天都要完成的作业，因此应该强调其操作过程和期望。克里斯汀·托雷斯在课堂上就是这样做的，她欣慰地悄悄记下学生的名字，因为他们圆满完成了现在就做任务。顺便说一下，这就是学生的作业。它的目的是了解小说《数星星》的背景知识，学生当天将学习主人公在树林中旅行这一章。

现在就做

阅读：森林的象征意义

森林是个神秘的地方。在传说和童话故事中，树林里到处都是神秘的生灵。它们象征着年轻人要成为成年人必须面对的所有危险。在《汉塞尔与格蕾特》（*Hansel and Gretel*）、《白雪公主》《小红帽》等童话故事中，森林是一个远离文明的地方，一个充满考验的地方，一个充满未知、未被探索的地方。

森林通常是不法之徒的家园，或者是没有法律约束的地方。由于树木遮住了阳光，它通常是文学作品里描述黑暗和神秘力量的地方。进入森林经常被看作是进入一个未知的世界。有时，它也是一个充满机会和转变的地方——英雄进入森林，发现了一些关于他或她身世的东西。

1. 思考文章的最后一行：“有时，它也是一个充满机会和转变的地方——英雄进入森林，发现了一些关于他或她身世的东西。”
   a. 这里的代词“它”指的是什么？______
   b. 安妮玛丽在穿越森林的旅途中会发现什么？
   ______
   ______
   ______

2. 为什么洛瑞会选择让安妮玛丽穿越一片森林，而不是穿过一个城镇或一片田野呢？在上面的文本中画出支持你观点的词汇或短语。
   ______
   ______
   ______

正如汤姆·班尼特在《老师怎么做，学生才会听》中观察到的那样，克里斯汀提醒我们，强调期望的最佳时机是学生表现精彩的时候。他写道，“最不适用的策略之一是在错误发生时强调规范。在一切进展顺利、平静、安定、一切安排妥当之后”才是接受别人指导的理想情绪状态。

在我看来，真正优秀的教师能够很好地掌控从现在就做活动到讲解作业的这段时间。他们会用这些话结束任务：“好了，当你听到‘嘟’的一声时，请放下笔，我们会讲评其中的一些题目。”或者当计时器开始发出“嘟嘟嘟”的响声时，教师立即开始随机提问（技巧34）或随机展示（技巧13），不浪费1秒钟。从活动一开始，教师就创造了一种动力十足的氛围，一种“心流”的感觉，正如我将在第六章中探讨的那样，这是一种沉浸在快节奏和吸引人的活动中的精神状态，是你在教室里创造的最愉快的体验之一。出色的现在就做任务的节奏可以从一开始就创造“心流”的感觉。

在线课程：远程现在就做活动

在线课程的开场尤为重要。当学生远离教师和教室时，提醒他们按惯例行事具有双倍意义——在一个混乱的环境中提供舒适性和连续性。

我们喜欢看约书亚·汉弗莱和他在圣·路易斯大学预科高中（KIPP St.Louis High School）的学生一起做现在就做活动。约书亚的在线课程是异步的，学生可随后观看录制好的课程。约书亚的课是以现在就做活动开始的，他说“像往常一样”，提醒学生他们要做的是课堂上熟悉的活动和习惯。当然，他也稍做调整：在录播课程中，你不能只是把现在就做任务留在屏幕上，认为学生会主动去做，所以他会在现在就做活动前以一个简短的问候开始他的课堂。然后他直接、清晰地说明他将暂停视频，好让大家开始做现在就做活动。但无论是面对面的指导还是远程上课，约书亚对现在就做活动的评论都很有指导意义。他的语气是完美的——他在描述错误时的稳定情感让犯错的学生感觉很舒服。讲解答案时，他简洁明了，一点也不急躁。最重要的是，他使用彩色的高光笔引导学生的视线，通过回顾正确和错误的答案帮助学生专注于最重要的事情。学生知道他们在关注什么。网络学习的困难使我们发现了引导学生关注关键细节的重要性。

我们从线上现在就做活动获益的另一个例子来自纳什维尔传统特许学校的哈桑·克莱顿的课堂。在迅速而不失热情地打过招呼后，他要求学生在“聊天室”完成“现在就做”任务。学生把答案发送给他，他立即进行评判。这样他就知道谁何时完成任务。请注意，他在网络环境中把“现在就做”任务简化为一个问题：

“用一个艺术性的句子，总结一下先天和后天的区别。其中包括一个表示对比的词……”你可以在“技巧41：遣词造句的艺术”中读到更多关于哈桑让学生用“巧妙的句子”回答问题的方法。哈桑让学生把答案单独发给他，他会选择一些发人深省或优秀的答案与大家分享（线上随机展示活动），以此引发激烈的讨论，并表彰那些作业优质的学生。注意，哈桑又为“现在就做”增加了第二个更有趣的问题（你想要一只眼睛还是两个鼻子？）。其实就是为了好玩。在师生处于隔离环境中时，哈桑利用这个问题建立师生之间的融洽关系。他很谨慎地只花了一点时间就完成了现在就做活动，但他和同事在线上课程建立积极文化时经常这样做，你可以想象偶尔问一个有趣的现在就做问题也是一种奖励，即使在线下课程中也有如此效果。

技巧 21 分解教学步骤

让学生循序渐进地掌握新知识

强大的教学知识量对出色的教学至关重要，但也有一个缺点。专业知识具有认知科学家所说的“知识的诅咒”：专家很难理解为什么这么简单的知识对新手来说很困难。同样，对教师来说显而易见的东西，对学生来说并不容易。

请思考：你在屏幕上展示一张显示细胞结构和细胞器的幻灯片，如下图所示，然后开始向学生讲解。

动物细胞

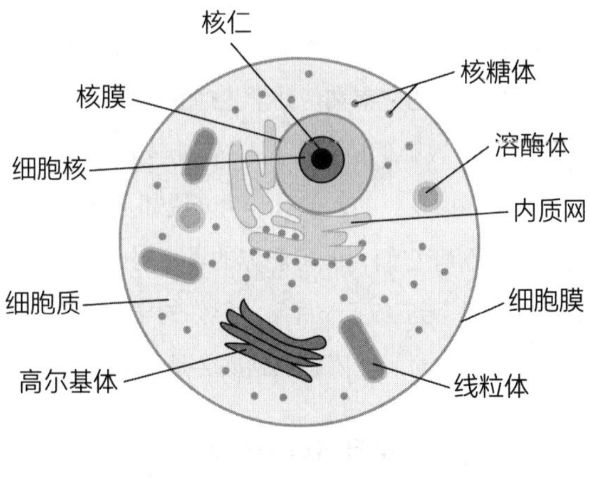

讲解的时候，你的脑海里隐藏着一千种不言而喻的理解：为了更加清晰可见，图像中的细胞组织都放大了。这些颜色只是为了演示方便，真实的细胞是三维的，并非如图所示。动物细胞形状各异，没有动物细胞是这种形状的。此图是动物细胞的横截面。线粒体的实际大小不尽相同。细胞器是不断移动和变化的，等等。

在最理想的情况下，学生可能会模糊地理解一些图像里标注的名词。更有可能的是：他们对此一无所知。但是你在解释图表时，根本不想详细解释这些内容，你隐藏了他们不理解的东西。从某种意义上讲，你和学生看的是两张不同的图表。对专家来说最明显不过的东西，新手往往一无所知，甚至一点感觉也没有。

事实上，在推特上几十位同事的帮助下，我生成了专家对细胞图的理解列表。什么对生物教师是显而易见的，但对学生来说并非如此？我问。大多数人都提出了一两个看法。我没法看到所有的观点，其中有些建议我无法跟踪到。

结合邓宁-克鲁格效应，能力欠缺的人往往会高估自己的能力水平，这样你就陷入了“一个不知情的阴谋”。格雷格·阿尔什曼写道：“教师认为学生理解了，学生也认为自己明白了，但实际上，他们根本不理解。”

对于知识的诅咒，目前还没有可靠的“治愈方法”。学生困惑的神情说明你讲课时可能忽略了一些东西，所以要精心备课，释放自己的工作记忆以便更好地观察学生。经验对你也是有益的：听到学生在实验室里说出“那不可能是线粒体——它不是橙色的！”这样的话，凭直觉你就可以判断出学生对动物细胞有多深的误解。在教学方法方面，你可以做两件事，以便向学生灌输正确的理解并避免更大的误解甚至无效学习。

首先，将新的教学资料分解成几个步骤，依次进行教学和练习。其次，使用注释范例或教学范例而不是抽象的文字来帮助学生理解复杂的学习任务。

意识也会有一定作用。教师们应该时刻注意到学生可能忽视的任何一个知识点，这对教师来说可能是显而易见的，但对学生来说却是一种困惑。你在这一章中列出了难以理解的词汇并解释它们，但可能你的学生对一些更简单的词还有困惑。你终于明白，虽然历史事件只过去了一百年，但你的学生缺乏你的历史大事年表，他们认为事情大致发生在同一时间。困惑点到底会是什么仍然是个谜。

指引渐退效应

新手与专家的学习方式不同。据我所知，这是教育心理学家最重要的发现之一，也是教育理论家最不认可的发现之一。认知心理学家约翰·斯威勒认为，新手更依赖于直接的指导，而专家则从解决问题中获益，这就是指引渐退效应。他写道：“学生最初应该得到大量明确的指导，以减少工作记忆负荷，这有助于将知识转移到长期记忆中。”“一旦学生的知识变得渊博，这种指导就没有必要了，而且……应该消失，并被解决问题所取代。”这是一个既有用又独特的指导方针。（其独特之处在于斯威勒并没有提出一种本质上适合所有情况的更好的方法。他似乎注意到了迪伦·威廉的告诫：“任何东西都有存在的价值，但没有一件东西在任何地方都有价值。”）

开放式的问题很重要，直接指令也是如此。使用哪个需要视情况而定。斯威勒认为，大多数情况下要取决于学生对主题知识的了解程度。重要的是要认识到：对课本之外的情况，学生都是新手，进一步讲，人们总是处于在新手和专家之间来回切换的状态，甚至在解决同一个问题时也是如此。周五，在一个效果良好和组织严密的教学单元结束时，学生可能感觉知识渊博；下周一又开始一个新的单元，他们重新回到起点。这意味着每天都要使用不同的教学技巧。

这让我想起女儿在科学课上建造火箭模型的经历。有一天，她兴高采烈地宣布，周末他们要在课堂上制造和发射火箭。“太好了，”我说，“你在研究空气阻力还是空气动力学？”这听起来超级奇怪，我换了个说法：“你知道吗，这种东西会让火箭飞得更高。”

“我不太确定，”她说，“我们还没有学呢。这可能是新单元的导入。”

几天后，我问她火箭课进展如何。“很好。”她说。他们用纸做出了火箭，然后到学校后院去发射。“我们小组赢了！”她手舞足蹈地告诉我——这意味着她的团队的火箭在空中停留的时间最长。“太酷了，”我说，“为什么你们的火箭飞得这么高？”

“我不太清楚，”她说，“也许是我们做的尾翼和其他人的不一样。”

“哦，你们火箭的尾翼是怎么做的？与其他人的尾翼有什么不同？”我说。

沉默。

换句话说，如果他们做的尾翼更好的话，那就是碰巧罢了，有趣而难忘，但教育意义不大。他们不是测试一个想法——“嘿，既然我们知道X，看看是否……”总而言之，这不是知识的运用。

我心里清楚：我喜欢发射火箭的活动。有趣，也很鼓舞人心，这也是我女儿热爱科学的理由。但是如果能让她在跨过新手阶段后再去做这件事，她会学到更多。关于空气阻力原理的课程或具有不同机翼形状的小型实验都会对她有所帮助。或者，把发射火箭作为“导入”，发射两次——第一次发射是在单元开始时，先做一些猜想；第二次发射是在学生学到并牢固掌握足够的知识之后，问：“大家现在注意到哪些第一次发射火箭时不知道的事情了？”

如果学生掌握了这方面的知识，他们就会描述、解释和领悟到为什么有些火箭飞得更高：

“我们火箭的尾翼和表面积更大。”

“也许是头部锥体产生的空气阻力更小。”

简言之，动手学习的价值与学生参与活动时的知识掌握程度直接相关。在掌握知识之前的动手活动会忽略专家和新手学习方式的差异。

再想想迈克尔·汤尼的课上，当迈克尔将染料滴入两种不同温度的水中时，学生是如何运用所学知识的。他们之所以能够看到发生了什么变化，是因为他们有了相关的知识储备。

巴拉克·洛森西因在《教学的原则》（*Principles of Instruction*）中谈到效率指南时说道：“把新的教学资料分成几个小步骤分别让学生练习。”这有点浪费时间，但也值得。这会使隐藏信息变得透明，让学生在工作记忆超负荷之前使用练习来巩固理解。认知心理学家认为，这是学生还没有完全掌握所学知识时最有效的学习方式。洛森西因指出：“分步教学需要时间，效率越高的教师在展示新的教学资料和指导学生练习上花费的时间越多。例如，在数学教学中，最有效的数学教师在40分钟的课上用23分钟讲课、演示、提问和做案例分析。”洛森西因指出，相比之下，效率较低的教师只用11分钟解释和练习新的教学资料。

工作记忆会因为太多的新教学资料而超负荷。解决方案如下：把你正在做的事情分解成几个小步骤。一个步骤一个步骤地解决，让学生分步骤练习。在学生练习时，要问两种不同类型的问题：概念性的问题（我们在做什么？）和程序性的问题（我们该如何做？），如果可能的话，要在两者之间来回切换。

瑞秋·布斯曼的课堂为洛森西因的想法提供了一个极好的例证，她有条不紊地解释和练习新的教学资料，并在程序和概念问题之间来回切换。

“要解决这个问题，我们要找到X的值。所以只要找到X是什么，我们就解决了这个等式。”瑞秋说，她正在讲解本单元的重要概念。她问了一个程序性的问题：“第一步该怎么做？”

布兰登回答后，瑞秋问了一个概念性的问题："布兰登刚刚做的这一步的数学名称是什么？"

过了一会儿，她又回到程序问题上，随机提问艾拉和阿里安："下一步我该怎么做？"

"是的，这次我们在简化。"她又转换到一个新问题。现在她从概念开始问："谁能告诉我简化的另一个名字是什么？"她得到了正确的答案，找到了类似的术语，接着她问卡里斯："这里的类似术语是什么？"

卡里斯的回答不完全正确，瑞秋问："谁能完善一下卡里斯的答案？"他又让阿扎里亚回答了一次。问完这些概念性的问题——有什么样的类似术语？我怎么才能发现它们？——她又回到程序问题上，要求汉娜计算$-3x$加$5x$等于多少，并问埃利斯能否进一步简化。在得到正确答案后，她又问了一个概念性的问题："我说的'指数'是什么意思？这里的指数是多少？"

在学生熟练掌握概念之后，我们就可以试着使用更灵活、多变的教学方法了，但一定要谨慎：教师学生时代的记忆有时不完全可信。在以后的学习中，教师总会记得那些难忘的时刻。它们是散乱的、没有条理的。当时你获得了探索的机会，然后突然间茅塞顿开。也许你还记得专业课下课后，走出教学楼时，你的头脑都要爆炸了。当然，如果教师能为学生重新开启这个情境，同样会令人印象深刻。其挑战在于，当教师探索获得这种见解的方式时，他已经是一个专家。他在每次互动中都比新手感知到更多的意义。你的学生最终会到达一个高度，他们也会从开放式的练习中获益匪浅。但就目前的情况看，学生不如教师从经验中得到的更多，因此，把教师学生时代影响深远的活动添加到当下的课程中，并不一定会让学生感同身受和难以忘怀。

教学范例与传统讲义

到目前为止，我们认为：以明晰的步骤导入新的教学内容，结合学生的练习和反思，引导学生管理工作记忆负荷，能够使学生循序渐进地掌握所学知识。但那些不能按顺序轻易分解的内容怎么办呢？比如说，写一篇文章或画一幅水彩画。这依然涉及不同元素，只不过不能轻易地分解为步骤罢了。

一种解决方法是分享标有教师注释的范例，供学生学习。在《嵌入式形成性评价》（*Embedding Formative Assessment*）中，迪伦·威廉和西沃恩·莱希（Siobhan Leahy）建议用“教学范例”取代传统讲义来阐释如何成功完成任务。这很有趣，因为精心制作的讲义在描述相对抽象的概念时，充满了对专家来说显而易见但对新手来说是隐藏的东西。威廉和莱希指出，“对学生来说，讲义几乎达不到教师预期的结果”。例如，传统讲义可能会提到，一篇娴熟的作文应“使用单词和短语、细节和感官语言来表达经历、事件、背景和/或人物的生动画面”。如果你是一个新手，就不明白“使用细节和感官语言”是什么意思，并且要如何评判使用的质量。从讲义来看，一篇表述“不充分”的文章“只讲述了经历、事件、背景和/或人物”，一篇较好的文章则使用感官语言描述得栩栩如生。学生们知道什么是生动语言，什么是感官语言吗？他们知道用感官语言描述是什么意思吗？

如果作者放弃使用细节描述他闻过和尝过的东西，这篇文章还会好吗？这听起来也同样荒谬。

因此，威廉和莱希建议看看高质量的范例，解释其中的关键元素是如何被运用的。这样的文章应该包括几个使用生动的语言或描述感官细节的段落。看过一系列具体的例子，新手就可能真正理解生动的语言和感官语言是什么样子的，并思考着如何将它们运用到写作中。如何有效地描述感官细节，才能使文章更长更复杂、质量也更高呢？实际上，你是在为学生建立心智模式，这样他们就可以想象和理解文章的组成部分。

最初的作业应该是分享教学范例，而不是抽象的讲义，这种想法是令人信服的。关键是要让教学范例具体化——指导学生学习3—4个包含关键元素的例子，然后让他们独自练习。学生可能会写一些研究报告等小作文，通过练习掌握不同元素，在创作更大的作品之前掌握一些技巧。事实上，许多大师就是这样做的。他们伟大的画作都是一次次研究的产物，绘画元素也是一次次建模后不断改进的。先找出前景中房子上的光影，然后再勾勒出人物，并探索如何着色，要尝试许多次才能把它们组合在一起。

尼娜·特洛伊诺给我们提供了一个特别的例子，她当时是纽约特洛伊市特洛伊预科中学（Troy Prep Middle School）的美术教师，我被学校走廊里学生画作的质量震惊。我观摩了尼娜的几堂课，通常情况下，她会通过一系列的练习来让学生逐渐掌握绘画技能和知识，直到最终完成一幅画作。她是这样向我解释分解绘画步骤的："第一天上课非常具有学术性。在现在就做任务中阅读大约两段关于这位艺术家的文章，另外附加理解问题，讨论他的绘画方法，观察他的一幅画。"

尼娜说："我们讨论了为什么要这样画，并提取了绘画项目中使用的元素。"

"我让学生评价我个人认为非常怪异的风景画法。我们谈到了这个房子是如何被孤立起来的，那里没有人。但有些奇怪的元素，比如窗户的梯子，让你意识到这里可能举行过什么活动。让你感觉那里没有人，又好像有人。我们讨论了房屋和树木如何用传统手法绘制，但房屋却是平面画法，这是一个扭曲的、不完美的房子。"

实际上，尼娜是在讲解一个范例，她告诉学生：这是一个成品画作范本。这幅画中有一些让它看起来印象深刻的关键元素。你可以使用这些词汇来对它进行描述。

接下来，尼娜的学生开始练习绘画，最后完成一幅画作。"第一天，大家一起画。先画一个房子。一步一步地把房子拆成各种形状、角度和线条，找出每条线都有什么用途。例如，为了让房子看起来像是在空间中部，前沿要更长，然后逐渐向后面变窄。我先把它画出来，然后我指导他们按照我画的方式画。他们画完之后，房子就有点雏形了。我把房子半成品交给他们，剩下的由他们完成。这样他们就能变得更加独立。快下课时，他们画完了一间房子。然后开始添加地平线和风景细节。"到第一次课结束时，尼娜的学生们已经画了许多房屋的草图和图画，他们会把这些运用到最终的成品中。

第二天，他们以同样的方式练习了风景元素，尤其是树木。在接下来的几天里，他们进行了更多的练习。"第二天的现在就做任务是接着完成上次的任务。他们要完成房子的另一半。第三天，我让他们画完整的房子，外加传统风格的树木景观。"尼娜说。

经过几天的素描元素练习后，学生们开始画最终成品的初稿。“我告诉他们，这就像小测试。他们必须表明已经理解所涉及的要点，即构图要求：一座房子；至少四棵传统风格的树，所有树都要有阴影，都指向顺时针方向，与太阳一致；一个神秘的元素，暗示失踪的人。然后他们就开始考虑色彩了。他们用蜡笔和彩色笔画出了初稿，以此作为最终作品的蓝本。在此之前，他们还要用油彩上色，学会如何画出鲜艳的色彩和如何配色。”

你可以看到尼娜是如何一点点教授绘画知识，帮助学生理解如何成功创作出更大、更复杂的作品并掌握终生受益的绘画技巧和知识的。在某种程度上，这是在管理学生的工作记忆，帮助学生将思维有意识地持续应用到一个个较小的任务中，让每个元素都变得特别，让整体绘画过程令人难忘。因此，学生的画作不仅充满了创造力和自我表现力，也表达了对绘画技巧与知识的极大尊重。学生喜欢这样的绘画过程吗？绝对喜欢。这让他们对绘画充满了信心和自豪感。他们学会了如何创造。当然，一个人能在多大程度上实现自己的创造愿景主要取决于他长期积累的知识和技巧。

也许是我孤陋寡闻，我真的很少在美术课看到这样的教学方法。通常情况下，教师给学生一幅画，让他们一次画完。

在杰出的著作《取得良好进步》（*Making Good Progress*）中，黛西·克里斯托杜卢（Daisy Christodoulou）提出了一个很吸引人的观点。她认为，如果教师不能把复杂的任务分解成具体的小步骤，可以选择做总结性练习。这有点像一遍遍地画整幅山水画，但偏学术性的科目不包括在内，因为这些科目非常重视考试结果，教师一遍又一遍地做与最终考核结果有关的学习任务。克里斯托杜卢写道：“学习评估过度侧重考试任务（英国教师可能会称之为数据驱动教学），不仅是因为教育问责制的压力，还因为教师获得技能的主要理论表明，这是最好的做法。”当有些教师的教学理念出问题时，他们就归咎于应试型教育。克里斯托杜卢认为，学校课程的设置应该看起来与教学希望灌输的最终技能有所不同。其目的是使专家看起来直观的东西对新手来说也通俗易懂，这样他们就能够轻松掌握它。

技巧22 黑板=白纸

教会学生准确、快速地记课堂笔记

我有一位同事，她能够准确地说出10多年前我们观摩的多所学校中各个班级里的情况。我之所以知道这一点是因为有一次，我们正在讨论一个视频中的某位教师，她通过翻阅旧笔记本上的日期和标题，查找里面我们对每一位授课教师的评价，最终找到我们在几年前观摩这位教师时的记录。“是的，”她证实道，“几年前，我们就很喜欢她乐观、积极的语气。”

我的另一个同事也经常翻看她的笔记，提醒大家会议上的决定，或者我们对18个月前观看的一个视频的看法。

与这些同事不同，我的笔记对我来说基本上毫无用处。我从未学会（更准确地说，从未养成）有意识、系统性地做笔记的习惯。也许我们学校的教师认为我这个年龄段的人知道如何做笔记，或者认为我们应该自己弄清楚如何做笔记。但我上学时，笔记都是随便涂画的几笔，字迹潦草，没有什么组织结构可言。这种模式一直持续到今天，我发现这一弱点大大影响了我的工作效率。

做笔记是一项非常重要但又容易被忽视的技能，它可以让学生长期有组织、有计划地复习学习资料：贯穿一个单元、一个学期或一生。从短期效果看，在课堂上积极地做笔记时，学生会集中注意力，并优先考虑他们所关注的事情。

更确切地说，做笔记的技能是渐进式的：随着时间的推移，学生逐渐养成从小学低年级的简单笔记模式到年龄较大时复杂的笔记模式的习惯。在小学阶段，学生应该知道，“写在黑板上的知识”意味着很重要，要记到笔记本上。在中学阶段，他们要系统地记录课堂上的重要知识点，并将它们与非核心重点内容区分开来。在高中阶段，他们应该做好课堂记录，以便能够在课后，甚至是几周后进一步深入、清晰地研究这些观点。

也许有些学生做到了有意识、系统性地做笔记。但是，太多的人可能会像我一样只是在课本上随意潦草地写几笔，因为做笔记的学习过程太容易被忽视了。有些同学可能不知道写在黑板上的知识点很重要。优秀的笔记需要注意力集中，同时也会培养注意力集中的好习惯。过于简短的笔记不仅在以后的学习中基本上没用，也反映出上课期间注意力不集中的状态。另一个极端是，有些学生试图把所有东西都写下来，根本没有精力思考课堂上的观点。等回头复习时，他们却不知道哪些信息才是真正重要的。由于没有得到及时纠正，每一个不会做笔记的学生，在每一个学习科目上都有潜在的劣势。

鉴于此，我们有必要看一下北卡罗来纳州格林斯博罗市吉尔福德高中赛迪·麦凯利教师在化学课上一系列的瞬间：她在指导学生如何书面记录一天的学习情况。一开始赛迪让学生记笔记。她清晰地示范了一种做笔记的方法，试图帮助学生掌握当天所学的知识点："在笔记本的顶端写上：'第二单元：物质'。"她说，"今天的课程是'第十四课：混合气体分压定律'。"笔记开始的设置中明确地包含了所学单元和课程序列。

在指导学生解决了几个练习问题后，赛迪说："我们要把它们写在笔记本上。"注意这里和整个授课过程中"我们"的使用——这提醒学生："我在黑板上写什么，你们在笔记本上就写什么——我们大家都在做同一件事情。"你还可以看到赛迪拿起她自己的笔记本，并把它放在液晶投影仪下。她正在演示一个"现场完成的范例"：一个在学生面前完成的高质量范例，她在完成过程中对此范例进行了评论。她一边讲授课程内容一边示范做笔记。重要的是她竟然和学生一起做笔记。最后赛迪就有了一份学生笔记的副本，赛迪认为这可以帮助那些缺课、笔记本丢失和缺乏学习技巧的学生。有一个和学生一模一样的笔记是系统性做笔记的一部分。她也是在为学生示范如何做笔记。

赛迪的节奏有条不紊。"接下来我们写下P_1V_1，然后在P_1V_1下面写下T_1。"说完，她停顿了一下，让学生写下来。我的同事约翰·科斯特洛在办公室观看这个视频时回忆道："我上学时，老师说把它写下来，但我想写下来的时候，她又开始讲其他的内容了，这快把我逼疯了。"赛迪的节奏很慢，给学生留出了充足的时间记笔记。部分原因是她在现场做笔记，而不是投影她提前做好的笔记。这使得她对节奏更加专注，她知道学生完成任务所需的时间，因为她自己也在这么做。也就是说，只有建立了良好课堂文化的教师才能一边授课一边记笔记。虽然和学生一起记笔记效果最佳，但如果你的课堂文化还在建设中，提前准备好课堂笔记也是可以接受的。这会减少你的工作记忆负荷，让你能够更准确地了解学生的理解水平。但节奏一定要慢下来，尽可能做到像赛迪一样，现场示范。

我们的团队在观看这个视频时也注意到了笔记规划的重要性。一定要清楚学生应该写什么（教师甚至可以提前写下用于提示自己的笔记），这将有助于使学生笔记严谨、有条理。如果上课时你还在思考如何规划笔记结构或应该写什么，其结果可想而知，肯定是一团糟，混乱不堪。在随后的一次采访中，赛迪指出了提前规划好在自己笔记本上写下什么的重要性。原来她竟然做了两份笔记！她提前写好第一份笔记，所以她知道该写什么。第二份笔记，她和学生一起完成，这样她就可以一边讲课一边示范如何记笔记。

在课堂上，赛迪在仔细地观察学生，以确保学生跟着教师认真记笔记。她一直强调信息："我希望大家按要求把我说的记下来，我正在观察你们是否在记笔记。"正如我们在雷达扫视技巧与看得见的观察（技巧53）中将讨论的，这样学生们更有可能记下所有重点。你可以看到赛迪看了学生好几次，甚至仔细地调整了投影仪，以确保学生能够看清教师的示范笔记。这说明只有万事俱备，学生才能完美地做好笔记。

赛迪示范了做笔记的详细过程，笔记中既有"内容"又有"评论"。她向学生展示了如何写下课程的关键元素，以及如何用他们自己的方式来标记它们。她还给学生示范了如何和在哪里写旁注和评论，比如把等式的某一部分标记为"初始"，并添加如何使用该公式的附注："必须在相同的气体下使用"和"不添加或删除粒子"。

另外，我还想补充一点关于做笔记的注意事项：我们应如何帮助学生在上大学时用笔记本电脑做笔记？对我来说，赛迪示范如何做手写笔记是很重要的一点。最近的研究数据非常清楚地表明，手写笔记比电子笔记更有利于复习。你会记得更多，想得更深入，越能避免被笔记本电脑打开时弹出的其他东西分心。用手写笔记的学生越多越好，所以我认为，如果可能的话，尽可能不要让学生在笔记本电脑上做笔记。我公开表明这个观点，也会提醒学生不论是现在还是在大学里，手写笔记都有好处。

赛迪和她高中的学生的工作效果明显，令人印象深刻，正如我之前提到的，黑板=白纸技巧是“从小学到大学阶段逐渐养成的习惯”。在学生比较小时，课堂上应该强化哪些技能和习惯呢?

首先，学生应该知道抄写教师写在黑板上的内容。教师把知识点写在黑板上，这意味着这很重要。学生应该知道要把它抄写下来。

让学生自觉做笔记的最佳方法是让你的笔记成为学生笔记的模板。你填个空，他们就会填写一个相应的空。你在黑板上填写了投影出来的工作表，然后说：“让你的笔记格式看起来和我的一样。”之后给到学生更多的自主权后，你还是可以在投影仪上用他们做笔记的方式做示范，这样他们就能知道该如何做笔记——这是学生应该掌握的最重要的技能之一。

渐渐地，学生应该学会独立记笔记，能够自主填写框架图，记录更长、更多的信息，然后你就可以像赛迪一样，要求他们在单独的一张纸上做笔记。但学生完全独立完成如此重要的过程可能还需要时间，在这个过程中，他们还需要教师的大量指导。赛迪指出，在她之前的学校，当学生有能力在没有教师指导的情况下独立做笔记时，她会收集学生的课堂笔记并及时做出反馈或分享优秀范例，让他们与自己的笔记做对比。

技巧 23 可靠的自主阅读

指导学生进行持续、专注的课堂阅读

自主阅读对学生学业的成功至关重要。这是一个基础操作系统，对任何学科都适用。即使是做数学练习题，当学生阅读有关从袋子里随机抽取彩色豆子的短文或关于泰森修剪了多少块草坪的细节时，这在某种程度上也是对学生自主阅读能力的检测。

随着他们步入成年、学习高深知识和从事职业工作，学生必须能够自主阅读每个学科的复杂文本，即使这些文本具有挑战性。要想成为一名律师、科学家或工程师，学生必须有能力理解对其他读者没有吸引力甚至是晦涩难懂的文本。如果学生不能安静地坐下来独立、彻底地理解这些文本，他们的视野就会受到限制。

玛丽安娜·沃尔夫在《升维阅读》中指出，自主阅读对于保持注意力集中和提升关注度的能力至关重要。她说，学会深入细致地阅读可以“重新连接大脑”，从而创造出能够思考、集中注意力和具有同理心的“复杂神经回路”。换句话说，在一个吵吵嚷嚷、支离破碎的环境下大喊大叫是阅读文化匮乏的必然结果。

现在，越来越多的年轻人不喜欢读书。英国扫盲基金会（Literacy Trust）2020年的一项研究发现，学生自主阅读率创有史以来最低纪录。学生们阅读时通常处于心不在焉的状态，比如坐在沙发上阅读时，智能手机却在肚子上嗡嗡作响。心不在焉地阅读、一知半解越来越成为学生的认知常态。心不在焉地做事情一定会自食其果。

给学生提供持续、专注的自主阅读时间，特别是具有挑战性的文本，是教师在学校、每个学科和每个年级都能做的最有价值的事情之一。对许多学生来说，学校越来越成为这种活动可能发生的地方，现在不受电子科技干扰的地方很少。

然而，许多教师并没有要求学生在课堂上阅读，可能是学生做得不好，也可能是教师或学校管理人员并不认可这种教学形式。

可靠的自主阅读（Accountable Independent Reading，AIR）是一套学习工具，它可以确保学生在课堂上的自主阅读是成功和高效的。它有3个原则。第一，把阅读活动划分为几个部分，每一部分的时长不要太长，以便根据学生阅读初始文本（或样本）的情况做出适当的调整。第二，有意识地进行评估，理想情况下，可通过让学生进行方便观察的任务，确定他们自主阅读特定文本的效率或篇幅。第三，将阅读嵌入到教学活动中，这样它就不是一个单独的活动，而是一个将想法应用并联结到其他教学内容的活动。

该方法的大部分原理源于人们认识到，学生自主阅读的能力并不是静态的，它随着学生阅读的文本以及背景知识和对不同语法形式的掌握程度而变化。

此外，我们的目标是让学生在阅读时注意力集中，同时增加他们的阅读量。我们想要他们养成集中注意力阅读的良好习惯。

你可以在尼古拉斯·赫尔曼的课堂上看到这样的例子。尼古拉斯在他的课程计划中增加了一篇文章，让五年级学生在科学课上阅读。好主意。科学文章的阅读不同于其他文本。阅读和学科有关的文章是个不错的活动。这篇文章描述了影响棒球飞行的力量。尼古拉斯很清楚，他们只读四段。他想确保学生能发现作用在球上的两种力（重力和空气阻力）。他已经提前准备好了文本，所以学生们很容易看到"你要在标注数字③的地方停下阅读"。他还设置了做标注的任务——在作用于棒球的两种力量周围画上小方块，这样他就能够清楚地看到学生是否能够理解这种科学文章。

在第二轮的自主阅读中，他同样给学生布置了任务，这个任务从侧面说明了上述任务对学生存在难度的潜在原因：阅读下一节，在解释科学规律（scientific law）与政府法律（government law）不同之处的地方标注一颗星。很明显，"规律"是一个简单的词，它在科学语境中有不同的意思，这就是教师容易忽视的"知识的诅咒"。通过这两个实验，尼古拉斯就能知道：我能让学生阅读更长的文章吗？他们能从这样的阅读中真的学到东西吗？如果可以的话，他就不用在课上说"我给大家解释一下电是如何工作的"，而是可以说"接下来给大家发一篇描述电如何工作的文字"，让阅读成为他的核心教学工具。如果学生还不能从阅读中自主学习，那他们还需要进行更多的练习。

你可以在柯比·贾雷尔的课堂上看到一个稍微复杂些的例子。七年级的学生正在阅读《一个美国黑奴的自传》。这是一本非常具有挑战性的小说，出版于1845年，道格拉斯（本书的作者）的语言结构对现代人来说有点难度。他的作品充满复杂的比喻，经常使用今天很少见到的非常正式的修辞手法。但这也是学生们必读的重要小说。除了直接听道格拉斯的声音之外，没有别的方法可以帮助大家理解这本书。这本小说很复杂，但有阅读的必要。

课堂上，柯比的学生朗读刚结束。她说："从你大声朗读的方式来看，很明显，你真的理解了它。"从这句话我们看出，柯比已经可以将学生朗读和表达的流畅性作为数据，以此来判断学生是否做好自主阅读的准备了。

柯比要求学生用2分钟时间自主阅读完指定章节，然后记录下道格拉斯写的"清单"，这对理解这篇文章至关重要。让学生做一个可见的注释任务时，柯比开始检查学生自主阅读的情况——不仅仅是学生综合阅读能力的情况，更是针对本次阅读内容的理解情况。她给了他们一个指定的注释任务，柯比使用追踪而非旁观（技巧9）来记录学生的理解趋势。计时结束后，她高兴地说："真棒！你们能独立完成阅读，不需要合作伙伴了。"她决定跳过原计划的转身讨论（技巧43），并用小组讨论取而代之。"他（道格拉斯）列出的清单是什么？为什么他要列这份单子？"她问道。

随后讨论的目的是巩固学生独自从文本中获取的信息，但文本很难，柯比很快就发现，并不是所有学生都像她认为的那样完全理解。一名学生解释说，道格拉斯列出了他逃跑时面临的困难，柯比随机提问另一名学生，他澄清说这些困难都是假想，列出的困难都没有发生。实际上，这段话主要讲述的是道格拉斯想象逃跑可能遇到的风险。

柯比敏锐地觉察到学生的困惑，于是要求学生在页面的底部记下道格拉斯在这一节中是在假想。面对真正的挑战，学生做得很好，但她必须谨慎地决定给他们留多少阅读作业。能够独自流畅地阅读这样一本具有挑战性的书还有很长的路要走。

柯比说道："我想强调的是，这本小说我们刚刚读了几周，就理解得这么好……你们有什么感觉？……我认为很多同学真的能理解道格拉斯的晦涩语言。"这似乎与刚才学生不理解某个关键信息互相矛盾，但这两件事都是真实发生的。他们已经取得了令人难以置信的进步。他们通常能够成功地阅读一个极具挑战性的文本。但更难的段落还未出现。一本书的“难度水平”指的是平均水平。其中会有通俗易懂的部分，也有难以理解的部分。说学生可以独立阅读一本书是一种概括的说法。柯比使用了几个元素以确保自主阅读的成效。

首先，自主阅读的长度是逐渐延长的：从少量章节开始，随着学生阅读理解信心的增加逐渐增加文本的数量。如果学生一开始读了某一章的大部分内容而不是一两段，柯比就会更难了解他们对这一段的理解程度，也不能用它测试学生是否准备好单独阅读类似的段落。从长远来看，我们希望培养学生对自主阅读任务的耐力，但我们可能需要一段时间才能知道学生是否能够准确地阅读更多的段落。

柯比明确而具体的注释任务——“他列出的清单是什么？为什么他要列这份单子？”非常关键。给学生一个关注点，可以让教师在学生完成任务时监控他们的理解能力。对于低年级的学生来说，这听起来就像你听到丹·科斯格罗夫在课堂上所说的话：“请阅读到第56页最上面，并写出一个描述蚯蚓感受的词。”在历史课上，你可能会提示，“至少画出两个描述独立战争中士兵所面临的环境的细节”。明确的任务也有利于学生的学习，给他们一些在阅读时需要注意的具体内容，可以引导他们关注文本中最重要的部分。

做注释任务时要特别注意：不要使注释任务过于复杂或含混不清。我们想要的是一项清楚地了解学生是否理解文本的任务，不仅仅是要点，还包括文章的具体语言。因此，任务应该详细说明理解文本的指定部分，而不是找出使用了什么技巧。“在这段话中，画出可以操纵或改变记忆的3种方式”比“在这段话中，画出3个比喻的例子”要好。学生可以完成第二项任务，却不明白他们读过的内容。设计注释任务的目的是为自己提供数据，了解学生是否准确地理解了作者的语言，以便了解他们能自主阅读多少章节。

简短和中等长度的可靠的自主阅读的好处是，你可以将阅读融入到你的课堂教学中并向学生说明，自主阅读也可以是与课程内容相关的课堂阅读，而不仅仅是课后阅读和随心所欲的阅读。让学生自主阅读同一段文章，然后讨论或做与之相关的书面作业，可以使阅读成为学习过程的一部分。尼古拉斯·赫尔曼的课堂表明，这是在阅读课之外非常有价值的活动。例如，学会自主阅读科学的术语，并将阅读视为学习科学过程的内在因素，对任何STEM（科学、技术、工程、数学）专业都是必要的。

最后再重申一点，可靠的自主阅读总是这样运行吗？你必须总是有条不紊地检查学生的准备情况，然后让他们阅读你认为他们能够理解的文本吗？不是。检查往往被用来评估和激发学生阅读复杂文本的能力。有时候，自主阅读也可以采取其他形式——比如让学生自主选择阅读的图书并进行自主阅读；比如让他们体验阅读中的困惑进而反思自己一开始遗漏的或没有完全理解的地方。但可靠的自主阅读技巧提醒我们，不断评估学生自主阅读的情况非常重要，这样我们才能理解他们在阅读时的体验。

可靠的自主阅读也可以帮助学生更好地理解阅读过程。和柯比一样，你可以选择公开你的决策过程（比如，“我的感觉是，我们还是不太了解斯坦贝克。我们将继续进行小型的自主阅读，直到我们对他的写作风格和表达的观点更熟悉一些”或者“对光合作用的描述需要很多专业术语，你们只需自主阅读前两段”）。如果学生做得好，我们可以提出赞扬，正如柯比在课堂上做的那样：“这很难，而你们做到了。恭喜！”这种表扬的语言是拥抱挑战的方式，并表明成功带来了额外的奖励：“我们开始了解斯坦贝克了，你们将会迎接更多的挑战”或者“你们对光合作用总结得很好，看看下一章你们要更深入地探讨些什么呢”。

技巧 24 FASE阅读

让学生大声朗读，增强对知识的理解

FASE阅读——它的曾用名是掌控游戏，这是一个学生大声朗读的系列方法，以最大限度地体现朗读这一关键活动的价值和可行性，进而让学生流利阅读、享受阅读。就重要性而言，在本书所有技巧中，它处于靠前的位置。随着社会发生快速、巨大的变化（其中最大的变化是科技产品无处不在），课堂上有意识的阅读，包括FASE阅读的重要性进一步得到提升，甚至可以说是迫在眉睫。在我看来，这是本书中为数不多的最重要技巧之一。

FASE是什么意思？这是首字母缩写。我不喜欢首字母缩写，但之前的名字表述不清，我们需要一个新名字来表达这项技巧的重要内容。

FASE这个新名字旨在提醒教师，当学生大声朗读时，他们应该努力强调四件事。这个词的发音与“阶段”（phase）相近，这也可以提醒我们，它通常是一个几分钟的步骤，紧随其后的是其他教学活动，然后再回到这个活动，如此不断循环。一个阶段——正如FASE阅读一样——往往是暂时的，但是会反复出现。

F指流利性（Fluency）。流利阅读对各个级别的读者都非常重要。FASE阅读是培养学生流利阅读的一个好机会。这是因为，正如学生成就伙伴联盟（Student Achievement Partners）在最近的一份白皮书中指出的那样，“研究表明，言语障碍导致通过（州）考试的学生与不及格的学生之间的差异高达40%。每个级别的测试成绩都是如此”。不论你是否擅长考试，你都能知道：理解考试内容需要流利阅读。你必须能够随着视线移动阅读一串文字流，而并不只是单独的字词——并且是不加思考地，这样你才能把所有工作记忆用在思考文本上。关于阅读，最容易被忽视的一点是，它必须快速发生，正如马克·塞登伯格（Mark Seidenberg）所说，“以视觉的速度”，才能达到阅读的目的。我们必须做到这一点，一看到内容就一目了然。如果你问学生作者的写作技巧，或者实验说明了三磷酸腺苷的什么作用，但他们还看不懂单词和语法，你大概率会感到失望。当你不得不放慢阅读速度，且需要有意识地思考阅读任务和字词的意思时，你的工作记忆就完全被用于弄清楚单词含义以及如何断句，而无法去理解文章。蒂莫西・沙纳汉（Timothy Shanahan）通过对美国阅读方面的研究得出结论，也许这就是为什么接受流利阅读指导的学生，无论是在课上还是课下，都比那些没有定期流利阅读的学生“理解得更好”。“对许多学生来说，口语阅读流利性练习也有助于巩固解码技能（和）……有助于韵律的发展，更直接的好处是有利于更好地阅读理解。”

朗读是培养阅读流利性的关键因素，也是评估阅读流利性的唯一可靠方法，朗读为学生提供练习遣词造句的机会。朗读某件事就是在解读它并对它进行讨论：应该用什么音调来读？应该强调哪个词？思考一下，明白文本中隐含的声音听起来是多么重要，不仅是小说，科学研究和历史学也是如此。现在回想一下，你的学生多久没有听到这样的朗读声了。通过FASE阅读，学生可以听到文本朗读示范，只不过这个示范来自他们的同学。讨论到阅读的社会作用时，我会再次探讨这个问题。

朗读是练习阅读流利性的最佳方式，对所有学习者都有益，但一旦小学毕业，学生就没有机会朗读和培养阅读流利性了。这个问题在今天的重要性日益突显，这将是本书的另一个主题，因为阅读陷入了一场与手机的生死斗争，一场即将失败的战斗。学生不仅阅读数量越来越少——数据显示越来越糟，而且阅读的质量越来越差。他们越来越容易分心，经常心不在焉地阅读，眼睛在页面上扫来扫去，寻找有趣的点。所以，我们不仅仅是在帮助学生发展阅读流利度和可以支持他们做好默读的阅读技能，这更是为数不多的可以让学生体验持续、专注阅读的方式之一。

A指的是责任（Accountability）。乔・费塞在《简单规则》（*Simplicity Rules*）中写道：“我们100%知道一个孩子是否真的在读书的唯一方法就是朗读。”这也是我们知道他们是如何阅读的唯一方法。学生的课堂朗读不仅仅是流利性的练习，也不仅仅是构建团队归属感的练习（我马上会讲），它是学生对课程阅读材料阅读水平的持续数据流。没有什么能比朗读提供更多数据的了。

保证学生在阅读是一件大事，比5年前甚至10年前更重要。我经常听到有些教师说，应该尽可能让学生在家里阅读。但值得注意的是，依靠学生在家阅读是不可取的，爱好读书的学生会从阅读中获益良多，但我们不能确定有多少学生在课下还坚持阅读。我们都沉溺于一种吸引我们全部注意力的设备——智能手机。学生一放学就成为它的奴隶。“我想过的所有（能确保学生在家自主阅读的）系统都被游戏取代了……如果想确保学生在阅读，唯一有把握的办法就是在你的掌控下，在课堂上阅读。这就是为什么全班阅读一本精心挑选的小说……每天读20—30分钟是非常有益的。学生读了那么久，读了这么多，他们肯定比同龄人有更大的优势。”费塞写道。

S指的是社交（Social）。这是FASE阅读的隐藏礼物。当人们共同体验某事，特别是那些富含情感的或产生重要思想的活动时，他们就会产生一种集体感，并找到一种归属感。这就是大家一起阅读时的效果——建立团队意识和归属感。无独有偶，在一定程度上，这是故事和小说在学校教育出现之前在社会中扮演的角色。故事和小说不仅可以在团体内部分享，还可以在不同团体之间分享，将人们团结在一起。这方面的阅读可能是我们现在最好的选择，通过提高它的地位，让它取代以屏幕为载体的孤独的交流形式。

在《文化响应式教学和大脑》中，扎雷塔·哈蒙德对课堂上团队的重要性提出了令人信服的理由。她指出，我们（美国）是地球上最相信个人主义的社会。她认为，找到平衡热情的个人主义和公共利益的方法是文化响应式教学的一部分，这是让那些来自个人主义文化不强烈的地方的学生更容易融入课堂的关键方式。与此同时，这也促使我们看到那些更重视团队文化的地方通过强调社群和归属感获得的好处。

我们阅读的方式有时反映了这种热情的个人主义，尤其是当每个人都选择自己喜欢的书阅读的时候。人们普遍认为，学生只喜欢阅读自己选择的优质图书。学生选择自己喜欢的书就意味着放弃大家共享的、可以集体讨论的书。但只有大家都读同一本书，才可以分享阅读的经验。一起阅读的好处是构建归属感，这是人类交往最强烈的动机。具有讽刺意味的是，一起阅读和交流心得往往比每个人选择阅读自己喜欢的书带来的乐趣更多。当同学在共同阅读中哈哈大笑或大声叹息时，一种联系的纽带就形成了。一起阅读的体验对大脑的影响就像共同经历该事件一样强大，因此它所创造的共同联系有助于形成一种持久的、有价值的团队文化和归属感。如果我们想拥有这种互动的、共享的、愉快的、比智能手机更强大的阅读体验，最有效的方式是共同阅读一本书并一起大声朗读。

E指的是表达（Expressive）。朗读的好处就在于能使文本变成有声的表达，为文本注入生命。当教师这样做时，朗读的效果就很强大，而当学生这样做时，朗读就更有意义了。这是一种同龄人相互影响并赋予文本生命的活动。听到同龄人对自己的阅读技能感到自豪，看到他们重视阅读，这创造了一种积极的社会规范，极有可能改变同龄人的阅读行为。当学生们声情并茂地朗读时，就像他们在一流的班级那样，他们会暗地里竞争看看谁能表现得最好，他们不仅使小说主人公变得栩栩如生，还为这本书的理解提供了条件。加比·伍尔夫做了这方面的示范。她的学生正在阅读《化身博士》，这是罗伯特·路易斯·史蒂文森在1886年发表的中篇小说，其中充满了古老和陌生的句法。要成功地让这本书活起来就要理解它。在随机点名学生FASE阅读之前，她先做了示范，然后她鼓励学生最大限度地表现自己的FASE阅读能力。“本着声情并茂的精神，我们应该这样读……史蒂文森希望他的读者能充满想象力。”她鼓励学生主动“大声、富有表现力地朗读”，并指出，“我知道你们中有几个人会做得很好。”事实证明，学生在随后的阅读中极富表现力，他们赋予了小说生命力。

朗读的挑战

朗读既快乐，又充满值得解决的挑战，因为在许多方面，FASE阅读的目的就是解决这些挑战，这是通过使用教学技巧使策略发挥作用的经典案例。在实施策略时，如果你可以利用技巧克服一些挑战，那你就能充分发挥出这个策略的作用。

那么，这些挑战是什么呢？可以归结为两个主要方面：杠杆效应和自尊心。

杠杆效应

有人建议教师在课堂上加入朗读时，他们会问：“为什么要让一位学生在课堂上朗读？那其他学生做什么呢？”我猜他们的言外之意是：其他学生就什么也不会做了。确实，让一个学生朗读，而其他学生只是被动地旁听，这有可能不是对时间的有效利用。当然，也有可能其他同学会望着窗外发呆。但在精心设计的课程中，他们会跟着他一起阅读，这既有价值，也相对容易完成。

我用“杠杆”一词指代当一个学生大声朗读时，班上的其他人读了多少内容。如果其余27名学生在发呆或被动地听，杠杆效应就很低。但是，如果一个学生在积极地朗读，其余27名同学也跟着一起积极地投入阅读，就像他们也在自主阅读一样，杠杆效应就大得多。同样值得反思的是，在一群人刚刚一起阅读过一段文章后，他们就可以轻松地、有意义地讨论它。不用提醒彼此说：还记得这个或那个事发生的场景吗？当你说“我们暂停一下，开始讨论”时，学生的脑海里立刻浮现出当时的场景并开始讨论。对于第二个问题：“其他学生在做什么？”答案是：他们正在准备讨论。对其余学生被动听的担忧是合情合理的，但优秀的教师可以通过具体活动轻松、有效地解决这些问题。这些我稍后会讨论。

我还听到过这样的担忧：听力和阅读同时进行会使学生的工作记忆超负荷，听力会妨碍阅读，反之亦然。对此，我不确定是否有明确的答案，但最近有相当多的研究表明，视觉和听觉在工作记忆上是相辅相成的。不过，我们也不能排除这种担忧。简言之，阅读是一项非常复杂的任务，过去在课堂上发挥了各种各样的作用。除此之外，我们希望学生通过阅读来提升理解力、提高流利性和增加词汇量。我们希望学生通过阅读来获取知识，特别是能够通过深入阅读复杂的文本来获得知识。我们希望他们坚持阅读，养成习惯，并一生珍惜这个习惯。认为一种方法在任何情况下都能达到最佳效果是不现实的。我认为，我们在学校传授的所有知识中，最有价值的就是阅读，我建议让学生在课堂上大量阅读，让他们带着让文本变得有价值的责任去阅读。我的一位同事说，“投入”是一种结果，而不是任何活动的先决条件，使用各种方式去阅读，这样你就可以得到各种阅读方法能带来的好处。

在阅读反思课程中，我的团队在每一课都设计了3种阅读模式：教师朗读、FASE阅读和可靠的自主阅读（技巧23）。我们建议的平衡主要取决于教师、学生和阅读文本。我们建议合理使用3种阅读模式。（此建议并不仅限于英语水平评估的课堂教学。）埃里克·斯奈德的课堂是一个很好的例子，教师同时使用3种阅读模式：他们在阅读复杂的文本，埃里克朗读一会儿，学生朗读一会儿，然后再让学生自主阅读。如果任何一种阅读模式出问题，他可以使用其他两种形式来平衡它们，同时可以发挥每种方法的独特好处。

自尊心

有些教育人士认为不应该让学生在课上朗读，这会让他们产生畏惧心理，甚至让他们出样相，导致他们讨厌阅读。这个论点的逻辑是，虽然这是一种有效提高他们阅读技能的方式，但如果学生阅读能力薄弱，我们就不应该让他们朗读；暂时不叫他们起来，可以让他们不那么焦虑。在我看来，与其做一个阅读能力薄弱的读者，不如学会坦然接受阅读困难是可以解决的、暂时的挑战。教师和他们所建立的课堂文化完全有能力消除学生的畏惧心理，使阅读不再困难。这也是为什么建立一个充满活力、积极的课堂文化，而不仅仅是避免消极的文化，在课堂上是如此重要。

幸运的是，每个人的阅读都不是十全十美的！所以一个关键的步骤是让这个简单的事实更加透明。平衡教师和学生的朗读方式是一个很好的方法。如果大声朗读，你肯定会有错误或磕磕巴巴。我知道我是这样的。

不要企图隐藏缺点，使缺点正常化效果更好。你可以说“哎呀，我重读一下这句话吧”，或者“哎呀，应该是‘有缺陷的’（flawed），不是‘燃烧的’（flamed）”。或者什么也不说，就好像读错是司空见惯的事，渐渐地学生就会明白：教师也有读错的时候。让学生阅读为他们提供了很多机会，返回去重读，弄明白某个词的读音，所有这些都是公开透明、360° 无死角地暴露在大家面前，甚至暴露在最优秀的读者面前。要让阅读缺陷正常化，否则学生就会永远隐藏它们。关键不是让阅读能力薄弱的学生觉得他们不应该读错，而是要让他们看到每个人都会出错。

当然，有些学生更容易感到尴尬，其实最容易感到尴尬的学生将从朗读中获益最多。规划、准备和文化建设可以有效解决这方面的挑战。稍后我将分享杰西卡·布雷西采用的解决方案。先看一下乔·费塞的建议：她写道，开始时最好“提前选好短小、简洁的句子，并在自己的文本中添加下划线或突出显示。这样你就会知道这些是‘安全句子’，可以让容易感到尴尬的学生顺畅阅读”。她指出，随着时间的推移，他们会读得越来越好，信心倍增。

这条评论中隐含的观点是：人们会改变，不仅会改变他们的技能，而且会改变他们的看法。一开始你无法控制学生的紧张情绪，但你可以充分控制环境变量从而及时改变这种感觉。

当然，还有其他方法管理学生的体验，通过朗读学生会越来越喜欢阅读。对此，我随后会详细讲。现在我想指出的是，不能因为有些学生开始很紧张，就放弃让所有学生朗读的机会。所有学生都有权利将朗读作为一种积极的体验，教师必须确保所有学生都能充分掌握这项技能。

如何引导FASE阅读

那么，你该如何充分发挥朗读的优势，并尽力克服其不足呢？你该如何确保杠杆发挥作用、保证学生聚精会神地阅读呢？学生遇到困难时，你又准备了哪些应急预案呢？在要求学生FASE阅读时，你可以让他们轮流朗读，但时间不宜过长，至少一开始是这样。这里的“让”指要经常随机指定朗读者。我们需要学生积极、主动地阅读，但我们也需要阅读的普遍性，需要评估所有学生的阅读水平。所有学生都必须阅读——希望他们由此爱上阅读。“阅读能力最弱的读者最需要练习阅读，他们也是那些课上朗读最不主动、课下也不阅读的人。为了帮助这些阅读能力最弱的学生，我们要随时指定他们朗读。”乔·费塞写道。

下面我们将展开说说这些实施要素。

不要规定学生的朗读时长

指定一个学生在课堂上朗读时，如果你说，“请朗读下一段，薇薇安”，班上的其他学生就知道，薇薇安读完这一段后，他们才有可能被叫到。明确告知学生阅读的内容，会降低其他学生的参与度。相反，当你让学生阅读时，不要具体说明让她读多久。你可以这样说：“请开始朗读，薇薇安”或“请接着读，薇薇安”。这样，其他学生才更有可能一起阅读，因为他们不知道，老师什么时候会让下一位同学接着读。

此外，不规定学生朗读内容的长短和持续时间，教师就可以在学生遇到困难时，帮助他们避免尴尬，让他们在一个安全、没有任何压力的环境下朗读。如果你让薇薇安读一整段文章，但这段话很长，薇薇安读起来很吃力，筋疲力尽，那就发挥不了杠杆的优势作用，或者你突然决定让她停止朗读：“好了，薇薇安，先读到这里吧。杰拉尼，你能接着读吗？”这样的话带有一种对薇薇安的隐性评价。如果最初没有指定阅读的长度，你就可以很好地照顾到薇薇安的尴尬情绪，也能满足其他学生的朗读兴致。薇薇安可以出色地读两句话，你可以在她感到吃力之前让她停下来，确保她的朗读体验是积极和快乐的，然后再让一个充满活力的学生接着朗读这个故事，他会带领其他同学重新投入到故事的发展中去。或者，如果薇薇安表现得很好，你可以让她继续读下去。不告诉学生阅读多长时间时，上面提到的这些情形会自然而然地发生。

让朗读时间短一些

让学生读短一点的内容能让他们在朗读时投入感情，并保持富有表现力的状态，顺畅地完成任务。读好三四句话，然后停下来，比本来只能读好两句话，却硬要再读六句话的效果好得多。朗读的时间短一点能够让朗读的效果更好，也能让课堂更具吸引力。让学生读的内容短一点，并且保证朗读任务可以在学生之间切换，这能够使他们保持热情，保证课堂节奏，并使教学效果最大化。这样一来，学生就会觉得课堂充满活力，时间转瞬即逝，而不是枯燥乏味，度日如年。

让学生知道朗读内容很短，教师可能随时换人，会强化阅读能力中等学生的意识，认为随时都有可能被老师叫起来朗读，这样他们就不敢分心走神了。

随着学生朗读能力的提高，阅读内容的“长度”也要相应调整。刚开始时，学生平均阅读的句子可能只有两三句。随着他们朗读能力的提高，当他们变得越来越喜欢当众朗读，越来越能投入、忘我地朗读时，教师就可以增加他们平均朗读的长度。当你和其他学生也沉浸在某个段落时，薇薇安可以继续读下去。其核心观点是：较短的阅读时间可以保证学生积极、热情地参与到朗读中来。短时间阅读可以在讲文章开头时使用，在课程节奏慢下来时使用，也可以一直使用。什么时候用、多久用一次主要取决于教师。

最后，朗读的间隔时间短有利于教师掌握一些关键信息：每一次你更换朗读的学生时，你都能了解到他们的阅读状态。当你说“查尔斯，接着读”时，如果查尔斯能准确无误地接上，你就能断定查尔斯之前也在跟着进度读前半部分的内容。教师自然期待每一次换人都能做到无缝对接。而经常换人也能让教师更频繁、更广泛地了解和管理切换时的信息。作为教师，你掌握的信息越多，你就能更加详细地了解学生的阅读状态，充分发挥杠杆的优势作用。

不确定下一个朗读者的身份

如果你很快从一位朗读者跳到下一位朗读者，且学生不知道下一个被叫起来朗读的人是谁时，他们就会紧紧跟着阅读的内容。如果教师按照一定规律让班里的学生朗读，学生就会分心走神，直到快轮到他们的时候才回过神来。所以保留你选择下一个朗读者的神秘性，这还能帮你有效地将学生和适合他们朗读的篇章匹配起来。如果接受乔·费塞的建议，提前挑选出阅读能力薄弱的学生能够流利朗读的句子，那你就要让他们朗读，但同时也要随机提问其他学生。

身份的不确定性能提升杠杆效应，增强朗读效果。让学生朗读时，叫自告奋勇的学生起来朗读效果当然好，当他们在空中高高地举起手，渴望被老师点名朗读时，说明教师FASE阅读技巧的运用已经获得了成功，但要保证不能只叫他们朗读。在大多数情况下，教师应该尽可能多地叫没有举手的学生朗读。这可以使杠杆效应最大化，让所有人都积极地参与到阅读中来。你必须传递这样的信息：朗读是一件快乐的事，人人有份，优秀教师不会只让个别学生享受这份快乐。

降低过程转换成本

过程转换成本是指转换朗读的学生时所需的资源，指示要尽可能简洁、口语化。在朗读者间进行切换时，切换时的细微差别也可能带来很大的影响，所以我们要减小这些差异。从一个朗读者切换到下一个时，你花费的不仅是1秒钟，因为这还会打断学生朗读的时间，影响他们的阅读连贯性，进而影响他们对文章的理解。

记住，从一位朗读者切换到下一位朗读者时，速度要快，语言要简洁，最理想的情况是使用统一的语言，如“苏珊，接着读”就比“谢谢你，史蒂芬！读得不错！苏珊，你能不能接着读”更高效。前者比后者快了3倍，同时也将学生朗读的时间最大化。一次课上几秒钟的差别似乎微不足道，但如果你一次课交替50次，这些损失的时间会积少成多，一年下来就可能浪费了很多时间，而这些时间原本可以用来让学生朗读。同样，降低过程转换成本能保证学生阅读的连贯性，能让学生集中注意力，让叙事线不断向前推进，而不是变得断断续续，支离破碎。如果你把降低过程转换成本变成一种习惯，你就能更加自如地在文章的任何位置停下来，进行朗读者切换。你可以偶尔说句“不错”“谢谢”吗？当然可以。但学生朗读时，教师用肢体语言默默地表达支持和赞许效果更好。

下面我将向你们展示吉尔·默里和玛吉·约翰逊在课堂上使用这些方法的情况。

我们先看吉尔的课堂，我的团队很喜欢这个例子，因为这是关于社会研究的课程。FASE阅读的使用应该无处不在。有些文本内容可能是特定领域的，我们很少考虑其阅读方式：比如，历史纪实小说读起来就与小说不同。科学类的文章有自己独特的文风和节奏。吉尔班上的学生善于阅读，尤其善于阅读历史文本。

当然，我们喜欢这堂课的原因还有：她宣布FASE阅读时学生们的反应（她称之为以前的名字——“掌控游戏”）。孩子们都欢呼起来！我保证没有做秀，他们是发自内心地喜欢。这说明共享阅读培养了学生强大的喜悦和归属感，FASE阅读是一种享受。

吉尔开始朗读示范。她含蓄但语气坚定地说："历史纪实文学朗读起来是这样的，期望你们也要这样朗读。"她在设定基调，她读得很慢。通常情况下，学生经常会朗读得很快，以此彰显自己的阅读能力。她希望学生通过表达，而不是通过阅读速度，来展示他们的技能，使文本含义有声化。你也可以听得出，这篇文章很有挑战性！但吉尔的学生依然读得津津有味。他们看到同伴都坦然接受挑战，虽然学生的阅读不是尽善尽美，但大家都很欣慰。

当学生在努力提高朗读这种复杂文章的流利性时，吉尔在收集关键的数据。她要教会他们在事情变得困难时如何保持专注和不放弃。坚持不懈、声情并茂的表达方式都将成为他们自主阅读的方式。

我们再来看一下玛吉的课堂，她的八年级学生正在读《杀死一只知更鸟》。这是一部具有挑战性的小说，但看看他们是如何应对的。玛吉先读，她的朗读声情并茂。然后阿尔什接着读，他朗读得很流利，但玛吉鼓励他表达更丰富些："语气更生动些。"她说。你可以称之为温和的鼓励，鼓励学生绘声绘色地阅读。这很重要。阅读是一种社会性的活动，我们想要创造一种难忘的朗读体验，让学生通过阅读寻找尽可能多的意义。我们希望学生能发现彼此都在这样做。

我们可以看到阿尔什开始微笑着重新朗读。他读得很生动。突然间，故事人物变得栩栩如生，活了起来。玛吉满意地笑着，轻轻地把手放在他的肩膀上，表示对他的欣赏。

阿尔什继续读着。这是一个复杂的片段（蓝思指数：870），在老师的鼓励下，他进步飞快，读得更加活灵活现了。玛吉又发出了一声欣慰的笑声，然后她让布里安娜接着读。她读得不太流畅。在这里，玛吉再次收集每个学生阅读文章的数据。她让布里安娜重读一个句子，以确保她正确理解此句的含义。但她的语气很轻松，带着欣慰的笑声，就像刚才听阿尔什阅读时一样。布里安娜明白了她的意思。"你读得很好，继续。"她接着读下去。突然间，她的语速慢了下来，变得磕磕巴巴，有些语法太难，她读不下去了。

玛吉接着朗读。她本可以读得更快些。教室里可能有学生想把故事听下去。她的桥梁作用有助于保持学生朗读的热情和对小说的专注力。请注意，她选择了一个特别关键的时间段自己朗读，我们可以注意到，她的朗读是多么的缓慢，若有所思。然后她把朗读接力棒传给梅尔，又传给罗尼，罗尼按她的要求，竭尽所能、绘声绘色地朗读，使愤怒的阿迪克斯的形象跃然纸上。

这是她唯一一次让自告奋勇的学生朗读，其余时间她都随机点名。但在这里，她需要真正的活力、一流的表现力，而罗尼读得非常好。

值得注意的是，我们在这里既看到了朗读的效果，也看到了原因。玛吉的学生之所以把这部难读的小说读得如此栩栩如生，理解得如此透彻，而且充满欢乐，是因为他们做了足够多的FASE阅读练习，也是因为教师声情并茂的示范性朗读！在玛吉的教室里，学生所做的是绘声绘色、快乐地阅读。同样值得注意的是，这是一个八年级的课堂。可悲的是，这个年龄段的学生很少能体会到玛吉的课堂上阅读的乐趣和好处，也许是因为教师错误地认为FASE阅读对年龄较大的学生用处不大，也许是因为有些教师认为学生不喜欢或不会FASE阅读。我希望玛吉的学生从阅读中获得的乐趣能够纠正偏见，并激发高年级学生大声朗读！

现在大家有了朗读的愿望，下面是该技巧的几个关键元素。

教师搭桥，保持阅读的连贯性

使用FASE阅读技巧时，教师可以把两种类型的阅读——学生朗读和教师朗读结合在一起。作为教师，你肯定是教室里朗读得最好的人。在大声朗读的过程中，你示范如何绘声绘色地朗读，并期待学生能够模仿你用同样充满感情的、专业的方式去朗读。当他们读到最重要或者最难读的段落时，你可以选择自己来读，你的朗读能够把文章里一些细微的差别表现出来，可以加深学生的理解。当阅读能力薄弱的学生卡壳、读不下去时，你可以接着读几句，以保证阅读的连贯性，让故事情节不中断，并让其他学生参与进来。

在FASE阅读中，教师在教室四处走动并和学生交替朗读一篇短文——这就是搭桥。在搭桥的典型课堂活动中，教师可能让德雷顿读几句，马丁娜读几句，然后是希拉里，最后教师自己再读一部分。她可以事先规划自己朗读的部分，也可以自己示范如何绘声绘色地朗读，让故事情节跃然纸上。有时候可能是因为希拉里卡壳了，而教师不希望放慢课程进度，导致学生理解过程中断，教师此时可以自己接着朗读。在课堂上，当学生碰到朗读障碍时，教师可以进行一些干预。

有时候，教师会自己开始朗读，设定基调。偶尔还会直接说：“我先开始朗读，然后我请几位同学接着读。请大家随时做好准备!”显然，教师朗读不需要总是充当桥梁作用。如果要这么做，一定是教师根据课堂需要决定的，这也是朗读艺术的一部分。朗读难度较大的文章需要更多的搭桥，创造更多的机会进行示范，同时平衡好朗读能力较弱的学生的阅读节奏。

便捷的口头测验

我是在罗伯特·德·里恩给三年级男生上阅读课时学到了口头测验的方法。罗伯特来自位于贝德富锡·斯图维桑特（Bedford Stuyvesant）的卓越特许男校（Excellence Charter School for Boys）。罗伯特开始朗读《歌剧魅影》，他在读第一句话最后一个单词的时候，有意不读出来，“卡洛塔……”他这样读是在暗示学生，随着他音调的变化，学生应该把空的词语补上。在当天的课堂提问时，只有一小部分学生主动回答，并且说出正确答案“主演”，所以罗伯特重新问了一遍：“噢，有些学生没跟上我的节奏。我们再试一次。‘卡洛塔……’”这次，所有学生异口同声地回答“主演”。这表明学生全部跟上了教师的节奏。罗伯特在课上一直使用这个高效的方法，帮助他快速、便捷地评估学生的阅读状态。

准确定位，快速衔接

教师在朗读和就阅读文本提问之间来回切换时，要运用快捷、可靠的提示确保学生正确识别切换任务，并迅速做出反应。我把这个提示称作定位器，因为它能让学生记住刚才阅读停留的位置，并在简短讨论后迅速定位到这里。“记住现在停留的位置，跟上我的节奏。”帕特里克·帕斯托说道。他正在为六年级学生示范如何在阅读《飞翔的埃斯佩兰萨》时暂停的地方做好定位，然后暂时把书放在一边，把视线移开，表示他们已经准备好讨论了。在简单讨论了为什么埃斯佩兰萨和米格尔对火车旅行有不同的态度之后，他发出指令：“梅勒妮，请拿起书，继续往下读。”不到两秒钟，她和同学就开始朗读，几乎没有任何过程转换成本。

同样，罗伯特·德·里恩准备让学生开始讨论《歌剧魅影》时，他会说：“手指夹住书页，然后合上书本。”以便他们讨论结束时能快速返回课本朗读。

我们来看看杰西卡在新泽西州纽瓦克的北极星学院课堂上是如何高效嵌入FASE阅读的。

杰西卡的学生非常投入，她让学生朗读的时间间隔很短而且不确定。她在教室里来回走动，这样可以随时随机让学生参与其中。尽管她随时随机点名学生阅读，但每个人都能马上接着读——这就是学生和教师一起阅读的有力证据。但最好的证据大约出现在一分半钟之后。杰西卡给了自告奋勇的学生朗读的机会。

“请接着读……”她刚一说完，学生就高高地举起手来。他们喜欢这样的阅读方式，他们高举的手显示出他们的归属感。他们想参与这种体验。

在这里，你可以看到各种各样的阅读情况。有些学生读得声情并茂、绘声绘色，也有些学生读得磕磕巴巴。即便如此，那些读得磕磕巴巴的学生并不害怕阅读，即使有些阅读材料很难，他们也勇于举手参与。这是长期激励性文化影响的结果。

杰西卡针对学生的朗读给出及时反馈。她让他们朗读时注入更多的情感，或者重读刚才读错的单词。课堂上一开始朗读的女孩后来又读了一次。在杰西卡的课堂上，读过一次并不意味着学习任务就完成了。一个阅读能力还有待提升的女孩，在课堂上得到了双倍练习！她也很乐意阅读。

这可不是一件小事。他们都是五年级的学生，对他们来说，培养阅读能力的各个阶段很快就要过去了。比较一下带来诸多快乐的朗读和放弃阅读的结果，你就会发现：对于成千上万阅读能力有待提高的学生来说，认为“朗读是尴尬的来源，他们永远学不会，要尽可能避免”的观点，其实只是自欺欺人，是不愿阅读的托词罢了。

最后再重申一点，之前我说过喜欢FASE阅读这个名字，其原因是这是一系列教学活动的一个阶段。理想情况下，FASE阅读可以和其他课堂活动相结合，融入课堂教学，比如5分钟的FASE阅读能使文本生动起来，然后写一篇生动的作文；或者将教室布置成课文中提到的场景，然后一边播放着课文音频，一边让学生进行10分钟的默读；也可以一起讨论刚刚朗读过的书，等等。想象一下，通过玛吉、阿尔什和罗尼绘声绘色的朗读，玛吉的学生听完《杀死一只知更鸟》的故事后，接下来的讨论会变得多么热烈，一定会产生更多更深入的探讨。再想象一下，那天下午在学校的开怀大笑，很有可能让学生晚上自觉地拿起这本书，认真完成他们的朗读作业。

技巧 25 在教室四处走动

以温和的方式建立对教室的掌控

上课时，你站在什么地方讲课很重要。它决定了你能收集到多少学生的信息，有助于你确定采用何种互动方式指导和鼓励他们。

当某个学生第一次正确地给出答案时，你能自然地站在旁边，悄声鼓励她说“对，就是这样”“好多了”或者“你已经会了！”吗？预留家庭作业时，你能巧妙地走到另一个学生身边，提供足够温和的批评，让他别走神，把作业抄下来吗？或者，你能轻松自如地在教室走动，随时到达教室的任何地方，而不用挪动学生的书包或椅子吗？如果你必须得到允许才能走到教室的任何角落，或者站在任何地方都感觉有点格格不入，说实话，这就不是你的教室，更重要的是，你可能无法把它打造成鼓励学生学习的最佳环境。

在教室四处走动是指教师在课程教学中能在教室里有策略、有意识运动的规律和习惯。

第一步是打破平面

你所在教室的“平面”是一个假想的范围，它的长贯穿整个教室的长度，宽平行于黑板并离黑板大约5英尺[1]，通常是从第一个学生课桌的位置开始。

有些教师行动迟疑，对是否“打破平面”、越过这个想象中的障碍，走到学生中间去犹豫不决。他们可能整节课上都在教室前面来回走动，或者只是靠在讲桌上。打破平面会为你的教学增添活力，让你看到学生都在做什么。你可以在学生的桌子旁逗留，微笑着巧妙地问一个有趣的问题，或者在教室里走动时把一只温暖的

[1] 1英尺≈0.3米。

手温柔地放在他的肩膀上。

如果可能，在上课的前几分钟内就要打破平面，越早越好。（现在就做技巧的好处是，它创造了一个天衣无缝的机会，使教师一开始就立即在教室四处走动和观察学生们在做什么。）你要让学生清楚，你在任何时候走到教室的任何地方都是正常的。你等待打破平面的时间越长，就越会觉得在教室里走动不自然、不正常。

能够轻松自然地接近学生，这增加了你与他们互动工具的多样性。例如，“技巧9：追踪而非旁观”，就是致力于通过四处走动和课堂巡视收集系统数据，这在评估学生的理解水平方面发挥着关键作用。要使用本书讨论的学习技巧，就必须打破这个平面。

所以，试着去进行更多的小互动。比如在下面这个例子中，教师可以采取更私人化的方式来处理。整节课上，他好像一直在玩地板上的东西，靠在桌子下面，来回移动椅子，以便……嗯，你不太确定。他的笔记本上一片空白，没有完成任何题目。现在他正在分散周围学生的注意力。如果你只站在教室的前面，你就只能问一个可能会分散大家注意力的问题（也可能会得到一个更加分散注意力的答案），比如“阿尔弗雷德，你在做什么？”或者“阿尔弗雷德，请坐回到椅子上”。

但是如果你在教室四处走动时，发现有人把一个黏糊糊的东西洒在了阿尔弗雷德桌子下面的地板上。他踩了一脚，东西沾到他的鞋上，他很难专注地听讲。“阿尔弗雷德，亲爱的，坐到这张桌子前面去吧。”你现在可以悄声对他说。或者在大家进行课堂讨论时，给阿尔弗雷德带几张纸巾说：“亲爱的，试着把它擦干净，待会儿我回来时，希望你已经开始做第一题了。”或者地板上没有黏稠的东西，你只要提醒阿尔弗雷德认真写作业就行了。既然你靠近他了，你就可以小声提醒他了。他会很感激你，他会更愿意完成作业。

轻声的耳语、一边讲课一边递给学生他需要的东西、站在学生旁边帮助他完成任务或理解问题都是可行的解决方案。但只有你能随时自然而然地走到阿尔弗雷德身边，又不引起其他学生的过度关注的解决方案才可能生效，这是个一边讲课一边递给学生想要东西的解决方案。如果阿尔弗雷德恰好在你课堂巡视路线上，效果会更好。换句话说，如果你和阿尔弗雷德的互动不是你在课堂上第一次打破平面，效果会更好。

总之，打破平面可以让你不断地收集学生信息——即使是在你没有意识到需要收集信息的时候。你走动的次数越多，就越能看到课堂上发生的事情——特别是从学生的角度来看发生的事情，然后你就可以用私密的方式和近距离的便利来解决问题，与个别学生进行交流。

但只有把在教室四处巡视变成一种常规，一种教师的习惯，它才会起作用。如果你只在需要时才近距离接触学生（例如，解决一个行为问题），四处走动会提高学生的关注度，不可能巧妙地解决问题。

全方位掌控教室

一旦打破平面，你必须能够全方位地掌控教室。你必须能够在任何时候自然而然地站在任何学生旁边，同时不打断你的授课、倾听或观察。当你这样做的时候，你可以创造出一种用温和的方式掌控教室的氛围。

用温和的方式掌控教室指当学生书写简短的答案时，他们可以猜到你会随时出现在他们背后，用鼓励的目光看着他们，同时也会看到他们是否在认真做作业。用温和的方式掌控教室指学生不能拿出智能手机玩，一个原因是你要求他们这样做，另一个原因是他们很可能在偷偷地看信息时发现你就站在旁边。

如果在教室任意两点间走动需要移开学生的书包或者许多椅子，你就失去了对教室的掌控。如果你必须说“劳驾”，然后把桌椅、书包移开，才能走到教室后面的角落，其实你是在向学生征求许可或者在干扰他们的学习。这意味着他们拥有自己的地盘，有不受你掌控的无人监管区。

保持教室的过道宽敞顺畅，才能够实现你全方位掌控教室的目的。找一个更好的地方放书包，而不是挂在椅子后背，让学生相对而坐，而不是围成一个长长的弧形或一排排地坐，这样你就可以随时站到任何学生的身边与学生积极互动。

与学生积极互动

能够在教室四处走动、与学生近距离互动效果固然不错，但如果能同时掌控教室，效果则更佳。积极教学时，也要经常进行语言和非语言干预（微笑；把手轻轻搭在学生肩上；当你查看学生的笔记时，对她说“检查一下你的拼写”等）。如果学生正在做自主练习，仔细观察他们做得怎么样。

当你在教室里走动时，可以尝试将下面这些不同的干预策略结合起来，效果会更好：

- **简单经过**。慢慢经过一个学生的座位，这样你就能注意到他在干什么，但不需要进一步的互动。

- **非言语互动**。你可以进行简短的非言语互动：轻轻地摆正学生的作业本，表示你在仔细看他的作业；用一个简短的非言语方式，竖起大拇指表达对他进步的赞许，或挥挥手暗示他“加油，继续努力”。

- **单纯的阅读或检查**。停下来，阅读或检查学生正在学习的内容。你可以做简单的评价，但不一定非得如此。阅读学生作业本身就传递了一个强有力的信息。

- **抽查式阅读**。停下来，拿起学生的作业，看看他写了什么，并对他的作业表现出浓厚的兴趣，或者对他提出更高的要求。他正在看着你，所以你的面部表情非常重要。一般来说，我认为，表现出关爱和感兴趣是最好的：我读你的作文是因为我在乎你的想法。管理你的表情（技巧12：犯错文化），在给出反馈之前不要释放太多的表情。如果想不出恰当的语言，你可以试试“加油”。

最后两种方式尤为重要，实时阅读、评估学生的作业并给予反馈对评估学生的理解水平至关重要——对学生的作业表现出浓厚的兴趣，打造一个对自己负责的学习氛围——这些都使你能更好地给学生提供学习上的帮助（“再试一次，查尔斯”“对，加梅尔”“你还没有给我看第三步呢”）。

圆点巡视

最近，一位来自荷兰的同事卡拉·范·多宁分享了一个在课堂随机走动时给学生反馈的想法，我认为很有趣——你可以叫它“圆点巡视”。

圆点巡视本身很简单：教师给学生布置独立完成的任务，再四处走动观察他们的完成情况。如果他们做错了，就在他们的纸上画一个圆点，这个圆点很小，而且也不是一个永久的“错误”标记，只是提醒他，有些地方需要再检查一下。这个想法最棒的地方在于，你只做这么多，不做任何评论，不告诉他具体检查什么。这个圆点以温和的方式提醒学生要自己找错误，对学生的自我反思和自我纠正及时给予鼓励。你甚至可以要求学生讨论，谁得到了一个圆点并找出了错误？

后来，来自东波士顿爱德华·布鲁克特许学校的教师鲁·拉特雷借鉴了圆点巡视，并对其进行了拓展。他没有简单地用一个圆点来代表错误的答案，而是采用绿色、黄色和红色来表示作业正确的程度。在课堂走动10分钟左右，批注完主题句后，他会让有绿色圆点的学生阅读他们的作业，紧接着是有黄色圆点的。这让学生们看到了正确答案和“差不多正确的答案”之间的差异。对于得到红色圆点的学生（他们则知道自己的思路走偏了），这也有助于帮助他们及时找到正确答案。在鲁·拉特雷看来，圆点巡视的调整对学生的写作“起到了立竿见影的效果”。相较于传统的写作方法和抽象的描述（技巧21：分解教学步骤），“比较评估法”更能准确、快速区分作业质量的好坏。这一圆点巡视的优势引起了迪伦·威廉的关注。

有策略地四处走动

在教室走动时，你必须覆盖教室的所有地方，了解教室每一个角落都在发生什么。走动时，你的动作和任何互动都要尽量做到“正常”和自然。你可以在任何时间检查他们的作业、点头或微笑与他们互动。

你可能还记得德纳留斯是如何有策略地在教室里走动并给每个学生提供反馈的，他甚至设计了教室的座位布局，以使他走动时能够观察到更多的信息。

最近，我和团队注意到，一些顶级教师走近学生去纠正他们的问题时，总是走“迂回路线”。比如，课堂上阿方斯无心做作业，同时还在分散同桌的注意力。如果你直接走过去，向他发出信号，暗示你既焦虑又生气。长期来看，这样的做法往往会适得其反，因为径直走过去会让别的学生围观你和阿方斯的互动，这会让阿方斯感到尴尬。如果你走“迂回路线”，在阿方斯的外围走动一下，可以让你们的互动更加私密一些，而且你也有时间想想走近他时该怎么说。

然而，有策略地四处走动和可预测的走动不同。教师要避免每次都用相同的模式（从左到右，顺时针沿着教室走动），改变你的走动模式，跳过和几个学生的互动，花时间和另一些学生进行不可预测的互动。

选定最佳站位

当你在教室四处走动时，尽可能面朝学生。这样，你就可以一眼观察到你周围发生了什么。你可以迅速从学生的作文上抬起眼睛，扫视一下学生，然后再继续阅读。相比之下，回头则会造成视觉盲点，甚至使某些学生有机可乘。

这有点像地球，它同时围绕两个轴旋动：公转（在教室里走动）和自转（改变自己关注的“重心”）。

走动时，你必须思考要面对哪一侧的学生，或者拿起一个同学的作文边转身边阅读，要保持一点神秘感，最好站在你能看得见他，但他看不到你的位置。检查学生作业时，站在他的背后，或者当学生在讨论某个话题时，站在教室的后面。

公转和自转

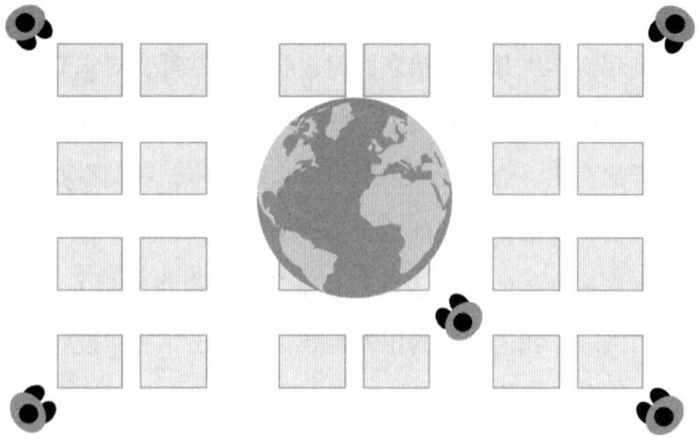

技巧 26 出站验票

明确评估教学目标，保证学生学习效果

当下课铃声响起，学生开始收拾东西时，我们通常都会对本节课的教学效果有一个主观的感受。但如果没有客观数据，我们很难确定学生的课程理解在上课前和上课后发生了怎样的变化。为了让学生取得最大的进步，我们需要更多的信息。想了解学生真实的想法，我推荐下课前用一系列简短的问题来检查学生对当天重点知识的掌握程度（也许更重要的是，了解谁答错了，问题在哪里）。下课前从学生那里收集信息并及时回顾，我们称之为出站验票。使用出站验票技巧可以培养学生下课前高效复习（和检索练习）的习惯，也可以确保你课下分析学生的进步情况，并告知学生下节课的讲课内容。

在回顾了出站验票的结果后，你就可以了解：有多少学生正确回答了与本课重点相关的问题，有多少学生能够回答有难度的问题，没有答对的学生犯了什么错误，你甚至可以反思你认为教学效果很好的“直觉”是否准确以及为什么。

在分享更具体的出站验票指南之前，请大家注意：出站验票最常见的陷阱是将表现与学习等同起来。你可能还记得在检索练习中提到的，学生刚刚学到某些东西后很快就开始忘记。正如哈利·弗莱彻·伍德所说，“学生在课堂中的表现不能很好地反映长久的学习效果”。出站验票技巧设计的初衷是为了给你提供更直接的数据，使你了解学生在学习过程中可能存在的问题，而不是用于衡量学生是否牢记刚刚学到的知识或技能。它为你提供了一个机会，使你尽可能了解学生出错的知识点，这样学生就可以把宝贵的时间和认知空间花在正确的记忆上。一旦你熟练掌握出站验票，学生就能深刻理解重点知识，而不仅仅是记住知识点。而这就需要你不断重温那些概念。

有效出站验票的特点

以下是有效出站验票技巧的共同特点：

速战速决：只检查两三个问题是很好的经验法则。这不是单元测验。你想了解学生对这堂课重点、难点知识的掌握程度，考虑到你要做的事情很多，所以一定要能够在几分钟内检查完数据。

设计精巧，能够获取信息。每个问题（或者问题的每个小部分）都要聚焦当天教学重点中的某个具体知识点，而不是几个当天课程的总结性问题。这样如果学生做错了，你就知道他们哪里出了错。要变换题目的形式，比如一道单选题，一道开放式问答题。你要确保学生在两种情况下都能答对。

它们非常适合被用作现在就做活动。你看过学生的回答情况数据后，可以让学生们也看一看。如果他们对知识点的掌握仍有问题，可以在第二天的现在就做活动中让他们重做题目或者分析出站验票中做错的题。

可预测性。有效的出站验票任务不会涉及新的概念或技能。它应该反映学生在本节课所学的重难点内容。在出站验票中使用或重述课程中用过的问题也是完全没问题的。

出站验票的变体：盖章

出站验票方便快捷、便于收集数据。不过，教师偶尔也想换一种方式评估学生的日常学习情况，那你可以使用盖章。这个名字是由保罗·班布里克-桑托约创造的，指代由学生发起的对重点难点的总结。有时教师会要求学生在课堂上“盖章学习”……也就是重述讨论的要点。但盖章也可以是书面活动，如果你愿意，也可以称之为开放式的出站验票。盖章比出站验票时间要长，几乎都是开放式的问题。要求学生总结他们本节课的收获。在构建阅读反思课程时，我们发现，在大多数情况下，我们都设计了使用出站验票技巧，但偶尔会使用盖章来检验学生的学习情况。盖章花的时间是出站验票的两倍，但它要求学生完成更广泛、更全面的反思。其数据没有出站验票那么清晰，还有更多的数据需要分级，但它给了你一个机会去评估学生更高阶和更严谨的思维。为了进行比较，这里是我们在课程单元中编写的3个出站验票的范例和一个典型的“盖章”案例。

范例1：《罗密欧与朱丽叶》

出站验票

1.下面哪一行暗示了第一幕第四场背后的黑暗和悲剧情绪？圈出所有适用的内容：

a.“我有一个铅一样重的灵魂，把我的身体紧紧地钉在地上……”

b.“他的箭已经穿透我的胸膛……”

c.“你就借着丘比特的翅膀，高高地飞翔起来。”

d.“我仿佛觉得有一种不可知的命运，将要从我们今天晚上的狂欢开始它的恐怖统治。”

2.选择一条圈起来的台词，用2—3个句子来解释它是如何发展成悲剧情绪的：

____

____

____

范例2：《赐予者》

出站验票

1.至少命名两个社区中存在的规则，并列出至少两个关于社区中仍然模棱两可的事情。

规则	模棱两可

2.用一个精美的句子描述社区成员对所处社会的“忧虑”或“顺从”程度。在回答时，你可以选择一个关键词或者两个都用。

____

____

范例3：《黑色棉花田》（*Roll of Thunder, Hear My Cry*）

出站验票

1.完成以下各句子：

- 洛根家族拥有土地是因为____
____
____
- 洛根家族拥有土地，但是____
____
____
- 因为洛根家族拥有土地____
____
____

盖章：《蝇王》（*Lord of the Flies*）

盖章：这节课讲的题目是："这就是你在森林里的感觉。"这是谁说的话？他说这话是什么意思？用今天阅读的小说里的一两个细节解释他为什么这样说。

____
____
____
____

关于实施出站验票的建议

出站验票是本书应用最广、最值得信赖的技巧之一。最近我向教师们征求意见，结果让我大吃一惊。这些反馈来自英国和美国。有些是社区教师，有些是特许学校教师，还有些是私立学校教师。其中有些是我观摩过课而且很欣赏的教师，有一些教师则未曾谋面。下面是教师建议中的精华。

高效检查作业

我们征求意见的核心主题是检查作业。这些教师建议快速浏览作业，运用标准化、低过程转换成本的方式进行分析，让后续行动更简单。巴尔的摩的里娜·里奥登建议尽快看完学生答案，越快越好，如果可能的话，一下课就检查，然后根据答案，把它们分成三部分：完全正确、部分正确、错误。在找到学生完全没有理解某一概念或者只是部分掌握一个概念的原因后，快速在出站验票上做记录。你可以依据这些信息，在下一堂课上把学生分成几个小组，或者在必要的时候，为全班创造一个现在就做的任务。

另外，把错误的作业放在最醒目的位置，提醒自己在下一堂课上多关注这部分学生。你也可以关注得到特定分数的学生。把这些记在笔记上，总结学生的错误，当晚你就可以准确高效地给出成绩，并快速了解课程的教学效果。

除了快速浏览作业之外，你还要创造一个标准模式，让这一过程变得非常容易。比如来自北卡罗来纳州达拉谟的珍妮丝·史密斯，她会使用便利贴，让学生把名字写在正面，答案写在背面。在走出教室的时候，学生就可以把便利贴粘在门上，这样珍妮丝在课间就可以快速浏览他们的答案，课下再把信息录入数据表。不管你是用讲义，还是让学生把答案写在和便利贴一样的简单的纸条上，请一定确保它们放在同一个地方（标准化的模式可以有很多种），这会让检查作业变得更高效。

目标明确

另一个核心议题是关于使用出站验票的目的的。一位来自英国的教师谈到了“一定要对为什么要运用出站验票技巧有一个清晰的认知”。如果出站验票显示教学效果不好，那就再教一遍；如果结果显示只有一小部分学生学得比较吃力，那么就有必要对这一小部分群体进行单独辅导；如果学生感觉似是而非，那么就在布置作业时多强调学生不确定的知识点，或者每周花10分钟时间温习一下知识点并坚持几周。如果出站验票的结果显示学生对某个知识点完全掌握了，那么在一到两周后再进行一次复习，但不要在这个知识点上投入太多时间，因为还有更重要的问题需要我们解决。归根结底，教师要针对出站验票的结果合理安排时间。

一位纽约的四年级教师亚历克斯·米勒也提到了这一点。她把出站验票的结果发到学生的邮箱里，让学生第二天早上改正。这对小学教师特别管用，因为学生可以利用早餐时间改正作业，教师在教室巡视时可以给予辅助和检查。这一额外补课的步骤能够减少需要帮助的学生数量。

最后，纳什维尔杰出教师希瑟·史诺德给出了一个关于课堂规划的建议，我多次观摩过她的课。她建议道："在规划课堂其他部分之前，我会写下出站验票的部分。这不仅能帮助我在课上聚焦要教授给学生的重要知识点，还能偶尔帮我重新调整教学目标，这样我就能锁定那些可以掌控、程度适中的技能，并将它们传授给学生。"她补充道："对于那些快速完成出站验票的学生，我通常还会有一个固定环节。我会在数学课上让学生写下关于今天学习内容的困惑。学生也很喜欢这一环节，因为他们可以有机会解决彼此的难题。"

第六章

课堂节奏

PACING

我最近在北卡罗来纳州格林斯博罗的吉尔福德高中观摩了赛迪·麦凯利的化学课。她讲课的主题是粒子运动、压力和混合气体分压定律，她的课程节奏紧凑，学生注意力集中，积极参与课程活动。5分钟、10分钟、15分钟、20分钟转瞬即逝，赛迪激励着所有学生一起参与到严谨、深入细致的课堂活动中。如果在其他老师的课堂上，这些内容可能会让人感觉枯燥乏味，不易理解。

计时器发出嘟嘟嘟的响声，预示着现在就做任务结束。学生完成了作业，赛迪通过随机点名的方式快速抽查学生作业，提醒学生要牢记体积、压力和温度之间的关系。被点名回答的学生已随时准备好，没有被点名的学生及时检查并纠正自己的答案。她的语言清晰而准确："答案应该是120升。如果你对了，竖起大拇指为自己点赞。太棒了！"

她无缝对接地转换成转身讨论活动，要求学生解释在固定容器中，温度升高时气体的压力有什么变化。在干脆且友善地结束转身讨论后（"先暂停一下"），她随机提问斯特林，他的回答清晰、简洁、准确。"漂亮，回答得很完美。"赛迪回应道。

接下来，她又给学生出了一道新的思考题：当塑料容器中的压力增加时，温度和体积会如何变化？"同伴讨论。开始！"她说。学生立即开始两两结组讨论，赛迪站在前排第一桌旁听学生讨论。

当讨论的声音减弱时，她让全班停止讨论，随机提问了两个学生解释答案。在得到简洁而明确的回答（两个学生的回答都收获了同学"发送的光芒"）之后，赛迪又提出了一个新的问题。学生再次与伙伴讨论。

接着，学生迅速拿出笔记本，记下了新的气体定律主题笔记。

这节课剩下的节奏也是如此。学生不断地以各种形式思考、做笔记、与伙伴讨论，回答赛迪的提问。活动变化多样，主题与以前的任务有明显的区别，但总是清晰、明确。课堂张弛有度，学生活力充沛：学生参与的方式变化多样而且很新奇，但始终围绕课程主题。

心理学家米哈里·契克森米哈赖创造了"心流"这个术语，它是一种心理状态，指从事某活动的人沉浸其中，甚至感觉不到时间的流逝。我们都有过类似的经历：你一抬头，突然发现课程（或自主练习或检索练习）快结束了。你还以为它才刚刚开始呢！心流状态通常发生在人们高度专注于涉及大量、长时间精神刺激的任务时。对心流理论的讨论经常让我们注意到它给参与者带来的快乐。沉浸在某些任务中不仅仅是富有成效的，而且是令人满意的。

这提醒人们，多数学生都想积极、有效地参与课堂活动，当学生进入教室并意识到情况并非如此时，他们往往会感到沮丧。契克森米哈赖把这个状态称为心流，从某种程度上说，它和运动的知觉是相互联结的，是一种稳定前进的动力，你在赛迪的教室里能敏锐地感受到这种感觉。

教师经常用“节奏”这个词来描述推动赛迪的课程不断前进的状态，但要把这个概念说清楚并不容易。它与速度有关，但节奏不是讲课速度的代名词。当赛迪迅速地从一个问题转换到另一个问题时，学生从来都有条不紊。虽然课堂活动一直在变化，赛迪依旧只关注一两个话题。

奇怪的是：当你放慢讲课进度时，教与学的过程感觉过得很快；当你加快讲课速度时，却会让人感觉过得很慢。有时学生不断地解题，求解线段的斜率，或者深入解读几段《杀死一只知更鸟》，你依然能够感觉到课堂里能量的迸发。有时学生复习了美国独立战争的3章内容，但时间仿佛过得很慢，学生目光呆滞，如坐针毡。我们认为，课程枯燥乏味是由我们选择的教学方法造成的：“你不应该带着学生复习，你应该让学生自主复习！”即使在一个不那么中规中距的课堂里，教学进度缓慢的事情也会发生。大家都经历过这样的事情：在一个由“学生主导”的讨论中，教师本以为学生会兴奋不已，结果却发现其实只有自己在情绪高昂地试图调动起沉闷的学生的积极性。

所以，节奏和讲课速度不是一回事儿，也与教学方法无关。节奏更像是学生对于讲课速度的感知，即速度的错觉。当教师想让学生感觉他们在课堂上不断快速“前进”时，他们可以创造学生不断进步的强大节奏。同时他们也会用缓慢的、思考时间更多的活动来平衡课堂节奏。

人类的大脑结构充满了悖论，其中许多都是为了适应环境的变化，经过数万年的进化和提炼创造出来的。例如，我们知道，对任务的关注和聚焦可以达到长期学习的效果。加拿大麦吉尔大学（McGill University）的认知心理学家丹尼尔·J. 列维廷（Daniel J. Levitin）指出，从认知的角度来说，“持续、专注的努力”会产生“巨大的回报”；然而，我们的大脑也有“向新偏见”（novelty bias），“很容易被新奇的东西吸引”。人类总是渴望并试图获得一种新的体验，就类似于他们会努力寻求食物和伴侣一样。满足“大脑中寻求新奇的部分”会诱发一种“愉悦感”。玛丽安娜·沃尔夫在《升维阅读》中指出，我们很容易被分散注意力的事物所吸引，因为这关乎你的生命。在漫长的史前文明中，如果有东西能立即吸引你的注意力，引起你的警觉，说明你已经准备好应对从灌木丛中突然冒出来、对你龇牙咧嘴的野兽。我们根据生存环境的变化相应地进化着。向新偏见则引导我们对新事物特别关注。

许多读者都知道，向新偏见是智能手机不为人知的设计原则。赛迪的教学以一种有益和平衡的方式利用了向新偏见。学生一直专注于课程内容，因为她既能保证教学活动的新颖性，又能吸引学生参与课堂活动。她运用策略制造了新奇感，让学生以不断变化、新颖的活动方式参与课程教学，使他们的注意力一直集中在相同的材料上。在赛迪的课上，前10分钟只是一系列关于压力、温度和体积的问题，但她却以正确的节奏改变了学生参与问题互动的方式——从转身讨论、随机提问到（稍后的）做笔记——从而最大限度地激发了学生的课堂参与度和专注力。对这些东西的最佳平衡就是“心流”的来源。

课堂节奏的关键往往在于掌握学生对时间的感知，以及注意力和新奇感之间的紧张关系。赛迪在各种活动之间的切换（比如说，从写作到转身讨论）都简洁明了，学生不会分散注意力。一个冗长的描述性活动转换指令可能会分散他们的注意力，因此过程转换指令要精心设计，以确保即使在活动发生变化时，学生工作记忆中的重要想法也不受干扰。活动指令简洁、清晰的界限在其他方面也有益处。由于你在当前活动和下一个活动之间划出了清晰的界限，这会使新奇性——新活动的引入更加显而易见。更重要的是，学生还能感觉到当他们从一项任务转换到另一项任务时，自己一直在进步，这是一种激励。试比较一下：在州际公路上以每小时60英里的车速前进感觉不是很快。这是一种持续一致性的体验——一簇簇树木或远处房屋形成的模糊点以及连绵不断的护栏的一致性。但是当你在狭窄的道路上或居民社区内以同样的速度开车时，你会突然觉得自己在冲刺。事实上，远处模糊的点变成一座又一座房子。每次从房子旁边飞驰而过时，它们就像里程碑一样，表明某种东西来了又去了。它们会让你产生一种错觉，感觉自己在飞速前进。像赛迪这样的老师经常做类似的事情：她创造的里程节点越多，学生越能意识到一项新任务来了又去了，她利用这一感觉来增强向新偏见的影响。

在本章，我会探讨如何捕捉和管理你在赛迪的课堂上看到的节奏。有时候，你需要在某项活动上花很长的时间，因此，我也会介绍一些框定活动的工具（或慢或快），这样，不管你在这项活动上花了多长时间，你都能更有效地让学生沉浸在严肃的工作任务中（忘记时间的流逝）。

掌控课程节奏的技巧有两种。第一种技巧是通过改变活动类型，让学生积极思考和参与，目的是通过不同的参与方式，激发学生的思维和参与活动的动态变化。第二种技巧是对课堂活动和活动转换进行管理，确保活动转换干脆、果断、清晰——让学生产生速度的错觉。许多管理课程节奏的技巧都与人的感知有关——比如，管理速度错觉，尽可能多地增加里程碑数量，让活动的开始和结束都清晰可见，以便学生更清楚地感知到活动的变化。

总的来说，速度令人兴奋，变化增添乐趣。和大多数事情一样，适度和平衡效果最好，所以要适当地控制速度。我的同事张池曾经提到过，太多的被动听课并不是学生们分心的唯一原因。“如果有连续两三个极度活跃的课堂活动，课堂的能量就会爆表，孩子们就会失去关注的焦点。”速度太快或太慢都会造成问题，因此要控制好平衡。令人高兴的是，掌控课堂节奏的工具可以让你的课堂活动充满活力和吸引力，即使活动的主题是反思性的、深入思考的、涉及方法论的，甚至是缓慢的，学生依然会动力十足，充满活力。

技巧 27 改变课堂节奏

让课堂在“快”“慢”起伏中充满新鲜感

赛迪成功的关键因素之一是她转换活动的决策。学生一直在思考同一个主题，但以不同的方式参与其中。我把这个技巧叫作改变课堂节奏。它有助于实现“快速”和“缓慢”、心流和焦点、动力和注意力之间的适当平衡。

改变课堂活动类型

为了避免把一个复杂的问题过度简单化，我提出6种可以让学生参与的活动。每一种活动都要求学生以不同的方式思考和参与。它们分别是：

1. 直接从第一手资料获取新知识，如显性教学或阅读文本。
2. 在教师的指引下，学生参与课堂练习或讨论。
3. 在没有教师指导的情况下获得新技能，比如，自主练习。
4. 独自对观点进行反思——安静而深入地思考，通常是书面作业。
5. 与同学们一起探讨、分享自己的观点。
6. 复习以前掌握的材料，并将其植入长期记忆（即检索练习）。

所有6种活动类型都很重要，学生需要经常参与其中，才能得到全面的心理锻炼。

在考虑这些活动类型时需要注意的几点：

首先，所有6种类型的活动对学生来说都很重要，但选择哪种活动需要考虑的不仅仅是感觉合适就行。如何以及何时使用某种类型的活动都会影响其他5种活动发挥作用。例如，直接从第一手资料获取新知识可能是最重要的活动类型，除了它本身的重要性，还因为它有助于其他活动顺利发挥作用。认知科学对此表述得很清楚：我们普遍认为，其他活动的数据时而可靠，时而不可靠。当学生有丰富的背景知识时，更深层的分析和思考才会更有成效。例如，暂停一下，现在请大家用两分半钟思考一下拿破仑和李将军分别进攻滑铁卢和葛底斯堡时的决定。他们的决定明智吗？这些决定是否反映了性格对战术的主导地位？

如果你知道很多关于讨论话题的背景知识，这是一种更高级的思维活动，但如果你对军事、历史知之甚少，你的思维就不可能高级了。事实上，人们不会有太多的思考。我想再次引用丹尼尔·威林厄姆的话："要想思考缜密就需要了解事实，这并不仅仅是因为你需要一些事情去思考。教师所关心的过程——最具批判性的思维过程，比如推理和解决问题——与长期记忆中（而非仅限于在环境中看到的）的事实知识紧密交织在一起。"

美国国家研究委员会（National Research Council）关于这个主题的研究表明："在长达一个多世纪的关于迁移的研究中，几乎没有证据表明教学可以培养出能被迁移到所有新规则、问题和背景中的认知能力。"认知不是一种可转移的技能，它总是依附于特定的语境和知识领域。有教师引导的练习、讨论和反思都是帮助学生深入思考的高级方法，但这只有在他们对背景知识有相当了解的情况下才可能奏效。

巴拉克·洛森西因在他的研究中详细描述道："在一项关于数学教学的研究中……教学效率较低的教师做的演示和讲解要短得多，然后……让学生解答问题。教学不成功的教师通常是一个学生接一个学生地辅导，总是在重复解释授课内容。"

其次，正如我稍后将要讨论的那样，在活动类型之间的切换通常是有效指导的必要条件。如果你在整堂课中只选择一种活动类型，你的课程不会非常成功；如果你使用两三种活动类型，而且不断自问"何时讨论效果最理想？""讨论多久？"之后要采用哪种不同的活动？"，你的课程就有可能产生最大的协同效应，你的课程才能够成功。你能够感觉到，赛迪的课堂无缝衔接了直接指导（指导学生做笔记）、讨论（转身讨论）和指导练习。

当然，这不是一成不变的模式，不要每次都使用相同的方法。每节课都需要一些不同的方法，每个老师的风格和方法将形成自己独特的课程节奏。我们的目标是创造一种心流的感觉，只不过有的快些，有的慢些，有的更响亮些，有的更安静些。

记住以上这些内容，接下来我们将展开说一说这6种活动类型。

活动1：显性教学/吸收知识

学生在听讲、阅读或者记笔记时都在接收新信息，此时他们就是参与到了显性教学或吸收知识的活动中。这可能是全班一起读一篇文章（默读、朗读、教师读或学生读），可能是教师讲课，示范解题，也可能是分享一个汇报（学生提不提问都可以）。

显性教学，或者说直接教学，它听起来似乎是与课堂节奏相反的概念，但其实不然，除非你用非常夸张、讽刺的方式去构想它——就像《春天不是读书天》（*Ferris Bueller's Day Off*）里的老师整天对着昏昏欲睡的学生讲课那样。如果显性教学实施得好，它不仅对学生的知识理解有帮助，而且可以使学生充满活力，对课堂节奏也有积极的贡献。做好显性教学的关键是什么呢？正如巴拉克·洛森西因所说，显性教学，像所有教学方法一样，必须对工作记忆的局限性采取应对措施。“同时展示太多材料会让学生感到理解困难，他们的工作记忆可能无法消化它。教学效果较好的教师不会同时提供过多的材料，这会让学生感到沮丧。相反，这些教师随时发放少量与新课程相关的材料，然后在练习这些材料时提供有效的帮助。”

猛一听起来，这似乎与洛森西因的观点相矛盾，即在让学生参与互动，进行深入思考前，应该掌握丰富的背景知识，但事实并非如此。你可以想象赛迪·麦凯利是如何做到两者兼顾的。她用几分钟解释一个新概念，让学生做笔记。然后他们暂停这项活动：“现在和同伴讨论怎样把这一概念应用到X上，开始。”随后她随机点名让学生回答，以检查学生是否彻底理解该概念。接着她再用几分钟时间解释一下这个概念。随后她用不同形式的活动引导学生参与课堂教学，加深学生对知识的掌握。“请大家用1分钟，书面总结一下到目前为止我们所学的知识，开始。”接下来，她会让分析比较透彻的学生分享他们的观点。他们会简单地讨论一下，到黑板上写字，放幻灯片，再次解释概念并让学生做笔记。

从目标明确的教学或其他形式的显性教学转变为短暂的思考活动，然后又返回教学，是发挥工作记忆的优势和克服其局限性的关键。这样做需要强大的掌控课堂节奏的技能，才能把控活动设计和高效转换，让你的教学方法在新奇和专注之间取得平衡。

克里斯汀·托雷斯讲解新词汇的课堂是一个不错的案例，对许多老师来说，教新词汇是一个众所周知的低能量活动：“这是新单词，请记下他们的定义。”许多教师通过学生自主练习来应对这一挑战:"去查查这些词。"这既浪费时间,又不容易让学生掌握这些词汇。下面我们看看克里斯汀是如何做的。她采取了以下步骤:

- 读一遍单词,要求学生跟读一遍。
- 提供单词定义。
- 让学生读一个和这个词有关的例句[此处他们学习的单词是"刻薄的"(caustic)——在《美国偶像》(*American Idol*)的真人秀里,导师发表了刻薄的评论,那他可能说了些什么?]。
- 让学生转身讨论这个例子。
- 随机提问几个同学,听听他们的答案。
- 展示一张图片:"图片是如何展示'刻薄'这个词的?"再次转身讨论,随机提问,听听大家的理解。

知识通过显性教学被吸收,随后是不同的活动类型(通常两两讨论),时间很短,学生的参与度非常高,克里斯汀的学生在一个快乐、多变的环境中学习新知识。

活动2:有指导的练习/有指导的问答活动

学生运用所学知识参与教师的多轮问答,他们就是在进行有指导的练习/有指导的问答活动。洛森西因强调了这一阶段对学生示例的重要性,逐步向学生释放自主权。有指导的练习涉及具体的解题步骤,老师用提问的形式提醒学生该怎么做,教师不断提出新的、更有针对性的问题,让学生更好地理解一篇文章。这些都在学生自主学习前进行。以下是一些范例:

在赛迪问过她的学生,如果温度升高,固定容器里的压力会有什么变化之后,她又问:"嗯,为什么压力会增加呢?"

学生回答说:"因为它们会有更多的碰撞。"

"但为什么会有更多的碰撞呢?"赛迪问道。

"因为粒子移动得更快。"

"好的,如果这个容器容易变形呢?那又会发生什么变化?"

再比如全班同学一起解决一个方程组问题时,老师随机提问学生解题步骤,确定下一步该怎么做或给出指定步骤中的计算结果。

又比如在一次文本细读(close reading)阅读过程中,一位老师要求学生在

《愤怒的葡萄》开头几页注释出每次太阳出现的寓意。通过一系列的问答活动（有些是书面的，有些是口头的），全班同学明白了斯坦贝克揭示了太阳对土地和人民的毁灭性影响。

为了在有指导的练习中最大限度地放大新奇性的优点，教师通常会将问题分解成几个小问题，以更快地提问更多的学生，最大限度地提高学生对里程碑节点的感知。随机提问学生能激发学生的课堂参与度，加强心流的感觉。另一方面，课堂活动切换过快也会有其缺点：有些学生跟不上教学进度或不能及时处理他们看到的信息，因此减少一些有指导的练习，增加一些做笔记或思考问题的时间可能效果更好——“好的，现在给大家90秒钟，把这些步骤都记到笔记本上，记下所有解决这类问题的方法”。自主练习——“好的，现在自己试试吧；给大家3分钟时间，待会儿我检查你们的做题情况”——也是一个不错的方法，让学生巩固他们在指导练习中学到的东西。

活动3：自主练习

完成了上一阶段的任务后，学生就具备了自主完成练习（independent practice）的能力。通常情况下，自主练习阶段不需要教师耗费太多精力，自主练习通常是让学生安安静静地完成的。但只是安静、独立地完成任务，还不能被称为自主练习。一般情况下，默读只能算是吸收知识；让学生思考或头脑风暴不知道该如何解决的问题，只能算作反思和集思广益，这是下一个要探讨的主题。通过以上区分，我们可以得出结论：在自主练习中学生将主动运用完成所有学习后所掌握的技能或知识。请看以下例子：

- 让学生运用他们学到的“暗示，但不明说”技法写3句话，描述主人公乔纳斯坐过山车时的体验（不要说出他在坐过山车）。
- 让学生自主完成方程组习题集。
- 让学生总结18世纪美国日常生活方式与今天生活方式的不同。

自主练习经常在课程结束前使用，“你必须在课程结束前开始自主学习”。这没有错，但它也可以分解成更小的问题在课中使用。回想一下，克里斯汀和赛迪是怎么做的。克里斯汀·托雷斯在她的词汇课的最后加了一点：“花3分钟时间写几个句子，每个句子都要正确使用我们讲过的3个新词汇中的一个。”赛迪·麦凯利在教学生怎么做笔记时，插入了这样的活动，她说：“今晚你会有一系列家庭作业要做，看看你们现在能不能自己解决这个问题。你们不需要动手去做，只需要写出怎么解答就行。一分钟时间。开始。”

切换到自主练习也是在保持心流的同时放慢讲课节奏的好方法。通过切换（改变）到自主练习（强调高度集中注意力），你可以实现注意力和新奇性的平衡。

活动4：反思和集思广益

反思看起来和自主练习很像，但其目的不同。在自主练习阶段，学生知道如何独立完成一项任务。在反思阶段，学生有机会开放式地思考他们还在学习或者不理解的内容。反思通常是安静的，经常需要写作。当任务涉及头脑风暴，需要找出潜在的解决方案时，就是集思广益。以下列出了几个例子：

- 老师要求学生通过写作反思：18世纪美国人的日常生活和现在生活的差别为什么会使当时的人形成与当代人不同的对家庭角色的理解。
- 老师要求学生反思某个作者的写作风格以及她为什么会重复使用同一个形象。
- 老师要求学生在小组合作解答一道难题后，记录下解决问题的关键元素。

反思活动是独立完成的，所以很像自主练习。反思活动往往感觉更慢一些，因为它们是开放式的，而且更具形成性的特点。使课堂节奏放慢，即使是放慢了一点点，也很重要，那些在校外不断受到智能手机刺激的学生，用在思考上的时间越来越少，思想越来越不容易集中。在学校多安排一些反思活动很有价值。

活动5：讨论

讨论指学生通过一对一交流、小组交换意见或者在全班同学之间展开辩论，最终形成对某问题的想法或者找出答案。通过转身讨论（像在赛迪的课堂上看到的那样）或讨论的习惯（技巧44），可以更成功、效率更高。在某些情况下，教师可以在有指导的练习或提问中穿插讨论活动，以确保对发言分批处理（技巧45）——让他们在没有教师干预的情况下可以多次发表自己的见解。我们称分组讨论为“打排球，而不是打网球”。比如：

- 教师要求学生讨论转基因食品和转基因组织的伦理问题。连续提问了3—4个学生后，再回到关于这个主题的授课中。
- 教师要求全班学生参与一个10分钟的课堂讨论，讨论19世纪90年代的腐败对美国政治的影响。

- **教师要求学生转身讨论（技巧43），找出彼此异分母相加作业中所犯的错误。**

全班参与的课堂讨论效果很好，但其过程转换成本较高——需要更多时间布置活动，给更多学生发言的机会。在大型讨论和同伴讨论之间取得平衡，这样你就能更频繁并且用更短的时间开展讨论活动，因为转身交谈时间更短，很容易变成一个常规活动，学生可以快速上手，保留工作记忆中的想法。你可以看到赛迪和克里斯汀在课堂上都是这样做的。

活动6：复习/检索练习

检索练习是复习以前掌握的内容，确保将其植入长期记忆，以方便检索。从学习的角度来看，检索练习非常有益。约翰·斯威勒提醒教师，“教学的主要功能是让学习者在长期记忆中积累与课程内容相关的重要信息”。赛迪一上课就开始检索练习活动，她要求学生解答与上次课内容相关的问题。

检索练习对获取知识来说非常重要，但很容易被忽视——有时甚至会被没有了解过该研究的教师直接放弃，检索练习通常是独立于其他活动之外的技巧。这里讨论的是关于如何在各种活动之间切换，以便在课程中创建一个动态流，从课堂节奏的角度来看，在其他活动中插入少量检索练习是非常有帮助的。检索练习能快速激发学生积极参与课堂活动，它短小精练，能让学生经常感受到成功的喜悦。

下面请大家仔细观察一下不同的活动类型是如何结合在一起的——本案例来自北极星学院维尔斯堡中学的杰西卡·布雷西的课堂。注意杰西卡是如何在不同活动之间进行转换的：一开始，杰西卡让学生总结他们正在阅读的小说的上一章内容。学生发表评论后，她要求详细阐述，或者让另一个同学回答下一个问题：“是的，安吉尔的手镯被偷了。还发生了什么事呢？”这是一种有针对性的提问。杰西卡的学生用大约两分钟的时间参与该活动，她“分解”了问题，将总结的工作转移到多个学生身上。然后，她转向FASE阅读（技巧24），接续前一天的故事，随后让他们在阅读心得日志上回答一个问题。在学生完成写作后，她又指导全班学生参与讨论，让学生分享彼此的想法。

我们总是想通过和学生一起做“新奇”的事情使课堂具有趣味性，但杰西卡保持课堂趣味性的方法却是做熟悉的活动。通过在学生熟练掌握的活动之间切换，杰西卡创造了一种心流的感觉。学生一直进行非常熟悉的课堂活动，但是以全新的方式参与。

学生从阅读转向写心得日志只有几秒钟的时间，因为他们已经做过无数次了。阅读过程中突然停下来，解释一项他们以前从没做过的新活动——例如，“我们今天要做一项新的写作活动，让我解释一下该如何做……”这会让整个课程的效率大大降低：教师在解释新活动的所有细节，学生在努力理解活动过程，用宝贵的工作记忆听从一套全新活动的指令。尽管它看起来更有趣，但也可能会产生相反的效果。（你可以在第十章中读到更多关于课堂系统和惯例的强大力量的内容。）

一两分钟的讨论过后，杰西卡的学生继续阅读。事实上，杰西卡不断重复这一循环：阅读、写心得日志、全班讨论。随着时间的推移，循环的周期越来越长，讨论的问题也变得越来越难。

在最近一次研讨会中，教师们都说较短的“阅读—写作—讨论”的教学循环和他们在课堂上的操作不太一样。他们也进行这3项活动，但采用的方式是较长的，不循环使用。比如，在一次典型的课堂里，他们会安排学生用15—20分钟阅读，5—10分钟写作，10—15分钟讨论，最后再进行出站验票和总结。其实像杰西卡那样，把同一个活动拆成几个稍微短一点的循环来完成，可以增加课堂的吸引力，激发学生参与课堂活动的积极性。

技巧 28 明确界限

让每一项课堂活动的开始和结束更加清晰

妮可·沃伦对课堂节奏的把控相当熟练。课程开始时就充满难以置信的能量，吸引学生积极地投入到课堂活动中：一首歌；转身讨论；转身讨论之后的班级大讨论；时间稍长的自主练习。学生注意力高度集中的部分原因是之前的活动给大家带来了活力。妮可的课程效果惊人的部分原因是她精心设计了活动转换流程，她能够在1分钟内让学生从转身讨论切换到观看视频，或在4分钟内从观看视频切换到自主练习。她的任务界限明确，引人入胜。时而是节奏缓慢的小问答，时而是清晰、快速的开始信号，学生马上开始行动。课堂节奏之所以如此强大，原因就在于高效的活动切换质量。

当你采取措施让课堂活动的开始和结束更加清晰时，你是在明确课堂活动的界限，让学生注意到活动形式的改变，这能让学生清晰感知到里程碑节点（两个活动之间的界限），更容易注意新的活动并被其吸引。实际上，你在以一种富有成效的方式利用他们追求新奇性的天性。

第一步：清晰的开始提示词

第一个明确课堂活动界限的方法是清晰的开始，从一项活动切换到另一项活动时，教师要提示学生。在大家开始转换活动前，教师可以说：“同学们，请大家用3分钟的时间写出这道题的答案，准备好了吗？开始！”这样做有几个好处。

首先，凸显活动的开始，让该活动显得特别。使用“开始”增加了学生对该活动的兴奋感和期待。就像竞走比赛一样，所有选手要在听到发令枪响后同时出发。这既能积极限定接下来的活动，又能让班里所有人完全按照提示同时开始。下指令前可以暂停半秒钟，这是为了让学生在收到开始指令时全力以赴。让学生都站在同一起跑线上，蓄势待发，可以充分利用时间，提高学习效率。

当然，提示不一定必须用“开始”。你有许多选项可以使用（例如，“现在开始做吧”“现在你们来试一试”“开始做吧”等等），它们都是“开始”的意思，但正如麦克雷在《动机教学法》中提到的那样，提示是常规教学的重要组成部分。他将理想的提示描述为“清晰的”——不会被误解或曲解，“多模态的”——将语言或演讲与动作或位置结合起来，以及“简洁有力的”。麦克雷认为，通过符合以上标准的理想提示，我们可以使课堂规范更加可见，更加广泛地被学生接受。如果不清楚其他人是否真的出发了，你潜在的动机就是等待，避免被罚出局（成为抢跑的人）。如果每个人都正好同步开始，那就无须对最佳开始时间进行策略性管理了。大家都已经起跑了，我也要跟上！

之前，我提到可以运用调节课堂节奏的工具，让慢节奏的任务更具有反思性、更有趣，对清晰的开始稍加调整就能起到这样的效果。比如，你可以用更慢、更安静的节奏，鼓励学生进行深度思考，“啊，一个很有趣的问题：谁是这本书中的英雄？（停顿一下）请大家用3分钟的时间，写下自己的答案。（停顿一下）谁是英雄？你怎么知道的呢？”你降低声音，用低缓的声音说着，“开始吧……”这个方式也能高效利用时间。让所有学生同时立即开始行动，你用舒缓的节奏告诉学生，表明你很期待他们的思考。使用提示词“开始吧”替代“现在开始”，让学生感觉活动更像是一场旅行，而不是一场竞赛。你让所有人遵循提示，充分利用时间。你清晰高效地传递了这样一个想法：“我希望你们深入思考，我期待你们深思熟虑、仔细推敲。”

在克里斯汀·托雷斯的课堂上，我们看到她使用了几种不同的开始方式。在课程的词汇展示部分，她转身讨论的提示高效而清晰——“和伙伴讨论15秒，开始！”学生们立刻开始讨论。她这节课活动的目标就是高参与率，她想激发全班学生的积极性，让他们感觉这一节课过得很快。对于一个更具挑战性的问题，她给学生留了更多的时间，放慢了讲课的节奏。“这张照片是如何展示‘刻薄’这个词的？仔细看一下这张图片。和伙伴讨论图像是如何展示‘刻薄’这个词的。准备，开始。”在后面的课程中，她指导学生严肃地讨论了安妮玛丽的勇敢，她的提示语调缓慢，表明她希望学生专注于写作任务：“和伙伴讨论……回答问题2A和2B。如果3分钟时间内你没完成，那也没关系……3分钟，开始吧。”在这三种情况下，学生都按照明确的提示（和精确的时间限制，我们随后会进一步讨论）开始工作。但她的语气、指令、语速的细微变化反映了她希望学生们为这项任务赋予的能量类型。

为了让教师进一步了解使用明确界限的各种方式（同时说明他们希望学生参与的活动类型），请看以下教师是如何引导学生进入自主学习环节的。首先出场的是哈桑·克莱顿。“给大家4分钟时间，自主练习。看看大家还记得多少。开始吧。”他说。平静、不动声色的语调和明确的提示表明，这是一个需要深思熟虑的时刻。他在教室里四处走动，巡视课堂的速度也表明，这项活动要保持安静、注意力集中。相比之下，塔米莎·麦圭尔对幼儿园的指令则充满热情与活力、干净利索——“准备……三、二、一……开始！”（她一直带着灿烂的微笑）让学生对独立任务充满正能量和兴奋感。学生们开始活动时，她欢快的情绪依然感染着孩子。贾米拉·哈米特对三年级小组成员的提示则更加低调——学生读完问题，她简单地对他们说：“继续，1分钟。”当学生开始动笔写作时，她依然保持沉默，给学生足够的空间应对充满挑战的句子。在所有例子中，教师通过提示的语调和语言影响课堂的节奏和学生的参与度。三个提示都足够清晰和具体，能够明确活动的界限，确保所有学生都做好开始的准备。

第二步：清晰的结束语

能够运用提示将活动顺利收尾也是一项关键技能。理由如下——最明显的就是时间管理。在你参加的会议里，当会议要超时或者留给其他话题的时间不多时，会议的主持人有多少次没能说出“好了，我们已经完成了这项任务，接下来讨论下一项议题”？当一位教师无法将活动收尾，进行下一项活动时，课堂中的时间分配也会遇到类似的问题。

让活动干净利落地结束有很多好处，我称这项技能为清晰的结束——它的好处不只体现在时间管理上。按照提示及时结束能建立一个清晰可辨的活动切换点，这有利于保持学生思维的连续性。当活动转换提示表达清晰明确时，学生更有可能保持当前的工作记忆，顺利进入下一项活动。比如在上一段的例子中，你已经对学生说：“给大家3分钟时间，思考并写下谁是英雄和你是怎么知道的。”你要从写作转换到全班讨论或者转身讨论，在活动转换时尽可能不要破坏活动之间的衔接，这样学生才会记住他们刚刚形成的独特见解。你让学生听到结束提示后，立即停止写作，马上进入下一个环节，学生也不会忘记他们的观点了。如果你的切换非常快——最多几秒钟——学生刚刚形成的观点就可能延续到下一个活动中。

规定的3分钟时间快结束时，你可以提前提醒一下学生，告诉他们时间快到了："我希望大家在20秒内停止作答，抓紧时间把内容写完。"最好能有一个计时器，等3分钟时间到了，当计时器铃声响起时，你就可以说："计时器响了，请大家立即放下笔坐好，抬起头。"清晰、可见的提示可以为课堂节奏锦上添花。计时器的提示如此明亮而清晰，学生们可以看到时间的流逝。更好的是，当提示界限清晰、明确的时候，你也可以使用语言将课程的各个重要部分联结在一起。（更多关于课程的信息，请参阅"第五章：课程结构"。）

最后一点值得注意的是：让课堂节奏加速的工具只要稍微调整就可以让课堂节奏放缓。例如，你可以用缓慢、略带沉思的节奏，安静地对学生说："30秒后，日记写作环节就要结束了。听到哔哔声响后，请合上你的日记本，抬头坐好。"让计时器哔哔响几秒钟，或者沉默几秒钟，然后说："很好。现在大家可以讨论了。"这也是一个清晰的结束提示，带有明确的界限，但建立了一种舒缓的节奏和安静的氛围。事实上，明确课堂活动的界限最适合这种节奏缓慢、需要深思熟虑的任务，如果过分干预，不仅显得突兀，还会打乱教室里安静的环境和学生反思的情绪。反而是在最意想不到的时候、最不可能使用的环境里，突然干净利落地转换课堂活动往往更有效。

技巧 29 所有学生都举手

快速活跃课堂节奏，增加学生成就感

尽管举手这一举动显而易见，但它确实值得我们深思。

每次学生举手都说明一个值得他们采取行动的事件发生了。他们对自己也对其他人说："那里有一个问题，我想回答。"这个问题与前一个问题有所不同，它很新颖。现在它就是一个里程碑。回答的意图在这个时刻不同凡响。这是本课程中值得学生决定要做的事情。回答问题的回报大于风险，学生的自我认知也发生了变化："我不是一直被动地坐在这里听讲，我在思考。我想和大家分享我的想法。"举手的行为可以吸引学生参与课堂活动，让他们全身心地投入。

举手非常具有感染力。当学生看到自己的同伴自告奋勇，迫切想回答问题时，就会形成一个规范，即教室是一个安全、有吸引力的地方，每个人都要成为其中的一分子，于是参与课堂活动的动机在教室里传播开来。"我们所认为的规范主要来自对他人的观察。"佩普斯·麦克雷说。决定公开参与教学活动强化了学生的想法，即学生认为成为群体的一员并参与其活动是值得的。这是对班级或课程价值的认可。

对于老师来说，看到一群自告奋勇的学生，意味着他们不用找人回答问题了。即使是在员工会议上，没有什么比没人回答问题或避免和其他人对视更难熬了。当所有人都在座位上坐立不安时，时间仿佛都停止了。

观察课堂情况时，我们对学生的许多看法实际上都是从举手的符号学中解读的：学生渴望回答吗？举手的学生少吗？他们不愿意回答吗？不举手的学生会回答问题吗？

"所有学生都举手"能帮助你理解学生的方方面面，最大限度地掌握课堂节奏和提高学生参与度，培养学生对课堂上发生的事情的感知力。

放下手

这听起来可能有些矛盾（尤其是在介绍“技巧29：所有学生都举手”时），但放下手的行为也很重要：这说明该问题已经得到解答，新的问题即将到来。它插入了一个明确界限的里程碑，让学生感知到不同的事情。比如，在“讨论政府部门”时，原本无界限的讨论可以采用一系列问题的形式：先是关于行政部门，再是关于司法部门，最后是关于立法部门。明确界限的里程碑正在快速前进。课堂节奏也在不断加快。

也许，有这样的学生，每次提问他都举手，其他人回答时也不放下，在空中挥舞几分钟。如果你叫他回答问题，他的答案却与刚刚讨论或正在讨论的话题无关。这很可能是10分钟前你让学生举手回答的问题。更有可能是你提问了那些想说话，但答案和你们讨论的问题或其他同学的观点没有任何关系的学生。

放下手表达了对同学的尊重，因为举着手很难专注地听同学说话。有人回答问题时，教室里其他同学依然举着手，实际上是在说“你说的话不会改变我的观点”。你举着手不愿意仔细倾听别人的想法，是为了把你之前的想法植入你的工作记忆中。别人说话时，要放下手以表达对别人的尊重和兴趣。为确保学生每次放下手时不降低他们参与课堂活动的热情，制定课堂规则很有效，明确规定什么时候举手，什么时候放下手。使用一些简单的如“放下手”的指令或肢体语言提醒学生要全神贯注倾听同学的发言。（若想了解更多关于这种一对一的倾听对说话者的影响，请查看“技巧44：讨论的习惯”。）

你可以在克里斯汀·托雷斯的词汇课中看到这方面的例子。“‘探究’是什么意思？”克里斯汀问道，几乎所有学生都举起了手，她停顿了一下，点名让乔文回答。她这样做的时候，其他同学都放下了手，好像在说“乔文，我们在听你发言，终于轮到你了”。几秒钟后，克里斯汀说：“请代替我大声而自豪地阅读……”同样，在她提问朱朱之前，几乎每个人都举起了手，然后，又都放了下来。提醒学生：现在要听朱朱说话，而不是去想你会说什么。几秒钟后，克里斯汀问道：“在这种情况下，这个女孩做了什么？使用定义回答。”每只手再次高高举起。现在轮到埃塔尼了，其他同学再次放下手——这是因为克里斯汀提前制定了规则，告诉学生在同学被提问时他们应该放下手去倾听同学的回答，这个倾听行为还暗示着下一步动作：和埃塔尼进行眼神交流。詹姆斯·克利尔将这描述为“习惯叠加”（habit stacking），一个习惯导致另一个习惯，一定会产生一系列积极的行动，只要它们都是持续不断地联结到相对简单的第一个行动。

除了每一次互动的影响，在克里斯汀使用所有同学都举手参与课堂活动技巧时，你可以清楚地看到明确界限的里程碑一个个飞驰而过。学生对速度的错觉已经被创造出来了。传统上缓慢的活动——词汇学习被注入了生命与活力。

对跑题的发言按下暂停键

有时，我们把管理一群人戏称为“放羊”。在任何一群人中，都有人偶尔会迷失方向，无论是身体上还是精神上——即使他们知道团结在一起是有益的或合适的。作为教师，你不能在学生遇到问题时转身离开。一个好的牧羊人必须知道如何让这些四处流浪的羊快速、乖乖地回到羊圈。好老师也应该具备这种能力，这是他们工作的一部分。

即使渴望分享自己的观点，学生的回答也可能无意中偏离主题或完全跑题，进而破坏课堂节奏或分散其他学生的注意力。别误解我的意思。我喜欢学生的长篇大论和有洞察力的发言，但它必须恰逢其时。那些在不恰当的时间出现的、关于一些与话题关联甚微的不知名节目和电影的长篇大论就是课堂杀手（即使他们本意是好的，而且是在“正确的时间”发表的观点）。如果你在课堂上好不容易成功地让很多孩子都参与到关于《赐予者》的高质量讨论中，还有5分钟就要下课了，但可能还有很多精彩的观点，也许一个刚回神的学生在长篇大论地发表自己对小说的见解时正要开始顿悟“释放”的含义。但他的思维已经不受控了，所以他不断地蹦出一个个词汇来回答问题，试图用大量的辞藻来弥补清晰度不足的损失。在那一刻，你感觉自己被双杀了，甚至是经历了多轮双杀。突然间你觉得自己可以将他从混乱中拉出来并帮助他实现顿悟的美好期待都化作了泡影。

在这种情况下，你需要一种方法来打断他离题8万里的回答，让他停止发言。如果你能热情而巧妙地这样做，不仅不会让学生感到尴尬，还会对课堂讨论有益（因此也有利于学习）。让他继续说下去其实是一种伤害。用“暂停”温和地推动课堂节奏，帮助学生理解他们的听众和讲话背景。

快速而礼貌地结束题外话只需要一点技巧即可。我称之为“按下暂停键”，“暂停”这个词非常有用，特别是当后面跟着一个解释说“该学生分享的内容很有用”时。“暂停一下，丹尼尔。你已经给我们分享了这么多可以谈论的话题了。我们听听其他同学的观点吧。”完美，讨论又回到正轨！用积极的方式解决问题很重要。其他变体可能包括：“哦。就讲到这里吧。你已经提到了他（乔纳斯）开始接受记忆，也谈到了这些记忆非常感人。还有谁有这样的想法呢？”你甚至可以这样说：“哦，暂停一下。你的观点很有趣。这些记忆是如此激动人心，谁能说说这些记忆为什么很重要呢？”你也可以把学生引导到他们答案中最有价值的部分：“暂停，你的这句话——‘从来没有体验过这么多的情感，一下子难以应付’，我们用1分钟分析一下吧。”这是一种在跑题太远之前温和的打断方式，从他的答案中提取有价值的观点，希望他下次回答问题时能找到哪些是有价值的东西。

如果你能够表达对学生参与课堂活动的欣赏，同时又能关注讨论的话题，你就更有可能为了学习群体的利益，在必要时按下暂停键。虽然有些学生意想不到的评价很有价值，但有些不是，教师有责任合理分配时间，掌控课堂节奏。

最后重申一点：与“停止”（stop，freeze）或其他词语相比，我更喜欢“暂停”（pause）这个词。暂停指暂时的停止，听起来比较温和。“停止”往往会让人感觉做错了什么，“暂停”意味着你可以在某个时候重新开始，继续分享你的想法。令人高兴的是，事实确实如此。

在线课程：流动的课堂节奏

课堂节奏利用了心流的原理，即人们容易被引人入胜、充满活力的活动吸引，这是追求课堂卓越效果的关键动力。在线课程要时刻避免灾难。线下课程时，如果学生感到无聊或觉得课程与他无关，也不能走出教室。如果他们不参与课堂活动，你就会发现——他们面前空着的作业本或没有跟进的后续互动任务。有时通过他们的行为，你就知道他们是否参与课堂活动。如果是在线课程，这就不起作用了。在线课程里，没有参与的学生会溜走。如果你让他们发言，他们会关掉摄像头，谁也不知道他们在做什么。也许他们切换到其他频道看电视、玩手机或其他电子游戏。也许在玩《我的世界》（*Minecraft*）或刷抖音，你永远不知道他们已经走了。

因此，网络授课更要注重课堂节奏，课程必须从一开始就吸引学生，并持续吸引他们的注意力。我们看看来自洛杉矶利伯塔斯预科学校的阿里安娜是怎样掌控在线课程的节奏的。在开始上课的几秒钟内，每个人都要完成同一项任务（在聊天室回答）。这是由阿里安娜建立的“叙事聊天”群，她让学生知道她能看到并欣赏学生的参与，以激发其他学生参与的动力。她很快就将其转化为一个小型讨论，三人一组，分享自己的观点。它快速、有吸引力，可以包括所有人。学生没有时间迷失在互联网遥远的角落里。这种充满活力的氛围——尤其是在课程开始时——是我们可以运用到线上课堂的。

技巧 30 认真规划时间

在课堂上给予学生最优质的学习体验

当一件事情变得重要时，我们就会去规划它。作为教师，时间是你在课堂管理中最重要的资源，必须对其进行精心管理、合理分配，以改善学生的课堂体验。这项技巧就是认真规划时间。

展示时钟

首先，展示时钟。让学生清楚地看到时间，展示你是如何分配时间的，告诉学生某项活动你分配了多少时间。在活动中计时能让学生明白你重视时间。明智谨慎地分配、合理运用时间，教会学生珍惜宝贵的时间。

展示时钟有一个额外的好处，就是能够帮助教师自律。很多教师都有这样的经历：本来打算在某项活动上用5分钟，结果却用了15分钟。教师告诉学生："给大家10分钟时间。"结果由于没看时间，给了学生两倍或者一半的时间去完成任务，通常这样做的结果是：课程任务没完成；故事没讲完；实验没做完；或者你们只做了有教师引导的练习而没有进行学生自主练习。

让学生花几分钟时间解题时，你要尽力估算这项任务需要多长时间，然后告诉学生："大家尝试自己解答其中的一道题，我给大家3分钟时间。"然后按下计时器，或者用挂在墙上有液晶显示的电子时钟就更好了。如果学生能看到时钟，他们就可以进行自我管理，掌握做题的节奏，控制用在简答题上的时间。

有些教师可能会反对，认为有时不知道完成一项任务要多长时间，所以不愿意限定具体时间。有一点需要强调，最初的时间分配并非一成不变的。如果时间不够，可以延长（"好的，大家已经很努力了，看起来我们还需要2分钟"）；如果时间有富余，也可以缩短（"哇，你们的答案太有趣，太棒了，3分钟对大家来说太久了，2分钟后，我们就可以对答案了”）。

展示时钟能创造一种惜时如金的氛围。我们希望课堂上的时间无穷无尽，学生可以随心所欲地使用时间，可以信口开河，但我们知道这是不现实的。每天上课的时间只有42分钟、55分钟或75分钟。如果你能管理好课堂时间，偶尔开个小差也是可能的。

展示时钟还能让你尽可能少地提及时间。把时钟挂在教室里，让它对某项活动1分钟、1秒钟地倒计时。当学生学会尊重时间的权威（也知道你会严格按照时间走）时，你就不需要再反复强调了。这时，你只需要说：“好，开始。”按下计时器，让计时器倒计时，偶尔提醒一下学生时间就可以了（比如“还剩1分钟，计时器就会发出‘嘟’的一声”）。计时结束，你说：“好了，让我看看大家做得怎么样。”

非凡学校“像冠军一样教学”团队的教师在实践中使用了冠军教师的方法多年后，也开始将这个方法用在我们的研讨会上。在自主练习（或休息）时使用在线计时器，这样参会教师就知道还剩多少时间。总的来说，人们更愿意自我管理时间，而不愿意一直被他人管着——尤其是在午餐时间。

你可以鼓励学生积极地看待时间管理，为他们提供机会，在自主时间里完成多项任务，从而提高自己的时间管理技能。“我给大家20分钟的时间。在这段时间里，你们需要润色自己的作文，完成自我评估。”

使用具体的、奇数数字的时长

无论选择展示时钟，还是只有自己能看到的时间，当你和学生讨论时间分配时，最好用具体的、奇数数字的时长。不妨一起来看看这个典型的案例。如果我在进行教师职业发展培训，我说：“我们休息一下，10分钟后回来。”那我很难在10分钟内让大家都回到教室继续上课，因为我说的时间10分钟听起来很像是一个概数。整数总是会让人把它和大约联系起来，就好像我说的是“我们大约10分钟后回来”，奇怪的是，只要我给出的时间是具体的，即使我多给他们一点儿休息时间，他们反而会更快地回到教室，如果让我选择“我们休息一下，10分钟后回来”还是“我们休息一下，12分钟后回来”，我更愿意选择后者。

在你的课堂里，学生完成任务的时间一定要具体，同时要根据课堂情况做出适当的调整。4分钟的小组活动通常要比5分钟的小组活动好（3分钟要比2分钟好，因为后者听起来像是一个概数），但更好的方法是先让学生花两分半钟自主写作，再给他们3分钟进行小组讨论。给不同活动分配不同的时间或者对同一活动的不同循环分配不同的时间，能把你对时间的态度传递给学生。教师珍惜时间，学生也会珍惜时间。如果已经建立起了这样的规则，你偶尔使用2分钟的计时，效果也会很好。

在艾米丽·巴迪洛的课上，她正在给四年级的学生讲《数星星》，她给学生布置了一个4分钟的写作任务（不是5分钟！）。她解释说要从大家的作业中寻找优美的句子在班里分享，然后又重申了任务的时间："大家有4分钟的时间。开始吧。"说完，她立即按下了红色的计时器，计时器挂在教室前面的黑板上，大家写作业时抬头就可以清楚地看到时间。在教室四处走动巡视时，艾米丽不断看向时钟，口头播报时间。"你们已经写了1分钟，"她说，"看起来差不多每个人都写完了第一句话。保持这个速度。"这段话可以帮助学生检查自己的节奏，标记时间的流逝：我在第一分钟完成了什么？我和其他人的节奏一致吗？她的话既充满激情，又鼓舞人心，强调成功并鼓励那些可能还没有完成第一句话的人。又过了2分钟，艾米丽再次对学生说："还剩1分36秒了。大家抓紧时间啊。"精确的时间播报，让学生明白教师会认真对待作业结束的时间（这不是一个近似或大概的时间），她鼓励"大家抓紧时间"以减轻学生的压力，安慰他们，结束时间马上要到了，大家还是要尽可能地多写。最后，她告诉学生们，"还剩25秒，请写完手头的句子"，这是在提示学生为结束写作做准备，确保他们不会因为计时器突然响起而措手不及。计时器响起时，艾米丽简单地说："停止写作，放下笔。"暂停计时器后，她开始随机提问学生，让他们分享观点。

我们看到许多教师在活动的关键时刻使用和计时相关的表达：在活动开始或发布时，用以说明对学生的期待；在活动过程中时不时提醒，以说明学生的进展情况或鼓励他们继续坚持；在最后30秒左右，提示学生结束思考，为下一个活动做好准备。以下是一些可以派上用场的表达：

- **"请大家用接下来的2分钟时间回答第二题。如果提前完成，试着解答第三题，挑战自己。"**
- **"大家已经做了两分半钟。大多数同学都在解答第三题。"**
- **"还剩大约3分钟，应该停止阅读，开始回答第一个思考题了。"**

- “请大家在10秒钟内结束和伙伴的讨论。”
- “计时器还剩40秒，请写完手头的句子。”

有效运用倒计时

倒计时指期待人们在特定的时间段里完成某项任务，使用倒计时可能会达到用更短时间的效果。根据观察，我鼓励教师在课堂上巧妙运用倒计时，但要注意需要遵守以下规则：

正确做法

在进行简单任务、总结或者任务切换时使用倒计时。注意，你可能会干扰到教室里学生正进行的任务。出于这个考虑，许多冠军教师在切换任务时会告诉学生“10秒钟后闹钟会响，请做好准备”或者只在一些数位上倒计时［“十、九（停一会）、五、四（停一会）、二、一”］。

尽量少用倒计时。教师不要给学生太多的时间去完成一项简单的任务。放下笔最多用10秒钟，所以不要从10开始倒计时，从3开始。倒计时是为了让学生有足够的时间、保质保量地完成一件事。不要让学生设定不切实际的目标，但在任务切换和其他常规活动时，需要向学生施压，让他们高效利用时间，注意学习效率。

在倒计时的时候，说出遵守规则的人。例如，我开始倒计时，我会说：“我需要你们看着我，5秒，4秒，尼克已经做到了，2秒，萨拉也做到了。”我说出了提前做到的学生的名字。换句话说，在他们全都有希望达到你的期待时，让学生们注意到榜样是怎么做的。

禁忌做法

不要“延长”倒计时，不要放慢倒计时的速度以迎合学生的行为。如果你这样做，就表明学生占据了倒计时的主动权，这就和倒计时的目标背道而驰了。教师需要按时结束，明确告诉他们：“必须加快速度我们才能回到小说上来。”

不要在倒计时结束的时候，才说出遵守规则的人。这样做，你只是讲述谁按照你的要求做了，会显得你在请求大家听从你的指挥（你们都不能像他一样按我的要求去做），这降低了你的标准。

不要过度强调遵守规则，简单快速地报出几个达标学生的名字就可以了。报太多的名字会让人觉得你担心他们没有办法按要求完成任务。

技巧 31 分秒必争

尊重学生的时间，确保每分钟都得到充分利用

尊重学生，确保学生的每一分钟都得到充分利用。

在我早期对冠军教师的研究过程中，我发现了一个最喜欢的教学时刻，它简单、平凡而强大。这是我在纽瓦克北极星学院观摩安妮特·里弗尔五年级数学课堂时发现的。课程以传统的方式开始。安妮特要求学生在自己的座位上独立解决一道平面直角坐标系的问题。他们需要画一些点，勾勒出一个想象中的体育馆的轮廓图。安妮特用干脆利落的方式快速、清晰地结束了这项独立任务——她拍了几下手，把学生的注意力都集中到她身上来。她说："有没有人能展示一下你的体育馆？"随手把记号笔交给一位叫卡海莎的女孩。卡海莎很激动地走到教室前面，在黑板上画出了她的体育馆模型。

几乎大部分教师都已经记不清，有多少次让学生上台"展示自己的成果"。多数情况下，只是一位学生把规定的成果写在黑板上，而剩下的29名学生坐在那里，干等半分钟或者1分钟，等待被叫到的同学写完，他们再去评价。可能，在一些课堂里，会有三四位学生同时在黑板上展示自己的成果。尽管教师会让剩下的学生"仔细看，他正在写什么"，但多数人基本上干坐着，什么也不做。29名学生浪费半分钟和一个学生浪费15分钟其实都很不好，此外，你还要花费时间重新让学生进入状态，因为之前课堂上形成的节奏已经没有了。

不过，接下来在安妮特课堂上发生的一幕很精彩。

当卡海莎在黑板上画自己的作品时，安妮特带大家快速复习了和本课相关的关键术语和知识点。"法蒂玛，我们在哪个象限？""肖恩，我们把底部的这条线称作什么？""沙塔维亚，X轴的走向是什么样的？"她一举三得，既高效利用了时间，在本来低效率的时间段里强化了关键知识点，复习了关键术语，又增加了学生使用

这些术语分析和描述卡海莎的作业的可能性。

在安妮特的课堂上，我重点关注时间。时间就像沙漠里的水，是教师最重要的一项资源，教师应该珍惜、节约使用，分秒必争。我们使用时间的方式向学生展示了我们最在乎的是什么。我们必须有效利用与学生互动的宝贵时刻，这样，我们就可以按我们的需求规划时间。这并不是说我们必须避免所有效率低的时刻或没有休息时间——毕竟，这些时刻可能是我们与学生进行有意义的互动的好机会，而是强调我们必须慎重、小心翼翼地选择如何最大限度地利用时间。分秒必争意味着想好如何有计划地使用时间，即使是活动转换的时刻或其他很容易错过的日常碎片化时间都要充分、合理地利用起来。

分秒必争——即使是在走廊上

我们在《像冠军一样教学》研究项目中拍摄的第一个视频是历史教师杰米·福瑞利一天下午在北极星学院分秒必争的短片。他在教室外的走廊上等着学生到教室时，开始测试他们的词汇量：

- “Be bound to do中的bound是什么意思？”
- “约翰，你能不能用它造个句子？”
- “谁本来应该（would have been bound）来到这个中世纪小镇？”
- “你现在应该做（bound to be doing）什么？”

上课时间还没到。他们既不在教室里，也没在上课时间，但杰米意识到这是一个很好的学习机会。而且，他的学生也很激动，面带笑容，很愿意参与其中，炫耀他们掌握的知识。

没有目的、浪费时间会扼杀学习的动力。杰米的学生如此投入和感兴趣的一个原因是他所传达的信息。他表明，他相信学生的时间是宝贵的，不能被浪费，时间对他们和他们正在学习的东西来说都是非常重要的。像杰米这样的教师让学习有了意义，有了成效，这种精神感染着每一个学生。

分秒必争的第一步是心理上的：重新调整你的期待，这样你就不会想“嗯，只是30秒而已”，而是会觉得“天哪，30秒。我该怎样充分利用这30秒呢”。在这样

的态度转变中，你会悄悄建立自信。前面一种教师认为30秒做不了什么事，所以为什么要在意呢？而后者知道并且坚信，即使在很短的时间里，他也能有所作为。毕竟，我们最终学到的一切，都是用一个又一个1分钟构成的。多1分钟时间，就能多1分钟的反思、练习、解释或讨论，这会将我们推向顶峰，让我们的技能更完美或者知识结构更完整。学习的深度并不一定和大气、熟悉和庄重的场景密切相关。这个关键时刻既可以是周五下午的2点59分，也可以是校车开进校园的那一刻，还可以是周三上午某个课间休息的时间。

一旦你认可了这一观点，就能随时随地发现碎片化时间，但以前似乎它们都不存在一样，也许是我们对其视而不见。提前做好规划，你就能充分利用它们。确保你随时准备好“后裤袋”问题——一些和你当下教学内容相关的活动或是按主题分类的问题，它们能起到令你意想不到的作用。

备用问题

如果你在学校工作，你就能敏锐地捕捉到一些意想不到的事情所具有的潜能。学校是一个复杂的组织，有时候，一些安排好的活动会被突然打乱，为应对这些意外，教师有必要准备好一些简单易用的备用问题。当学生意识到某些活动是他们熟悉的东西时，它们更容易融入到即兴活动中。你可以给经常做的活动起名字，这样学生就知道会发生什么。例如，“让我们做一个小型的词汇宾果游戏”就省去了你向学生解释新活动及其玩法的时间。它们可以是真的放在后裤袋里（一叠笔记卡片）或者只是比喻意义上的。既要定期（比如每3周进行一次）又要提前规划好问题，这样它们才能和你当前的教学单元相吻合。我发现，优秀教师通常会在头脑里建立一组用于提问的话题清单，这样他们就能够策略性地开展循序渐进的练习，并帮助学生巩固已经掌握的内容。你可以经常复习单词，也可以让学生把小说里发生的历史事件按时间顺序排序或者按小说事件出现的先后顺序排序。

无须借助任何道具，你总是可以问“数学问题链”——一系列的数学问题，例如你可以问：“3乘6是多少？现在把这个数字翻倍。开平方根。减掉17。再取它的绝对值。加104。你的答案是……？”我的同事保罗·鲍威尔成为校长之前曾做过数学教师，当他在纽约市特洛伊开办特洛伊预科学校时，每天都会和学生做数学运算。由于教学楼的结构原因，每次他们班的学生必须在平台和走道上等其他班的学生走完，才能去下一堂课的教室上课。学生站在平台和楼梯上，保罗会在12级台阶的最上面或最下面给学生出数学题，他的学生也在一点一滴中学到了数学知识，最终他的班级多次成为纽约州数学成绩最好的班级。

第七章

正确提问，高效教学

BUILDING RATIO THROUGH QUESTIONING

我们应该这样看待记忆：它是思考的残留物，你对某件事思考得越多，以后记住它的可能性就越大。

——丹尼尔·威林厄姆

“课堂参与率”指学生在课堂上所做的认知工作的比例。这是一件需要教师反思的很重要的事情。丹尼尔·威林厄姆认为，学生会记住他们认真思考过的东西。在理想情况下，我们教学的核心目标就是让所有的学生对课程中的重点、难点进行深入思考。不止于此。越努力思考某件事，就越容易将其深入地植入记忆中，越容易牢记，认知心理学家将这一观点称为“必要难度”，一开始也可能需要植入更多的其他东西。

我们可以用这样的图形表示课堂参与率的概念：

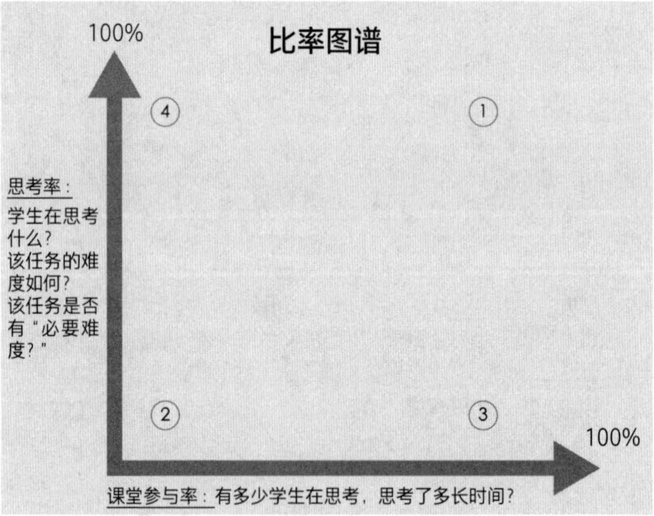

理解上面这个图表需要了解两个描述学生在课堂上思维活动的术语。第一个是课堂参与率（Participation Ratio，PR）。我把它放在X轴上。它描述的是：参与者是谁和参与的频率。如果我问了一个问题，每个学生都在认真思考，或者拿起笔写出自己的想法，我的课堂参与率就很高，因为班里所有学生都在回答我的问题。在讨论活动中，如果每个人都在认真听同学发言，我的课堂参与率也很高。如果偶尔把小组讨论变成同伴讨论（技巧43：转身讨论），课堂参与率可能会更高；这样一来，参与讨论的人越来越多，我的课堂参与度就很高。

不过，要衡量课堂参与率，就必须以整节课来衡量。一两分钟的积极参与不如所有人全程参与效果好。

获得高参与率的一个简单可行的方法就是做大量的提问与回答活动。学生喜欢这样的活动，至少低年级的学生喜欢，我可以看到大家都在回答我的问题："6加6等于几……同学们？"

当然，6加6等于几的数学题在某种程度上有助于提高课堂参与率，但并没有多少"必要难度"。我问的问题不难，不能够深入了解学生对数学的理解水平。要做到这一点，我必须问一些有难度的问题。学生思考的难度，我称之为思考率（Think Ratio，TR），并把它放在了Y轴上。

如果学生通过各种方式深入思考实质性问题，这代表了思考率得到了提升。例如，写作尤其需要深入思考。先写作，然后再倾听其他同学是如何思考这个问题的，可能会更具挑战性，因为其他同学出乎意料的想法会与我自己的想法相碰撞与融合。如果认真听同学发言，这种情况就一定会发生。如果让我根据讨论中听到的想法重新改写我的初稿，然后向我的同伴解释改写之处，那我就获得了更深入的、更广泛的思考。

如果这种情况发生了，并且持续整节课，我就会在上面的比率图谱上①的位置标记我的这堂课——学生的思考率一直都很高，课堂参与率也很高。

这比数学问答题效果好得多，而使用数学问答的课堂大概会落在③的位置：高课堂参与率，但低思考率。

如果我一直提问关于数学本质的深入思考问题，在课堂上让两三个最积极参与的学生进行深入的探讨，我可能会得到④：高思考率，低课堂参与率。

遗憾的是，我可能更容易得到②：低课堂参与率，低思考率。如果课程计划平淡无奇，教师就会提出无聊的问题，让学生感到枯燥乏味。也可能是我精心准备了课程，但缺乏相应的教学技巧。例如，如果我让学生说出问题的答案，可是班上两三个最活跃的学生绞尽脑汁也只能说出唯一想出但不是理想的答案，我很快就会得到②。就连最活跃的两三个学生都找不出完美答案，其他学生早就意识到他们更不可能找出答案的，于是也就不用心去思考了。在这种情况下，我可能会问出一些世界上最精彩的问题，但只有两三个学生用似懂非懂的想法来回答问题，这已经能够说明我的问题是相关度很低的了。

接下来的三章内容主要是通过三种不同的教学方法达到①（高课堂参与率，高思考率），从而增加学生对知识的理解和积累，提高其学习动机和学习兴趣。

在第七章中，我们将讨论提问技巧是如何提高学生思考率和课堂参与率的。假如我想使用"参与技巧"提示班里3个语言表达能力强的学生：我希望他们举手，我可以突然放慢速度，让他们更深入地思考问题。"也许你的这个回答不够完美……"，然后他们就会重新思考。随着时间的推移，他们会逐渐学会缓慢地、深入地思考。如果这时开始随机提问，我就可以让更多的学生分享答案（即使是那些最初不愿意举手的人），更多的学生认真思考，以备教师突然点名让他们回答。刹那间，上图中思考率和课堂参与率开始向右上方①移动。

在第八章中，我们将讨论写作是如何提高学生思考率和课堂参与率的。如果我提出问题，并让每个人写下他们最初的观点，突然间，有30个学生回答了一个以前可能只有一两个学生能够回答的问题，这就大大提高了学生的思考率和课堂参与率。学生必须选择精确、流畅的语法和精美的措辞写出他们的想法，尤其是当教师时不时地要求他们更缓慢、更有针对性地进行思考，甚至是重新改写作文以提升严谨性时。写作本身就比口头表达更难。这样一来，我们就会发现思考率和课堂参与率又一次突然向右上方①移动了。

在第九章中，我们将探讨课堂讨论是如何帮助提高学生思考率和课堂参与率的。在这一章会涉及黄金票——这是一个隐藏的宝藏技巧，很多人都没有认识到它的价值。它告诉我们：讨论中的思考率和课堂参与率——从更广义的角度说实质上是讨论的质量——既受到发言清晰度和质量的影响，也受到倾听的清晰度和有效性的影响。我们生活在这样一个世界上，有时我们大声说话（或大喊大叫），但没有人听见我们在说什么（除非他们也大喊大叫）。如果我们的教室与外面的世界恰好相反，那就再好不过了。所以，也许第九章的标题改成"通过讨论和倾听提高学生的思考率和课堂参与率"会更好些。

在我们讨论这些主题之前，还有一个因素需要考虑：知识先决条件。这里我想再次引用丹尼尔·威林厄姆的话：

“经过对最近30年的数据的分析，我们得出了一个在科学上不容挑战的结论。众所周知，高效的分析需要事实性知识的支撑，而不是用随便什么东西就可以去思考。教师最关心的过程——批判性思维过程，如推理和解决问题——与长期记忆（而不仅仅是在当前环境）中的事实知识紧密交织在一起。”

思考和课堂参与比率工具箱中的工具都非常棒，但它们只有在背景知识丰富的环境中使用时才能奏效。也就是说：学生要非常了解他们思考的问题。如果你想要较高的思考率，学生就必须掌握大量事实。对，“纯粹的事实”。（我要暂停一下，我的有些读者可能已经对这个词有了阴影。）学生必须拥有大量可以利用、应用、考虑、联系和反思的事实。当然，如果事实能与一个深刻而有规律的知识体系联系在一起，那就更好了，它有一个奇特的名字，即“框架”。在一个知识量巨大的环境中，哪怕这些知识暂时是“未建立联结”的，它们也不会一直保持孤立的状态。很快，学生就会看到他们储备的知识之间的联系，他们所掌握的事实性知识将不再是脱节的，如果我们把他们放在这样的背景下，让他们将所掌握的知识联系起来，这种联系将会成倍增长。

我之所以分享这一观点，是因为知识的力量在教育中是最容易被误解的。你在TED演讲和社交媒体上经常听到未来主义者和他们的追随者告诉我们，事实性知识无关紧要，因为你可以在网上搜索任何你想要的东西，但事实并非如此。要利用知识进行批判性思维，必须在长期记忆中储备大量的知识才行。我们所说的洞察力，甚至是创造力，通常都是基于已经存在于长期记忆中的一些知识——我们在了解到一些新知识后突然发现了之前没有注意到的联系，这种联系在以前几乎看不到。“只要网上搜索一下就行”的理论站不住脚，因为你根本猜不到你不了解的东西。如果你找不到正在阅读或学习的东西之间的联系，你就不可能考虑去网上搜索。即使你这样做了，也只能把它放在短期记忆中，你的工作记忆因此就失去创造的动力。

布鲁姆的分类法以金字塔的形式呈现时，给大家带来了不小的迷惑。教育工作者通常认为，知识和事实处于金字塔的底部，这意味着它们最不重要。而布鲁姆的许多追随者则确信自己能够理解知识的极度重要性，并且认为所有的一切都是建立在知识的基础之上，因为知识太重要了。这让人感到欣慰，但并没有改变很多（或大多数？）教育工作者的想法。所有教师在看过这样一张金字塔图后都会希望引导学生到达塔尖的位置：在课堂上我们要培养综合能力，从头至尾都是这样。可悲的是，认知科学告诉我们，这是错误的。实际上，那些无足轻重的事实才是让整个认知发动机运转的动力。

通过提问，提高比率

教师喜欢提问。没错，提问可以让学生深入思考教学内容，而学生思考的就是他们可能学会和记住的内容。当然，提问也可以引发全班课堂讨论和两两同伴讨论。

然而，可以做和做好是两回事。我们都会受到深刻问题的启发，但我们中的许多人（包括我自己）都教过这样的课，一旦提问问题，要么没有人回答，要么是一些心不在焉和不心甘情愿的回答：好几个学生（或某个学生）都会重复前面学生的观点。

我们能提问并不意味着学生能够回答这些问题或者认真思考这些问题。因此，我们需要使用一些工具来完善提问，确保提问能提升课堂参与率和思考率。我们先来区分一下学生对提问的两种不同的回应，这两种回应在课堂上都很有价值。

第一种是对问题进行思考。理想情况下，课堂上的每个人都应该认真地思考你问的每一个问题，并尝试在心里回答它。但这与回答问题和大声分享他们的想法不

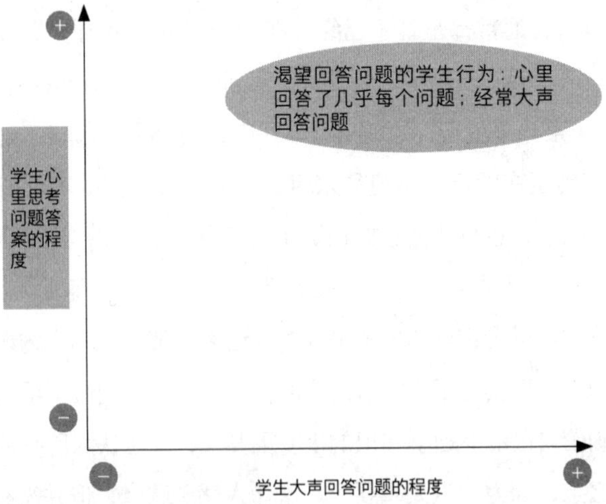

同。回答和思考是两个独立的变量。

这似乎是一个令人不解的观点，但要想成为学生心目中的理想教师，我们必须保证让两者都要发生。假如您是教师，而我是您的学生。您提问时，我会深入地思考，也会与小组成员分享我的部分见解。我所有的同学都这么做。这是最理想的状态，但不容易实现。我也可能根本不思考，只是下意识地回答问题。我回答了您的问题，但您的问题没有引起我太多的思考。或者我深入地思考该问题，但不愿意与同学分享这些私人想法，而是让您和其他同学猜测我参与到什么程度，学习了多少课堂内容。那我就会有思考，但没回答。当然，也有可能我既没有思考也不能回答这个问题。当我周围的同学在思考或回答问题时，我则坐在那里天马行空地遐想。

事实上，我思考问题的程度和愿意回答的程度是相关的。回答模式决定着学生的思维模式。一方面，如果我不愿意与别人分享自己的想法，我就不太可能充分地思考你的问题。另一方面，如果认真思考并回答问题是班级课堂社交文化惯例，也就是说，大多数同学都不遗余力地思考、积极参与课堂活动，这是自然而然的事情，我就更有可能努力思考，因为我也希望能够回答所有问题。

或许有的学生在独自一人学习时也会很自律，会严格要求自己，但大多数人（包括我自己！）可能都需要通过与他人分享答案以维持和激励自己达到最佳思考状态。因此，除非我们管理好提问谁、何时以及如何回答的过程，否则我们就不太可能在广大学生中引起最多的思考。

但到目前为止，我还没有提到任何关于提问的内容。提问的内容和学生的理解水平有很大的关系。毋庸置疑，你提问的质量相当重要。其他好处先不提，好的提问能强烈地激励（或阻碍）学生回答。但是，如果问题只让一小部分学生有参与感，或者学生只是漫不经心地回应，那问题的质量高低也无所谓了。你可以问世界上最深奥的问题，但如果只有一两个学生深入思考，期望能回答此问题，那你的提问就是徒劳的。如果我们想改进提问质量，首先必须解决提出问题的文化和背景。

因此本章中的技巧包括等待时间（技巧33，如何在提出问题之后和提供答案之前培养学生的“思维习惯”）和随机提问（技巧34，让所有学生都觉得有可能被教师提问，因此认真思考问题）。我还将讨论提问与回答（技巧35）——这可以帮助学生建立课堂参与方式（技巧36）——思考如何跟学生说明希望他们回答的方式，这是很容易被忽视的一个步骤。最后，我将探讨分解问题，即当学生遇到困难时，怎样使用附加问题来帮助他们摆脱困境。

提问教案操作指南

当然，如何设计你的问题很重要，在深入探讨通过提问提升比率的技巧之前，我将分享几个关于提出高质量问题的注意事项，主要涉及两件事：提前准备和提问目的。

提前准备：你很难在教学过程中想到一个高质量的问题，因为你的工作记忆还需要关注其他事情。在学生正阅读简·奥斯汀（Jane Austen）的散文的当下，你很难想出完美的引出其讽刺创作手法的方式。只要有可能，最好提前设计并写下你的问题，既可以是你要问的具体问题，也可以是有可能问的关键问题。

最初的草稿也会有所帮助。即使你在上课的过程中改变了它，这也是一件好事：第二稿对初稿的改进并不会减少初稿的价值。

提问目的：提问的目的不是提出问题，其目的是用问题引出不同类型的思考。提问是达到目的的手段，所以如果你的目的是在课上提问，就有必要采取下一个步骤：用它做什么？

如果我们的最终目的是利用思考题引发不同类型的思考，值得注意的是，我们往往会陷入无意识的习惯，始终问相同类型的问题，从而引发相同类型的思维模式，这样就忽略了可以引发不同思考模式的不同类型的问题。你可以根据问题能引发的不同思维模式对其进行分类，这或许不是最完美的方法，但它可以让我们帮助学生走出熟悉的思考习惯和方式。鉴于此，请参考以下提问的5个目的：

发现：有些问题旨在让学生发现或派生出一种新的想法。比如，我问你一些问题，目的是让你意识到，作者在谈论的是一些读者知道，但主人公不知道的事情。当你在发言中解释这种现象时，我就可以告诉你，这种写作手法叫作“戏剧性讽刺”。

应用：是和“发现”一样缜密，甚至更加精准的教学方式——你在解释完某个概念后要求学生应用它或者解释其应用方式。我告诉你，“戏剧性讽刺”是指读者知道一些主人公不知道的东西，然后问：“为什么作者在这里使用戏剧性讽刺？”“它和作者上次用它时有什么不同？”

评估学生的理解水平：要检查学生的理解水平，这是复习时用的：“我们为什么说作者使用了戏剧性讽刺？在昨天的阅读中，戏剧性讽刺出现在哪里呢？”

检索练习：我们使用检索练习将某些观点植入学生的长期记忆。比如："请解释一下什么是戏剧性讽刺，查尔斯？"

基于感知的问题：基于感知的问题是指要求学生描述他们看到的内容。这至关重要，但没有得到应有的重视。感知是理解的第一步，当学生描述他们所看到的东西时，学生必须优先考虑他们认为最重要的东西。当你问："查尔斯，你注意到这一段话中爱玛的语言是什么样的吗？"他可能会说出很多内容，但没有提到一个非常重要的讽刺的表达；也有可能他注意到了。只有当他自己能够注意到关键要素时，他才能真正进行主动思考和学习。

使用基于感知的问题：你看到了什么不同之处？

敏感性分析是我和同事在阅读反思课程中描述的一种精准阅读工具。使用此阅读工具时，教师向学生展示课文中的某个句子，然后让学生将它和改动了一两处后的相似的句子进行比较。

敏感性分析的目的是通过比较前后句子的细微差别分析不同词汇或语法的运用对遣词造句的影响。其关键在于这些差异的微妙性。比较判断的研究表明，这种方式对理解句子之间的细微差别和复杂性非常有效。学生对语调或情绪上细微差别的感知，有利于培养他们对语言的敏感性。

在测试我们研发的阅读反思课程计划时，我主动教了一门关于小说《飞翔的埃斯佩兰萨》的课程，其中包括一个敏感性分析问题，我当时感觉很棘手。

这句话描述了主人公在一场沙尘暴中的经历。

小说原句为：

数千英亩的土被风暴携卷而上，天空瞬间被棕色的、旋转而上的尘埃所笼罩。（Thousands of acres of tilled soil were becoming food for la tormenta and the sky was turning into a brown swirling fog.）

改写版为：

数千英亩的土被吹到空中，天空瞬间被棕色的、旋转而上的尘埃所笼罩。（Thousands of acres of tilled soil were blown into the air and the sky was turning into a brown swirling fog.）

学生们兴奋地参与到这个活动中。这里敏感性分析的目的是帮助学生了解拟人化修辞的效果，让沙尘暴栩栩如生，就像怪物一样，但学生们的回答是模糊的。“原版更具描述性。”一名学生认为。“它能让你感知更多的信息。”另一名学生说。他们在努力观察词汇运用方式的差异，而我则努力帮助他们。我们都在摸索前进，好像我们自己也置身于沙尘暴中。

之后，一直观摩我的课的科琳·德里格斯建议说：“先关注感知。让他们从观察这两个句子之间的差异开始。然后再让他们分析。”

这个方法很简单，但效果很惊人。我的第一个问题应该是简单的：“这两句话有什么区别？”让学生先描述（并看到）这些变化，然后再考虑它们的影响。确保他们先看到区别，然后再问为什么这很重要。理解几乎总是从感知开始的……对我和学生来说都一样。

科琳的建议让我看到了提问感知问题的机会。我之前一直在提问关于应用和发现的问题。她帮助我了解感知问题与其他问题的不同作用之处后，建议我思考如何使用它。在某种程度上，这就是为什么我建议大家要不时地自问：“我在那里提了什么样的问题？它的目的是什么？我是不是应该提问不同类型的问题？”

技巧 32 提问的基本原则

激发学生好奇心，引导学生深度学习

从听众的角度来看，我们提问的方式会影响学生是否踊跃回答；问题的结构会对思考的程度产生重大影响。了解一些措辞的基本原则可以让你的问题成功吸引学生的注意力。

显而易见的陷阱

学生不回答或不思考问题的一个原因是，他们认为该问题不值得回答。这些问题要么是反问句——教师并不期望得到答案，要么是看起来像是反问句的问题——这更加糟糕。你可以称这样的问题为显而易见的陷阱。答案太明显的问题是知识的杀手，因为这是故意在真正没有问题的情况下问一个问题。“你为什么要问我这个？”学生想。如果你经常提问这种毫无意义的问题，学生就会对你的提问能力持怀疑态度，学生就不愿意回答这个问题。当所有人都清楚地知道答案时，大声说出答案的人似乎是个傻瓜：他表现得太忘乎所以和急功近利了。

例如，有时我们试图从一个“简单”的问题开始讨论，但因为答案太容易，参与者不愿回答，他们可能认为自己错过了一些题干，或者这是一个陷阱问题。其效果与意图适得其反。因此我们要从一开始就消除这种文化。从长远来看也是一样。随着时间的推移，提问有明显答案的问题在很大程度上会削弱问题的可信度。

是与否的问题和只有两个可能答案的问题特别有显而易见的陷阱的嫌疑，它们通常会降低学习环境的质量，因为一个单词的答案靠本能就可以回答。

假如一位科学教师在实验室里问：“我们是现在就加入溶液，还是等它冷却下来再加？”

我还没有足够的语境来判断是否应该加入溶液，但我敢打赌答案很可能是应该等待。你在讲课时突然停下来问："我们是现在就加入溶液，还是等到它冷却下来再加入？"答案会是你现在应该加入溶液吗？不太可能。如果是，你会这样说："现在我们加上溶液。"或者你会问："我们现在应该加入溶液吗？"答案是显而易见的，学生就会把它视为一个反问问题，或者他们会想：为什么你要问这个问题呢？

发生这种情况的原因是，教师选择用提问的方式去解释一些事情，她试图说明的其实是："重要的是要记住，我们应该等待溶液冷却再加入。"甚至可能是"重要的是要记住，我们应该等待溶液冷却。为什么呢？"。直接告诉学生某事是没有问题的做法。你向学生解释某些事情时，问一个没有意义的问题既浪费时间，又让学生感觉问题不吸引人、老师不真诚。这样的问题很难培养学生的思考能力。

"我现在应该加入溶液吗？"或者"我应该现在就加入溶液，还是等到它冷却下来再说？"不是引人深思的提问，因为它们是二元的——只有两个可能的答案。第一个问题的答案是"是"或"否"，第二个问题的答案是"现在"或"稍后"。"我现在该怎么办呢？"会更有趣些。"我现在该关注什么？"是一个基于感知的问题，答案可能是"温度"，这会更好些。或者"现在发生了什么事？"这个问题是假装你看不到正在发生的事情，这可能会有更多的复习焦点，让你检查学生对以前知识的理解。这些问题更有趣，因为它们不是只有两个答案。对非此即彼的问题稍加改变，效果就会好得多。

非此即彼的提问方式也会产生问题，因为它们特别容易"倾斜"，当提问者在一个词或短语上加入发音变化提示答案时，就会出现这种情况。比如，在问题中强调"现在"或者"让它冷却起来"会让回答变得更加多余。给我一个非此即彼的选择并强调某些词或短语，就相当于告诉我答案，因此我的答案会百分百正确。

避免诱导或跑题

另一种可能出错的方式是，你问了一个问题，给学生时间去思考，却让他们回答了一个完全不同的问题，或者因为重新措辞，使问题发生了变化。"乔纳斯在这一章里发生了什么变化？转身和同伴讨论90秒钟。"但转身讨论之后，你却说："很好。那么乔纳斯的焦虑表现在什么地方？我们怎么看待他的焦虑呢？"那些迫切想回答问题的学生踊跃举手回答了最初的问题，结果回答错了。学生对提问表现出极大的热情，结果却说不出正确答案。这是诱导和跑题，可能导致学生失去自信或不再经常举手回答问题。

大多数时候，发生诱导和跑题情况的原因是我们没有提前做好准备。如果你在现场思考问题，这意味着你必须在听学生回答、管理课堂、思考课程内容的同时，把问题放在工作记忆中。在这种情况下，你很容易忘记刚才提问的问题——或者只记住大概的想法。

这是提前规划（并写下）关键问题的另一个理由。如果你使用了当下想到的问题，如果可能的话，最好把它写在黑板上。视觉材料将有助于约束学生按要求回答问题，同时帮助你记住最初的问题。

技巧 33 等待时间

让学生充分思考，提高学习效率

提问结束后，一般教师会等待大约1秒钟就让学生回答，这个习惯有很大的挑战性和局限性。不足1秒钟的思考时间，学生不可能给出教师所期望的最丰富、最发人深省或最完美的答案。1秒钟之后就让学生回答势必会鼓励学生举手说出能想到的第一个而非最佳答案。因为如果他们稍作等待，其他同学就会抢先。马上让学生回答会浪费更多时间。教师可能会浪费时间先去处理不好的答案，才能等到满意的答案。等待时间往往能为你节约时间，因为它确保你能得到较高质量的初始答案。

等待时间是在学生回答问题之前稍作等待，通常只需要几秒钟。在理想情况下，等待时间内学生都在思考，它是提高思考率的有力工具。

在提问与回答之间等待几秒钟的好处包括：

- 给更多学生举手的机会。
- 让不同的学生举手。
- 鼓励学生提供更好、更严谨的答案。
- 在“等待”中激发更多认知活动。
- 提高答案中对佐证材料的使用率。

玛吉·约翰逊是特洛伊预科中学八年级的英语课教师，她在课上做出了等待时间的良好示范。本节课的主题为讨论《杀死一只知更鸟》。课程一开始，玛吉便对上节课布置的写作练习进行了随机检查。“刚才课堂巡视时，我发现许多同学都能够说出，分歧体现在亚历山德拉姑姑和阿迪克斯对卡波妮的看法上，”玛吉说道，“可问题是，为什么呢？”

大约1秒钟之后（一般教师所等待的时间），只有一名学生举起了手。大约3秒钟后，另外8名学生举起了手。仅仅多了一两秒的思考时间，很多学生意识到自己对这件事有所见解，便积极要求参与。她的微笑和顽皮上扬的眉毛驱散了学生所有的尴尬与不适。数秒之后，又有几个学生举起了手，似乎有些犹豫。这一现象非常有趣：最后一批举手的学生看起来似乎不知道该不该冒险尝试，但最终还是下定决心试一试。从多方面因素来看，你希望举手的正是这些学生，仅仅几秒钟便能激发起他们参与课堂活动的勇气，这实在是令人激动。

据我计算，玛吉最终等待了8秒钟才点名让贾亚回答。结果她为讨论赢得了更好的选择：12个认真思考过答案的学生。如果说第一位学生的回答有待完善的话，她还有更多的学生可以提问。比起玛吉刚一提问后就举起手，现在的学生更有可能给出经过深思熟虑的、经得起推敲的答案。

在第二次提问的时候，玛吉等待了差不多13秒钟。学生们开始缓缓地、若有所思地举起了手。我们注意到第一排靠右的那个女同学，她开始举起了手，又放下，然后再次缓缓举起。她正经历着心理斗争，犹豫着要不要回答。也许她在想着要不要冒险试一下。而额外的等待时间最终令她克服自我怀疑，选择加入课堂活动。有些学生则利用该时间迅速浏览书本寻找有用的信息，玛吉也提到了这点。

在第三次提问的时候，玛吉给了7秒的等待时间，她问："关于知更鸟，阿迪克斯又说了什么？"这次学生积极参与、热情高涨、认真思考，体现出了很高的思维水平，令人印象深刻。学生很喜爱这本书，因此思考得也更深入。我们是否也可以反过来说，因为玛吉给了学生深入思考的机会，他们才喜欢这本书，并投入了大量的时间和精力？

实施等待时间技巧是一种挑战。你很难约束自己在提问后留出时间，这需要练习。养成默数到三的习惯或者说出你等待的意图（比如"我给你们几秒钟的时间……好啦，我来听听大家的意见"）也会有所帮助。

即便如此，你也无法保证学生会把等待时间用于思考。令人困惑的是，你很难评价学生在这些时间里所做的事。学生并不一定清楚该如何应对你的等待。你需要掌握几个必要步骤去引导、提醒学生，让他们适应、高效利用等待时间并实现其最大效益。

第一步：描述学生举手情况

正如我之前讨论的，只有学生愿意回答某个问题，他们才会认真思考。学生在等待时间内思考的深度，取决于他们对接下来发生的事情的期望值。如果学生知道接下来有机会使用他们的观点，他们就会充分利用等待时间。随机提问是解决这个问题的方法之一，它让所有学生都有可能被老师提问，因此在限定的思考时间内他们会认真准备或讨论。但随机提问也不能100%有保障，其实更好、更可靠的方法是学生对自己可能采取的行动有期望。“我想举手”的学生就是会思考的学生。如果学生认为花费时间思考后就要分享自己的想法，如果他们预期到之后要举手，这说明他们已经将激励他们主动思考的动因内化。当然，这种相关性也不是尽善尽美的，但如果期望——我想举手——成为一种常态，最佳思维效果也就能够形成。

遗憾的是，在很多课堂上，学生举手的频率很低，举在空中的手寥寥无几或仅限于少数几个学生。不参与课堂活动是司空见惯的事，有时甚至成为常态。在这样的教室里，等待时间的效率会降低，学生的思考率和课堂参与率会更低。如果等待时间的学习效率受到之后举手的可能性的影响，一个有成效的举动，特别是在新学期初，就是通过描述学生举手的情况来鼓励、培养或让学生适应举手回答问题的习惯。

假设你问：“第一届大陆会议的目的是什么？”也许会有一两个学生举手。其他人则被动地坐在座位上，一脸茫然。大多数学生很可能都在默默地盘算着：“老师真的期待我们踊跃举手回答这个问题吗？”你的首要目标就是要让他们明白，你确实期待。佩普斯·麦克雷指出，你可以通过“提高举手的可见度”来做到这一点，即增加某个动作的“数量”（学生举手的比例）和“突出程度”——有多少人注意到这种行为并相信你重视它。“有一位同学举手了，”你大声说道，“2只手。现在3只手了。”你在营造氛围。那些已经有看法，但一直犹豫不决、不断观望的学生，开始举手了。“4只手。”你面带微笑、神态自然、语气镇定地说。你希望学生——特别是经过深思熟虑的学生举手。“5只了。”你说，“谢谢，凯莎。谢谢，兰斯。不错。现在我开始看到那些手举起来了。”

你要传递的信息是：“我注意到你举手了，我很在乎你。”渐渐地，越来越多的同学开始举手。

来自智利圣地亚哥阿斯托雷卡学校（Astoreca School）的约瑟菲娜就会在数学课上描述学生举手的情况。“不平等式有‘一组解决方案’是什么意思？”她问道。这是她等待四五秒钟后的场景：

这样的课堂现象很典型，世界各地都有。四个学生举手：足够让她提问回答。在整个课程过程中，四五只手意味着它不会像只有两只手时那么尴尬。她可以在这些条件下继续上课。许多教师都这么做。

但值得思考的是：不举手的学生有多少在思考？有多少人在回答这个问题？约瑟菲娜能否建立一种文化，让他们参与其中，更积极地思考，找到一套解决不等式的方法？是的，她可以，我们很快就会看到。她开始数举在空中的手了，表明她很重视学生的参与。仅仅是大声报出举手的数量，就能鼓励更多的学生踊跃举手。她很快就看到12只手了。她要求至少有16名学生举手。13、14、15，这几个学生的手举得要慢一些。阿隆佐是第16个。约瑟菲娜感谢了他并让他回答。他有点犹豫，但她现在想让他感受到成功的喜悦，让他抓住举手这个新行为带来的机会。

她向他走来，重复着这个问题，以确保他还记得，也让这种联系感觉更人性化一些。这也有点像宽严相济技巧（技巧61），她用肢体语言提醒阿隆佐用一个完整的句子回答（技巧18：表达形式很重要）。当阿隆佐起身准备回答问题时，约瑟菲娜和他进行握手，班上的其他同学也为他打响指表达“支持”，这些都非常动人，也在鼓励着班上的每个人踊跃举手回答问题。

在这里，你可以加入很多奇思妙想来强调和重视不同的东西。例如，如果你想提高冒险回答问题的学生的课堂互动能力，鼓励学生回答棘手问题，或者当他们不确定自己是否正确时，你可以说，“现在我已经看到那些勇敢的手了”。你也可以说，“我特别喜欢学生在没把握的时候举手，这让我看到了无畏精神”。你还可以向学生暗示，你不期待一个完美的、最终正确的回答：“这是一个非常棘手的问题。我很好奇你们的最初回答。让我们开始吧，我们大家一起解决。”

你可以放慢节奏，保持冷静。“2只手。3只手。不着急，慢慢来，但要强迫自己去思考、去分享。”你也可以用语言表达欣赏，而不是计数。“杰里米，谢谢你举起了手。谢谢，贾西敏。谢谢，卡洛斯。我们再等其他人几秒钟。”

如果举手的人还不够，请继续这样做。规范和期望是不可能一下子就改变的。你也可以准备好一些备用策略，比如说“嗯，我们很多人似乎都没太大把握。给大家20秒钟转身讨论，开始”。你甚至可以告诉学生放下手：“我给大家15秒钟的时间在书上找到答案。我想看到每个人都重读一遍，我会告诉大家什么时候可以举手。”15到20秒后，你可以说：“好啦，现在开始举手！”

或者点名没举手的同学：“嗯。我很吃惊，举手的同学这么少。马克，把你知道的跟大家分享一下。”你或许知道这个技巧——这是随机提问，但同时它也是一个支持性的提问。如果马克没有举手，但有些学生举起了手，它传达的信息表明，教室里所有的学生都是对话的一部分，不管他们是否举手。不情愿举手的学生也会参与到这个活动中来。你要用爱意激发起学生的责任意识，支持和鼓励他们。所有这些将对学生产生重大影响。

第二步：提示学生如何思考

一旦你强化了举手的期望，使之成为学生的习惯，另一个充分利用等待时间的高效措施——提示学生如何思考就要提上日程了。在这个阶段，教师通过指导学生如何在3秒、5秒或12秒内实现最大化思考效益，教会学生如何充分利用等待时间。例如：

“我看到有人思考得很深入，还把想法记录下来了。再给大家几秒钟，把想法写下来。”

“我看到有人回到章节中去查找这一幕了。这是个好主意。”

“我希望有人能找出这一幕同其他戏剧的联系，最好是《麦克白》。”

“这个问题有点难，我会给大家充足的时间思考。你想到的第一个答案很可能

并不是最佳答案。”

在上述例子中，教师预设学生知道他们可以而且应该在你给定的短时间内做这样的事情。作为专家，教师在解释一些我们认为是富有成效的行为。它们可以是实用的，如记录自己的想法、检查笔记或者快速回看书本；也可以是抽象的，如思考更广泛的联系，或者仔细检查第一个想法。知道如何使用这些行为首先要意识到它们的存在。

在阿基拉·邦德的课堂上，阿基拉问道：“卡姆是如何帮助埃里克找到纸条的？”她提醒学生放下手，确保他们充分利用等待时间，然后指着班上之前的讨论笔记说：“伊玛尼正在看笔记上我们对角色的分析。做得不错。”这些笔记的目的是巩固学生对故事中关键时刻的记忆。这种事对成年人来说是显而易见的，但对二年级学生来说可能不是，所以阿基拉强调回看笔记是最理想的方法，它可以帮助学生思考。在回答问题之前，她提醒学生放下手，慢慢思考，她在教他们如何利用等待时间。

第三步：明确等待时间

你打算多给学生几秒钟的等待时间时，让学生知道具体的时间对他们大有裨益，这样他们就可以合理分配时间，特别是当他们越来越娴熟地运用等待时间来构建自己的想法时。如果你给他们稍长的等待时间，效果会事半功倍。

假设我是你班上的学生，你问了一个很棘手的问题，比如，“是什么政治力量促使边境诸州联盟，林肯又是如何应对的？”在你给学生留出了等待时间后，我开始思考。大约5秒钟后，我头脑中的想法初具雏形，准备好回答了，于是我停止了思考。

但是，假如你希望听到更有说服力的回答，希望学生引用一些具体事例并且描述其相关性，你决定给学生20—30秒的思考时间以确保他们思考得更深入些。如果你能清楚表明你的意图，学生会更有把握达到你的期望。你可以这样说：“这个问题有难度，需要考虑的因素有点多。我给大家大约30秒的时间思考。”

学生会按老师的要求整理思路。学生就会明白一刻也不能松懈，要认真思考，因为老师明确说出了等待时间的期望值。否则，你给学生留出了30秒的思考时间，结果学生却浪费掉了，因为学生不知道老师留出了认真思索、仔细寻找事件相关性的时间。

第四步：留出真正思考的时间

第四步很简单：保持沉默。这一步至关重要，因为第一步需要你描述学生的举手情况，这打断了学生的思考。这需要真正的思考时间来弥补它，真正的思考时间需要保持安静，所以实施起来有难度。默数可以帮助你建立自律的习惯。等待时，你可以在教室走动，牢记等待的目的，当你走到教室另一头的某个点时，再随机提问学生。你可以充分利用时钟的优势，你可以说“10秒钟后我随机提问”，强迫自己等到第二名学生举手再提问。完成举手与表扬的互动之后，最重要的事情是在学生认真思考时，务必保持绝对安静。你的缄默会让学生明白，思考和当天其他活动一样重要。

技巧 34 随机提问

让学生高度集中注意力

随机提问指无论学生是否举手都要提问他们的行为。这一技巧非常重要，它可以产生一系列令人惊喜的积极效果。很少有其他技巧能如此快速地让学习环境变得更活跃。这一技巧非常强大，正确使用它至关重要。只要做好一些简单易行的事情，随机提问技巧就会帮助你建立一个包容、严谨、坦诚、令人愉悦的教室文化。

先分享两个课堂，它们清晰地演示了如何有效使用随机提问技巧。第一个是德纳留斯·弗雷泽十年级的几何课。第二个是纳吉·卡特二年级的阅读小组。我认为他们的课堂有很多东西值得我们学习，我首先按时间顺序来描述课堂内容，然后再解释有效随机提问的关键原则。

我们先看德纳留斯讲“圆”的课堂。刚开始上课，德纳留斯计划让学生做检索练习，在深入学习新内容之前，将上节课讲的重点概念植入学生的长期记忆中。“请大家用1秒钟看一下这张图表，然后准备好回答问题……”他热情洋溢、面带微笑地说。他没有提问，但其实他已经做了几件重要的事情了。

首先，在刚上课的时候，他已经提示过学生他准备使用随机提问了（他经常使用这个技巧，尤其是在课程开始时，他的话“我要问你们几个问题”是在提示学生做好准备），所有学生都知道他们有可能被提问，因此他们的注意力和专注力倍增。大家都知道很重要，但很容易忽视的一条原则是：我们只会学到自己关注的事情。学生更有可能认真地思考每个问题，并在心里回答，他们知道可能会被老师点名提问当众回答。德纳留斯的问题能够让所有学生竭尽所能地思考，并清晰地表达自己的观点。

德纳留斯的微笑也很重要。它似乎在说：“我很在乎你们，我希望你们能成功，这是一件好事。”这样学生觉得有责任而且很乐意持续思考数学题。这就是真正关爱学生的教师应该做的事情。

德纳留斯的第一个问题是："举一个半径的例子……（停顿）……里卡多。"教室里的每个学生在停顿期间都看着图表，寻找半径的例子。

如果他说，"谁能给我举一个半径的例子？"，然后让大家举手，有些学生就会知道他们有可能要回答问题，因为他们本来就打算举手。不过，有些学生可能根本就不会找半径，因为他们没有打算举手，或者还不确定他们是否要参加课堂活动。这时思考率和课堂参与率就会很低。

如果他说，"里卡多，举个半径的例子"，其他学生可能就不会花时间思考这个关于半径的特殊问题了，因为他们知道随机提问是针对里卡多的。但是德纳留斯的提问方式让每个学生都在寻找半径的例子。这里的正确流程是：提出问题、停顿、随机提问。停顿意味着德纳留斯班上的每个学生都要在图表中寻找半径的例子，为随机提问做准备。这样思考率和课堂参与率即使不是以30倍递增，也至少多了好几倍。

这里有一个细节：德纳留斯给学生留出6到7秒钟的等待时间观察和思考图表，然后才问第一个问题。事实上，等待时间很充足。这让我们想起了其他一些重要的事情。随机提问从来都不是让人尴尬的"抓住你啦"的游戏。德纳留斯并不是要抓住心不在焉的学生，也不是要强迫他们集中注意力。这项技巧背后的目的是让他们成功，给他们时间去思考答案会助力他们成功。高效的教师能让学生有安全感和成功的自豪感，即使他们更加严格要求学生专注学业并对学业负责时，学生依然会感觉舒适。

课堂上还有更多的智慧，例如，德纳留斯的随机提问覆盖面广泛。很明显，他并没有只挑里卡多或某个人回答问题，整节课，很多学生都被提问到了。他们不是感到困惑的学生，也不是坐在后排的学生，更不是任何带有某种标签的群体。这就是我们倡导的方式，每个人都有随机回答的机会。因为弗雷泽希望每个学生都在思考、参与并全身心投入课堂活动。通过随机提问，德纳留斯表明了他对每个学生进步的关心。

测试学生时，德纳留斯的微笑强调了这种技巧的普遍性和积极作用。在这里，他让沙玛里找出一条弦：

这又是一个关键时刻，德纳留斯提问沙玛里，她回答错了，把直径错认成了弦。随机提问时，如果学生卡壳或给出错误答案，有些教师不知如何应对（事实上，这就是有些教师不愿尝试该技巧的重要原因，这也是教师和学校领导应该认真思考的事情），但德纳留斯提供了一个简单有效的解决方案。他使用转身讨论技巧，让每个人都参与讨论这个问题。原因是如果沙玛里不知道答案，其他人也可能不知道。（你也可以大声说出这个假设："嗯。问题有点难。我敢打赌，我们很多人都在为此而绞尽脑汁。让我们来复习一下吧。"）转身讨论结束后，再次随机提问，以确保学生充分参与了讨论。

现在让我们走进纳吉的教室，去看看纳吉·卡特的课堂。他的阅读小组正在讨论故事中的内外冲突。在简单问答之后，学生总结了两种类型的冲突，纳吉随机提问马塞尔找出这两种冲突。"马塞尔，和我说说……"他说。纳吉在这里的语言表述很惊人。他希望马塞尔知道答案，但也给了自己一点回旋的余地。回答"和我说说"这个问题能犯什么错呢？无论马塞尔给出何种回答，纳吉都可以使之成为一个有用的、引出讨论的起点。他让马塞尔和整个小组从一开始就感到成功，提升他们参与课堂活动的动力，增强他们的成就感。这样学生就会更加投入，也更愿意畅所欲言。我们看到过这个技巧在激励人们参与活动时的成功案例，即使是在研讨会上的成年人，有时也不愿意冒险在100多人面前举手回答问题。通常情况下，如果我们一开始就提问他们肯定能回答的问题，他们就会自愿举手。通过随机提问，他们成功地参与互动，并在100多名同事面前侃侃而谈。随机提问让他们敢于承担风险，向自己证明一些东西，也使之参与课堂活动的动力、自信心和举手的勇气都在随之增加。

鉴于此，纳吉第二个问题的措辞就近乎精彩了：“聊一聊你认为内部冲突是什么，伊迪亚……”再一次，问题的开放性给了伊迪亚回答问题的灵活性。即使他不知道答案，也可以为讨论做出贡献。纳吉让学生在开始回答问题时感到很安全，不必尽善尽美。

纳吉的第三次随机提问有点棘手。他增加了挑战的难度。伊迪亚回答后，纳吉的赞美之词既简单又快速，但很亲切：“回答得很好，小伙子。”

紧接着又有两个随机提问：“你能告诉我那个冲突是什么吗，马塞尔？”“那是什么样的冲突呢，马克？”纳吉最有趣的问题是：“伊迪亚，我希望你能先来说说关于你已经发现的……冲突的证据。”

在伊迪亚开始回答问题时，这个提问方式暗示他不可能找出所有的证据。纳吉这样问只是为了课堂导入。如果后续有其他人对伊迪亚的观点进行了补充，我们也不会感到意外，从一开始我们就有这样的心理预期，而从伊迪亚的角度看，他看到的不会是自己的观点是不完善的，而是他在那一刻对引发讨论所做出的贡献。换句话说，学生会感到很成功。

和德纳留斯的课一样，你很容易在纳吉的随机提问中看到温和、积极的态度，他随机提问时一直面带微笑。在下面的照片中，他正在听马塞尔对他第一次随机提问的回答，神态自然、放松，面带微笑。他的微笑似乎在对学生说：“这次提问让我听到了你的想法。这是一件好事。”

第一种冲突是内部冲突。

注意下一张照片中纳吉的肢体语言，他随机提问伊迪亚后，正在听他的回答。他的肢体语言——注视着伊迪亚的眼神、饶有兴趣的面部表情、侧过来的头，表明他在认真思考伊迪亚每一个精彩的短语，这是另一种形式的积极态度。纳吉看起来就像大学生在研讨会上听同学的发言。他的肢体语言在说："你说的很有趣，很重要。我在听。我重视它。"在鼓励学生积极参与课堂活动的效果方面，它和微笑一样重要，也许更重要。他正在建立和强化学生的学术身份。

有效的随机提问隐含着5个关键原则，德纳留斯和纳吉已经做出了很好的示范。它们是：积极性、可预测性、普遍性、目的性和连续性。

原则1：保持随机提问的积极性

德纳留斯和纳吉都尽可能让随机提问听起来积极和自然。他们的微笑是最大的标志，时刻提醒学生要放松，老师希望学生做得好。你也可以把这个想法明显地表达出来："我们要用随机提问的方式做检索练习，帮助大家记住这些知识。我迫不及待地想看到大家的优异表现。"你还可以采用布里特妮·摩尔在检查完三年级学生作业后准备随机提问时说的话。"只选择一名同学来分享他的观点太难了。"她说，她的声音充满了乐观、兴奋，这透露出的信息很明显：你选择某个学生发言，是因为你喜欢他的观点，并且学生都会从同学的发言中受益。在这种情况下，几乎没有学生不愿意被提问。

倾听的行为对于提高随机提问的积极性也很重要，想想纳吉倾斜着头听伊迪亚发言的画面。他们的师生互动感觉像是一场对话，而不是一个测验，这种激励学生积极参与课堂活动的感觉来自教师重视学生的观点。你也可以用点头或其他手势传达类似的意思："你说的非常有趣，让人很受益。"从某种程度上来说，教师倾听学生发言，那种饶有兴趣的表情很像一位学者。

当然，随机提问时，学生积极情绪的最大来源是他们自己的成功，这是一个强大的动力。随机提问要求学生参与某项可能具有难度、不可预测，甚至会让学生焦虑的活动。结果他们成功了。这种成功的感觉很强大，因为他们成功完成了具有挑战性的任务。这并不意味着所有的随机提问的问题都应该很简单，它们必须是实实在在的挑战。这样，教师就更应该计划随机提问的先后顺序，从一个简单的问题开始，让学生把他的成功作为更大挑战的开端。然后，正如我们在纳吉的课堂中看到的那样，学生在整节课一直经历着成功、激励、成功的良性循环。

为随机提问构建积极基调的另一个要素是教师应做好充足的准备：提问和理想答案都必须非常清晰。回头看看，每一位教师都有过提问模糊或不明确的经历，在随机提问中避免这样的提问尤为重要，特别是当学生为成功做好充分的准备时。为应对这一挑战，许多教师都提前规划问题和答案，并将其作为教学计划的一部分。

构建积极性的最后一点是，当学生被提问但不确定答案时，我们应当做一些文化建设的工作，告知学生该如何应对这种情况。考虑一下提前向学生解释的巨大作用：（1）如果他们不知道答案是什么时（“你可以说，‘我不确定’，然后加上‘但是’，后面说出你认为最好的答案”或者“重复一下问题，告诉我你为什么或哪里不理解”）；（2）如果学生的同学回答不上来问题时（“我们要鼓励他。热情地微笑，眼睛一直看着他。在他回答时最好不要举手，记住，我们所有人都有大脑短路的时候。”）。

原则2：保持随机提问的可预测性

在某种程度上，随机提问的效果是逆向的：它的设计初衷是复习之前学过的内容，让每个人都更努力地思考，期望随后会被教师提问。这意味着，学生越有可能被提问，他们在思考过程中就会越专注、越积极和越投入。因此，随机提问应该是可以预测的。经常使用它是最好的一个方法。如果随机提问是教学的日常活动，学生会养成增强注意力的习惯，回答质量也会越来越好。

反过来也很重要：如果你的随机提问让学生出乎意料，他们可能会得到一个教训（“该死，我本应该早点准备好！”），但已经太晚了，大家都爱莫能助。他们也可能会感觉受到突然袭击，猝不及防，因此会思考过去发生了什么（她为什么突然提问？），而不是将来怎么做（我要好好准备）。对学生来说，永远不要让随机提问看起来像令人尴尬的“抓住你啦”的游戏。明知道马库斯没有认真听讲，却这样提问他："我刚才说了什么，马库斯？"这相当于使用一个威力无穷的积极学习工具，却突然取得一个适得其反的结果，破坏师生之间的相互信任。

你可以在德纳留斯和纳吉的教室里看到可预测性的证据，学生对教师的随机提问不感到惊讶。他们的回答很自然，而且……嗯，说实话，他们几乎没有任何特殊反应。随机提问对他们来说司空见惯。事实上，这里面隐含着一个等式：随机提问使用得越多，进展越顺利，学生就会感觉越舒适。如果学生最初的回答不尽如人意，不要气馁。保持顽强、积极的一面，确保你的问题问得好的情况下，继续坚持。随着时间的推移，它会成为你课堂结构中不可分割的一部分。这时随机提问就会使学习效果最大化。

另一种让随机提问可以预测的方法是透明化，提前告知学生要随机提问。例如："用几分钟时间做这个，然后我会随机提问，听听你们的想法。"瞬间，学生竭尽所能做事的动力变得更加强烈了。"转身讨论，随后我会随机提问几个小组来分享你们的看法。"你也可以在一开始上课时就提示学生，上课过程中要随机提问，请做好准备。这样学生就知道教师会随机提问，他们整节课都会积极参与课堂活动。这也能够帮助你减轻刚开始使用这个技巧时可能会有的尴尬的感觉。你做了提前预告，这样你突然随机提问时，就不需要克服尴尬或不适感了。

让学生可以预测随机提问的另一个重要步骤是开学之初的讲话。开学演讲是使随机提问具备可预测性的最佳时机，在使用该技巧之前，你要明确说明学生该做什么以及为什么这么做，以便他们知道何时教师随机提问以及该如何应对。你可以这样说：

"在这门课上，我会随机提问大家。无论你们是否举手，我都会让大家回答问题或分享你们的想法。这样我就能够平衡大家参与课堂活动的机会，听取每个人的观点。有时候，我想知道你们在想什么。在随机提问时我会尽量保持微笑，这是在提醒大家，我一直希望你们表现出色。提问你时，即使你感到有点紧张，也一定要尽力回答。如果你卡壳了，告诉我你的困惑，我们大家会帮助你的。这就是我和你的同学来这里的目的。坦白地说，我认为你们会给自己一个惊喜的。现在我们就尝试一下。"

丹佛科技学校的布伦娜·廷德尔在这本书中分享了她授课中的一些重要细节。"我告诉他们不同类型提问的区别，我会提问自告奋勇的学生，我喜欢大家踊跃举手，提问前我会告知大家，如果我要提问你，我会在你的书上放一颗小星星。随机提问是给同学回答问题的机会，有时我知道你们知道答案，有自己的见解，也许只是害羞不敢回答，也许是需要助力，也许你根本没有意识到你知道答案。我们谈到这个问题时（当我说出随机提问时），大部分学生都非常兴奋。”

在课堂上，最后一件能让随机提问变得自然和可预测的事就是你自己的提前演练。教师的尴尬和犹豫是让学生感到尴尬和犹豫的诱因。德纳留斯和纳吉对随机提问的运用看起来得心应手、无缝衔接，很像自然和谐的师生对话，其部分原因是他们做了无数次演练，熟能生巧。在使用该技巧的初期，课前演练几次会对你有所裨益。第一次使用随机提问时，练习一两次尤其有益，你就能知道你该在什么地方停顿、犹豫或者改变提问方式。第一次尝试时，你的工作记忆会承受巨大的压力，在你排练的时候要学会热情地微笑，这会提高你头几次尝试时的成功概率。

原则3：保持随机提问的普遍性

使用随机提问的教师总是千方百计地证明随机提问的普遍性，它可以提问到每一个人，绝非针对心不在焉的学生，也不是为了应对某些特殊行为，更不是因为隐藏着什么计划。你可以在德纳留斯的课上清楚地看到这一点。他随机提问了7个学生，足以表明任何人都可能被提问，而不仅仅是某个特定的人或学生群体，这是司空见惯的事。他倾向于分散随机提问学生，这样就不会只有某个人出现在“教师的视线内”。他还谨慎地提问所有类型的学生，不仅仅是那些注意力不集中的学生，或者那些成绩特别优秀或特别不好的学生。最后，他的面部表情，比如眯眼睛，让他看起来像是在寻找某人来提问。他随机提问的7个学生均匀地分布在教室各个地方。这看起来微不足道，但它在视觉上提醒学生，随机提问就是一种常态——“这就是我们的上课方式”，德纳留斯以一种平静、平和的语气提出问题，面带笑容或表现出诚挚的热情，这些也是在强化这一点。

不确定学生是否渴望被提问时，一定要当心，不要把随机提问与某些特定的行为联系起来。假如你说：“嗯，凯特琳，我看到你在那边躲躲闪闪了。”这不仅让凯特琳难为情，还会让其他学生担心自己是否也表现出躲闪的样子。如果他们愿意（或不愿意）被老师提问，该怎样表现呢。

当然，有时随机提问是针对个人的。我们确实想给某个学生传达这样的信息：

我提问你是有原因的；我想听听你的意见；你的发言很重要。但这个原因必须永远都是积极的。你被提问是很荣耀的事，或是因为独特的视角，或者是因为我想让你知道你的观点很重要。布里特妮·摩尔的随机提问就是处理得当的经典范例，她解释说自己难以抉择去提问谁，因为大家都太优秀了。

偶尔，也要让学生明白，他们被选中是因为他们犯了一个值得大家探讨的共性错误。如果你想尝试一下，一定要先阅读“技巧12：犯错文化”，以确保当时的语境能够让学生感到安全和舒适。

纳吉也在小组教学中使用了随机提问。这说明随机提问具有普遍性，适用于任何环境。有些教师认为小组活动不正式，不是系统性地应用该技巧的地方。但大家是否还记得，我们组建小组的目的是什么（比如阅读小组）：我们认为小组活动是如此重要，以至于我们愿意所有学生都能充分利用手头的大量资源。既然如此，我们就应该建立提升学习效率和学生专注度的教学体系。纳吉对四人阅读小组很热情，但还是随机提问了他们。布里特妮和萨默尔也是如此。

原则4：保持随机提问的目的性

也许这是支持其他4个原则的幕后原则，但单独直接地把它列为一条是大有裨益的：在学生看来，你的随机提问有时或经常是随机的，但实际上它们通常是有意而为，是你在执行之前就计划好的。在“第二章：课程准备”中，我讨论过要提前决定去提问谁——可以是具体的学生，也可以是某个类型的学生。你可以在教学笔记上写下，CC（随机提问）亚伯拉罕/萨沙或CC两个比较安静的学生，或四处走动进行CFU（check for understanding，检查学生理解情况），或CC一个“差不多正确的”学生。这需要使用数据，要么来自评估，如出站验票；要么来自上课期间的实时观察。我们在布里特妮·摩尔的课堂上看到，她随机提问了一个学生3到4次。因为在前一天晚上的数据中，布里特妮注意到这个学生遇到了困难，她想给她额外的练习，确保她有很多练习机会。在积极追踪观察后，你必须严格选择新一轮的提问对象。通过全体学生写作或转身讨论观察的结果，决定活动结束后提问谁。

大多数时候，随机提问学生，让他们在讨论中分享自己的想法时，你应该能够猜测出他们要说什么，或者说你选择提问他们，是因为你对他们的课堂参与度非常了解：你清楚他们是能够成功解题，还是遇到了困难。

做出提问预告：在提问预告中，你向将要提问的学生透露你有意提问他们，提前让他们知道你会让他们发言。克里斯汀·托雷斯在她的课上就是这样做的。她在转身讨论中告诉马卡耶："待会儿和我们分享你的看法。"这是在提示学生，你会提问他。让他有更多的时间来准备或暗示他的想法很有价值，以激发他思考的积极性。你也可以在学生完成作业之前使用提问预告鼓励学生。"我要问你第四个问题，多用些时间再检查一遍。"你也可以从一开始就用提问预告表明讨论的动态。例如，在发布关于主人公如何变化的书面回答作业几分钟后，你说："我迫不及待地想听到你们的想法。我们开始讨论吧，先从贾西敏开始，接着是卡洛斯，然后是伊玛尼。一定要确保你们的观点是彼此相关的，使用讨论的习惯技巧……"

有些教师会担心，使用随机提问会让学生感到焦虑。了解学生的担忧，尽最大努力减轻他们的焦虑非常重要。据我观察，几乎所有学生能相对快速地适应，按照我在这章中描述的原则，以积极的方式实施随机提问，没有任何班级发生这样的情况。被充满爱心的教师提问，学生有什么可焦虑的呢。

世界上没有任何两个人是完全相同的，你可能在某个时刻遇到了一个抵触随机提问的学生。在这种情况下，我有两个建议：首先，建立课堂之外的联系会大有帮助。私下和学生交谈，让他们相信你很欣赏他们，相信他们有能力满足你对他们的课堂期望，这是很好的开端。

其次，修改初始问题。在实施技巧时做一些微调。比如，通过提问预告让学生知道自己将被提问，或者在头几次使用该技巧时通过点头等方式提示学生将会提问他。即使在这种情况下，我还是建议你针对学生的第一次经历稍作设计，一定要让他们成功，让学生能够回答并感到成功的喜悦（但不要大加赞扬，这可能让学生感到尴尬）。"请帮我阅读一下答题指令，克里斯。"这是一个很好的起点（答案就在他面前）。值得注意的是，正如乔纳森·海特（Jonathan Haidt）和格雷格·卢基亚诺夫（Greg Lukianoff）指出的那样，对焦虑最有效的应对措施，甚至是比"紧张"更明显的、更让人虚弱的焦虑，就是"有规律地逐渐暴露"在诱发焦虑的环境中。对于一个害怕跳进游泳池的孩子，解决的办法就是鼓励他在一个心理安全的环境中跳进游泳池。只要完成任务，通常都能克服恐惧。

原则5：保持随机提问的连续性

从教师的角度来看，随机提问主要是策略性地决定让谁回答问题（虽然从学生的角度看，这完全是随机的）。但在很多方面，随机提问也是关于倾听的互动，第五个原则就是使这种行为最大化。分解问题和使用后续提示就是其中的两种方法。

分解问题时，你会将较大的问题分解成一系列小问题，答案最好能视情况而定，把它们分发给多个学生。这有助于建立充满活力的课堂节奏，并培养学生之间的责任感。每人回答问题的一部分，这要求学生必须认真倾听并对之前的回答做出反应。首先，假设马丁老师随机提问德胡安，问他如何计算圆柱体的体积。德胡安详细地描述了计算步骤，其他同学认真地听着，但他们对交流的参与感越来越低。事实上，德胡安掌握的知识真的很渊博，他自豪地拓展了他的答案，以便于他的答案更详尽和更有条理。但讽刺的是，这对其他同学产生了适得其反的作用。答案持续的时间越长，它就越容易被无视。学生意识到他们根本回答不了这个问题。

现在，把上面的情况和下面的案例做一下对比，在下面的案例中，马丁老师拆分了这个问题：

马丁老师："在计算圆柱体的体积时，我们需要考虑的变量和常量一共有几个，德胡安？"

德胡安："3个。"

马丁老师："很好。请说出一个，珍妮拉。"

珍妮拉："半径。"

马丁老师："不错。德胡安，半径是变量还是一个常量？"

德胡安："半径是变量。"

马丁老师："好的。那么另一个变量是什么，卡尔？"

卡尔："圆柱体的高。"

马丁老师："很好。那么，我们需要的常量是什么，凯特？"

凯特："圆周率。"

马丁老师："我们怎么知道圆周率是常量呢，贾米尔？"

贾米尔："因为它永远不会改变。"

马丁老师："很好。泰勒，我用常量乘以两个变量就算出体积了，对吗？"

泰勒："不对，还需要乘以半径的平方。"

马丁老师："啊，没错。谢谢你，泰勒。答得不错。"

马丁把一个问题分解成若干个小问题，然后随机提问多个学生，这让所有学生都处于应激状态。通过提问互为依据的问题，她让学生更加密切地关注其他人的观点，让6个学生积极参与到之前只有一个人参与的活动中去。而且，由于提问的合理性，全体学生都在默默地思考答案。学生协力回答一个问题，拆分问题有助于形成积极向上、具有凝聚力的文化氛围。这让学校教育成为一项团队活动。

后续问题是指一系列更加开放式的提示，这些提示让学生们倾听、反思和拓展彼此的答案。假设卡拉斯科老师正在给学生讲述板块构造学。

卡拉斯科老师："詹妮弗，这些信息告诉我们是什么导致的地震？"

詹妮弗："大陆板块。"

卡拉斯科老师："发生了什么？"

詹妮弗："碰撞。"

卡拉斯科老师："你能拓展一下吗，杰伊？"

杰伊："板块发生碰撞时，一个板块会滑到另一个板块下面，但有时它们会相互摩擦。"

卡拉斯科老师："拓展得不错，杰伊。有一件事我们没有提到，那就是压力的作用。你能再补充一点吗，蒂安娜？"

蒂安娜："可以。我认为板块发生碰撞时，无论发生杰伊所说的任何一种情况，压力都会不断增加，增加到一定程度就会导致地震。"

在这个案例中，卡拉斯科老师使用了后续的提示，明确要求学生对之前的答案进行拓展或做出回答，以建立一种倾听的文化。她的提问是："你能拓展一下吗，杰伊？你能再补充一点吗，蒂安娜？"我相信你还能想出其他的提问方式。同意或不同意这样的提问方式都是很正常的，但我更倾向于有多于两个答案的后续提问。注意看她后续提问的不同之处：第一个针对杰伊的提问是开放式的，他可以随意拓展，但对蒂安娜的提问是有针对性的——请谈谈压力的作用。无论在哪一种情况下，她都强化了有效倾听的作用，并使之成为学生成功的关键因素。

随机提问的四个目的

在上一节中，我讨论了随机提问的原则，但知道随机提问的目的也很重要，这样你就可以做出相应的调整。我至少能想出这项技巧的4个目的。

目的1：公平发声的机会

我先讲述一下自己随机提问的案例。乍看起来，这不太像随机提问，但我希望能从一个全新的角度来解释它。我有3个孩子，最近吃饭的时候，参与讨论的主要是两个较大的孩子。他们的声音充满自信。当然，我们也想知道艾贾和简在数学课上发生了什么，或者尼兰和德林在足球训练上发生了什么。我最小的女儿静静地坐在桌子的尽头，眼睛不时地看着谈得热火朝天的哥哥姐姐，她的哥哥和姐姐比她大5岁和7岁。她也许在想：她今天经历的事和讨论有关吗？她想讲的事能得到哥哥姐姐们的认可吗？她什么时候或者怎样才能加入讨论呢？

我决定随机提问她，在讨论的间歇，我转向她说："你呢，古斯，你们科学课上还在学天文学吗？"

她没有主动参与谈话，但我想让她知道她的发言也很重要，她的讨论参与度同样重要。如果她感到紧张，不敢加入讨论，我就要为她铺路，创造条件。

没有什么比征求某人的意见或邀请某人加入讨论更好的方法了，尤其是当他们还不知道自己的发言在教室里是否受到重视的时候。问一个没有举手的学生"你是怎么想的？"就是在告诉他们，他们的声音很重要。这个想法被称为"公平发声"，我是在与一些同事交流后开始使用这个词汇的，我的同事在撒哈拉以南非洲地区为美国和平队进行教师培训。

在他们工作过的许多国家，"女学生从来没有被提问过"，我们教学团队的贝基·班顿指出。在那里，有一种不言而喻的性别规矩，女孩们往往不允许在公开场合说话。有时，这种规矩来自他们的家庭，有时却和家庭无关。这种期望来自某种无形的、社会的、神秘而无情的因素。

"她们安静地坐在教室后面，即使知道答案，也不积极参与，不举手，不到黑板前面去。"贝基说道。"当教师随机提问，特别是巡视课堂时，发现某个女孩有个不错的想法，于是他们说：'到前面来，告诉大家你的想法。'女孩回答了，她成功了，你可以从她的脸上看到成功的喜悦。"奥黛丽·斯宾塞说，"一切都在瞬间发生。就发生在同一个教室里。这大大增加了女学生的信心，后来我们看到她们的学习成绩进步得很快。”

如果某种规矩或期望不允许女生在课堂上主动发言，无论是出于社会因素（女孩不应该主动发言）还是个人因素（已经有3个同学主动发言了；我不想参与），随机提问都可以打破这些规矩，这免除了她们承担违反社会规则或所谓的社会规则的责任，甚至可能让学生看到这些规则的不合理性。

随机提问可以提醒学生，他们的声音很重要，他们有能力充满自信地参与课堂活动。从这个意义上说，这也提醒我们，教师的部分责任是强化每个人应该享受的权利、某些行为的合法性，有时，也许是公开发声的责任——为了自己的学业和学习团队做出贡献的责任。

事实上，最近的研究表明，随机提问在塑造学生课堂参与的信念和期望方面的作用是非常强大的。这是伊丽莎·达利莫（Elisa Dallimore）和她的同事进行的研究，研究通过比较分析教师经常使用随机提问的学生与教师不使用随机提问的学生，测试了随机提问对学生主动参与课堂活动的影响。他们发现，“很明显，有更多的学生在经常随机提问的课堂上主动回答问题，且在经常随机提问的课堂上主动回答问题的学生人数会随着时间的推移而增加”。换句话说，这是一种双赢效应。因为随机提问的影响，在教师经常提问的课堂上，参与课堂活动的学生越来越多，也许因为他们经历了成功的喜悦或更强烈地感知到普遍参与课堂活动的规律，他们开始更多地选择主动举手参与课堂活动。此外，作者所描述的效果“会随着时间的推移而增加”。随机提问越有可能成为课堂的一部分，就越能极大地促使学生选择主动举手。最后，学生对课堂讨论的情感发生了变化。作者发现，学生参与课堂活动的舒适度有所提高。被提问不会带来压力，相反它能让学生感到舒适和信心十足。

目的2：营造一种专注、关爱学生的课堂文化

稍后在本章“技巧36：课堂参与方式”里，你会看到足球教练詹姆斯·比斯顿（James Beeston）向球员解释他为什么要在训练期间随机提问：“即使你们没有举手，我也会提问你们，因为比赛需要你们一直处于参与的状态。”詹姆斯知道，只要比赛需要，球员必须不断练习，时刻做好准备。他的工作就是帮助球员成为最好的运动员。正如谚语所说，要引导孩子走上光明大道，而不是为孩子修出平坦的道

路。不知何故，我们普遍认为教练应该帮每个运动员做好准备，这样他们就有希望达到最高水平。这是好教练的标志，也是教练关爱球员的表现方式。也许这就是运动员和教练之间的感情深厚的缘故吧。

是否可以说，教师应该帮每个学生做好准备，就好像他们也会达到学术的最高水平一样？这是不是意味着学习的环境也要求他们处于詹姆斯所说的“一直处于参赛的状态”？关爱学生就是要建立一个环境，让他们在教师的关爱和支持下为成功做准备，并要求他们拿出最大的努力和注意力。在这样的环境里，学生会控制自己的注意力，保持专注，是否能够成功集中注意力将在很大程度上决定他们在课堂上和其他方面取得什么样的成就。集中注意力是一种习惯，主要是由个人的决定和更大的文化环境塑造的。智能手机对我们集中注意力能力的影响很好地说明了这一点。

随机提问将关爱融入课堂文化。当然，你可以不用它，全凭学生自己决定是否刻苦学习和保持注意力集中。许多教师就是这么做的。但是，在我看来，如果不关心学生是否每天都沉浸在一种让他们喜欢交流、专注学习、竭尽所能做事的文化中，这对学生来说就是一种伤害。詹姆斯随机提问球员是因为他关爱他们。对教师来说也是如此。

目的3：评估学生的理解水平

正如我在第三章中讨论的，知道“我教了”和“他们学会了”之间的区别是教学的核心问题，这需要教师有效、实时地收集数据。这也是随机提问最重要的贡献之一。

要充分评估学生对知识的掌握程度，你必须能够在任何时候向任何（和每个）学生提问。主动回答问题的学生更有可能知道答案。如果你只提问这些学生，你将永远无法了解其他学生的知识掌握情况，实际上他们没有你认为的那样完全掌握。如果你打算使用提问来评估学生的理解水平，你应该首选大量的随机提问练习。这能够让你真正地“随机”提问——既可以提问那些答案可做范例的学生，也可以提问学习吃力的学生。这些信息对提升你收集的数据的准确性至关重要。

另一个相关的应用是：评估学生的理解水平最大的一项挑战是他们的表现和学会之间的差距。学生在课程结束时似乎都能正确理解知识，其实有一部分是假象，他们还没有开始忘记。下课前评估学生掌握的知识，即使他们的答案都是正确的，我们也可能高估了他们的真正水平，因为遗忘还没有发生。防止遗忘的重要因素是检索练习（技巧7），而随机提问则是将检索练习融入课堂教学的最佳方式，它可以使检索练习高效、充满活力，你可以经常使用它。学生也喜欢这种方式，这会使尽可能多的学生自主检索每一个问题的答案。德纳留斯·弗雷泽讲“圆”的那节课就是一个很好的范例：他通过检索练习确保学生牢固掌握重要的几何概念，使用随机提问让每个学生都受益匪浅。

目的4：把控课堂节奏

想象在你附近的一间教室里，K老师正在检查昨天晚上家庭作业中的一套习题集。他说：“谁来说说，你是如何解答第二题的？”停顿。教室里发出了窸窸窣窣的翻书声。五六秒钟后，娜塔莉举起了手。不幸的是，娜塔莉仅回答了第一题，K老师又尝试了另一种方法。“还是只有这两三个同学举手。”他说着，目光慢慢扫视着教室。“还需要我提醒大家，咱们班的课堂参与算学分吗？”很多教师都像K老师一样，浪费了大量的时间，也许每个问题只浪费了10秒或15秒，但从长远来看，就是数小时。更糟糕的是，老师请求学生参与课堂活动会减缓提问的节奏，学生有度日如年的感觉。如果K老师说，“让我们来看一下第二题，你是怎么做的，玛马杜？”，事情会简单得多，速度会快得多，痛苦也会少得多。

让学生参与教学活动的最好方法之一是让活动充满活力和有价值，要让它流动起来，让它变得重要且有吸引力。恳求学生举手有碍于课堂活动的流动感。就像火车卡在轨道上，停滞不前。学生会质疑教师的能力（“我知道，没有人愿意上K老师的课，太无趣了”）和课堂的价值。随机提问是控制课堂节奏最好的方法，它让节奏按你的要求前进（像纳吉·卡特一样，他用随机提问推动课程的进度），你也可以像弗雷泽一样用它减缓课堂节奏，抑制渴望举手的学生，否则可能会对他和其他学生造成催促的压力。

两个司空见惯但很重要的误区

这里有两个随机提问的误区值得探讨，这两个误区司空见惯。在这两种情况下，随机提问很容易和另一种技巧混淆。第一个误解是随机生成器，比如把学生的名字写在冰糕棍上，从罐子里或电脑应用程序中随机抽取，选择参与的学生。使用这种随机生成应用很常见，很多研讨会的参与教师都认为这是随机提问的最佳方式。随机生成器有时确实很有用，但我想解释一下为什么它们不是随机提问的好方法。再次重申，它们有时用起来很不错，但它们不是一种随机提问，我想用点笔墨来解释一下。

第一个原因是，冰糕棍没有策略意义。有目的的提问和提问的时机很重要。你选择提问丹尼拉或多马力，是因为他们有很好的见解，或者一直保持沉默，或者是因为他们“大智若愚”（从不主动回答，但一旦认真思考就能说出意想不到、有深刻思想内涵的见解）。我在前面讨论了提问谁以及为什么提问的重要性。实际上，随机提问很少是真正随机的，尽管从学生的角度来看可能是随机的。

事实上，向学生传达提问的目的是有益的，而使用随机生成器明确地表明，你不是有目的地决定要提问谁，但这一环节通常最重要。例如，你可以说：“大卫，你是怎么想的？”这会让大卫明白，你很重视他独特的见解。用冰糕棍就是告诉学生——谁回答下一个问题都行，对我来说都一样。那么，提问大卫就没有什么特殊的意义了，一根冰糕棍就帮你做出了选择。提问的深刻内涵——你的想法很重要、发声的公平性都是不可能靠随机体现出来的。

另一个关键的不同之处是效率。拿出冰糕棍或棒棒糖棍需要时间。你每抽出一个（“哦，天哪！让我们来看看这是谁吧！唉，贾登今天没来……”）都需要时间。它还打断了正常讨论的进程。如果你在詹妮尔发言后搞了一场盛大、欢乐的抽签仪式，那接下来发言的阿玛丽就很难真正联系、引用和拓展詹妮尔的观点。

再次重申，我并不是说不能使用冰糕棍。它的好处是，在心理上很容易接受，不需要教师多么勇敢，可以作为那些担心无人举手的教师的热身活动。这是一种有趣而简单的方式，告诉学生所有人的观点都很重要。我们可以用它配合检索练习。抽冰糕混的游戏应该针对组织好的特定问题，它不适合连续性的讨论或评论。但一定要明白：抽冰糕棍和随机提问不一样。

第二个误区与一种通常被称为“放下手”的技巧有关。在这个技巧中，教师告诉学生放下手，因为她在随机提问。如果经常这样做，学生就再也不举手了。同样，我不是说“放下手”技巧没有效果，它是随机提问的变体，但我认为它有局限性，了解两者的差异很重要。

随机提问的主要目的之一是建立学生主动参与并投入课堂活动的文化。随机的最重要的结果是，越来越多的学生想要举手回答问题，越来越坚信自己有能力为课堂活动做出贡献。对于我在和平部队的同事来说，这是很重要的。随机提问让女生参加课堂活动且不受社会制裁，逐渐培养了她们主动举手的习惯。我们希望在随机提问和举手之间取得平衡，为学生提供主动参与的机会。举手还能提供关键的数据信息。我们会看到举手的学生人数，看到他们的迫切程度，这些都告诉我们学生的课堂参与情况以及学生的兴趣和信心。当然，偶尔让学生放下手是可以的，这可以很好地调整课堂节奏。你可以说："接下来的几分钟不用举手，我要随机提问。"这对随机提问的可预测性特别有帮助。学生举手就像我们随机提问一样容易，我认为最好在随机提问时允许学生举手回答问题。

所以，"放下手"或冰糕棍有用吗？偶尔使用它们会以有趣的方式改变课堂节奏吗？是的。但教师通常认为它们的目的和价值与随机提问有异曲同工之妙，我只是想说清楚为什么它们是不同的。

随机提问的协同性

我选择德纳留斯和纳吉的随机提问的案例很不同寻常，原因有很多：首先是他们展示的技巧和熟练程度。看他们上课感觉是在欣赏艺术大师的杰作，如果你刚开始使用该技巧，请参考他们的展示方法。你的随机提问不可能立刻达到他们那样的娴熟程度。他们以及其他优秀教师的随机提问都是和其他提问方式及其他课堂参与技巧同时使用的（彼此交融）。在这些情况下，单独使用随机提问的频率较低，但它仍然是必要的，因为它与其他技巧协同使用时效果非常好。我在"技巧36：课堂参与方式"中会详细介绍这种协同作用。

在赛迪·麦凯利的课堂上，现在就做活动完成后，赛迪开始核对答案。她随机提问艾莉莎、亚历克斯和恩凯，然后让学生转身讨论粒子运动的规律。随后，她提问了斯特林。接着再次转身讨论。讨论结束后提问贾卡拉核对答案。再继续转身讨论，并给哈比卜提问预报。接下来，她请学生主动举手回答：为什么"平均动能"不正确？转身讨论后是书面练习。她不断改变课堂参与方式（技巧36），让学生参与课堂活动。但随机提问和其他技巧融为一体的方式值得借鉴。它是类似转身讨论活动的理想载体，你可以用它提高课堂思考率和课堂参与率，因为活动之后的随机提问能够增加学生的责任感。你不能监控到教室各个角落的学生都在做什么，却能让他们都参与到课堂教学活动中来。此外，转身讨论还可以平衡随机提问的效果，因为它将随机提问带来的专注力转化成了同伴间的互动，从而使学生积极参与课堂的程度最大化。所以赛迪经常在转身之前或之后使用随机提问。

在使用全体学生都动笔（技巧38）时，随机提问在提高学生注意力和刻苦学习的态度方面同样是最佳选择。例如，让学生用2分钟时间写出乔纳斯在这一章中是如何变化的，这就是一个很棒的活动，但如果你随后提问艾拉效果会更好，“艾拉，请分享一些你写作的内容”。如果你在课堂巡视，边走边阅读学生写出的想法，然后通过随机提问学生来验证和讨论答案。“艾拉，你使用的‘日益紧张’这个词让我感到惊喜。你能说说‘日益紧张’是什么意思吗？你是在哪里发现这种情况的？”在自主练习中，通过随机提问以表达对学生的关爱，这能够优化学生的自主练习效果。

掌握随机提问的时机

随机提问的时机很重要。最常见的时机是：提出问题—停顿—点名。例如，“3乘以9是多少（停顿），詹姆斯？”使用提出问题—停顿—点名这一顺序确保学生在停顿期间都开始为回答做准备。在上述例子中，每个人都做了3乘以9，只不过其中一个学生大声说出了答案而已。如果你提前叫出了学生的名字，比如“杰罗，3乘以9是多少？”，那么思考答案的学生就会减少，因为他们知道自己不会被提问。由于思考率的显著差异（25名学生都回答了问题，只有一名学生大声说出来；或者只有一名学生回答问题，其他25名学生在旁观），大多数随机提问的默认方式应该是：提出问题—停顿—点名。

不过，在某些情况下，提前点名的方式（点名—停顿—提出问题）也有其益处。这样能提醒学生为参与教学活动做好更充分的准备，以提高成功率。这对于那些不喜欢被随机提问或刚开始不太适应随机提问的学生尤为有效，这可能是因为他们组织语言比较困难，或仍处于学习的初级阶段。先叫学生的名字有助于明确课堂参与方式（技巧36）。在提问与回答环节（技巧35）全班同学说出答案之后，你可以说“达马里，我们为什么要在那里相乘呢”，这就告诉其他学生，你们不用大声说出答案。有时把名字插在问题中间——“那么风，达马尼，是如何在侵蚀过程中发挥作用的？”能让你的问题衔接之前的评论，使之具有连续性，但一定要引起被点名学生的充分关注，这样他才能听到你的问题。

技巧 35 提问与回答

提高学生参与度，形成课堂积极氛围

提问与回答由两部分组成：教师提出问题或分享信息，全班同学一起大声回答或重复这个短语，以强调或巩固记忆。例如，做检索练习时，增加一些齐声回答的机会会加深学生的记忆。

教师："为了强调把两个完全不同的人放在一起是什么修辞手法？"

全班同学："并列！"

要求全班同学齐声回答或重复可以提高学生的课堂参与度，增强学习的动力和积极性，这可以改变课堂节奏。在克里斯汀·托雷斯的课堂上，她在讲解词汇部分的开头时使用了它。她讲解了一个新单词，并要求学生齐声跟读。

克里斯汀："我们要学的第一个词是'恳求'（implore）。我数到二大家一起读，恳求，一、二……"

全班同学："恳求（implore）！"

克里斯汀："'恳求'这个词是什么意思呢？请读一下，大声而自豪地读……（做出手势示意大家）……乔文？"

这里为什么要采用提问与回答方式呢？首先，它给了每个学生练习的机会。这里的练习不是检索练习，而是发音练习，这对于词汇的学习非常重要。如果学生不知道某个单词如何发音，他们在阅读时就不太可能使用或注意到它。学生往往会跳过他们不会读的单词。你会注意到，每次克里斯汀讲解新单词时，全班同学都会迅速跟读。这样，他们在使用这个词时就会更自信，读起来也更流畅。

使用提问与回答方式还有其他原因。克里斯汀的课从一开始就很活跃，学生充满活力，热情高涨。看着她的课堂，你可能会想，要是我的学生也这么热情，我也会那样教，实际上，反过来说更正确。她的学生是因为她的教学活动而热情洋溢。

这和克里斯汀使用提问与回答的方式有一定的关系，当她要求学生自告奋勇阅读定义时，教室里几乎所有同学都举起了手。一方面，这是因为刚刚大家都已经在参与课堂活动了。另一方面，从更深层的意义上来说，群体总是会选择遵从规范，而克里斯汀使“参与课堂活动”的规范清晰可见且覆盖到每一个人。规则持续时间越长、越清晰可见，对人们的影响就越大。学生不仅自己参与课堂活动，还能看到周围的同学也积极参与其中。那么，最自然的做法就是继续配合老师积极踊跃参与课堂活动的要求，这样一来学生就更有可能举手了。

我认为，在问与答的环节中，会有很多更有价值的事情发生。经过长期的进化，人类身上已携带着那些曾让祖先顺利存活下来的特质，其中很大一部分就是我们作为个体与他人合作和建立联系的能力。我们通过形成有凝聚力的群体而生存，我们渴望成为群体的一分子。因为我们融入其中时会产生归属感。“大脑是一个社会性器官。”扎雷塔·哈蒙德在《文化响应式教学和大脑》中写道，“它有一种‘与人接触’的冲动，一种‘与他人在一起的渴望’。”例如，世界上的每个社会群体都在唱歌，一部分原因是唱歌是成为集体成员的一种方式。我们一起唱歌，声音融为一体。此时的情感体验极度深刻。这就是某些歌曲，特别是合唱风靡世界的原因。

哈蒙德澄清了美国社会和其他西方社会的一些根本问题。我们（美国人）是狂热的个人主义者。她引用了荷兰心理学家吉尔特·霍夫斯塔德（Geert Hofstede）的文化维度指数，该指数根据社会中的个人主义水平对世界上所有国家进行排名。美国名列前茅（英国紧随其后）。美国是世界上最崇拜个人主义、最反感集体主义的社会。这有好处，人们自信满满、自力更生，但也产生了一些问题。第一个问题是，试想一个来自个人主义不明显的国家的学生，他进入一个极端个人主义国家的学校是什么感觉呢？接纳来自其他文化的学生的部分内涵意味着要理解集体主义的价值观。对于那些习惯了“我们”的学生，可能说“我”和“你”是有点奇怪的。

第二个问题是，在狂热崇拜个人主义的学校里，融入集体主义会碰撞出什么智慧的火花呢？集体意识、群体依赖和通过共同努力获得的身份，实际上是值得学习的好东西。这可以使我们的学校更具包容性，增加学生的归属感。

我在注意力习惯（技巧48）中讨论过，正如丹尼尔·科伊尔（Daniel Coyle）在《极度成功》（*The Culture Code*）中指出的，归属感是世界上最深刻的动机之一。乔纳森·海特在《正义之心》（*The Righteous Mind*）中解释说，我们很难改变自己认为某事正确的想法，除非我们极度信任给我们分享信息的人，他也许会改变我们的观点。我们的信任说明我们觉得自己归属于那个组织。虽然在美国社会中群体总是消失得很快，但我们依旧需要从群体中获得身份。

提问与回答是课堂文化结构的一小部分，但如果做得很好，它是可以迸发出团队荣誉感的时刻。齐心协力做事的时刻提醒大家，我们属于同一个群体。这就是为什么提问与回答是相互激励、相互包容的。它迅速让教室里的每个人自发地成为集体的一部分。也许这些时刻就像世界各地的社团和唱诗班的合唱一样都能引起共鸣。

值得注意的是，只有当提问与回答增强了集体感时，它才能带来这种感觉，也就是说，学生是真的齐心协力做事情。这就是为什么提示信号如此重要。克里斯汀每次的要求都清晰、利索、独特。如果她的要求不清晰，提示信号模棱两可，学生就会对是否一起做事犹豫不决，或者根本不想参加。结果，“异口同声”的瞬间凝聚力就消失了。

“下一个词是‘刻薄的’（caustic）。我数到二，跟我读：刻薄的，一、二……”克里斯汀提高声音说，以另一种方式清楚地提示大家。学生的回答干净利索、嗓音洪亮，因为老师每次的提示都一样，学生都心领神会。

更多提问与回答的提示信号

提示信号

提问与回答是针对所有学生的，因此每个学生都应该回答。如果回答不同步，效果就会大打折扣。要让学生充满激情地参与问答活动，他们必须充分了解什么时候开始回答，不用担心自己是唯一一个大声回答的人。为了确保大家能够同步，最好使用一个特定的信号，通常是口头告诉学生应该做出回答了（“同学们！”“所有人！”“一、二……”）。这被称为提示信号，它告诉大家所有人要一起充满自信地回答。清晰的信号也可以让你随机提问某个同学时，防止其他学生大声喊出答案。

提示信号至关重要，值得你关注。下面是几种提示信号：

计数式提示信号

计数式提示信号之所以非常有效，原因在于它与众不同，它会明确告诉学生回答的时间。[1]因为有一个短暂的倒计时（克里斯汀说，“我数到二：一、二……”），它几乎不给学生时间来准备，以确保每个人都按要求同时回答。

集体提示信号

使用集体概念非常奏效，它可以不时地提醒学生集体成员身份：说“所有人”或“同学们”是在提醒学生，你期待他们全体参与。如果没有达到预期目标，你可以加重语气再说一遍：“请大家一起。”

非言语手势

第三种提示信号是非言语手势：用手指一下，垂下一只手，或用手指画圈。这些手势速度快，不会中断课堂教学。其挑战性在于：气氛必须恰如其分，否则会显得有点古板。此外，有时你可能没有抓住所有学生的眼球（比如，他们正忙着做笔记或正在走神），这种方法就有可能漏掉某些学生的回答。

语音、语调的变化

第四种提示信号是语音、语调的变化。教师通过语调的变化或语音的提升暗示问题的提出，学生接收到提示后，就可以干净利索地回答。这通常是最有效的提问与回答形式，从长远来看，它是最容易使用的，无缝对接、快速和自然，但也是最难使用的。学生容易错过这个提示，除非你长期、频繁地使用它，否则学生很难准确无误地识别。倘若短期内无法对提问与回答运用自如，你可以效仿其他教师，先掌握一个较为简单的提示信号。

许多教师认为提问与回答更适用于低年级的学生，不太适合高年级的学生。他们认为对二年级学生使用该技巧既轻松好处又多，他们可以说：“做得好，夏安！”尽管该方法用在高中生身上似乎有所不同，但它依然很有价值。比如在赛迪·麦凯利的课堂上，赛迪随机提问一名学生，让他解释摄氏温标是由什么决定的，他的回答说明他不清楚水的沸点的概念。赛迪认识到这是学生必须掌握的关键信息，然后她就使用了提问与回答练习，帮助学生复习该知识点，建立牢固记忆。

她的提示是集体提示“告诉我”，她用这个词清楚地表明她希望学生在整个课

[1] 此外，如果学生在提问与回答的前期注意力没有高度集中，你也可以缩短或放缓提示。数数“一，二！”偶尔会被教师放缓为“一……”，以表示全班还没有准备好，但仍然保持对即将到来的乐趣的期待。

程中留意到提问与回答的时刻。她的问答环节相当少。也许因为学生是高年级学生，她不会过度使用。提示信号必须清晰明了，在高中生中使用看似有点奇怪的提问与回答有助于学生集中注意力，提高课堂参与的积极性。对学生来说，该方法的新鲜感会吸引他们的注意力。

从进化的角度看，新奇和意想不到的东西会引起人们更密切的关注，在人类物种的古代历史中，这可能是存活下来的信息。这种现象就是众所周知的“向新偏见”，它告诉我们，即使提问与回答环节不是与课堂内容互动的最实质性的方式，但只要课堂参与形式的变化运用得恰到好处，也有利于学生集中注意力。这就是为什么赛迪在互动一两次后，迅速放弃提问与回答活动。向新偏见带来的益处消失得很快。

克里斯汀和赛迪有非常明显的共同之处。他们的学生都正在复习一些重要的内容。在克里斯汀的课堂上，她希望学生熟悉这个词汇。在赛迪的课上，重点是掌握水的冰点和沸点。

这值得注意，因为提问与回答是一种可能会有一点“猫薄荷问题”的技巧。看到学生成为一个积极、有凝聚力的团队，这种感觉非常好。但这种短暂的满足感很容易让教师过度使用这项技巧或使用不当。在罗伯特·邦迪思修（Robert Pondiscio）杰出的著作《另一半人是如何学习的》中，一个有趣的场景是成功学院（Success Academy）的首席执行官伊娃·莫斯科维茨（Eva Moskowitz）和一群学校管理人员一起观摩了一节课。

在球总数已知的条件下，学生正在计算排球数量和非排球的数量。教师提问了德米特里。

“总数是32。”他总结道。

“什么的总数？”她鼓励他说。

“嗯……这个……”

“什么的总数？”她大声地向全班同学发出信号，要求他们回答。

“球！”有同学大声喊道，但不是全体学生。

“是……的总数。”

“球！”全班同学异口同声地喊道，声音一个比一个高。

她再次对犹豫不决的学生说：“所以，这32个，德米特里，是……的总数。”

全班同学都替德米特里回答道："球！"他们大喊道，声音震耳欲聋。

莫斯科维茨有点受不了，走出了教室。"这个技巧有点问题，学生一直愚蠢地大喊大叫着回答。要使用能让他们发挥聪明才智的方法。"她在走廊上告诉校长……"他们知道球是什么。他们还在婴儿时就知道球是什么。"莫斯科维茨显然很恼火。

我同意莫斯科维茨的评价。任何一种"技巧"都有过度使用或误用的风险。你拿到一把锤子，突然间一切看起来都像钉子。过度使用提问与回答的风险会以十倍数增加，因为它对教师很有吸引力。得到充满活力和乐观的回答让教师感觉很爽。于是他们被引诱着一次又一次地使用它。突然间这似乎变成了一种强迫症动作——过度使用，但没有明确的意图，这很容易降低实施效果。与所有技巧一样，你必须意识到其缺点，并知道如何解决莫斯科维茨的担忧："我使用该技巧的目的是什么？我让学生重复什么，为什么？我是否过度使用了该技巧？"

阅读中的提问与回答

在最近的一节课上，布鲁克林的埃里克·斯奈德正在和学生阅读一篇描述科幻小说特点的文章。他开始大声朗读，希望学生在自己的座位上跟读。为了提高学生跟读的积极性，他使用了"提问与回答的填空式抽查"。

"需要注意的关键事实是，"他开始读道，"大多数科幻小说家都创造可信的……"下一个词是"世界"，但埃里克没有读出来。相反，他向学生示意，大多数人都说"世界"！这表明他们成功地跟上了朗读的脚步。然而，埃里克却很担心。"我们大约只有80%的学生跟上了节奏。"他说着，走到投影到黑板上的文本前。"我们读到这里了。"他指着文章里他刚才阅读的地方。然后又接着阅读。"大多数科幻小说家都用耳熟能详的元素创造可信的世界，"他接着往下读，"科幻小说通常包含先进的……"说到这里，他再次示意，于是所有的学生都插话说："技术！"使用提问与回答可以收集学生阅读的数据，也是为了强调一起阅读的重要性。他现在可以继续阅读了，因为他知道学生都在跟读。

技巧 36

课堂参与方式

设立课堂惯例，创造沉浸式学习体验

在赛迪·麦凯利的大学先修化学课上，她正在轻松自如地上着所有教师都向往的课。她的学生都非常踊跃地参与课堂活动。他们专注且富有成效。课堂气氛让人感觉积极、严谨、活力十足。课堂上没有冷场，没有学生走神的情况。

首先，赛迪列举了一系列问题，让学生"与同伴大声讨论"。指令发出后，教室里马上传出学生轻松而自然的讨论声。学生们毫不犹豫、滔滔不绝地讲起来，所有人都在参与。转身讨论之后，赛迪开始随机提问，她热情地随机提问学生，检查他们的答案。这些后续问题也确保了学生很高的思考率："摄氏温标取决于什么，马修？"她说。

马修对老师的随机提问早有准备，她观察到摄氏温标和水的冰点有关，在老师轻声的提醒下，她发现还和水的沸点有关。赛迪切换到提问与回答环节，以强调冰点和沸点的重要性。学生似乎早已读懂她的心思，回答清晰明了、异口同声。随后她再次随机提问，评估学生对温标的理解程度，一切都按她的计划顺利进行，她轻松地在教室里随机点名，让所有学生参与课堂活动。前排角落里一直举手的学生渴望分享他的答案。有些教师可能需要依靠他来推动课堂活动，他是目前唯一举手的学生，但赛迪不这样做。这位迫切举手回答的学生耐心地等待着，没有大声喊出答案。这时，她正在随机提问学生，然后又叫了几个自告奋勇的学生。这样她就不会很尴尬地请求更多学生或不同的学生举手回答问题了。当赛迪让他们做笔记时，学生迅速更新自己干净整洁的笔记。

这节课过得飞快，但赛迪站在教室前面，始终优雅地微笑着，看上去很轻松。

赛迪的课非常成功，因为她清楚什么时候该做什么。对班上的学生来说，有一套非常熟悉的参与课堂教学内容的惯例，对于什么时候使用哪种参与方式也非常清楚。我们把这些学习惯例称为课堂参与方式。只要多投入时间来规划它们，确保学生清楚如何使用，你就会发现自己像赛迪一样：在整节课中都会保持微笑，始终充满精力，教学效果优异。

惯例非常重要。佩普斯·麦克雷写道，他们“破解了课堂上注意力不集中的难题，帮助学生更快地学习重难点知识”，让工作记忆专注于学习任务，而不是完成任务的过程，因为他们对这一过程早已胸有成竹。在第100次使用转身讨论技巧时，当你说“和同伴讨论，电子壳层结构是如何影响惰性气体活动的？开始”时，学生的整个工作记忆都集中在这个问题上，几乎没有人会关注潜在的无关干扰：“我应该和谁讨论？她愿意和我讨论吗？其他人都会讨论吗？我应该把讨论内容写下来吗？”

培养惯例行为的第一步是提示。麦克雷写道，“惯例是由特定的提示或暗示触发的一系列行为，最终演变成下意识或接近下意识的回答”。提示是所有习惯行动链的开端。因此，课堂参与方式包括为学生参与课程活动的每一种模式制定清晰的惯例，然后快速、可靠地（通常是巧妙地）向学生发出你希望他们使用模式的信号。提示可以让学生自信、正确地投入课堂活动，同时使工作记忆负荷最小。如果学生没有以最佳方式参与课堂活动，比如在我们不希望他们回答的时候喊出答案，或者在我们希望他们回答的时候保持沉默，这通常是因为我们没有清晰明了地传达给定问题的参与方式。从这个角度考虑学生的回应也可以帮助我们做到“往好处想”（技巧59：积极架构）。假如学生大声喊出答案或使用其他我们没有期望的方式参与课堂教学，我们就应该先考虑一下是否清楚地表述了参与方式提示。

赛迪在课堂上提示的目的非常明确。她的“默认方式”——如何参与课堂活动的期望，除非有其他的提示，是她提出问题后，如果你想回答，就要举手。她偶尔也会随机提问。回答问题的清晰表述让她可以在举手和随机提问之间切换自如或按需求给学生留出不同的等待时间。学生都能理解这一惯例，因为她已经提前设定。在某些情况下，她特别渴望学生举手回答时，她会对学生说“举手！”或者自己先举手。她想使用提问与回答技巧时，她会说，“告诉我”，学生就会理解这一信号。当她说“和同伴一起”时，每个人都知道转身讨论即将来临，他们明确知道如何与伙伴讨论。因为赛迪已经构建了这些模式，让她的课堂参与方式清晰明了，所以每当她提出问题时，全班学生都马上行动起来。

然而，在许多课堂上，当教师提出问题时并没有明确说明学生应该回答的方式。学生不得不思考："我应该举手吗？我能大声说出答案吗？这是修辞问题吗？我应该把它写下来吗？"这时教师就会感到犹豫、困惑和缺乏跟进的动力，而不是像赛迪一样拥有让教室充满活力与动力的能力。在课堂上，教师会问很好的问题，但每次都只有少数几个学生犹豫不决地说出答案。或者教师提出问题后，只要几秒钟后没人回答，就会自己回答。我在本章的引言中指出，如果只有两三个学生回答这个问题，无论这是一个多么好的问题都不重要了。课堂参与方式是一系列提示信号，只要你通过这些信号清晰明确地切换学生的参与方式，比如随机提问、举手、转身讨论等，那所有学生都会高效、充满自信地回答。

这里的"默认方式"指的是学生参与课堂活动的基本规则，这在赛迪的课堂上随处可见，除非她另有安排。这些默认方式是：举手；不要喊出答案；通过随机提问了解学生的看法。

因此，课堂参与方式的第一步是说明你在什么地方会用到这些默认方式（可能你还有更多其他的参与方式）以及原因。说明应该言简意赅，但要引人注目。最好只是描述默认方式，以后再补充其他方式，而不是在第一天就全部说完，让学生难以掌握！

好笑的是，教我这样做的最佳教师不是课堂教师，而是足球教练：詹姆斯·比斯顿。足球场不是教室，但我认为，每个教育工作者都可以从詹姆斯的教练课中学习该如何说出你的期望。我把他说的话转录了下来：

"今晚会议的主要内容是……从身体和心理的角度来看，这都需要高强度的训练。我要详细问你们一些问题，了解一下大家的想法。不要立刻大声喊出答案。这是一件非常非常重要的事情，因为我想让你们思考你要给出的答案。如果你们知道答案，像我这样举手回答。如果不知道答案，那也没关系。我们会想办法解决，我们会一起解决问题。即使你们没有举手，有时我也可能会叫你们，好吗？因为比赛中你要一直保持在线的状态，所以我会随时提问你们，以确保大家集中注意力，我们要从第一分钟坚持到最后一分钟。"

这个"说明"仅仅花了詹姆斯大约45秒。他解释了他要做什么（"即使你们没有举手，有时我也可能会叫你们"）和为什么（"……因为比赛中你要一直保持在线的状态"）。他告诉球员，当他开始例行公事时，他们该怎么做（"……不要立刻大声喊出答案”“我想让你们思考你要给出的答案”)。他把自己的标准设定得很高，但他也让回答错误变得安全(“我们会想办法解决，我们会一起解决问题”)。然后立即开始练习他所倡导的东西，这样球员就会明白他的意思，因为他们马上就要开始培养该习惯。

赛迪在第一天也有类似的行为，即解释说明她设置的默认模式。然后，她用下面的图表分层输入新的惯例及其提示方式，它包括学生在课堂上使用的一些常见参与方式、教师可能用到的提示线索以及其他一些需要考虑的因素。

课堂参与方式	提示	期望	注释
随机提问(举手回答)	举手。我会让举手的同学回答，也可能随机提问。	默认方式：“我想让大家分享自己的看法”或者“准备，我要随机提问了”。这可以增加提问的可预测性。	向学生解释，如果你没有发出其他提示信号，这意味着：(1)举手。(2)不要喊出答案。(3)准备好随机提问。
仅限举手的学生	我只叫举手的同学，但我想看到很多人举手。	“举手！”，“轮到你了。”非言语方式：老师举手示范。	如果要提问，准备好提醒方式(非言语或“请举手回答”)。
提问与回答	按提示要求异口同声说出答案。	提问之后说：“请告诉我”。	有时在结束提问与回答方式时也可发出提示，如，“现在，请举手”“现在，我要随机提问”等。
转身讨论	转身和指定同伴讨论。	“和同伴一起……”“转身讨论……”	请注意，布隆娜·丁多尔同时拥有邻桌和前后桌同伴。提示词：“前后桌/邻桌同伴。”
全体学生都动笔	把笔放到纸上。	“在笔记中写下……”“停下手头任务，快速写作……”“自主……”“自己安静地……”	把“如果你遇到困难”作为开场白。
其他参与方式还有：演示提问、白板和其他手势。			

要在课堂上建立这种模式，你可以从制作一个像上面那样的图表开始。然后，具体规划你的期望和提示。最后，精心制作和练习你的设计成果。想了解更多关于如何培养惯例的程序步骤，请参考“技巧50：惯例构建”。

一旦建立了课堂参与的程序，你的课堂参与方式规划就可以成为教案的一部分了（技巧3：授课步骤）。为了最大化课堂参与率和参与流程，你要学会有意识地转换参与方法。我们可以看到赛迪在她的化学课上就是这样做的。从随机提问到转身讨论，然后是举手回答和提问与回答技巧，最后是全体学生都动笔活动。

我和赛迪在课下交谈时，她分享了制定课堂参与方式的指南："我在空闲时都提前计划好了。如果这是一个发人深省的问题，我总是让学生先书写答案或转身讨论来提高参与率，然后我在他们讨论时在教室四处走动，巡视课堂，同时热情地告诉几个学生我随后会提问他们（我称这种技巧为'提问预告'）。如果这是一个很容易大声回答的问题，我想通过提问特定的学生来收集数据，通常我会提问高、中、低不同水平的学生，以了解他们是否掌握这个概念。对于非常简单的问题，我希望所有的学生能马上反应，异口同声地回答。"

参与方式提示前置

伦敦的科学教师亚当·博克瑟在其最近的一篇博客中分享了一个他称之为"参与方式提示前置"的观点，它可以极大地提高课堂参与率。他的反思始于这样的观察：即使你努力地传达想要使用的课堂参与方式，如果你在课堂指令最后才发布，有些学生可能仍然听不到。他举了这个例子：

"光合作用的方程式是什么？请把你的答案写在迷你白板上，然后把白板扣在桌子上，等着我检查。"

"从表面上看，这个指令很好。问题表述清晰，学生如何书写和展示答案的课堂参与方式也表述得明明白白。"博克瑟写道，随后他又补充说，你仍然会看到学生在你检查之前举起了自己的白板。"你刚一提出问题，他们就开始书写答案（或者开始思考），他们就不再听你后面的话了。这并不是他们在挑衅你或走神，他们只是没有接收到完整的指令。这不是因为指令表述不清……这是它们所处的位置造成的结果。"他建议参与方式提示前置，将参与方式放在指令的前面，让学生最先听到它，并在开始思考问题之前进行处理。

"同学们，我一会儿要问一个问题。请在你们的迷你白板上写下答案，然后把白板扣在桌子上，等着我检查。光合作用的方程式是什么？"

如果还没有构建牢固的惯例体系，他建议教师使用下面的脚本完成模式设定工作：

“同学们，我一会儿要问一个问题，而你们要：一（伸出一根手指），把答案写在迷你白板上；二（伸出两根手指），把白板扣在桌子上；三（伸出三根手指），等我检查。”

如果你的模式还在构建中，你甚至可以要求学生重复一遍你的要求，博克瑟建议道。

以下是他列举的一些其他参与方式的表达方法：

“把手高高举起来，请告诉我……”

“不用喊出答案，谁能告诉我……”

“你们要安静地……”

“我赌10英镑，你们会一次比一次好。”他说。

在线课程：课堂参与方式的图标

远程教学方式的改变给教师的工作记忆带来了一系列特有的挑战，也给我和团队成员进行线上培训带来了挑战。和许多教师一样，我们经常要使用演示文稿来组织教学课程。当我们演示一张幻灯片时，经常会思考下一张幻灯片所涵盖的内容，并试图评估参与者对教学内容的反应，阅读他们的答案；切换到聊天模式去回答他们的问题或评论；准备自习室等。新的教学环境和教学技术使工作记忆超负荷运行，我们很容易忘记让参会人员参与每张幻灯片内容的讨论。即使已经提前计划好参与方式，我们有时也会忘记在正确的时间、用正确的方式实施我们的教学计划。或者我们记得，却因为一直努力倾听参会者的提问并回答，而没有按原计划实施教学讨论。针对这种情况，我们的解决方案是：使用图标让参与方式变得方便记忆，这样我们的工作记忆就可以集中在参会者身上。

我们研发了一组图标，教师可以将其放在幻灯片的底部提醒我们设计的参与方式：

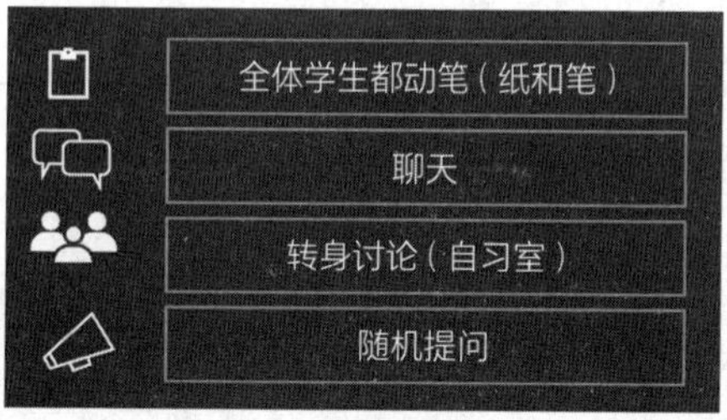

瞬间，我们就不用费力去记忆我们设计了什么活动。有了自由的工作记忆，我们就可以更好地倾听参会者的讨论，更深入地思考会议内容。我们和许多学校分享了这个想法，看着他们用它做出了许多非凡的成绩。例如，田纳西州孟菲斯的一所学校——孟菲斯崛起学院（Memphis Rise）将教学人员的图标标准化，并为教师提供了术语表以及使用指南。下图是该文件中的一页，左栏展示了部分图标样式，右侧的内容省略。

参与方式	注释	示例
4. 全班讨论—等待时间 	（文字省略）	（文字省略）
5. 随机提问 	（文字省略）	（文字省略）
6. 举手 	（文字省略）	（文字省略）
7. 向老师展示 	（文字省略）	（文字省略）

来源：田纳西州孟菲斯崛起学院

在马达林·麦克莱兰的课堂上，她会使用这些图标指导自己的教学活动，并帮助学生明确使用何种参与方式。

有趣的是，这一想法在课堂上也富有成效。我最喜欢的一所英国学校之一——托基学院（Torquay Academy）也同样开发了一套与学生共享的图标。他们还分享了图标所代表的教学意图。当学生看到“等待”的图标时，他们就知道需要深入思考，而不是匆忙回答，等等。

技巧 37 分解问题

恰到好处地帮助学生获取正确知识

分解问题是一种有效的教学工具，使用起来比较有难度，它其实是一种应对策略。可以在学生回答不正确或不完全正确时即刻使用。

如何高效地应对上述状况是一个迫在眉睫的教学挑战。单纯地放慢速度或提高声音重复问题无济于事，那我们该怎么办呢？

分解问题是指通过换种方式提出问题或提出一些新的信息，帮助学生在正确回答问题的同时依然努力思考。简单地说，提供最小的可行性提示，帮助学生激活已有知识去获取正确答案。

在纳琳・帕切科的课堂上可以看到这样的范例，它展示了纳琳的教学技巧和使用该技巧中的挑战。她所教的幼儿园的孩子正在拆分单词“蝙蝠”（bat），一个学生的字母顺序被打乱了。她组成了b-t-a。“把bat给我拆分一下。”纳琳小心翼翼地说（技巧12：犯错文化）。在小朋友正确地做到了这一点后，她指着作业说：“看一下你刚才写的是什么？”这是一个理想的分解方法，因为纳琳没有提供任何新的信息。她只是要求学生认真地重复她的学习任务。如果学生现在能做对，那完全是自我纠正的结果。但她还没有发现自己的错误。

“读一下你的答案。”纳琳说，她的第二次努力没有奏效，说明分解得还不够，纳琳进一步提示说：“第一个发音是什么？你有那个发音吗？”她又问了一次。她的语气无可挑剔：充满鼓励，没有一丝沮丧或不满。“第二个发音是什么？”她继续问道。“/Tuh/。”学生回答说。她把提问范围缩小到具有挑战性的这一部分。“这个单词怎么读？”纳琳现在问道。“/Buh/-/ah/-/tuh/。”她的学生说，这时她发现了错误并及时改正过来。纳琳帮学生完成任务的同时帮助她解决了问题，学生很高兴：她自己发现并解决了问题而不是被老师纠正的。

最小的有效提示

教师永远不会真正了解指定的学生有什么样的知识储备，也不可能确切地知道学生已掌握的知识和他通往成功之路所需要的知识之间的差距有多大。最理想的状态是让学生最大限度地应用储备的知识，一个有效的方法是尽量提供最小的（引向答案的）提示。

在分解问题中提供最小限度的提示时需要掌握好度。一方面，我们希望把问题分解到最小。另一方面，我们也希望尽快完成这个问题，控制好时间和节奏。谨慎地为每一个之前的提示补充一点信息，这种做法是让学生尽可能多地进行认知思考的理想方式，但是当你在做一系列练习时，这会破坏教学效果，打乱你的节奏，也会很快使学生感到丧失信心。

有时候，当学生回答错误时，你也需要继续进行下面的教学。即使你的长期目标是最大化学生的认知能力，你也必须平衡这些长期目标和当前的短期目标。好消息是，你分解问题的技巧使用得越多，你的学生就会更好（也更快）地实现短期目标。

分解问题的工作原理

当你提出问题，但学生的答案不完全正确时，你要做的第一件事就是让学生得到正确的答案。第二件事是通过提供最小可行性提示来保持你分解的严谨性。试看下图：如果你能提供像A这样的提示，让学生填补大部分空白，学生可能会比使用C这样的提示学习时掌握得更多。“记忆是思考的残留物。”丹尼尔·威林厄姆告诉我们。在A提示中有更多的思考元素需要记住。

两者都比D更具挑战性，D没有分解就解决了问题（通过给出学生答案或让另一个学生给出答案）。此外，你肯定还希望获得在节奏、时机和严谨度等方面发挥作用的最小提示。如果可以的话，A是最佳选项，但有时很难做到A。偶尔也得使用D。

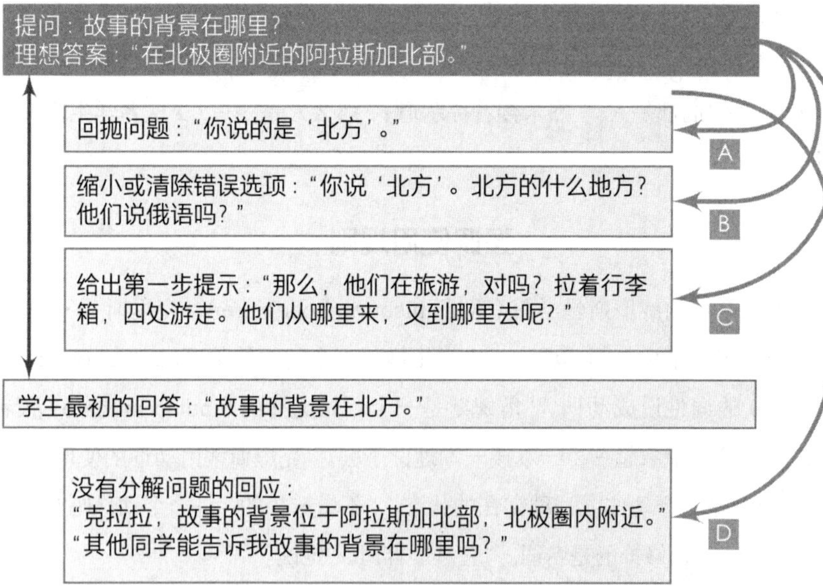

撰写分解教案

提前准备是成功的最好方法：有了预案和范例规划（见第二章），即使你不能精准预测学生的错误，久而久之，也能猜出学生出错的原因和对我们有用的回答。你可以把这一练习当作一项长期投资，从而提升自身的理解力。

做分解教案时，规划出"范围"是有益的。这里的范围是指运用自如的提示种类。人总是习惯成自然，随着时间的推移，我们的提示也会越来越具有可预测性。采用各种各样的提示方法有利于同更多类型的学生建立联系，为他们提供更广泛、更灵活多样的帮助。

举例说明

如果你让学生回答质数的定义，学生却一脸茫然，你可以说："7是质数。"或者说："7是质数，11也是质数。"如果你还想继续分解，可以提示说："7是质数，但8却不是。"根据情况，你还可以进一步说："8可以分解为2和4。"如果难住学生的问题属于某一类型，你也可以举例说明。比如，在杰米·布里兰特五年级学生的写作课上，一名学生正艰难地辨别单词owner（物主）的词性。杰米提醒道：

“嗯，owner这个词，从逻辑上来讲，同其他以-er结尾的单词的词性是一样的。dancer（舞蹈演员），swimmer（游泳者），singer（歌手），这些词是什么呢？”学生回答道：“他们都是人。”杰米接着提示道：“那么人是……？”这名学生回答道：“名词!”

强调使用规则

在布鲁克林的威廉斯堡学院（Williamsburg Collegiate），克里斯蒂·许尔斯卡普在给六年级学生上阅读课，一名学生错将一个句中的单词indiscriminate（不做选择的）的词性说成动词。“詹姆斯是一个不做选择的（indiscriminate）读者，他会在图书馆顺手拿起书，一本接一本地读下去。”克里斯蒂用动词的使用规则回复道：“动词是一个动作或一种存在的状态。‘不做选择的’是一个动作吗？”学生迅速认识到这个词修饰的是名词。“它是形容词。”她说。

提供缺失的步骤（或第一个步骤）

当五年级数学课堂上的一名学生说不出数字15/6有何问题时，凯莉·拉吉提示说：“嗯，遇到分子比分母大的情况，我们通常怎么做呢？”学生顿时豁然开朗：“哦，应该写成带分数。所以我应该用15除以6。”

回抛问题

有时，将学生的答案回抛给他们是非常必要的。当错误像录音带一样重新播放时，许多人会立刻发现自己错在何处。杰西卡·布雷西的课堂为我们提供了一个很好的范例。

杰西卡正在和五年级的学生一起读一本名叫《黄金圈》（*Circle of Gold*）的小说。她让加文分析主人公托妮的行为。他的第一个答案是可靠的，他正确地观察到托妮鬼鬼祟祟，她试图诱惑安吉尔和夏琳暴露他们的不诚实行为，所以杰西卡接着问：“为什么这很重要？”接着加文回答得很好。这很重要，因为如果托妮诱惑她们成功，她就会揭露手镯被盗的真相，并捍卫她的朋友玛蒂的荣誉。现在杰西卡接着说：“作为朋友，这说明托妮是什么样的人呢？”然而，这一次，加文卡壳了。他愣住了，不知如何回答。从某种程度上，这是不可避免的……如果我们针对学生好的答案进一步提问，无论是拓展还是针对问题本身，我们会在某个时刻触及学生的极限。那么我们该怎么做呢？我们该如何最大限度地激发出他们的潜能并帮助他们成长呢？

杰西卡的回应既简单又优雅。她只是简单地重复了加文的话："加文，你说托妮鬼鬼祟祟，她是一个有心计的人，她这么做是因为她想弄清楚是谁偷了安吉尔的手镯。为什么这很重要，这说明作为朋友，托妮是一个什么样的人？"

这时，加文轻而易举地接上了她的话并结束了他的分析："这表明托妮是一个乐于助人的好朋友。她想为玛蒂开脱……"他甚至还用上了"小心翼翼"这个词。

这是一个成功的时刻。加文没有被"难住"，他不再认为自己失败了，他通过深入分析独立地完成了任务。

找到更好的提示点

注意杰西卡的情绪变化，当她重复这个问题时，语气是平和的，没有任何情感上的变化。她没有恼怒。回抛问题时没有消极的情绪，且简单明了。她知道学生能正确回答，她能稳步解决问题。

她还避免了"小提示"（技巧32：提问的基本原则）。也就是说，她小心翼翼地不透露太多的情绪变化。有的教师可能会不自觉地这样做，请看下面的例子：

课堂上正在研究水循环问题，教师要求学生解释水蒸气到达大气层时会发生什么。一个学生回答说："会蒸发，水蒸气形成水滴，变成云。"当然，这是错误的。他混淆了蒸发和凝结的概念。

"你的结论是蒸发——形成水滴的水蒸气变成云"，不用强调任何词语，这样的重复回抛问题会比下面的这种更有力、更严谨："你的结论是蒸发（加重语气）——形成水滴的水蒸气变成云。"如果强调"蒸发"这个词，那你就等于向学生明示这里出错了，那么学生就会不费力气地意识到错误并进行纠正。像杰西卡在课堂上所做的那样管理好语气语调可以构建问题的严谨性。

公平地说，如果学生仍然回答不出你的蒸发问题，下一步，你的行动就要强调一些关键词，但不要提供太多的提示，要让学生尽可能自己分析。

杰西卡成功地解决了这个问题。她表扬了加文——"逻辑思维不错"，她要求其他学生回答这个问题，以强化正确答案。

消除错误选择

当杰米·布里兰特的学生努力辨别owner（物主）是名词时，杰米可以用如下方式消除一些错误选项，“嗯，我们来看几个选项，如果它是动词，它就是一个动作，大家能发出owner（物主）这个动作吗？那么它是形容词吗？它是在描述某个事物的性质或程度吗？”在拆分单词时，纳琳在帮助学生确定第一个正确发音后，她和学生对后面的发音问题也是这样解决的。

严防问题精准度崩塌

精准度崩塌是指，当你提问学生一道棘手的问题，学生无法回答时，你逐步分解问题，导致最终的问题失去了它一开始的精准度。

逐渐谨慎地缩小问题的范围，让学生尽其所能地完成认知工作是件好事，但是如何确保你在分解问题的同时不让问题变得太简单、太没有挑战性呢？

在我的团队最近观摩的一节课上，全班同学正在读《局外人》（*The Outsiders*），教师让学生讨论关于切瑞［“扫克”（Soc）成员，即拥有较高社会经济地位的人］和波尼博伊［“格里瑟”（Greaser）成员，即社会经济地位较低的人］之间的对话：

“你读过很多书，对吧，波尼博伊？”切瑞问。

吓了一跳：“对。为什么这么问？”

她耸了耸肩。“我能看出来。我敢打赌，你也看过日落。我以前也看日落，那时我还不这么忙。我很怀念这样的日子。”

教师提问：切瑞说“那时我还不这么忙”是什么意思？切瑞属于忙于学业和课外活动的人，这类事情都是和她来自同一阶层的人在做。而波尼博伊不是。他们本可以是志同道合的人，欣赏日落，然而阶级和地位（至少在一定程度上）的差异让他们身处不同的位置。

学生不明白这一点。当被问及这个问题时，他们想当然地认为切瑞所做的事情就是“购物以及和朋友出去游玩”。因为波尼博伊会和朋友出去游玩，教师试图分解问题的复杂性。“有谁能把这个问题和‘激烈的竞争’（the rat race）一词联系起来吗？”（波尼博伊用这个短语来贬低企图穿越班级派别的行动，他们早前讨论过。）学生们还是无法找到关联。因此，教师试着进一步分解，想让学生认识到这两个人生活上的差异。“谁更有可能去上音乐课呢？”她问，“切瑞还是波尼博伊？理由是什么？波尼博伊没有父母监督。”如果这是切瑞可能在“忙”的一件事，那还有没有其他的可能呢？

好消息是教师消除和解决了课堂上一个普遍存在的误解，但就其结果来看，一个有难度的、隐喻性的、暗示社会经济阶层的对话却仅剩下了字面意思。这一段以一个狭隘的推断——谁更可能去上音乐课收尾，而没有回到对人物或阶级的暗示——问题的精准度崩塌了。

假如在对问题进行必要的筛选后，教师进一步拓展学生的答案，试想：如果教师说“很好，现在请把它和我们讨论过的本书的主题联系起来”或“很好，现在请把它和我们讨论过的等级划分联系起来”，效果会怎么样？如果说，分解问题就是把一个宽泛的问题转化成小问题，这一程序的最后一步就是，最好将缩小的问题再次关联到更加广阔的领域。

第八章

让学生勤动笔

BUILDING RATIO THROUGH WRITING

课堂写作练习的数量和质量是学生学习好坏的两个决定性因素——也许是最重要的因素，所以最简单和最有力的改变就是增加学生写作，尤其是高质量写作的数量。让一两名学生回答问题时，与其问“谁能告诉我，根据刚才乔纳斯的理解，被解放是什么意思?”，不如说:“根据乔纳斯刚才的理解，被解放是什么意思?请用一分钟在笔记本上写出你们的最佳答案，开始!”这样，每个学生都会奋力将自己的想法清晰地表达出来。事实上，教师常常将句子定义为“完整的观点”。通过高频率的写作练习，学生能把自己的观点从模糊的想法凝练为完整的观点。而发展完整观点正是思考的核心任务。

然而，增加课堂写作数量也面临一些挑战，从实际操作问题(如何使他们真正动笔写作)到哲学问题(在学习过程中，何时动笔最有价值?如何在写作中形成以过程为导向的修改文化?)。因此，本章讨论的技巧将帮助学生有效写作，以达到最大限度地提升课堂参与率和思考率的目的。

技巧 38 全体学生都动笔

让学生在写作中培养思考力

每当我们提到写作——学习和掌握知识的技能之一，我们就会发现，教师使用的写作方式主要有3种类型。

其中一种是拓展性写作，我将在“技巧41：遣词造句的艺术”中为其定义。现在，我想定义一个叫作形成性写作的概念，并将它与更常见的总结性写作进行比较。全体学生都动笔的技巧是在课堂上经常使用形成性写作的提示信号。

	形成性写作提示	总结性写作提示
英语	这一章中无花果可能象征什么？它们不断出现的原因是什么？	解释这一章中无花果的象征意义，并解释穆尼奥兹·瑞恩试图用这个意象表达什么。请至少举出3次无花果出现的场合。
数学	为什么解决这个方程组比上一个例子更困难？	解释一下你是如何解决上面的方程组的。
科学	你认为神经元的表面积与体积的比率是高还是低？为什么？	解释神经元的表面积与体积比是高还是低。请参考关于细胞设计的具体细节。
历史	你对奥尔梅克文明有什么印象，尤其是可能出现在后来中美洲文化中的图像或思想？	解释奥尔梅克文明在多大程度上影响了墨西哥后来的文明。至少包括两条证据来支持你的论点。
小学低年级	帕丁顿熊在此时此刻会有什么感觉呢？为什么？	在这个故事中，描述帕丁顿熊的两个性格特征。用文本中的细节来支持你的答案。
艺术	艺术家在这里选择的颜色可能会传达什么样的想法？	解释一下毕加索在蓝色时期的色彩理论以及它对艺术界的影响。

形成性写作是指学生为寻求解决方法而不是解释想法的写作。其目的是把写作当作思考的工具：拓展和发现新的见解，而不是证明已经拥有的观点。相反，总结性写作的目的是解释或证明作者的观点，经常需要证据来支持论点。总结性写作的要求是：以上就是我的想法和这么做的原因。为了完成总结性写作任务，学生必须

知道自己的想法，梳理好证据，选择一个合适的结构，提出一个有说服力的论点。

总结性写作可能是学校最常见的分析性写作形式，部分原因是它更接近应试要求，因而（我们经常认为）也能够有效训练学生如何回答考试中的各种问题。

比较来看，在总结性写作中，开始写作之前，你必须知道自己的想法；而形成性写作的目的是找出答案。

你可能已经注意到形成性写作提示的开放性。它要求的是“某些原因”，而不是“这个原因”或“这些原因”，基本都是这样的。这一变化可以鼓励学生考虑不止一个可能的答案，且很难说出到底可能有多少原因。它提出的问题，只要你努力学习、认真思考都能给出正确答案，比如：“你认为什么……”在许多形成性写作的提示中，最重要的词汇也许是“可能”这个词。“这些无花果可能象征着什么呢？”而不是“无花果象征着什么？”或者“艺术家在这里选择的颜色可能会传达什么样的想法？”，“可能”清楚地表明，写作的目的是探索，而不是证明——回答风险就大大降低了。

回答风险降低可以对写作产生强有力的影响。把文字放在页面上是很吓人的，所以，许多学生恐惧写作是可以理解的。“我不知道该怎么动笔。”他们说。通常情况下，这可能是因为总结性提示设定的门槛太高了。“解释一下你对X或Y的看法。”在这个世界上有很多X和Y，我已经思考了多年，但仍然没有完全形成自己的观点。所以我在此呼吁，不过早下结论的思考能力在智力上是一件非常好的事情。形成性的写作提示让你从可能的情况开始——“也许其中一个原因是……”

几年前，我们和阿什利·拉格拉萨讨论了形成性写作的想法，她当时还是纽约罗切斯特预科学校（Rochester Prep）八年级的英语老师，她决定在她的课上试一试。毕竟，八年级的学生可能是开放性写作最困难的年龄。

阿什利说：“写作形式的简单变化会让学生感到更安全，让他们冒险尝试更深入地参与课堂活动，这种想法太诱人了。这使得写作课成为今年最愉快的课程之一。八年级学生开始着手回答具有挑战性的问题，可能会有多个‘正确’答案。”随后，她会思考哪些效果最好以及为什么。

这节课的主题是艾丽斯·沃克（Alice Walker）的《美丽：如果另一个舞者是我》（*Beauty: When the Other-Dancer Is the Self*），学生现在就做的任务是形成性写作：“艾丽斯·沃克的经历可能对她的作品产生什么样的影响？”她说：“我希望加入‘可能’这个词后，学生能有所思考，而不用说出考虑周全的答案。”学生积极参与课堂活动，她高兴地看到“举手的人竟然是平时的两倍”，他们渴望分享自己的答案。在回答随后的问题“请思考性别在沃克个人经历中的作用”时，她再次发现学生立即动笔写作。没有翻阅阅读资料，也没有抄写问题来打发时间。“学生迅速写出自己的想法，或许是答案的可能性让学生对回答问题的风险感降到最低，使他们感觉很舒服。”

随后的讨论非常热烈。“学生立刻开始从沃克性别的视角出发深入分析文中提到的她的伤疤。学生的讨论从她具体的人生经历扩展到社会信息。通过动笔反思活动，学生分享了他们所有的观点，给出了高效的回答。这使学生深受鼓舞，时刻准备回答问题。”

形成性问题让写作成为一种“低风险的冒险活动”，学生“不需要对主题进行最后的辩论来讨论故事”。在阿丽埃尔·胡的课上，我们看到了这一幕。阿丽埃尔让学生写下他们的“猜想”，思考某个问题。她建议道，“我们只是在思考和尝试说明想法”。她说“开始”后，全班同学马上开始行动。

具有讽刺意味的是，如果学生从形成性的角度思考问题，他们就更有可能对写作主题形成一个强有力的最终结论。换句话说，这个论点并不是说形成性写作比总结性写作“更好”，事实并非如此。两者都很重要，缺一不可，学生需要能够同时做好两者。相反，如果是辩论活动，形成性写作是必不可少的，但更有可能被忽视掉，这两种类型的写作在许多方面是协同的。例如，形成性写作有助于激励学生参与课堂活动和研读文本，这对任何形式的辩论都更有利，他们可以用总结性写作来辩护或解释……这反过来让他们明白应该通过形成性写作理解或弄清楚文本的某些关键知识。

关于全体学生都动笔的提示话语还有一个关键点是：要趁大家开始有想法的时候，多次、重复地使用，在课堂进行中使用，在整堂课里都要使用。很多教师将提示语设置为“停下手头任务，开始快速写作”，这有两个原因：（1）“快速写作”一词表达了练习的非正式性和推测性。回答也应简短，不是要写长篇大论的文章。它们是用45秒、60秒或92秒思考的结果。（2）“停下手头任务”说明学生正在做其他事情。我们希望学生在构思某个观点、思考解题方法，或在没有明确解题思路时以非正式的形式写下来。“停下手头任务”，趁该问题的观点还在头脑中鲜活地闪现时，动笔把它们写在纸上，以帮助他们更好地思考。

全体学生都动笔背后的想法很简单。让学生养成习惯、经常写作，上课过程中随时写作。瞬间，你让学生发现了一种全新的写作形式。你帮助他们学会用写作进行思考。

全体学生都动笔的其他好处包括：

- 提前了解学生的想法，教师可以选择某些有效答案作为讨论的开场白。当然，你也可以不找典范答案，而是寻找一些不太成熟的或者反映普遍存在的困惑的答案。这都取决于你想寻找什么。
- 如果你在讨论前使用全体学生都动笔任务，那么每一个被大声分享的观点实际上都是第二次输出，这比没有机会思考就被分享的见解质量更高。
- 在全体学生都动笔后进行随机提问时，你会更有把握学生能够回答好，因为他们都已经提前做了准备。你只需简单地问："你写了些什么，艾弗里？"就可以展开讨论了。

最后一点：写作活动越多，学生的表现就越好，效率就越高。第一次尝试时，学生可能用很长时间才能动笔，质量也不尽如人意。但当他们进行第87次尝试时，就像杰西卡·布雷西的课堂所展示的那样，学生会表现得非常出色，效率也很高，思维质量明显提高。无论多么困难，只要练够86次就可以达到这样的效果。这一点在杰西卡的课上非常明显，写作后的讨论质量相当高，回答问题时几乎所有学生都举手。通过"写作来表达他们的想法"之后，学生现在已经准备好在讨论中扩展他们的思想、完善他们的见解了。

技巧 39 安静写作

培养学生独立思考的能力

成功的教学通常包括使用普通工具实现教学的高光时刻。这一章当然也是如此，它描述了写作方式的改变是如何优化学生的思维方式，提升他们参与课堂活动的质量并体现自身价值的。如果班里每个学生都持续写作，他们在思考和讨论中就会受益良多。

- **让学生在讨论前做1分钟左右的写作任务，有助于他们更好地倾听、更自信地参与课堂活动、更高质量地分享自己的想法。**
- **在学习过程中，简短、形成性的书面思考可以帮助学生记录他们的想法、发现和拓展自己的观点。**
- **在学生的背后观察他们回答问题时的纠结情况，可以让你“主动寻找”（选择值得全班注意的学生或想法），而不是“坐等”合适的回答（盲目地随机提问学生，希望他们会分享与主题相关的或恰到好处的观点）。这样开始的随机提问——“塔里克，你在思考中使用了一个精彩的词语：‘被抛弃’，你能深入谈谈吗？”——提高了讨论质量，也让塔里克认为自己是课堂上一个有价值的思想家。**

这些方法都威力无穷。在“如果你能让全体学生都动笔”这句话中，“如果”是一项艰巨的任务，尤其是你深入想一下它的含义的话——如果你能让每个学生自愿、深入思考、即刻写作，并乐意为此持续努力。

教学的高光时刻取决于对普通事物的掌握与精通。安静写作技巧就包含着一个普通的目标：培养学生养成根据要求写作的习惯。习惯一旦养成，技巧的使用就会不露痕迹。你可以谈论关于实验结果或小说的一个场景：“嗯，这有点儿出乎意料。花90秒思考一下这种情况发生的原因可能是什么。开始！”瞬间，所有同学都快速行动起来，笔在纸上发出嚓嚓的声音。这时观摩者可能会打哈欠，偶尔看着窗外。

他们可能会把这看作是教学的低效时间，课堂上短暂的喘息机会。他们可能会认为学生按要求完成任务是自然而然的事。然而，他们错了。

安静写作可以在任务中提高学生的课堂参与率——教室里所有人都同时回答问题，同时也提高思考率——用文字谨慎地构建自己的想法是一项严谨的任务。而要拥有成功开展这样任务的能力需要长期练习，以实现对关键环节的关注与把控。

我想在这里重点阐述安静写作中安静的作用。最关键的常规工作不仅仅是写作，而是要安静地写作。对有些教师来说，这很难做到。他们心目中的理想课程可能是热烈的讨论或激烈的辩论。然而，给学生时间进行专注、缜密的思考（通常是在充分的讨论或辩论之前），这会让所有学生有时间来整理自己的思路，倾听自己内心的声音，捕捉转瞬即逝的想法。上述这些只有在持续思考时才会发生。安静对于深刻的思考是必不可少的。学生应该体会到这一点，在一个充满多媒体的世界里尤其如此，在这样的大环境下，持续的、不间断的思考屈指可数。他们在教室之外的任何地方都得不到这样的练习机会。

学生用笔记录自己的想法有助于保持注意力，并可能形成独到的最佳见解。具有讽刺意味的是，如果你允许学生安静地深思，最终的讨论就会充满活力与激情。

我们在很多教师的课堂上都看到了这一体系的力量。

哈桑·克莱顿刚说完“开始”，所有学生就都行动起来，开始思考哈桑的问题。从开始到结束持续了4分钟。在注意力越来越被科技分散和干扰的世界里，4分钟的持续思考令人印象深刻。

塔米莎·麦圭尔的一年级学生也开始不假思索地写作了，他们在思考数学计算的凑10法。在一个典型的课堂上，老师可能会要求学生口头回答：“你用什么方法得到10？”在这种情况下，有些学生可能会勇敢地回答，但却不能准确地描述他们做了什么。在塔米莎的课堂上，所有学生都用写作所要求的精确的辞藻和语法回答或描述自己的想法。书面表达和口语的表达方式不一样。写作需要深入思考。这样，课堂参与率和思考率都会大幅度提高。

“开始，用1分钟时间写作。”贾米拉·哈米特站在讲桌旁对学生说，学生抓起笔开始写作。写作的时间比哈桑要求的要短。他们正在阅读《傻狗温迪克》（*Because of Winn-Dixie*），问题是他们看到一张狗的照片时的感受。这节课是关于人与动物之间联系的本质的。她想插入一段简短的个人思考，以帮助学生更好地理解小说中的人物。他们写作时很专注，也乐意把自己的想法写在纸上。因为他们早已养成写作习惯，贾米拉可以在课堂上随时插入这样的小作文，提高学生思考的质量、课堂参与率，以切换教学节奏，给学生深入思考的时间。

你可以在赛迪・麦凯利的化学课上看到这个系统的使用场景，赛迪针对高年级学生稍微做了修改。学生在6分钟内回答了3个问题。高效、专注、投入，每个学生都独立地按要求书写核心要点。

正如上述教师展示的那样，安静写作的目标是一个共享的习惯：所有学生都要参与其中，有些学生对此非常期待。我们列出了一些教师在课堂上构建和维持该习惯的例子：

- 塔米莎热情、乐观、招人喜欢。她先点名表扬了那些学习刻苦的学生，让学生觉得自己的努力被老师关注到，并受到了重视，然后她安静地从学生背后阅读他们的写作内容，表明她非常欣赏他们的见解。
- 哈桑也表扬了那些立刻动笔写作的学生。他降低声音，用深沉的语调提醒学生要用完整的句子表达自己的观点。
- 贾米拉的指令——“开始”——和她微笑的暗示说明她希望学生珍惜思考的机会，认真写作。她的指令让一些学生兴奋起来。有些学生马上动笔，有些学生很快进入状态。
- 赛迪把常规活动改成了习题练习。她清楚任务的目标以及完成时限，她娴熟地给出“暂停”的手势，然后承诺会逐个检查学生的作业，以此顺利地完成了任务切换。如果她设计的活动任务没有吸引力，对她来说那将是一场灾难。

但其实我们看到的是常规形成后的运作模式。在班里建立安静写作习惯的关键是要将建立持久、有效习惯的相关知识应用起来。

习惯是一系列依次发生的行为。习惯动作依赖于之前的动作，因此我们需要有意地设计习惯的组成部分和学生如何掌握、运用它们。要想固化习惯，我们还必须考虑其动机——如何让学生自愿地接受习惯，就像哈桑、塔米莎、贾米拉和赛迪的学生所做的那样，使自主学习变成一种乐趣而不是苦役？我们需要自问：“如何让学生渴望按习惯行事？”

佩普斯・麦克雷说，要把一项活动变成常规习惯，其目标必须简洁、清晰、有梯度。第一步要通俗易懂，易于牢记，学生做的决定越少越好。这样习惯就有活力和吸引力。试看以下反例。假设你计划让学生用3分钟的时间思考你的问题。你说："请拿出一张纸，回答这个问题，为什么大多数热带雨林动物喜欢生活在树冠层？"不幸的是，单这一点就注定了你的失败。

你有30个学生，其中一些人会很难找到纸。另外一些人必须决定用什么样的纸，还可能和同伴讨论使用什么纸的问题，或者问你："这样的纸可以吗？我没有做笔记的纸。这个行吗？"其他学生会问要写什么内容。课堂上的喧嚣取代了安静写作，"我们开始写了吗，柯林斯老师？"——你分配给这项书面任务的3分钟时间很快就消失了。

如果学生已经准备好日志本或者日志本已经放到课桌上，"为什么大多数热带雨林动物喜欢生活在树冠层？开始！"这样的开场白会让后续活动更顺利些，也不容易被学生的问题打断。我们看看杰西卡·布雷西是怎么做的。学生的日志本早已经摆到课桌上，教师告诉学生在日志本上写作，所有学生立刻开始写作。学生的反应迅速，没有浪费时间，而且保持了思维的连贯性。他们阅读时形成的想法在写作时依然清晰，没有被寻找纸笔的行为所干扰。这样的惯例既能节省时间，又能使学生集中注意力。

你可以用便笺、笔记本（就像赛迪·麦凯利所做的那样）或讲义代替日志。事实上，正如我在"技巧4：双重规划"里所讲的，讲义——一份包含了课堂上所有学生活动内容的文件——的好处之一是它保持了整个课程中学生思想的连贯性。提前写好问题，学生可以随时查看，这样写作时就不会跑题。预先写好问题也可以使发布问题指令变得更容易。有时问题指令模糊或不明确的原因之一就是，我们在发布问题时还在费劲地定义这个问题。提前规划好并写下问题可以防止这种情况发生。

回想一下，我在"技巧4：双重规划"中分享的阅读反思课程上使用的文件夹。由于所有学生都在同样的页面完成作业，讨论前都有相同的思考时间，每个学生都能最大限度地参与教学任务，而不是考虑如何做和在哪里做。在你发出提示信号后，学生就可以全力以赴地投入写作。简单的指令使习惯更容易运转、更利于专注学习和深入思考。

"让第一个行动容易操作。"麦克雷写道，学生将更享受之后的常规工作。开始构建常规程序时，你的目标是使用最简单的激活步骤：让笔动起来。让所有笔都动起来。立刻行动。随后，你可以添加进一步的期望，但目前你需要让学生尽可能容易地取得成功。只要开始的提示是一致的，每次都是相同的，单词是短小精悍的，让学生能够迅速果断地做出反应，这样的提示就有成效。麦克雷指出，好的提示应该是“有力的、简短的，并伴随着音调或节奏的变化而变化”。我们希望学生可以冲破所有阻碍，当所有人同步地、即时地采取行动时，这会使规范更明显、更牢固。“开始”是一个非常有力的提示，“用1分钟写作反思，开始！”。但也可选择其他提示：哈桑说“练习开始”，塔米莎用了稍微戏谑的提示“开始干活吧”。

激活步骤的第二个关键是目标明确。灰色区域越少越好。“在条件允许的情况下，行动应该是能做或不能做，而不是模棱两可的。”这样就可以清楚地判断学生是否成功、有效地执行了动作。这就是为什么动笔是理想行动的第一步。只要学生动笔，就会安静地写作。如果没有动笔，那就不是你预想的行为习惯。有些老师在开始制定常规时的提示是“动笔。开始！”。随着使用频率的增加，他们删除了“动笔”这部分。

然而，干净利索开始的重要性又引出了一个新的重要问题——学生可能会在写作前要求更多的时间思考，这是可以理解的。我在“技巧38：全体学生都动笔”中探讨过，边思考边写作对大多数学生来说是一种全新的写作模式，学生首先想到的是要用他们过去认为最成功的模式写作——先思考，后写作。这是你向学生推出新的写作模式的关键时刻，你可以说：“在我说‘开始’后，请开始认真回答讲义里的问题。这不是为了学分而写，要为自己而写，不用提交。挑战自己：边思考边写作！我希望看到你们的笔一直在动。开始！”你也可以说：“这有点难，逼自己一把，你会逐渐学会如何在焦虑和担忧下完成写作。如果你遇到困难了，那就写一写你遇到了什么困难。”或者说：“可能更常见的问题是……但是一定要让笔动起来！开始！”这里的关键是缓解学生想要获得“正确”答案的压力，让他们开始尝试边思考边写作的写作模式。未来你可以再补充对写作的期望，到时该技巧将为学生建立一个不可或缺的认知工具。现在，你想要的只是一个充满活力、积极的写作规范。

你也可以从写小作文开始。第一次分配安静写作任务时，你可以把时间设定为45秒。你向学生提出挑战，看他们能否全程写作。最初的写作内容一定要有趣，这对他们会有帮助。如果他们写不下去了，可以给他们一个提示短语，作为答案的开头。确保学生成功就是最大的支持。下次你的目标将是1分钟。然后，90秒。一个月后，你就可以延长到5—10分钟。不要尝试从10分钟开始，你不可能一蹴而就，不要让学生尝试痛苦挣扎，你要让他们品尝成功的喜悦。

在任务发布甚至延长时间之后，极有可能学生还会在这项具有挑战性的任务中继续寻求帮助。当你巡视课堂时，学生可能会叫住你，想告诉你他们的想法，而不是写下来，或写完之后再和你分享。记住，让他们口头表达而不是书面写作来探索自己的想法，无法帮助他们学会边思考边写作，而这正是我们要培养的认知习惯。你可以说“等你写完，我就会读了”或者“太好了，在你忘记之前把它写下来吧”。这种简短的互动既可以让学生重新关注挑战任务（写作），又可以安抚学生，让他们在遇到困难时主动克服，让他们知道自己写下的东西对他们自己和课堂互动都是非常有价值的。

在使用该技巧时还应注意的一些其他要点包括：

- **动机的另一个关键来源是目标的透明度**。了解任务背后的原因，通常有助于让对任务持怀疑态度的人积极工作。所以你也可以简单解释一下安静写作背后的原因。你可选择提前预告（快速地！）接下来在课堂上要进行的活动（“用一分钟时间安静地写下你的见解：埃斯佩兰萨的娃娃可能象征着什么？当计时器响起时，我们将根据大家的观点讨论文学中的象征主义”）或做一些铺垫（“通过大家的表情，我认为你们对这一章很感兴趣。我急切地想阅读大家的想法。用一分钟的时间记录下你们的观察结果。开始！”）。将安静写作与更深入的课程内容相联系，可以让学生在写作时更投入，更有可能充分利用限定的写作时间。

- **学生的写作动机也受到教师对学生写作态度的影响**。如果你的情感和行为向学生表明他们的想法有价值，这会使他们写作动力十足。巡视课堂时，如果必要的话，你可以亲切而热情地提醒学生，“一定要让笔动起来”，但不要太刻意。一定要在学生背后仔细阅读、评论他们的想法并表示欣赏。“哦，这很有趣，卡罗尔。我想要讨论你的观点，格兰特。很好，伊兹瑞尔。很有水平的措辞……”或者只是微笑着扬起眉毛。欣赏学生的写作内容会让他们感到成功的喜悦和自己知识的渊博，这有助于培养学生良好的思维习惯。

艾米丽·巴迪洛的课堂上展示了许多培养习惯的元素。艾米丽是这个班级的客座老师，这是她第一次与这些学生合作。（她正在试用我们团队研发的阅读反思课程。）你会发现她的问题早已写好并放在学生课桌上的文件夹里。学生的任务是读完题目后开始写作。顺便说一句，她明确地将独立写作称作安静写作。这是一个朗朗上口、易记易用的短语，提醒学生要牢记相关规则。我们是从某位老师的指令里提取了这个写作习惯的名字（但我们不确定是哪位老师！）："安静写作。2分钟。卡西刚才发现了什么？开始!" 我们按时间顺序记录了艾米丽是怎样做的（以及她这样做的具体时间点）：

0:18：艾米丽设定了一个挑战任务，如果学生提前完成任务就可以做它。这是一件积极的任务（一个挑战），这就消除了学生不愿意写的理由。

0:26：艾米丽设置了计时器。这使得写3分钟文章的目标真实可见。（更多信息请参见技巧30。）

0:29：艾米丽放慢了课堂巡视的步伐，仔细观察学生是否在跟进，但能够让学生随时看到她的身影。她要传达的信息是：我正在仔细检查是否每个人都在写作。只有教师认为这项任务很重要，学生才有可能重视它。

0:32：艾米丽讲述了她的期望：她正在"看哪一张桌子上的每个人都在动笔"。这是一个明确但毫不含糊的激励步骤。

0:35：艾米丽注意到以斯拉、洛根以及其他人的典范。

1:02：艾米丽告诉一个喜欢口头表达但不愿写作的学生："不要口头告诉我，把它写下来。" 她用赞赏的语气说，同时也强调了她对写作的期望。

1:19：在课堂巡视中，艾米丽专心阅读学生的写作内容，并认真提问，这表明她在用心阅读。在1分50秒，艾米丽非常诚恳地表现出对努力写作的学生的赞赏——"干得好。加油。" 尤其重要的是，学生听到的最后一个词是"加油"。她的欣赏毫无疑问会鼓励更多的学生继续努力。

你还会注意到，在整个写作过程中，教室里长时间保持安静，学生都在忙于思考和写作。艾米丽创造了安静的环境，她明确并强化了自己的期望，她自己也尊重这种安静的环境。在3分钟的安静写作结束后，学生将有机会与合作伙伴以及教室里的其他成员大声分享他们的想法。

把这段时间留给安静写作，艾米丽使学生有时间去处理和分享自己的想法。

技巧 40 先动笔后讨论

留足时间，确保学生思考的严密度

许多课堂都把写作练习当成一个高潮，这种高潮既可以是一场讨论的高潮，也可以是一次演示、一项实验、一次表演或本节课其他活动的高潮。把写作练习安排到课堂活动的最后环节是合理、有效、合乎逻辑的，因为写作是合成和处理观点的最佳工具。但是，把写作放在教学流程的第一步也会产生巨大的价值。先动笔后讨论技巧是指你在设计教学计划时优先安排写作练习。

首先要考虑两个常见的程序——RDW（阅读—讨论—写作）和ADW（活动—讨论—写作）。如果你读的是一篇有开放式结尾的短篇小说，你可以使用RDW。读完最后一段，你可以提问："请告诉我，这个故事的最后一句话是什么意思？发生了什么事？为什么？"一场讨论会随之而来，学生首先会做出各种各样的猜测。随后讨论故事高潮部分的细节，他们会为自己的论点找到证据。

使用程序ADW时，你可能在观察某种化学反应，或者听一段音乐，然后再讨论。"你认为烧杯里发生了什么反应，为什么？""你认为作曲家想要传达什么信息？"

讨论过后，你可以让学生围绕他们读过的文本或完成的活动进行写作。写作时，他们会充分利用两种关键信息：自己从故事或活动中获得的信息和同学在讨论中的发言。理想情况下，学生应该从阅读或活动中形成初步的见解，并在讨论过后稍作调整或增加一些额外细节。但事情并非如此简单。对于学习水平最差的学生尤其如此，对阅读水平最弱的学生使用该教学程序风险极大。

在很多情况下，学生能够利用他们在讨论中听到和学到的东西来写作，这给教师造成一种假象：学生对阅读（或实验或讲座）理解得比实际情况要好。你可以称之为"搭顺风车"。虽然把写作练习放到教学活动最后对评估学生的知识掌握情况或让他们总结观点很有价值，但学生在这种情况下的写作包含了两个信息来源，其中一个比较明显，而另一个不容易被注意到。因而你（和学生）很容易得到一个关于知识掌握情况的乐观的假象——由于“搭顺风车”的缘故。

这种情况也发生在我们学校的同事身上。在某单元的教学中，教师让学生阅读《罗密欧与朱丽叶》，并精心策划了一场大学水平的讨论。讨论有一部分是在线上通过聊天软件进行的——这使得教师恰好可以在事后浏览聊天记录并进行分析。随着课程的推进，他们发现有必要重新梳理一下讨论时的情况。

起初，我的同事认为这一单元的教学大获成功。讨论内容丰富，由于线上聊天结构的特点，他们很容易跟踪到学生参与讨论的次数，以确保每个人都参与了课堂讨论。

当讨论进行到高潮时，教师让学生把自己的见解写出来。根据题目要求，学生要对戏剧中的一个篇章进行分析。结果令人大失所望，你可能也经历过一两次这样的情况。刚才那些鞭辟入里的见解和深刻的讨论都去哪儿了？我的同事这才意识到刚才那些文字记录的价值，于是便回头去寻找线索。他们发现这场讨论确实充满了深刻的见解，但是这些想法都是由两位学生多次提出的，而其他学生都只是借用他们所取得的突破而已。一旦有人提出了独特的见解，多数学生都能侃侃而谈，但产生见解的始终只有两位女生，她们（且只有她们两个）能够认识到莎士比亚使用的伊丽莎白时期的戏剧语言中所蕴含的核心矛盾和主题观点。一旦她们把观点阐释清楚，其他学生就能够插上嘴了。“哦，是关于忠诚的吗？那我就有话要讲了。”

从某种程度来说，两名学生的见解能感染全班，这固然很好，但这也给教师带来了巨大的盲目乐观：在解读莎士比亚方面，学生表现出的深度和广度远超其实际水平。由于教师没有有效工具来评估学生是否有能力直接从文本中提取有效信息，这一情况也越来越普遍。

如果你先让学生阅读、分析数据或进行某项活动，然后再讨论，最后再评估，那你就无法准确知道学生是否可以一开始就独立完成这个任务。你必须在讨论之前进行某种形式的评估。

随着学生求学生涯的不断延伸，他们会越发清晰地认识到自己的处境，他们必须学会独立理解文本、实验或其他关键的学习活动，不可能一直有30名同学和你一起提取信息、一起讨论。随着他们长大成人，他们就会在自己的专业领域创造价值，因为他们能够独立从原始材料中提取独到的见解。

解决这一问题最简单的方法是将课堂教学活动顺序从RDW（阅读—讨论—写作）转变为RWD（阅读—写作—讨论）或从ADW（活动—讨论—写作）转变为AWD（活动—写作—讨论），即一定要把写作放在讨论之前进行。这样做，学生仍然可以从思想交流中获益，但不要在大家进行深入思考之前讨论："我刚才看到了什么？这是什么意思？我该如何理解？"除了写作的其他益处之外，这还可以让你在讨论之前及时了解学生所知道的内容。你甚至可以设计讨论活动，探讨刚刚从他们写作中发现的创造性见解。

先动笔后讨论的进一步深化可以帮助学生最大限度地参与讨论。想一下在讨论过程中，从认知的角度来讲，学生听取同学意见时，教师希望学生怎么做？教师当然希望他们认真倾听，除此之外呢？我们经常暗示（或明确告知）学生发表同意或不同意发言者的观点，但相对于学生对知识的渴望程度，这似乎过于简单。在讨论中，那些只会说"我同意或不同意"的人会使讨论具有局限性。像下面这样的评论才会使讨论更有意义："我同意这个证据很重要，但我有不同的看法"，或者"我觉得第一部分的确发人深省，但我认为你可能夸大了其重要性"。

让学生在倾听同学发言时过度关注赞成或不赞成其观点，这会导致讨论效率极其低下：讨论中，学生都抱着胳膊说"没错，英雄所见略同"，即使再来一轮结果也是一样，或许只是声音更大些。有时学生会专注于证明自己的初始观点正确无误，希望成为讨论活动的"赢家"，而不是仔细听取可能使自己改变初始观点的信息，也不会根据同学的思考角度，形成更加完善的观点以调整自己的最初想法。出现这种情况时，效率通常非常低下。如果在生活中遇到只想在讨论中占上风，不肯听取别人的观点，总是把自己的观点强加于他人的人，我们一定会感到愤怒。教师应该谨慎，避免在学校里培养出这样的学生。

下一个问题是：教师应该如何让学生利用讨论，把它当成一种工具，充分借鉴同学的发言完善或修改自己的观点呢？其中最有效的一个方法是让学生写出自己的观点，带着对自己的初始观点进行修改的目的，倾听同学发言。也就是说，写作模式改为RWDR（阅读—写作—讨论—修改）或AWDR（活动—写作—讨论—修改）会让学生形成固定的思维模式：在讨论中，学生应该做的是积极追踪那些有益于修改自己观点的见解。这应该成为一种习惯。这一过程以学生改变自己的初始观点而终结。这就是这一课堂活动模式的价值所在。

这种方法提供大量的修改练习，我将在“技巧42：经常修改”中进一步探讨。简言之，修改练习和写作练习同样重要，它能让学生以更为灵活开放的心态参与课堂讨论：“我能学到什么？如何将其应用到我的写作中？”这种心态并非仅停留在理论阶段——有人告诉我应该这样做。而是在实践中，理想状态下，教师一遍又一遍地激励我和要求我这样做，最终我越发擅长提出初始观点，以文字形式记录下来，与同学交流。在交流中我收获了可以融入我自己思想的新观点，然后以书面的形式修改我的初始观点，以精确、恰当的词汇和句法记录我的思想变化。

如果学生每天都能这样做，一定会对他们的学习产生深远的影响，这对于那些认为自己的观点和见解绝对正确、无懈可击的人也会产生深刻的影响。

下面是我们在研讨会中经常使用的模板，你可以从中看到应如何在课堂上运用这一技巧。

案例：学生讲义中的“先动笔后讨论”

全体学生都动笔1：你认为诗歌第一节和第二节的比喻性语言可能代表鲜花像什么？

____

____

____

追踪讨论的笔记

重做全体学生都动笔1：你认为诗歌第一节和第二节的比喻性语言可能代表鲜花像什么？

____

____

____

注意，最初的提示是“形成性的”（技巧38：全体学生都动笔），并使用了“可能”这个词。这里留出了记录讨论时笔记的空间，并在讨论后的第二次写作练习中设置了同样的问题。当然，你可以改成其他问题，但我喜欢这样的做法，即我希望你回答同样的问题，但要有更深刻的见解。你也可以在提示下多加几行空白线，暗示学生在讨论后进行更深入的思考，但我更喜欢讨论前后写作的行数是一致的。它传递的信息是：“修改你的观点和添加新的见解同样重要。我不想要你写得更多，我想要你写得更好。”也就是说，可能稍作修改就好。一位参加伦敦研讨会的教师（很抱歉，我不记得他的名字了！）说他会稍微改变一下提示词，所以第一个问题是“你认为诗歌第一节和第二节的比喻性语言代表鲜花像什么？”，第二个问题是“诗歌第一节和第二节的比喻性语言告诉我们鲜花像什么？”。我喜欢这种方式，也喜欢这种做法——在课堂讨论之前和之后，你可以以合规的方式设置各式各样的问题类型，拓展写作的定义。

技巧 41 遣词造句的艺术

磨炼学生审慎的创新思维

在全体同学都动笔技巧中，我介绍了两种类型的写作模式：形成性写作和总结性写作。现在我想介绍第三种写作模式：拓展性写作。这是一种通过刻意练习以掌握句法规则的写作。稍后我将定义这些术语，我先解释一下为什么拓展性写作如此重要。

不久前，我参观了一所教学非常出色的学校。这所学校的教育能力很强，孩子们也接受了这种文化。他们喜欢那里，孩子们学习刻苦，感觉很快乐，他们非常成功，据说这是该市最好的学校。学校曾经邀请我和团队帮助他们提升学生的阅读水平，学生在这方面的表现与这所学校在其他科目的优异成绩大相径庭。

有一节英语课令我印象特别深。学生正在读一本具有挑战性的小说，其间停下来完成写作任务。他们的安静写作（技巧39）活动非常完美，从教师说“开始”到教师说“好了，放下笔”，这期间学生们都在积极、认真地写。在学生写作的时候，我在教室里四处走动，从学生的背后阅读他们的想法。我看到的是大量认真但表达不完整的写作，大量短语和单词的堆积，没有连贯性。在一个个支离破碎的句子中，本应该有一两个选择不错的用词，一两个有洞察力的短语，但这些并没有出现在学生的写作中。整体表达总是小于各部分的总和，学生都努力尝试，但没有形成明确的见解或论点。

学生们缺乏对句法的掌握，布鲁斯·萨德勒（Bruce Saddler）将这种情况定义为“缺乏创造明确表达思想的句子的能力”。

要掌握一个句子，使它能够细致入微、精确地捕捉复杂思想，就必须掌握一套写作工具，它们几乎没有名字，课上少有教师提及，部分原因是我们经常蔑视它们。

例如，上一段的句子需要两个引导介词短语，第二个介词短语以同位语的形式呼应第一个短语。它需要用到长破折号。它还需要从属连词。因此，我所造的句子的主语被放在了第20个单词的位置。

不可否认，当你读到“引导介词短语”时，世界仿佛一下子暗了下来。有些读者一听到这些古老的外星语言，就本能地开始畏惧。还有些人会想：他又开始讲“语法”的部分了，我知道他是个老派学者，但是……

几乎所有人都知道，语法对孩子来说是很残忍的。大多数现代教师会告诉你，它的用途有限，是古人情绪激动时骂人的话，现在只有在课堂上才会偶尔出现。

“对我来说，语法教学是关于句子结构的，”黛西·克里斯托杜卢写道，“这是关于如何帮助学生把他们的思想整理成连贯的、合乎逻辑的句子的。”它的目的是句法，而掌握句法仍然是我们可以快乐而成功地教授的东西，根本不需要记住很多如“副词修饰语”这样的术语。句法结构是一种神奇的工具，令人高兴的是，精心设计的写作练习可以提高遣词造句的能力。

并列句和从句就是很好的例子。我们熟练使用的“和”“但是”“所以”以及“尽管”都是遣词造句的工具。它们谦卑地游走在地球上，试图向我们解释思想是如何联系在一起的。它们悄悄地告诉我们：“这里有两个观点，但其中一个句子比另一个更重要；或者一个句子引导另一个句子；或者第二个想法取决于前面的想法；或者与第一个句子形成对比。”

当一个人能够巧妙而顺畅地运用并列句和从句时，他就会超级厉害。思想之间的相互碰撞往往产生重大的意义。但这也是令很多学生在阅读和写作时感到崩溃的原因。当阅读复杂的文本时，句子中的单词和短语本身可能足够清楚，但将它们放到一起并产生相互的联系后就会给学生带来不小的困难。学生能理解句子前半部分的意思，但忽略了解释它与后半部分关系的句法线索，那他们瞬间就感到困惑。

对读者来说，不能掌握句法中隐藏词汇的意义，就无法理解文章的真正含义。对作家来说，不能掌握句法规则，除了最简单的思想外，他们就无法表达深刻的思想内涵。语言表达的精确性很重要，因为思想是由创造它们的词语孕育而成的。在那之前，它们只是模糊和本能的东西。W. H. 奥登认为“语言是思想之母，而不是思想的仆人”。

遣词造句的艺术指以相当愉快的方式，甚至不使用句子图表的方式，教授句法控制的工具。

在某种程度上，这些工具的使用依赖于简短的练习，每个练习都有明确的目标，即让学生使用和掌握句法控制的具体规则。如果你愿意的话，可以进行有针对性的练习。你可能认为学生已经做了大量的写作练习，但是，朱蒂丝·霍奇曼在她杰出的著作《写作革命》中指出，教师确实留了很多写作练习作业，但没有教授写作的技巧。

拓展性写作练习主要关注两件事：内容的深度和稀缺性。要把两者融为一体。朱蒂丝·霍奇曼指出，拓展性写作必须始终嵌入到你所教授的内容中。学生必须有实质的想法，必须知道与这个想法有关的背景知识（回想一下第一章中探讨的丹尼尔·威林厄姆观察的结果，高级思维依赖于背景知识）。当学生对某个概念有很多看法并想要表达时，你就可以引入精练的概念。通常这意味着要求他们只写一个句子。这就给遣词造句带来了外部压力，要表达的很多，但只能用一句话表达，学生就必须使用从句把这些内容都融入其中。必要性是遣词造句的原动力。

你可以在我们刚刚讨论的贾米拉·哈米特的课堂中看到这样的范例。她的学生正在阅读凯特·迪卡米洛（Kate DiCamillo）的《傻狗温迪克》，这是一部关于一个女孩和她的狗之间深厚感情的小说。教师要求学生观察一张可爱的小狗照片，这可能会让他们联想起温迪克，然后让他们描述看到这只狗的感受。假如没有精练性的要求，一个学生可以随意写道："我爱这只狗。它很可爱，我也想和它一起玩。我想给它扔个球，让它捡回来。我想看看它是否愿意坐在我身边和我一起看电影。"

换句话说，可能你得到的，就是我们经常得到的东西：用简单、尚可接受的句子结构写出相对僵化、缺乏想象力的内容。

但当要求学生用一个句子表达所有的想法时，他们可能会这样写：

"我喜欢这只狗，因为它太可爱了，我想和它一起玩，玩扔球、捡球游戏，或者一起依偎在沙发上看电影。"

这是一个超越学生极限的句子。学生在拓展捕捉核心内容的能力以及"完整表达思想"的能力。注意这里用到的各种句式——说实话，我并不清楚它们的专业术语。是精练性的要求使之成为可能，同时学生有要表达的内容并且具备相当程度的相关话题的储备知识。

当学生试图写出比较复杂的句子时，一定会出现错误，事实确实如此。这并非坏事，因为这些句子处在学生掌控能力的边缘。教师一定要将遣词造句的艺术和其他拓展性写作练习与“技巧42：经常修改”结合起来，以确保深入探索和精准表达的平衡。

在使用遣词造句的艺术时也可以使用一些限制元素和参数，它们会让练习有针对性，使学生使用特定的句法工具。这会让写作练习变得更加有趣。

例如，贾米拉可能让学生用一句话描述图片中的那只小狗，但要使用这个开头：“看着这只狗……”这样她就可以让学生练习使用复杂的语法形式——分词短语。

她也可以让学生这样开始：“你这样看着小狗时……”现在她让学生用“one”作为主语。如果学生要读这样的句子，有针对性的练习会对他们大有裨益。贾米拉还可以要求学生这样开始：“乍看起来……”现在，学生要使用介词短语，但她也会让他们看两遍图片。再看一眼，你有没有什么新的发现？

在之前的课上，贾米拉让学生阅读了一篇纪实文章，内容是关于动物与人建立联系的历史以及狗的驯化史的。那么她就可以让学生“进行一句话的说明——通过你对狗的反应和态度尝试解释狗在人类历史早期就被驯养的原因。要使用‘纽带’这个词，或者使用文章中的一个单词或短语”。

像这样的规则让你可以有针对性地训练学生选择单词、短语或语法形式的能力。随着时间的推移，即使叫不出名字，他们也能在写作中大量运用它们。你可能也能想到，这样的练习也会增强学生在阅读复杂文章时的句子理解能力。

句子开头和句子参数

让我们快速地定义一下遣词造句练习中三种类型的句子。第一种使用“句子开头”，即学生在写作开始时必须使用特定的词汇或词组，例如：

“用一个完整的句子总结图表中的数据，以短语‘随着时间的推移……’开头。”

乍一看，有句子开头的提示可能更容易写，因为它包含了框架，但在很多方面，事实恰好相反。这个句子现在被放到了全新的、通常是学生不熟悉的语法领域。如果教师不这样要求和鼓励他们，学生就不太可能自主地扩展他们的句法模式。现在，思考一下你让学生造句时可以提供的不同开头：

“随着……的迅速增长……”

“表达这个函数的线……”

“……和……之间的关系……”

“从长远来看，……”

“当直线趋于垂直时，……”

每一种方法对学生的写作和思维都会产生不同的影响，这不仅迫使他们使用新的语法，而且很有可能使他们形成全新的思维模式。

指导学生遣词造句的第二种方法是规定句子参数。这些参数可以要求学生使用特定的单词或短语（例如，“你的答案中一定要使用短语‘小丑角色’或使用‘模棱两可’这个单词），也可以要求他们使用特定的语法形式：“写一个‘尽管’（despite）引导的从句”或“写一个分词短语开头的句子”。你还可以给出有关参数的长度。“在一个不超过8个单词的句子中……”如果想打破单一句子的规则，你可以这样训练学生造句：“用两句话、至少12个单词描述戈雅（Goya）的画《五月三日》（*The Third of May*），其中一个句子不超过5个单词。”我个人喜欢限制单词数的遣词造句。使用遣词造句工具的一个副作用可能是对长句子的默认强化，这通常也是激发学生句式使用能力极限的一个后果。

虽然学生需要有能力构造长句或结构复杂的句子，或者长而复杂的句子，但长句和复杂的句子并不一定更好。简短和精致的句子通常更出彩。所以，你偶尔要使用的一个参数是对其中一个句子做出要求，限制单词数量。“在一个不超过6个单词的句子中……”

第三种遣词造句的提示语是随心所欲、不受任何限制。教师只要求学生用一句话描述某个重要观点，对句子没有任何要求。他们通常会用“一个精心构思的句子”或“一个漂亮的句子”这样的短语，鼓励学生自豪地完成隐含的挑战。

我注意到，令人吃惊的是，带有参数的提示会更加严格。一般情况下确实如此，但并非总是这样。有时，一个开放式的提示，比如“用一个精心设计的巧妙句子描述克里斯托弗的反应”是理想的提示信息，尤其是对那些对句子结构运用非常娴熟的同学。我想，如果能让学生在写带参数的句子和不带参数的句子上取得平衡，那他们最终一定能写出好的句子。

最后，使用遣词造句技巧最理想的时间是在课程的结束部分，其部分目的是帮助学生归纳和总结重点知识。想象一下，在一所学校，如果每门课的每节课都以学生写一个精心构思的句子收尾，每次让他们使用熟练但又有细微差别的句式记录下这节课上最重要或最具挑战性的想法，其结果一定会出人意料的成功。

简而言之，遣词造句的艺术，可以作为出站验票活动或第二天的现在就做活动。每次都以通过写作提炼出本次课的关键知识点来结束这节课；第二天，学生会收到教师具有针对性的反馈指导，比如“请使用‘虽然’（in spite of）重新改写这个句子”，或者“重新修改句子，写清楚代词‘它’指的是什么”，或者也可以给学生一个新挑战——“写得很好！现在试试加上‘合成代谢的’（anabolic）这个词”。

低年级学生的遣词造句的艺术

你可能想知道：这个想法能用到我的低年级课堂上吗？我认为答案是肯定的。布列塔尼·鲁夫和她一年级的学生展示了这一可能性。

请注意，学生是在被装饰过的笔记纸上写下句子的，句子被纸上的装饰花纹围绕着，仿佛博物馆里的一件艺术品。布列塔尼会把许多优秀的句子挂在墙上来表扬和鼓励他们，但隐含的信息是，“通过写出美丽的句子，你们每个人都在创造艺术佳作”。

即使没有这些细节，布列塔尼也能让大部分同学写作。祝贺的话无处不在——她大声朗读学生优美的句子，做问答题时，在学生使用的“华丽的”（magnificent）这个词后面加上感叹号。学生的作品，即大多数学生的作品，正如你可能预料的那样，充满了自创的拼写错误，但它也体现出了处理复杂语法的能力，这远远超出了你的预期。很快，他们的拼写和书写就会突飞猛进，他们的句法掌握能力起到了很大的作用。用耶利米的话说，他们从一开始就能写出生动的句子。

拓展性写作练习

在帮助教师提升学生的遣词造句能力和句法掌控能力方面，没有哪本书能与朱蒂丝·霍奇曼的《写作革命》相提并论。她强烈建议使用拓展性写作练习。这些练习与遣词造句的艺术有异曲同工之处，它们可以相互协同，互为补充。我们定期在阅读反思课程中使用它们。以下是我们研发阅读反思课程时起草的一个非常简单的模板：

拓展性写作的使用范围和实施程序	
进度安排	拓展性写作的核心句子（以“埃斯佩兰萨睁开了眼睛……”为例）
五年级	• 合并句子：埃斯佩兰萨现在睁开了眼睛。她一直在睡觉。她梦见和父亲在一起。
	• 使用“因为”“但是”“所以”拓展句子：埃斯佩兰萨睁开了眼睛，所以她发现这不是一场梦。
	• 使用“之后”“在……（期间）”“之前”拓展句子：埃斯佩兰萨从梦中醒来，睁开了眼睛，在梦里她和父亲在一起。
	• 拓展句子：使用5个W（Who，When，Where，What，Why）中的3到5个元素添加细节：埃斯佩兰萨睁开眼睛，醒了过来，焦虑地躺在床上。
	• 使用同位语拓展句子：“埃斯佩兰萨，一个父亲刚刚被杀的年轻女孩，睁开了眼睛。”
六年级	**之前使用的提示语升级版：**
	• “因为”“但是”“所以”练习2.0：使用更复杂的版本（例如，“尽管”“因此”“出于……的结果”） • 尽管她不情愿，埃斯佩兰萨还是睁开了眼睛。
	使用介词短语进行拓展：
	• 放在句首：在一夜的焦虑不安之后，埃斯佩兰萨睁开了眼睛……
	• 放在句中：埃斯佩兰萨从噩梦中惊醒后睁开了眼睛……
	使用分词短语进行拓展：
	• 放在句首：抱着这一切都是梦的一丝希望，埃斯佩兰萨睁开了眼睛。
	• 放在句中：埃斯佩兰萨在梦中见到了父亲，之后睁开了眼睛。

以下是一些精彩的内容节选：

“因为”“但是”“所以”练习。取一个“核心句子”（一个简单的短句），然后扩展三次，每次使用这三个连词中的一个。这不仅使学生掌握了一个核心句法，还能让他们用三种不同的方式思考同一个观点。

同位语练习。用一个同位语短语扩展一个核心句子。这可以教会他们同位语的使用方法，提升他们在句中插入观点的能力，还可以让学生扩展和应用更多的背景知识。

扩展句子。取一个核心句子，然后添加谁、什么时候、什么事、在哪里、为什么来对其进行扩展。

在“技巧42：经常修改”中，你将读到更多类似的例子和霍奇曼的其他精彩观点。

拓展性写作的一个好处是，它利用语法的功能为思想创造服务。为此，学校可以考虑一个拓展性写作活动的使用范围和实施程序，以一种系统的方式教授语法的关键要素。

技巧 42 经常修改

培养学生随时修改文字的习惯

在遣词造句的艺术技巧中，我描述了利用简短的拓展性写作进行针对性练习的好处，它可以帮助教师避免常见的陷阱：布置大量的写作练习，但从来没有培养学生如何表达或句法掌控的基本技能。

通常情况下，对遣词造句工具的掌握既得益于最初的写作，也得益于对作文的修改。我所说的修改，指的是对书面观点的形成提出严格但直接问题的过程："这个词能充分表达我的想法吗？我能更准确地表达我的观点吗？精简词汇是不是更好呢？如果我改变词语的顺序，这会如何影响句意？如果表述不清楚，那我到底想要表达的是什么意思呢？"

大多数人会经常修改自己的写作，有些人则不断地修改。我们甚至给同事发非正式邮件也会修改，或者在给朋友发短信解释迟到的原因时也会措辞3次，选择合适的词汇。修改在现实世界中是司空见惯的事，但在课堂上往往是一件特殊的事情——一种在作文和篇幅较长的作业中才会进行的正式活动。它通常被包含在了教师所谓的"写作练习"中——经常要花上一周的时间，并且给每个步骤（起草、修改、编辑）都分配了特定的一天。在一个学年的时间中，最后可能会有3—4天的"修改日"。

我认为，为了提高学生的写作水平，培养学生的思维能力，提高思考率，修改应该永远成为写作的一部分。从某种程度上说，"每个写作步骤"之间的界限越不明显越好。经常修改技巧遵循一个简单的理念：我们可以把写作修改当作学生的日常行为，在简短的写作中也要经常使用，要让学生养成随手修改各类写作内容而非只修改正式作文的习惯。

布鲁斯·萨德勒通过深入观察发现："句子是交流的工具，实际上也是微型作文。”我们可以将“打草稿”和“修改”的动作更频繁地应用到长篇幅的作文写作中，并通过将小篇幅的写作练习视作等同作文的练习，进而更有效地实施“打草稿”和“修改”。例如，要求句子长度的拓展性写作练习是修改的完美工具。由于短小精悍，它们非常适合作为有效的、有针对性的练习。[1]

只要定期练习就能熟练掌握写作技能，即使是小型的练习也能富有成效。你可以称之为“马友友明星效应”。小时候，这位伟大的大提琴家的父亲频繁地让他集中、短时间练习曲目。因为练习的时间比较短，他演奏得更好，也更专注。频率高、精力集中、专心致志的短时间练习往往比长时间练习更重要，效果也更显著。连续10天，每天练习5分钟，但精力集中、专心致志地完成可能比你一次练习一个多小时效果更好，虽然后一种练习方式的总时长更长。在长时间练习的后期，你的注意力会开始涣散，而频率高、精力集中和专心致志的短时间练习的效果就会更加凸显。

频繁地修改小作文可以让学生注意力集中和精力充沛。认知心理学家安德斯·艾利克森指出，在每一轮练习中设定一个非常具体的目标，这对提升学习效果至关重要。如果有一件事需要大家关注和改进的话，那就是在学生进行特定练习时要大力支持他们。“我们需要在这里加上一个主动动词。”“让我们看一下为什么这个句式有问题。”看到这样的具体提示和“修改你的段落了吗”的笼统提示的区别了吗？具体的提示提供了一个明确的任务，学生就知道要寻找和改变什么。这样当任务结束时，学生就能感觉到明显的进步，会有成就感。这会激起他们继续努力、不断进步的渴望。

现在，很多教师集中大量时间对学生的写作做出反馈。我们在一篇又一篇的作文中做出评论，希望在我们三四周后或将来某个不确定的时间归还他们的作文后，他们能够读到。但通常情况下，当学生读到教师大量的反馈时，他们几乎已经不记得原文都写了什么。除了时间延迟的问题，还有反馈过多的问题。其中大部分评论会被忽视，随后学生就会开始习惯性忽略教师的反馈。假如我是学生，你对我的长达3页的作文提出了15条反馈意见，其中包括更多地使用主动动词和更清晰地论

---

[1] 本书中大部分关于“有针对性的练习”的观点都借鉴了已故的安德斯·艾利克森（Anders Ericsson）的真知灼见，他是这个术语的提出者，或许也是其最重要的研究者。我强烈推荐他的《刻意练习：如何从新手到大师》（*Peak: Secrets from the New Science of Expertise*）。

述，那么也许我会寻找机会使用主动动词，也许我不会。但通常情况下，我不会具体、明确地行动，甚至没有机会尝试和应用教师提到的“改进意见”。即使我想尝试你给出的所有修改意见，也可能在1个月之后才有机会练习。

当然，你可以通过让我修改整篇文章的方式保证我一定有机会重写，但这同样会造成很高的成本。我重写这篇文章，我的29个同学也一样重写他们的文章，你又要重复3周前的工作：仔细修改、评价30篇作文。

要是教师不写长篇大论的评语，而是做出简短的评价，会怎么样呢？要是学生只写了一个句子，你建议他们使用更多的主动动词重写，学生当时就修改了，会是什么情况呢？3分钟后，你可以说：“嗯，好多了，道格。看到这两个句子的不同了吗？”学生一定会赞同，因为他们可以立即看到认真修改后的变化，看出修改前后两个句子的不同。接下来你可以说，“再试一次”。随后你还可以说，“再写一篇一句话的作文，注意使用主动动词”。然后你在学生完成作文后马上就可以评判。反馈周期瞬间变得快速、集中、高效。

修改句子是一种高质量的练习活动

艾利克森建议，要想最大化修改练习的好处，教师必须有明确、具体的目标。“我们要努力提升写作能力”是模糊的目标，不会有效果。“我们要使用主动动词写作”或“使用间接引语写作”或“用介词短语开始句子”都是明确、具体的目标。

如果我们将一系列初级写作步骤串起来，将较小的写作技能聚合在一起，形成更大的整体来教授更大的技能，我们就会取得更大的进步。这就需要我们经常进行遣词造句练习。黛西·克里斯托杜卢在她的杰作《取得良好进步》中也提出了类似的观点。很多教师认为，准备考试最好的办法就是一遍遍做模拟练习。但认知负荷理论告诉我们，这常常使学生的工作记忆难以承受。如果学生先练习单个的、可操控的任务，掌握基本的技能，他们将有能力掌握最终的、更复杂的任务，而且表现出色。简单地说，如果学生和你在一起的时间里经常练习遣词造句和修改漂亮的句子，他们一定会写出更好的3页作文。

艾利克森认为，为了使练习的效果最大化，学生还需要集中注意力。显然，这种集中注意力的能力很大程度上取决于课堂文化的活力，但短时间的活动是最大限度地提高所有年龄段学生的专注力的理想方式。随着练习有效性和学生成功体验的增强，学生集中注意力的时间也会不断延长。正如我在“技巧39：安静写作”中探讨的那样，要从小任务做起。

最后，艾利克森认为，有效的练习需要给予学生（和让学生使用）高质量的反馈。对于较小的写作任务，教师可以更快地提供反馈，学生也更容易主动使用它。当然，当学生这样做了并看到自己的写作水平发生变化时，他们很可能会变得更有动力、更喜欢写作。

随机展示：修改活动的最佳伴侣

为了使修改练习变得生动有趣，教师需要一个工具使修改过程变得透明，请参考随机展示（技巧13）。我在第三章花大量笔墨讨论了该技巧，但它也是教授作文修改的伟大工具。随机展示使你有机会将个人和个性化的修改过程清晰而有意义地展示在所有学生面前。它改变了作文修改的规则。在许多课堂里，一个典型的传统“作文修改”（没有随机展示）的对话可能是这样的：

1. 学生玛蒂娜大声朗读了她的作文。

2. 教师对全班同学说：“我们给玛蒂娜一些反馈意见吧。她的作文有什么可取之处？”

3. 一位同学根据对玛蒂娜作文的模糊的有限记忆，提出了自己的看法：“她的细节处理得不错。”

4. 教师试图引出一个具体的例子来讨论：“很好。她的细节好在什么地方呢？”

5. 发表评论的学生对作文的记忆正在迅速消失，虽然勇敢地、竭尽所能地做出回应，但提供了一个更模糊的答案。“嗯，我记不太清楚了。我只记得它们非常好。”

实际上，对玛蒂娜和全班同学来说，这种善意的交流是在浪费时间。如果你想用上课时间练习作文修改技巧（我当然希望你能这样做），一定要确保文章作者和课堂上其他学生（现在担任“助理修改员”的角色）都能够从练习中获益。因此，教师需要把学生的写作内容留在学生的工作记忆中，其他学生必须能够看到这篇作文。“随机展示”做到了这一点，教师能够据此要求学生做出精准、可操作的分析。

如果将玛蒂娜的作文投射到屏幕上，你可以说，“我喜欢玛蒂娜的主题句，特别是她使用了语气强劲有力的动词，如‘吞噬’”，然后在投影上把这个词指给大家看，或者“我喜欢玛蒂娜的主题句，但如果她能用主动语态表达会更好些。谁能告诉我，要怎么修改呢”。这样，当我们谈论某篇文章的优点或者如何改进它时，学生就不会只是人云亦云，而是认真积极地思考该怎样修改。由于大部分信息都是通过视觉进入学生大脑的，他们现在能更好地理解和记住教师所说的修改任务。

使问题可见也可以让教师提出基于感知的问题。你可以问学生“你发现我们可以改进的动词了吗？”，这比问“阿玛丽在这里使用了一个……动词，大家看看能不能改进它”要好得多。前一个问题不仅让学生练习改进动词的技能，还让他们学会识别需要修改的地方，并从修改练习中获益。如果没有自己感知修改机会的关键步骤，他们就学不会独立写作。

最后，在调动全班学生思考并听取了其中几位学生对修改建议的想法后，你就可以为他们创造一个应用刚刚学到的技能的机会。“太好了，现在大家检查一下自己的句子，检查主动语态的句子，并把所有被动语态改成主动语态。”通过使用随机展示，在修改任务时的思考率和课堂参与率会呈指数级增长。

顺便说一句，保证学生每次都能从写作修改的机会中获益匪浅的好方法是“离线重写”，这是我见过的最好的方法。在随机展示学生A的作文后，提出修改反馈意见，要求全班同学修改，然后随机展示学生Z的作文，看看他是否应用了反馈意见。这可以确保所有同学都必须应用反馈意见，而不仅仅是那些作文被随机抽到的同学。这也可以给学生提供充足的修改时间和空间进行深思熟虑的修改。这对于那些需要额外修改时间才能有效地应用反馈的学生特别有帮助。

关于修改写作

以下是帮助你尽可能有效地进行修改活动的一些建议。

朱蒂丝·霍奇曼注意到，区分编辑和修改至关重要。编辑主要是修正大小写、标点符号和拼写等基本错误，而修改的任务是改进写作，特别是修改作文结构或措辞。霍奇曼指出，如果你让学生选择编辑还是修改，他们通常会选择编辑，主要是因为添加一个缺失的大写字母比为了使用从属连词而修改一个句子要容易得多。事实上，许多老师也会因为这个原因而选择编辑而不是修改。然而，真正有价值的工作是修改。

霍奇曼建议的一项高价值的任务是要求学生在一个缺乏实质内容的句子中添

加一个恰当的短语。在史坦顿岛的新多普高中（New Dorp High School）的一节课上，老师开始修改“甘地产生影响”这句话。老师首先要求学生转身讨论并写出4个好的同位语来描述甘地。然后，学生在句子中插入了最好的同位语，比如，“甘地，印度和平主义者和重要领袖，产生了影响”。在老师要求她的学生补充一些内容后，学生们想出了这样的句子：“甘地，印度和平主义者和重要领袖，对社会产生了强烈的影响。”最棒的部分并不是说学生把这个句子改得好多了，而是他们正在学习可模仿的技巧并随时运用——添加一个同位语的短语来改进他们可能写到的任何句子。这就是好的修改任务的力量：它教会了学生一项可以学以致用的技能。

感谢霍奇曼提出的这些真知灼见，其提到的高价值的修改任务还包括：

1. 大家看一下伊万的作文。请找出两处可以用更具体的专业术语的地方，让他的作文更完善。

2. 大家看一下伊万的作文。请找出至少一处可以用间接或完全陈述替换直接引语的地方。请做好准备向我们说明如何将叙述改写成引用，或如何把引用的话改写成一般陈述。

3. 大家看一下伊万的作文。请找出他用得最好的、最有活力的两个动词，然后再找出两个可以改进的动词，使他的作文变得更好。

4. 大家看一下伊万的作文。请使用一个从句添加关键信息。

5. 大家看一下伊万的作文。请以“但是”“因为”或“所以”开头的从句来拓展这个句子。

6. 大家看一下伊万的作文。请大家把这两句话合并起来，要展示出这两句话的关系，并且要让语句流畅。

第九章

正确讨论，提高课堂参与度

BUILDING RATIO THROUGH DISCUSSION

史蒂芬·柯维在30多年前就观察到："大多数人听别人发言，不是为了理解其含义，而是为了回答对方的问题。"这个观察结果对于现在的情况来说尤为真实。我们借助社交主流媒体管理教学，进行着日益占主导地位但教学效果差强人意的讨论活动，一方提出话题质量高、肯定不会错的观点，对方几乎没有不同的声音，因为他们正忙着准备一个同样正确的呼应。在讨论中证明自己观点的正确性和在讨论中学有所得是完全不同的目标。如果没有仔细倾听，没有明确的共同目标，没有带着"讨论应该增加集体和个人理解度"的责任感，我们不可能得到本应得到的东西。或许如果没有这些元素，那它就算不上是真正的讨论。

扪心自问，我们的课堂是否无意中推动了当前社会流行的社会话语趋势：讨论中包含太多的正确言论，缺乏必要的倾听或不同意见？我们是否教会学生认真倾听？是否告诉学生质疑比附和他人的言论更有价值？是否告知学生，他们的第一印象也许是错误的，或许只有改变自己的观点，他们才能够成功？大多数情况下，智慧主要是让你意识到知之甚少。讨论内容的取舍和讨论的投入程度是我们衡量讨论优劣的标准。毕竟，讨论成功与否很容易进行评估。但只有我们引导学生参与讨论活动，让他们学会倾听，并一直保持"我有很多东西要向他人学习"的心态，我们的讨论活动才可能更有效。通过倾听和发言衡量我们讨论的质量很难，但更有价值。

高效的课堂讨论寥寥无几。许多人可能会说，这是因为让学生开口太困难了。事实上，教师总是要求学生发言，希望他们讨论时多发言，并根据他们的参与程度予以评价，这意味着他们要持续不停地讲话，从而获得奖励。在这种模式下，出色的讨论指大多数学生都踊跃发言，很多学生都积极投入并充满自信地发表自己的见解。科尔比（Colby）不停地就堪萨斯-内布拉斯加法案（Kansas-Nebraska Act）进行有力的辩论，他在为自己的想法而战，我们很高兴！他知道自己相信什么，而且不会轻易动摇！

讨论时多发言就意味着成功。大声表达自己的观点，对自己的观点和信念充满激情就会取得更大的成功。

但是，只有当讨论成为交流的一部分时，只有当人们倾听彼此的发言时，讨论才能提高学生的思维水平。理想情况下，讨论时应该敞开心扉，思考甚至有可能改变最初的认知和观点。真正的讨论需要学生聆听，并在认真考虑后做出回应。或许科尔比对自己想法的坚信不疑不总是一件好事。

此外，高效讨论的目的不能仅仅是证明你的观点是正确的，而其他人的观点是错的。讨论的话题应该是辩论式的。在课堂上，讨论的目的应该是向他人学习而不是赢得讨论，是交流信息而不是确认你已经掌握的知识。所有参与者都应该尽力回答这个问题："我或我们从讨论中学到了什么？"

在这一章中，我将探讨如何讨论的话题，但首先我想先探讨一下倾听的问题。虽然我们一再鼓励学生发言，但实际上，发言和倾听并重才是讨论中最有价值的因素。

清晰的心智模式就是一个很好的起点。我们追求的目标不应只是让学生"多说、更大声地说"。如果我们不清楚讨论与单纯的发言之间的区别，那可能最终我们就只能得到单纯的发言。

在本章中，我将探讨如何构建更高效的讨论工具。我将从转身讨论（技巧43）——一种双人讨论的过程开始。学生两两结组讨论之所以出色的原因是：通过对话可以帮助学生养成和改善许多习惯，而这些习惯对规模较大的小组讨论非常有益。然后我将探讨讨论的习惯（技巧44），它是关于如何培养富有成效的习惯以促进讨论中的合作精神和凝聚力的。接下来，我将探讨分批处理（技巧45），让学生用非常简短的语言对前一个学生的发言做出回应，并发表自己的看法。最后，我将以纪律严明的讨论（技巧46）结束本章内容，这一技巧旨在帮助学生围绕主题阐述观点、不偏离主题，这是一项很容易被忽视的技能。我们推崇"跳出固有思维模式"的想法，但"固有思维模式内"的评论往往更有价值。

技巧

43 转身讨论

提高学生参与课堂的积极性

转身讨论是一种简短的、两两结组的讨论模式，是大多数课堂中使用的、常见的教学工具，它有很多好处。其中包括：

• 提高课堂参与率。你可以说："童子军为什么会害怕呢？转身和同伴讨论30秒。开始！"瞬间，15个而不是一个学生同时发声，每个学生都拥有了分享自己观点的机会。

• 增加不愿意发言的学生在更大的环境中发言的意愿。一个学生提出了自己的观点，一个她在30个人面前不可能提出的想法，她发现这个想法很好，赢得了同伴的赞赏。她就会越来越愿意在团队中分享她的想法。当课堂气氛沉闷时，转身讨论是个不错的选择。

• 提出问题，但只有几个人举手，甚至没人举手时，你可以说："嗯。好像大家都不太有把握。转身和同伴讨论30秒。看看大家能不能迸发出一些新的观点。开始！"刹那间，你就有了应对问题的万全之策。

• 实时跟进学生对话，并选择有价值的评论触发新一轮讨论，比如，"玛丽亚，能分享一下你和贾斯汀讨论的内容吗？"

机会是与挑战并存的。这个技巧能够实现让15个人都发言，不代表现实情况就一定如此。漫不经心的转身讨论，甚至没有转身、不说话，都是典型的课堂文化杀手。此外，使用这个技巧也存在着其他挑战：

• 对话可能偏离设定的主题，甚至会离题万里（毕竟，在上课期间有机会和朋友聊天是件令人兴奋的事）。

• 另一种风险是学生不认真倾听对方发言，他们的同伴只是自己转身讨论的对象，没有被视为思想观点的来源。

● 即使每个人都在谈论设定的话题，都在竭尽所能认真倾听同伴发言，但学生依然可能接收到错误的信息。比利信心满满地告诉塔米并让她相信：数的平方根就是让它除以2。塔米点点头，认真地把它记下来，而你永远不知道发生了什么。教育研究员格雷厄姆·纳托尔通过上课期间仔细观察学生的行为发现，学生经常说服自己的同学，让他们相信错误的信息是正确的。最容易轻信他人观点的人很可能是那些对某一话题知之甚少的人。

所以“经常”使用并不意味着“用得好”。开展讨论的过程细节是至关重要的。布伦娜·廷德尔的课堂提供了一幅很好的流程图。学生读了一篇关于“盲目正义”的短文，教师要求他们讨论盲目正义思想是积极的还是消极的。布伦娜发出指令：“转身讨论一分钟。与你对面的同伴分享你的观点。开始！”教室里顿时活跃起来。

她的成功在于课堂指令的发布。她的指令清晰明了、言简意赅，没有一句废话。活动切换的速度和活力都被提示信号“开始！”激活，这意味着所有人都要在同一时间开始讨论。没有时间或机会去环顾四周，看看其他同学是否真的在这么做。她的课堂指令为“技巧28：明确界限”提供了强有力的例证。

当然，对转身讨论过程的熟练掌握至关重要。布伦娜教会了学生如何转身讨论，他们对该技巧已经可以熟练运用。他们知道自己的讨论同伴是谁；他们轻松自然地开始讨论；他们讨论的音量适度。最重要的是，先前的练习告诉他们，每个人都会精力集中、充满激情地参与转身讨论，所以这样做是安全的。这种毫不犹豫、立即行动的习惯就是在指令发布后教室里立刻就活跃起来的主要原因。

有趣的是，这不仅仅是一个程序问题。正如“转身和对面的伙伴讨论”这句话所暗示的那样，学生既有对面伙伴，也有同桌伙伴。布伦娜通过改变学生的合作伙伴以保持转身讨论的新鲜感，教室的布局就是专门为转身讨论而设计的！

不要小觑她的话“分享你的观点”，因为它暗示了一些非常重要的东西。学生有很多话要说。学生先写下他们的观点，然后分享他们的写作内容。和全班大讨论时一样，先动笔后讨论意味着讨论更具实质性和包容性（技巧40：先动笔后讨论）。我们会发现，精心设计转身讨论，使之与讨论前后的活动相互协同，这样讨论效果最好。

最后，布伦娜告诉学生他们（只）有1分钟的时间讨论，这有助于他们适度控制评论的长度。有趣的是，较短的转身讨论时间可以使其价值最大化。这是更大的课堂讨论的初级阶段，所以布伦娜希望学生在转身讨论结束后有更多的话要说。她不希望他们在转身讨论时把所有的想法都说出来。

在莎拉·赖特的课堂上，你可以看到许多相同的主题讨论。首先，莎拉问了一个问题："假如你是蒂奥·路易斯（帕姆·穆尼奥兹·瑞恩的小说《飞翔的埃斯佩兰萨》的主人公），你会怎么说？"他们已经书面回答了这个问题，现在该他们大显身手了。许多手高高地举在空中。更多的手举了起来。很多学生都渴望分享自己的观点，这是一个选择转身讨论的好时机。我之前提到过，使用转身讨论的最佳时机是在学生犹豫不决时，这可以提高课堂参与度。但在这里使用转身讨论的原因恰恰相反。当很多学生都渴望分享自己的想法时，转身讨论是一个很好的解决方式，让每个人都参与讨论，最大限度地减少学生因"有精彩的答案但没有发言机会"而失望的情况。

像布伦娜的课堂一样，莎拉的课堂指令也清晰明了，没有废话。她的指令和布伦娜的提示一样——随着一声"开始！"，教室里瞬间活跃起来。莎拉在教室里四处走动着巡视，倾听学生的答案，表达对学生的欣赏并决定下一个提问对象。

但是当然了，不是所有课堂上的转身讨论都如此成功。教师如何构建这种水平的课堂参与动力和效率呢？

首先要确保学生能够对教师布置的任务全力以赴。一旦做到这一点，你就可以开始设计非常具有活力的活动了。这种"全身心投入"的态度主要是通过有意地培养学生的习惯来实现的。在课堂上，布伦娜和莎拉都没有告诉自己的学生："要注意力集中；要积极参与；要全力以赴地讨论话题。"学生对这些要求都了如指掌。他们会自动去做，这意味着教师认真地教导过他们并进行过强化训练，直到他们把这一切当成日常惯例为止。

构建惯例

转身讨论是一个可以重复使用的课堂活动，是学生参与课堂活动的常见方法。越是像这种在课堂上频繁使用的活动，就越有必要把它变成惯例——制定详细的活动流程，反复练习，直到学生能够熟练操作，让活动顺利运转，并不再消耗工作记忆。第十章中有更多关于构建惯例的内容，但是转身讨论惯例的具体实施方法值得一提。

“我以前的转身讨论活动效率非常低，”布伦娜说，“（学生）要么不愿意开口，要么讨论其他事情。”不过，现在，布伦娜建立了“一个应用广泛的活动提示词，我解释说‘这是我所期待的（积极的主题对话；彼此提问），这是我想听到的语言类型（学术词汇）。我想看到这些行为：点头；面对同学’。这看起来有点机械，但我真的认为孩子们只是不知道用何种方式和同伴进行学术性的讨论以激发出他们的最大潜能。我努力确保他们在讨论前就已经有了所有需要用到的工具。”

提前安排好合作伙伴，这样讨论就可以按时开始，不需要临时找讨论对象，或者询问教师，就像布伦娜和莎拉班里的学生做的那样。一般来说，合作伙伴应该是并排坐着的两名同学，在上课期间应该和伙伴坐在一起。布伦娜的学生有两个潜在的合作伙伴：同桌同伴和对面同伴。在莎拉的课堂上，只有一个同伴，在这两种情况下，每个转身讨论的合作伙伴在上课前就已经确定了。

转身讨论的价值不仅仅体现在学生能立刻与同伴讨论，高效利用时间，它还体现在通过迅速的、学生熟悉的过渡方式确保学生思维的连贯性。话题的快速切换可以让学生在讨论时依然对写作时的想法记忆犹新。花5—10秒钟寻找合作伙伴或扫视教室看看其他同学是否都在转身讨论，足以从工作记忆中抹掉某些关键的看法。换句话说，为了保持思维连贯性，话题转换要顺畅、精确和高效。

开始提示

在克里斯汀·托雷斯课堂的第一个转身讨论活动中，克里斯汀是这样开头的：“这幅图像是如何展示‘恳求’（implore）的？和同伴一起讨论15秒。开始！”

几分钟后，她问：“法官可能会说些什么刻薄的评论呢？转身讨论15秒。开始！”

无论哪种情况，提示都干脆利索、清晰明了。学生的快速反应也是激发学习能量——或者说热情——的决定性瞬间。

你认为高中生不会那样做吗？那就看看德纳留斯·弗雷泽的学生是怎么做的吧：“和你的邻座伙伴讲一讲，每次做综合除法时，你会用到哪些知识。”或者赛迪·麦凯利在讨论活动前的开场白：“和同伴一起讨论：当温度和气压一样高时会发生什么情况，为什么？运用粒子运动原理解释。开始！”

学生没有一丝不情愿或敷衍的态度。我们看到了这些学生对课堂规范的感知和反应情况。如果学生环顾教室，看到其他同学犹豫不决，其他人没有马上转身讨论，他们就会认为这不是常态化活动。那么就会有学生选择不参与这个活动，或者假装按要求参与了，但实际上没有真正投入到活动中去。

如果学生的第一感觉是大家都积极参与讨论是常态化活动，或者他们认为，每个人都会自然而然、充满兴趣和激情地参与活动，那么课堂上的活跃程度也会和克里斯汀、布伦娜、莎拉、德纳留斯和赛迪的课堂上的一样。

换句话说，让转身讨论成为一个熟悉、精心训练的程序是非常重要的，而最重要的是，它要从提示开始，这既是该做什么活动的指令，也是开始信号，它应该简短、清晰和明确。你需要精练的措辞明确问题和任务。除此之外，简短、有力的提示能够激发学生参与的动力。

因此，我们看到所有的提示都如此相似并非巧合。

其基本方法是限定问题框架、命名（分配时间），开始！几乎在所有的情况下都是如此。教师清晰地界定问题，确定任务为转身讨论，然后（偶尔）设置一个时间背景，随后会发出一个始终如一的开始信号。提示信号往往是“开始！”并不奇怪，因为我们的目标是建立一个立即可见的、积极参与讨论的规范。

讨论的第一步——限定问题框架值得多用点笔墨探讨一下。每次引入一个强大的程序（技巧49和技巧50介绍了针对这一步骤的指导），限定问题框架都是最棘手的部分。如果学生对讨论的问题不了解或不理解其含义，他们就很难充满活力和激情地参与讨论。这就意味着教师要注意讨论主题表述的准确性，最好提前写出来。有时你会即兴开展这个活动——“嗯。我们的答案有一点分歧。转身和同伴讨论一下……”在大多数情况下，我们观摩过的老师可能提前在笔记中写下了他们转身讨论的相关要求。你可以在第二章中看到克里斯汀针对这部分备课的案例。

同样值得注意的是，有时在提出问题时你需要改变说话的节奏、音调和语调。例如，如果你认为这个问题特别棘手和难以理解，希望学生在转身讨论时或开始之前仔细思考，我建议使用较慢的语速和节奏说出话题指令。

最近，我看到鲁·拉特雷（当时还是波士顿爱德华·布鲁克特许学校的老师）在他的课上熟练地做到了这一点。当时学生正阅读一篇对露易丝·劳瑞的采访文章，这是关于她的小说《赐予者》的。他们发现了一个需要仔细阅读的句子。“我同意尼雅的观点，”鲁说，“我们确实需要分析一下‘拒绝管理机构的权威和智慧’

（Rejecting the authority and wisdom of the governing body）这句话。这是什么意思呢？”他问道。他说得很慢，微微歪着头，显得很困惑。他停顿了几秒钟，让学生真正消化问题，然后说："转身和同伴讨论一下。开始！”

他话刚说完，学生们就都行动起来。教师的指令“转身和同伴讨论一下。开始！”是这次讨论成功的核心因素。学生很熟悉这句话，他们已经使用了好几个星期，老师经常让他们转身讨论。但这次，教师结合了等待时间技巧……他在讨论开始前给了学生四五秒钟的时间进行消化。在德纳留斯·弗雷泽的课堂上，他也会在清晰的转身讨论提示之前使用一段等待时间，从而为讨论设定理智和思考的基调。

如果切换到转身讨论的提示清晰、简单明了，并且学生非常熟悉这个流程，你几乎可以在瞬间完成这个指令。阿隆特在讲授埃德娜·圣·文森特·米莱（Edna St. Vincent Millay）的诗《母亲的勇气》（*The Courage That My Mother Had*）这节课时也使用了转身讨论。阿隆特的转身讨论没有提前计划——这是他对举手回答问题人数较少的反应。他想——“啊！他们都沉默不语。我得让他们开口，激发一下他们的想法和信心。”他甚至在最后和他们分享了这样的意图："很高兴看到这么多同学举手……”只有当程序无缝对接且清晰时，你才能像这样即兴地使用。如果你能够使用得当，这确实是处理应急问题的理想工具。

管理转身和倾听的行为

干脆利索、始终如一的转身讨论提示有助于培养所有学生充满激情的讨论习惯。但回到这章探讨的主题之一，讨论的价值既依赖于讨论的质量，也依赖于倾听的质量，所以我们有必要探讨一下教师如何帮助学生养成和加强在活动中倾听的习惯。

我最喜欢的一个方法是偶尔使用管理转身活动——故意提示一方或另一方先开始。这是有价值的，因为我们可以对大多数转身讨论做出两个重要的假设。首先，转身讨论的时间不会绝对平均分配。有时先发言的人会一直不停地说话。这也不难理解，因为转身讨论的时间很短，可能学生需要一些时间才能完整阐述一个观点，或者学生沉溺于某个观点，不能自拔。其次，另一个假设是某些学生比其他人更善于表达，他们很可能把“转身和同伴讨论，开始！”理解为自己先说话的提示。

有些同学则天生内向，不善言谈。他们很可能把“转身和同伴讨论，开始！”理解为合作伙伴开始发言。当然，也并不总是这样，但有时学生之间确实会存在一些水平上的差异。如果我们对此熟视无睹，那些健谈的学生会说得更多，但倾听也许对他们更有益，而那些比较安静的人更愿意倾听，但对他们来说，多发言可能获益更多。

在最近的一节课中，成优布什维克中学（Achievement First Bushwick Middle School）的埃里克·斯奈德就使用了管理转身讨论的办法。当时学生正在阅读雷·布雷德伯里（Ray Bradbury）的书。在读到一幕紧张的场景时，埃里克看着学生问道：“主人公大卫在担心什么？”略加停顿后，又补充道：“先长发后短发。”这句话是他们转身讨论的提示。这意味着讨论时，头发较长的同学先发言。有时候，埃里克也会翻转提示，他会说，“先短发后长发”，来使同伴发言的顺序互换，以此确保参与者发言时间的平衡。有时，他不会具体说明谁开始发言，而是把选择权留给学生自己。这种做法通过对发言和倾听的角色偶尔进行平衡来增加讨论的公平性。

在转身讨论期间，平衡发言公平性的相关工具是有意识地设定的。例如，“我们90秒的讨论任务已经过半了。如果你还没有准备好，请和合作伙伴互换角色”。

在转身讨论活动中，促进倾听的另一个有用工具是让学生在被老师提问时提及他们同伴的想法，比如：“罗德里戈，你和凯尔西讨论了什么？”或者，在罗德里戈说完“我认为这个反应会释放出热能”之后接着问“凯尔西同意你的观点吗？”。或者，当学生主动提到他们伙伴的想法——“我们不确定，但凯尔西认为这会放热的”时说：“谢谢你提到同伴的想法。”你也可以进一步问“我很想听同学说说，你们的同伴在转身讨论中分享了什么特别有用的例子”或者“我想先听听谁的同伴讲了些令人惊喜的事”。让学生们知道，我们会关注他们是否重视伙伴的发言，这也是让学生拥有更多发言机会的方法。

英国巴斯比臣克里夫学校（Beechen Cliff School）的科学课副主任比尔·威尔金森指出：“在转身讨论后的提问中，我有时会针对一些关于转身讨论活动本身的情况。”他建议问这样的问题：（1）哪组开始时对答案有分歧？（2）哪组最后达成一致意见？（3）你们两个谁改变了主意？请告诉大家为什么。（4）不要告诉我你的想法，请告诉我你的同伴的想法。

问责式的挑战

下面这些工具可以使学生负责任、精力集中地参与转身讨论活动——也就是说，学生感到较小的压力，认为自己有责任竭尽所能和保持专注。

使用随机提问（技巧34）设定讨论期望，即每个人都应该准备好在转身讨论完成后获得新见解。要用明快的语气吸引学生对你的话题的兴趣："马加利，告诉大家你和唐纳德都讨论了什么。"相对来说，如果被提问是可预测的，学生就知道他们必须认真总结他们的对话。通常情况下，你可以让学生事先了解接下来会发生什么——他们会被教师随机提问："给大家1分钟时间，和同伴讨论你们看到的图像。我可能会随机提问大家，让你们分享小组的想法，所以准备好和同伴讨论的内容。开始！"

四处走动巡视课堂、倾听转身讨论内容会让你得到双重收获。表达对学生出色表现的欣赏和感兴趣，这可以确保学生的专注度和讨论的高效性。从下面的照片中，你可以看到克里斯汀·托雷斯、莎拉·赖特和布伦娜·廷德尔是如何使用肢体语言表示对学生讨论内容的浓厚兴趣的。她们时而口头表扬，时而认真倾听，并表现出对学生观点的欣赏。

转身完成任务：你也可以把转身讨论活动变成一个转身完成任务活动。加比·伍尔夫的课堂是一个很好的范例。加比先在课堂上进行了一轮FASE阅读（技巧24），然后让学生两两结组阅读下一部分文本。这是需要合作伙伴共同完成的工作，但这项工作不同于转身讨论。类似的情况可能还有："和同伴一起，想出3个单词描述一下故事背景""和同伴一起，描述一下你认为可能从实验中观察到什么结果"或者"和同伴一起，解答第四题。我会随机提问几名同学分享答案。开始！"

布置一个明确的任务会增强学生讨论时的责任感，因为他们有了清晰的目标。如果是一项书面任务，这可以使学生更好地完成这项任务：你在巡视课堂时可以观察到学生书写的内容；你可以让学生"分享写下的东西"；你甚至可以收集学生的书写作业，稍后再批改。

对教师来说，2020年在线教学小组讨论室的转身讨论活动给他们敲了一个警钟。在线上小组讨论室里，转身讨论失败最常见的原因是学生不记得或不清楚要讨论的问题是什么！所以，一定要保证要讨论的问题是学生清楚明白的，如果转身讨论的长度超过1分钟，教师要把话题写下来，提醒学生他们应该讨论什么。

最后再重申一下问责制和集中注意力的作用。学生之所以全身心地投入到转身讨论中，很大程度上是因为习惯使然。教师要尽量避免让他们养成转身讨论时坐在座位上，彼此茫然地看着对方、无话可说的习惯。事实上，这样的窘境最好一次都不要出现。我们要让学生感觉讨论既有吸引力又有益处。学生偏离主题和消极对待转身讨论的一个原因可能是：转身讨论持续的时间太长，学生不知道该讲些什么。这是我下一节重点阐述的主题，但值得注意的是，简短的转身讨论有利于保持学生参与活动的活力和积极性。

精准的设计和讨论顺序

最近我观摩了一节中学科学课，其主题是摩擦力。教师要求学生转身讨论摩擦力在篮球赛中对篮球的运动有哪些方面的影响，学生已经读过这方面的文章。这位教师给出了简单明了的提示，由于他早已经设定了积极的责任文化，于是学生马上行动起来，学生的活力、热情感染着彼此，但从讨论的结果来看，学生相互分享了大量的错误信息。

当教师让学生两两结组分享观点的时候，3/4的学生所分享的观点都存在着对摩擦力作用的误解。回答数据告诉教师，几乎每个学生都在分享着他们理解错误的观点。教师瞬间觉得有些问题需要马上解决。

这个故事提醒我们，有时候，即使有高效和问责的系统作保障，转身讨论也可能充斥着质量不高甚至大量错误的观点。在这节观摩课上，老师偶然发现了学生分享错误答案的情况，于是当机立断，将这场转身讨论以教师引导的方式予以纠正。很多转身讨论都会出现这样的情况：学生愉快而认真地传播着错误信息，全然不知自己所听（所讲、所记忆）的竟然是谬误，而教师对此却毫不知情。正如格雷厄姆·纳托尔在《学习者的隐秘生活》中指出的那样，来自讨论同伴的错误信息会对学生的思维产生深刻影响。

从提高课堂参与率来说，转身讨论极其有效。它让每个学生都参与进来，因为它为学生提供了一个低风险的机会，让他们可以分享自己的观点，提前演练发言内容，收获他人对自己观点的第一印象，所有这些都是以半私人化的方式进行的，这可能会让他们发现："哎呀，这个想法其实不太好！"然而，转身讨论时学生也可能会分享一些需要进一步拓展和澄清的想法。它可能涉及错误信息的传播和确认偏差，也可能迸发出需要更多思考和指导的见解。

转身讨论最大的好处是它可以作为全班讨论、书面写作、图表制作和比较不同的观点等其他活动的前奏。转身讨论的目的是激发想法——让我们说出所有的想法，聊一聊哪些是有价值的以及为什么有价值。在转身讨论结束之后，那些被提出的观点应得到进一步的分析、研究、澄清和确认延伸，甚至是编辑、修改和被重视——以公开的方式，这样学生就可以看到哪些想法不错，哪些想法更好，那些想法是错的。

这里有三个关键的转身讨论后续活动，它们可以确保转身讨论能提高课堂质量。

全员分析

让学生明白他们最初的观点不一定是最佳答案，一个高水平的答案通常需要以最初的想法为基点，然后按照更高的标准或更深入的分析来拓展深化。你可以说"看看大家提出的这些想法，哪些最有意义""试着用学过的摩擦力原理验证一下自己的想法，看看它们是否准确"或者"我们选几个观点写在黑板上，并把那些支持（或反对）观点的证据罗列出来"。

全员讨论

把转身讨论当作更深层次的全员讨论的起点，通过全员讨论收集和延展学生最初的想法。比如"在我们原有想法的基础上拓展"，也许还可以加一句，"在我们一起讨论的时候，请大胆补充你原来写下的观点"，或者还可以尝试"现在把大家的想法整合在一起，然后找出几个‘最佳’例子”，或者最后告诉学生刚才的转身讨论只是热身活动，“既然大家已经转身讨论并分享了自己的观点，现在我们一起看一下这句话，看看能否真正理解其含义”。

全员做笔记

在转身讨论活动之后，让学生对最初的想法进行“处理加工”——让他们对两两结组讨论的结论进行分享、改进和取舍。这样做是希望学生首先通过转身讨论得出观点，然后通过倾听、对比别的小组的观点来完善自己组的观点，并且收获关于同一主题的更多想法，而非只局限于从自己的角度进行理解。例如，教师可以说“在第三页的要点中添加两句话”或“现在请看这段话，把我们大家一起找到的所有证据圈出来。请务必做好笔记，这样你的笔记里就拥有了全班所有人的想法”。

先做什么？

在转身讨论中，另一种提高思考率的方法是在转身讨论前增加一个可以提高思考程度的活动。

效果最明显的活动是让学生先动笔写作。我们可以在布伦娜·廷德尔的课堂上看到它的效果。学生两两结组讨论的不是他们随机的想法，而是他们几分钟前认真思考、写作的成果，因此学生的思考率很高。正如我在第八章“让学生勤动笔”中讨论的那样，先动笔写作对任何形式的讨论都有利，尤其是两两结组讨论。它增强了讨论的严谨性，让彼此能够更好地倾听对方的观点。

先思考、后讨论的效果也很显著。短小精悍的思考活动给学生带来的益处不亚于先写作带来的益处。鲁·拉特雷向学生提问《赐予者》的问题时就是这样做的：“我们需要分析‘拒绝管理机构的权威和智慧’这句话是什么意思。”

你可能还记得，他让学生转身讨论之前停顿了四五秒钟，让学生思考并形成最初的想法。教师可以根据具体情况延长思考时间，并使它更加透明。

教师：“我们需要分析‘拒绝管理机构的权威和智慧’这句话是什么意思。在转身讨论之前，花10秒钟思考一下这是什么意思。（10秒钟后）和同伴分享自己的想法。开始！”

或者：

教师："我们确实需要分析'拒绝管理机构的权威和智慧'这句话是什么意思。花15秒钟写下你的看法。这句话是什么意思？然后再转身讨论。（15秒钟后）和同伴分享你的想法。开始！"

在这两个例子中，一定要确保提前把问题写在白板上或学生的讲义里，这样当转身讨论真正开始时，学生就可以轻而易举地记住问题，提高讨论效果。

当教学过程中遇到困难时，插入转身讨论活动也不失为一个好办法。这时，不要像提前计划重要活动那样，挖掘一个思考率很高的点，只要学生积极思考就会有帮助。这就是阿隆特·约翰逊和德纳留斯·弗雷泽所做的课堂活动：即兴转身讨论。学生感到困惑的那一刻就是让他们两两结组"解决问题"的好时机。

讨论启动效应

最后一个方法是在转身讨论中构建问题的精准度：除了明确问题、限定时间和提示开始之外，转身讨论的指令也可以提示学生使用或讨论某个具体的核心观点。例如："给大家15秒钟和同伴讨论到底发生了什么事。最好使用'纺锤丝'这个词。我会把它写在黑板上帮助你们记忆。如果你的同伴没有使用这个短语，请他使用这个关键术语再重复他的观点，因为我们在之后的讨论中会用到它。"

波峰法则

在转身讨论的过程中，有两个可以帮助教师管理时间和时机的基本法则。第一个是波峰法则，该法则将转身讨论视为一种预备活动，认为它并非话题的顶点，而是演练和拓展观点过程的中转站。在这些观点形成、完善和拓展之前，学生就已经参与到活动中了。要从转身讨论切换到综合性更强的活动，教师会希望学生保持完善观点、努力突破的状态，而不是随着转身讨论的结束而结束。倘若这一状态持续时间过长，该讲的观点全部讨论完毕，时钟仍在嘀嗒作响，但学生已无话可说，那么课堂的活力就会降低。学生会感觉转身讨论活动没有紧迫性，时间很充裕，这会影响学生在整个讨论过程中的行为。

如果将转身讨论过程中的能量程度用图表来表示，它看上去就像一条拖着长尾巴的普通曲线，教师最好在进入长长的下滑期之前的最高点将讨论结束，因为这时正值思维爆发期，而学生也渴望进入下一阶段，这个点就是波峰（见下图）。

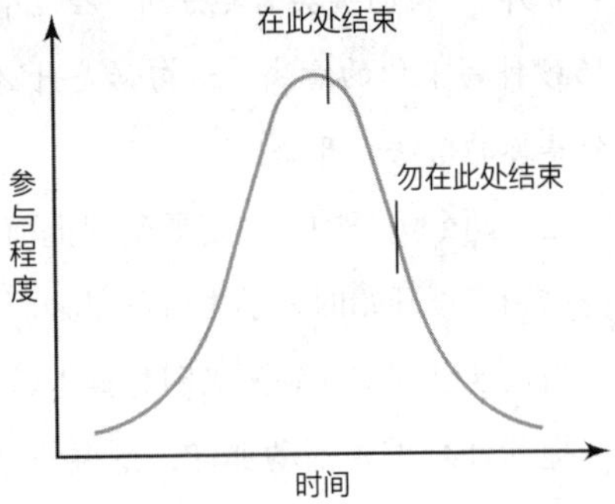

精准把握外部提示的机会，在学生兴趣和精力处于顶点时结束转身讨论活动，勿待减弱时再收尾。

精确、清晰的时间限制

第二个基本法则是明确时间。假如你是一个正在参加转身讨论的学生，但你并不知道该活动会持续多久，45秒钟？2分钟？还是15分钟？由于缺乏这一基本信息，你可能难以判断该讲多少内容。为了让你的同伴有时间说出自己的想法，你是不是提出基本观点后就停下来？你们的讨论是否应该深入分析？该不该向合作伙伴提出有思想深度的问题？只要教师告诉学生讨论的时间范围，就能够帮助他们管理自己的意见和讨论，从而有效地利用时间。教师可以说："给大家两分半钟讨论背景设置的作用，开始！"这可以引导学生讨论。此外，使用特定的奇数增量能体现出教师在时间分配上十分仔细、精确、用心。学生会明白教师很重视这些时间，要求大家小心使用，于是他们也会谨慎使用、认真对待时间。教师可以用秒表跟踪记录时间，这样既能有效推动课堂进程，又能确保在检查遇到问题的小组或讨论热烈的小组时不忘记时间。久而久之，教师就能为转身讨论分配出更合理、更精确的时间。

在线课程：远程转身讨论

在远程教学中，转身讨论对学生参与课堂活动至关重要。它既可以提高学生的课堂参与度，又可以让身处异地的学生互相交谈。但在线上进行转身讨论时，两两结组的小组讨论室具有双重挑战性。本·埃塞尔的课堂演示了教师是如何解决这些挑战的。学生预先写好了答案，转身讨论其实就是一次演练和解释观点的机会。讨论时间很短，教师告诉学生时间分配很短。他希望学生为全员讨论做好准备。明确时间有助于学生确定发言的长度，这既可以确保他们有话要说，又有助于克服在讨论室无话可说的尴尬。他是这样管理发言顺序的，名字在字母表中排第一的最先发言。他会进入学生讨论室，避免学生偏离主题。本还随机提问了苏拉亚，因为进入她的小组讨论室时，本发现她的想法令人印象深刻。她很可能知道教师的到来并把随机提问看作是教师对自己观点的认同。

技巧 44 讨论的习惯

让讨论富有成效和乐趣

想象一下，我们一群人坐在一起。你说："我刚看完《赐予者》。这本书太好了，充满了思想冲突。"

我说："我快看完《饥饿游戏》（*The Hunger Games*）了。它太暴力了，但内容不错。"

随后，我们的朋友科琳娜也加入其中。"我读不下去《饥饿游戏》。"她说。

这一系列的评论并不是严格意义上的讨论，至少在完整度上不是。相反，它验证了当我们用不连续的语言互动进行所谓的"讨论"时经常缺失的东西。例如，我的评论"我快看完《饥饿游戏》了"是对你《赐予者》评论的回应吗？我这么回应是因为它们都是反乌托邦小说，我看到了其中的联系吗？我听到你关于思想冲突的评论了吗？我在把它和《饥饿游戏》中的暴力对比吗？我是在利用这个机会谈论一本我喜欢的书，而不是你喜欢的书吗？我是想谈论《赐予者》还是想改变话题？而如果我说的是："我听你谈过《赐予者》。有人告诉我说《饥饿游戏》和它类似，但他不太喜欢。也许是因为《饥饿游戏》太暴力了。"那我就在把我的评论和你的联系起来，并梳理了它们之间的关系。我要明确表明，我仔细倾听了你的评论。

科琳娜的评论也是如此。她说"我读不下去《饥饿游戏》"时，是因为读不懂这本书而想改变讨论主题吗？以没有读过这本书为借口，就可以不参与转身讨论吗？她说读不下去《饥饿游戏》是因为它太暴力了吗？她是接着我的评论说的吗？她听到我的评论了吗？而如果我们加上一点句式限制——"有趣的是，我并没有被《饥饿游戏》的暴力所困扰，但我就是读不下去。它写得不如《赐予者》好"，那它就可以将两条评论关联起来，并帮助我们看到它们之间的联系。事实上，她是在比较两本书，这表明她在思考这两本书的联系。

我们本应该把大家的想法联系起来，并证明我们都在倾听彼此，但我们没有这样做。我们的评论是相关的，但并不是真正的讨论，只是与主题有关罢了。这有点像课堂上的互动。讨论应该是“一群人共同努力去拓展、完善某个或某些观点，或将这些观点放入文本背景中去理解”。这与跟主题有些许相关性的一系列评论是不同的。在成功的课堂上，讨论的特点是致力于把自己的想法和观点与主题紧密相连。有价值的讨论应该始终对听者有用，而不仅仅是对发言者本人有吸引力，并且是建立在对之前发言者观点的理解和兴趣的基础之上的。

善于言谈的人偶尔简单总结对方的评论，或努力把自己的观点和他人的言论联系起来，表明他们在仔细倾听。提到前期观点的评论并努力建立与它的联系，就可以触发讨论——例如，说“有趣的是，我并没有被暴力困扰”，既澄清了论点，又表达了对他人评论的认可。让大家觉得英雄所见略同，找到共同话题。这可以让我们分享更多观点，也许还会相信自己有能力做得更好。

一般来说，人们不会有意识地想：“我要明确表明我在拓展别人的观点，或者我重视和我谈话的人，即使我不同意他的观点。”大多数引起积极讨论的行为都是由谈话者对讨论应该如何进行的直觉所触发的一种心智模式。所以，如果教师将转身讨论的习惯和有效的心智模式灌输给学生，就可以帮助学生顺畅地建立起相互关联、表现出对彼此欣赏的讨论活动。

在讨论中，特别是在大家观点有分歧时，一种依然表达对彼此的欣赏而不是仅仅维持友好氛围的文化很重要。乔纳森·海特在他的著作《正义之心》中解释说，当人们喜欢交谈对象，知道他喜欢和关心他们时，他们就更有可能改变自己的观点。这些改变我们观点的人，往往是被我们视为盟友的人。首先，我们喜欢并信任他们；其次，我们愿意倾听他们谈话，尤其是当我们已经相信了某件事时。海特发现，与我们正面对峙的人不会轻易改变我们固有的观点，只有我们愿意相信的人能做到这点。所以，只有当人们互相尊重，感到心理安全，团结一心，并且认为“我们正在共同努力理解这一观点”时，真正的思想开放和最大限度的学习行为才会发生。

在大多数情况下，那些能让合作伙伴展示最好的一面的讨论技巧，不是“自然而然”地发生的。当今社会中，不经雕琢的对话模式在泛滥的社交媒体上更是如此。为保证课堂上讨论的精彩度，教师必须有针对性地帮助学生逐渐培养这种讨论的习惯。教会学生如何讨论问题的回报是巨大的。

建立牢固的讨论的习惯的第一步关乎参与者在对话中表现出的一系列几乎隐性的行为，这些行为表明了努力的重要性，并提醒其他参与者，他们属于一个重视彼此的团队。这些行为包括建立和保持眼神交流，经常使用亲社会的非言语行为，比如点头表示理解，以及我在重要技巧中描述的其他集中注意力的习惯等。社会心理学家格雷戈里·沃尔顿(Gregory Walton)在《极度成功》中告诉丹尼尔·科伊尔："一个小提示就会对人们的归属感和成员身份认同感产生巨大的影响。但要记住，不能只给学生一次提示。"教师必须持续提示学生该怎么做。

要建立强有力的讨论，参与者应该采取的基本行动是仔细倾听，并表现出对发言内容的重视。如果所有人都用肢体语言表明对你的观点不屑一顾，那就没有人会发表能改变讨论方向的真知灼见了。眼神交流不仅有助于交流彼此的心得，还可以帮助学生约束自己，"锁定"倾听对象，从而"获得更多信息"。通过观察他人发言，听众能够捕捉到手势和面部表情传递出来的言外之意。

另一个基本原理来自表达形式很重要技巧(技巧18)。学生的声音要足够响亮，才能让人清楚地听到。当它成为习惯时，效果最好。没有什么比教师说"卡莉，我们听不见你在说什么"更能打断讨论节奏的了。而如果教师没有纠正卡莉的行为，那就更糟了。"我们听不见你在说什么也无所谓"的态度会对卡莉观点的重要性产生明显的不利影响。学生不可能重视卡莉的观点，因为人们不会对听不清楚的内容做出反应。当他们努力去倾听时，他们的面部表情和肢体语言会发生相应的变化。"我什么也听不清楚"的面部表情，一定跟"你说的话真有趣"时的表情不一样。

为了强调眼神交流、倾听和提高音量的重要性，我们可以额外添加3个具体的基本要素：直呼其名、直视对方和重新措辞。

想象一下，在一个八年级的教室里，学生正在讨论林肯的就职演说。

贾巴里说："我认为林肯很软弱，在向南方各州伸出'橄榄枝'时，可能心里很矛盾。"

"不对，"贾米拉反驳说，"他要在脱离联邦的诸州执行联邦法律。他标示出了明确的界限，但想尽量不引发冲突。"贾米拉看着老师说，暗示老师的观点最重要。好像贾巴里以及她要对贾巴里的观点做出回应这件事和自己无关似的。

现在想象另一个略有不同的场景。米歇尔转向贾巴里。"贾巴里，"她说，"我认为林肯的话并不矛盾。他要在脱离联邦的诸州执行联邦法律。他标示出了明确的界限，但想尽量不引发冲突。”

注视贾巴里，回应时直呼其名，使用他的原话，含蓄地总结他的观点，“我认为林肯的话并不矛盾”，米歇尔强调了她是在回应贾巴里的观点。她的行为表明：“我仔细倾听了你的观点，我理解并尊重你。”麻省理工学院关系研究项目的负责人阿莱克斯·彭特兰（Alex Pentland）指出，对团队绩效的研究发现，“成员之间相互交流……而不仅仅是和团队领导交流”的文化，往往是最成功的学习环境。

米歇尔转身看着贾巴里——回头看着他，说明她是在回应他的观点，引用他的观点，直接称呼他的名字，所有这些都构建了支持和相互关联的框架。在整个讨论过程中，它们都强化了课堂上的团队意识。

也许这就是为什么我经常发现优秀教师会在课堂上强化这种期望，要么以言语的形式——“太好了！面对詹妮尔，告诉她”，要么是非言语的方式，用手指或眼神示意，提醒学生注视讲话人。他们提醒学生，对于那些打算讨论某个观点的人来说，面对面交流是多么重要。

现在，我们再提炼一下米歇尔的回答。米歇尔说：“我对这段话的理解不一样，贾巴里。我认为林肯的话并不‘矛盾’。”她的话“我对这段话的理解不一样”，说明她把自己的观点和贾巴里的评价联系起来。其含义为：“我承认这些话很重要，只不过我们的看法不一样罢了。”努力构建两个观点的联系表明，她认为贾巴里的评论很重要。像米歇尔一样的发言者通过使用特定句式，默契地在自己的表述中加上前一位发言者的评论，使前一位发言者的评论变得重要。常用的开场白包括：

“我明白你为什么要这么说，但是……”

“我有类似的看法，那就是……”

“其实还有一个例子……”

“有一件事需要考虑，那就是……”

“我想就你的观点作进一步说明……”

在上述例子中，无论说话人赞同、不赞同，或保持中立，其开场白都旨在与上述观点建立关联，并尽量表达对对方的尊重。教学生套用这些句式，将自己和他人的意见相融合就可以产生更具凝聚力的讨论。要做到这一点，通常需要给学生提供句子的开头，让学生使用可以根据具体情况改编的短语，方便他们在他人见解的基础上构建自己的观点。

刚开始的时候，许多教师会把这些句式贴在墙上，用几天时间让学生练习使用几个最基本的框架。他们会说“很好，你能套用句子的开头，直接跟阿丽莎对话吗？”或“在今天的讨论中，我会对大家套用句子开头框架表述自己观点的情况进行考核”，或者像布伦娜描述的那样，表扬那些表现好的同学。“哇，你的观点拓展得很好。做得非常好！”久而久之，在学生习惯使用和改编这些句子开头之后，墙上这些张贴的开场白就不那么重要了。

最简单的句子开头是“我赞同，原因是……”或“我不赞同，因为……”。这些在培养学生相互回应的初始阶段尤为有用，可以促使学生在更大的讨论中引用前述观点。我认识许多教师，他们对句子开头的使用进行了长时间的拓展，帮助学生迅速超越“赞同”或“不赞同”阶段。但是句子的开头不仅能反映学生在讨论时的思考方式，还能起到塑造作用——在此情况下，教师容易让学生选择立场，致力于“赢得”讨论，毫不让步地证明自己初始观点的正确性。比起证明观点的正确性，理想的讨论更加注重寻求细节的共同性。赞同/不赞同在最初讨论时可以使用，但学生应该使用更复杂的思考方式。因此，向学生介绍句子的开头是很重要的，这可以促使他们找到更多方式，将自己的论点与他人的联系起来：

“还有一个证据需要考量……”

“还有一些证据，让我不敢苟同你的观点……”

“我想就 __________ 的观点展开来讲……”

“我认为可以用两种方式来解读……”

“关于 __________ 的评论，我还有一个例子……”

“另一种解释是……”

“我认为这比我们刚才讨论的要复杂得多，因为……”

最后，非言语的方式在培养学生使用句子开头方面也能起到关键作用。玛吉·约翰逊是特洛伊预科学校的阅读教师，她训练学生使用不同的手势来表明希望拓展他人观点，而不是发表新的意见。如果想就讨论发表新观点，与平常一样举手即可。若是想补充、拓展或是回应前述观点，就伸出两根手指。这样一来，即使没有参与到讨论中，玛吉也能设计讨论的方向。由她决定是继续当前的观点还是转向新观点，只需选择下一位提问的对象，就能让讨论朝设定的方向前进。事实上，在讨论过程中，聚焦于一个重要的、有价值的观点是教师最重要的任务之一，我将在“技巧46：纪律严明的讨论”中探讨这个话题。

讨论的习惯的最后一个元素是增加教学动作，让学生养成在他人发言的基础上做评论的习惯——理想情况下是形成一种心智模式。可以尝试使用跟进提问（“技巧34：随机提问”中“跟进”活动的变体）或跟进提示。在进行跟进提问或提示时，教师要不断要求学生回应前一名学生的观点，不管他是否愿意。这一点很简单，比如“斯凯拉，你同意马库斯的观点吗？”（善意地问，而不是“抓住你心不在焉了”式的提问。更多细节请参见技巧34），这样预设了一种期望，即斯凯拉需要始终认真倾听，以便能够做出合理的回应，哪怕他只是说还不太确定对某个观点的看法。期望斯凯拉能够做出反应会强调面对面倾听的重要性，更重要的是，无论谁说话，倾听都是理所当然的事，这种礼貌不能仅针对老师，对他人亦应如此。当然，为了培养在讨论中提出跟进问题的习惯，你可以不用随机提问。斯凯拉可能已经举起了手，这时，不要简单地称呼他的名字，而是要告诉他你期望他引用前述观点，比如：“斯凯拉，你对马库斯的评论有何看法？”

不要问“斯凯拉，你同意马库斯的观点吗？”这样有针对性的问题。后续提示不应该是指令性的，这样就可以减少对讨论主线的干扰，避免引导第二个学生的回应，在某些情况下，这才是讨论的部分目的。教师在一堂课上可以使用5—6次跟进提示，这可以使学生保持注意力集中，认真倾听他人的发言——这在随机提问时提供了足够的不可预测的可预测性，并且不会打断学生跟进他人观点的课堂节奏。

我们来看看克里斯汀·托雷斯是怎么做的。她问学生：在《数星星》的一个关键场景中，柯斯蒂与纳粹士兵说话的举动是否是勇敢的？

马克说：“是的。她年轻、瘦弱，但敢对当权者这样说话，确实很勇敢。”

“请加以拓展，贾西敏……”克里斯汀说。该提示提醒贾西敏要参考马克的观点，并根据文本内容添加自己的评论。“拓展”“加入讨论”“接着讲”“基于……等”提示词是在提醒学生参考之前的评论，不要跑题，但与更常用的“同意或不同意（或你同意吗？）”的提示不同，它允许学生有更广泛、更深刻的见解。询问学生同意还是不同意，其实是让学生关注谁对谁错，而不是更微妙的思维方式。

在这种情况下，贾西敏在她的评论和马克的评论之间选择了一个相对直接的联系："我同意你的观点，马克，"她说，"我想在此基础上拓展一下……"她直接与马克对话，表明这是一个讨论，并指出他们评论的相互关系。她要进一步描述柯斯蒂的勇敢行为。

下一个被提问的是内特。"你认为呢，内特？"克里斯汀说。这是一个巧妙的提醒，暗示他要将评论与马克和贾西敏的观点相关联。

"恕我直言，我不同意马克和贾西敏的观点。"内特说。

通过这种方法，"拓展"这样的提示可以让克里斯汀提醒学生在教师不干预的情况下练习相互回应彼此的观点。

在使用讨论的习惯的课堂上，学生表现出了很明显的高级思维和成熟心智，但这种技巧对低年级的学生也有效。例如，在阿基拉·邦德的课堂上，安东尼是这样回应夏安的，"我同意你的观点，夏安"。随后迈克尔又补充道："我们漏掉了索诺亚的观点，它是……"

技巧 45 分批处理

不干预学生的发言，形成微型讨论

在杰森·布鲁尔的课堂上，我们看到了杰森使用本书介绍的强大的讨论习惯元素和其他重要技巧的情况。在讨论美国工业化早期给劳动力带来的变化时，学生们彼此关注、相互支持。他们的亲社会倾听行为和眼神追踪发言者（技巧48：注意力习惯）的效果是强大的。课堂上有一种其乐融融的氛围，在这样的教室里，你可以进行相互支持的、实质性的对话。你还会注意到杰森在提问第一个学生马哈拉之前的等待时间（技巧33）。学生的回答是错误的，但她的同学仍然对她表示支持和尊重，杰森巧妙地整理着他的措辞（技巧12：犯错文化）。他说："同意还是不同意？妮莎……"这是一个教科书式的跟进问题提示，提醒妮莎对马哈拉的回答进行评论。

"恕我直言，马哈拉，我不同意你的观点。"妮莎说，她指出不断增加的可替换机器零件减少了对工人技能的需求，这样，工厂主就可以按照自己的意愿裁减工人。她直接和马哈拉对话，并巧妙地引用对方的观点。随后，杰森又提问第三名学生说："马蒂，你认为呢？"提醒他继续关注当前话题，并将同学的评论融入到自己的思考中。

这是一个简短但颇有成效的讨论。对3名同学的回答，杰森没做任何评论，只是在提问后一名同学时平静地提醒他们讨论的规范。他没有说"很好，有人愿意拓展妮莎的观点吗？"或者"马蒂提出了一个非常重要的观点！"或者"接近完美，马哈拉，但我认为你遗漏了一些东西"。直到3名学生回答完毕，他才介入，向全班同学提出了一个又一个假设场景："德雷冯在一家工厂工作，假如他提出增加工资的要求，会怎么样？"

除了强化讨论的习惯之外，杰森还会进行分批处理，好让学生开展简短的、小型的面对面讨论，有时是穿插在直接引导或提问等其他课堂活动中（见第六章）。杰森不必停下讲课并宣布说："好的，同学们，现在我们来讨论一下。"他只是让3名学生轮流回答问题，不做干预，他直到最后才发言，这样一个微型讨论就自然地产生了。他在3名学生发表评论后才发言，而不是对每个回答做出评价。这不是打网球式的评论（学生—教师—学生—教师—学生—教师的评论模式），而是打排球式的评论：学生—学生—学生—教师。

你可以在乔什·沙利文的课堂中看到另一个例子。学生回答问题时，乔什选择3名学生轮流发言，他没有做任何评论。他的表情、手势以及他在黑板上默默写下的笔记表明，他在倾听。随着学生的回答，有价值的观点逐渐显示在黑板上。在各类规范（如注意力习惯、讨论的习惯，当然还有主动举手回答问题的习惯）都有序实施的课堂上，乔什的做法有助于在课堂活动中形成简短有力的、学生与学生直接交流的讨论。

显然，其关键是要抵制一次发言一次评论的模式，要保证3到4名学生短暂、连续的发言（然后再评论和引导），但深思熟虑、认真倾听很重要。这既强调了学生评论的重要性，又可以让教师避免插话，本来教师在此时的评论也多是表达兴趣和赞同——这些用非言语的方式也可以表达。我个人更喜欢直呼学生的名字，而不是用手指着发言的学生，简单明了的提醒也很有用，比如，"在此基础上拓展，亨利"。这种在学生发言后的插话也不违背分批处理，只要你的目的是掌控讨论过程（即选择下一名发言的同学），而不是评论。当然，在分批处理过程中，教师的评论仍然有益，你只需稍等，先让学生轮流发言。

分批处理的另一个好处是，它完全符合刻意练习的要求。持续、短时间的填空练习比长时间但偶尔一次练习的效果要好得多，更能使学习者掌握一种技能。每天做一点儿练习，比如说2分钟，会比一个月内做两次40分钟的练习效果要好得多。在一所与我们密切合作的学校里，学生特别善于讨论，其转变的关键是校长要求所有老师在每节课都用1分钟时间练习面对面讨论。这些时间短、频次高的日常练习模式比花费15分钟，甚至还要拖堂的讨论更有效、更容易操作。

在布鲁克林的威廉斯堡大学特许学校（Williamsburg Collegiate Charter School），历史老师瑞安·米勒使用这种方法引导学生进行面对面讨论。在每节课上，瑞安都提问一个具有挑战性但有趣的问题，时间2分钟，然后让学生直接交谈。在这个过程中，他不做评价或干预，除非是要点出下一名回答的同学。他发现，2分钟的时间，再加上公开使用计时器的方式，足够让学生讨论出最好的想法——学生会进行有价值的输出，而不是混时间，这样也不至于使这项活动时间过长。他突然意识到，他可以在任何时候进行两分钟的讨论："思考一下肯尼迪和他的内阁对发射导弹的反应，计时2分钟。他们会想出哪些替代行动呢？"

瑞安还提到一些其他分批处理的做法：他总是要求讨论话题与课程核心理念紧密相连；他认真训练学生的讨论的习惯，这样他们就能高效地回应彼此的想法；他也会介入，引导学生认真完成讨论任务，避免节外生枝，偏离话题，或者忘记拓展前述观点。这些行为也是本章最后一项技巧（技巧46：纪律严明的讨论）的部分内容。

我的同事汉娜·所罗门养成了以严谨、快乐的方式管理学校的习惯，她提出了一些建议，你可以试一试：

- 事先准备对于该技巧的成功实施至关重要，孩子们需要清楚问题是什么，需要足够的处理时间（最好是写作，这样老师在转身讨论节奏变慢时，就可以使用随机提问来推动进程），教师需要在设置计时器前帮助解决如何回应彼此的问题（即讨论的习惯）。
- 教师需要有意识地选择是否在2分钟结束时总结关键要点，比如可以澄清误解，或者可以说："我们在接下来的讲课过程中继续解决这个问题。"
- 教师应该明确课堂参与方式，是主动举手、随机提问还是其他参与方式。
- 与其他技巧一样，在低年级使用该技巧面临的挑战是：学生分享的错误信息太多，事后需要教师整理，所以要考虑是否先进行知识传授。当所有人都掌握相当多的知识、拥有丰富的背景信息时，这种活动效果才会更好。

提高记忆，辅助讨论

想要让学生避免跑题并引用同学的观点，方法之一是帮助他们记住其他人提出的观点。这看起来微不足道，但众所周知，在工作记忆中，人们一次只能保留一两个想法，而且很快就会消失。在听到基马尼的好主意30秒后，他的同学就很难清楚地记得他说了些什么。你可以在黑板上写一个简短的提示语："乔纳斯被丰富的情感震惊了，因为他根本不知道情感是什么"或者"乔纳斯根本不知道情感是什么。——基马尼。”

现在学生就可以思考基马尼的观点了。他们能记住它，并在稍后参考它。哪怕在基马尼发言后又有几名同学发表了新的观点，通过使用讨论的习惯，他们不仅可以对最新提出的观点进行评论，也可以对几分钟前提出的观点发表看法。它可以为学生提供支持，让学生顺利说出：“我想根据基马尼之前所说的乔纳斯不知道情感是什么来展开……”

你可以在白板、投影仪或图表纸上做笔记。值得注意的是，它不同于“技巧22：黑板=白纸”，因为学生很可能不会记录你写下的东西。你只是记忆记录员。他们的任务则是倾听。下图是在杰西卡·布雷西的课堂上，她正在白板上记下奥马尔的评论。

她在帮助同学记住奥马尔的想法，以便在随后的讨论中使用。

当然，和其他技巧一样，这里需要一些明确的指示。学生不知道你在做什么，也不知道如何利用它，除非你告诉他们：“我在这里写下核心观点，这样大家就可以参考它们，并把你们的想法和它们联系起来。这可以帮助大家专注于讨论，记住彼此的想法，并将它们相互关联。”

技巧 46 纪律严明的讨论

使学生保持专注、倾听他人并记录要点

高效的讨论需要大家拥有共同的目标，这体现在两个层面上。一是有一个参与者都认同的特定讨论主题；二是大家共享统一的心智模式——讨论代表着什么。如果人们只想证明自己是正确的，那这就是辩论而不是讨论。讨论应该包括这样的思考：“我（我们）有什么？在这里学到了什么？”如果讨论很有凝聚力，讨论效果通常都会很好。“如果你同时追5只兔子，那你一只也抓不到。”我的朋友说。意思是如果都想讨论，你什么也解决不了。

鉴于此，我们看一下鲁·拉特雷在英语课上的讨论时刻吧，这是他在波士顿爱德华·布鲁克特许学校任教时的一堂课。讨论的主题是露易丝·劳瑞的小说《赐予者》中个人与权威的关系。学生注意到，小说中的社区非常乐意接受政府的命令。一个名叫索菲亚的学生评论说：“乔纳斯是个例外。”他“不愿意接受或不同意政府的命令”。鲁随机提问了另一个学生哈立德，但哈立德突然改变了话题。

“我和卡罗尔讨论了我们是多么喜欢这个短语……”

“等一下，哈立德。”鲁要求道，“你对索菲亚的评论有什么看法？”

鲁在哈立德分享自己的想法之前，把他重新拉回主题，这有可能打断哈立德的思路，忘记刚才要说的话。为什么要这样做？原因是鲁集中在主要目标上，他提醒哈立德，即使对即将讨论的话题很感兴趣，他的评论也不要与之前的评论太脱节或偏离主题。通过提醒学生讨论时必须遵守的原则，鲁教会学生讨论成功的关键因素。善于讨论的同学知道改变讨论主题会影响整个讨论结果。让学生有机会练习讨论的技巧其实是在培养他们的这种元意识。

可悲的是，在许多课堂上，同学说完自己的观点就意味着万事大吉，没有人期望下一个同学的评论会保持同一个主题，结果是讨论有一种支离破碎、自说自

话的感觉。事实上，学生经常会说："我要说的是……"这意味着他们正在改变讨论主题（或之前的评论不太出色）。如果这样的情况长期持续，那么你就是在阻止他们通过对一个话题各个角度的细致探讨获得实质性的、深入的思考。这个开场白向之前发言的同学表明，他们的评论不值一提。如果你讲述了自己特别想表达的观点，但被下一个同学忽略了，就好像它从未发生过一样，那你为什么还要继续为讨论做贡献呢？换句话说，成功讨论最重要的一个特征就是围绕主题，但它很容易被忽视。

在我们最近观摩的一节课上，瑞安·米勒也采取了类似的行为。学生正在检查有关西奥多·罗斯福总统干预巴拿马运河的主要原始文件。一名学生评论说，罗斯福声称美国没有参与其中，其实是为了掩盖美国政府的意图。后面的学生突然改变了话题，就好像之前的观点从来没有被提出过一样，于是瑞安出手干预了："这很有趣，但在我们继续讨论下一个话题之前，我想听听你对莎拉评论的反应。"

瑞安和鲁干预讨论的目标是让学生内化一种讨论的心智模式，其中包括自律和讨论时倾听的必要性。在精彩的讨论中，人们不能随时改变他们讨论的话题。

这是我所说的管理元意识的一个例子，也是纪律严明的讨论技巧的第一部分，鼓励学生在讨论中集中注意力和自我意识。有时需要把讨论放在"盒子里"，并提醒学生"现在，我们要继续原来的话题"，或者问"你说的话与当前讨论的话题有关系吗？"。

纪律严明的讨论技巧的第二部分是有意识的思考——类似于"印章"，保罗·班布里克-桑托约用"印章"这个概念描述讨论后的写作。在讨论中，参与者需要总结核心观点，或者在本例中，有意识地思考以下问题："我（或我们）从讨论中学到了什么？"或者"你的观点有什么变化？"书面回答讨论主题赋予了讨论内容的重要性和持久性，确保讨论花费的时间没有白费。正如保罗·柯舍尔和其他同事提醒的那样，学习是长期记忆的一种变体。讨论可能很丰富，但如果学生记不住讨论内容，他们不会学到太多。因此。讨论之后的写作有助于弥补这一不足。

讨论花的时间越多，讨论之后得出的明确结论及将其植入长期记忆的过程就越重要。有意识的思考意味着讨论并不以教师发言的结束而结束，而应以教师这样的要求结束：

"给大家1分钟时间，记下你从讨论中学到的要点。"

或者（为了强调倾听的重要性）："给大家1分钟时间，记下同学的总结中有用的评论。"

或者（强调对新观点的开放性）："给大家1分钟时间，记下你的观点在讨论过程中发生的变化。"

这也恰巧是对遣词造句的艺术（技巧41）的出色应用：

"讨论很精彩。现在给大家2分钟的时间，用一个精心构思的句子来描述你最重要的收获。"

或者："讨论很棒。给大家2分钟时间，用一个完整的句子描述你在讨论中听到的两个不同的观点。"

当然，也没有必要一定使用遣词造句的艺术技巧。安静写作就足够了。"给大家2分钟时间描述讨论中的3个关键历史事件以及它们之间的关系。开始！"

比起转身讨论，我更喜欢写作。写作可以将我们的观点更深入地植入长期记忆中——丹尼尔·威林厄姆告诉我们，我们容易记住深思熟虑的事情。而写作通常是一种比说话更让人深入思考的思维形式。此外，写作还给学生留下了一份他们将来可以参考的书面记录。

有趣的是，在阿丽埃尔·胡的课堂上，阿丽埃尔以书面总结形式结束了关于平行线的课堂讨论，但她把书面总结变成了一个共同的课堂活动。她写了句子的开头，其他学生奉献了各种各样的观点。然后，她再进行提炼和选择，最后创造出了一个内容优于任何个人总结的总结。随后，学生将这一集体智慧的结晶抄下来，作为他们的学习过程记录。我和团队把这种书面总结——一个由教师策划、大家共同完成、比任何个人总结质量更高的范例——称作是集体合作结晶。这是结束一节课最好的方法。

管理元认知——盒子内的情况

我们倾向于强调"跳出常规思维"（thinking outside the box）。这个短语能够激发创造力，带来认知能力的跃升，点燃洞察力最初的火花。然而，在课堂讨论中，把它放在盒子里——专注于一个特定的话题，从各个角度对这一想法进行持续、深刻的思考——往往更有价值。当然，这两者并不相互排斥，它们之间存在着一定的紧密关系。学生有时会有一些离题万里的想法，而不是专注于和主题相关的评论，因为他们相信这是“盒子之外的”发散性思维。我们有时甚至鼓励他们这样做。不过，如果我们不教会学生如何保持对讨论话题发表见解，我们的评论肯定会离题万里、不着边际，影响讨论的进度。请看下面的例子：

有一段时间，我在附近的一所学校听课，让我震惊的是，不同课堂的讨论方式竟如此大相径庭。在一些课堂上，学生的讨论与主题相关、言论精彩、发人深省。在另一些课堂上，学生可能觉得自己的观点很有趣，但对其他人来说，该观点却没有什么用，也没有启发性。他们的观点晦涩难懂，发言者却自以为是——也许很聪明，但太自我了，很难说。奇怪的是，我观察的是不同课堂上的同一群学生。于是我开始反思：“为什么他们在一个课堂上对同学的观点回应如此积极，而在另一个课堂上却毫无反应？”

在一个课堂上，教师问：“什么是公平？”一个学生引用一本别人从没听说过的漫画书中的一句话来回答。另一个学生回答说，它就像比萨一样。他们从一个模糊的类比转向另一个比喻。他们的回答“跳出了盒子”的框架。而老师也没有清晰地指出发言之间的关联。在讨论中，他们阅读的文章一会儿像“这个电视广告”，一会儿又像“那首歌”，然后教师引用了一些歌词。他将这叫作文本间的相互关联，但其实不是。他们讨论的效果不是把文本投射到一种新的揭示真相的光线中，而是分散了全班学生持续思考的注意力。学生的评论也反映了教师的选择。学生提到了一些晦涩难懂或只有自己才能理解的东西，而教师从来没有帮助他们思考过他们的评论对其他同学是否有用。

也许教师的心智模式就是模糊的，他没有考虑到讨论是需要紧扣主题和有时间限制的。曾经有位教授会不时地提醒学生说：“你的评论和我们刚才谈论的主题有什么关系呢？”他的话让我们很快意识到，讨论不仅仅是关于我们和我们想要谈论的想法，而是实现我们共同的目标：对讨论的话题发表深刻的见解。

在当天早些时候，在基本上是同一批学生参加的数学课上，我们很清楚地感受到教师对讨论期望的掌控力。这是他们学习变化率的第一天，教师刚刚观察到，在变化率的问题中，时间几乎总是以自变量的身份出现。“你们的自变量99%是时间。”他说。他问学生对此是否有问题。随后的课堂活动中，学生思考如何用线图表示特定的变化率问题。后来，一名学生让老师举一个时间是因变量的例子，老师说：“要举个因变量的例子，我必须提出一些你们不太明白的知识点。也许我们稍后会这么做，但现在让我们假设它是自变量。”

尽管他提示得很明显，又有一位学生举起了手，提出了一系列“要是……怎么办”的问题，想知道时间是怎么变成因变量的。她的提问很棒，许多老师可能会鼓励她提出这么精彩的问题，但她的观点对班里其他同学却没什么用处。老师试图帮助全班同学在概念层面上理解变化率问题，而不是偏离主题去探讨一个他刚刚表示不值得花时间讨论的领域。他的回答非常好：“你是在跳出思维框架。但我希望现在我们就专心致志地在‘盒子里’思考，真正理解什么是变化率以及它的工作原理。我们现在就只考虑这个问题吧。”然后他真诚地笑了笑，又开始谈论变化率的问题。

虽然有些老师可能不愿以这种方式限制讨论，但这样做非常有成效。本质上他是在表达：“这是现在我们大家一起做的事情。这是大家发言时应该注意的事情——团队想要做什么以及为什么这么做。”教师的部分责任是教会学生何时以及如何有效地参与一场讨论。

简而言之，在构建讨论的过程中，你通过反馈和示范的方式对“如何在设定情境中发表有效言论”为学生提供指导，从而管理学生的元意识。不要认为他们知道如何展开有价值的讨论，教师要花时间和精力在他们遇到困难时教会他们该如何做。也许有时你想要更多“盒子之外”的发散性思维。如果是这样的话，你可能会使用元评论，比如，“我想听到一些建立更广泛联系的观点”。无论哪种方式，管理元意识都依赖于两个关键工具：示范你想要参与的讨论类型，以及就如何让学生以有意义的、相互关联的、富有成效的方式参与讨论提供持续、积极的反馈。

第十章

课堂系统和课堂惯例

PROCEDURES AND ROUTINES

最近我到特洛伊预科学校小学部观摩了萨姆·德鲁克和梅根·赫尔利的二年级课堂，我真希望大家都能看到我在这里看到的一切。一走进教室，我就发现萨姆坐在教室的一个角落里，正在倾听5名学生认真地讨论一本章回体小说。慢慢靠近时，我无意中听到了学生的发言，如“我觉得你漏掉了一个证据，莎维雅”“我同意大卫的观点，但我还想进一步拓展它”（技巧44：讨论的习惯）。在另一个角落，梅根正在给10名学生朗读一本关于蚂蚁的书，他们听得津津有味。在教室中央，6名学生正在全神贯注地完成自主阅读作业，另一组学生则伏案写作：起草段落、阐释之前所读故事的主题。

几分钟后，在萨姆的提示下，坐在教室中央的6名学生把他们的东西收好，站起身，安静地走向梅根所在的角落。其他没有换组的同学则继续忙着自己的事情。梅根一面讲课，一面巧妙地打了个手势，提示1名学生把书分发给没有书的同学。

萨姆和梅根班上的学生在自我管理的氛围中学习。课堂运转功能通常被描述为以下几类技能：

- 专注力
- 组织、计划和设置优先级
- 任务开始并保持注意力集中直到完成任务
- 理解不同的见解
- 调节情绪
- 自我监控（眼神追踪你正在做的事情）

学生按照自己的节奏管理时间。他们仔细倾听同学发言，并通过同学合作从他们那里汲取精华。教室里的一切似乎都在自动运行。

矛盾的是，学生最大限度享受的自主和自我管理权却是教师组织和计划的产物。学生已经习惯了萨姆和梅根老师设计的一系列程序——如何在课桌前学习；如何管理资料；如何在教室里走动；自己遇到困难，教师又忙着为其他同学答疑时，如何寻求帮助等——具有讽刺意味的是，正是这种组织和计划让学生拥有了更大的自主权。萨姆只需简单提示就可以完美地切换教学模式，这与学生坐在课桌前的自主学习没有多大区别。教师赋予了学生自主权，精心的培养使他们受益良多。

萨姆和梅根在他们的课堂程序设计上投入了大量精力，为学生提供明确的指导，指导他们如何执行经常重复的任务，如自主学习、小组调换、回答课堂问题等。在年初的前几周，他们依靠不断的练习强化教学水平。如果看到他们当时的做法，你也许不明白他们到底在做什么——为什么一定要设计这种程序？为什么要事无巨细地规定“必须这样做”？为什么要如此执迷于让学生在教室移动或参与课堂讨论呢？但事实上，每一件“必须这样做”的规定都在一个系统中占据一席之地，小程序在大程序中的有机联系，使萨姆和梅根能够训练学生养成独立自主的学习习惯。久而久之，这些程序便会自动运行，形成惯例——在很大程度上，学生可以独立执行。这样看来，萨姆和梅根之所以能够有效赋权，让学生实现自我管理，那是因为教师可以高效地引导、调整或仅用一个字或手势去纠正学生。

这个观点不是仅仅适用于课堂上。像萨姆和梅根这样的课堂程序和惯例，本质上代表了共享课堂习惯的内化。值得注意的是，习惯会对我们的生活产生深远的影响，它们变成了基本规则。如果你在生活中养成了健康、积极向上的好习惯，比如阅读或锻炼，你就更有可能养成其他良好的习惯。“通常情况下，经常锻炼的人吃饭更香、工作效率更高、烟吸得更少、对同事和家人更有耐心。他们使用信用卡的频率不断降低，感觉到的压力也更小。训练可以引发一系列重要习惯的改变。”查尔斯·都希格在《习惯的力量》中写道。这种训练看起来像自律——对，它就是自律，它使习惯的养成变得容易了。高效的习惯造就做事效率高的人。这对学生来说很重要，研究发现，“自律比智商”更能影响学生的学习成绩，都希格写道：“自律对学习成绩的影响比天赋更大。”

本章将探讨如何培养课堂上共享的积极习惯。讨论系统和惯例要使用一些关键术语，下面是一些关键术语的定义。

- **程序**：由教师建立，教师和学生在课堂上有效执行重复任务或行动的方式。
- **系统**：由相互关联的程序组成的网络，用于帮助教师实现设定的目标——维持活动的条理性、管理学生的行为、迁移学习资料、成功参与课堂讨论等。
- **惯例**：自动的程序或系统，无需监督，无需有意的认知（换句话说，一种习惯），按自己的意志学习，无需教师提示（例如，阅读时记笔记）。

在妮基·鲍恩的课堂上，妮基为学生调换识字小组的系统设计给我们留下了深刻的印象。这一系统设计最初发表在保罗·班布里克-桑托约、阿雅·塞特尔斯（Aja Settles）和朱莉安娜·沃雷尔（Juliana Worrell）的《良好阅读习惯，成就卓越人生》一书中。快速调换小组最大限度地延长了学习时间，确保学生到达每个新的学习小组时都注意力集中，迅速投入学习。几秒钟内，他们就到达各自的位置。这是系统、程序和惯例良性运转的范例。妮基的小组调换系统由一系列独立的程序构成。一旦学生掌握了这些程序，并在经过练习后能够顺利地、习惯性地按顺序完成它们，那么惯例就建立起来了。将系统分成一系列程序，妮基可以将学习过程分成不同模块（考虑到学生的学习记忆），并将这些模块应用到其他课堂系统中。她所有的课堂小组调换都从“学习者的位置”开始——也就是说，学生表现得专注和投入，并且无论往教室内的哪个地方走，行走路径和过程都是相似的。

这一章的目标只是稍微拉开帷幕，揭示像妮基、萨姆和梅根这样的教师是如何使用程序和惯例来创造严谨、快乐、井然有序但却赋予学生真正自主权的教学活动的。首先，我们将特别介绍两个熟悉且很重要的惯例，它们与课前准备系统有关：进门规则和开个好头（技巧47）。接着，我们将探讨注意力习惯（技巧48），这是学生在学习过程中进行基本社会互动的日常行为。当然，优秀的课堂需要有更多的程序和惯例，因此，我们将探索如何设计和安装程序，以便你在课堂上及其他方面指导学生取得成功。

在本书中其他地方描述的程序和惯例都很重要，它们可以帮助我们了解课堂上使用的系统类型。程序和惯例大致分为3类（如下图）。

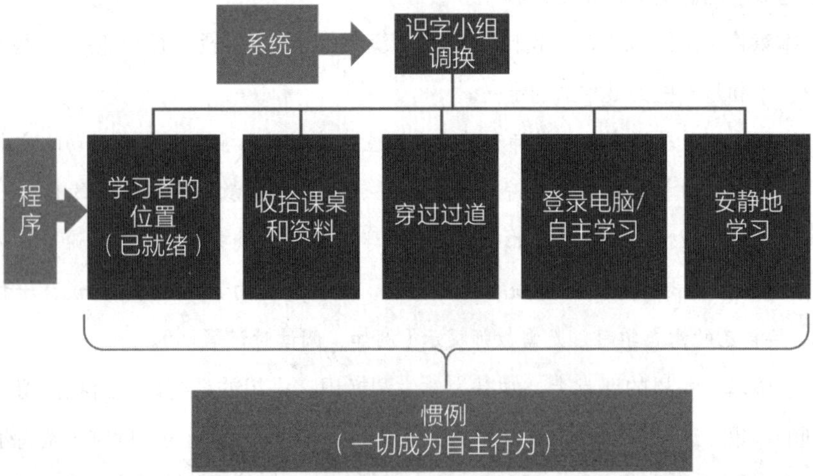

1. 学习惯例：把帮助学生完成他们所参与的任务当作学习过程的一部分。在本书的其他地方，你会发现许多这种惯例的例子。实际上，转身讨论（技巧43）就是面对面交流的惯例，讨论的习惯（技巧44）是一整套在更大的讨论中应用的程序。安静写作（技巧39）是让学生自主写作顺利进行的惯例。FASE阅读（技巧24）是一种培养学生高效口头阅读惯例的工具。一种或者一组惯例活动会让你轻轻松松地检查学生的作业。所有这些习惯的存废都取决于实施结果的有效性。所有的课堂参与方式——随机提问、随机展示、提问与回答——都在发挥作用，惯例可以预测，随机提问学生时，学生就能预料到你的行为、理解这样做的意义并知道如何回应。

2. 程序惯例：帮助学生用最高效的方式管理学习材料和进行空间移动。你可以应用十几个程序，让课堂的日常活动进展更顺利：在门口排队、分发和收集论文、把东西给更低年级的学生搬到地毯上去、拿出学习材料等。在本章中，我将探讨两个这样的惯例：进门规则和开个好头（技巧47）。它们可能看起来很平凡，但了解它们之后，我希望你能发现其深远意义。在其他地方——比如第六章的所有学生都举手（技巧29）中还有更多这样的例子。

3. 文化惯例：帮助学生表达共同的价值观、行为规范和愿景。也许你注意到在杰西卡·布雷西或德纳留斯·弗雷泽的课堂里，学生是如何赞扬彼此的努力付出或精彩见解的，不管是在教师的提议下，还是出于自身的意愿。你会看到，教师让学生以“施魔法”的方式向一名暂时遇到困难但依然不放弃的同学加油。他们没有大声喊出来，而是通过手势表明：“我支持你，我知道你会弄明白的。”能做到这一点的首先是注意力习惯（技巧48），它的重要性体现在了这张照片中：

杰西卡的学生奥马尔正在回答她提出的问题：“在我们正在阅读的小说中，主

人公做事的动机是什么？”起初，奥马尔有点紧张，心里直犯嘀咕：“我说得对吗？我说得好吗？这样说安全吗？”但他的发言持续了很长时间——他一直输出，不断地给出细节和观点，他的自信也在慢慢增强。在某种程度上，他这样做是因为他受到社交惯例的影响，从上图可以看到：奥马尔的同学都在注视着他，都在听他回答，表明他的回答很重要。

同样值得注意的是，教师自己的惯例是成功课堂教学的重要组成部分。第二章是对很有希望成为惯例的准备程序的研究。比如，如何在教室走动、巡视课堂和观察数据是教师应注意培养的重要惯例。

继续探讨之前，让我们看一下惯例的集体力量：假设你班上的每个学生都有自己拿出学习资料的习惯，并可以在几秒钟内完成这个过程。但如果大家都用同一种方式拿出学习资料呢？效果是一样的吗？还是更好呢？如果大家要完成的是同一个任务，所用时长都一样，那么各人用各自的方式听起来好像更有意思一点。那么为什么还要培养集体的惯例呢？

第一个原因是：集体完成日常惯例便于管理。让大家用不同的方式完成好同一件事是一项漫长的任务，你大概率不会得到你期待的结果，即使达到了你的预期，你也会在指导遇到困难的学生时花费过多心力，虽然你们知道有一个正确的做法，但是没有清晰的步骤来指导他，比如“每天早上你放书包的时候要把笔记本拿出来放在课桌里”，而不是问他“你一般喜欢把笔记本放在哪里，书包里还是课桌里？”。我在中学时永远找不到正确的做事方法，经常感到头脑混乱，我也曾经最不能忍受别人告诉我如何提高效率。我没有弄明白，也看不到他们建议的明智之处，所以对别人的建议很抵触。

当然，团队的效率也需要协调。当教室里只剩你一个人时，你可以用自己的方式从椅子处走到桌子处。但当30个人同时这样做时，避免不必要的冲突或解决谁先到这一行或那一列的唯一方法是进行管理。

需要协调的第二个原因是，明确的程序和惯例在设定规范方面非常有效。“当我们不确定如何做时，”汤姆·班尼特写道，“我们就要向他人寻求帮助。这称为社交证据，这是恰尔迪尼（Cialdini）在1984年创造的一个术语，即通过观察他人的行为，我们有‘证据’证明这是正确的。”明确的规则不仅鼓励人们遵循，而且提供慰藉。它减少了学生认为自己可能做错事、看起来很愚蠢的焦虑。正如我们在妮可·沃伦的课上所看到的——学生胸有成竹，这有助于增强学生参与课堂活动的动力，课堂上有一种不间断的活力在流淌。学生知道该做什么，当他们和周围同学一起做同样的事情时，他们会非常兴奋。回看我在第七章中提到的一点，扎雷塔·哈蒙德称大脑为“社会性器官”，并指出它“有一种‘接触他人’的冲动，一种‘与他人在一起的愿望’”。这一点经常反映在唱歌的普遍性和力量中——在世界上的每一种文化中，从字面和象征意义上讲，合唱都是成为集体成员的一种方式。加入我们的声音——无论是因为崇拜还是其他原因，都会令我们印象深刻。部分原因在于音乐本身，另一部分原因是合作时产生的归属感。当然，这可能会被过度使用和滥用。汤姆·班尼特写道：“拥有共同目标和参加集体活动的荣誉感对人的心理健康有益。”它提醒学生，他们属于这个团体。和军事型、机械型管理不同，只要管理得当，带着一点幸福感甚至快乐感去执行教师的任务会令学生感到欣慰。

集体惯例影响强大的第三个原因是，它可以帮助我们把注意力放在更有用的地方。习惯了如何写小说反思日志——我在全体学生都动笔技巧中称之为停下手头任务，快速写作，这可以让学生写得更多更好，因为他们的关注点在教材上，而不是在哪里写以及是用铅笔还是钢笔写。养成高效做事的习惯会让事情变得更容易，让你把意志力和自律集中在重要的事情上。一定程度上，这是一个关于学校教育的隐藏故事。成功依赖于很多事情，但其中之一就是不管是否喜欢，学生都要按时完成所有任务和作业。当科学家分析那些看上去最自律的人时，詹姆斯·克利尔写道，事实证明，他们实际上更擅长“以一种不需要英雄般的意志力和自控力的方式安排自己的生活”。他们有良好的习惯，积极主动、高效做事。他们不需要自律约束日常习惯，就可以轻松做到。在提升个人生活方面，克利尔的建议是关于打造有强大程序和惯例的优异课堂的。“为了养成更好的习惯，你能做的最有效的事情之一就是加入一个把你想做的事情当作是正常事情的团体……你的文化设定了你对‘正常’事物的期望。与那些有你渴望拥有的习惯的人待在一起，你就会与他们共同成长。”

换句话说，课堂程序和惯例就是共同习惯，是由一个有爱心的成年人精心设计的，它们对我们在学校追求的大部分目标都至关重要。

技巧 47 进门规则和开个好头

建立仪式感和高效惯例，让学生马上进入状态

人们不断了解周围环境，并从中获取社交线索，这个过程从刚进入某个空间就开始了。不仅如此，乔纳森·海特在《正义之心》中解释说，我们几乎是在瞬间就形成了许多印象和观点，只不过随后才对我们最初的反应做出合理的解释。和很多行为一样，这个过程是隐藏的——我们根本没有意识到自己在做什么，但我们却一直这样做。这里的“我们”也包括你的学生。

学生的第一印象很重要，不仅是上学第一天的印象，也包括每一天每堂课开始的印象。所以，每堂课开始的方式——在上课开始前如何在有限的时间内导入文化知识和求知期望对于制定规则以及沟通都至关重要。当学生走进教室时，你打招呼的方式正在向他们暗示：一进入教室可能发生什么，教师对他们的期望是什么。在教授文化知识时，讲得好和讲得正确比出错时再纠正要容易得多。进门规则确保你每天从一开始时就要努力做到不出错。

学生到达教室时，他们应该感受到以下信息：我是有归属感的；教师是有能力且做了精心准备的；作为学习者，我会度过一段充实的时光。同样重要的是，教师要巧妙地提醒学生，你对学生课堂上表现的期望要比在走廊或其他地方高得多。发生在教室里的事情更重要，这个巧妙的转变应该发生在学生进入教室时，就像绝大多数人进入教堂或寺庙时一样，他们会放弃自己的声音，改变说话时的大嗓门以示尊重。他们的行为表明，这里发生的事情很重要。没有人告诉他们要做出这个改变，他们会根据环境的暗示和周围其他人的行为方式来感知它。教室不是让人敬畏的肃静场所——我们期望的不是那样的转变——我们想要的是让学生认识到他们正在进入一个具有共同价值观的和非常重要的地方。

鉴于此，我们来看看赛迪·麦凯利、达伦·霍林斯沃斯、特罗娜·塞纳克、史

蒂夫·奇格和塔米莎·麦圭尔课堂里的第一印象吧。虽然不尽相同，但在某种程度上，它们有相似之处。他们每个人都讲授不同的文化知识，但都条理清晰、重点突出。他们使用不同的惯例程序，明确地表明学生要进入的这个地方是一个富有成效的学习空间。我们看到的教师都是文化塑造者，而不是文化接受者。

先从达伦·霍林斯沃斯开始吧。怎么可能不从达伦开始呢？刚开始我们没看到他，但听见他在走廊里向学生打招呼："看看你！真精神！"在描述学生的总体印象和其他几个同学时，他说："超级聪明！"他乐观、开朗、自信，绝对清楚学生进入他的课堂时会发生什么。他称呼学生的名字并和他们打招呼，让他们知道教师认识他们，他们在教师眼里很重要。一进入教室，教师就明确地告诉他们要完成任务（"请进，我的队员们。拿出装备，女士们、先生们！"）。学生按照明确的指令和规则开始了快乐、富有成效的学习，这很快就变成了惯例。霍林斯沃斯老师就是这样开始上课的。学生会感到归属感，并期待自己的宝贵时间能得到充分利用。

请注意一点。达伦站在门口，他可以清楚地看到教室里的一切，同时迎接每个学生的到来。教室没有其他入口，这可以让学生进入教室的速度放缓，有必要时还可以提醒学生对他们的新期待。他放慢学生进入教室的原因是队伍不够整齐。他开玩笑地称之为乌合之众，显然不是，学生立刻改正了不够完美的动作，队伍变得整齐了。快乐、包容和高期望在迅速传递。

在赛迪·麦凯利的课上，赛迪在迎接学生的时候可能没那么激情澎湃，但不失热情、真诚和亲切。她不时地问候学生，"嗨，恩凯。很高兴见到你""嗨，阿莱克萨"以及"我喜欢你的眼镜"，或者提醒每个人上课需要带的东西："门口有两本讲义，随便拿一个，如果需要，再拿个计算器。"还有对学生期望的提醒："请收起手机。"学生从门口的筐里拿起现在就做任务，走到课桌前，开始学习。对赛迪来说，这是一个忙碌的早晨，摄像头记录下这一切，但并不是所有同学都签署了许可拍摄的协议，所以在进门规则活动期间，她要指挥一些学生到不同的座位（一些相机拍不到的地方），一切都非常顺利，每个人都知道该做什么，她在门口做出手势提示大家遵守纪律、准备活动、完成作业。学生感受到教师的关注和关心，并很快就进入了学习状态。进门规则看起来像浪费时间，但其实并非如此。一个学生逗留了一段时间，谈论了一些不急于处理的事情（"我马上帮你解决问题。"赛迪说）。实际上，这段时间对设定期望至关重要。对赛迪来说，这肯定不是在浪费时间。

注意达伦和赛迪的相似之处。他们都站在门口，控制学生进入教室的行进速度，但赛迪的学生随时到达，没有在门外排队。她抓住这个机会，用一种柔和、亲切的语气简单地问候学生——这是在提醒学生，在他们走进教室后，对他们的要求就不一样了，期待就会变高了。教师在这里做的事情很重要。优秀的教师通常会用温和、亲切的“我注意到你了”的时刻来说出对学生的期望和要求——“我喜欢你的新眼镜”“很高兴见到你”“辩论准备得怎么样了？”——抓住机会称呼学生的名字。所有这些都让学生感到“被老师关注”（这是我的同事丹·科顿提出的安全、成功、被记住策略的一部分）。

在特罗娜·塞纳克的课堂上，我们看到了特罗娜在年初开学时向学生打招呼的情景。他们在假期里经历了各种各样的冒险，有很多事情要和老师分享。她把学生的兴奋和良好的感觉融入到教学任务中。她传达出了这样的信息：“很高兴见到你；我很关心你；我们有很多事情要做，现在就开始。”因为现在是在年初，她对学生的期望更明确。和达伦、赛迪一样，教室的门很狭窄，她可以控制学生进入教室的速度。特罗娜确保在学生进入教室时，她既能看到教室又能看到走廊。你会注意到她在教室外面做了多少工作。如果你能做到这些，那是很明智的，因为习惯的力量很强大。这意味着教室就是你的舞台，学生只能按照你希望的方式进行“表演”。因此，进入教室时的流程和行为改变成了一种习惯。

史蒂夫·奇格也采用了类似的做法：他热情地问候学生，称呼他们的名字，对学生的表现表示满意。尽管学生排队进入教室时非常专注，他还是暂停了学生进入教室的进程，因为他“感觉自己听到了什么”。随后，你可以看到学生认真地执行进门规则，按惯例进入教室。他表达了对学生的期望，强调了教室的重要性，学生也做出了回应。

塔米莎·麦圭尔展示了一个稍微不同的场景，她在房间里和男同学亲切地聊天。女同学进来后，她开始准备上课。她拍了两次手，改变了说话语气，表明开始上课了，女同学立刻明白她们已经进入了一个更重要的空间。实际上，她并不在门口，然而这也是另一种意义的门。

到目前为止，进门的主要方式包括：站在教室门口，可能偶尔跨过门口，和学生打招呼；抓住机会提醒学生他们在哪里（他们现在和你在一起，无论他们对自己的期望是什么，在这里你期望他们能够做到最好）、你对他们的印象（带着关心、热情，同时也暗示他们，有时你也会严格要求）以及你对他们的期望（卓越、博学和努力）。在这个过程中，每个学生都会向你问好、和你握手、看着你的眼睛、礼貌而亲切地打招呼，你也相应地做出回应。这是一种表达礼貌和关心的仪式。

你可以用打招呼吸引学生的注意力，建立融洽的师生关系——“你的作业很棒，我很喜欢，大卫。”“昨晚比赛表现不错，沙娜。”“希望你今天表现更出色，威廉姆斯！”“你的发型好漂亮，莎妮丝！”你可能没时间跟每个学生逐一这样对话，但你可以每天挑选几个学生。久而久之，教师与每个学生都建立了良好的联系，你用实际行动告诉他们，你认识和了解他们每一个人。你可以通过热情地和学生打招呼，建立融洽的师生关系——“手劲不小啊，贾马尔”“我喜欢你的热情，特里。”

你也可以通过描述接下来要做的事情或表达你对学生的期望来欢迎他们的到来——“我们今天有一个测验，大家现在就做好准备。”你还可以使用进门规则，即通过纠正学生软弱无力的握手、凌乱的衣服、冷漠的问候或糟糕的眼神交流来设定期望。幸运的是，这很容易做到，因为进门规则有一个自带的“惩罚”。如果学生做得不好，必要的时候可以让他们重新再来一次。

站在门口时，一定要确保教室内外你都能看到，这样你就既可以看到那些已经进入教室的学生，也能看到那些正在进入教室的学生。等学生全部进入教室后，你可以开始表扬一些积极的行为：“谢谢你，作业都对了。”“干得好，杰米拉。你把作业整理得这么好，太棒了。”如果你注意到课堂上有几个学生没有达到你的期望，你可以热情地提醒他们应该怎么做：“把椅子收起来，这样大家容易通过”或者“记住，进教室后就‘禁止大声喧哗’”。

如果你不能在门口迎接学生（不管是因为学校政策的原因，还是因为你已经走进教室），寻找另一种仪式表明正式活动的开始，就像塔米莎做的那样。重要的是，你要使用仪式的力量让学生看到：从他们进入教室的那一刻起，就发现教室与他们去过的其他地方不一样。

对于一些忙忙碌碌的教师来说，学生进入教室后——他们走进教室，找到座位坐下，理想状态下开始做现在就做任务的这段时间可能未被充分利用。有些教师会在这期间做一些准备——装订材料、在黑板上写下课程目标，或者快速地了解学生的想法。在他们看来，一堂课开始的这段时间是做准备工作的绝佳时间，只有在他们把材料分发给学生后，课程才算真正开始了。

当然，有时你必须花一分钟的时间来发布教学任务，但重要的是，你一定要认识到，学生一进教室，课程就开始了。对他们来说，两分钟的学习和你上课中的两分钟一样重要。你也需要把课堂要求告诉学生：你在这里需要做什么；我们一会儿会做哪些事。

所以，要有意识地为上课开好局：为学生走进教室制定一个最有效、最正确的方式；完成现在就做任务；准备好学习资料，进入上课的状态并把这些规则变成学生的习惯，这是值得的。一旦这种规则成为一种惯例，就会形成双赢的局面。学生学习效率高，教师教学有成效。当一切都有条不紊地进行时，你就更能抽出时间备课、整理教室、关注某些学生，也许还可以喝口咖啡。

开个好头

开个好头是指设计好从学生进入教室（完成进门规则之后）到课程开始前的一系列的活动，这一点很重要，原因有三：

1. 它为接下来发生的一切事情确定基调。课堂文化并不是一成不变的。它是由课程的最初几分钟决定的——无论你是否有意设计它们。

2. 从课堂节奏的角度来看，一个好的、充满活力的开局会为你的课程增添动力。它让学生一进门，就自觉、快速、高效地学习。糟糕的开始意味着，你要用你剩下的课程重新激活学生失去的活力，这可能永远都不会成功。

3. 开个好头通常包括现在就做活动，学生通过高效地预习或复习掌握重点内容，这可以培养学生良好的学习习惯。

如果你在上课铃响后走入一个非常成功的课堂，你会发现学生在课程一开始做的惯例大致包含以下3个部分：（1）开始现在就做任务；（2）现在就做；（3）检查现在就做作业。

开个好头的第一部分是学生如何从进门转换到现在就做任务。它与进门规则不同，进门规则强调在学生进入房间后，马上专注于设定的行为规范和期望。而从进门到现在就做任务是让学生养成一进入教室就专注、高效学习的习惯。

一般教师可能是这样设计的：一旦学生走进教室，就从教室内的一张桌子或讲台上拿起一包学习资料，就像赛迪·麦凯利做的那样。在某些情况下，尤其是在小学阶段，学习资料可能已经放在学生的课桌上了。

克里斯汀对学生的热情和欣赏让他们知道，教师重视他们的努力。“谢谢你，把一切都准备就绪，詹姆斯。”“林赛正在解答现在就做任务的第一题。”诸如此类。注意你的语言，一定要简单明了，要高效地表扬勤奋的行为。一旦开场程序成为惯例，就尽量减少说话频率。我们的目标是尽量少说话，如果要说的话，在进门就开始现在就做任务这一环节说。在克里斯汀赞赏学生的优异表现后，过了好久才会评价，其间有很多安静的思考时间。她不想让学生认为她的夸奖太机械——如果太多，听起来就啰唆了。她要创造一个工作环境，让学生高效地学习，思维不被打断。有几个关键点可以帮助你以最高效的方式完成进门和现在就做任务：

- 让学生从桌子上拿学习资料比你在门口发资料更有效。后一种方法会放慢速度，并使你在跟学生建立联系和设定教学期望时要分心做别的事。

- 明确学生的座位。学生花大量时间四处走动、寻找座位、决定坐在哪里或者谈论决定坐在哪里（“我能坐在他旁边吗？他不会认为我暗恋他吧？”）都是在浪费时间和精力。分配座位或允许学生注册登记固定座位。

- 无论用何种方式交作业（把作业放在筐里、放在课桌左上角或是交给学监）都可以，但你应当固定下来一种，让学生每天在没有教师提示的情况下用相同的方式交作业。这样你就可以顺利地、快速地完成收作业，并且每节课一开始就收。这无形中就强调了它的重要性。

- 每天把现在就做任务写在同一个地方，比如黑板上、互动材料上或者学习讲义里。课程目标、课表和家庭作业应该提前写在黑板上，每天都写在同一地方。

作为开个好头技巧的一部分，建立现在就做的程序至关重要。现在就做可以最大限度地减少教师发布指令的时间，培养学生勤奋刻苦的习惯。学生练习时可以有效利用碎片化时间维持和巩固他们已经掌握的技能——确保学生要时常温故而知新是教学潜在的挑战之一。

现在就做的技巧详见技巧20。

技巧 48 注意力习惯

让学生更自律、更专心

“很多人不明白我们做每一项任务时应该关注什么。”阅读研究专家玛丽安娜·沃尔夫写道。“我们关注的就是我们最终学到的东西。”佩普斯·麦克雷表示赞同。注意力是学习中容易被忽视的“门卫”。保持专注和注意力集中的能力是许多学生成功的来源（未被大家意识到），而注意力不集中则是失败之母。

扎雷塔·哈蒙德说：“神经科学提醒我们，在我们有动力去了解面前的东西之前，必须先注意它。自主学习能力强的学生的特点是他能够将注意力集中在自己喜欢的事情上。要想培养学生强大的注意力习惯，就要放权让他们管理自己的思维。”

选择性注意指选择你所关注的东西的能力，排除干扰，锁定当前任务。认知科学家考特尼·史蒂文斯和达芙妮·巴伐利尔指出，选择性注意对语言、读写能力和数学等方面的成功会产生“混响效应”。他们补充说，“将培养注意力纳入学校教学会让学生获益匪浅”。

如果年轻人能够养成持续的选择性注意力习惯，他们成功的可能性就会更高。这是千真万确的，但在今天，纷繁复杂的网络世界一直在分散我们的注意力，这些分散注意力的科技产品还在不断营销或销售。集中注意力技巧旨在建立惯例，让学生在课堂上集中注意力，养成强大的注意力集中的习惯。此外，注意力习惯还可以利用人们在关注他人时发出的信号建立更强大、更具包容性的学习群体。

我过去把这项技巧称为“STAR/SLANT”，这是学校经常用来描述在课堂上的期望的首字母缩写。我仍然建议使用首字母缩写来描述核心注意力习惯，但我已经改变其名称和概念，以便更多地关注其原因。了解该技巧的目的后，你就更有可能高效地使用它了。

这项技巧中的“习惯”特别关注眼神追踪和亲社会的肢体语言，一种交流时对说话者表示支持和找到归属感的语言。詹姆斯·克利尔在《掌控习惯》中写道："视觉提示是我们行为的最大催化剂。"我们的外表比任何其他单一因素都更能吸引他人的注意力。"我们通常不是完全有意识，甚至没有意识到我们看向哪里。培养学生的观察习惯可以产生深刻的变化，不仅是学生的行为和认知的变化，还会影响周围人的变化。"对说话者表现出专注、仔细倾听的行为——如点头、看上去非常感兴趣——通常会反过来影响你的行为。这能让你更加投入，让说话者感受到强烈的认同感和归属感。因此，请留意克里斯汀是如何频繁、巧妙地强化这些习惯的。

这些行为与在课堂上打造社群的能力紧密相连。归属感可以说是其中最强大的动力。丹尼尔·科伊尔在《极度成功》中写道，我们无意识的大脑"痴迷于它"，但大脑"需要不断受到安全联结信号的滋养"。在开展这项研究时，他指出："手势和面部表情非常重要，这是证明我们与某人共情的方式。"然而，"仅仅有一点归属感是不够的……我们的大脑天生就需要不断地接受大量的信号"。

你可以在克里斯汀的教室里看到这种行为。学生不断地向彼此表达归属感。他们转身面对面交谈、点头、回应和鼓励对方。当同学分享重要的观点时，这种信号最强烈。每次举手回答问题都有风险，在同学面前真诚地回答问题就意味着要冒失败的风险，可能还要受到他人的评判。他的回答可能是灾难性的错误，甚至更糟糕的是，同学的非言语反应可能在说："没有人会在乎你的观点"或者"哦，等等，你说了什么？我没有注意到"或者"天哪，你竟然在对这本书发表评论"。如果是这样的话，就没有学生愿意举手。当学生必须冒着违反社交规则的风险学习时，他们的学习旅程就会受阻。"不管你的激励演讲逻辑性有多强，"麦克雷写道，"如果学生怕被同学嘲笑，他们就不会在课堂上问更多的问题。"

在克里斯汀的课堂里，举手、思考问题就像沐浴在认同和鼓励的温暖光芒中。她的课堂文化不仅不会让学生承担这种风险，还亲切地把他们引入这束光芒之中。这是送给年轻人的深刻而美丽的礼物，最重要的是给那些犹豫不决和不情愿回答问题的学生的礼物。

你在她的教室里看到的这一切并不是在任何群体都会自然而然地发生，除非教师有意构建这种文化。

有人说，这样的文化让人感到一种强迫感和压抑感。我希望这次讨论能够澄清事实，事实并非如此。要求学生注意自己的行为是为他们的思想和精神创造机会；帮助他们养成专注的习惯就是帮助他们充分利用思维的强大能力。当同学有意表达对彼此的认同感和鼓励时，这种认同感和鼓励可以使他们摆脱无形束缚，对有些学生来说，这些束缚在大多数课堂都存在，还可能影响他们的生活。塑造这些行为是为了让学生拥有自主权和学习群体，而不是依赖或被孤立。

眼神交流和肢体语言是向他人表明重要性和归属感的手段。了解人类种群的进化史有助于我们理解其中的原因。

先从我们的眼睛开始，我们眼球外围的白色部分叫巩膜。所有其他灵长类动物的瞳孔周围的区域都是黑色的，因而无法清晰地追踪眼球运动。科学家用视觉合作假说（Cooperative Eye Hypothesis）解释了人类进化的这一独特方面。人类的合作行为在哺乳动物中是前所未见的。作为一个物种，我们之所以能够生存下来，有赖于这种无与伦比的协调、合作能力（和渴望）。在人类进化史中，被排除在群体之外就意味着死亡。我们的眼睛已经适应现在的样子了，因为同龄人的眼神中所包含的信息——“大家接受和尊重我了吗？我的状态如何？我属于这个群体吗？”就是生存的核心。“几十万年来，我们需要拓展团结合作的方法，因为我们非常依赖彼此。早在使用语言之前，人类就使用了信号。”麻省理工学院人类动力学实验室的阿莱克斯·彭特兰说。我们的生理学构造就是为了传递这些信号服务的，我们对同龄人眼中的信息非常敏感，虽然我们经常意识不到。

“归属感看似从内而外产生，”科伊尔总结道，“但实际上它是从外部产生的。”克里斯汀班里的学生觉得自己属于这个团体，因为他们的同学在向他示意，当他们参与课堂学习时，他们是一个团队。

这种技巧的原始版本以及名字都是首字母缩写，比如SLANT。有一些优秀学校用它来表达人们在团队活动时的归属感和注意力信号：

- 坐好（Sit up）
- 倾听（Listen）
- 提问与回答问题（Ask and answer questions）
- 点头（Nod your head）
- 眼神追踪发言者（Track the speaker）

以上列表中，特别重要的元素是眼神追踪发言者——这意味着眼睛看着发言者并且坐好。如果你无精打采地坐着，或者头伏在课桌上，那你是无法好好学习的。身体没进入学习状态，精神也就进入不了学习状态。如果我们关爱学生，认为他们的学习和未来很重要，我们就不能放任不管，不能让他们放弃参加学习活动。

便利的缩写形式，如SLANT可以让教师解释和强化其构成的行为模式："不要忘记SLANT"或"检查你的S"（也就是说，确保你已经坐好）。"瓜德罗普分享她的答案时，请大家眼神追踪。"或者只是提问瓜德罗普，并对全班同学说"请眼神追踪瓜德罗普"。但用首字母缩写的方式也有局限性。第一个局限性是这些字母强调了动作，而没有充分描述其目的，目的不清晰时，好事也很容易变成坏事。比如，SLANT的构成元素很容易管理，因此对构建井然有序的课堂感到茫然的教师来说，他们很容易拘泥于行为管理，而忽视了背后的目的。

另一个挑战是，教师在管理注意力行为时有时会延伸到开始管理与注意力并无明显关系的行为，如要求学生双手交叉放在桌子上，背靠在椅子上，等等。需要明确的是，我们并未在本书中讨论过这些行为，但我确实看到有些教师在课堂上以适得其反的方式强化这些行为，或者认为本书支持该行为方式。在学生可能要分心或者没有对同伴表示支持行为时——追踪或者SLANT是有用的，但是告诉学生把脚平放在地板上，或者在他们高效讨论时打断他们，告诉他们要把手放在桌子的做法并不可取。万一他们想做笔记怎么办？

注意力习惯意味着要求学生眼神追踪教师讲课。还有人会说，这是一种"暴政"，但告诉学生不必注意教师的代价是用教育换取廉价的自由。有家长问我为什么孩子应该在教师说话时眼神追踪他，我解释说："如果我看不到你儿子的眼睛，我就不知道他是否在听我讲课。我不知道他是否能够完成学习任务。"我的同事达瑞尔·威廉姆斯曾经担任学校管理层，他说："我是从公平的角度来解释的，我们之所以要让学生保持注意力集中，原因之一是我们希望他们每个人都能得到成功完成学习任务的机会。"他是一个清楚自己目的的教育家，他明白支持年轻人自主权的内涵是什么。

为了解决这些挑战，我将提出一个我个人认为更好的首字母缩写——我认为每个学校或教师都应该选择适合自己学校或学生的首字母缩写。这些工具会让学生养成积极的注意力习惯吗？如果学生勤奋刻苦，并满足了这些期望，他们的学习能力会得到提高吗？答案是肯定的，否则这些期望就没有价值。那么既然答案是肯定的，你就应该重视它们。

基于上述原因，我们可以在注意力习惯的描述中添加一些信息，为教师和学生提供更一致的标准。思考一下SLANT中的“N”，也就是点头。这不仅能让学生表现出对他人想法的兴趣，还能让你积极地参与倾听。这里有一个更新的注意力习惯列表，首字母缩写为STAR，修订后可以更清晰地强调其目的：

- 坐好，表现出对话题很感兴趣的样子，保持投入状态（Sit up to look interested and stay engaged）。
- 眼神追踪发言者，向其他人表明，他们的想法很重要（Track the speaker to show other people their ideas matter）。
- 同学说话时，通过点头、微笑等方式表达对其见解的认同（Appreciate your classmates' ideas by nodding, smiling, and so on when they speak）。
- 重新表述之前发言人的观点，让他们知道你在认真倾听（Rephrase the words of the person who spoke before you so they know you were listening）。

在这个缩略词中，你可以看到我添加了目的细节。点头包含在“欣赏”步骤中，以强调欣赏的重要性。你也可以将“A”的含义从“欣赏”（Appreciate）变为“积极倾听”（Active listening）（以帮助学生保持专注，并表达对同伴发言的重视）。“坐好”也包括一个目的，所以你要看上去对同学的话题感兴趣并积极参与。你还会注意到，我从讨论的习惯技巧中引入了一个观点——“重新表述”，你也可以放弃它，选用其他词汇代替。再次重申，我在这里只是提供了一种示范，因为任何缩写词中描述的行为（和期望）都应该根据学校的实际情况和学生的实际水平而设定。我描述的STAR版本可能会有帮助，但经过你适当的调整会更好。

有一点需要注意：注意力习惯只有在成为习惯后才会起作用。你可以看到这对克里斯汀·托雷斯有多重要。她的课堂文化很强大，你可能说，这是个例外。她的课堂文化温暖、鼓舞人心、包容性强，既有趣，学术氛围又很好。然而，她仍然在塑造、强化、纠正注意力习惯。她谨慎地维持着适度的行为。如果每次都必须解释和提醒学生要通过眼神交流支持发言者，就会适得其反，打断发言者的思路。但一切进展顺利并不意味着忘记营造环境。她早就开始练习强化这一习惯，她幽默、温柔地提醒学生。首字母缩写对她很有帮助，因为它起到了简洁的提醒作用。

注意克里斯汀课堂上的一些细节：

- 她经常在提问学生之前，提前口头提醒其他同学眼神追踪，比如："女孩在这种情况下做了什么？眼神追踪，埃塔尼……"
- 偶尔她会点名表现优异的同学，让规范行为更加明显，如："眼神追踪，亚撒利亚。嘉达正在眼神追踪，茱茱正在眼神追踪。"有一次，她提醒学生要回应这个信号，在眼神追踪同学时转身面对他。其他时候，她会间接地、开玩笑地提醒学生，如："哦，贾西敏请等一下，等所有的学生都注视着你再开始。"
- 你也可以看到习惯的形成。注意，在没有任何要求的情况下，学生们在转身讨论中也积极转身并面对面地交流和表达。许多教师都提到他们课堂上的两人讨论往往效果一般，学生也提不起兴趣，但在克里斯汀的班上没有这种情况。
- 在她提问内特而没有要求眼神追踪的时候，课堂文化仍在延续……他的同学还是转向他。归属的信号明亮而清晰。
- 我们的观察以克里斯汀要求学生眼神追踪她讲课结束。她给他们传递了一个关键的信息。他们听到和按要求做是至关重要的。通过要求眼神追踪，她表达了眼前事情的重要性。学生很投入，在没有她要求的情况下也会自我调整姿势。

也就是说，即使完善的惯例被视作是默认做法——一个基础的前提条件，但这个条件也是可以被调整或者暂时不被采用。不久前的一个早晨，我在孟菲斯自由特许预科学校托里安·布莱克的历史课上目睹了一个这样的例子。

在上课期间，托里安给学生布置了阅读和写作任务，并要求他们以小组合作的方式完成。这些任务很难，他给了学生很大的自主权，所以仔细倾听和准确理解指令很重要。他声音柔和地提醒大家"一定要认真倾听"，同时给了同学一个温暖而亲切的微笑。这不仅传达了他的信任和关心，也体现了他对学生的信心。结果，进展很顺利，课堂活动都按照计划完成了。

我最喜欢的一处是，当托里安重复部分指令时，他说："没有必要眼神追踪我。请大家阅读面前那一页文字。"

后来，在他总结时，他再次温和而平静地说："没必要眼神追踪我。"学生们继续阅读。

我喜欢这句话——"没有必要眼神追踪我"，它能同时做好几件事。

一方面，它提醒学生，在课堂上有一个完美的期望：听众的眼神追踪演讲者。但另一方面它也能反映托里安的意图。一个真正有用的课堂管理法则是：可以做到并不意味着必须做到。托里安能让学生在他发布指令时眼神追踪他吗？能。必须这样做吗？不用。事实上，他想让他们阅读指令，而不是看着他。他允许他们打破常规，同时提醒他们这仍然是规矩，这是一种完美的方法。他提醒他们，不眼神追踪是刻意为之，而不是意外。规则与例外和谐共存。

让我们举两个例子来说明有良好注意力习惯的课堂是什么样子的。先看布伦娜·廷德尔的课堂。她的学生正在分享他们对《一个美国黑奴的自传》的看法。当学生的想法被团队认可时，你可以感受到他们的信心。在每一个活动节点，学生对讨论的贡献都被强调凸显，并且激发出了学生的学术态度，即使一开始犹豫不决的学生也参与到讨论中来。课堂文化、讨论氛围影响了他们。

特别注意，在最初的转身讨论之后，一个名叫阿德里尔的学生是如何分享他的观点的。这是随机提问。阿德里尔没有举手。但发声的公平性很重要。在优秀的课堂上，每个人的声音都很重要，布伦娜用随机提问说明了这一点。阿德里尔紧张吗？也许吧。除了老师真诚、亲切、充满兴趣的微笑，他的同学都注视着他，表明他的想法很重要。

他完全放松下来。他发表自己的观点时，同学偶尔会打响指表达鼓励和欣赏他的想法。在他们注视的光环下，他的发言真诚而深刻。如果同学没有用眼神交流和肢体语言鼓励他，如果他们无精打采，望着窗外，那他不可能做到这样完美。换作是任何人都不行。如果没人支持他，他可能就一直静静地坐着，但现在，他被同学拉到了阳光下。改变他所处的社交环境就会改变他的行为，他发现自己的想法得到了同学的欣赏。我之前注意到，一个有良好注意力习惯的教室，就像一面明亮的镜子，它展示了学生的才能，也改变了学生自身。

阿德里尔与布伦娜的关系肯定影响了他的学习，但不像他与同学互动的影响那么大。因此，布伦娜一直试图塑造和指导他们，使他们尽可能从中获益。

还要注意，布伦娜接下来随机提问蕾妮的情况。我们看到，她有很多话要说，她知道课堂文化会支持她的观点。但她是在阿德里尔观点的基础上拓展的。她能这样做可能是出于在课堂上的习惯，但重要的是要认识到讨论的习惯是以注意力习惯为基础的。在转身讨论中，她非常专注、注意力集中、眼神追踪、点头、鼓励和锁定谈话，她的行为反映了良好的注意力习惯。

我们来看看德纳留斯·弗雷泽在布鲁克林非凡大学特许高中十年级的数学课

堂。在高中生身上使用注意力习惯可能看起来困难重重，但结果却惊人地顺利。我们注意到了课堂上的高“比率”，学生主动参与课堂讨论。他们积极地参与既具有挑战性又有价值的教学任务。讨论的水平很高。你会注意到凡妮莎的开放心态：讨论之初，为自己的观点辩护；随后，认识到自己的错误；最后，心甘情愿地改变自己的想法。看看这种情况发生瞬间的静止图像。眼神追踪和面部表情都很重要。这一刻的发生，是因为在整个讨论过程中，她都在持续接受心理安全和归属感的强烈信号：同学的眼神、面部表情和肢体语言都在说“我们支持你”。

我们上面所看到的情况并非自然而然地发生。至少一开始不是这样的。首先，没有一个团体会自发表现出教育上最合适的团队行为。学生之所以开始眼神追踪，主要是因为教师要求他们这么做的。用理查德·塞勒和卡斯·桑斯坦提到的术语来说，他们被“助推”、被鼓励从同学的观点中汲取精华，一旦鼓励成功，他们就会内化这种行为，并主动借此表达一种归属感的文化和对他人的支持。一旦他们感受到这样做之后的差异，他们就会诚心接纳这种做法。通过眼神追踪，教室文化更加人性化，而不是“非人性化”。

技巧 49

效率管理

教导学生简单、快捷地完成课堂任务

不管是否使用这个术语，几乎所有的教师都会设定程序——完成重复性任务的方法，并将其传授给学生。程序在课堂上无处不在，其一，如果设计得好，这些程序可以帮助教师节省宝贵的教学时间。其二，程序可以“破解注意力”难题；他们能够保存工作记忆以便做更重要的事情。其三，潜在的好处是，当无须提醒学生就知道该做什么时，教师就没必要花时间去纠正，这样，他们就可以教学生做更重要的事情。然而，每个教师都明白，并不是所有的程序都是平等的。有时，一个设计糟糕的程序会使某项任务困难重重。为了避免这一风险，设计的程序应满足5个标准：简洁、谨慎措辞、快速至上、无须过多描述和双重规划。

简洁。教学生使用最简单的方法完成课堂上的重要任务。尽管这一点不言自明，有些教师时而也会设计出精细的程序，因为执行起来很有乐趣。额外增加提问与回答程序，或者让学生在本就排列整齐的队伍中再多站15秒钟可能会让教师感觉秩序井然。但是到最后，这些却有违初衷。实施程序仅仅是为了让学生能够开始进入学习状态而已，所以最简单的程序才是最好的。

如果你不确定该不该给程序添加新东西，你可以问一问自己：它对学生完成任务有帮助吗？在这一年里，他们每次完成这个任务时都要执行这一步骤吗？ 取得的成效是否会大于时间成本？ 教师往往都会得出肯定的答案，所以要确保对每一个步骤都进行严格的提问，然后将你的程序精简为几个具体的步骤。

谨慎措辞。“首先，要有一个提示，一个告诉大脑……使用哪个习惯的触发器，”查尔斯·都希格在《习惯的力量》中写道，“然后还要有惯例。”提示程序开始的词语和引导其步骤的词语是日常程序的一部分。它们应该像程序一样经过谨慎的设计，并被始终如一地使用。

快速至上。通过向学生展示最快捷的做事方法，以达到充分利用课堂时间的目的。哪怕只把程序压缩几秒钟，一个学年下来也能节省大量时间。为了形象地说明究竟能省出多少时间，我们假设你的学生每天要做10次过渡活动。接下来，试想你将每一个过渡的时间减少到1分钟，并把这一节奏维持200个教学日。实际上，这能给你增加整整一个星期的教学时间。你可以把这多出来的一周用于分析小说《动物农场》（*Animal Farm*），指导学生解剖青蛙，或者帮助学生掌握异分母加法的技巧。反过来，你也能看到缺乏效率的程序将浪费多少时间。

为了督促学生尽快掌握，也为了让你自己注意速度，在训练程序时，请看着时钟，最好使用秒表。用秒表测量时间、庆祝进步，持续向学生提出加速执行的挑战。“昨天，我们用了16秒才完成，今天我们要提速到12秒！”

即便如此，请记住加速是为了让学生更好地学习，如果学生因为速度太快而犯了错，最好让他们回到起点，放慢速度把事情做好，然后再持续练习。一旦做正确了，你就可以加速了。

无须过多描述。说到构建程序，最好少用语言管理实施过程。你的目标是形成自主性，倘若指令过多，就会阻碍学生独立执行。如果学生需要你解释每一个细节，他们就会失去自主性。

此外，过多的言语（以暗示或提醒的形式）会降低学生在不依靠教师的情况下完成程序所获得的成就感。少说话会让学生感觉更加独立，进而发挥更大的自主性。

设计每个阶段的言语提醒，确保其明确、有效。使用时要前后一致，尽量避免啰唆。时间一久，就可以去掉言语提醒，只采用非言语提醒，让学生只在需要的时候作参考。等学生确实做好准备的时候，连这些提醒也一并去除，仅在学生表明需要的时候才予以提醒。

双重规划。程序安排最紧凑的教师会规划好自己和学生在每一个阶段要做的事。他们精心规划程序的每一个步骤，甚至会自己（或和学生一起）演练整个流程以确保其高效运转，并排除意料之外的干扰因素。

技巧50 惯例构建

让精心设计的课堂程序变成学生的习惯

一个精心设计的程序只有成为习惯，才可能在课堂上取得成功，而“安装”一个例行程序需要6个关键因素。惯例构建为成功奠定了基础，它通过清晰的解释和持续的强化为成功铺平了道路，直到卓越成为习惯，程序才逐渐削弱，但永远不会彻底消失。

程序的例行化是由有力的“展示”开始的，也就是做一个简短的说明，你不仅需要解释程序是什么，还要解释为什么要例行化程序。如果学生理解你的目的，他们对程序价值的理解会随着年级的升高而增加。展示演讲不需要长篇大论，你需要使很多程序变得例行化，所以对教师来说，一句话或一个短语就足够了。“为了确保把时间花在更重要的事情上，我们要尽快完成这项任务。”重要的惯例需要更多的解释。例如，足球教练詹姆斯·比斯顿向运动员解释他的训练方式。他告诉球员说他会随机提问，因为比赛要求严苛，所以训练也必须严苛。在课堂上模仿这一做法并不难，但注意不要过度解释。你无须为严苛要求学生发挥最大潜能而道歉，你只需要使他们理解为什么这样做最好。演讲要简洁明了、清晰、诚恳，正如乔·费塞在《简单规则》中所说，还要有微笑。你是在帮助学生做让他们茁壮成长和取得成功的事。这是好事。

接下来你还要演练一下流程，如果复杂的话，可以带学生一起演练，比如收拾好自己的东西，站起来，推开椅子，准备在门口排队。如果是低年级的学生，你甚至可以为步骤编号，这样练习时，你就可以说“现在做步骤2”或使用非言语提示。编号可以将整个流程分割成几个单独的小步骤，这样学生就可以轻易掌握并牢固记忆。当你教学生如何从一个地点走到另一个地点时，可以使用一种称为点对点移动的方法。

先确定一个地点或一个活动，提示学生向指定点移动，然后停下来（比如，“走到过道的角落时，请停下来”）。将位置移动解析成若干步骤，你就能得到清楚的起点和终点，方便你准确地控制节奏。如果在节点设置不明确的情况下让学生练习新的地点转换，可能学生会推推搡搡、吵吵闹闹地乱作一团，连停止都困难，更谈不上管理。

接下来是示范与描述。解释如何运行程序并展示给学生看。这两件事都能给学生一个可以遵循的可视化路线图，并围绕该程序建立共同语言。对于学生的“痛点”——操作过程对学生非常棘手的部分——你要特别清楚并提前了解。另外就是注意示范学生在举手回答时常犯的错误（“注意看我没有在空中挥舞我的手。我也没有把手举过头顶”）。这样学生就更清楚哪些行为正确、哪些行为不正确。示范包含的细节比语言表达要多得多。研究表明，工作记忆对听觉和视觉信息的容量会更大。也就是说，学生在工作记忆超负荷之前，可以吸收两倍的信息。

示范和描述之后，你还要让学生练习。为了真正掌握该程序，学生需要重复练习，并及时反馈情况。很多时候，要求学生自己操作程序之前，教师没有让他们做足够的练习，这样学生可能面临失败的危险。对于年龄较小的学生，你可以让他们在模拟的环境下练习，将练习与实际环境分开，做一些刻意练习：“我们现在来练习把椅子收进去，为排队做好准备。”我们经常看到那些能高效实施的教师对学生进行模拟练习——刻意改变练习内容，降低其现实性，以便重点关注技能的培养。比如在学习材料很多的美术教室里转场时，一开始，你可以让学生空手练习，掌握惯例技能，当他们已经知道该如何处理这些事情时，再拿起蜡笔、胶水、颜料演练，以确保他们能够一次完成复杂的任务，防止颜料溢出。

以下是一些模拟实践的方法：

1. 分步练习。抓住程序的某一方面反复练习，确保学生能够掌握。只有这样他们才能在实际操练时加快速度，或者将它同前后的步骤相联系。

2. 策略性简化。教师为了提高练习的效果会去掉一些干扰因素。比如，在最开始的几次转场练习时，不使用教材（“想象你正拿着教材”）；或者在最开始的几节美术课上练习收拾用具时，不使用真实用具。这样一来，学生可以专心于简化的步骤上，铅笔、彩笔也不会滚得到处都是。

3. 模拟犯错。有时，教师会让学生故意犯错以演示应对方式。“如果大家都往

右，而你却往左，你该怎么做？大家试试看该怎么解决。”

对高年级的学生来说，如果在练习中添加真实的场景，哪怕是相对简单的特定场景，练习就会更有吸引力。马洛里·格罗斯曼的课堂就是一个很好的例子。马洛里设计了一种方法，让学生在一节课中练习了3次新常规程序。我和“像冠军一样教学”团队的同事从马洛里的教学中发现，在小学以上水平学生的程序练习中添加真实场景，能让学生感受到常规程序的好处，使练习更自然。

一种常见的错误是一旦常规程序稳定下来就停止练习。惯例程序需要定期维护，以保持理想的运行状态。偶尔的反馈或者再做一遍——“来，我们放下手头任务，快速开始写作活动”或当学生转身讨论活动进入状态缓慢时说：“我们再练习一次吧。”——这很重要。不要忘记遗忘曲线：学完一些东西后，学生就会开始忘记，然后再记起一些——通常要反复许多次。10月份运行良好的惯例并不能保证12月份的运行依然高效。在惯例被忘记之前，复习一下总是明智的，尤其当你不是在大家犯错的时候进行复习和练习，此时效果会加倍地好：“大家今天要特别关注一下讨论的习惯或注意力习惯。”

一旦学生能够正确完成一个程序，就尽快将部分责任传递给学生，这样做会让学生更有成就感、独立性和对课堂文化的归属感。

我们来看一下玛吉·约翰逊在特洛伊预科中学八年级的一节英语课。“听到‘哔哔哔’声时请放下笔。”她一边说，一边看着即将响起的计时器，这将标志着自主学习时间的结束。“今天我不再倒计时了。”玛吉计划在剩下的这一学年中都不再预报倒计时了，她稍后告诉学生。玛吉让学生从一个高效系统过渡到另一个高效系统——用更简单、更迅捷、更成熟的提示信号代替了教师的倒计时，在此系统中，学生听到“哔哔哔”声就会自动集中注意力。

玛吉的倒计时系统曾经非常奏效，有时，越是效果良好的方式，我们会越不愿意放弃，有时甚至使用得太久了一点，或者至少有这个风险。以玛吉为例，尽管这一高效的系统已经形成，但她还是考虑到八年级的学生需要更多的自主性和自我管理，或者说去掉倒计时会减少对学生学习的干扰，加快课堂节奏，也许兼而有之。

简而言之，我们在玛吉的课堂上看到了主导权的转移。实际上，玛吉要说的是“你们已经证明了自己具备独立学习的能力，现在我将给你们更多的自主性。你们将在自我管理方面‘享有’更多的自由度”。这可以带来很大的影响力，尤其当学生明白这种自主性只能通过掌握规则和遵守规则才能争取到的时候。

其他关于转让主导权的说明：

- **“大家已经准备好了”**：提醒学生，你给他们更多的自主权是因为你欣赏他们的成熟和责任感……这是他们自己赢得的。把这变成一个渐进的过程通常是很好的，给予比拿走要好。
- **“大家知道”**：在取消指令时，你要适时添加口头指导以使你的操作清晰明了。提醒学生：（1）他们已经知道该做什么；（2）老师欣赏你们的做法。“你们不需要我的提醒了……”
- **不完全同步**：你可以通过简化惯例或步骤，或者通过允许他们在完成程序时无须与同学完全同步，来使学生获得主导权。
- **共享领导权**：让学生承担领导角色，提示同学开始新的惯例、监控或评估惯例实施效果、为他人树立榜样、承担特定的工作或责任。

此处有一个重要的提醒：有些教师理所当然地认为，由于争取到的自主是自主权的一个有效形式，在开始转让自主权的时候应当进行讨价还价：“我将给予大家大量的自主权，但我希望你们知道该如何使用它，否则我将收回。”这通常效果不好。除非你已经建立起了一个惯例——讲授和建立起这个程序，否则学生并不理解“如何使用”的含义，并且可能会手忙脚乱。届时，你只能选择收回之前给予的自主权。这也许还会给学生发出这样的信号：你现在建立的系统是一种惩罚，而不是教他们“如何做事”，摆在你面前的是更为困难的善后工作（拿走自由比赋予自由更麻烦）。不然，在学生慌乱时，你将无法控制这种自由，这意味着这一整年的系统和惯例都会很差。通过努力获得自主权，这会让学生倍加理解和珍惜它。

亡羊补牢，为时未晚——关于重置程序和惯例的建议

最好在年初就设置好程序并形成惯例。但是，有时候一个新程序或新系统（即一套相关程序）的设置需要在年中进行。因为在这一时期行为开始出问题，或士气逐渐消退。一年已经过了几个月，你后悔没有从一开始就形成惯例。也许甚至到了年中，作为教师的你依然没有系统，于是不得不重建文化。课堂的“重置”常常涉及推出全新的系统，以及重新介绍或修改旧系统，这是不可避免的。重置之前，请

考虑下列建议以确保重置顺利进行：

- **设定目标**。将重新启动关联至一个鼓舞人心的、引人注目的目标或现在、将来的重要日期。（例如，“我们还剩60天就综合测试了。大家需要做好准备，所以我们现在要打磨一些细节问题。”）
- **长假后进行重置**。充分利用这段远离课堂的休息时间，它们为你提供了重新设置程序或者彻底与过去划清界限的正当理由。（“大家刚刚休完长假，现在是巩固所有程序的好时机，这样我们就可以专心阅读下一部小说啦。”）
- **透明化**。简要解释进行重置的原因。如果不这样做，学生可能会困惑或不认同。“有时当我们反复做一件事时，我们可能会逐渐变得马虎。这很正常，大家都会出现这种情况，但我们会因此失去重要的学习时间。为了更好地学习，我们需要花些时间做准备。回头想想我在年初教大家的X，我们将温习我们该做什么、练什么，不仅要做好，还要做得完美。”
- **与团队合作**。与其他教师合作重启惯例程序，可以与同年级、同一教研室乃至全校教师合作，为学生提供整齐划一的惯例程序强化活动，使学生更容易、更快地发生改变。
- **接下来是精准的表扬**。承认进步，对超越期待的学生提出表扬。较之年初的表现，如果学生无须过多练习就能学会这些程序，请承认并表扬他们的成长。这会让学生知道，你的重置既不是惩罚也不是批评，而是表达你相信他们有能力达到你的要求。

公开支持

公开支持是对表现优秀或展现出优点的学生进行公开表扬。如果你总是能让学生在两秒钟内表达出对同伴的赞赏，那你就会建立起一种文化，使你可以在不牺牲教学任务进度或时间的情况下对学生的表现进行评估。在学生适应这一文化后，你就可以教他们各种各样的公开支持活动，你甚至可以让学生为表现优异的同学选择某种支持方式。

公开支持的关键在于从一开始就投入时间，教学生正确地提出公开支持，同所有惯例一样，它应当活泼、迅速、热情。只要教会学生按照下列标准进行公开支持，你就能获得长久的成功。

- **及时**。你得具备在1秒内表示公开支持的能力。公开支持应当及时，你没有时间可以浪费，虎头蛇尾的激励最令人泄气。如果不够及时，可以使用再做一遍（技巧51）予以强化，但务必确保实施正确。

- **发自内心**。通过动作和声音表达的公开支持通常很有效，尤其是敲击性声响。不以过多言语表达的公开支持不易使人厌烦；它们的有效期限也更长，因为不会有措辞过时的问题。简短的如“嗯，很好”的句子还好，但如果说“有点大学生的模样了”，则可能会很快过时（有时代印记）。集体发出“咚咚咚”的敲打声看起来更有趣、更有力量。

- **普遍**。当你提出公开支持的时候，每个人都要参与进来。这一要求的设定和实施由你说了算。

- **热情**。要有活泼的氛围。它应该是勤奋学习的过程中一段短暂、有趣的休息时间。你要克制，不能让它过于成人化，不一定要讲道理，或是对任务进行检讨。那些看起来有点幼稚的做法其实会强化学生成功达到教师要求时的时刻。公开支持是感叹句，而不是陈述句，因此语气要充满热情，不能太平淡无奇。

- **拓展**。让学生对公开支持各抒己见、拓展观点。他们的想法新奇而时髦，能不断地更新系统。由于参与了系统的设计，他们在实施时将投入更饱满的热情。如果学生能一直推陈出新，公开支持就永远不会沉闷、无聊，也不会沦为例行公事。

技巧 51 再做一遍

不断练习是把事情做到最好的唯一途径

惯例为学生如何成功完成共同任务、巩固并掌握高阶任务提供了一个清晰、可模仿的示范。如果惯例操作顺畅、自如，学生就可以释放出更多的大脑空间用于思考内容，就好比你上班路上开车时游走的思想。换言之，对惯例程序越熟悉，学生就获益越多。这需要大量的练习。练习、反馈和改进是养成习惯的唯一方法。这就是再做一遍的目的所在。显而易见，在学习知识、改进工作、事情不尽如人意时，最有成效的反应就是再做一遍、做得更好一点、更深入一点。回答“不完全正确，我们再试一次”或“很好，但我们再试一次，看看我们有多厉害”远远优于下面的选择：忽略该问题；让后续活动质量下降；指责学生表现不佳；或给予学生无效反馈使工作记忆超负荷运转。让学生再做一遍，竭尽所能做得更好，借助重复练习的力量，就能不费吹灰之力地建立强大的文化和自律行为。

换句话说，再做一遍是让学生掌握如何做事情的完美工具，它可以轻松地被应用到数学教学中（“再试一次，把小数排列好”）和课堂习惯中——“只要1分钟，同学们。卡尔顿，请再回答一次，我们确保在你发言的时候给你有力的支持。”

很多情况下，再做一遍都有效，其原因如下：

- **缩短反馈时间。**行为科学表明，行为和反馈之间的时间越短，反馈对行为的修正效果就越好。假设你对学生如何进教室有明确的要求，一群学生却在休息过后毫无秩序地走了进来。假如你隔3个小时再让这群学生回到原地，重头再来一遍，这对其行为的修正起不到太大作用，比不上当下轻微的修正。如果趁热打铁，立刻做出反馈，学生就能清楚地记住原行为和反馈之间的联系。如果3小时后再反应，他们的想法很可能只是“她占用了我的课间休息时间”而已。倘若当下做出反应，他们就更有可能记住并反思自己的行为。与其他惩罚方式相比，再做一遍能缩短反馈的时间。

• **为优秀设定标准，而不是只要求服从**。再做一遍不仅在学生表现不佳时适用，在学生的表现“还行”，但考核目标必须是优秀时也非常适用。比如，“还不错，但我希望看到更杰出的表现”或者“这堂课上，我们要努力达到世界级水平，大家试试能否读得更有感情一些”，教师为优秀设定出更高的标准，好的表现仍有提升的空间，永远以最佳表现为目标。以优秀代替合格能改进你的课堂文化，一开始是细节，之后便是全局。

• **培养集体文化和责任感**。再做一遍应用于个体很容易，不过，这一技巧也可以作为对某个集体的有效回应。比如在做转身讨论时，有三四名学生没有积极参与，此时最好的应对方式可能是暂停活动，然后说：“停一下，有几个同学走神了。每一个人都要参与和同伴的讨论，这很重要。现在我重新下指令，让我看到你们展示出最好的讨论技巧。开始！”但当个人努力地与集体的目标保持一致时，过度地让集体为个人行为负责并不合适。简单说来，你有能力对集体问责，但这并不意味着你每次都要这样做。

• **以成功收尾**。就一个事件而言，最后的记忆通常会深化你对它的认知。再做一遍不会以惩罚或失败告终，而是以成功收尾。确保在整个过程中学生所做的最后一件事是以正确的方式完成一项活动。这有助于加深学生对正确方式的认知和记忆。通过一遍遍地重复形成肌肉记忆，学生会养成习惯，正确执行。你对一件事的最终记忆通常会更深刻地影响你对它的看法。“再做一遍”结束了一个从不足到成功的过程。学生以正确的方式完成一项活动，这巩固了感知和记忆，养成了高质量做事的习惯。事实上，再做一遍最有趣的是编码成功。比如：“太完美了。按照这个方式再做一遍，你就能记住它的感觉。”“它”可以是一个数学问题，也可以是演奏一个完美的八分音符。在约翰·伯迈斯特的音乐课上——约翰是我最喜欢的音乐教师之一，他正在一对一教授大提琴。我们留意了一下在学习的过程中学生弹了多少次颤音——实际上是11次。有时是因为弹得不太到位；有时是弹得有点儿过；有时是为了巩固成功的记忆——至少3次是这样的。

• **可重复使用**。约翰的大提琴演奏表明，再做一遍技巧可以多次使用，所以你总是有一套富有成效的回应方法。你不需要继续发明新的方法。你可以在第三次再来一遍时依旧保持积极的心态：“我仍然认为我们可以做得更好。大家再试一遍

吧！”还可以在一些例行程序中使用秒表，再做一遍（并且做得更好）的挑战就会变得更加强大。

运用好这一技巧十分重要。在优秀的课堂里，再做一遍应致力于精益求精，教师要不断地要求“好、更好、最好”。也就是说，用高水平完成取代“做了就行”。曾有一名同事提出，此技巧应该叫做得更好，因为“更好”一词强调了一个理念：再做一遍，尽力做到最好正是教育的意义所在。即便是小事，也要追求卓越，而不仅仅是服从。

再做一遍可以有效地管理情感。有时候，人们态度的改变是由外向内的。要求缺少活力的班级充满热情地重做某件事（特别是在你的示范下）可能实现学生的满足感。再做一遍为学生提供了积极的挑战，是他们表现自己最佳状态的绝好机会。说“噢，大家重新排一次队，证明我们是全校最棒的集体”远远胜过“同学们，你们太马虎了。大家重新做一遍，直到做对为止”，虽然二者的目的都是重新做，做对为止。在柯比·贾雷尔的课上，学生正在测算“收起上节课的学习资料、然后拿出小说做好上课准备”需要多长时间。米凯拉在用秒表计时，她说，用时48秒，非常高效，所以柯比想用轻松的方式庆祝一下，她让学生大喊：“48秒？冲！布朗人！”（他们用大学的名字为自己取昵称）学生们这样做了，但是带着一些不确定的情绪。柯比露出温暖的微笑，带着勇气——当某个做法似乎不起作用时，人们都会想放弃——开玩笑地要求学生充满激情地再做一遍。他们这么做了！课堂上的能量水平正在上升，学生似乎又活跃起来。这是一个短暂的瞬间，但想象一下——也许柯比会在下节课再让学生练习一次，也许她没有——如果她在学生第一次不确定地喊出口号后就结束了这个跟进活动，那她传递的信息可能就是：“哦，那太尴尬了。如果贾雷尔老师让你做些傻事，只要等一下，反正最后都会放弃的。”但在这里，问题以愉快、随意的方式解决了，且一点也没有削弱热情、有趣的课堂文化。

最后，教师有时会等到整个惯例或活动完成之后才让学生重新尝试。其实，当你意识到实际效果没有达到你设定的标准时，应该立刻让学生重新开始，而不是等到惯例全部结束后。这样能更好地将激励与反馈联系起来。假设学生正在练习排队吃午饭，练习的内容是安静地站起、收好椅子、把脸转向门的方向，跟着用餐组长朝门走去。如果学生忘记了收好椅子，就要让他们立刻坐回座位，再来一次。这样做可以节省时间，强化即时责任。

合而为一

在观摩课堂时我们看到了许多有趣的例子。你必须仔细观察，因为它们转瞬即逝，这才是重点所在。对学生行为的反应要镇定，干涉和批评越少越好，反馈要简单明了，不带评判的语气，态度要尽量积极。你可以在艾丽卡·林的课堂上看到这种情景。在新一天的开始，她想要明确晨间问候之后的后续活动的要求。这不是什么大事，如果你没有需要调整的，也可以不必去做。她只是简单、快速、语气平静地提醒学生，她明白高中生知道该如何做。德纳留斯·弗雷泽的语气也没有任何变化。如果我们要使用能够建立积极文化并成功表扬的工具，那么只有当它们被普遍接受时，才能发挥作用。当学生情绪不太稳定时，德纳留斯迅速重做一遍，越快越好，面无表情，没有显示出一丝惊讶。“好多了。”学生又做一遍后他说道。他强化了这种惯例和所有类似做法的规范性。这个动作可能很小，但它很重要。德纳留斯能够成功，一是因为他简洁的回应，二是因为他淡定从容的表现。萨拉·奥特的应对方式类似但有些不同。当学生拖拖拉拉，没有迅速收拾东西并回应她时，她没有面无表情，而是表现得有趣、乐观和充满活力，但是她也迅速地完成了再做一遍。这个技巧通常可以使你以小成本收获大回报。

第十一章

高标准的行为要求

HIGH BEHAVIORAL EXPECTATIONS

教室必须井然有序，学生才能高效学习。

对此，有些教育工作者持反对意见。

“一点儿也不对，”他们可能会说，“学习是混乱、嘈杂、难以应对、不可预测的，因此教育是无序的。”

但他们所说的无序大概是这样的课堂：教室里，学生用牙签和胶糖很投入地用40分钟建造悬索桥，然后等所有同学把杂物都打扫干净后，老师笑着问：“嗯，同学们，大家今天都学到了什么？”

可能也指这样的课堂：学生热情地就一本大家都读过的并且人手一本的影印书进行了一场和主题不太相关的讨论，讨论过程中还产生了很大的分歧。

但他们指的肯定不是这样的课堂：教师要花10分钟时间才能让学生听到和遵从他让大家开始“建造”桥梁的指令；或者在讨论中举起手的学生实际上违反了班上强大的、无形的一种社会规范；或者每当某两位女生大声表达自己的想法时，坐在她们后面的学生就开始小声议论和傻笑；又或者学生总是好奇某位学生低声对其他女生说了些什么。

当他们选择、设计和进行教学活动时，他们所说的无序就是适量的不整洁和不可预测性。换句话说，这也称作刻意有序。

教学的主要挑战之一是：要打造一个心理上绝对安全的、学生都能彼此激发出最好状态的课堂是非常非常难的。在这样的教室里，必要时，学生可以安静地深入思考，以提升集中注意力的能力；在这里，学生刻苦学习的愿望得到尊重和支持，即使有些学生并不真正喜欢。

说课堂秩序不重要或适得其反要容易得多。说教师谨慎地履行让学生安静的责任就是压制学生发声的权利很容易。说施行仁慈和必要的权威就等于威权主义也很容易。人们也倾向于将这两个听起来很像但含义完全不同（权威与威权主义）的词混为一谈。建立井然有序的教室是应对撕绷带悖论的理想场所。

当28名同学想学化学，但还有两名同学却不断发出滑稽的打嗝声时，这样的教室里的民主是有问题的。似乎只有全体都同意，而不是大多数人同意时，这28名学生才能继续好好学习。如果一两名学生可以自由地发出那些自认为聪明的声音，或者对倾听同学发言和认真听从老师的指令要求说不，该课程就无法按原计划进行。事实上，他们替教室里的其他学生做出了选择。

这是一个自古以来就存在的挑战，也是一个越来越难以克服的挑战。美国是世界上个人主义最严重的国家（适应个人主义是来自其他国家的学生面临的巨大挑战），现在情况越来越严重。他们认为世界上没有任何地方、没有任何人愿意为了公共利益，花费宝贵的时间约束自己的行为和欲望，这被认为是理所当然的事。曾几何时，人们为能为他人或社会奉献自己的微薄之力而感到自豪，并且也这样教育自己的子女，但这一切都一去不复返了。例如，有些人对戴口罩以减轻流行病传播的要求拒绝配合，这凸显了在我们的社会中，将某种行为社会化是多么困难。然而，学校是最后几个要求和依赖这种越来越不熟悉的行为的机构之一。在学校里，学生通过牺牲自我（表现出甚至是假装对同学的话感兴趣，即使有时你也不太喜欢这样）以获得更大的共同目标（学习和获取知识）。

无论何时，教室里的学生都是形形色色、性格各异的混合体：沉着冷静与毛手毛脚；大公无私与自私自利；深思熟虑与粗心大意；聪明睿智与愚昧无知并存。大家都希望自己既不轻率也不愚蠢，比他人更高尚、更明智，但有人肯定是二者兼有。在这个混合体中，那些对原子和细胞结构着迷的学生，或对维克斯堡战役爆发时洞察出格兰特将军的心态的学生，变成了弱势群体。这些学生需要保护。拥有美德和智慧的学生越多，教师就越有必要保护他们在最佳环境下学习的权利。在这里，我想对愚蠢的人说一句话，我就曾经是其中之一：教学的部分职责是优雅、人性化地防止愚蠢学生偶尔的愚蠢行为妨碍自己和他人的学习。学生目光短浅的决定是可以预料的。有些时候，每个人都会选择快乐而不是学习。这种倾向是自然和普遍存在的，但这并不意味着我们可以对此不闻不问，任其发展，或者认为对其限制就一定要采取残酷的、严厉的方式。恰恰相反，经过巧妙设计，你的应对可以让人感觉像（或就是）某种形式的关爱。在正确的时间、地点，可以让学生开怀大笑。

艾米丽·比索的课堂讲述了这个故事的另一个版本。当时除了约书亚外，艾米丽的学生都在做笔记。他心不在焉，想要引起艾米丽的注意，他这样会错过学习的好机会。我将在本章后文详细展示艾米丽是如何运用可爱的小互动，把他重新拉回课堂并继续学习的，这不仅仅是她表达爱和关心的语气，某些行为也起到了关键作用。如果约书亚想成功，想成为一名学者，他就必须学习这节课的内容。关心他就要让他回到正轨。

“众口难调，我们不可能同时满足所有人的愿望。”汤姆·班尼特在《老师怎么做，学生才会听》中提醒我们，“有时，个人的需求必须与群体的更大利益相一致……每个人都不能为所欲为。”这就是说，有时不约束或不要求学生去做他们不愿意做的事，就不可能成为好教师。这样做是在履行教师所承担的责任，而不是滥用职权。

这是这一章的主要内容——大多数教学任务和秩序需要我们充满热情、优雅地完成，要关爱学生、面带微笑。当你能够熟练运用技巧时，秩序就会变得不那么显眼（事实上，这是我在“技巧55：最低侵扰干预”中试图指出的主要技能之一），这也可以减少激烈的情绪反应（技巧56：坚定沉着）。或者，最好是在矛盾冲突出现之前就及时阻止和避免，这很多人都可以做到。可能不是每个人都能达到艾米丽·比索在与约书亚互动时的优雅状态，并不是每一次互动都是如此简单而愉快。但我们的目标是记住艾米丽告诉我们的话和她告诉约书亚的话：“这样做是因为我关心学生、重视教学技巧，我要以最能帮助学生成长的方式展示出来。”事实上，艾米丽的成功是由于她能熟练掌握“安静的存在”“简洁的语言”“享受当下”（强而有力的声音技巧元素，我将在本章讨论）和“积极架构”（我将在下一章讨论）等技巧，也源自她对学生发自内心的关爱。没有人因为想对学生大喊大叫或刻薄地对待他们而选择教师工作，但是成千上万的教师每天都在这样做。这是因为教师的处境极具挑战性。他们需要的不仅仅是用心良苦地解决这个问题，他们需要的是技巧。我们都应该明白，像艾米丽老师这样的优雅表现在一定程度上也是因为有技巧的加持。

在我们真正讲解技巧之前，教师必须明确，为混乱不堪的教学环境找借口（甚至辩解——这更糟糕）就是在浪费学生的宝贵时间，这么做的教师通常是最脆弱的人。教师被赋予了保护学生某些权利的权力，这些权利非常重要，需要我们所有人共同维持和保护。而大多数教师在这一非常关键的工作上没有受到足够的培训，没有做好充分准备。

这是一个巨大的失败。最近一项针对教师的全美调查发现，超过77%的教师认为“大多数学生很痛苦”，因为某些学生持续调皮捣乱，扰乱课堂秩序。当然，和所有其他问题一样，学校问题在社会中的分布情况也是不平均的。在75%以上学生有资格享受免费或减价午餐的学校，超过50%的教师表示：“学生的扰乱行为造成了混乱或不安全的学习环境，严重影响大部分学生学习。”对于那些想了解更多情况的人，统计者还按教师的种族对调查结果进行了分类，发现结果大致相同。例如，在学生的行为是否“造成了混乱或不安全的学习环境，严重影响大部分学生学习”的问题上，非洲裔教师的回答与白人教师大致相同：非洲裔教师为60%，白人教师为57%。数据表明，几乎所有在没有经济特权的学校就读的学生都要花很大一部分时间在教学秩序混乱不堪的教室里学习。

这是常态。

此外，学生在学校的大部分时间都会感到不安全。联合黑人大学基金会（the United Negro College Fund）2018年的一项研究报告显示，只有不到一半的非洲裔美国学生（43%）在学校感到安全。想想这一结果的严重性，感觉不安全是正常的——这是非洲裔学生在学校的普遍感受。这些数据并没有分类显示对极度贫困学校的非洲裔学生的不同影响。

父母自然也会担心。联合黑人大学基金会的另一份报告发现，家长在为孩子选择学校时，将安全、稳定、无暴力的环境作为最重要的首选因素。

鉴于高效的学校是社会中能够实现机会平等的最重要媒介，这些数据表明社会在对贫困家庭征收巨大的累退税。这个问题并不仅仅是一种恶劣的行为。在许多课堂上，一般的扰乱行为是长期存在的，它会让学生失去宝贵的学习时间，破坏他们的专注力。英国政府在2013—2014年的一份报告中发现：许多课堂都存在学生大声喧哗、教师讲课时窃窃私语、作业完成速度缓慢、不尊重老师或同学、上课不带课本或学习资料以及玩手机等问题。“这份报告结果令人深感担忧，”英国女皇陛下的首席督察写道，“不是因为学生的安全受到威胁……而是因为这种行为对太多学生的生活和学习产生了不利影响。它还可能让辛勤工作的教师离开这个行业。”

问题还远不止于此。脱离课堂任务是学校长期存在的问题，这会对学生造成一系列严重的后果——缺课太多、学习越来越跟不上，更加自由散漫甚至辍学。再考虑到上文提到的调研数据反映出的情况，教师不应当看着学生做出那些可能会导致停学的行为而坐视不管。至少有两个步骤可以解决这一具有挑战性的核心问题，但它们经常被忽视。首先，学生产生破坏性行为时，学校必须做出反应。为此，我的同事希拉里·刘易斯研发了教导主任培训课程。当学生产生破坏或负面行为时，教师不能仅仅是惩戒。其次，让教师提升个人能力，防止问题升级到需要采取这种纪律措施的程度。冷静而有效地解决课堂上出现的紧张关系是优秀教师的核心技能。预防和降低问题的严重性总比事情发生后再采取应对措施更可取。

有些教师倾向于将井然有序的教室与高停学率和严苛的纪律惩戒措施挂钩，但事实恰恰相反。行为规范对个人的影响最常见。在一个极端行为似乎是合理甚至经常发生的环境中，学生就更有可能参与其中，做出极端的表现，事情很快就会失控，几乎没有学生学习。某些学生经常挑战大家的极限，几乎没有任何阻止这种行为的课堂文化。可悲的是，这种情况下，学生经常感到无形的压力，被迫去做他们特别不想做或明明知道不正确的行为。几乎在每个学校，有部分停学的学生是不喜欢上学，在学校表现不佳；还有些学生是喜欢学校并希望在那里取得成功的，但他们却做了一些危险、愚蠢或卑鄙的事情，感觉完全不像他们所为。教师可以使用本章中的技巧建立一个充满温暖、关怀和人道主义的学习环境，限制某些行为，以阻止扰乱课堂学习环境的事件发生。

井然有序的课堂的最后一个因素也很容易被忽视。汤姆·班尼特在《老师怎么做，学生才会听》中写道：“在任何环境下，自律、自我调节、勤奋和耐心都是成功人士非常重要的特征……你能想到的一切有价值的东西都是通过不断努力、练习和延迟满足而获得的。”井然有序的教室培养了学生这方面的习惯——你想说话，但要约束自己先倾听；有时你很疲劳，但还是要想方设法完成任务。

富有成效和积极的行为是学校隐性课程的一部分，它强化了执行技能，让学生茁壮成长。学生逐渐明白如何在某个小组或组织的规则内工作。乔·费塞在《简单规则》中指出，那些对老师和同学粗鲁，敢于反抗而且不愿意为了共同目标而努力奋斗的人“不会神奇地把自己变成最佳工作的主要候选人，也不会成为项目团队的合作成员”。学习就是在为自己将来做事业、成家立业以及成为能为团队或项目做出贡献的有价值的人做准备。

教学生明白如何在群体或组织的限制范围内工作“并不意味着他们的智商会减退”，费塞继续说。成为群体中富有成效的成员，并不会阻止你在面对不公正、更广泛的社会规范时采取政治或社会行动。在井然有序的教室里学习的学生并没有“社会化顺从”。我并不认同这种观点：学生在课堂上大声喧哗，不听老师讲课，就是思想独立或伸张正义；开会时指手画脚，不关注团队的需求就是有领导能力；将没有规章制度与解放天性混为一谈，提出不现实的愿景——个人不服从和抗议组织等。实际上，班级里需要很多组织活动和目标明确的会议。学生最好学会清楚地表达自己的想法，学会按团队规则工作。这样的学生依然能够在必要时勇敢面对不公现象，并且手握更多的工具——良好的教育可以教给学生许多事情，不仅包括历史，还包括反抗不公正行为的工具。

再回到我之前谈到的“高效和积极的”行为。这句话提醒我们，这些技巧的目的与其说是阻止消极行为，不如说是普及积极和富有成效的行为，帮助年轻人在所有环境中茁壮成长。我们的目标是创造一些积极、正向的东西，其中一个结果就是防止负面行为的发生。

技巧 52 该做什么

使用明确的指令，告诉学生应该做的事情

由于课堂活动指令的普及性和熟悉性，它在教学中最容易被忽视，因为我们一直在这样做，就像在饭店点三明治一样，毫不犹豫，信手拈来。但是，糟糕的指令——那些不明确或容易让人误解的指令（说不明白，所以不得不多说话或不断重复）——却产生了深远的负面影响。例如：

- 我的指令不清楚，有些学生没按要求完成任务，我们在浪费时间。
- 我的指令不清楚，有些学生做得不正确，很困惑。
- 我的指令不清楚，有些学生很困惑，我对没按要求完成任务很生气。他们很沮丧，也感受到我的沮丧。
- 我的指令不清楚，学生认为我很紧张，没有准备好，或者真的不太清楚我想要什么。
- 我的指令不清楚，一些别有用心的学生利用了灰色地带，通过做一些完全不同的事情故意曲解我的话。他们觉得这样做很有趣。

有效发布指令是教学的核心能力之一，该做什么技巧是有效指令的艺术，一件小事情可能会导致重大后果。

最常见的糟糕指令发生在老师告诉学生不该做什么的时候。请看如下几个例子：

“凯文，你不应该总是看着窗外。”

“谢丽尔，别分心了。”

“同学们，不要把凌乱不堪的作业交给我。”

现在我重写这几个例子，看看它们有何不同（必须承认，优秀教师可能会让它们变得更好）：

“凯文，你要把黑板上的所有东西都记到笔记本上。”

“谢丽尔，请和卡莉分享一下你对第二章开头的看法。”

“同学们，一定要把小数排列好，写得整整齐齐，圈出最终答案。”

在这些情况下，改写版都有可能帮助学生取得成功，因为它描述了明确、具体和可观察到的行动。如果有多个步骤时，它们的顺序应该是清晰的。

明确指令。有效的指令将大的任务分解为多个学生可以采纳和管理的小步骤。例如，我本可以把“不要交给我混乱不堪的作业”改为“确保你的作业干净整洁”。这可能没问题。但这在学生知道干净整洁指的是什么的前提下作用更大。即使他们已经做到干净整洁，提醒一下也是有帮助的。因此，从某种意义上说，把任务分解成更具体的小步骤就是教学生完成该任务的组成步骤。

德纳留斯·弗雷泽的课堂展示了清晰、明确的指令是如何帮助学生成功并有效地参与课堂活动的。课堂最初的活力——德纳留斯构建的一种持续专注和活力满满地参与课堂活动的方式——来自他对现在就做活动发布的简单明了的指令——“放下笔，看着我”和他开始转身讨论时发布的指令：“和同伴讨论。30秒钟。开始！”指令干脆利索、清晰明了，不可能被误解。我们再看看加比·伍尔夫的课堂。“我们将阅读第四章的开头部分。”加比说道，学生平静地回头看着她。然后她又补充了一个明确而具体的指令：“请拿起课桌上的书，开始阅读。”注意看有多少学生们马上行动，拿起面前的书。但我们也注意到在此之前仍有很多学生还没有准备好要阅读的书，由此可见，在活动开始时插入简单明了的提示语可避免浪费宝贵的学习时间。

具体指令。有效的指令涉及让学生知道如何执行清晰、可实施的任务。这不仅仅是关于整整齐齐、干净利索地完成作业的指令，更是指要把作业分解成清晰和可实施的若干小步骤，这些步骤要足够具体，不容易引起误解。比如要让学生“对小数进行排序”，而不是让他们完成“用心写的作业”。前者更具体，并且理想情况下，我会先教学生如何给小数排序，那么他们就明白我的要求，就更有可能做到。就像我给谢丽尔的指令——假设她没有参与转身讨论，心不在焉或是转过身来，试图引起班上其他人的注意。“谢丽尔，请开始转身讨论”会告诉她该做什么，但这是含混不清的。换句话说，我的话是什么意思？谢丽尔可能会误解。很多读者可能会想出更好的例子，我在这里使用的方法是尽力“缩小不确定范围”，就像奇普和丹·希思在《瞬变》中描述的那样。我让第一步变得更容易遵循，让它更清晰、更具体。

赛迪·麦凯利的化学课展示了明确、具体的指令是如何帮助学生轻松自如地做好准备的。赛迪教学生如何写笔记的开头，当她说“今天我们讲第14课”时，学生明白他们应该把它写在笔记的顶部，他们已经这么做了。她对学生应该写什么的指令很具体。这能够确保学生准备好做笔记，也表明她对学生怎样做笔记做了精心准备。

连续指令。我之前提到过，有效的指令应该描述一系列明确、具体的行动。你可以根据实际情况做出调整：如果一系列的步骤容易分散学生注意力，你可以放慢速度拆解它们，甚至可以一步一步来，先完成一步或至少先开始进行一步，再说出下一步的指令。在我的孩子很小的时候，作为父亲，我就学会了这一点。有时候我会直接说：“拿掉浴巾，穿上睡衣，然后刷牙。”有时，许多指令都会以失败告终。如果我的孩子走出浴缸，有点兴奋或不听我的话，我会调整指令。我会这样开始：“用浴巾擦干身体。”等他做完后，我会说：“太棒了。现在穿上睡衣吧。”等他穿上睡衣后，我会说，“好了，现在去刷牙吧”。所以，如果你不确定谢丽尔是否能够按要求做，你可以及时调整指令。“谢丽尔，转身面对着卡莉。很好，请和她眼神交流，让她知道你在认真听她说话。好的，现在就分享一下你的想法，或者问问她的想法。”

在杰森·布鲁尔的课堂上，出于不同的原因，杰森出色地调整了他的指令：他想给学生充足的时间，很好地完成他发布的每项任务，所以他一个接一个地解析它们，中间有很多停顿，声音平静而轻松。

可观察的指令。你发布的指令越明显，就越能评估学生后续的跟进情况。如果有必要，增加那些困惑、心不在焉或不积极按要求完成任务的学生的责任感。告诉学生“集中注意力”是一个典型的反面例子。因为这是不可观察的。如果我告诉凯勒要集中注意力，我觉得他没有做到，我说，“凯勒，我告诉过你集中注意力”。他可能会回答，“我一直在集中注意力呀”。这样回答要么是他相信自己在集中注意力，要么是他试图逃避责任。但如果我的指令是能看到的：“凯勒，拿起笔，在笔记本顶端的空白处记笔记。”凯勒继续分心，我可以说，“凯勒，请拿起笔”，然后注意他的动作，根据他的反应，我可以进一步提出要求。如果笔不在手里，他就不能坚持说“我确实拿起了笔”，这可比坚持“我一直在集中注意力呀”的说法要困难得多。现在凯勒是否按指令做的行为是显而易见的，所以如果我必须要给一个回应，那么它就是客观清晰的——对于他和对于我来说都是，是有据可依的。

在阿丽埃尔·胡的课上，她该做什么的指令完美、清晰、温暖、亲切。从一个可以观察到的指令开始：“眼睛看这里。”这让她能够扫描学生的完成任务和注意力集中情况，确保学生听到所有的数学课内容。她结合了该做什么指令和“技巧53：雷达扫视技巧与看得见的观察”中的几个特殊的要素。

发布“该做什么”指令的关键因素

简洁的语言：最有用的建议是尽量少说话。说话多往往会使重要任务不清晰或更模糊。你可能认为简洁的语言听起来很严厉，但是，简洁的语言可以用优雅和温暖的语气来表达，正如塔米莎·麦圭尔展示的那样。塔米莎的指令是：“收起椅子”“拿起笔”和“写下名字”。最长的指令只有4个字，这可以帮助幼儿园的孩子们快乐地完成任务，给她更多时间巡视课堂和分享对大家温暖的关怀，而不是反复提醒大家。你发布的第一个指令尤其重要。我们注意到德纳留斯的指令与塔米莎的很相似：“结组。”“2分钟。”“你做完了一个。”“试试那个网格，尽量填满所有空白。”前两个指令的简洁度和清晰度引起了学生的注意和关注。

第二个成功的关键因素是情绪稳定，即使你感到有点疲惫或沮丧，也要用平静的语气提供指导、纠正错误，学生会关注并回应你的指令，而不是你的情绪。到目前为止，这一点在我们所看到的所有例子中都很明显，这里没有发生学生的注意力因为老师的紧张情绪而分散的情况。

前后一致：尽可能使用同一指令，这样指令就会成为一种惯例。例如，经常说“托盘里的笔”通常比“你们托盘里的笔”“家里的笔”好得多，“放下笔”比“把你们的笔放下”“把这些笔放下”效果要更好。无须详细描述或解释，只要保持指令前后的一致性，久而久之，学生就会养成习惯。这让你专注于自己的课程，让学生更容易按你的要求做事。德纳留斯的课程之所以如此顺利，是因为他每天都坚持使用同样的指令结束现在就做（技巧20）任务：“放下笔，看着我”或一些非常类似的话。当你非常需要学生完成好任务时，最好使用最熟悉的指令。

在发出指令前提出期望：在提示开始之前，提前给出一个该做什么的指令，这是一个很好的方式，这可以确保学生听到你所有的指示，而不会在你发布指令时走神。例如，“当我说‘开始’时，请转向你的同伴，讨论你对本章开头的观察结果”。这让你有机会保证每个人都集中注意力，并听到你的指令，然后你再进一步补充更多的细节，“我会提问你和同伴的观察结果”，再让学生进行转身讨论。如果学生热情高涨，教学活动令他们兴奋，你可以说，“当我说‘开始’时，但不是在我说‘开始’之前，请转向你的同伴，讨论你……的观察结果”。这会让转身讨论的开始更清晰、更明显，使规则更迅速地普及。

还要注意阿丽埃尔的指令：“眼睛看这里，四、三、二……”她不仅发布任务指令，还在给学生倒计时，让他们有时间和心理准备，以便完成他们正在写的东西。

简化“该做什么”指令

如果学生对你的指令没有反应，那就简化它，要么删除某些词，要求做一个更具体的行动，要么减少执行步骤。例如，如果你对某个学生说：“拿起笔，在笔记本的顶端做笔记。”而她没有做，你可以说：“请拿起笔。”如果她还没有按要求做，你可以指着笔说：“请拿起笔，罗伯塔。”分解指令可以让你的教学更容易进行，加强你对学生完成任务的期望。

如果你的指令足够明确，但某个学生仍需要你重复指令，该怎么办呢？你可以根据实际情况调整指令，分析学生这么做的原因可能是什么，确保学生成功完成任务，维持融洽的师生关系。

普通情况：学生不能按要求完成任务的原因尚不清楚，而且可能是没有恶意的，如心不在焉或不理解指令：

往好处想：“嗯，我一定没说清楚。当我们处于‘学习者的位置’时，这意味着我们可能有盲区。”

假定学生可以做到：在重新发布“该做什么”指令后，把目光移向一边，好像很有把握学生会按要求完成任务。然后根据需要监督他们。

模糊的情况：学生不能按要求完成任务的原因尚不清楚，但这一情况已持续了一段时间，有可能学生在钻空子。

简化：删除某些词，只选择一个步骤。

情绪稳定：反复检查自己是否冷静和情绪稳定，排除引起你情绪波动的因素。

有挑战的情况：故意不按要求完成教师指令，或挑战教师的极限。不断做出某些违反指令的行为，或者情况极具挑战性。

缩小范围：将下一步分解为尽可能小的任务。例如，你对某个学生说："请站到课桌前，然后走到门口。"但她没有照做。你可以说："请站到课桌前。"她仍然没动。你说："把椅子推到后面。好的，现在站起来。谢谢。"

穿插对学生的表扬：学生处于消极的状态时，用温和的语气表扬他们高效完成的上一个步骤。例如，教师在应对忐忑不安的学生时可以说，"请安静地坐在椅子上"，学生坐好后，你可以补充一句"谢谢"（*不动声色地*）。然后说："请转身面对我，这样我就知道你已经准备好讨论这个问题啦。"一旦学生照做，教师可以表扬他的配合："好多了。谢谢你。"然后学生可能会开始尝试，"现在，你准备好说话时，请冲我点点头。"你可以再次表扬，"谢谢你"，也许还可以补充说："很感激你告诉我已经准备好谈论这个问题了。我很感激。"

在线课程：远程教学应该采用什么技巧

大多数情况下，指令的重要性不言而喻，但被严重低估了。远程教学让许多教师不得不在新的教学环境中面对指令清晰度的挑战。面对酷炫的互联网和不断增加的潜在干扰因素，很难找到与线下教学相对应的非言语提示与指令。教师的指令突然从屏幕角落上的一个窗口里发出，而且声音细小，因此很多学生很容易错过这个指令。而且学生在线下课堂中有的那一层安全防线——如果不知道该做什么了，就看看旁边的同伴在做什么——在线上课堂上也不复存在了。在这种情况下，教师必须掌握几点关于发布指令的技巧。我们来看看阿隆佐·霍尔在他的课程开始时使用的"定位屏幕"。他的口头指令也以文字的形式展示在屏幕上，绝对清晰、绝对简单，学生很难错过或误解：这就是我们要做的事情。并且他对最重要的部分进行了黄色高亮显示。

一起来做课前准备！

- 在这堂课上，你将用到
  1.几张练习纸（笔记本或者空白纸也可以）
  2.铅笔
- 请暂停视频，然后准备以上物品。全部准备完后再点击“播放”按钮。

下表是埃里克·斯奈德为自主练习做的视觉和口头指令，在活动进行期间他也在屏幕上保留着这个指令，以方便学生随时确定进度。

1：30之前做自主练习
□ 1.阅读P195—P199，终于该女生表演了！找出故事发生的原因……注意故事情节的反转。
□ 2. 回答课堂作业4—6题。
□ 3.问答小测。
□ 4.完成所有问答题，然后→提交课堂作业。
□ 5. 开始自主阅读并做好阅读日志。1：30我们开始课堂教学。

阿隆佐和埃里克所做的事情都与认知科学有关。“口头语言会消失。”奥利弗·卡维廖利（Oliver Caviglioli）在他关于视觉科学的著作《双重编码》（*Dual Coding*）中指出。这被称作瞬态信息效应，它提醒我们，任何只用语言表达的东西都很难学会和牢记，它会给工作记忆带来沉重的负担。这既有教学意义，又有文化意义：如果我们想让人们记住，我们应该在屏幕上写出提示语。

提示语应该言简意赅！限制无关的信息是卡维廖利提出的另一条关于视觉影响的建议。图示信息越朴素、越单一，效果越好。比如，当我们想让人们关注内容和处理关键信息时，那么图上使用的颜色越少越好，素描图片通常比照片更好。

技巧

53 雷达扫视技巧与看得见的观察

密切注视学生的一切，精准洞察学生行为

在“技巧52：该做什么”中，我分享了阿丽埃尔·胡的数学课。她的指令简洁明了、干净利索，学生的反应也很完美：学习认真、深思熟虑，结果令人满意。

我们来看看阿丽埃尔·胡的课堂文化。她在发布指令后做了两件非常简单但非常重要的事：“眼睛看这里，四……三……”

我从她的教学视频中截取了4个瞬间，将它们从1到4编号，以便更清楚地展示她做了什么：

阿丽埃尔做的第一件事是观察。她发出指令后，没有低头看手里的笔记或黑板，而是花了1秒钟，从右到左扫视教室。这可以让她确认学生是否在听从她的指

令。如果不是，她会调整一下措辞。也许是因为她表述得不够清楚，那么在“往好处想”（技巧59：积极架构）后，她可能会再发布一遍指令：“哇，让我说得更清楚一点……”也许他们有点调皮，她会稍微放慢语速，让声音更平静一些。当然，如果学生表现出心不在焉的迹象，她也不会说得太快。不管怎样，教师应该获得的教训是：教师只能对自己能看到的东西进行管理，所以帮助自己看得更清楚、更全面的行动是至关重要的。教师要想看得更清楚，需要掌握一系列技巧，其中一个很少被提及，我称之为雷达扫视。

回到阿丽埃尔的课堂，她抬头看看学生，看他们是否完成了规定任务，她向学生传递的信息和她从学生那里观察到的一样重要。她传达的信息是：“我关心你是否按照我的要求去做。我会注意到你是否这样做的。”当教师表明这对他很重要时，学生就会更加重视它。通过观察，让学生知道教师在看，这会让他们更有可能按要求行事。可能是因为在某种程度上我们杜绝了学生钻空子的可能，但更有可能的原因是教师明示了它的重要性。如果教师和学生有融洽的师生关系，这将会产生深远的影响。如果你还在构建这种课堂文化，你发出的清晰指令有助于赢得学生的信任和尊重。

在回看阿丽埃尔做的第二件事之前，我在这里插个简短的题外话。我们来看一下四年级教师凯蒂·克罗尔课堂上的一幕，我想讨论这个片段的主要原因是它生动地体现出了人的本能反应。注意左后方的那个学生。他正在从背包里拿什么东西。可能是另外一根笔或者他想给同学看的东西。此时凯蒂朝男生瞥了一眼：

她什么都没做，既没有点头，也没有摇手指或皱眉。实际上，我们甚至看不出她对学生这种行为的感受是什么。她只是看了看，学生就决定不从背包里拿东西了。这是他的选择，但他做出这样的选择是因为他知道老师看到他的小动作了。“我现在不需要这个了。”当学生知道别人意识到自己在做什么时，他们就会更加意识到自己的选择，他们的选择也会有所改变。在我们的生活中，这样的事情随处可见。我家附近有一条街，街边的一个装置可以显示你开车的速度。它不会拍照，也没有任何不良后果。它只是告诉你你开车的速度有多快。然而，我看到前面的每一个司机都减速了。

这也是阿丽埃尔教室里发生的事情。当学生知道老师看到并关注他们是否遵循任务指令时，他们更有可能认真遵从这个指令。

这让我想到了阿丽埃尔做的第二件事。她稍微夸大了自己的观察行动，这样学生就更有可能意识到这一点。你可以在照片中更清楚地看到这一点。她像演哑剧一样扬起下巴。“大家看得到我在观察吗？”这一动作增强了观察的预防效果，特别是对那些不强调就看不见教师观察的学生。我把这个想法叫作“看得见的观察”。当学生意识到教师在观察时，观察效果最好，教师可以通过微妙的非言语行为引起学生的注意，从而防止错误行为的发生。这是给所有学生的礼物。

再回到凯蒂教室里的照片，值得注意的是，如果她不像阿丽埃尔那样，微微扬起下巴，她的学生是否会看到她质疑的目光呢？我们把这一动作称为扬起下巴，以方便大家牢记和模仿。我们这么做的时候，可以从教室的一边仔细扫描过去，养成一个看起来很漂亮的习惯动作——转头。雷达的基本动作就是转变方向，对着全体学生扫描，尽可能看得更多、更广。这只需要一两秒钟。理想情况下，这将成为一种习惯——你甚至不用考虑就开始扫描。这看起来有点像阿丽埃尔的习惯，其实她扫描时，注意力在其他事情上。但它依然有助于让每个学生都积极地参与课堂活动，防止出现盲点。如果看到一些微不足道的小问题，她可以简单而快速地将其处理掉。在事情很小的时候尽早揪出来，这时纠正也很容易，这个想法被称为“防微杜渐”。我将在本章后面的内容中讨论它。但要想早点把问题揪出来，就必须早点观察到。所以教师必须系统地认真观察。

你可以看到阿丽埃尔对转头观察结果的反应，她说：“再等一下两名同学。”我将在后文中讨论该问题，这可以被称为匿名纠正，让学生知道老师意识到他们落后了，同时保持了匿名。在这种情况下，落后的学生很快就会赶上进度。

你可能注意到，阿丽埃尔在扫描时，向后退了半步。就像拍照时后退一步，以便让每个人都入镜一样。这可以让她少转头却能看到更多的学生，同时提醒我们，教师站的位置是决定教师能看到什么和如何看得更多、更清楚的关键因素。

朱莉亚·阿迪奥的转头动作特别好。这是她进入两分钟切换活动的关键部分。“有一条反馈，注意看这里。”她说道，以使正在做习题的学生准备好开始讨论。她站在投影仪前，无法来回移动。也许正因为如此，她从左到右，然后再从右到左来回扫描。她没有说一句话，但是清晰地向学生表明了，他们必须要集中注意力，这很重要。学生意识到了这一点，几秒钟后，她开始在30名专心听讲的学生的注视下讲课。

我们观察到德纳留斯·弗雷泽在课堂上转头扫描了几次教室。在上课10分钟左右，他的转头幅度相对较小。这是他针对讨论问题特意站在那里的。站在教室的角落时，教师会极大地减少扫描动作，减轻负担。在这里，他可以轻而易举地看到整个教室。我把这个位置称为帕斯托站位，这是我注意到第一位一直站在那里的教师——帕特里克·帕斯托——后命名的。

我们同样观察到数学教师鲁道夫·鲁雷罗在课堂上始终站在帕斯托站位上。每次发布指令后，他都走到教室的角落，站在那里观察。在那儿，他可以轻而易举地看到学生是否能一气呵成地完成作业。在角落里观察能让学生更清楚，老师在密切注视着他们，他们应立即完成活动任务。这两种效果相辅相成，因此鲁道夫神态放松、始终热情地微笑着。鲁道夫站在不同的角落的好处是：每次都能清楚地看到不同的学生，学生也能清楚地感受到老师的关注。

这里有一个简单的图示（见下页），展示了帕斯托站位的重要性。从前面看到全班同学，你必须扫描大约150° 的范围。要看的东西确实很多，但也要仔细扫描，尤其要注意视线范围里角落的盲区位置。而如果你站在教室的角落处，你只需要扫描80° 的范围就可以看到整个教室了。现在扫描学生就更简单了。

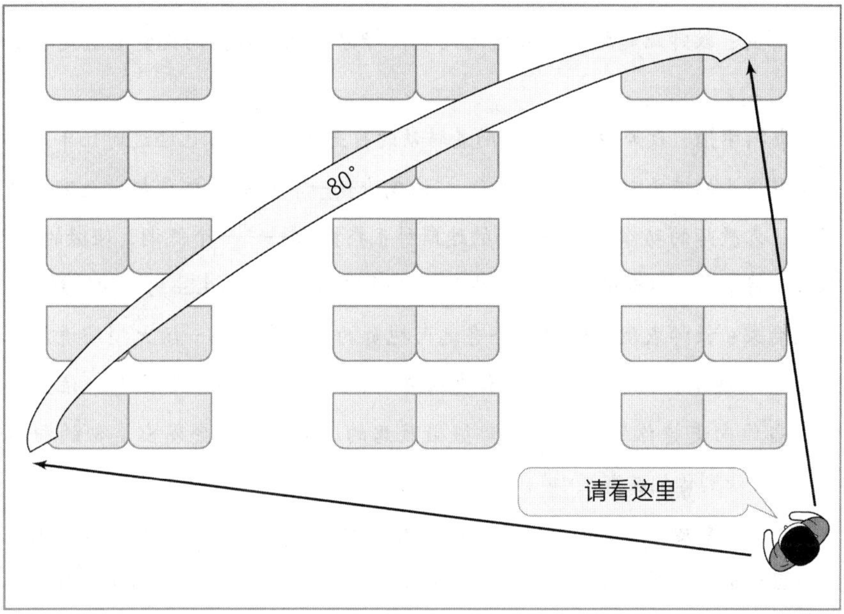

看得见的观察是"阴"，雷达扫视是"阳"。一种是看得清楚，另一种是在巧妙地提醒学生你在观察他们。

在玛丽莎·安科纳的课堂上，玛丽莎在上课开始前就站在教室的角落了。她密切注视着学生安定下来，准备好上课。她对此非常重视。很明显，她扬起下巴，沉着冷静地注视着学生，从教室的一个角落走到另一个角落。教师彰显自己重视的事情，学生更有可能重视。玛丽莎一言不发，却表现出她非常重视学生聚精会神的学习状态。

看到教师使用无声的行为引起学生的注意，"像冠军一样教学"团队的同事开始给最常用的动作起幽默、欢快的名字，如前面描述的转头和扬起下巴。还有改编版的转头动作：老师开始转头，然后暂停，重新扫描刚刚扫描过的地方，好像在说，"哦，我好像看到了什么。不。一切正常"。故意让扫描变得显而易见，我们称这种动作为洒水器，因为我的同事发现它看起来像20世纪80年代的同名舞蹈，还是即兴表演。我们开始给所有的视觉动作用舞蹈命名。以下是我们最喜欢的一些名字：

隐形的柱子：教师发布指令后，头微微移动，就好像在看某个东西一样（隐形的柱子）。

踮脚尖：教师踮起脚尖向教室远处看，好像在确认教室的视觉盲区是否一切正常。

迪斯科手指：教师伸出手指，随着转动的目光移动，就像已经过时10年或20年的迪斯科舞步的绝杀动作。它在暗示："让我检查一下所有地方。"提醒最容易走神的同学注意教师的动作。一个小小的迪斯科手指提示——一个低调、轻微的动作，可能只需将手抬到腹部的位置——或许就是吸引你八年级学生注意力的诀窍。

政治家：教师表现得就像一个有远大抱负的政治家，在一场大型演讲前走上台，感谢观众中显而易见的朋友和支持者——这里有一位，那边有一位。作为教师，当你向支持你的观众打手势微微致意的时候，你也会发出类似的积极信息——"我看到你们在那里啦"。

四分卫：教师像美国橄榄球联盟的四分卫一样移动，蹲伏在中锋后面，迅速地望向守卫球员。位置低并不代表不必扫描四周。同样，冠军教师在蹲下来跟学生讲话时，他们会迅速地扫描全班同学，以便观察到教室的动静。在凯瑟琳·奥弗斯的课上，她没有在和学生讨论——她站在投影仪前——但她感觉很好，因为她可以在做其他事情时，适时地抬头观察学生的状况。

总而言之，指令发出后没有跟进动作，表明我们不在意或不关心学生是否按指令行事。而我们的跟进动作表明，我们非常在意他们能够按要求做事。对多数学生来说，这是一种强有力的激励行为。

技巧 54 清晰可见的期望

使用可观察的指令，有效建立课堂秩序

让学生执行的行为越明显，你观察得就越容易，学生心里也越明白你能看得一清二楚。这就加大了学生按老师要求做事的可能性，同时更加方便你向学生问责。有些聪明绝顶的教师有办法让“可观察的指令”更有趣和更可行，使得学生更愿意遵从指令，并进行自我管理。

我的同事大卫·麦克布莱德利用这个想法帮助了一位很难维持学生注意力的老师。大卫让老师计划好在课堂上要使用3次雷达扫视和看得见的观察技巧，通过这些技巧发布清晰的任务指令，并确保100%的学生都遵从了指令，哪怕一开始这只是暂时的。大卫想通过此向老师说明：学生会听从他的指令；教室里的每个人都能按要求投入到教学活动中。

大卫要求他这样做：

- **发布看得见的指令。**
- **有针对性地使用雷达扫视，观察任务指令是否被执行。**
- **在帕斯托站位上进行扫视。**
- **表扬至少2名立即按要求做的学生。**
- **如果没有达到期望，就热情地纠正或改进至少1名学生的行为，提出更高的期望。**

大卫称之为“重置”，重置在有些情况下奏效，但有时也没有太大作用，因为老师无法看到所有开小差的行为。所以大卫改变了策略，强调让期望可见。

“我希望你选择一个特别明显的指令。一些你知道学生能够意识到你可以观察到的事情。例如，用‘放下笔，眼睛看着我’代替‘眼睛看着我’，然后在你扫视时观察这一点。”

结果是令人激动的。教师看到学生放下笔的效果是转瞬即逝、难以评估的眼神交流的10倍。这样就更容易看出谁在按照要求完成任务。不仅如此，学生还意识到了指令的清晰度。

学生明显地感觉到：教师对他们是否遵守指令看得一清二楚。在之前，班上总有那么几个不守规矩的学生。但是还有更多的学生把不按老师要求做视作一种冒险活动——赌一赌如果不遵从指令老师能否发现。接下来，很快，这种冒险游戏就变成了一种常态。就像学生在课间玩游戏一样，加入游戏代表你是团队的一分子，大家在课堂上也开始纷纷加入这个冒险游戏。

但突然间，随着灰色地带的消失，越来越多不守规矩的学生开始不断改变自己的行为。教室发生了变化。不守规矩的学生还有，但瞬间就只剩几个人了。偶尔有一两个大胆的反叛者试图诱使周围的学生和他们一起测试老师，结果发现追随者已失去踪影。这是希思兄弟研究的一个观察案例，他们发现问题的大小必然与解决方案的大小相关。

这些技巧可以使教室重新焕发活力，使教师获救：在他即将放弃的时候，让简单的指令更加明显，从而消除歧义与误解。指示学生做一些具体、明显的事时，教师就更容易管控和监督学生的完成情况。如果你能看到它，你就能管理它。

以下列出了几个“使期望更明显”的示例：

- 用“把笔放在托盘里”，代替“放下笔”。
- 用“把书拿出来并打开”，代替“把书拿出来”。
- 用“我要看到大家的笔在动”，代替“你们应开始答题了”。

我希望这个故事不要被大家误认为让期望可见主要是一种反应策略或对一个苦苦挣扎的老师的拯救策略。德纳留斯·弗雷泽——本书反复提到的教师，也是我遇到过的最杰出的老师之一，在开始上课时也用到了大卫指导苦苦挣扎的老师时使用的指令：“放下笔，看着我，三……二……一。”

技巧 55 最低侵扰干预

最大化教学时间、最小化课堂矛盾

行为干预的目标是让100%的学生完成任务，专注、积极地参与到课程教学中。但讽刺的是，为了确保每个人都跟上讲课节奏，教师持续、耗时的干预有时却会阻碍教学。教学停止时，无论是由于教师的干预而中断还是由于学生对教师干预的反应而中断，教学结果可想而知：没有学生在执行教学任务，因为老师不教课时，通常没有任务。在教学中断期间，许多学生会发现其他吸引其注意力的东西，他们开始走神；转身看着窗外或转向朋友，并扬起眉毛打个招呼。当教师重新开始讲课时，他们会更分心、注意力更不集中，所以诀窍是使用最低侵扰干预解决所有问题或干扰，确保每个人都能继续认真听讲。

假设我在讲课，但罗伯塔却闭着双眼把头伏在课桌上，要么是睡着了，要么是在装睡。我非常清楚改变这一情形的重要性，让罗伯塔在课上睡觉，她不仅会错过这节课的知识点——强化了那些让她因学习障碍而感到疲劳的东西——而且她的行为非常明显，仿佛是在向其他同学宣布：如果他们累了，或者当天“不在状态”，就可以睡觉。如果我担心她的情况，我可以在课后询问罗伯塔，有可能她碰到了问题需要帮助，但不要急于得出结论。也有可能她只是累了，就像其他青少年一样想在课桌上趴一会儿，还有可能是单纯不想听课。如果我让罗伯塔继续昏昏欲睡，其他同学可能会纷纷效仿。一旦这种情况发生，我的课堂很快就会变成这个样子：不时有学生埋下头，有些还可能对学校、社会、教师或我的教学做出无声的诅咒，有些知道这样做不会有什么后果所以也效仿，或者说这已经成为课堂的常态。

假如看到这种情况，我停下正在讲授的内容——美国经济大萧条，转头对罗伯塔说：“罗伯塔，我们今天学习的内容非常重要，你必须了解，因为我们还要就此话题写论文，而且你上大学时也会学到这个时期的历史，我希望你能抬起头来和大家一起学习。”最理想的情况是，罗伯塔抬起头来，立刻专心致志地听讲。但这种互动也会耗时数秒，在这几秒时间里，教师不会深入探讨美国经济大萧条。对学生来说，这个时刻不仅学习停止了，课堂参与也停止了，一些头脑灵活的学生就得找点别的事做。

所以我不得不忙着四处救火。“简，教室里不允许玩手机。”我对在此间隙从包里掏出手机的学生说。“卡洛斯，请集中注意力。”每次停下讲课纠正一名学生时，我都有另一名学生失控的风险。我可能永远都赶不及。

从现在开始，要恢复课堂的活力与激情将无比困难。我在第一章中讨论注意力残留时指出，学习任务被打断时，学生的部分观点将在中断结束时留在他们的脑海中。如果频繁被打断，我们就永远不会达到最佳教学效果——不间断的学习状态。

如果大家都盯着罗伯塔看，罗伯塔会有什么感觉呢。是的，她需要被叫醒，参与课堂活动。但让所有人都盯着她看，并不能帮助她集中注意力。她可能会怨恨我，甚至拒绝坐起来。

那么，善于管理课堂行为的冠军教师会如何处理这个问题呢？他们会干预罗伯塔吗？答案是肯定的。她现在可能没有什么感觉，但10年后，她会后悔自己上课时一直睡觉。相信她的父母也不太可能说：“请让我的孩子上课睡觉吧。”

大家的目标基本都是一致的，但解决问题的方式大相径庭。优秀教师会尽可能隐藏纠正的过程，更重要的是，他们会在讲课的同时进行纠正。他们会特别重视其私密性。他们可能会边走边讲课，走到罗伯塔身边时，顺手温柔地碰一下罗伯塔的手肘。但这样做时，要避开其他学生的目光（而不是盯着罗伯塔），给罗伯塔尽可能多的隐私空间。如果罗伯塔反应迟钝，他们可能会小声对她说：“请坐起来，罗伯塔。”如果这还没有奏效，他们可能会找一个合理的时机，给全班同学分配其他任务，比如转身讨论，“给大家30秒钟，和同伴互相检查民间资源保护队（Civilian Conservation Corps）的定义。开始！”然后简单地小声干预：“罗伯塔，我知道你很累了，但今天的学习内容太重要了，你不能睡觉。请打开一张空白纸。你的标题要写上‘美国经济大萧条’。我30秒后会回来看你是否写好。”

教师应表现得冷静而稳重。但最重要的是，为了保证班里其他29名学生不间断地听课，他们必须尽快完成纠正行为。这其中的一个秘诀是：如果你能够非侵扰性地纠正错误，你就能够成功并持续地设定和强化你的期望。

6项干预措施

通过观摩优秀教师的课堂管理，我和我的团队按侵扰性由弱到强的顺序列出了6种有效的干预措施。一般来说，我们的目标是尽可能地向列表最顶端——第一条看齐。

干预1：非言语干预

首先是非言语干预。我是在阿什莉·欣顿最近的一节课上观察到这一点的。阿什莉在教学生写描述性段落时不断地用手势纠正学生的小问题，或有意地示范矫正动作，希望学生效仿。这样做时，她从未打断教学的主线。这样她在不影响课堂教学的前提下悄悄地纠正了开小差的学生。

阿什莉·欣顿就是用微妙、适时的非言语干预解决问题的。趁着问题尚小及时纠正，防微杜渐——这样的解决方案也简单。在这种情况下，教师不用中断讲课。因此阿什莉在纠正错误时可以保持积极的语气。此外，纠正错误时，阿什莉一直在教室四处走动（技巧25），当她走到某个学生身边纠正错误时，其他学生不会注意到。她使用前后一致的手势，纠正了两三个不注意听讲的学生，当然，她没有因此而中断讲课。

请记住，非言语干预并非天然不具备侵扰性。为做到不侵扰，你必须继续上课、继续移动，并且将纠正置于较大的教学过程背景中。最近，我看到一名教师在使用非言语干预应对课堂行为时非常吃力。原因何在？因为她没办法在非言语纠正的同时继续上课。比如，在就学生阅读的一本小说展开讨论时，她突然停下来，在学生的注视下往左走了两排，停下来，向一名学生做了一个夸张的手势让他坐好，然后瞪着他，等他照做。这一刻，教学停止了，所有人的目光都放在她和涉事学生的身上，虽说整个互动采取了非言语性形式，但她的干预并不成功——没有使用非侵扰性干预。

非言语干预在干预动作一致并且范围有限的情况下最有效。开始使用非言语干预时，我会从课堂中选取一两个最常见的、较小的干扰因素，并且为每一个干扰因素制定一种统一的非言语干预动作，这样的课堂干预动作要尽可能少一点，这样你不仅可以轻松使用，学生也能在继续听讲的情况下处理这些信号。譬如，阿什莉选择用手势提醒学生用眼神追踪发言者（技巧48：注意力习惯）并在其他同学发言时把手放下，专心倾听。

干预2：积极的集体纠正

积极的集体纠正干预的侵扰性稍强，但仍然很少留下痕迹。它是一种以某个集体为对象的快速语言提示，用于建议集体成员采取某一具体行动。同非言语干预一样，积极的集体纠正是及早发现不注意听讲行为的理想方式。“积极”的概念源于事实——干预涉及的总是解决方法（积极的一面）而不是问题（消极的一面）。“集体”是指它面对的是全体学生，而不是某个学生。由于干预的目的是不干扰教学，这种纠正形式非常短，语言也很简练。“请检查一下是否坐好（请检查你们的SLANT，如果你使用首字母缩写的话）”是一个典型例子。这只花费了大约1秒钟，然后你就可以继续讲课了。如果需要提高几名特定学生的责任心，你也可以同时使用非言语干预。也就是说，你可以在讲“我要看到每个人都动笔”的同时，用眼神交流或微微点一下头来纠正个别学生。这一方式的要义是，你可以在同集体对话的过程中纠正那些你没有及时观察到的学生的行为。

当然，通过对个体使用非言语问责，你也避免了使其暴露在“聚光灯”下。提到某个不听话学生的名字，大家通常会望向他，这会引起学生的怨恨或者得意（可能他的目的正是吸引大家的注意）。如果你努力表明自己正尝试解决问题，有的放矢地使用非言语干预，同时保护他的隐私，而不是“大声喊出他的名字”，其结果通常是积极的。

干预3：匿名个体纠正

下一个干预是匿名个体纠正。它同积极的集体纠正的相似之处在于它们都描述解决方法，但是它明确指出有人（至今匿名）尚未达到要求。你可以把它同积极的集体纠正相结合，比如说：“请用眼神追踪（积极的集体纠正）。还有两个人眼神没到位（匿名个体纠正）。”

同积极的集体纠正一样，你可以使用非言语干预，尤其是用眼神交流和快速点头进行匿名个体纠正，从而直接且隐秘地指明需要迅速修正的对象。把言语性集体纠正和非言语个体纠正相结合能带来极好的效果。

在劳拉·巴克斯特的课上，她做得非常好。她两次暂停讲课，简短地提醒学生说，大家要集中注意力或需要向前看，但她语气镇定，与匿名所指的学生虽然偶尔有一两次微妙的眼神接触，但非常微妙，其他同学根本无法察觉是谁出了问题。她对语言的简洁性把控得非常好。

干预4：私下个体纠正

下一个干预是私下个体纠正。当你不得不说名字时，你就可以私下处理。当你需要在一名学生身上花点时间时，你可以要求全班同学进行自主学习任务以降低侵扰性，或选取合适的时机进行私下干预。

这是我建议优秀教师尝试的策略之一，特别是如果罗伯塔没有回应之前教师低侵扰性的干预——让她坐好并返回到学习当中，“给大家30秒钟，和同伴互相检查民间资源保护队的定义。开始！”然后你简单地小声干预：“罗伯塔，我知道你很累了，但今天的学习内容太重要了，我不能让你睡觉。请打开一张空白纸。你的标题应该写上‘美国经济大萧条’。我30秒后再回来看你是否写好。”

此时，你压低了声音，这表明你不愿意公开此事，这种干预可能会收到更好的效果，尤其是在你细致描述解决方法而非问题（技巧52：该做什么），在强调目的（“今天讲的内容非常重要，你得弄明白”）而非利用权威（这也是教师说“当我说坐好的时候，我希望看到大家这样做”一般情况下不起作用的原因）时。

我们看看伦敦绿洲南岸学校（Oasis South Bank）的教师——乔什·古德里奇的做法。大多数学生都在认真学习，但有一个学生没有参与课堂活动。乔什发现了他的情况，他走了过去，压低声音说：“我需要在10秒钟内看到你开始写作。开始吧，小伙子。”他的语气平静而稳重，指令很明确。他低声保护学生隐私，动作很快。也许离他仅两个座位之隔的学生也完全没有意识到发生过什么事。

用私下个体精准表扬（PIPP）加以平衡

我们将私下个体纠正简称为PIC（private individual correction），它的合作伙伴是PIPP（private individual precise praise）——私下个体精准表扬。使用PIPP时，你要走到某个学生身边，轻声说出正面反馈而不是批评。如果学生意识到私下干预可以是表扬，也可以是纠正的时候，他们会更愿意接受你。由于表扬对批评有平衡作用，学生就会信服批评意见。最重要的是，你杜绝了学生的偷听，当他们对他人的不当行为感到好奇或幸灾乐祸的时候常常会这样做。换言之，倘若内容不可预知，时而肯定，时而纠正，那学生就没有兴趣偷听了。坦率地说，你走到罗伯塔身边跟她说“我觉得那个回答很棒。继续保持吧”，这对偷听者来说无甚趣味。因此，在平时偶尔使用个体精准表扬，可以帮助你在需要告诉罗伯塔坐好时保护她的隐私。

干预5：快如闪电的公开纠正

如果你每次都能迅速而隐秘地进行纠正，那当然非常好，不过，大家都知道，教室里的情况很复杂，不可能每次都能顺利地实施。有时候你会不得已地公开对个别学生进行纠正。在这种情形下，你的目标应当是减少学生因负面原因而“成为焦点人物”的时间，重点是教给学生正确的方法而不是指出他做错了什么，然后再把注意力引导到更有成效的事情上，这样就能使大部分学生的正确行为常态化。这就是快如闪电的公开纠正。比如说：“昆汀，我要你的笔动起来……就像后排那些认真做作业的同学一样!”或者“昆汀，我要你的笔动起来”，接着是“约瑟菲娜，我迫不及待地想听听你都写了什么”。

也许最有效的“私密性”公开纠正或提醒行为就是轻声说话，即使你是在公开纠正，即使每个人都能听到你的声音。杰森·阿姆斯特朗在他的课堂上高效完成了这一行为。杰森纠正了2名不专心听讲的学生，两次都是公开的，大家都能听见。纠正时，他在教室前面，轻声说话，感觉像是个体纠正。他降低声音，是在提醒学生们，他正在纠正，但他也竭尽所能地保护学生隐私，他尊重学生的感受，不想让他们难堪。悄声纠正表明：“我想在不引起大家注意的情况下这么做。”悄声纠正增加了学生的信任，保护了学生的隐私。因此，悄声纠正是老师可以使用的最强大的工具之一。

干预6：惩戒

最后一种干预形式是惩戒。惩戒是需要技巧和具有挑战性的，因此我将在本章后面部分将其作为专题技巧讨论。然而，值得注意的是，我讨论过的许多非侵扰性元素（悄声纠正、保护私下交谈的隐秘性等）也可以应用于惩戒中。

常见误区

人们对干预的程度有一个常见误区，认为它们代表一个过程或一个公式：“教师会有条不紊地一个级别一个级别地尝试，按顺序试过6种纠正方式，最后才施加惩戒。”尽管纠正的目的是尽可能接近列表的顶部，但优秀的课堂管理者还是效果优先。他们有时直接跃进到第六个级别——惩戒，有时在各个级别之间循环往复，偶尔还会对一名不守规矩的学生进行几次干预。事实上，使用1—5级干预意味着学生在被提醒时还能够（或看似可能）努力按要求做事。故意和破坏性的行为通常是应该受到惩戒的。

另一个常见误区是，认为无视错误行为或以表扬应对错误行为是侵扰性最弱的干预形式。其实，无视错误行为的侵扰性最强，因为这种行为最容易持续和扩散。我们的目标是防微杜渐，所以应趁这种行为的负面效应尚不明显、纠错成本较低的时候迅速应对。

技巧 56 坚定沉着

巧妙避免冲突，增强课堂掌控力

优秀的课堂管理者都是沉稳的掌舵人。在探讨学科知识时，他们能挥斥方遒，在要求学生坐下或开始学习时，他们要显得镇定自若。他们认为学生的执行是顺理成章的，这正是学生肯执行的原因。这一类型的教师做事有策略，通常会有步骤地避免冲突，让学生遵从指令。如何以坚定沉着的策略进行教学，以下是6条基本规则：

规则1：及早发现

有时候，我们一厢情愿地认为问题可以自我修复，应顺其自然。但它通常不会自然消失，甚至有时会变得更糟，因为我们释放的信号是我们会暂时容忍这种行为。到了最后，我们不得采取措施进行严厉的纠正，一是因为该行为越来越大胆、破坏力越来越强。二是因为我们产生了挫败感。我的团队经常提到的、许多教师也认为有益于自省的话是："如果你失控了，那是因为你等得太久。"尽早进行小的调整，通常好过晚些实施的大干预。倘若你的纠正是对自身和学生的微调，那你就更有可能面带微笑完成积极的纠正。

规则2：目标高于权威

你之所以要在课堂上纠正不当行为，是因为对于不守规则的学生以及周围的人来说，你要构建一个充满活力、积极的学习环境，一个鼓励他们获取成绩，甚至养成自律习惯的课堂。你要不停地强调：你的目标是帮助学生学有所成，而不是为了巩固你作为一班之主的权威。

尽量避免说出诸如"要你们做好，你们就得做好"之类的话。说"请把它放下，准备考试”或者“你要按时上课，这样我们大家就都有60分钟的学习时间了”要好得多。纠正学生的错误行为要严格，但同时要尽量提醒学生（还有你自己），你的高期望是与学生有关，而不是与你自己有关。

规则3：记住，“谢谢你”是最有力的语言

每当学生遵从指令时，你能做的最有用的一件事就是说声谢谢。原因有二。其一，经常使用“请”和“感谢”可以构建一个以文明和相互欣赏为特征的和谐团队。因此，要在教室不断示范“请”和“谢谢”，尤其当学生担心自己的处境时。比如，当教师点名他们调整状态时，他可能会担心自己是否还是这个班级的一分子。当然是，但当你说“请双手交叉放在身前，玛雅”时，这就微妙地提醒了她这一点。在玛雅交叉双手后，你可以用一种低沉、稍微柔和的语气说：“谢谢你。”

其二，说“谢谢”能以柔克刚，强化期望，并使遵从教师指令正常化。你要说“谢谢”，因为玛雅已经听从了你的指令。它显示了你对她的感激之情，同时它巧妙地提醒了班上的其他人，班级的规范就是要按照教师的指令去做。

规则4：使用针对全体的语言

寻找机会提醒学生：期望是普遍的，而不是针对个人的。虽然“你得跟上我的节奏”没错，但“你得跟上大家的节奏”更佳。它表明学习是一种团队运动，并且巧妙地说明了：我要求你遵守的事项，班上其他同学也要做到。用“请大家眼神追踪发言的同学”代替“请确保你的眼神在追踪发言的同学”，这是在提醒所有人，期望是针对大家而提出的。

规则5：展现灿烂的笑脸

灿烂的笑脸是指你在教学过程中的微笑，或者至少是符合你年龄的、表达“我喜欢这个工作，我喜欢这里的学生，我对自己所负责的事很有自信”的表情。当帕特里克·帕斯托抬起头扫视全班的时候，你总能看到他那张灿烂的笑脸。他带着微笑上课，而不是愁眉苦脸。他那张灿烂、令人愉快的脸上充满了自信。这说明他在教学时信任学生而非吹毛求疵。这与那些愁眉苦脸的教师截然不同，他们的愁眉苦脸是在说：“我在这里不愉快；我很担心学生不听话；我在等不听话的学生出现，

因为我知道一定会这样。”照这样下去，这个预言一定会应验。

强调一下，灿烂的笑脸不是必须堆满假笑。这是一张令人愉快的脸，一副“能在这里真好，我自有安排”的自信神态，它流露出与你的风格以及学生的年龄段相适的积极和自信。和幼儿园的孩子在一起，应该是发自内心的笑；和高年级的学生在一起，这应该是温和的笑。

重要的是，只要可能，要尽量展示你的笑容。特别是在学生遵从了你的指令或改正不良行为后立即微笑，提醒学生一切安好。这可以特别提醒你不得不纠正的学生，他们仍然在你的好学生之列。

规则6：进行确认扫视

信任和展示信任是同他人交流和建立关系时最重要的事情之一。表现信任是一个自我实现的过程，如果你发出信任的信号，学生也会照你的要求去做。

有时候，你在提出要求之后应该看向别处或走开，表明你相信学生会按要求做，这一点很关键。此时，确认扫视是释放出信任的信号之后的验证工具，提出要求后，走开，然后再策略性地回头看一眼。有时学生需要一点空间来整理思绪，下定决心做正确的事，确认扫视能够提供这样的空间。刚开始最好时间短一些，利用确认扫视前的延迟时间即可，之后可稍微延长。有时，教师会明确地使用它，比如“我要离开了，当我转回目光的时候，我要看到你们手里握着笔写出答案”。当然，如果通过确认扫视，你发现执行情况不够好，就得果断采取进一步的行动了。不过，对学生来说，使用确认扫视暗示着有力、冷静以及自信。

技巧 57 惩戒的艺术

牢记我们的目的是让学生变得更好

不幸的是，尽管你竭尽所能、巧妙而优雅地纠正不遵守规矩的行为，防止小错变得更大，鼓励学生做积极、正向的事情，但有时你不得不在课堂上惩戒学生。这是不可避免的，这不是你相信或不相信学生的问题。你应该爱护学生，希望他们能发挥最大的潜能。但你偶尔也要惩戒学生，需要他们为自己的行为承担后果。在很多情况下，教师会惩戒学生，因为教师关心学生的学习和成长。问题的关键是要明智、公正、人道地惩戒学生，以便将其不遵守规矩的行为转变为积极的行为，而不是为了惩戒而惩戒他们。

在大多数情况下，如果惩戒得当，教师能给予学生人性的关爱，辅以教学指导，让学生集中精力学习课程，这对学生来说是非常有益的收获。汤姆·班尼特写道："如果我们要教会学生如何为自己的行为承担责任，管理自己的生活，逐渐走向成熟，就要让他们知道对自己的行为负责是至关重要的。学生必须学会自我调节，克制自己眼前的欲望和冲动，在学会之前绝不放弃，即使他们不想坚持。"

班尼特的观察让我们认识到了一些我们经常忽视的东西：一个公正、公平、有效的惩戒是对学生的关心，学生必须学会尊重、控制欲望和调节自我行为。当然，我们现在不想惹学生不高兴，但现在的小不满比以后的大失望更可取，比他人的权利和尊严受到践踏更可取。对一个容易冲动的学生来说，生活可能会带来一系列的挑战，我们永远不希望他们面对艰难。如果学校的惩戒能帮他们用守规矩取代自己的冲动，那我们就帮了学生一个大忙。如果你迫不得已必须惩戒学生，告诉他们，你这么做是因为关爱他们。

但是，如果这些出于关爱的惩戒适得其反，那我们就得不偿失了。众所周知，惩戒很棘手。惩戒并不总是能够收到理想的效果，几乎每位教师都能证明这一点。

有时在施加惩戒后，行为不但没有得到纠正，反而变得更糟，谁没经历过这样的遭遇呢？我和团队在研究冠军教师的教学视频时发现，在他们的课堂上，惩戒几乎总能收到理想的效果，不只是在某个时刻，而是在几乎所有的时间都有效。这些观察的结果形成了我所说的惩戒的艺术。

有效惩戒的原则

若使用得当，惩戒就不只是处罚的委婉语。其目的是有效率地强化好的决定，利用犯错的情形让学生吸取教训。惩戒以培养和教导为目标，而这一目标应该在你使用它们的方式中得到彰显。有效惩戒的若干原则如下：

递增

惩戒的轻重不会改变学生的行为，改变其行为的是惩戒的持续性。对惩戒加以设计，将其分成可以递增的小步骤，付出可控的代价让学生从错误中吸取教训。小错误和小惩戒对学生非常有效，对你来说也更好。如果你的惩戒严重到让你爱护的学生伤心，你就要三思是否要使用，或者可以弃用。规划好惩戒，按照严重程度从弱到强的顺序排列好。第一级别的惩戒应该是一次限制，而不是一个激烈到足以改变学生一生的事件。

我们都见过小学生因奖惩卡颜色变化而失控的场景。这就是当我们看到在教室里所有学生的颜色变化卡都变成绿色后教师被气得想哭的原因。该惩戒系统不是递增的，所以实际使用效果不好。一个简单的改变是将颜色直接变化的方式（绿色变成黄色或者黄色变成红色）继续细分一下，改成每满3个钩后改变一次颜色。如果有学生大声喊出答案，你提醒后，他依然不听，这说明他需要更明确的提醒，这时对钩比颜色变化更有效。“对钩一次，唐纳德。”你也可以轻声说，“认真倾听，其他同学发言时不要大声喊出答案”。

小的、递增的惩罚还有一个好处，它能帮助你始终用一致的方式应对类似行为，同时还能为学生指明一条可行的成功之路。如果让学生过早失去了所有筹码，那他们也没有继续努力的动力了。

即时

即时的惩戒与导致它发生的动作有较为紧密的联系。如果目标是塑造行为而不是对其进行处罚，可以尝试立即给予惩戒。意外的是，当下的小惩戒（例如，“同学们，回到门外去，拿出学生该有的风度走进教室”）通常比事后的大惩罚（“先生们，咱们放学再见”）有效。快速惩戒还能减少错误行为的持续时间，打消学生哗众取宠的动机，抑制行为逐步升级的概率。

一致

对于学生来说，回应应当是可以预测的：“如果我做了X，就会发生Y。”如果不确定会发生什么事，那他们就会产生“试探一下，看看结果如何”的动机。因此，惩戒的语言和方法应该是同步递进的。我们是为了教会学生做事的规矩而不是惩罚他们，所以我们传递的信息不应该是：这样的行为时而可取，时而不可取。

持续使用一致的语言或方法可以降低施加惩戒的交易成本，也能使学生看得更明白（例如，“迈克尔，别大声喧哗，扣掉2个学习币”或“迈克尔，大声喧哗，扣掉2个学习币”[1]）。学生不必费心去猜测你的惩戒，你也无须花费时间和精力去思考应该如何回应。

当然，你需要提前解释什么是大声喧哗，为什么需要惩戒，并且需要向学生解释清楚他们要遵守的规则。

即便你和学生改变了活动内容或移动到教室的不同区域，你的管理也得跟上。不管你是在学生课桌前，还是在地毯上，一定要坚持使用学生知道和理解的方式和方法。否则，学生很快就会摸清挑战底线的时机。

尽量保护学生的隐私

在“技巧55：最低侵扰干预”中，我讨论了保护学生隐私的好处。当你使用它时，要提醒学生你不想让他们尴尬，避免公开学生的错误行为，以防导致师生关系恶化的情况发生。惩戒学生时要加倍重视对学生隐私的保护。不得不惩戒学生时，对他们的不满要做好心理准备。轻声纠正、非言语干预和私下个体纠正对保护隐私都会起到良好的效果。

客观

避免将惩戒个人化，尽可能保持其私密性（诸如轻声纠正，一对一互动，非言语干预等），在批评时要对事不对人（例如，说“那是不体谅其他同学的感受，丹

---

[1] 学习币是惩戒系统的例子，该系统的惩戒措施是不断递增的，因此教师可以轻松惩戒课堂违规行为。一般情况下，学生一周开始时都有50个学习币。大声喧哗可能扣除2个学习币。某个学生可能因为特别体贴的行为赚回一些学习币。到周末，如果学生还剩大量学习币，他们可以购买特殊的物品（比如与老师和3个朋友共进午餐）。

尼尔”，而不说“你一点儿也不体谅别人，丹尼尔”）。保持私密性显示了对学生的尊重，有利于长期维持你和学生的融洽关系。它不会展示错误行为，避免了博取关注或者对任何人都没好处的公开僵持。

最后，一定要记住：教师情绪激动会阻扰学生对招致惩戒的行为进行反省。教师惩戒时须表情平和、语气平稳，过后要继续亲切、热情地讲课。

施加惩戒的原则

除了要心平气和、保护学生隐私、确保惩戒侧重目的而非权力，在施加切实改善行为的惩戒时，教师还要遵守下列原则：

使用振奋人心的话语

可以肯定地说，每位教师都遇到过一受到惩戒就放弃努力的学生，或者假意顺从的学生。在那种时刻，这些学生觉得仿佛全世界都在和他们作对，包括你在内，于是，他们说服自己应该及时止损，不再尝试。你的任务是提出要求，并且督促他们做出成效。有一种方法是让你说的话“振奋人心”，告诉学生成功仍掌握在他们手中。比如，你可以说：“迈克尔，不要再喊出答案了。2个学习币。我知道你能做到的。”或者“2个学习币，我迫不及待地想看到你举手，这样我就可以提问你了”。经常说振奋人心的话，你就能教学生处理情绪问题，而不是自暴自弃，这是一项终生获益的技能，即便离开了你的课堂，他们也会长期受益。

保持课堂节奏

以训诫或说教回应违规行为会分散班上其他同学的注意力，增加出现其他状况的可能性。我有两则提示，它们能帮助你在情绪高涨、需要实施惩戒之时保持课堂节奏：

指出学生应该做的事而不是他们没做的事（“迈克尔，注意你的眼神”，强过“迈克尔，最后一次提醒你，不要再走神啦”）。

尽量少说废话（说“2个学习币。请注意听讲”，而不说“你刚刚被扣掉了2个学习币，因为你在该听课的时候画卡通画。你最好……”等）。这样做可以最大化讲课时间，同时最小化学生因犯错而被同学关注的时间。

回归正轨

说到惩戒，其目的是介入、出来，然后继续讲课。有能力在惩戒之后让所有学生回归正轨的教师总会记得宣布惩戒结束。

学生能根据你在实施惩戒后的侧重点了解你看重什么。如果你希望他们回到讲课内容上来，就请带着热情和活力继续讲解。找个机会，冷静而放松地找学生谈谈，告诉他们这场互动已经告一段落。你甚至可以再深入一点，通过提问或表扬接受惩戒的学生，让其积极回归课堂。这样做示范了宽容的美德，同时也告诉学生，你仍然看重他们，希望他们取得成功。

一个价值百万的问题：惩戒还是纠正

管理课堂最困难的一个问题是：决定何时实施惩戒而非纠正。这个问题很难，部分原因在于教师在做决定时必须具体问题具体分析。尽管如此，我们还是总结出了几条有益的基本法则：

持续和反复。当学生明知故犯，持续不认真听讲时，你可以实施惩戒。这一条尤其适用于那些纠正之后，依然我行我素的学生。相反，倘若这一行为是由分心或误解而造成的一时错误，则可以进行纠正。

破坏的程度。如果学生的行为没有对他人的学习造成干扰，那么纠正可能是更好的选择。相反，如果学生的行为干扰了别人，分散了他人的注意力，就要施加惩戒。你有责任维护班集体的学习环境。

动机。如果学生明显是在测试你的期望，那就可以给予惩戒。在犯错学生和其他学生眼里，姑息故意违抗指令的学生有损教师的权威。但在弄清事实真相之前，不要贸然采取行动。

接下来会发生什么

许多时候，我们是在上课或在指导学生做课堂活动的过程中不得不对学生实施惩戒。在教学或活动结束后，我们将有机会，也有责任与学生进行跟进对话，向他们说明情况，并进行教育。这里有一些建议：

充满关爱的解释

首先要提醒学生，你不得不惩戒他们是因为你很关爱他们。你想让他们掌握正在努力学习的知识，或者听清老师正在讲授的知识。因为你关心他们，总是希望他们能够做到最好。惩戒要对事不对人。“我相信你，也认为你是个好孩子。但是，我不能让你在教室里推别人，就像别人推你，我也不允许一样。”这样做时，要保持冷静，情感上不能有任何波动。在你心情低落的时候不要做沟通，直到你有把握能心平气和地说话时再开口。

教授学生替代行为

从长远来看，仅仅告诉学生不要做什么是远远不够的。作为教师，我们的工作是教学生该做什么。当学生倾向于做扰乱课堂秩序的事情时，教师应该教给他们一些替代行为：不要愤怒地对某个同学立刻采取行动，而是要问自己3个问题；不要大声喊出答案，你可以写下想说的话，或者给同学“施魔法”表示赞同，这样他们就明白你也知道答案啦。

当然，仅仅让学生知道替代行为是不够的。如果他们要使用它，就需要稍加练习。比如：“我要问大家一些你们知道答案的问题，大家试着写下一两个字，提醒自己想说什么，而不是大声说出答案，好吗？”这是一个可以使学生富有成效和积极地完成“讨论”的好方式。

背景知识对学习非常重要。先从词汇开始。为某事命名就是假想它是真实存在的。比如说，当你克制住了自己特别想做某事的欲望时，这叫作自我调节。这样我们在谈论它时就会更方便。背景知识可以更进一步深化。你可以让容易冲动的学生读一读关于杏仁体在正念中的作用的短文章，它表达了这样一种观点：如果你能把情绪反应推迟一秒钟，你就能更好地调节它。如果学生理解了在他们身上发生的事情背后的科学原理，通常情况下，他们就更有可能成功做出改变。

在需要时就立马找到介绍杏仁体作用的简明扼要的好文章不是一件易事。所以，教师需要手头常备一些关于可预测的挑战的文章。这就是我的团队在希拉里·刘易斯的领导下开发的教导主任培训课程背后的理念。这是一组包括几十个反思知识的课程，用于帮助学生思考常见的违规行为。

自我检查

对学生们施加惩戒很棘手。学生不高兴，老师也不高兴。并且还存在风险：尽管你尽力保持公平、准确和明智，也会误罚学生。可能只是偶尔一次，但可能造成对某个特定的学生误解很深。你可能总是会过度惩戒某一个学生，或者总是忽略某位学生的杰出表现。然而，教师确实有必要限制学生的行为。时刻记得汤姆·班尼特的建议："如果我们要教会学生如何为自己的行为承担责任，管理自己的生活，逐渐走向成熟，就要让他们知道对自己的行为负责是至关重要的。"同时也要自问一下这4组问题，以避免偏离正轨。

- **设计**：你的惩戒系统是渐进的吗？它是让学生受到教训又不会影响学习的小惩戒吗？惩戒系统是分级的、逐步加重的吗？学生是否了解导致他们受罚的行为，并能够从惩戒中得到教训？这与整个学校的惩戒系统一致吗？有没有积极的表扬系统，让学生的积极行为得到加强？积极的强化是否是间歇的、偶尔的，针对额外努力的奖励（而非对满足常规要求的表扬）？
- **决策**：我是否更喜欢对持续、重复的违规行为做出惩戒，而不太愿意对单一、低级别的错误进行纠正？我是否更乐意对扰乱其他学生学习或危及学生安全的行为进行惩戒？我是否更愿意只对事件涉及的学生进行行为纠正？如果可以，我会考虑学生行为的动机吗？作为学校或者年级团队，我们是否做出了一致的决策？
- **实施**：我竭尽所能地保护学生的隐私了吗？如果在公共场合，我是否会试图降低声音或耳语？在要求学生关注自己的行为时，我克制自己的情绪了吗？我是否给某个行为贴标签，让学生知道他们做错了什么？我是否快速解决了问题？是否迅速恢复了教学，并让问题学生也能迅速回到课堂教学活动中？
- **纪律**：我已经解释并提出我的要求了吗？我是否向学生解释甚至练习集体惩戒或个体惩戒后该做什么？惩戒之后，学生依然我行我素，我该怎么办？对于那些对惩戒不满的学生，还会有后续的处理程序吗？

技巧 58 强而有力的声音

增强控制课堂谈话的能力

有意识的交流其实只是我们交流的一部分，甚至是一小部分。我们可能认为我们的听众在关注谈话内容，其实这并不完全正确。当人们倾听时，他们会对一系列立即影响他们的信号（音调、表达和肢体语言）做出反应。社会心理学家乔纳森·海特写道："情感反应与知觉结合如此紧密，以至于我们一看到某些东西就会发现自己喜欢或不喜欢，有时我们甚至都不知道那是什么东西。"在他的著作《正义之心》中，乔纳森用认知术语描述了信念和观点形成的过程，并发现人类通常会根据他们潜意识感知到的因素做出即时反应，然后为这些反应做出解释、说明理由。这些理由和反应往往是"基于社交策略的目的"。我们在短短1秒钟内做出反应，然后试图说服自己这个反应是合理的，并试图利用我们的反应来建立对我们非常重要的社会纽带。

"哈哈哈！这很有意思！把我也逗笑了！"

"哈哈！他确实是一个愚蠢的人。而你和我，我们要比他聪明。"

由人们如何解读我们的语气、表情和肢体语言所引发的一连串反应是漫长而复杂的。作为老师，强而有力的声音有助于你关注到这些因素在沟通中所传达的信号，并利用它们增加学生对教学指令做出有效、积极反应的可能性。这极其重要，因为关注到这些信号对以下情形特别有价值：避免或者解决情绪失控问题；在没有大声指责的情况下，促使学生更好地按教学指令完成任务。

将你的语气、表情和肢体语言信号与沟通的其他手段协调一致，这可以帮助你建立更牢固的师生关系，保证教学效果，特别是能够避免那些可能演变成消极情绪的争吵。争吵对老师和学生来说都是一场灾难，在它发生的那一刻就意味着，在很长一段时间内，融洽的师生关系难以恢复。更何况，建立良好关系的难度远比这里讨论的主题要大得多。我们这里谈到的只是其中一点，对于一个负责确保30名学生及时从A点移动到B点以便快速投入到学习状态——不论他们原本各自都在忙些什么——的教师来说，这非常关键。

虽然强而有力的声音是老师必须掌握的关键技巧，它也很容易被误解，所以我首先说明其目的。说实话，我差点改变这个版本中该技巧的名字，部分原因是总觉得“强而有力的声音”有点用词不当。这既是一种技巧，又是肢体语言和声音。更重要的是，在大多数情况下，它隐含的力量是保持情绪稳定、自我控制，尤其是要在压力下保持沉着、镇定。

社会科学研究告诉我们，传递给他人的情绪是会传染的。交谈时，我们不仅是在交流思想，我们还经常影响听者的心态和情绪。研究人员发现，即使个体之间的接触完全是非言语的，情绪也可以在个体之间传播。在一项研究中，3个陌生人默默地看着彼此。研究人员发现，一个情绪激动的人一句话没说就会把他的情绪传递给另外两个人。我们用声音、语言和肢体语言表达的情绪会导致他人用和我们相似的交流方式互动，这种现象称为“镜像”，指的是在互动中，我们无意识地使自己的情绪状态与另一个人同步和相匹配。对老师来说，一个暗示是，如果我们能保持镇静，甚至在事情变得紧张时调整自己，其他人可能会效仿。当然，如果我们情绪失控，其他人也更有可能失控。

年轻人的情绪是真实的，而且往往是强烈的。作为老师，我们的工作不是告诉他们不要有情绪。我们的部分工作是帮助他们管理情绪、保持克制、做出与环境相匹配的反应。我相信有些人会认为这是在“控制学生”，但我认为大多数老师都很清楚这样做的好处，那就是帮助学生在进入社会时学会自我调节情绪。

再提一下“强而有力”这个词，其实，我和团队成员在培训教师使用强而有力的声音技巧时，经常要求他们的声音不要如此“强而有力”，而是要更平静、更镇定、更自信，而不是更大声。人们试图加重不必要的语气和在肢体语言上更强硬的一个潜在原因可能是名字本身：一种叫作“强而有力的声音”的东西一定是极其强大的，对吧?

大错特错。沉着冷静的教师更有可能让学生保持冷静，使他们更专注于教师传递的信息，而不是被信息的传递方式干扰。更有意识地使用你的肢体语言和语调，让它们具有目的性、保持镇定和自信，这对你和学生都有帮助。

因此，虽然产生了重新命名“强而有力的声音”的想法，为了理解的连续性，我仍然保留了它——并添加了其他内容，以便更加清晰地阐释其目的。

强而有力的声音的6大原则

多年来，我和团队观摩了数百名教师的课，他们的课堂充满活力、严谨、快乐，同时也很高效、井然有序。这两件事是息息相关的。学生听从指令，老师不费吹灰之力就可以组织有吸引力、严谨的教学活动。教学质量高的老师更有可能让学生按照他们的要求去做。两者不是让彼此发挥作用的必然因素，但两者相结合就会产生巨大的作用。

我们对这类老师研究得越多，就越能发现他们在要求学生做事时确保其跟进的方式的重要作用。

我们将这些观察结果提炼为6个原则，教师也可以自己为其命名。

原则1：使用正式语域

我们看一看阿丽埃尔·胡和德纳留斯·弗雷泽是怎样运用肢体语言的。要求学生注意力集中时，他们的肢体语言都略有变化。阿丽埃尔从投影仪旁向后退了一步，站直身子，面对大家，开始扫描全班同学。她这样站了大概有1秒钟。她事先调整了一下自己的动作和姿势，然后说：“太好了，我们看一下泰勒的作业吧。”说完她又回到投影仪旁，肢体语言变得更随意些，但这个短暂的正式方式传递的信号是他们要做的任务以及他们的反应很重要。她用口头语言、肢体语言和语气要求学生进行眼神追踪。

德纳留斯也是如此。他准备让学生分析某个学生的作业，于是他稍微向前迈一步，这样学生就能更好地看到他。他站直身子，下巴微微抬起，面对全班同学。他他说话的节奏稍微放慢了一些，营造出一种很正式的气氛。然后，像阿丽埃尔一样，说话的语气又转换成了一种更随意的语调：“在我们的几篇论文里……”他说，他的声音现在听起来更轻松了。但之前短暂的转变已经向学生们表明，我们正在做的事情是重要的，值得特别注意，他们也本能地做出了反应。

请注意，这两位教师都不紧张，只是有点正式，这种高度正式的时刻就像一个标点符号：简短而清晰，它塑造了说话的重要意义。

这就是我说的改变语域，为了进一步理解它，先了解语域这个词的定义会很有帮助。我用它指代教师的情感所传达的整体基调——声音、肢体语言、面部表情等等。在课堂的研究中，我们通常观察到教师在3种方式之间转换：随意、正式和紧急。

下表列出了3种语域各自的典型特征。

3种语域

语域	声音/语言	肢体语言
随意语域	• 可能会连读部分单词（听上去可能非常快、有节奏） • 声音频繁变化、音域广泛 • 口头语言	• 身体重量没有均匀地分布在两只脚上（如一只脚承重） • 放松的姿势 • 前后不一样的眼神交流
正式语域	• 清晰表达的单词和音节 • 仔细描述解决方案或推进下一步活动的词汇 • 故意减慢语速或暂停以示强调 • 在句子末尾使用降调，表示确定和结束	• 身体重量均匀地分布在两只脚上，双脚分开与肩同宽 • 笔直的站姿 • 稳定的眼神交流 • 双手自然地放在身体两侧，或紧握双手放在身体前后
紧急语域	• 声量响亮，语调强烈，感情丰富 • 单词组合在一起 • 夸大特定词汇以示强调	• 眼睛大睁 • 从斜靠突然挺直站立 • 手势匆忙而突然

当教师希望学生听到并按要求完成任务时，他们通常会转换成正式语域，用肢体语言和语气来强调他们所说内容的重要性。这意味着他们要做阿丽埃尔和德纳留斯正在做的动作：身体重量均匀地分布在两只脚上，双脚分开与肩同宽，保持笔直的站姿，放慢语速，语气沉稳，清晰地表达每个词语。或者稍微调整一下站姿。当阿丽埃尔和德纳留斯在语域范围内移动时，他们镇定自若且目的性很强。他们减少了手势的次数和幅度。他们往往有意识地一动不动地站着。这传递了一个明确的信息：他们所说的话很重要，值得学生关注和遵从。

正式语域与随意语域形成了鲜明的对比，随意语域意味着放松、开放、可选择，随意是说可以接受它或不接受，或者我们只是聊聊天。随意语域中，教师经常神态放松地站着，随意地靠在墙上或教室里的课桌上。他们通常妙语连珠，单词像雨滴一样落下，连读很多，无法清晰地分辨出每一个单词，语句不会绝对地清晰，其影响到的学生范围也有很大差异。

讲课时，教师经常使用某种更随意的语域。例如，在美术课上，教师在讲述阴影和交叉影线时，就非常活跃、充满热情、精力充沛，学生通常会对充满热情和活力十足的教师反应热烈。为了更清楚地陈述，我们需要了解一系列的随意语域。每个人的语域在质量、数量上都不尽相同，随意语域下的内容可以包罗万象，从“哦，天哪，我太……喜欢这篇文章了”到“我们放松一下，尽情享受大声朗读小说的乐趣吧”。有些老师很少使用随意语域，始终相当成功地保持一种严肃和正式的语气和神态。每个老师都有自己的教学风格，这是一定的。教学方法的多样性是有益的，教学的核心工作是完全可以在各种随意和正式语域中被完成的。做你自己就好了。

每个老师都必须能够从随意语域切换到正式语域或从日常生活中的自我过渡到更高程度的正式自我，像阿丽埃尔和德纳留斯那样，当他们需要学生集中注意力和按指令完成教学任务时就会这样做。这里体现了两层内涵：一是教学工作是由语气和语域切换共同辅助完成的。二是情感上的明显变化也能够吸引学生的注意力，一旦你引起了学生的注意，正式表达的情感就传递了任务的重要性。

特罗娜·塞纳克有一个特别清晰和有效的例子。一开始，特罗娜正在课前与学生随意地聊天，这是特洛伊预科高中开学的第一天。她的肢体语言是随意的：身体放松、身体的重量随意地放在一只脚上。你可以从对话中看出（“那个包是我自己做的，我当时……”），学生感觉到了对话的随意性。突然，上课铃响了。特罗娜通过她的声音和笔直的肢体语言转换了语域。她挺直肩膀，下巴微微抬起。学生马上集中注意力，一切都很顺利，她走到教室前面，很随意地向学生问好。她随意地站着，面带轻松的微笑。接下来，她准备发布重要指令。

特罗娜调整了一个更正式的姿态来强调这一点。以下是我从她的教学视频中截取的一系列瞬间，它们展示了特罗娜的肢体语言从随意语域到正式语域的明显差异。

随意语域　　　　正式语域

接上页

随意语域　　　　正式语域

下图可以帮助你了解语域转换的概念。正常教学中，教师可以根据个人的教学风格在随意语域和正式语域范围内来回切换。有可能你的语域范围每一天、每一刻都略有不同，这视情况而定，不像你的讲课内容。

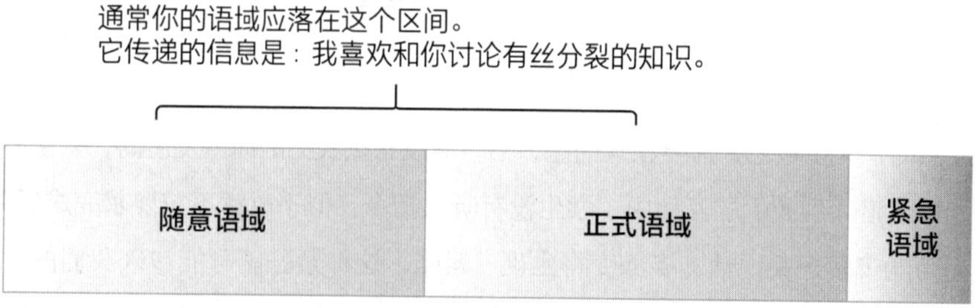

但当你需要学生的注意力高度集中时，你就会短暂地转向右边……

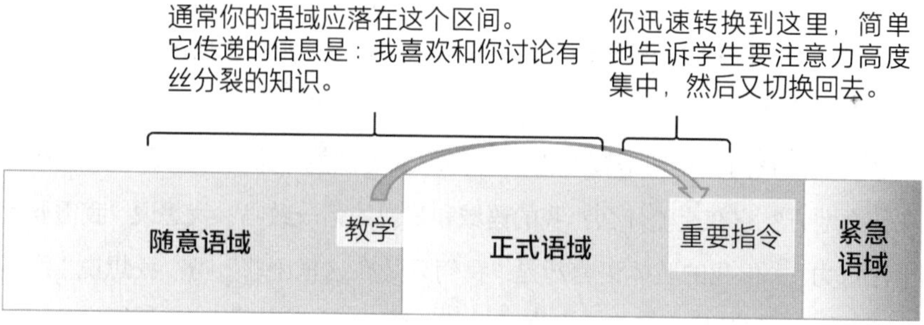

然后迅速回到随意语域的范围。

需要指出的是，我只讨论了这3种语域中的2种。在大多数情况下，在教室里使用紧急语域会适得其反，除非遇到了绝对紧急的情况。使用这个语域会增加学生的紧张和焦虑感。例如，在有人身体受到伤害的危急时刻，它可能会很有用。但在其他情况下使用它时你可能会表现得紧张和恐慌，或者在你希望事情保持平静的时候反而加剧了事情的紧张程度。过度使用紧急语域就像“狼来了”的故事一样。如果学生熟悉了该技巧，他们可能会经历“紧急疲劳”，并对其产生免疫力。结果，等你真的需要时，它却不管用了。

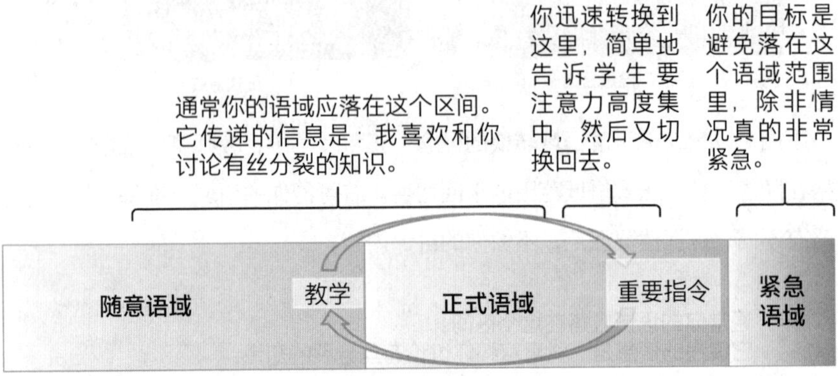

然而，大多数老师需要注意的是，当事情没有按我们的期望发展时，紧急语域可能悄悄潜入到我们的互动中。学生没有听从指令，似乎故意不按要求完成任务。我们可能咬紧牙关说话，姿势变得生硬、紧张，这种紧张感可能渗入我们的声音里。我们可能在不知不觉中切换到了紧急语域中。我和团队发现课下练习很有用，把我们在教室里经常说的话，练习用随意语域和正式语域说出来，感受它们的区别，找到感觉正确的语气，然后练习用紧急语域说出来。这样当我们要脱口而出这样的话时，我们马上就能感觉到。如果我们意识到了，那么在话还没有说出口之前就立刻做出调整。

这说明，我们在管理语域时需要一些隐含的技能。第一是意识：我现在的语域在什么地方？它在交流什么？我的语域和我说的话一致吗？我想说“我需要大家集中注意力”，但我的肢体语言却是“我们只是在这里闲聊”吗？我想说“我不沮丧”，但我的语气却暴露了我的态度吗？

第二是用适度的强调和语速让语域变化显而易见。在阿丽埃尔和德纳留斯的教室里，这些变化是很微妙的。在其他情况下可能更不明显。

当学生第一次没有做出该有的反应时，语域转换也很有用。如果有学生未能遵从指令，最佳反应是很明显地转换（让学生看见，如果可能的话，也让学生听见）到更正式的语域：把手放在背后、改变站姿、身体挺拔，双脚与肩同宽。很多老师还会扬起眉毛表现得似乎很惊讶，然后再发布指令，调节声音，清清楚楚、一字一句地说出来，这表明你谨慎地选择了每个词。“请看着我。”一旦学生照做，你可以说一些更随意的话，表示刚才的事已经过去，尽管你的语气依然很正式，但在看到学生的回应后就可以转换成随意语域。

简而言之，无论你怎样平衡随意语域和正式语域，都要以教学的核心任务为重。需要学生高度集中注意力时，应该明显地切换到正式语域，不到万不得已不要轻易使用紧急语域。

这里我想展示一下丹佛科技学校的布伦娜·廷德尔老师在课堂上巧妙而优雅地使用语域转换的情况。她经常巧妙地转换语域，使学生在任何时刻都能准确感知教师的要求。她强而有力的声音是对学生的关心，可以帮助学生知道该做什么，并专心致志地阅读精彩的小说《一个美国黑奴的自传》，不会因为后续指令的干扰而分心。她的动作很微妙，不易察觉，我将按时间顺序用静态照片来描述。

一开始，计时器响起时，布伦娜走到教室的角落（帕斯托站位）。“时间到。”她说，为了引起所有学生的注意，她转换为“正式语域”，下巴稍稍扬起，笔直地站着，然后一字一句清晰地说着。下图是她想让大家看着她：

即使她这样做——你也可以说，在一定程度上是因为她这样做，但还是得到了学生热切和积极的回应。她舒了一口气，做了一个不易察觉的手势，说：“和对面的同学讨论。”

学生开始转身讨论（技巧43），他们专注而投入。她在与学生互动时随意的肢体语言说明了这一点：

一段时间后，布伦娜宣布讨论结束。她说的第一句话是："检查你的SLANT。"在这里，她的语气很随意，因为她只是在强调一个几乎所有人都知道的习惯，而不是提出一个被部分学生忽视的课堂要求。使用更随意的语域就表明了这一点，且代表着她在往好处想（技巧59：积极架构）。我们猜想，如果对学生的后续表现不太满意，她可能会明显转换成正式语域，向学生提出要求，"检查你的SLANT"。

然而，说下一句话时，布伦娜变得稍微正式了一些。她稍微停顿了一下，然后使用雷达扫视技巧与看得见的观察（技巧53）扫描整个教室，确保每个人都在认真听接下来的指令。她挺拔的站姿再次暗示了注意力集中的重要性。她不需要口头提醒，因为她用肢体语言强调了这一点。然后她降低声音，继续说："请眼神追踪阿德里尔……"

我认为，她在说话的过程中转换了语域。她的前半句"我需要大家和我一起"

是正式的，全班同学都开始行动了，但在后半句——当她随机提问阿德里尔时，你会注意到明显的语气转变。我认为她的肢体语言展现的是随机提问的信息，而不是前面的课堂指令。她想让阿德里尔感觉到她包容、积极的态度。在《课堂文化响应式教学》一书中，阿德耶米·斯坦布里奇提醒教师，学生如何看待教师的行为和教师对他们的要求一样重要。我们可以从下图看到，布伦娜轻松地微笑着，让阿德里尔的同学“打响指”鼓励他，以确保她的活动能顺利进行。她想缓解不必要的紧张氛围，确保阿德里尔能感受到同学的鼓励与支持。

阿德里尔回答得很好，布伦娜接着点名蕾妮“分享她的想法”。注意她在语气轻快地提醒全班同学“眼神追踪蕾妮”后随意的肢体语言。在《老师怎么做，学生才会听》一书中，汤姆·班尼特指出，事情进展顺利时，强化正确的行为是非常重要的，问题确实还存在着，因此教师要积极主动、预防性地建立班级文化。同样，提醒和更随意的语域也使布伦娜容易做到这些。她对语域的熟练掌握，使她能够持续地用恰到好处的温柔或强调语气来强化自己的期望。

下图是蕾妮回答问题时布伦娜的状态：

她很放松地站着，没有挺直身子。体重不均匀地分布在两脚上，因为她要转移学生对自己的关注度。她希望学生用眼神追踪自己的同学。我们看，布伦娜打断蕾妮，称赞她使用了“无罪”这个词时是多么的随意。插话时，她想让蕾妮放心，并立即告诉她，打断她是一件好事。

这是一个优秀教师的课堂，坦率地说，她不仅构建了温馨、积极的课堂文化，也构建了严谨的学术文化氛围，虽然你可能认为这不是一个强而有力的声音占主导的课堂，布伦娜的成功源自她非凡的语域转换能力：用肢体语言表达对学生的关爱，在关键时刻强化注意力。

原则2：打开双肩站立，保持站立不动

很多时候，教师在发布指令时给听者的感受是，这个指令是他们当下即兴想出的，因为他们在发布指令时通常还在做着其他事，这传递的信息是：与这个指令相比，我心里想的事才是最重要的。如果教师一边给学生发试卷一边发布教学指令，这说明该指令没有那么重要。如果他停止不动，这表明没有什么比该指令更重要了。如果教师想要学生听从指令，就不要同时从事其他任务。停下来也有利于转换成正式的站姿。

我们在布伦娜·廷德尔的课上看到了这样一个例子。当时布伦娜已经结束了讨论，并正在转换到下一个任务，介绍学生当天课上阅读的段落。

她说，“我希望大家思考一下‘盲目正义’”，同时她在准备材料，并将它们放在投影仪上。你会注意到她说话时放慢了语速，好像故意拖延一样。她要把资料投放到投影仪上，并能够面对着学生时，再完全展开这个话题，这样可以展示该任务

的重要性。这是那一刻的场景。

几秒钟后，她转身面对学生，准备讨论当天的话题。突然间，这个“过渡环节”就结束了。下图中布伦娜转向全班同学，说明学生即将完成的任务是她的首要任务。请注意，学生都注视着她，而在上一张图片中，他们并没有。她向学生表明，她对他们说的话是最重要的，学生也做出了相应的回应。

练习打篮球时，教练给你的第一个建议是把球对准篮筐。如果你没有对准篮筐，就很难得到想要的结果。人与人的交流也是如此。面对面交流说明双方谈话是重要的。如果你头朝着别的地方，同时对大卫说“请把东西收起来”，这说明你看着的东西对你来说更重要。如果你只是想表达一个非正式的随意提醒或是悄声提醒你要保护隐私的学生，那这样做没问题。但是，当学生没有按要求完成指令或者当你需要重复指令时，那你在发布指令时就应当更加刻意地面向他们。这样，你身体的方向强化了你所讲内容的重要性。

注意看绿洲南岸学校马修·格雷在课程开始时的肢体语言。六年级的学生刚到教室，他们有点坐立不安。马修发布指令时，一直保持站立不动的姿势，面对学生。这给人一种很正式的感觉。无论他站在哪里，他都打开双肩面对大家，一动不动地站着。很快，学生就集中精力开始努力学习了。

原则3：言简意赅

给学生交代该做什么的时候，尽量言简意赅。语言简洁明了，让学生知道你做了充分准备，你对自己有把握，知道自己说话的目的是什么以及你说的话很有价值。

相反，人们紧张时，就会说很多话才能说清楚做什么。反之亦然，如果他们说很多话才能说清楚该做什么，其中一个结果就是他们看起来很紧张。

言简意赅的另一个好处是：把听众的注意力集中到最重要的地方，消除不必要的干扰。

当学生的情绪高涨或思维被负面情绪笼罩时，简洁的语言会助你一臂之力。通过简单明了的任务指令，教师可以穿越学生思维的迷雾，帮助他们始终专注于前进的道路。研究人员发现，当人们受到胁迫时，他们的情绪会"淹没思维的专注力"，即使是最简单的任务也无法聚焦。因此，这种简单明了、可以不断重复的指令是至关重要的。追求言简意赅可以约束教师舍弃不必要的长篇大论，或抵制长篇大论的诱惑。长篇大论会使紧张局势变得更糟。

这里明确一点，我并不是说教师在讨论无氧呼吸或《蝇王》的最后一章时要言简意赅，我指的是在干预某些干扰课堂秩序的行为时。在纠正违规行为或发布指令时保持语言的简单明了，这可以帮助你节省时间、口舌和精力。

冠军教师会在关键时刻使用强而有力、简单明了的指令，特别是在课堂开始或老师想要保持精力和活力的过渡阶段。妮可·沃伦就是一个很好的例子。开始上课时，她朝气蓬勃，部分原因是她使用了精练的表达："眼睛看这里……等待一个……告诉你的同伴……"再看看杰西卡·布雷西的例子，在一场精彩的讨论中，她从提问奥马尔过渡到丹妮尔时说："讨论的习惯……解释……进一步拓展。请眼神追踪……丹妮尔。"如果她没有提醒学生使用讨论的习惯（技巧44），特别是要在发言时提及奥马尔的观点，那么学生是不会成功养成这个习惯的。她想提问丹妮尔。她想提醒学生眼神追踪发言者。所有这些事情都很重要，但她又不想破坏大家情绪高涨的势头或分散大家对奥马尔出色见解的注意力，她使用了简短的提醒语。十几个字，也许只有3秒钟，她就完成了所有指令的发布。

原则4：显示安静的力量

人们普遍认为声音越大，威力越强，但事实并非如此。在大多数情况下，声音高与效果好并不成正比。比如，你发布任务指令时，教室里有说话和翻阅试卷的噪声，你会提高自己的声音，但学生的声音会更大。你只能再次提高自己的声音，突然间，你听到自己的声音就像从扩音器里传出来一样。

提高音量会增加喧嚣，并让学生感到事情正在失控。经常提高音量会增加学生的紧张感，尤其是说话的速度越来越快的时候。如果班里有一个善于察言观色的学生，他就会发现这可能意味着你已经变得慌张了，学生很可能会利用这个机会刺激你一下，看看你会有多慌张。最好从一开始就尽可能地调节自己的声音，或者在说话时逐步调节它。如果教室里声音嘈杂，那就开始说话，然后戛然而止（详见下文），这样可以帮助你赢得学生的注意力，同时证明你不会扯着嗓子大声说话。但通常情况下，是我们自己开始大声说话的。我们的声音表明我们喜欢大声说话，好像已经养成了习惯。在这种情况下，学生的噪声马上就会迎头赶上。

然而，最好的预防措施是帮助学生养成倾听的习惯，从一开始就静静地倾听来自他人的信息。我们希望学生能持续地将平静的声音与注意力联系在一起。我们来看一下阿丽埃尔·胡是如何做到这一点的。"太好了，看这里，五……四……"她开始说。她的声音比她正常的声音稍大一些。当然这不是大喊，但足以让每个人都知道她在说话，并抬起头来。但她的声音在慢慢变小，即使是在短暂的倒计时期间。当她数到"一"的时候，她的声音已经恢复到了日常交流的音量。她使用高音量的时间非常短，这是短暂的，当倒计时结束时，她已经回到了正常说话的音量。从那以后，她就变得更安静了。她的最后一个指令，"一定要合上书"，声音很低，学生都在专心地倾听。如果提高音量可以吸引学生的注意力，稍稍提高瞬间的几秒钟效果最好，然后它的任务就完成了。阿丽埃尔总是很安静，她的声音近乎耳语，她希望学生养成安静地倾听和获取信息的习惯。

如果你想让学生倾听并完成一项重要任务指令，特别是在学生情绪高涨的时候，就要努力利用安静的力量。如果你必须在一开始稍微提高声音说话，随后要快速调节到较低的音量。降低声音，安静地说话；放慢语速、平静地说话；如果有必要，整句话都要放慢语速。这有助于你给那些不断捣乱的学生带来安静的效果。对你自己也是如此，教师经常发现，养成安静的存在的习惯——像阿丽埃尔那样一直保持安静——有助于控制自己的情绪。你会感觉更平静，因为你在更平静地说话，这有助于师生互动圆满成功。

在艾米丽·比索的课堂上，我们从艾米丽与学生约书亚有趣的互动中看到一个精彩的例子：如何安静而缓慢地向学生发出关心和专注的信号。一开始，约书亚正举着笔记本，急切地想引起艾米丽的注意。这样的方式自然不合适，但这表现出教师与他建立了积极、友爱的关系。艾米丽想要维系这份关系，更想要保护约书亚的情感。

当约书亚向她挥舞笔记本时，艾米丽降低了声音，使用了无可挑剔的简洁语言，“记下我写的东西，约书亚。谢谢你，亲爱的”。收到艾米丽私下悄悄传达给她的指令以及她平静坚定的声音后，约书亚开始高兴地记笔记了。

原则5：戛然而止（上一版中的“不要说服”原则）

如果你要说的话是很重要的——比如布置随后6分钟内需要完成的任务或解释《蝇王》中海螺的象征意义——那么每个学生都有权利听到，同时有责任不干扰其他同学听到。如果学生听不到教师说的话，就无法圆满完成学习任务，或不明白他们需要做什么才能够成功。并非教师在课堂上讲的每一句话都如此重要，但听教师说话——老师说话时不窃窃私语——仍然是一个公平的问题。即使是稍微被打断，其成本都是巨大的，这些成本都要由次优环境下最容易分心的学生支付。“教师吸引学生注意力就是为了让他们有机会圆满完成任务。”我的同事达瑞尔·威廉姆斯提醒我说。换句话说，当某一刻教师认为自己的话是教室里最重要的声音时，他必须能够保证没有其他声音分散大家的注意力。

在某些情况下，其解决方法是欲擒故纵——开始说一句话，然后戛然而止，甚至某个单词还没说完就停止，以表示你要等所有人都集中注意力后再继续。故意停下不说话的动作使你无须再用语言解释：我已经停止说话，因为还有同学没有认真听，现在大家都要认真听。教师只需短暂地停顿然后继续讲话即可。有时还需要再次重复此方法。有时在某个单词中间做明显的停顿会起到惊人的效果。转换语域效果也不错。但要经常使用、尽早使用，一定要在教室里嘈杂的声音赶上时代广场上的噪声之前使用，这是教师教学技巧宝库中最有用和最简单易行的技巧之一。

劳拉·弗恩在课堂上完美地示范了这一原则。她面带微笑、脚步欢快地在教室前面走着，一边表扬学生说，“太棒了，卡梅隆。这是一……”，这时一名坐在前排的学生被录制视频的摄像机迷住了，开始走神，他已无心听课。他听到劳拉的声音戛然而止，赶紧收回视线，把思绪拉回到数学题上来。请注意，劳拉这里没有说教。只是一个简单的停顿就把他的注意力拉回来了。注意是什么样的意外重新拉回了他的注意力。把停顿放在单词中间，而不是在单词之后，可以使效果发挥到极致。同时劳拉的身体也“冻结”了。当她戛然而止时，她的脸毫无表情，眼睛凝视着学生，身体一动不动。当学生重新集中注意力时，她的表情又变得温柔起来。大约一秒钟后，她又回到刚才讨论的问题中。（不过，她后面又用眼神反复确认该生是否仍然在专注听讲。）

原则6：时机（上一版中的“不要参与”原则）

有时，教师会发起一个讨论话题，然后让学生立即进行回答。有的学生可能想逃避回答问题，他们常用的一个方式是改变话题内容。这一行动可能是有意为之的，也可能是无心之举，这可能是走神、情绪激动或某种策略导致的结果。

请看下面的例子：

教师：“詹姆斯，同学学习遇到困难时，不许笑。请将你的卡翻至黄色。”

詹姆斯：“不是我！”

教师：“请将你的卡翻至黄色。”

詹姆斯：“是香农在笑！不是我！”

教师：“如果你认为我搞错了，可以课后找我讨论。请站起来将你的卡翻至黄色。”

或许教师有必要问清楚是谁在和詹姆斯说话，但我们希望，这一对话应该发生在詹姆斯按照老师的要求执行后。这就是为什么我们称这个原则为时机。有时学生想要讨论的事情是没有意义的，有时也是合理的。但如果这发生在教师正要求他们做其他事情或试图照顾其他同学的需求时，他们选择的时机就不合时宜了。

不论是哪种情况，时机这个技巧要求你在解决你提出的问题之前不要参与新的话题。

我最欣赏的运用时机技巧的例子发生在克里斯蒂·伦迪的课堂上。有一出好戏正在上演，但克里斯蒂没有看见！她随机提问佩蒂恩斯，结果却发现，她的回答和《骑摩托车的老鼠》（*The Mouse and the Motorcycle*）没有任何关系，而是和踢人大战有关，“他在踢我！”她说。一场辩论随之而来。

我们都遇到过这种情况，也都知道这种情况的结局。这意味着课堂不会很快回到贝芙莉·克莱瑞（Beverly Cleary）的小说中。是的，克里斯蒂的学生对这种情况很敏感。学生的情感是真实的。而且——是的——这是一件分散大家注意力、干扰课堂的事，也是不愿学习的学生想模仿的事：“如果我现在能创造一出好戏，我就不用回答问题了。”在我们的职业生涯中，至少都遇到过一个这样的学生。应该有一个能确保她完成任务的老师告诉她该怎么做，换句话说，这不是讨论该问题的时机。

“三……二……一。”克里斯蒂说，3秒钟的倒计时给了佩蒂恩斯一点时间让她平静下来。克里斯蒂在这里做了两件事：她提醒佩蒂恩斯，找适当的时间来讨论这个问题。她没有对佩蒂恩斯的抱怨置之不理，她只是需要她明白，这必须等到她回答问题之后处理。她把佩蒂恩斯带回到提问上来：“你需要回答我的问题。”事实证明，佩蒂恩斯能够把踢人事件先放到一边。看来事情没有想象的那么严重。克里斯蒂用她温暖的微笑奖励她。克里斯蒂使用的语言简单明了。“三……二……一，时机不合适。你得回答我的问题。”仅仅用了十几个字就轻而易举地化解了危机。如果是20多个字，结果可能就会适得其反。

第十二章

学习动机和信任的培养

BUILDING STUDENT MOTIVATION AND TRUST

本书介绍了教师如何使用教学工具构建活力四射和充满包容性的课堂，以最大限度激发学生学习和圆满完成任务的动机，并确保学生健康成长。但阿德耶米·斯坦布里奇提醒我们，即使是看似成功的方法，如果学生无法接受，那“也会彻底失败”。

学生的接受能力是通过课堂文化和良好的师生关系来培养的。我们必须尽力让所有学生都感到自己被老师了解和认可，理解教学内容，信任学校为他们所做的一切。但它也与心理方面有关：学生的思想观念是我们（以及他们）能否取得成功的关键因素，其中学习动机是首要因素。学习需要勤奋、自律、拼搏和毅力。学生必须付出辛苦、集中注意力做事才能取得成功。简而言之，他们必须认为学习是值得为之付出的，才会有效。

很难教会学生他们没有动力去学习的知识。对一些学生来说，动机是闪耀的火焰，需要小心呵护，需要机会才能燃起燎原之势；对另一些学生来说，它几乎（暂时）没有被点燃。对于一些学生，我们必须竭尽所能让他们留在学习的游戏中，直到他们发现学习的价值：他们需要，但是暂时还不想接受学校提供的教育。

我们的学生形形色色，但无论在什么情况下，培养学习的内在欲望都是教育工作者的责任之一，无论是否意识到这一点，我们都一直参与其中。

认识到这一点很关键，我们一直在影响着学生的学习动机。就勤奋和学习动机与学生进行一次长谈可能有所帮助，但可能远不如学生养成日常学习习惯，周围同学和教师持续通过行动施加影响以及教师经常与他们互动的效果更好。

激发学习动机的一个关键因素——尤其是对那些开始就持怀疑态度的学生来说——是信任。学生首先必须相信学校的努力，然后才愿意尝试。我想说，信任是学生产生动机的必要条件，但不是先决条件，因为构建学生的信任不是一蹴而就的。只有教学带来了好的效果，学生才有可能建立信任。所以这不代表信任从一开始就存在了。形成信任可能需要很长时间，甚至比你的教龄还要长。令人高兴的是，优质教学是建立信任的主要方式之一。

我的同事丹·科顿为我们团队制定了一个建立信任的模板，这对我们很有意义：要想获得学生的信任，学生必须感到安全、成功和认可。

安全既包括身体上的安全——学生不能感到有被欺负或威胁的风险，也包括心理上的安全——尝试、犯错、冒险必须是安全的。尝试、失败甚至根本不敢尝试永远不会被嘲笑。正如扎雷塔·哈蒙德所写："神经科学告诉我们，当我们与我们认为会善待我们的人保持联系时，大脑就会感到安全、放松。"如果我们真的希望学生为变革性的学习体验做好准备，我们必须向他们保证，课堂是属于他们的，在这里他们会受到尊重。

被教师认可是指学生拥有归属感和被重视的感觉。学生必须觉得老师和学校了解他们——既把他们视为团队的一分子，也看到了独立的个体，而不仅仅是三年级或八年级一群学生中的一个。这意味着他们必须知道自己的身份和文化是受欢迎和重视的。在日常学习中，学生必须感到被教师看到，从字面上和比喻的意义——字面意义往往引发比喻意义。这经常体现在不经意的小事上。

例如，称呼学生的名字——创造机会称呼学生的名字并和他们打招呼非常重要。叫出学生的名字提示着我们更重要的事：我们了解他们；我们能在人群中认出他们。我喜欢教师在教室门口欢迎学生的一个原因是，教师可以说："昨天我们大家都很想念你。""我喜欢你的发型。""你配新眼镜了？""是的，一定要把你的作文交给我，昨天就是最后期限了。"这可以告诉学生，他们很重要。德纳留斯·弗雷泽在数学课上巡视课堂、检查学生作业时，就让学生感到了被认可的快乐。"好多了。"他告诉一个学生说。我理解的意思是："我看到了你今天和昨天作业的不同之处。"

"成功"可能是三个要素中最容易被忽视的，尽管它在激发学生学习动机中的作用比大多数人意识到的要大得多。麦克雷解释说：动机"既是学习的产物，也是学习的驱动力……如果我们想建立长期的动机，就必须优先考虑知识掌握的熟练程度。它是实现教育终极目标的原动力"。

当学生圆满完成任务，并看到自己可以成功时，他们就会想要得到更多。这就是为什么能让学生熟练掌握所学知识的高效教学是培养学生学习动机和信任的最大的长期来源之一。克里斯汀·托雷斯的学生喜欢她、信任她，每节课都如此投入的部分原因是她精湛的教学技能。学生每天都走进一个井然有序和高效学习的地方，在那里看到自己成功完成学习和其他教学活动。他们觉得自己有能力、有成就感，当然，学生很喜欢这种感觉。麦克雷称之为"学术身份"，它通常来自外部的认同。他们看到自己英语学得好，就会认为他们必须喜欢和重视英语。

但动机主要是由规范塑造的，这是心照不宣的秘密。这是最重要的因素，也是我们根本看不见的因素。人类已经进化成超级社会化的人，想想“视觉合作”假说，即使没有意识到，他们也会倾向于做大家都在做的事情。“规范是如此强大，甚至凌驾于正式的学校政策或规则之上。然而，规范几乎无形和无意识的本质使它们很容易被低估，或者完全被忽视。”麦克雷写道。只要有人的地方，就有规范，它们会塑造人们的行为，它们或有意识或偶然出现。在许多学校里，规范问题都属于后者。

然而，规范对我们的影响强度，取决于我们认为自己在多大程度上属于那些表现出该规范的人的一分子。动机需要归属感来调节。

我在本章主要关注的是如何让学生拥有归属感、信任和动力，这样教师就可以找到愿意学习的学生。换句话说，本章描述了构建学生学习动机和信任的经验法则。

技巧 59 积极架构

用建设性的反馈激励学生

人们更容易接受积极因素而非消极因素的激励。较之避免受罚，学生对成功和快乐的追求会激发出更强大的行动。“我们快乐时——我们的心态和情绪都是正向、积极的时候——我们会更聪明、更有动力、更容易成功。快乐是核心力量，成功围绕着快乐运转。”肖恩·埃科尔总结了多年研究快乐的结论。积极的态度会激励我们，也会影响我们的教学方式。但是表现积极，尤其是在学习环境中，经常会被误解。

其中一个误解是人们认为表扬和表现积极是一回事。表扬是告诉学生他们做得很好。表现积极（在教学中）是指以激励、鼓励学生的方式表示教师相信他们的能力。这一点很重要，因为学校经常告诉教师要使用“表扬三明治”（表扬—批评—表扬），或者表扬的次数应该是批评次数的5倍。告诉学生他们做得很好，然后再说“你必须把小数排列整齐”，但这是有问题的。

那些相信必须用赞扬来结束批评的教师认为学生是脆弱的，不能接受建设性的反馈——批评是教师必须想方设法让学生听到的东西。大多数学生都想知道如何变得更好，而且信任那些告诉他们真相的教师，同时也知道教师信任他们。

麦克雷写道：“不准确或毫无根据的赞美在虚假的事实面前不可能坚持太久。最终不能兑现的承诺只会破坏学生学习的动力，减弱他们对教师的信任。”

如果老师倾向于把每一个想法、每一个答案、每一个动作都描述为“真棒”，很快，这个词和他的赞扬就变得不那么有意义了。当一切都很棒时，就什么都不棒了。这并不是说赞扬不重要，不能激励人。它确实重要，也能激发学生的动力，但这代表我们更需要让它保持其原有的价值。

所以，解决问题的关键往往是不要过多地赞美。相反，如果教师渴望提供一系列有用的、真实的反馈和指导，批评性或纠正性的反馈效果更好，但要以积极、激励、鼓励的方式表达对他们能力的信任。

使用积极架构可以让你根据情况提供形式多样的反馈，同时保持课堂文化的强度和学生的积极性。尤其是当你引导学生重做某事时——当你对学生说“换个方法再做一次”的时刻，它会发挥出双倍的作用。如果这时提醒学生说，你希望他们成功，而且相信他们有能力完成任务，学生就会更加信任你，并且有动力按你的指令去做。

因此，积极架构是一种师生互动的技巧，特别是重新发布学习或行为指令时，它能增强学生对教师的信任，即使当你在引导学生改变其行为时。

接下来是使用该技巧时应遵循的6条规则。

规则1：往好处想

在人类心理学中，基本归因错误是最普遍的倾向之一。有人犯错时，我们倾向于将他们的行为归因于性格或个性，而不是具体情况。我们经常在教室里听到这样的话，暗示学生犯错是恶意为之，但实际上没有任何根据。

“不要再试图扰乱课堂秩序了！”“我在你的初稿上写了反馈意见，你为什么不用呢？”“等一下，有些同学认为我们起身排队时，没必要把椅子推回原位。”这些话将由于心不在焉、缺乏经验或误解导致的错误归因于恶意为之。如果学生尝试过按照你的反馈整改，或者纯粹是忘记将椅子放回原位呢？这样的说辞会让感到困惑或慌乱的学生怎么想呢？除非你有确凿的证据表明学生的行为是故意的，否则最好认为学生已经尝试（而且还会尝试）按照你的要求去做。

往好处想的心态对教师很有好处，它可以帮助教师保持情绪的稳定和平衡。不再让人觉得你不镇定或咄咄逼人：“他为什么不听我的指令呢？她想惹我生气吗？我说过多少次了？”往好处想有助于我们保持冷静，并促进师生建立信任——让学生体会到教师正向思考的好处，教师只是怀疑他们的行为动机，但没有仓促下结论或太片面地评价他们的行动。

使用往好处想技巧最有用的一个词是“忘记”，比如，“稍等一下，有两个学生好像忘记把椅子推回原位了。我们再试一次吧”。这种做法的好处是：学生可以集中注意力正确完成任务，而不是急着申辩。

此外，这种方法向学生表明，教师认为他们都想要把事情做好，而且相信他们可以做好，只是需注意一下细节罢了。

“困惑”也是使用往好处想时很不错的词，如“稍等一下，有些同学好像对我的指令感到困惑，我再说一遍”。另一种方法是把错误归到自己身上：“稍等一下，同学们，我肯定没有说清楚，我希望你们找出这段话里的所有动词，要保持安静，独立完成。现在开始吧。”最后这句话特别有用。它可以让学生更直接注意到你所相信的事实，立即专注、用心地履行职责。只有在你的指令不明确的情况下，学生才会不立即执行。当然，这也迫使你思考：其实，真的是你没说清楚。

值得注意的是，如果你不相信坐在面前的学生，不往好处想，这些短语就不太可能奏效，这种方法也不会起作用。正如阿德耶米·斯坦布里奇所写，“不要欺骗学生。他们的特点就是，不用走近教师，就可以发现他们的欺诈行为”。如果你怀疑学生困惑的动机，或者更糟的是，你用讽刺的语气说出对他们的猜疑，那就很难建立良好的师生关系了。

另一种好方法就是把稍微的困惑看作是因为太激动而表达不清的结果。这样想时，你就会暗示自己，学生的意图是积极的，只是做事的方式错了。在学生行为不合适的情况下，可能你会说：“先生们，我很感激你们充满热情地来上数学课，但我们需要从那个门口进。现在我们走出去，用正确的方式再进一次。”在学术背景下，它可能是，“我很欣赏你尝试构造复杂和有表达力的句子，但它可能过于复杂，表述不清晰”。

往好处想对解决具有挑战性的学习失误尤其有效。学习中犯错误的原因五花八门。有些错误源于过度认真：你告诉我要用过渡词，所以我用了太多的词。还有些错误是由于过于热情：我刚刚学会了分数减法，现在我减、减、减，什么都想减……即使我减不了。

往好处想可能会先表扬好的意图，然后再提出纠正：“我喜欢你想要练习减法的做法。但这里不能减”或者“我很高兴看到你尝试使用过渡词，但用得太多了，有点让人看不懂”。寻找错误背后的好意图，凡事往好处想有意想不到的好处：它让你更好地思考为什么开始时，学生会做那些看起来很糟糕的事情。认为错误是善意的，你就能看到更多的积极因素。

一定要记住，你也可以通过描述课堂期望来参与设定课堂的规范。往好处想技巧强化了积极的规范（并表达了一种信心）。这表明你从内心深处不相信学生会低效、自私和不求上进，因为你对你的学生和你们班上的文化有信心。你可以含蓄地描述你所相信的规范：每个人都在认真、努力地学习。相比之下，如果你往坏处想，你的课堂上就会出现作业马虎、不体贴人等不良行为。当然，你也要谨慎使用往好处想的方法。如果有学生故意违反课堂纪律，拒绝遵从明确指令，处于一种激动、亢奋的情绪状态，请不要睁一只眼闭一只眼。在这种情况下，直接用更实质性的方式来处理，比如个体纠正，这有助于在没有引起班里其他同学注意的情况下帮助该同学回到学习任务中来。

然而，即使在最具挑战性的案例中——有学生做了一些非常负面的事情，比如偷窃或贬低同学——也要谨慎地评价其特定的行为（“那是不诚实的行为”），而不是评价该学生（“你这样做不诚实”）。你还可以说，“那太不诚实了，但我知道你不是故意的”。人总是容易因一时冲动犯错误，语言的选择让我们有机会在这些时刻展示我们仍然相信周围还是好人多。

规则2：活在当下

大多数情况下，比如说，在讲课时，你应避免谈论发生的问题或已经无法弥补的错误。要谈接下来应该做什么。描述不在你控制范围内的东西是消极和被动的。你可以寻找时机处理这些问题，但正确的时机不是上课时间或需要采取措施时。

必须给出建设性的反馈时，你首先要进行指导，尽可能具体地描述通往成功之路的下一步行动（技巧52：该做什么）。

如果大卫没有记笔记而是在和同桌说悄悄话，你可以提醒他说，“我想看到你在记笔记，大卫”。或者描述更具体的指令，“我要看到你的笔在动”。而不是“别说话了，大卫”或者“我告诉过你要记笔记了，大卫”。

在前一章中，我们看到艾米丽·比索很好地使用了这个技巧：“把我写的都记下来，约书亚。”

再次重申，你对接下来的步骤越清楚越好。奇普和丹·希思在《瞬变》一书中指出，“看似是阻力的东西往往是缺乏清晰度的”。所以要确保清晰度，避免做评价。如果你用中立的语气传达指令，声音中没有明显的挫折感，你可能会对它的效果感到惊讶。大多数学生都想取得成功。明确告诉学生下一步做什么，这将帮助学生和教师更进一步完成共同目标。

其难点在于我们发布指令时往往过于模糊。在表述可能会不清晰时，要缩小不确定的范围——这句话也来自希思兄弟。“那么，激励学生的方法是让他们觉得自己比想象的更接近最终目标。”指出学生感觉可行的第一小步。所以，“请开始记笔记，大卫”变成了“拿起笔”。对于一个不情愿或困惑的学生来说，完成一项小任务要比完成复杂的任务容易得多。

总之，这是著名、卓有成就的橄榄球教练皮特·卡罗尔（Pete Carroll）教练哲学的一部分，这是足球比赛中最好的激励因素之一。“作为教练，我们要有纪律，我们要一直讲我们想看到的东西。”他谈到整个教练团队的方法时说。他们总是致力于关注“预期的结果，而不是哪里出了问题或错误是什么。我们要求自己一定要遵循这个原则，总是用我们的语言来谈论下一件你能做对的事。我们谈论的重点总是关于我们期望发生的事情，而不是其他事情”。

规则3：允许合理匿名

只要学生努力，你可以时常给他们机会，以合理匿名的形式，鼓励他们达到你的期望。

我在第十一章讨论过，先不要点名纠正学生的错误。如果有些学生还没有完全准备好参与全班的集体活动，你可以用这样的方式进行第一次纠正，比如“请大家检查一下是否按要求做了”。大多数情况下，这会比说出个别学生的名字效果要快、要好。听到老师说：“埃文，放下笔。”埃文一定感觉不爽。如果你确定要这么做，可以这样对学生说：“等一下，莫尔豪斯学院的学生们（或者‘小老虎们’‘五年级的学生们’或‘男生们’），我听到几个同学在说话。我要大家先安静下来再准备！”这比在班上公开批评窃窃私语的学生要好得多。这种匿名纠正是与学生沟通的另一种方式：你相信学生的意图是好的，并且确信他们在几秒钟内就能做好充分准备。

规则4：描述积极因素并形成动力

试比较以下这两位教师最近在课堂上的表现：

教师1：（发布指令后，停顿了一下说）“我看到第三排和第四排的莫尼克和艾米丽已经准备好了。我需要3个人。谢谢你解决了这个问题，大卫。现在人够了，我们开始吧。”

教师2：（同样的场景）“我需要同学注意看黑板。有些人似乎没有听讲。这张桌子上也有一些学生不注意我的指令。我会等你们，同学们，如果想让我惩戒你们的话，我一定会的。”

在第一个教师的课堂上，事情似乎正在朝着正确的方向发展，教师描述了学生遵从了指令的情况——学生按照要求去做，并且圆满完成。他的描述让学生注意到这一事实，并使其显得常态化。他没有因为学生按要求做事就提出表扬，只是予以感谢。他想让学生知道他看到了，但不希望把按要求完成任务和表现优异混为一谈。假如我正坐在这间教室里，同大多数学生一样追求常规表现，那么在我感受到积极、专心完成任务是常态表现之后，我也会愿意这样做。

第二位教师的表现则完全不同。他的课堂出了问题，情况会越来越糟。他竭尽全力让学生注意到自己被忽视的这一常态，以及这种情况通常没有惩戒的事实。第二位教师叙述的是消极因素，同时将自己的焦虑广而告之。在学生面前、在上课过程中，这一负面情绪更加明显和突出。从某种意义上说，他的预言一定会成真：在他自己的叙述中，这些负面行为都将成为现实。

“为了改变动机，”麦克雷写道，“教师要改变学生看到的……东西。”如果教师让“理想的规范”（积极做事）对学生更明显，他们就更有可能加入该规范。麦克雷称之为“提高能见度”。为了提高某种规范的可见度，你要让更多学生遵从，增加学生的“数量”——学生遵从规范的比例——以及他们的“突出地位”——你清晰地注意到了他们在遵循规范。

第一位教师轻而易举地让学生看到积极的、有建设性的行为常态，他让学生知道他看到他们积极的行为，这很重要，这使得积极行为得到强化。

叙述积极规范固然有用，但也很容易被误用，使用时要遵循以下几个重要规则：

- 当学生决定是否要努力达到要求时，把它当作一个激励集体行为的工具。不要在个别学生明显达不到要求时，把它作为一种纠正个人行为的方式。
- 如果你在倒计时期间描述某个积极按要求做事的行为，你其实是在描述一个超越了期望的行为。比方说，你给学生10秒钟拿出活页夹，做好记笔记的准备，但是贾巴里只用5秒钟就准备好了。这一点你可以大声说出来。如果等到倒计时结束之后再说出贾巴里拿出了他的活页夹，效果则完全不同。到了那时，你的行为看上去就像是以贾巴里的遵从去请求那些没有在规定时间内完成任务的学生一样。

另一种常见的误用是：你准备讨论《不老泉》（*Tuck Everlasting*），但苏珊思想开起了小差，傻笑着试图吸引马丁娜的注意。如果你还对苏珊周围的学生进行“表扬性”的描述——“我看见达尼准备好了。埃丽莎也是。亚莉克西斯把书拿出来了”，这时使用积极架构或描述积极因素将收不到良好的效果。在这种情形下，我建议你直接跟苏珊进行积极对话：“苏珊，请表现出最好的一面，把笔记本拿出来。我们有许多事要做。”如果你表扬苏珊周围的学生，学生会洞悉你的意图，认为你虚伪、不诚恳。也许他们还会觉得你不敢直接跟苏珊对话。其实，苏珊也会那样想。直接提出你的要求以及为什么，可以让她参与到学习任务中来，并维护课堂上大家一起做准备的规范。

规则5：挑战

学生很喜欢迎接挑战以证明自己能够成功，同时也是为了竞争、为了赢。所以，对他们提出挑战吧：将竞争引入日常学习活动，激励学生去证明自己能做些什么。可以对个体学生提出挑战，也可以对团队提出挑战。团队挑战的效果往往会更好，这样团队之间可以通过多种方式进行竞争：

- 班内团队对抗（比如，排与排之间，或同桌与同桌之间）
- 班外团队对抗（另一个班的学生）
- 客观假想敌对抗（计时；测验——证明他们能做得更好；他们的年龄——“这对七年级学生来说是可以接受的工作，但我想看看我们能否提高到八年级的水平。”）
- 抽象标准对抗（“我想看看大家是否具备了这些必要条件”）

这里还有一些竞争的例子。我相信你会饶有兴致地想出更多：

“大家在这个星期表现得非常好。我们试试能否更上一层楼。”

“我很喜欢大家的作业。如果我再添加一个因素会怎样呢？”

“试试看大家能否连续写作十分钟不停笔。准备好了吗？”

“奥斯汀老师说，她觉得大家制作数学表格的速度没有她的学生快。我们得露一手给他们瞧瞧。”

规则6:谈论期望和抱负

要求学生做点不一样的事，或期待他们做得更好时，你其实是在帮助他们成为他们想成为的人或实现自己的梦想。你可以利用提出更高期望的时机提醒他们注意这一点。当你要求学生修改自己的作文时，告诉他们你希望他们写出“大学水平的作文”或“再修改一稿，你们就达到大学水平了”。如果是四年级的学生，你可以要求他们向五年级学生的观察力看齐，或者告诉他们再来一稿:“这一次使用真正的科学家(或历史学家等)的语言。”告诉他们像最高法院法官一样专注地互相倾听彼此的想法。虽然你以他们为傲是件好事(并且告知他们这一点也是非常棒的做法)，但是你的最终目标不是讨好学生，而是让他们离开你，朝着更远、更重要的目标前行。倘若你的架构能够把他们与这一终极目标相联系，这一架构就是有用的。

技巧 60 准确表扬

给学生最实质、最真诚的反馈

积极架构侧重于如何利用建设性或关键性反馈有目的地激励或关怀学生，而准确表扬则是对积极反馈进行管理，最大化其重点、优点以及可信度。看起来这似乎是世界上最简单的事，但如果能刻意地使用积极的强化，效果会更好。但教师必须防止因过度使用而使其变得空洞或不诚恳。如果我们过度依赖“优秀”和“真棒”来标记我们与孩子的每一次互动——我有时称之为“非常棒”的状态，那当我们取得真正值得庆祝的成就时，它们就失去了“优秀”“非常棒”应该彰显的魅力。

强化行为，避免强调人格特质

积极强化显然应该与刚刚发生的行为相关：学生某件事做得不错，你可以夸奖她做得好。理想状态下，积极强化也关乎学生的未来。你不仅要让学生因为做对了某件事而感觉良好，还要帮助她懂得如何取得下一次的成功。再深入一点，你要强化学生的思考方式：在困难和逆境中学习，甚至很享受学习。卡罗尔·德韦克在她的著作《终身成长》（*Mindset*）中探讨了这一主题，其研究表明：从长期来看，保持成长型思维模式的人，其成长速度远远超过持固定型思维模式的人。她的研究显示，这种差异是最能预测成功的一个因素。保持固定型思维模式的人以静止的观点看待才智和技能。你要么聪明，要么不聪明。你要么擅长做某事，要么不擅长。而保持成长型思维模式的人会动态地看待才智和技能。只要努力，你就会更好。聪明不在于你本身有多么聪明，更多地侧重于你在某件事上的做法很聪明。固定型思维模式的人看到挑战会想：“喔，不行。这个会很难。”具有成长型思维模式的人遇上挑战会想：“喔，天啊。这个会很难。”

德韦克发现，培养积极型思维模式的核心在于表扬。如果学生因其人格特质而受到表扬（“你是聪明的”），他们就会变成风险规避者：担心一旦失败，自己就不再聪明。如果学生因其行为而获得表扬（“你瞧，你很刻苦”），他们就能容忍风险，因为他们知道自己所掌控的东西——他们的行为——决定着结果。

关键在于表扬行动，而不是表扬人格特质，然后再进一步仔细地识别学生能够复制的行为。你之所以表扬，部分原因是为了帮助他们看到成功的内在机制：你所强化的行为可行性越强，学生复制行为成功的概率就越大。比如，你可以说：“回过头看看你的草稿，玛利亚。看到那些删除和重写的部分了吗？这就是你的终稿感染力如此强大的原因。”

你可以在北极星学院英语老师史蒂夫·奇格的课堂上看到这样的例子。课堂上，史蒂夫走到一个学生面前，告诉她，她做得很棒。我们在这里暂停，请思考一下：学生的收获是什么？她对自己的成功有什么看法？她知道奇格老师认为她做了一件很棒的事情，但不知道是哪件事，也不知道为什么，所以不知道该怎么复制自己的成功。也许教师的表扬让她感觉很好，但她有这么多困惑，感觉有点不太真实。

史蒂夫也意识到了这一点。他又转回来解答了她所有的疑问。这时学生才意识到：“我在课堂上反应很敏锐，我做了充分的准备，认真阅读，还做了笔记。我还可以再做一次。”

突然间，表扬有了一个全新的作用。她看到了之前隐藏的成功路线图。教师帮助她发现了她的成功因素，以及她今后该继续做什么。

提出与目标一致的表扬

我有一段与体育特许经营公司的教练合作的秘密生活。（如果想了解更多，你可以读读我的《运动教学指南》。）在那个领域中，我最喜欢展示的一个视频是顶尖篮球教练史蒂夫·科尔（Steve Kerr）给顶尖篮球运动员史蒂芬·库里（Steph Curry）反馈的对话。这段互动发生在比赛暂停期间的场下，科尔向库里展示了一组数据，这是到当前为止库里在这场比赛中的表现数据。一反常态的是，库里正在度过一个艰难的夜晚——或者至少是一个不如往常辉煌的夜晚。但是科尔希望库里意识到他做的正确的事情，以便他会坚持做下去。从长远来看，这可以帮助库里和球队取得成功。教练能做的最重要的一件事就是帮助球员注意到信号（什么对成功很重要)，而不是噪声(所有其他分散我们注意力，使我们远离重要事情的东西)。“不管这一刻的结果如何，从长远来看，什么行动能让我成功？”

在视频里，科尔就是这么做的。他帮助史蒂芬·库里看到了这个信号：当他在执行快攻战术时，他完全没有意识到伟大的事情正在发生，而且还会继续发生。表扬的目的不是让库里感觉很爽，并增强他的信心，使他信心十足。表扬的目标是让他知道哪些成功的动作可以复制。从某种程度上说，这就是表扬的最大威力。

用麦克雷的话说，帮助学生成功的关键是对学生进行准确的归因，“经常指出学生成功和失败的原因，并帮助他们看到努力和方法是如何发挥重要作用的”。科尔正在帮助库里做出准确的归因：“加快速度，在比赛时复制刚才成功的动作，你会成功的。”库里确实这么做了，并和他的队伍在那一年获得了NBA总冠军。

当然，表扬(或积极强化)意味着大声说出某些行为，比如努力工作和勤奋。但是，据我观察，有些优秀教师的表扬与学习目标一致。假设学生正努力在自己的写作中加入精彩的过渡句。教师在教室四处走动(技巧25)时，要特别表扬那些使用了过渡句的学生，或者最好是表扬那些返回去添加或修改过渡句的学生。你可以使用随机展示(技巧13)来展示他们的成果。“同学们，看这里。这是梅尔·阿尼的文章。看看这一段。它使用了一个精彩的过渡句，不仅如此，她还返回去修改了一番，让两个段落的对比更加明确。现在她的文章确实很连贯。大家都该效仿这种做法。”现在，不仅梅尔·阿尼明白了自己成功的原因，了解到成功是由自己的行为直接决定的，而且班上其他同学也能效仿她的优秀行为。

准确表扬的另一个好处与肖恩·埃科尔所说的俄罗斯方块效应有关。从本质上说，通过训练我们的大脑去寻找和欣赏积极的事物，我们就会更积极地看待事物。埃科尔写道：“就像掌握一个电子游戏需要花几天的集中练习一样，要想训练你的大脑留意到更多积极事物，你需要专门练习专注于积极事物。”通过使用准确的表扬帮助学生注意到他们所做的一切都是正确的或与众不同的，我们也在训练他们将学习环境视为一个积极的地方。当然，我们也在训练自己看到同样的情况。想象一下这个习惯对感到困惑的新入职教师的影响，教室里发生的事情可能并不完全像他所预料的那样。通过训练自己准确地说出进展顺利的事情，他不仅让学生更容易复制这种成功行为，而且让自己庆祝更有价值的事情，并避免陷入恶性循环——这可能会让很多带着美好愿望新入职的教师感到难以应付。

区分感谢和表扬

当学生达到你的期望时，你常常会表示感谢。而当学生超越你的期望时，你就可以提出表扬。感谢只是对有效行为的描述或者回报学生的遵从，不涉及价值判断，教师也不用刻意控制语调。表扬会用到判断性词汇，如“很好”“太棒了”或者暗含此类词汇意义的热情语气。“马库斯，谢谢你做好了准备”，这是感谢；“马库斯，你的见解太棒了”，这是表扬。对二者进行区分很有必要，这从部分例子的调换就能显示出来。假设我告诉马库斯，他能准备好上课真是太棒了，我的意思就是说他超越了我对学生的要求。事实上，通过表扬这一行为，我在告诉学生我的标准很低，马库斯能达到我的期望令我有点吃惊。也许这些根本不是期望。不管怎样，仅仅因为达到了期望就对学生提出表扬，从长远来看会降低他们执行的力度。你的表扬也会因此变得“廉价”。当马库斯针对一篇文学作品写出好的评价时，你可以用“不可思议”来评价，如果你以描述准时来上课的方式描述它，这反而会抹杀他的成就。长此以往，持续对预期情况提出表扬的教师会面临一个风险，使表扬流于平凡，这会损害教师使用有意义的言语奖励和识别真正值得表扬的行为的能力。总之，表扬应当用到真正值得表扬的时刻，而感谢则可以大大方方地使用以达到强化期望的目的。

特别需要强调的是，和任何技巧一样，你必须深入了解自己的学生。事实上，对有些学生来说，完成家庭作业是不寻常的。在这种情况下，找个更私密的时刻，不仅要表扬和欣赏他们为自己的成功所做的一切努力，还要鼓励他们养成新的、更好的学习习惯，这是可取的。你要避免在公开场合对大多数学生认为非常普通的行为进行表扬。

温和传达，形式多样

教师提出强化时通常是在公开场合（还有25个学生在教室里），包括积极的和消极的，所以关注教室里其他学生的参与程度十分关键：要大声说还是小声说，公开说还是私下说？其他同学会听到吗？

一般情况下，私密性对关键反馈很有益。像第十一章探讨的那样，低声提示或非言语提示运用了“往好处想”的技巧：它们允许学生进行自我纠正，避免了公开点名。在技巧55“最低侵扰干预”中讨论的私下个体纠正就是典型例子。那反过来呢？表扬就该大声说出来吗？事实证明也没那么简单。其实，当你的表扬真诚、令人难以忘怀时，效果最佳。要使它难忘，你可以让它更加脱颖而出，形式也要更加出乎意料。

偶尔公开表扬很有效，你让全班停下来去朗读莎妮思的句子，并对全体学生说：“一个强劲、有活力的动词对一个句子的作用是多么大啊!”如果不知道它，人们就无法复制它，所以这是公开表扬的一个显著优点。另外，你认为莎妮思做得非常好，每个人都应该听一听，这一事实让她难以忘记你说的话，但是如果你平时的表扬不全是公开的，那么这一次的表扬就会显得更加突出。公开表扬效果强大的原因在于，它有点出乎意料。所以，如果你是走到莎妮思身边并轻声告诉她“这是一个强劲而有活力的动词。这篇文章达到了大学生论文的水准”，那么这个表扬也同样有力量。事实上，你可以使用形式多样的表达方式和多变的语音进行积极强化，从而使学生获益最大。

私下表扬有一个优点，它常常传递给听者一种极为真诚的感觉，这是因为它是私人的，只与该听者有关，不像公开表扬那样涉及其他听众。当莎妮思走进教室时，你把她拉到一边，对她说：“我只想告诉你，昨天晚上我给考试评了成绩，你的成绩非常优秀。”这种方式的作用甚至会超过公开认可。如果一名教师肯花一些时间和学生私下谈话，这暗示着她将对学生讲一些非常重要的话，而这就提出一个问题：什么事情会如此重要呢？结果发现竟然是老师对自己优秀成绩的认可，对于学生来说，这既有效，又有些出乎意料。

私下表扬的另一好处是：它在所有私人互动中营造出不确定性和私密性，这能带来极大的成效。倘若我和学生之间所有私人的、低声的谈话都是批评性的（即都是私下个体纠正），那么当我走近时，学生可能会有所防备。此外，其他学生可能会产生偷听的想法，因为他们想听到某位同学不幸经历的生动细节。大多数人会对这些事情感到好奇。但是，如果我走近某位同学，俯下身来低声跟他说话，也有可能是进行私下个体准确表扬（详见第十一章），那么学生就能淡定地对待我的接近，而他们的同学也不会有偷听的动机。这样的话，我既能更好地把信息传达给既定接收者，又将不相关的人排除在外。

大声表扬和半私下表扬也有其优点——故意让其他人听到。表扬学生时，一方面是要让其他人听到值得夸奖的事情，鼓励其效仿；另一方面是要让接收者感受到我们的真心实意。如何取得平衡呢？我认为无论采取哪种方式，只要减少其可预知性，那么二者都能发挥很大的作用。虽然公开表扬对影响他人确有益处，但没有长期维持表扬的可信度、真诚度那么重要。为了给学生最有效的反馈，我更倾向于私下表扬。

技巧 61 宽严相济

一切为了学生，他们值得最好的关心与尊重

在《文化响应式教学和大脑》中，扎雷塔·哈蒙德描述了她称之为“亲切的严师”的教师的关键特征：这些教师结合了个人的亲切、高期望和“严厉的要求”于一身。她写道：“铁面无私不能定义为毫无根据的严厉行为，而是坚持要求学生追求卓越，勤奋学习。”

但是亲切的严师很少见，因为很多人认为对学习内容的高期望、严厉和无情的要求代表的不是教师对学生的关心，而是教师对学生的厌恶。似乎关心学生与对学生严格要求是非此即彼、互不相容的。当然，这只是一种假象。神奇之处在于这二者的相关性，事实上，教师可以宽严相济。他们会说：“我相信你，我关心你，因此只接受你最好的一面。你必须重写这一段，完成作业；向你的同伴道歉，你应该这么做。”

这样做就是为了帮助他们成为最好的学生。

你可以在第十一章讨论过的特罗娜·塞纳克的案例中看到这两个明显相互矛盾的想法是如何和谐共处的。这段视频是在开学的第一天拍摄的，特罗娜就在走廊上，在学生进入教室之前设定了自己的规范和期望。你能感觉到她见到学生时是多么兴奋，他们也很高兴见到她。她热情、亲切、关心学生——充满了微笑和宽慰。但她也很清楚她对学生的期望是什么，以及他们需要做什么才能取得成功。他们需要走进教室，坐下来，马上开始学习。在这一互动环节中，她既关心学生，又对他们提出很高的期望，并且基本上是在同一时间完成的。

像特罗娜一样的老师都会说“进来，坐下，马上开始学习”这样的话，因为他们非常关心自己的学生，这样做是教师应尽的职责。当然，如果不转换到“我们有作业要做，要精益求精”的模式，而仅仅是表现得很亲切，招学生喜欢，她的教学

要容易得多。如果她这样做，学生会非常喜欢她，至少在一段时间内更喜欢她。让学生在室外闲逛，自己决定什么时间进教室、坐好、准备上课。只有当他们看起来准备就绪时才开始上课，每天讲课45分钟而不是52分钟，有时看看电影只是因为电影可以让她休息一会儿。几乎每个学生论文都打A，甚至不给试卷评分——这样就没有人会怨恨你或者对分数有异议。

哈蒙德给这种类型的老师起名为“投其所好的教师”。投其所好的教师愿意降低学生的标准，要么是为了讨好学生，要么如哈蒙德所写，“出于对学生的怜悯或迫不得已”。他们“允许学生进行不符合他们最佳利益的行为”。换句话说，投其所好的教师的想法很好：爱与被爱，需要与被需要（更多的是被需要），或者选择对自己一时有利的人际关系而不是帮助学生今后长久地取得成功。投其所好对教师的职业危害极大。我们最好对这种行为进行命名，这样我们就可以反思自己在教学过程中是否有这样的行为：我是否希望学生喜欢我，经常做一些简单的活动？或者我是否充满关爱地激励他们？我是否做到最好，发挥了学生最大的潜能？

对我来说，对学生既要亲切又要严厉，并要找到最佳的平衡技巧，也就是宽严相济。教师要关心爱护学生、幽默风趣、热情洋溢、谆谆教诲，但也要严格要求、铁面无私，有时对学生要毫不妥协。这意味着确定作业截止日期、期望和程序的重要性，当然还有规章制度。但宽严相济并不意味着不通人情，或永远没有例外。它意味着教师做的决定不是基于受学生欢迎的程度，而是基于对学生成长的长期承诺。

英国校长兼作家乔·费塞写道：“在社会上，如果我们粗鲁、顶嘴、看不起他人、不听劝告，我们就不会走得太远。在学校里，教师需要摆脱这种观念——教孩子如何做事就是教他们‘服从’，对许多人来说，这个词带有压迫和恐惧的含义。”那些对别人不好的孩子是不会“神奇地改变自己的”。他们需要成年人——理想情况下是靠课堂内外的人际关系——来帮助他们规范自己的行为。这不仅可以让学校运转顺利，更重要的是，让学生为成为社会和团队中成功和有价值的成员做好准备。

我想详细地说一下“严厉”这个词。对有些人来说，这是一个令人担忧的词，但我认为它值得被使用，因为它可以提醒我们一些重要的事情：教师代表一个群体，一种文化，他们应为学生制定规则并提出期望。我们的严格要求，可能并不总是让学生感到满意，但他们最终会认识到：从长远来看，被关心你的教师严格要求是学有所成的重要部分。如果严厉的教师向学生表明对他们的关心和爱护，他们极有可能会意识到这一点。外面的世界将会惩罚不能按时完成任务的人。关爱学生的教师是不会纵容学生养成总是错过截止日期的习惯的。关爱学生的教师会说："我认为你有巨大的卓越潜质，但完成任务的最后期限很重要，我希望你努力奋斗，设定基准，在前一天晚上设个闹钟提醒自己完成。"但最终，教师可能还得设定规则。如果没有按时交作业，就应该受到惩罚。教师应帮助学生做好准备应对未来的路，而不是为学生铺平所有道路。

需要谨慎的是，从长远来看，教师既要对学生严格要求，也要对学生关心爱护和热情洋溢。你应该使学生相信你会做对他们最好的事，即使他们并不总是喜欢你的每一个决定。理想情况下，学生应该在教师制定规则时感受到教师最多的关心。重设期望值时是表现你对学生的关爱的好时机。如果说作为家长，我从教师那里学到了一件事，那就是如果你说要惩戒学生，那就必须惩戒，但同时要告诉他们你在关心爱护他们，并马上回归到正常状态，例如，"你必须留校察看，迈科尔，但我期待明天见到你回来上课"。正如乔·费塞所说："对学生严格要求说明你关爱他们，期待他们的最佳表现。确保在和学生沟通时，你的面部表情和肢体语言能表明你的态度。"

思考一下哈桑·克莱顿和他的五年级学生（我们就叫他凯文吧）之间的对话，因为哈桑发现凯文在远程课程上睡觉。下课后，哈桑要求凯文在其他同学离开后继续在线和他沟通一下。

哈桑："我注意到你在课堂上睡觉了，凯文。"

凯文：（长时间的停顿。没有回答。）

哈桑："我说得对吗？还是我说错了？"

凯文："您说得对。"

哈桑："你为什么要在课上睡觉呢？"

凯文："我不知道。我以为昨天晚上睡得很好，但我还是觉得很累。"

哈桑："这不太好。你知道你睡觉时错过了很多知识点吗？"

凯文："知道。"

哈桑："你知道你睡觉的时候我是什么感觉吗？"

凯文："这会让您感到难过。"

哈桑："这让我觉得，你认为我们在课上学的东西不重要。"

凯文："我可以在今天自主练习期间重修这节课吗？"

哈桑："可以，我很感激你这么做，课下回答所有问题，然后再交上来。我们必须考虑我们的行为是如何影响自己和我们的团队的。"

凯文："好的。"

哈桑："好吧，凯文，我希望待会儿还能见到你。如果没有，那就明天见。"

以下是一些注意事项：

- 在整个谈话过程中，哈桑从来没有提高声音，也没有生气。他的声音听起来既不甜美也没有歉意。我形容他很沉着。这很重要。他的目标是让凯文反思在课堂上睡觉的代价，而不是思考克莱顿老师生他的气，从而分散他的注意力，或者因为被老师大声训斥而采取防御措施。在这种场景下最适宜的做法就是保持情绪稳定。

- 哈桑要求凯文承认课上睡觉的事实。当凯文没有回应他最初的问题"我注意到你在课堂上睡觉"时（哈桑有六七秒钟什么也没说），他拒绝把凯文从尴尬的沉默中解救出来，没有说下面的话："没关系。有时大家都很累。"沉默过后，哈桑继续说："我说得对吗？还是我说错了？"他冷静地要求凯文承认自己的不良行为。

- 凯文承认了自己的行为后，哈桑的语气稍微缓和起来，他问："你为什么要在课上睡觉呢？"他仍然有所保留。他没有使用太口语化的谈话方式，你可以想象老师使用"你为什么会这……么的困？"的说话方式吗？他的语气在凯文承认错误后有了微妙的变化。

- 凯文解释了为什么在课堂上睡觉后，哈桑并没有原谅这种行为。他再次停顿了一下才说话。很明显，他这次的话简洁明了。多说废话会使互动显得很随意（技巧58：强而有力的声音），但哈桑想使这里的谈话更正式一些。

- 哈桑很注意消除互动的个性化，强调谈话的目的高于权威（技巧56：坚定沉着）。这肯定了凯文的想法，即他的做法会使哈桑难过——"这让我觉得，你认为我们在课上学的东西不重要"。

- 凯文主动提出了一个惩戒措施，哈桑也同意了。很多教师可能会说"不用了"，但哈桑接受了凯文提出的惩戒措施，因为这个惩戒会让凯文记住今天课堂上睡觉的后果。表明解决问题的姿态，这是解决问题和结束谈话的重要一步。哈桑告诉凯文，他很欣赏凯文的解决方案，然后，他语气稍微缓慢地提醒他说，他期待下一次在课上见到他。

以下是一些有助于实现宽严相济的实用工具：

- **向学生解释这样做的原因。**你要告诉学生这么做的目的是帮助他们："普丽娅，我们在课堂上不这样做，因为它妨碍我们充分利用学习时间。"这强调的是目的，而不是权威。

- **使用"请"和"谢谢"。**"请"和"谢谢"巩固了礼貌言行和团队的纽带。人们用它们表示热诚、欣赏和尊重。你希望学生对你和其他同学表示尊重、礼貌和关心，因此你会要求他们必须做他们可能不心甘情愿做的事情，这时你应该以身作则。"请"和"谢谢"都可以发挥这样的作用，它们帮助你表达对学生的关心和尊重。这在气氛令人紧张不安时尤其重要。

"请"也会有用得不对的时候，所以我需要澄清：这不应该是恳求，而应该是坚定、尊重的"请"。通常这意味着在"请"之后不要停顿，也不要重音强调。"请拿出你的笔记本"，以稳定的节奏说出这句话，"请"不要比其余的单词语气重。"请……拿出你的笔记本"则是一个危机的迹象——虽然差异是细微的，但很重要。

- **将行为和人区分开。**当我们给学生关键反馈或制定规则时，我们应同时表达"我相信你"和"这份作业还可以更好"两层意思。第一步是给出批评意见，但它要针对学生的行动，而不是学生本人。

思考一下"你没有"（you don't）这个词组在"你没有在实验报告上投入精力"这句话里的意思。

比较一下，同样的话，但用"这次没有"（didn't）替换了"没有"（don't）："你这次没有在实验报告上投入太多的精力。"

"没有"（Don't）这个词做出了评价。你总是犯这样的错误。它将一个错误扩大化，并暗示这是学生一贯的作风，甚至可能暗示是学生有意为之。"这次没有"（Didn't）这个词被用来评价一次性的错误。它留下了一种可能性，即与你交谈的人通常做事都正确，但在当前情况下没有做对。这是一时之错，很快就可以解决。

有些读者可能已经注意到："这次没有"（didn't）关注的也是问题，而不是解决方案。试比较："你这次没有（didn't）在实验报告上投入精力"和"你必须一直（must always）在实验报告上投入最大的精力”，以及“你有能力（are capable of）写出更仔细的报告”。

- **表明惩戒的暂时性。**向学生表明，他们因为犯错而受到惩戒后，这件事立刻就成为过去式了。在事后要尽快恢复微笑，像往常一样自然地对待他们，用行动告诉他们，刚才发生的一切都已经清零。你要告诉学生："受罚完毕后，我迫切希望你回归课堂，向大家展示你的最佳状态。"

技巧 62 心平气和

教师的情绪管理是课堂成功的关键

对学生来说，学校类似一个社会实验室，学生的社交活动绝大部分发生在这里。在学校里，他们小心谨慎地尝试与周围的人和组织进行互动实验，并对互动实验的性质做出判断。

即使结局完美的互动实验也会经历多次挫折和错误。他们总是会经历提出理论假设（“或许我不需要每天做作业”）、进行测试、总结评估（“嗯，我认为还是做作业更好些”）的过程。进行测试是年轻人的主要活动之一，我不知道你的回忆是否可以证明这一点，但我的回忆足以证明它。在人类的进化中，处于青春期的学生发明了花样繁多的方法来测试各种规章制度和现有理论。

这意味着，实验环境应该对学生的实验做出必要的反馈——告诉学生，不做作业是不可以的——在这种氛围中，学生进行实验是意料之中的事。我们要让学生记住这些实验产生的结果和教训。我们经常看到学生的行为实验，但学生自己可能没有意识到自己是在做实验。

如果是这样的话，教师要保持心平气和的心态——降低情绪激动的强度，尤其要避免沮丧和失望——这是我们解决问题的关键。

一般来说，教师强烈的负面情绪会激化学生的情绪。学生表现不佳，认错态度差，教师愤怒以对。面对情绪激动的教师，学生也会言辞强硬地顶撞，本来是个小错误，结果局势突然变得失控。学生犯了错，教师在施加惩戒的同时还厉声指责，学生可能会想：“她为什么要吼我？她为什么总是对我大喊大叫而不对其他人这样呢？”这些想法在学生的脑海里萦绕，使他没有心情反思自身的错误和惩戒之间的关系。教师的情绪在这个等式中插入了一个变量，成功转移了学生对自身行为的注意力。

对比一下哈桑·克莱顿和凯文的互动。哈桑极其冷静地要求凯文承担责任，并解释了为什么凯文的实验会导致非常糟糕的结果。凯文主动提出了惩戒建议。凯文把哈桑说的一切都听到耳朵里了，部分原因是哈桑没有吼叫，没有过激的情绪反应。凯文知道自己本来就不应该在课上睡觉，惩戒结果在他的意料之中。

放慢脚步是保持心平气和的最重要的方法之一，既有字面意思，也有比喻意思。教会年轻人暂缓做出决定是帮助他们做出更好决定的好方法，要使用大脑皮层而不是杏仁体。即使只是放缓几秒钟也能产生很好的作用，对教师来说亦是如此。当你意识到情绪有点失控时，放慢脚步（比喻意思），不要急于做出反应；同样，感到沮丧时，缓慢移动步伐（字面意思）。我曾经观摩了布丽姬特·麦科尔达夫的课，当一名学生竭尽全力、磕磕巴巴地尝试着正确读出一系列具有挑战性的单词时，有学生在大声嘲笑他。布丽姬特很生气。她热爱学生，这种事竟然发生在自己的教室里，她有一种强烈的愿望要保护学生，让学生摆脱被同学嘲笑的尴尬。布丽姬特开始快速地走过去，打算惩戒坐在教室另一边大笑的学生。

布丽姬特告诉自己要从教室后面绕过去，这样做的时候，她放慢了脚步。这给了她宝贵的几秒钟时间，让自己镇定下来，并谨慎地选择自己的措辞。当布丽姬特找到这个学生时，她心平气和地向他解释为什么他的行为不妥，并提醒他，他是个好孩子，今天的表现可能是一时兴起。这段路程很关键。她需要一点时间克制自己的愤怒。虽然只有短短的三四秒钟，但这很重要。她突然意识到学生是在做测试。她必须帮助他杜绝“嘲笑同学是可以接受的”的假想。她明白，这种测试是年轻人惯有的行为。

别像傻瓜一样莽撞。无论何时，当你意识到自己有消极的情绪反应时，尽量“放慢脚步”——从字面上或比喻意思上。哪怕只有1秒钟，通常也足够了。

以下是保持心平气和的几点提示：

- **对事不对人**。“这种行为欠考虑”是对当前情况的表述。这也是一种声明，可以解释为，你认为这不是该学生的一贯行为：“你平时不这样做。请立即改正。”这比对某个学生做出这样的评价好多了：“你做事太欠考虑了。”说明学生一贯如此，屡教不改。如果你的目标是信任，那这样的陈述就事与愿违了，这需要多多练习。
- **避免把问题扩大化**。说“你总是”做X，或者问“你为什么总是做”Y的问题，会把问题集中到那些学生既控制不了又已经忘记的事情上。这会把问题扩大化，削弱对具体行为的针对性，使教师的纠正行为变质，变成“你有把柄落在我手里了”。

- **避免感情用事**。如果你告诉学生他的行为让你感到失望和被背叛，或者把反馈变得很私人化——例如，“我以为我可以信得过你”，这会把互动的重点转移到教师身上，从而掩盖了学生的学习效果和社会责任行为问题。把事情客观化能疏解不良情绪，并使你在对话中承担教练、调节者的中立角色，也能帮助学生学会有助于他们获得长远成功的行为。

技巧 63 快乐因素

5类吸引学生的趣味课堂游戏

出色的教师会把自己的精力、激情、热情、风趣和幽默愉快且无私地奉献给教学工作——不一定要苦中作乐，而是把它们当作完成工作的一种基本方式——仅仅是因为圆满完成任务激发出快乐。教室可以而且应该是一个快乐的地方；一个多一些理解和关心就可以帮助学生不断取得成功并感受到快乐的地方；一个有利于学生进步和成长的地方；一个让学生（和教师）都感到满意、满足和快乐的地方；一个学生努力学习、坚持不懈、掌握知识、发挥创造力的地方。多一点快乐因素，不仅可以让教室充满快乐，还可以让学生取得优异成绩。

然而，快乐是复杂的，其形式的多样性达到了惊人的程度。它既可以是（但不必是）唱歌或跳舞，也可以是保持安静；它既可以是成功解答疑难问题，也可以是成为某个团队的成员或者自己的作业得到老师、同学的赞扬；它既可以是个人经历，也可以是小组或全班同学的共同经历。在很大程度上，快乐因为与他人分享而得到强化，因而分享是成功课堂上的理想选择。在《发现你的积极优势》一书中，肖恩·埃科尔研究了幸福三要素：快乐、参与和意义。我们因为发现乐趣而感到快乐，但快乐远不止于此。我们还因为与他人的联结而感到快乐，也会因为感受到自己在做的事情很重要而快乐。埃科尔继续说："只追求快乐的人只能体验到幸福带来的部分好处，而同时追求三要素的人则过着最充实的生活。"快乐、参与和意义——在努力把教室变成快乐的地方时要时刻关注三要素。

在这里，我先简单辨析一下快乐和乐趣之间的区别。我区分它们并不是为了排除课堂上的乐趣。乐趣是快乐的一部分。但快乐比乐趣要广泛得多。如果把寻找乐趣作为教学活动的目的，而不是在学习中发现快乐，那我们就会误入歧途，因此要谨慎。下面我来解释一下这两个概念。

一位教师曾在给我的信中对快乐和乐趣做了区分，他说快乐的感觉往往发生在“努力工作并取得成功后”“个人和团队庆祝成功时”——既有个人的，又有集体的。当然，还会感受到“敬畏和惊喜——体验新鲜的、奇妙的事物”。

当然，我在这本书其他章节也讨论过两个强大的快乐源泉：归属感和课堂节奏。归属感是一种渴望加入团队或群体的强烈感觉。加入群体可能是我们作为一个物种进化成功的唯一最重要的因素。那些能够加入群体、与其他成员合作并保持群体成员资格的人幸存了下来。那些被排除在外的人则没有。渐渐地，我们对自己的群体成员身份越来越敏感。丹尼尔·科伊尔在《极度成功》中写道：“归属感看似由内而外产生，但实际上是从外部产生的。”他补充说，人们不满足于仅仅听到自己被群体接纳的决定，他们需要持续地接收信号才会感到快乐。科伊尔说，“归属感是一簇需要不断提供安全联结信号的火焰”。

产生归属感时，我们经常会感到极大的快乐。这也许就是为什么歌唱，特别是合唱，几乎包含在世界上的每种文化中，具体来说还经常出现在宗教场合中。一起唱歌时，我们都确信更能够深刻理解歌词字面上和隐喻的意思，并显示出我们彼此配合的协调能力。我们渴望融入群体。即使是简单的哼唱也会对我们产生深远的影响。在世界上最崇尚个人主义的社会中，这一点尤其值得被铭记。自我进化过程中所需要的归属感与和谐带来的快乐是理性自我最容易忽视，甚至轻视的东西。

我们可以在教室里接触很多快乐的东西。唱歌就是其中最典型的例子。开始上数学课时，妮可·沃伦的学生用手语唱一首他们非常熟悉的数学歌曲，学生脸上都洋溢着快乐的笑容。我们在教室做的一切经常被人嘲笑：死记硬背、陈词滥调、重复记忆等。然而，学生却是如此地快乐。手语可以强化合唱的快乐体验，学生都渴望“知道动作”，我们看到，班上的学生都掌握了这首歌的手语动作，这也是归属感。“我们自己的数学歌比其他流行歌曲还要好；我们都知道这些单词，并能异口同声地唱出别人不知道的东西。”知道群体外的成员不知道或没有意识到的事情是拥有归属感的关键。

即使不是合唱，音乐也可以是欢乐的源泉。目前还不清楚为什么地球上所有的文化都有自己的歌曲和音乐。人们用音乐和歌曲来定义自己。一些进化生物学家认为，唱歌要早于人类已知的语言。在语言产生之前，音乐就已经存在了，它让人们能够远距离表达情感和传递紧急信息。人们唱着歌投入战斗或在战后唱歌安慰受伤的心灵。音乐与人类紧密相连。

人类带着对音乐的偏好一起进化。我们可以想象音乐给进化带来的好处，从某种程度上说，人类进化就是为了享受音乐。本书的一些案例中其实也有教师唱歌的场景，比如萨默尔·佩恩随机提问学生时唱道，“每个人都要注……意听自己的名……字”，或者克里斯汀·托雷斯在运用表达形式很重要技巧时唱道，“别对墙说话，因为墙不在乎”。实际上，教师每次使用提问与回答（技巧35）时都在使用简单的吟唱：异口同声地回答。

这句话暗示：大家都属于同一个群体。

唱歌，尤其是合唱可以成为大家快乐的源泉。它提醒我们，步调一致的活动对建立归属感意义深远。甚至听完小说朗读后的经验交流或齐声朗读课文（技巧24：FASE阅读）、轮流朗读、通过个人努力为团队注入活力等都可以唤醒大家的归属感。为团队建设注入个人特色和意义，也会让我们感到心满意足。

让每个人都知道“该做什么”会让学生形成很强烈的归属感，这就解释了学生在学习课堂惯例时会迸发出的意想不到的快乐感。我们认为自己传授给学生的是提高学习效率的工具，但学生接收到了产生归属感的信号。表现优异、众所周知的常规和合唱行为都可以成为会员资格的标签。

在前文中我提到了课堂节奏这个词，它对于理解快乐和乐趣之间的区别至关重要：我们喜欢沉浸于具有挑战性的活动中，这种活动使学生精神振奋。每当此时，学生都会感到无比快乐。所有教练都会告诉你，在体育比赛中，最大的挑战之一就是打破比赛的节奏。你吹暂停哨，然后大谈特谈应该如何站位防守，几秒钟后，球员逐渐开始烦躁不安：“我们想比赛，教练；请别说了，让我们继续比赛吧。”这提醒我们，重要活动的设计至关重要。如果设计得当，就会其乐无穷，快乐分布在无数个细节中——有趣的、愚蠢的、荒谬的、表达归属感的——不断循环往复，形成节奏感，从而高效完成工作。

思考一下，克里斯汀·托雷斯是如何在她的课上加入幽默元素的。讲解词汇“刻薄的”（caustic）时，她在转身讨论活动中讲述了一个班级内部的笑话：

“想象一下，如果托雷斯老师参加《美国偶像》比赛，评委对她的演唱会有什么‘刻薄’的评论呢？”她又补充说，别傻了，他们永远不会对托雷斯的演唱发表刻薄的评论。你可以看到这里归属感的暗示：托雷斯的唱歌天赋是大家一直讨论的话题，这是一个只有她的学生才听得懂的笑话。注意，笑话时间很短，笑声也一带而过，因此课堂原有的节奏得以保持。学生的快乐来自他们对词汇的用心解读。克里斯汀的幽默只是一个小插曲，她风趣地运用了核心词汇，但课堂教学依然是学生的关注点。妮可·沃伦的数学歌曲之所以效果很好，也是因为时间很短。如果时间延长至两倍长，那快乐就会减半。

我认为，这也是要区分快乐和乐趣的另一个重要原因。我们可以在课堂上用益智问答游戏节目[《危险边缘》(*Jeopardy*)]的形式进行复习，这将会非常有趣，但有趣的事情不一定会带来快乐，除非它是专门为课堂节奏而设计的。我们都能说出几个我们设计的“有趣”但没有带来“快乐”的活动，原因就在于它们没有创造出良好的课堂节奏，或者没有调动起团队的活力。我们需要认识到，“乐趣”这个词可能会使我们分心和忘记重点。大多数学生玩电子游戏时都很开心——尽管很有“乐趣”，但我不确定他们是否快乐，因为从某种程度上来说，他们没有体会到联结和归属感。你可以获得“乐趣”本身，但无法获得“快乐”本身。你只能通过做某件事获得或感到快乐。“快乐”的目的性比“乐趣”更清楚，它包含了意义感和参与感。

在最近的一篇社交媒体帖子中，我向其他教师询问了他们如何看待课堂上的快乐这个问题，我问他们是如何创造出“富有成效的快乐”的。我用这个短语是想强调，我们所寻求的是有助于学习的快乐。这在我看来是显而易见的。一位怀疑论者回答说：“这个问题听起来很有控制欲。”她想知道为什么我觉得有必要让快乐“富有成效”以及为什么要替别人决定快乐的元素。但我希望大部分老师还是应该认识到，教学目标是在学习任务中获得快乐。如果教师不寻求让快乐成为学习动力和让大部分的学习任务充满快乐，我们就迷失了教学方向。当然，这也存在风险，有可能会玩得过了头，以至于忘记了乐趣是为学习服务的。好在我们不仅可以同时做到两者，还可以协调地做好它们。通常人们是喜欢学习的。不要玩《危险边缘》！除非它足够严谨，足以支撑学习目标。当然，如果游戏具有挑战性和吸引力，快乐也有可能由此产生。

使课堂快乐的另一个来源也有助于打造课堂节奏和建立归属感——幽默。幽默非常有利于创造快乐，我们哈哈大笑时能够牢记某个笑话。在课堂上“反复出现的小笑话”威力尤其强大，因为它们最大限度地激发了学生的归属感，维持了课堂节奏的流动性。克里斯汀·托雷斯拿她出色的歌声开玩笑；或者给历史小说人物起绰号［一位老师将《第十二夜》（*Twelfth Night*）中的奥西诺称为“湿纸巾”，因为与戏剧中的女主角相比，他是如此的懦弱］；或者看看我的高中历史老师吉尔胡尔先生，他是讲圈内笑话[1]的大师［他总是用“Amsterdarn”来代替它“粗俗”的名字（Amsterdam）[2]；他把冯·施里芬伯爵临终时建议俾斯麦“保持在西方的强大地位”的遗言戏剧化］。之后，无论何时，只要有人提到第一次世界大战，吉尔胡尔都会用简短的戏剧化表演提醒我们冯·施里芬的话（除非我们记得并先于他表演出来）。

这些笑话不到1秒钟就结束了，这是乐趣的一部分。吉尔胡尔老师的教学既有内容又有节奏感，他的笑话来得快，去得也快，所以你必须精力高度集中，否则就会错过某个简洁的动作，比如他在天平上称他提到的那些哲学家的名字，这就是每个同学都在笑的原因。吉尔胡尔老师之所以伟大，部分原因在于我们学到了很多东西，其中之一就是笑话。这些东西既增添了学习的快乐，又增强了学生的记忆力。直到今天，我有时仍然会说“Amsterdarn”，更重要的是，我仍然记得施里芬的计划。幽默是强大的，尤其是当你把它当作反复出现的小笑话来提高学习效率时。

我想在快乐因素技巧中提一下“做自己”的重要性。我能讲几个圈内笑话——我的孩子可能会争论它们是否可笑，但我一直不会唱歌。认识和承认这一点很重要。我们当中有些人不会唱歌，因此讲幽默故事时一定要慎重。

我提到这一点，是因为我要讨论一个教师的课堂，他的教学非常出色，当我观摩他的课时，我就知道我模仿不来，快乐不能强求。达伦·霍林斯沃斯的案例体现出：热情很重要。热情可以从很多方面来理解。不一定像达伦那样外向，但他热情的声音确实很神奇。在英国大雅茅斯的大雅茅斯学院（Great Yarmouth Academy），上课前，达伦站在教室门口（技巧47：进门规则）向经过走廊的学生打招呼。他的玩笑非常有价值。思考一下，他对那个学生说的话：“你是佩洛先生的弟弟吗？”该生是学校的新生，突然被老师认识，从走廊里的大批学生中被挑选出来，让自己成为“名人”是一件多么荣耀的事啊（而且“先生”是对成年人的称

---

[1] 原文为“inside joke”，指的是只有特定群体可以理解到的笑点。

[2] “dam”的发音同“damn”（一种不礼貌的表达生气的口语），“darn”与“damn”同义，但是稍微礼貌一些。

呼）。所有学生进入教室时，都受到达伦欢乐的、开玩笑的、热情的或单独的点名欢迎。突然，他让学生停下来，开玩笑地称学生队伍为“乌合之众”，因为队伍不整齐，他们需要重整队伍，然后再进入教室。这里有快乐，也有高期望，一般情况下这二者似乎水火不容。

大多数人不可能成为达伦，但每个人都能找到一种适合自己、唤起快乐的独特方式。无论用什么形式，快乐的力量都应该引起大家的关注。肖恩・埃科尔在《发现你的积极优势》中写道：“参加数学测试前，感到快乐的学生的成绩远远优于其他情绪稳定的同学。当我们快乐的时候，大脑工作效率最高。”所以，简单地微笑着说“我想大家会喜欢今天这节课的”是可以与出色的课堂导入相媲美的。